이탈리아 르네상스의 지적 세계

The Intellectual World of the Italian Renaissance by Christopher S. Celenza
ⓒ Christopher S. Celenza, 2018
All Rights reseved

Korean Translation Edition ⓒ Ghil Publisher, 2025

This translation is published by arrangement with Cambridge University Press, Ltd.,
Cambridge, England
Through Bestun Korea Agency, Seoul, Korea
All rights reserved

이 책의 한국어 판권은 베스툰 코리아 에이전시를 통해
저작권자인 Cambridge University Press Ltd.와 계약한 도서출판 길에 있습니다.
저작권법에 의해 한국 내에서 보호를 받는 저작물이므로
어떠한 형태로든 무단 전재와 무단 복제를 금합니다.

역사도서관 031

이탈리아 르네상스의 지적 세계
언어, 철학, 의미의 탐구

크리스토퍼 셀렌차 지음 | 곽차섭 옮김

옮긴이 곽차섭(郭次燮)
부산대 사학과 명예교수

서강대에서 수학과 영문학을 공부하고 같은 대학교 대학원 사학과에서 "마키아벨리의 역사 사상"과 "바로크시대 마키아벨리즘 연구"로 석·박사 학위를 받았다. 미국 존스홉킨스 대학(풀브라이트 스칼라) 및 UCLA(비지팅 스칼라), 캐나다 UBC(비지팅 프로페서)에서 연구했으며, 문화사학회, 한국서양사학회, 이탈리아사학회 회장을 역임했다. 관심 분야는 르네상스 이탈리아 지성사, 미시 문화사 및 미술사이다. 저서로 『마키아벨리즘과 근대 국가의 이념』(현실과인식, 1996), 『포스트모더니즘과 역사학』(공저, 푸른역사, 2002), 『조선 청년 안토니오 코레아, 루벤스를 만나다』(푸른역사, 2004), 『아레티노 평전: 르네상스기 한 괴짜 논객의 삶』(도서출판 길, 2013), 『마키아벨리의 꿈』(도서출판 길, 2020), 『갈릴레오의 망각, 혹은 책에 관한 기억』(도서출판 길, 2020), 『역사, 라프로쉬망을 꿈꾸다』(푸른역사, 2022)가 있고, 편저 및 편역으로 『미시사란 무엇인가』(푸른역사, 2000), 『마키아벨리와 에로스』(지식의풍경, 2002), 『역사 속의 소수자들』(공편, 푸른역사, 2009), 『다시, 미시사란 무엇인가』(푸른역사, 2017)가 있다. 역서로는 『역사학과 사회 이론』(피터 버크, 문학과지성사, 1994), 『이탈리아 민족부흥운동사』(루이지 살바토렐리, 한길사, 1997), 『마키아벨리 평전』(로베르토 리돌피, 아카넷, 2000), 『코앞에서 본 중세』(키아라 프루고니, 도서출판 길, 2005), 『탐史』(마리아 팔라레스-버크, 푸른역사, 2007), 『책략가의 여행』(내털리 제이먼 데이비스, 푸른역사, 2010), 『마키아벨리언 모멘트』(J. G. A. 포칵, 나남, 2011), 『군주론』(니콜로 마키아벨리, 대역판, 도서출판 길, 2015; 보급판 2017), 『국가이성론』(조반니 보테로, 아카넷, 2023), 『권력과 상상력』(라우로 마티네스, 도서출판 길, 근간) 등이 있다. 『포르노그래피의 발명』, 『철학자 마키아벨리』, 『에피쿠로스와 치유의 철학』 등을 집필 및 구상 중이며, 마키아벨리의 주요 저작과 조르조 바자리의 『미술가 열전』도 차례로 번역할 계획이다.

역사도서관 031

이탈리아 르네상스의 지적 세계 언어, 철학, 의미의 탐구

2025년 8월 5일 제1판 제1쇄 인쇄
2025년 8월 15일 제1판 제1쇄 발행

지은이 | 크리스토퍼 셀렌차
옮긴이 | 곽차섭
펴낸이 | 박우정

기획·편집 | 이승우
전산 | 한향림

펴낸곳 | 도서출판 길
주소 | 06032 서울 강남구 도산대로 25길 16 우리빌딩 201호
전화 | 02) 595-3153   팩스 | 02) 595-3165
등록 | 1997년 6월 17일 제113호

한국어판ⓒ 도서출판 길, 2025. Printed in Seoul, Korea
ISBN 978-89-6445-302-5 93920

스티븐 J. 캠벨에게

옮긴이 서문

　대략 14세기 중엽에서 16세기 중엽에 이르는 2세기 동안 이탈리아 르네상스 지성사를 견인한 지적 조류는 휴머니즘이었다. 그것은 고대에 발원해 중세를 거쳐 온 플라톤주의, 아리스토텔레스주의, 스토아주의, 회의주의, 에피쿠로스주의 등 다양한 철학 유파와 활발히 접촉하면서 때로는 그것을 받아들이고 때로는 거부하는 절충적 모습을 보임으로써, 그 지향점이 어디인지에 대해 그동안 많은 의문이 제기되어 왔다. 휴머니즘은 특히 아리스토텔레스의 중세적 해석이라고 할 만한 스콜라 철학과는 상당한 불화를 빚었기 때문에 이런 의문은 더욱 증폭되었다. 그것은 중세의 연장인가 혹은 근대의 시작인가? 그것은 철학적이었는가 혹은 문학적이었는가? 그것은 새로운 인간 정신을 일깨우고 새로운 인간관을 제시하려 했는가 혹은 그저 고전 고대의 문필을 복원하고 고양하는 데에 머물렀는가? 그것은 본질적으로 이교적이었는가 혹은 그리스도교적이었는가? 그것이 당대와 현대에 던지는 중요성은 무엇인가? 지난 한 세기 동안 르네상스 휴머니즘의 성격과 의미를 둘러싼 수많은 쟁점과 논쟁이 있었지만, 그 중심에는 언제나 세 명의 위대한 르네상스 학자가 있었다. 한스 바론(1900~88), 에우제니오 가린(1909~2004), 파울 오스카 크리스텔러(1905~99)가 바로 그들이다.

바론에게 르네상스 휴머니즘은 "공화주의적 자유"와 불가분의 관계에 있었다.[1] 그는 피렌체 공화국이 밀라노의 참주와 벌인 1402년의 전쟁을 "자유" 대對 "폭정"의 대립과 갈등이라는 관점에서 서구 문명에 결정적인 시기로 보았다. 피렌체의 휴머니스트 문필가들은 밀라노의 참주 비스콘티 가家의 전제주의에 대해 공화주의적 자유를 적극적으로 옹호함으로써 정치적 수사와 행동을 효과적으로 결합할 수 있었다. 14세기 휴머니스트들의 정태적 고전주의를 대신해 이른바 "시민적 휴머니즘civic humanism"이라는 근대적 의식이 발현되었다는 것이다. 15세기의 휴머니스트들은 자신들이 표방한 시민적 자유의 원형을 특히 로마 공화국에서 찾을 수 있다고 생각했다. 그들은 키케로를 모방한 새로운 라틴어 스타일(중세와는 다른 신新라틴어)을 통해 이러한 자유의 관념을 이어받고자 했다. 자유를 지키고자 하는 전쟁의 압력 속에서 고전 연구가 정치 이념으로 전화轉化되었고, 그리하여 자유에 관한 근대적 개념이 출현했다는 것이다. 시민은 국가 통치에 적극적으로 참여할 권리와 의무가 있다는 "비타 악티바vita activa" 혹은 "비베레 치빌레vivere civile"가 바로 그것이다.

바론의 "시민적 휴머니즘"은 정치 사상과 정치적 행동 또는 이데올로기 간의 관계에 대한 중요하고 의미 있는 시도였으나, 동시에 많은 비판을 불러왔다. 첫째, 짧은 기간의 전쟁이 그처럼 결정적인 이념적 전회轉回를 촉발할 수 있느냐는 것이었다. 정치 관념과 행동이 서로 관련은 되겠

---

[1] Hans Baron, *The Crisis of the Early Italian Renaissance: Civic Humanism and Republican Liberty in an Age of Classicism and Tyranny*, 2 vols. (Princeton: Princeton University Press, 1955; rev. ed. of one-volume, 1966); 한스 바론, 임병철 옮김, 『초기 이탈리아 르네상스의 위기: 고전주의와 전제주의 시대의 시민적 휴머니즘과 공화주의적 자유』, 도서출판 길, 2020. 다음도 볼 것. Baron, *In Search of Florentine Civic Humanism: Essays on the Transition from Medieval to Modern Thought*, 2 vols. (Princeton: Princeton University Press, 1988). 바론이 영어의 "civic humanism"에 해당하는 독일어 용어 "뷔르거후마니스무스Bürgerhumanismus"를 처음 쓴 것은 1925년 학술잡지 『역사적 시대정신』(*Historische Zeitgeist*)에 실린 한 서평에서였다.

지만, 그런 식의 직접적인 인과 관계를 이루기는 어렵다는 것이다. 둘째, 바론이 15세기 초에 출현했다고 주장한 공화 사상의 다양한 갈래가 이미 13세기 스콜라 철학에서 나타나고 있었다는 것이다. 셋째, 바론은 자신이 피렌체의 공화주의 정신을 잘 보여 수고 있다고 본 주요 "시민적 휴머니스트들"의 저작을 너무 액면 그대로 읽었다는 것이다. 그들의 정치적 주장은 본질상 수사적 선전이었지 결코 정치 사상적 변화가 아니었다는 것이다. 나아가 바론 테제의 주인공 레오나르도 브루니 시대의 피렌체 정부는 시민적 자유를 고양하는 헌정이 아니라 이미 과두 체제로 변질해 있었다는 비판도 함께 제기되었다.[2]

바론이 주장한 공화주의적 자유와 시민적 삶의 물적 토대는 11세기 말에서 12세기 초에 나타난 이탈리아의 도시 코무네이다. 이는 집단적 공권력을 지닌 자유민들의 "맹약 결사" 같은 것으로서, 12세기의 귀족 코무네에서 출발해 13세기 포폴로(평민) 코무네로 변화했고, 14세기에는 일부 도시에서 참주정이 출현했다. 르네상스 시기에는 밀라노 같은 참주정과 피렌체나 베네치아 같은 공화정이 혼재되어 있었다. 중세-르네상스 도시의 가장 큰 문제는 정치적 불안정이었다. 도시의 통치 집단은 봉건 대귀족, 기사, 상인, 지주, 은행가 등으로 다양했다. 그들은 가문과 파당의 이익에 따라 끊임없이 대립하고 분열했다. 그들은 정치적 안정을 위해 콘술, 포데스타, 카피타노, 입법회 등의 제도적 실험을 계속할 수밖에 없었으나, 이런 실험 자체가 다시 정치적 불안정의 주요 원인으로 작용했다.[3]

---

2 곽차섭, 「르네상스 휴머니즘의 해석에 대한 재검토: 크리스텔러 학파의 '수사적 휴머니즘'에 대한 비판을 중심으로」, 『역사학보』 108, 1985, 173~201쪽; Ronald G. Witt, "The Crisis After Forty Years", *American Historical Review* 101.1 (1996), 110-18; James Hankins, "The 'Baron Thesis' after Forty Years and Some Recent Studies of Leonardo Bruni", *Journal of the History of Ideas* 56.2 (1995), 309-38; James Hankins, ed., *Renaissance Civic Humanism: Reappraisals and Reflections* (Cambridge: Cambridge University Press, 2000).

3 Lauro Martines, *Power and Imagination: City-States in Renaissance Italy* (New York:

코무네 체제를 통해 이탈리아 도시는 그리스 민주정과 로마 공화정 이후 약 1,000년이 지난 뒤 왕이 없는 체제, 즉 공화정을 경험하게 된다. 도시민들은 물론 독실한 그리스도교인이었지만, 지상에서 그들이 살아가는 곳은 시민들 스스로 통치해야 하는 새로운 세속적 세계였다. 그들은 자신들의 이익을 위해서라도 지키지 않으면 안 될 국가를 가지게 된 것이다. "나는 조국을 내 영혼보다 더 사랑한다"는 마키아벨리의 유명한 언명이 "영혼보다 공동체를 더 사랑한다"고 한 14세기 초의 레미조 데 지롤라미로까지(아마 더 이전까지) 거슬러 올라가는 것도 이 때문이다. 또한 마테오 팔미에리는 『시민적 삶』(1449)에서 "공직에 있는 사람은 무엇보다 그 자신의 인격을 버리고 전소 시민체라는 공적 인격을 가져야 한다는 것을 알고 있다"고 썼다.⁴ 공화정의 이상이 현실과 얼마나 유리되어 있었든 간에, 바론의 공화주의적 자유와 비베레 치빌레, 즉 "시민적 삶"은 아무런 실체 없이 나온 관념이 아니었다. 바론이 르네상스 공화주의를 18세기 이래의 세속주의적이고 자유주의적인 정치 개념의 직접적 전신前身으로 간주했다는 비판이 제기될 수는 있겠지만, 양 시대 간에 어떤 연관성이 있느냐에 대한 의문은 계속될 수밖에 없다. 르네상스 도시국가가 경험한 이러한 정치적 불안정과 세속화가 어떻게 더 이후의 근대 세계와 연결되는지를 다룬 것이 바로 존 포칵의 『마키아벨리언 모멘트』이다.⁵

가린 역시 르네상스 휴머니즘에서 어떤 근대성의 발현을 찾고자 했지

Vintage Books, 1980); 라우로 마티네스, 곽차섭 옮김, 『권력과 상상력: 르네상스 이탈리아의 도시국가들』, 도서출판 길, 근간.
4 Niccolò Machiavelli a Francesco Vettori, forlì 15/16 aprile 1527, in Machiavelli, *Lettere*, a cura di Francesco Bausi, 3 voll. (Roma: Salerno, 2002), III, p. 1597; Remigio dei Girolami, *De bono communi* (1302); 니콜로 마키아벨리, 곽차섭 옮김 · 주해, 『군주론/군주국에 대하여』, 도서출판 길, 2015, LVI, 주 51; Matteo Palmieri, *Vita civile*, edizione critica a cura di Gino Belloni (Firenze: Sansoni, 1982), lib. 2, [189], 98.
5 J. G. A. 포칵, 곽차섭 옮김, 『마키아벨리언 모멘트: 피렌체 정치사상과 대서양의 공화주의 전통』, 나남, 2011.

만, 그는 역사적 사건과 이념 간의 관계에 초점을 맞춘 바론과는 달리 휴머니즘을 서양 철학사의 한 중요한 전기轉機 — 근대로 이행하는 — 로 보았다. 그는 이런 관점을 제시한 최초의 저작 『이탈리아 휴머니즘』에서 르네상스 휴머니즘의 특징이 근본적으로 과거와 현재의 관계에 대한 새로운 사고방식에 있다고 주장했다.[6] 그것은 본질적으로 고대인의 문화와 가치를 르네상스 이탈리아라는 역사적 환경 내에서 새롭게 고양하고 변용하려는 운동이었다는 것이다. 르네상스 휴머니스트들에게 중세 스콜라 철학자는 "야만인"이었다. 이는 그들이 고전에 대해 무지했기 때문이 아니라 그것을 자신들의 역사적 상황에서 이해하지 못했기 때문이다. 아리스토텔레스와 베르길리우스는 중세에도 잘 알려져 있었으나, 그들을 진정으로 "발견"한 것은 휴머니스트들이었다. 그들은 베르길리우스를 그가 몸담은 역사적 맥락에서 바라보았고, 아리스토텔레스를 기원전 4세기 아테나이의 문제와 학문의 관점에서 설명하고자 했다. 휴머니스트들이 추구한 고대의 발견은 곧 인간의 발견이며, 그 둘은 사실상 같은

---

[6] Eugenio Garin, *Der italienische Humanismus* (Bern: Francke AG, 1947); *L'Umanesimo italiano: Filosofia e vita civile nel Rinascimento* (Bari: Laterza, 1952); Eng. tr., *Italian Humanism: Philosophy and Civic Life in the Renaissance*, tr. Peter Munz (New York: Harper and Row, 1965). Garin, *Storia della filosofia*, Introduzione di Michele Ciliberto (Roma: Edizioni di storia e letteratura, 2011; Edizione originale, Firenze: Vallecchi, 1945). 휴머니즘에 대한 가린(특히 크리스텔러와 대비해)의 관점에 대해서는 다음을 볼 것. James Hankins, "Two Twentieth-Century Interpreters of Renaissance Humanism: Eugenio Garin and Paul Oskar Kristeller" in Hankins, *Humanism and Platonism in the Italian Renaissance*, 2 vols. (Roma: Edizioni di storia e letteratura, 2003), I, 573-91; Christopher S. Celenza, *The Lost Italian Renaissance: Humanists, Historians, and Latin's Legacy* (Baltimore: Johns Hopkins University Press, 2004), 16-57; James Hankins, "Garin and Paul Oskar Kristeller: Existentialism, Neo Kantianism, and the Post-War Interpretation of Renaissance Humanism" in *Eugenio Garin dal Rinascimento all'Illuminismo*. Atti del Convegno, Firenze, 6-8 marzo 2009, a cura di Olivia Cantanorchi e Valentina Lepri (Roma: Edizioni di storia e letteratura, 2011), 481-95; Rocco Rubini, "The Last Italian Philosopher: Eugenio Garin (With an Appendix of Documents)" [Essay Review], *Intellectual History Review* 21.2 (2011), 209-30.

것이자 하나였다. 고대를 그 자체로서 발견코자 하는 것은 그것과 관련해 자신을 판단하는 것이고, 그것으로부터 거리를 두는 것이며, 그것에 대해 스스로의 위치를 가늠하는 것이었기 때문이다. 그것은 시간과 기억, 인간의 창조물과 세속적 업적과 책임에 대한 새로운 감성을 의미했다. 대부분의 위대한 휴머니스트들이 모두 정치가이자 행동가이며 자신들의 시간을 기꺼이 공적인 삶에 바치곤 했던 것은 결코 우연이 아니었다. 결국 휴머니즘은 이 세계에서의 삶을 지향하는 행동적·활동적 에토스의 출현에 기여했다는 것이다.[7]

르네상스 휴머니스트들의 업적은 스스로 "그람마티카grammatica"라 부른 "문헌학philology"에 근거하고 있었다. 주요 휴머니스트들(특히 로렌초 발라)은 세심한 고증을 통해 아리스토텔레스의 논리학이 유일한 논리학이 아니라는 것, 성서를 순수히 역사적 추론에 따라 읽을 수 있다는 것을 알게 되었다. 이제 고대의 권위만이 유일한 권위가 아니며, 과거는 실제로 규정할 수 있고 식별 가능한 역사성을 가지고 있다는 것을 믿게 되었다. 휴머니스트 문헌학은 고대를 역사화함으로써 당시의 주장이 무엇을 의미했는지에 대한 당대적 관점을 갖게 해 주었다. 그것은 예컨대 아리스토텔레스에 의해 계시된 "자연이나 신의 신탁"이 아니라 어떤 시대의 사람들이 상상하고 고안했던 생각이자 그 문화의 산물이며, 특정한 경험의 결과라는 것이다(이런 의미에서 14세기와 15세기에 각각 시대 착오성 개념과 원근법이 발견되었다는 점은 의미심장하다. 양자 모두 시간적·공간적 거리를 다루고 있다). 가린은 이런 관점에서 "역사적 앎으로서의 철학la filosofia come sapere storico"을 주창했다(이는 그가 쓴 자전적 저술의 이름이기도 하다).[8] 휴머니스트 문헌학은 현대의 좁은 의미에서의 문헌학이 아니라 인간과 세계에 대한 새로운 관점을 제시해 준다는 의미에서 넓은 의미의 철학에 속했다. 그것은 형이상학과 신학에 매몰된 스콜라 철학을

---

7 Garin, *L'Umanesimo italiano*, 7-24, spec. 21-22.

8 Garin, *La filosofia come sapere storico* (Bari: Laterza, 1959).

싫어했다. 휴머니스트들은 철학이 태양 아래의 모든 문제, 신학의 모든 문제를 다루며, 이미 정해진 질서 아래의 모든 가능성을 구성하고 구획한다는 기존의 관념을 거부했다. 그들은 당시의 철학이 허망하고 무익하기 때문에, 두 가지 의미로 구성된 구체적인 연구로 방향을 돌려야 한다고 생각했다. 그 첫째는 도덕철학(윤리학, 정치학, 경제학, 미학, 논리학, 수사학 등)이고 둘째는 모든 권위에서 해방된 "이욱스타 프로프리아 프린치피아iuxta propria principia", 즉 "그 스스로의 원리에 가깝게" 계발되어야 하는 자연과학이 그것이었다(권위에 의존하는 스콜라 철학자에 대해 자연은 스스로의 언어—수학—를 필요로 한다고 반박했던 갈릴레오의 말을 상기하자). 가린은 르네상스 휴머니스트들이 "문헌학"을 통해 새로운 종류의 철학 혹은 고대의 "필로소피아"—지혜에 대한 사랑—개념을 새롭게 변용한 철학—넓은 의미의—을 실천했다고 보았다. 요컨대, 가린은 "매우 실제적인 철학하기proprio effettivo filosofare" 혹은 "철학으로서의 문헌학"을 주장했던 것이다.[9]

르네상스 휴머니즘을 스콜라 철학(혹은 전통적 철학)에 반발한 새로운 "철학"으로 간주하는 가린의 대척점에 서 있는 학자가 바로 크리스텔러이다. 역사와 철학에 관한 거의 모든 점에서 둘은 양극적이었다. 크리스텔러는 우선 "휴머니즘"—현대에 인도주의나 실용주의를 뜻하는—이란 용어가 19세기 독일에서 만들어진 것이며, 르네상스 시대에는 15세기 후반에 나타나서 16세기에 널리 퍼진 "휴머니스트humanista/umanista"란 말만 있었다는 점을 지적한다. 르네상스 휴머니스트들은 자신들이 추구하는 학문을 "스투디아 후마니타티스studia humanitatis" 혹은 "스투디아 후마니오라studia humaniora", 즉 인문 과정 혹은 인간에 적합한 연구 분야라고 불렀다. 그 주요 과목은 문법, 수사학, 시, 역사, 도덕철학이었다. 특히 그들은 수사학에 큰 관심을 기울였는데, 이는 그들이 다름 아닌 중세 수사학자("딕타토레스dictatores")의 계승자였기 때문이

---

9 Garin, *L'Umanesimo italiano*, 16, 10-11.

다. 그들은 웅변("엘로퀜티아eloquentia")을 성취하는 최선의 길이 키케로와 같은 고전 작품의 스타일을 모방하는 것이라고 믿었다. 휴머니스트는 대부분 군주국이든 공화국이든 그곳의 서기이든가 대학이나 하급 학교에서 문법과 수사학을 가르치는 교사로서, 고전을 연구하고 고전 언어학을 탐구하는 "직업적 수사학자"였다. 따라서 르네상스 휴머니즘은 "어떤 철학적 경향이나 체계라기보다는 인문 과정을 강조하고 발전시키려는 문화적·교육적 프로그램"일 뿐이며, 휴머니스트는 "전혀 철학자가 아니"라는 것이다.[10]

크리스텔러가 특히 휴머니즘을 새로운 철학으로 본 가린의 관점에 반발한 배후에는 철학의 본질을 둘러싼 양자 간의 서로 다른 입장이 존재하고 있었다. 크리스텔러는 철학을 플라톤과 아리스토텔레스 이래 칸트를 거치며 서양 철학의 주류를 이룬 "보편 진리의 추구"—설사 결국에는 실패할지라도—로 간주했다. 그것은 진리를 향한 영속적 질문과 대답으로 이루어진다. 그것은 시간을 초월하는 근본적이고 본질적인 문제를 다룬다. 따라서 그것은 형이상학을 지향할 수밖에 없다. 물론, "아주 기술적이고 전문적인 의미"의 철학과 "시인, 문필가, 신학자, 과학자의 저술에서 발견되는 느슨한 철학적 사고"를 포괄하는 "넓은 의미"의 철

---

10 Paul Oskar Kristeller, "Humanism and Scholasticism in the Italian Renaissance", *Byzantion* 17 (1944-5), 345-74; repr. in Kristeller, *Studies in Renaissance Thought and Letters*, 4 voll. (Roma: Edizioni di storia e letteratura, 1956-96), I, 553-83; Kristeller, *Renaissance Thought: The Classic, Scholastic, and Humanist Strains* (New York: Harper & Row, 1961), 92-119; Kristeller, *Renaissance Thought and Its Sources*, ed. Michael Mooney (New York: Columbia University Press, 1979), 85-105. 다음도 볼 것. Edward P. Mahoney, ed., *Philosophy and Humanism: Renaissance Essays in Honor of Paul Oskar Kristeller* (Leiden: Brill, 1976); James Hankins, John Monfasani, and Frederick Purnell Jr., eds., *Supplementum Festivum: Studies in Honor of Paul Oskar Kristeller* (Binghamton, NY: Medieval and Renaissance Texts and Studies, 1987); John Monfasani, "Toward the Genesis of the Kristeller Thesis of Renaissance Humanism: Four Bibliographical Notes", *Renaissance Quarterly* 53.4 (2000), 1156-73; Monfasani, "Paul Oskar Kristeller and Philosophy", *Bulletin de philosophie médiévale* 57 (2015), 383-413.

학이 있을 수는 있겠지만, 철학의 역사는 어디까지나 전자에 초점을 두어야 한다는 것이 크리스텔러의 주장이다.[11] 반면, 가린은 이탈리아 휴머니즘의 문헌학과 고전 라틴어 연구는 "무엇보다도 삶과 인간과 인간 활동에 대한 개념에서 …… 근대 문명의 복합적 근원이 되는" 철학적 요소를 지니고 있다고 보는 입장이다.[12] 전자는 중세와의 연속성을 중시하고 후자는 근대로 향하는 방향성을 강조한다.

크리스텔러의 접근 방식은 바론이나 가린과는 달리 정치적 이념이나 철학적 요소를 배제하고 모든 "휴머니스트"의 공통점이 무엇인지에 초점을 맞추는 것이었다. 바론처럼 공화주의적 자유를 강조하면 참주정에 봉사한 휴머니스트 — 예컨대, 프란체스코 필렐포 — 가 틀에 맞지 않고, 가린과 같이 새로운 철학으로 보기에는 문법과 수사학을 중요시하는 휴머니스트 방식이 진리를 향한 논리적 논증을 주요 수단으로 삼는 전통 철학과는 거리가 먼 것처럼 보였다. 반면, 휴머니즘에 대한 크리스텔러의 포괄적이고 일반적인 정의는 간결하고 명확하다는 장점이 있었다. 바론, 가린, 크리스텔러의 이론이 서로 각축하던 20세기 후반을 거치면서 최근 수십 년 간 르네상스 학자들(특히 영어권)에게 더 많이 받아들여져 온 것은 크리스텔러의 입장이었다.

하지만 여기에는 큰 단점도 있다. 역사학이 다른 인문학에 비해 각별히 증거를 중시하는 것은 사실이지만, 결국에는 그 증거 위에 세워진 해석이 얼마나 설득력 있고 풍부한가가 더 중요하다. 여기서 "풍부하다"는 것은 정체되지 않고 다양한 발전 가능성을 품고 있다는 뜻이다. 이 점에서 휴머니즘에 대한 크리스텔러의 "수사학적" 정의는 마치 "문제"가 해

---

11 Kristeller, "The Renaissance in the History of Philosophical Thought" in André Chastel, et al., *The Renaissance: Essays in Interpretation* (London: Methuen, 1982), 129-30. 다음도 볼 것. Kristeller, "The Study of the History of Philosophy and Its Problems" in *Filosofia e cultura per Eugenio Garin*, a cura di Michele Ciliberto e Cesare Vasoli, 2 voll. (Roma: Riuniti, 1991), I, 351-70.

12 Garin, *La filosofia come sapere storico*, 147.

결되어 더 이상의 해석적 전개를 가로막고 있는 것처럼 보인다. 크리스텔러의 휴머니스트는 어떤 이념도 철학(사상)도 없이 오직 수사적 스타일과 기술에만 천착하는 사람으로 비칠 수 있다는 것이다. 바론 테제의 주인공인 레오나르도 브루니가 연이은 두 대화편에서 단테를 비난했다가 칭송한 것은 그의 이념적 변화 때문이 아니라 단지 한 문제에 대한 찬반을 모두 솜씨 있게 해내는 수사학자의 기술을 보여 주기 위한 것이었다는 크리스텔러 학파의 주장이 한 예이다. 수사학자는 사상가가 될 수 없는가?[13]

현재 르네상스 휴머니즘 연구는 바론이 강조한 "시민적 가치"가 여전히 한 축을 이루고 있는 가운데,[14] 크리스텔러적 "수사학파"의 견고한 성

---

13 곽차섭, 「르네상스 휴머니즘의 해석에 대한 재검토」, 189~93쪽; James Hankins, *Virtue Politics: Soulcraft and Statecraft in Renaissance Italy* (Cambridge, MA: Harvard University Press, 2019), xi-xii, xvi. 핸킨스는 기본적으로 크리스텔러를 따르면서도, 휴머니스트들의 저술을 알맹이 없는 "단순한 수사"라든가 그저 고대 작가를 베낀 "단순한 제스처"로 보는 영어권의 일부 크리스텔러 추종자들의 주장에는 반대하고 있다.

14 John M. Najemy, *Corporatism and Consensus in Florentine Electoral Politics, 1280-1400* (Chapel Hill: University of North Carolina Press, 1982); Laurie Nussdorfer, *Civic Politics in the Rome of Urban VIII* (Princeton: Princeton University Press, 1992); Mark Jurdjevic, "Civic Humanism and the Rise of Medici," *Renaissance Quarterly* 52.4 (1999), 994-1020; Lauro Martines, *April Blood: Florence and the Plot against the Medici* (Oxford: Oxford University Press, 2004); Mark Jurdjevic, *Guardians of Republicanism: The Valori Family in the Florentine Renaissance* (Oxford: Oxford University Press, 2017); Brian J. Maxon, *The Humanist World of Renaissance Florence* (Cambridge: Cambridge University Press, 2014); Nicholas S. Baker and Brian J. Maxson, eds., *After Civic Humanism: Learning and Politics in Renaissance Italy* (Toronto: Centre for Reformation and Renaissance Studies, 2015); Arthur Field, *The Intellectual Struggle for Florence: Humanists and the Beginnings of the Medici Regime, 1420-1440* (Oxford: Oxford University Press, 2017); "강한" 근대적 공화주의보다는 "약한" 르네상스 공화주의에 대한 최근의 주장에 대해서는 다음을 볼 것. Gabriele Pedullà, "Humanist Republicanism: Towards a New Paradigm", *History of Political Thought* 41.1 (2020), 43-95; Pedullà, "Scipio vs Caesar: The Poggio-Guarino Debate without Republicanism" in *Republicanism: A Theoretical and Historical Perspective*, a cura di Fabrizio Ricciardelli e Marcello Fantoni (Roma: Viella, 2020), 275-306.

채를 가린을 따르는 "철학파"가 공략하는 흐름을 보이고 있다. "철학파"는 대략 두 갈래로 나뉘는데(하지만 둘은 서로 긴밀히 연관되어 있다), 그 하나는 휴머니스트 방식으로 "철학하기filosofare/philosophizing" 혹은 "철학으로서의 문헌학philiology as philosophy"을 규명하고자 하는 것이고, 다른 하나는 휴머니스트 철학이 전통적인 스콜라 철학의 변증법보다는 "삶의 방식으로서의 철학philosophy as a way/style of life"을 지향한다는 것이다.

르네상스 휴머니즘이 "철학하기" 혹은 "철학으로서의 문헌학"이라는 관점은 휴머니즘을 스콜라 철학에 대한 근본적 비판으로 보는 데서 출발한다. 휴머니스트들은 철학적 언설도 다른 모든 소통 형식과 마찬가지로 최고의 고전 작가를 따라 명증성, 설득력, 웅변적 스타일로 제시되어야 한다고 믿었다. 그들은 특히 문헌학적 방법을 통해 언어의 역사적 의미를 규명함으로써 텍스트 본래의 의미를 파악할 수 있다고 확신했다(발라의 『콘스탄티누스 기진의 허위성에 대한 연설』이 좋은 예이다). 반면, 스콜라 철학자들은 대학에서의 교육을 독점한 채 자기들만이 인정하는 기술적이고 특수한 용어로 "철학"이라는 것을 하고 있었다. 요컨대, 휴머니스트들은 철학적 언어의 역사성을 연구함으로써 스콜라 철학의 언어적 부정확성을 비판했고, 나아가서는 영속적 진리보다는 역사적 실존의 철학적 함의를 제기했다는 것이다.[15] 휴머니스트들은 무엇보다 일종의 "언어 철학자"였다. 특히 로렌초 발라는 중세 수사학(크리스텔러가 휴머니즘의 선구로 본 "아르스 딕타미니스")의 쓰고 말하는 단순한 기술을 넘어서서,[16] 말("오라티오oratio")과 그것이 의미하는 사물("레스res")이 이성("라티오ratio")에 의해 어떻게 관련되는지를 깊이 탐구했다. 또한 그는 그 연장선에서 성서 언어를 분석함으로써 언어에 대한 "탈脫존재론적" 관

---

15 Jill Kraye, "Philologists and Philosophers" in *The Cambridge Companion to Renaissance Humanism*, ed. Jill Kraye (Cambridge: Cambridge University Press, 1996), 142-160.

16 Judith Rice Henderson, "Valla's *Elegantiae* and the Humanist Attack on the *Ars Dictaminis*", *Journal of the History of Ideas* 19.2 (2001), 249-268.

점을 제시하고자 했다.[17] 이런 면모는 다른 휴머니스트에게서도 찾을 수 있다. 조반니 폰타노는 발라를 따라 "언어가 없다면 사고도 없다"고 주장했고, 마리오 니졸리오는 스콜라 철학적 범주를 탈존재론적으로 만들어 추상적인 철학 개념을 수사학적 제유提喻로 바꾸고자 했다.[18] 현대에 들어서는 하이데거가 사르트르와의 논쟁에서 자신의 탈형이상학적 입장에도 불구하고 르네상스 이탈리아 휴머니즘을 철학으로 인정하지 않은(르네상스 휴머니즘은 "로마적인 것의 재생"에 불과하다) ─ 하이데거는 크리스텔러의 멘토였다 ─ 데 대한 반발도 나타났다.[19] 결국 휴머니스트

---

17 이 방면의 선구자는 캄포레알레이다. Salvatore I. Camporeale, *Lorenzo Valla. Umanesimo e teologia* (Firenze: Istituto Nazionale di Studi sul Rinascimento, 1972). Camporeale, *Christianity, Latinity, and Culture: Two Studies on Lorenzo Valla*, tr. Patrick Baker, and ed. Patrick Baker and Christopher S. Celenza, with Lorenzo Valla's *Encomium of Saint Thomas*, ed. and tr. Patrick Baker (Boston: Brill, 2014). 다음도 볼 것. Richard Waswo, *Language and Meaning in the Renaissance* (Princeton: Princeton University Press, 1987); Nancy Struever, "Garin, Camporeale, and the Recovery of Renaissance Rhetoric", *MLN* 119.1, supplement (Jan. 2004), 547-55; Melissa Meriam Bullard, "The Renaissance Project of Knowing: Lorenzo Valla and Salvatore Camporeale's Contribution to the *Querelle* between Rhetoric and Philosophy", *Journal of the History of Ideas* 66.4 (2005), 477-481; Brian P. Copenhaver, "Valla Our Contemporary: Philosophy and Philology", *Journal of the History of Ideas* 66.4 (2005), 507-25; Christopher S. Celenza, "Lorenzo Valla's Radical Philology: The 'Preface' to the *Annotations to the New Testament* in Context", *Journal of Medieval and Early Modern Studies* 42.2 (2012), 365-94. 발라가 "일상 언어 철학자"라는 주장에 대한 크리스텔러 학파의 "격렬한" 반응에 대해서는 다음을 볼 것. John Monfasani, "Was Lorenzo Valla an Ordinary Language Philosopher?" *Journal of the History of Ideas* 50.2 (1989), 309-23.

18 Lodi Nauta, "Philology as Philosophy: Giovanni Pontano on Language, Meaning, and Grammar", *Journal of the History of Ideas* 72.4 (2011), 481-502; Nauta, "Anti-Essentialism and Rhetoricization of Knowledge: Mario Nizolio's Humanist Attack on Universals", *Renaissance Quarterly* 65 (2012), 31-66.

19 실존주의가 곧 휴머니즘이라고 한 사르트르의 강연(1945)과 그에 대한 하이데거의 비판(1946/7)은 다음을 볼 것. 장 폴 사르트르, 박정태 옮김, 『실존주의는 휴머니즘이다』, 이학사, 2008; Martin Heidegger, "Letter on Humanism" in Id., *Basic Writings*, ed. David Farrell Krell and foreword Taylor Carman (New York: Harper Perennial

들은 근대 최초로 철학의 "언어적 전회linguistic turn"를 시도한 셈이다.

"삶의 방식으로서의 철학"이란 이를 주창한 프랑스 철학자 피에르 아도에 따르면, "개인의 삶 전체를 변화시키겠다는 목표를 가지고 매 순간 실천해야 하는, 세계-안에서-존재하는 방식"이다. 철학은 본래 지혜에 대한 사랑으로 인식되었고, 지혜는 "단지 우리가 알도록 해 주는 데 그치지 않고, 우리를 다른 방식으로 "존재"하게 만든다."[20] 셀렌차는 아도의 철학 모형을 따라 르네상스 시기에는 "철학자"란 말이 넓은 의미로 쓰였으며, 휴머니스트들이 생각하던 철학은 모든 삶의 영역에서 지혜를 찾는 것이었다고 주장한다. 이런 관념은 고대 이후 지속되어 오다가 18세기 말부터 이론적이고 변증법적 방식의 철학이 주류가 되었다는 것이다. 그래서 페트라르카는 아리스토텔레스의 『니코마코스 윤리학』을 비판하면서 철학의 요체는 "영혼을 돌보는 것"이라고 말했고(알베르티가 그 뒤를 따랐다), 브루니는 아리스토텔레스의 형이상학을 의도적으로 누락해 그를 휴머니스트로 만들었으며, 조반니 피코 미란돌라는 진정한 철학자의 한 면모로 삶의 태도를 꼽았다. 그들은 모두 어떻게 살 것인지에 대한 소

Modern Thought, 2008); Ernesto Grassi, *Heidegger and the Question of Renaissance Humanism: Four Studies* (Binghamton, NY: Center for Medieval and Early Renaissance Studies, 1983); Grassi, *Rhetoric as Philosophy: The Humanist Tradition*, tr. J. M. Krois and A. Azodi (Carbonale: Southern Illinois University Press, 2000); Rocco Rubini, "Humanism Is an Existentialism: Renaissance and Vichian Legacies in Italian Philosophy between Hegel and Heidegger," *Annali d'Italianistica* 29 (2011), 431-458; Rubini, *The Other Renaissance: Italian Humanism between Hegel and Heidegger* (Chicago: University of Chicago Press, 2014).

20 Pierre Hadot, *Exercices spirituels et philosophie antique* (Paris: Études Augustiniennes, 1981, 2nd ed., 1987); Eng. tr., *Philosophy as a Way of Life: Spiritual Exercises from Socrates to Foucault*, ed. Arnold I. Davidson and tr. Michael Chase (Oxford: Blackwell, 1995), 265; Hadot, *Qu'est-ce que la philosophie antique?* (Paris: Gallimard, 1995) [피에르 아도, 이세진 옮김, 『고대 철학이란 무엇인가』, 열린책들, 2017]. 다음도 볼 것. John Sellars, "What is Philosophy as a Way of Life?" *Parrhesia* 28 (2017), 40-56; Matthew Sharpe and Michael Ure, *Philosophy as a Way of Life: History, Dimensions, Directions* (London: Bloomsbury, 2021).

크라테스적 관점을 추구했다는 것이다. 또한 다수의 휴머니스트는 디오게네스 라에르티오스의 『유명한 철학자들의 생애와 사상』처럼 고대 철학자들의 전기를 통해 그리스도교인이 아닌 고대인의 유덕한 삶을 강조함으로써 은연중 "여기"에서의 삶의 방식이 어떠해야 하는지를 보여 주었다.[21] 철학이란 단지 앎을 지향하는 것이 아니라 그 앎을 통해 스스로를 변화시키는 것이라는 생각은 논리적 정합성과 주석에만 매달리는 다수의 현대 "철학자" — 자신을 확고히 그런 사람이라고 믿고 있는 — 에게도 반성과 성찰의 기회가 될 수 있다.

역사가의 본분은 문제를 근본적으로 해결하는 것이 아니라 자신의 세대와 시대의 흐름에 따라 문제를 재구성하고 "다시 쓰는" 것이다. 모든 사람, 모든 사건은 필연적으로 시간의 흐름 속에 있으며, 시간을 벗어난 존재에 대한 관념조차도 시간을 벗어날 수 없다. 영속적 문제와 그에 대한 영속적 대답을 추구한다는 철학도 예외가 아니다. 모든 텍스트는 역사적이기 때문이다. 현대 과학의 비약적 발전과 함께 이전의 모든 가상적 "형이상학"이 존립의 의미를 잃고 있다. 현상과 실재 사이의 구별을 제거하고, 보편주의의 전통적 권위를 해체하며, 모든 것의 유한성과 역사성을 되새기는 것이 새로운 철학의 길인지도 모른다. 여기에는 철학의 "올바른" 형식이란 것은 없다. 어떤 형식도 가능할 수 있다. 리처드 로티의 경구처럼 이제 철학은 "시詩가 될 수도 있는" 것이다.[22] 르네상스 휴

---

21 Christopher S. Celenza, ""What Counted as Philosophy in the Italian Renaissance? The History of Philosophy, the History of Science, and Styles of Life", *Critical Inquiry* 39 (2013), 367-401; Celenza, "Ideas in Context and the Idea of Renaissance Philosophy", *Journal of the History of Ideas* 75.4 (2014), 653-66; Gur Zak, *Petrarch's Humanism and the Care of the Self* (Cambridge: Cambridge University Press, 2010); Zak, "Humanism as a Way of Life: Leon Battista Alberti and the Legacy of Petrarch", *I Tatti Studies in the Italian Renaissance* 17.2 (2014), 217-40; John Sellars, "Renaissance Humanism and Philosophy as a Way of Life", *Metaphilosophy* 51.2-3 (2020), 226-43; Ada Palmer, "Humanist Lives of Classical Philosophers and the Idea of Renaissance Secularization", *Renaissance Quarterly* 70.3 (2017), 935-76.

22 Richard Rorty, *Philosophy and the Mirror of Nature* (Princeton: Princeton University

머니스트들이 수사학으로 "철학하기"를 시도한 것처럼.

*

이 책은 Christopher S. Celenza, *The Intellectual World of the Italian Renaissance: Language, Philosophy, and the Search for Meaning* (Cambridge: Cambridge University Press, 2018)을 번역한 것이다. 몇 년 전에 이 책을 접했을 때, 복잡하게 얽힌 르네상스의 다기 다양한 지적 조류를 새로운 관점과 상세한 서술로 잘 풀어내고 있다는 인상을 받았다. 특히 그동안 영미 학계에서 거의 잊히다시피 한 에우제니오 가린의 해석이 재조명되고 있다는 점도 눈에 띄었다. 내가 르네상스 휴머니즘의 성격을 둘러싼 논쟁에 대해 알게 된 것은 대학원 시절인 1980년대 초였는데, 당시는 특히 바론 테제에 대한 크리스텔러 학파의 비판이 거세지고 있던 때였다. 학문에도 당연히 "취향"이라는 것이 있을 수 있을 텐데, 나는 역사와 사상에 대한 크리스텔러 식의 "정태적" 입장보다는 바론 식의 전향적 시각이 더 마음에 들었다. 바론 테제에 내재한 "자유"에 대한 "도시 이데올로기"적·휘그적 편향은 당연히 비판받아야 하겠지만, 그래도 나는 한 시대를 좀 더 미래 지향적으로 보고 싶었다. 가린의 대표작 중 하나인 『이탈리아 휴머니즘』이 1965년에 영역되었고 이후로도 몇 가지가 더 번역되었지만, 영미 르네상스 학계에서 가린의 영향력은 크지 않았고 크리스텔러의 학설이 주류가 되었다. 여기에는 크리스텔러가 일찍부터 콜럼비아 대학에 교수직을 얻어 기존 학자들의 후원을 받고 제자를 양성할 수 있는 행운을 얻은 데 비해, 바론은 내내 시카고 뉴베리 도서관 사서직에

Press, 1979); Rorty, *Philosophy as Poetry*, intro. Michael Bérubé and afterword, Mary Varney Rorty (Charlottesville, VA: University of Virginia Press, 2016); 한국어 역: 리처드 로티, 박병기·김은미 옮김, 『철학은 시가 될 수 있을까』, 씨아이알, 2023. 다음도 볼 것. Timothy Kircher, "Riddle of Renaissance Rhilosophy and Humanism" in *Routledge History of the Renaissance*, ed. William Caferro (London: Routledge, 2019), 75-101.

머물렀다는 학문 외적 조건도 일부 작용했으리라 생각된다. 둘은 모두 나치를 피해 온 유대계 독일인이었지만 그들이 지향한 학문적 방향성은 매우 달랐다. 가린은 바론과 관점상 공유점이 있었지만, 영미 학자들에게는 멀리 있는 외국인이었다. 셀렌차의 이 책을 주의 깊게 읽는다면 가린, 바론, 크리스텔러, 그리고 포칵까지 포함해 "비베레 치빌레"에 대한 그들의 관점이 서로 어떻게 연결되고 또 부딪치는지를 알게 될 것이다. 독자들이 어느 관점을 따르든 간에, 현재 휴머니즘을 중심으로 르네상스 지성사를 이처럼 깊이 천착한 저술은 이탈리아 및 영미 학계를 통틀어서도 찾아보기 힘들다고 본다.

언제나 그렇듯이, 학문은 혼자만의 사유로 이루어지는 것이 아니다. 매주 한두 차례 만나 나의 이런저런 생각과 독서 후기를 들어주는 오경환 선생과 매달 변함없이 지적 향연의 자리를 제공하는 바자리 미술사 모임의 박원용, 이경일 교수에게 감사드린다. 가끔 함께하는 벗들, 제자들과의 정다운 만남도 삶의 윤택함에서 빼놓을 수 없다. 또한 도서출판 길 이승우 선생의 적극적인 번역 제의가 없었다면, 이 책은 그저 학자와 도서관의 서가에 꽂힌 채 결국 이 땅의 독자들과는 만나지 못했을 것이다. 잘 쾌유해 건강을 유지해 주는 것이 고마운 사랑하는 아내와 항상 평안함의 울타리가 되어 주는 재욱, 아인, 지현, 상규에게 나의 마음을 전하고 싶다.

2025년 6월 6일
창문 밖으로 장산이 바라보이는 해운대 연구실에서
곽차섭

참고문헌

Baker, Nicholas S. and Brian J. Maxson, eds., *After Civic Humanism: Learning and Politics in Renaissance Italy* (Toronto: Centre for Reformation and Renaissance Studies, 2015).

Baron, Hans, *The Crisis of the Early Italian Renaissance: Civic Humanism and Republican Liberty in an Age of Classicism and Tyranny*, 2 vols. (Princeton: Princeton University Press, 1955; rev. ed. of one-volume, 1966) [한스 바론, 임병철 옮김, 『초기 이탈리아 르네상스의 위기: 고전주의와 전제주의 시대의 시민적 휴머니즘과 공화주의적 자유』, 도서출판 길, 2020].

_____, *In Search of Florentine Civic Humanism: Essays on the Transition from Medieval to Modern Thought*, 2 vols. (Princeton: Princeton University Press, 1988).

Bullard, Melissa Meriam, "The Renaissance Project of Knowing: Lorenzo Valla and Salvatore Camporeale's Contribution to the *Querelle* between Rhetoric and Philosophy", *Journal of the History of Ideas* 66.4 (2005), 477-481.

Camporeale, Salvatore I., *Lorenzo Valla. Umanesimo e teologia* (Firenze: Istituto Nazionale di Studi sul Rinascimento, 1972).

_____, *Christianity, Latinity, and Culture: Two Studies on Lorenzo Valla*, tr. Patrick Baker, and ed. Patrick Baker and Christopher S. Celenza, with Lorenzo Valla's *Encomium of Saint Thomas*, ed. and tr. Patrick Baker (Boston: Brill, 2014).

Celenza, Christopher S., "Lorenzo Valla's Radical Philology: The 'Preface' to the *Annotations to the New Testament* in Context", *Journal of Medieval and Early Modern Studies* 42.2 (2012), 365-94.

_____, "What Counted as Philosophy in the Italian Renaissance? The History of Philosophy, the History of Science, and Styles of Life", *Critical Inquiry* 39 (2013), 367-401.

_____, "Ideas in Context and the Idea of Renaissance Philosophy", *Journal of the History of Ideas* 75.4 (2014), 653-66.

_____, "Why Florence? Pocock, Civic Humanism, and the Debate over the Latin Language", in *After Civic Humanism: Learning and Politics in Renaissance Italy, 1300-1600*, eds. Nicholas S. Baker and Brian Maxson (Toronto: Centre for Reformation and Renaissance Studies, 2015), 49-70.

_____, *The Italian Renaissance and the Origins of the Modern Humanities: An Intellectual History, 1400-1800* (Cambridge: Cambridge University Press, 2021).

Copenhaver, Brian P., "Valla Our Contemporary: Philosophy and Philology", *Journal of the History of Ideas* 66.4 (2005), 507-25.

Field, Arthur, *The Intellectual Struggle for Florence: Humanists and the Beginnings of the Medici Regime, 1420-1440* (Oxford: Oxford University Press, 2017).

Garin, Eugenio, *Storia della filosofia*, Introduzione di Michele Ciliberto (Roma: Edizioni di storia e letteratura, 2011; Edizione originale, Firenze: Vallecchi, 1945).

_____, *Der italienische Humanismus* (Bern: Francke AG, 1947).

_____, *L'Umanesimo italiano: Filosofia e vita civile nel Rinascimento* (Bari: Laterza, 1952) [Eng. tr., *Italian Humanism: Philosophy and Civic Life in the Renaissance*, tr. Peter Munz (New York: Harper and Row, 1965)].

_____, *La filosofia come sapere storico* (Bari: Laterza, 1959).

Grassi, Ernesto, *Heidegger and the Question of Renaissance Humanism: Four Studies* (Binghamton, NY: Center for Medieval and Early Renaissance Studies, 1983).

_____, *Rhetoric as Philosophy: The Humanist Tradition*, tr. J. M. Krois and A. Azodi (Carbonale: Southern Illinois University Press, 2000).

Hadot, Pierre, *Exercices spirituels et philosophie antique* (Paris: Études Augustiniennes, 1981, 2ᵃ ed., 1987) [Eng. tr., *Philosophy as a Way of Life: Spiritual Exercises from Socrates to Foucault*, ed. Arnold I. Davidson and tr. Michael Chase (Oxford: Blackwell, 1995)].

_____, *Qu'est-ce que la philosophie antique?* (Paris: Gallimard, 1995) [피에르 아도, 이세진 옮김, 『고대 철학이란 무엇인가』, 열린책들, 2017].

Hankins, James, "The 'Baron Thesis' after Forty Years and Some Recent Studies of Leonardo Bruni", *Journal of the History of Ideas* 56.2 (1995), 309-38.

_____, ed., *Renaissance Civic Humanism: Reappraisals and Reflections* (Cambridge: Cambridge University Press, 2000).

_____, "Two Twentieth-Century Interpreters of Renaissance Humanism: Eugenio Garin and Paul Oskar Kristeller" in Hankins, *Humanism and Platonism in the Italian Renaissance*, 2 vols. (Roma: Edizioni di storia e letteratura, 2003).

_____, "Garin and Paul Oskar Kristeller: Existentialism, Neo-Kantianism, and the Post-War Interpretation of Renaissance Humanism" in *Eugenio Garin dal Rinascimento all'Illuminismo*. Atti del Convegno, Firenze, 6-8 marzo 2009, a cura di Olivia Cantanorchi e Valentina Lepri (Roma: Edizioni di storia e letteratura, 2011).

_____, *Virtue Politics: Soulcraft and Statecraft in Renaissance Italy* (Cambridge, MA: Harvard University Press, 2019).

Hankins, James, John Monfasani, and Frederick Purnell Jr., eds., *Supplementum Festivum: Studies in Honor of Paul Oskar Kristeller* (Binghamton, NY: Medieval and Renaissance Texts and Studies, 1987).

Heidegger, Martin, *Über den Humanismus* (Frankfurt am Main: Vittorio Kostermann, 1947) ["Letter on Humanism" in Id., *Basic Writings: From Being and Time (1927) to The Task of Thinking (1964)*, ed. David Farrell Krell and foreword Taylor Carman (New York: Harper Perennial Modern Thought, 2008)].

Henderson, Judith Rice, "Valla's *Elegantiae* and the Humanist Attack on the *Ars Dictaminis*", *Journal of the History of Ideas* 19.2 (2001), 249-268.

Jurdjevic, Mark, "Civic Humanism and the Rise of Medici," *Renaissance Quarterly* 52.4 (1999), 994-1020.

_____, *Guardians of Republicanism: The Valori Family in the Florentine Renaissance* (Oxford: Oxford University Press, 2017).

Kircher, Timothy, "Riddle of Renaissance Rhilosophy and Humanism" in the *Routledge History of the Renaissance*, ed. William Caferro (London: Routledge, 2019).

Kraye, Jill, "Philologists and Philosophers" in *The Cambridge Companion to Renaissance Humanism*, ed. Jill Kraye (Cambridge: Cambridge University Press, 1996).

Kristeller, Paul Oskar, "Humanism and Scholasticism in the Italian Renaissance", *Byzantion* 17 (1944-5).

_____, *Studies in Renaissance Thought and Letters*, 4 voll. (Roma: Edizioni di storia e letteratura, 1956-96).

_____, *Renaissance Thought: The Classic, Scholastic, and Humanist Strains* (New York: Harper & Row, 1961).

_____, *Renaissance Thought and Its Sources*, ed. Michael Mooney (New York: Columbia University Press, 1979).

_____, "The Renaissance in the History of Philosophical Thought" in André Chastel, et al., *The Renaissance: Essays in Interpretation* (London: Methuen, 1982).

_____, "The Study of the History of Philosophy and Its Problems" in *Filosofia e cultura per Eugenio Garin*, a cura di Michele Ciliberto e Cesare Vasoli, 2 voll. (Roma: Riuniti, 1991).

Machiavelli, Niccolò, *Il Principe*, a cura di M. Martelli (Roma: Salerno, 2006) [ㄴ]

콜로 마키아벨리, 곽차섭 옮김·주해, 『군주론/군주국에 대하여』, 도서출판 길, 2015].

_____, *Lettere*, a cura di Francesco Bausi, 3 voll. (Roma: Salerno, 2002).

Mahoney, Edward P., ed., *Philosophy and Humanism: Renaissance Essays in Honor of Paul Oskar Kristeller* (Leiden: Brill, 1976).

Martines, Lauro, *Power and Imagination: City-States in Renaissance Italy* (New York: Vintage Books, 1980) [라우로 마티네스, 곽차섭 옮김, 『권력과 상상력: 르네상스 이탈리아의 도시국가들』, 도서출판 길, 근간].

_____, *April Blood: Florence and the Plot against the Medici* (Oxford: Oxford University Press, 2004).

Maxon, Brian J., *The Humanist World of Renaissance Florence* (Cambridge: Cambridge University Press, 2014).

Monfasani, John, "Was Lorenzo Valla an Ordinary Language Philosopher?" *Journal of the History of Ideas* 50.2 (1989), 309-23.

_____, "Paul Oskar Kristeller and Philosophy", *Bulletin de philosophie médiévale* 57 (2015), 383-413.

_____, "Toward the Genesis of the Kristeller Thesis of Renaissance Humanism: Four Bibliographical Notes", *Renaissance Quarterly* 53.4 (2000), 1156-73.

Najemy, John M., *Corporatism and Consensus in Florentine Electoral politics, 1280-1400* (Chapel Hill: University of North Carolina Press, 1982).

Nauta, Lodi, "Philology as Philosophy: Giovanni Pontano on Language, Meaning, and Grammar", *Journal of the History of Ideas* 72.4 (2011), 481-502.

_____, "Anti-Essentialism and Rhetoricization of Knowledge: Mario Nizolio's Humanist Attack on Universals", *Renaissance Quarterly* 65 (2012), 31-66.

Nussdorfer, Laurie, *Civic Politics in the Rome of Urban VIII* (Princeton: Princeton University Press, 1992).

Palmer, Ada, "Humanist Lives of Classical Philosophers and the Idea of Renaissance Secularization", *Renaissance Quarterly* 70.3 (2017), 935-76.

Palmieri, Matteo, *Vita civile*, Edizione critica a cura di Gino Belloni (Firenze: Sansoni, 1982).

Pedullà, Gabriele, "Humanist Republicanism: Towards a New Paradigm", *History of Political Thought* 41.1 (2020), 43-95.

_____, "Scipio vs Caesar: The Poggio-Guarino Debate without Republicanism" in *Republicanism: A Theoretical and Historical Perspective*, a cura di Fabrizio Ricciardelli e Marcello Fantoni (Roma: Viella, 2020).

Pocock, J. G. A., *The Machiavellian Moment: Florentine Political Thought and the Atlantic Republican Tradition*, 2nd ed. with a new afterword (Princeton: Princeton University Press, 2003; 1st ed., 1975) [J. G. A. 포칵, 곽차섭 옮김, 『마키아벨리언 모멘트: 피렌체 정치사상과 대서양의 공화주의 전통』, 나남, 2011].

Remigio dei Girolami, *De bono communi* (1302).

Rorty, Richard, *Philosophy and the Mirror of Nature* (Princeton: Princeton University Press, 1979).

_____, *Philosophy as Poetry*, intro. Michael Bérubé and afterword, Mary Varney Rorty (Charlottesville, VA: University of Virginia Press, 2016) [리처드 로티, 박병기·김은미 옮김, 『철학은 시가 될 수 있을까』, 씨아이알, 2023].

Rubini, Rocco, "Humanism Is an Existentialism: Renaissance and Vichian Legacies in Italian Philosophy between Hegel and Heidegger," *Annali d'Italianistica* 29 (2011), 431–458.

_____, "The Last Italian Philosopher: Eugenio Garin (With an Appendix of Documents)" [Essay Review], *Intellectual History Review* 21.2 (2011), 209–30.

_____, *The Other Renaissance: Italian Humanism between Hegel and Heidegger* (Chicago: University of Chicago Press, 2014).

Sartre, Jean-Paul, *L'existentialisme est un humanisme* (Paris: Gallimard, 1996) [장-폴 사르트르, 박정태 옮김, 『실존주의는 휴머니즘이다』, 이학사, 2008].

Sellars, John, "What is Philosophy as a Way of Life?" *Parrhesia* 28 (2017), 40–56.

_____, "Renaissance Humanism and Philosophy as a Way of Life", *Metaphilosophy* 51.2–3 (2020), 226–43.

Sharpe, Matthew and Michael Ure, *Philosophy as a Way of Life: History, Dimensions, Directions* (London: Bloomsbury, 2021).

Struever, Nancy, "Garin, Camporeale, and the Recovery of Renaissance Rhetoric", *MLN* 119.1, supplement (Jan. 2004), 547–55.

Waswo, Richard, *Language and Meaning in the Renaissance* (Princeton: Princeton University Press, 1987).

Witt, Ronald G., "The Crisis After Forty Years", *American Historical Review* 101.1 (1996), 110–18.

Zak, "Humanism as a Way of Life: Leon Battista Alberti and the Legacy of Petrarch", *I Tatti Studies in the Italian Renaissance* 17.2 (2014), 217–40.

_____, *Petrarch's Humanism and the Care of the Self* (Cambridge: Cambridge University Press, 2010).

곽차섭, 「르네상스 휴머니즘의 해석에 대한 재검토: 크리스텔러 학파의 '수사적 휴머니즘'에 대한 비판을 중심으로」, 『역사학보』 108, 1985, 173~201쪽.

차례

옮긴이 서문 7

서문 31

감사의 글 37

약어 목록 39

1 시작   43

2 단테, 페트라르카, 보카초   67

3 이탈리아 르네상스, 피렌체에 뿌리를 내리다   109

4 피렌체 휴머니즘, 번역, 새로운(옛) 철학   149

5 대화, 제도, 사회적 교환   183

6 누가 문화를 소유하는가? 고전주의, 제도, 속어   221

7 포초 브라촐리니   247

8 로렌초 발라   275

9 라틴어의 성격: 포초 대對 발라   307

10 발라, 라틴어, 그리스도교, 문화 339

11 변화하는 환경 381

12 피렌체: 마르실리오 피치노 1 401

13 피치노 2 435

14 15세기 후반 피렌체 문화의 목소리 469

15 "거의 숨도 못 쉴 지경이다" 505
— 폴리치아노, 피코, 피치노, 피렌체 르네상스 종말의 시작

16 콘텍스트 안에서 본 안젤로 폴리치아노의 『라미아』 541

17 결말, 그리고 새로운 시작 593
— 언어 논쟁

에필로그 635

참고문헌 641

찾아보기 681

일러두기

1. 라틴어 발음은 그 역사적 배경이 고전기(대략 로마 공화정 말부터 제국 초기 1~2세기까지) 인지 혹은 그 이후인지에 따라 달리 표기했다. 예컨대, 'c'의 고전 라틴어 발음은 'ㅋ'이지만, 이후로는 일부 모음 앞에서 'ㅊ'으로 바뀐다(키케로/치체로). 'oe' 역시 고전기 발음 '오이'에서 이후에는 '오에'로, 다시 '에'(교회 라틴어)로 변화한 것으로 추측된다(보에티우스/베티우스). 특히 교회 라틴어에서 'ti'는 '치'로 바뀐다(인노첸치우스/보니파치우스).
2. 이탈리아어 발음에서 유성음 's'는 원어 발음에 가깝도록 종래의 'ㅅ'이 아니라 'ㅈ'으로 표기했다(피사/피자, 마사초/마자초, 바사리/바자리).
3. 각주의 '*'는 모두 '옮긴이 주'이다.

서문

이 책은 세 개의 궤적으로부터 발전되었다. 첫째는 이탈리아 르네상스의 지적 활동, 특히 라틴어와 연관된 다양한 모습에 대한 지속적인 관심과 관계가 있다.[1] 제임스 핸킨스가 편집장을 맡은 놀라운 '이 타티 르네상스 총서'는 르네상스 라틴어 텍스트 시리즈(라틴어-영어 대역)를 끊임없이 제공해 주고 있다. 현재는 이전 어느 때보다 훨씬 더 광범위한 학자들이 이 분야를 가르치고 연구 중이다. 이런 프로젝트가 성장해 완숙 단계에 이르자, 좀 더 최근에는 학문적으로 "속어俗語 고전주의"라 부르는

---

1 이에 대해서는 학술 잡지 『휴머니스트 뤼벤』(*Humanistica lovaniensia*)에서 매년 발행하는 "신新라틴어 서지 도구"(*Instrumentum bibliographicum neolatinum*)가 특히 유용하다. 2003년까지의 많은 이탈리아 르네상스 연구는 다음에서 논의되고 있다. David Rundle and Martin McLaughlin, "Introduction", *Renaissance Studies* 17 (2003), 1-8 (이는 이탈리아 르네상스 휴머니즘의 핵심 교육 과정인 "스투디아 후마니타티스", 즉 문법, 수사학, 역사, 시, 도덕철학의 5개 학과 연구를 다룬 앞의 학술 잡지에 대한 서문이다). 그 이후로는 다음을 볼 것. Christopher S. Celenza, *The Lost Italian Renaissance* (Baltimore: Johns Hopkins University Press, 2004); Jonathan Woolfson, ed., *Palgrave Advances in Renaissance Historiography* (New York: Palgrave, 2004); James Hankins, ed., *The Cambridge Companion to Renaissance Philosophy* (Cambridge: Cambridge University Press, 2007); Michael Wyatt, ed., *The Cambridge Companion to Italian Renaissance* (Cambridge: Cambridge University Press, 2014).

것을 주목하게 되었다. 속어 고전주의란 명칭에는 고대 그리스와 로마 문화를 동일시하는 사고-세계가 이탈리아 속어로 확산하는 양상에 관한 연구가 포함될 수 있다.[2] 하지만 라틴어적 경향과 속어적 경향이 지닌 질적 차이점에 대해 논의하기 위해, 그리고 사실상 양자가 서로 연관해 있었다는 것을 보이기 위해 두 경향을 하나로 합쳐 보려는 시도는 아직 별로 없다. 끝으로 세 번째 궤적은 "철학"이란 말이 르네상스 시기에 가졌던 넓은 의미와 관련이 있다. 이탈리아 장기長期 15세기가 왜 전통적으로 서구 철학사에서 그토록 협소한 공간밖에 점하지 못했는지는 사학사적으로 여러 이유가 있다.[3] 그러나 15세기 사상가들을 "철학" 대對 "문학", "라틴어" 대 "속어"라는 틀에 억지로 맞추기보다는 르네상스 사상가들을 자신의 전근대 방식으로 말하게 하는 것이 이 책의 목표임을 밝히는 것으로 충분할 듯하다.

전근대의 경우, 르네상스 지식인의 활동을 규정한 기본 조건의 차이점을 인식하는 것이 중요하다.[4] 이 책의 핵심 수칙은 기술이 문학적 생산량을 제약한다는 — 물론, 결정짓지는 않겠지만 — 것이다. 15세기 지적 활동의 많은 부분은 활판 인쇄술이 나타나기 전에 이루어졌으며, 장기 15세기의 모든 것은 읽고 쓰는 데에 대한 기본 환경이 지금과는 아주 달랐던 문화 안에서 제한된다. 자료를 참조하고 독해 전략을 채택하며, 결론에 이르는 모든 과정이 대개 말과 편지를 통한 대화의 결과였다. 또한

---

2 David Lines, "Beyond Latin in Renaissance Philosophy: A Plea for New Critical Perspectives", *Intellectual History Review* 25 (2015), 373-89.

3 Celenza, *The Lost Italian Renaissance*; Id., "What Counted as Philosophy in the Italian Renaissance? The History of Philosophy, the History of Science, and Styles of Life", *Critical Inquiry* 39 (2013), 367-401.

4 Celenza, "What Did It Mean to Live in the Long Fifteenth Century?" in *Before Copernicus: The Cultures and Contexts for Scientific Learning in the Fifteenth Century*, eds. Rivka Feldhay and F. Jamil Ragep (Montreal: McGill-Queen's University Press, 2017). 이탈리아 르네상스 삶의 전근대적 조건을 강조한 것으로는 다음이 있다. Guido Ruggiero, *The Renaissance in Italy: A Social and Cultural History of the Rinascimento* (Cambridge: Cambridge University Press, 2015).

그런 대화는 식별 가능한 어떤 세대 집단의 일부인 지식인 사이에서만 통용되었다.[5]

이 책은 종합적인 이미지를 일관적으로 해설한 것이라기보다는 일련의 견해가 담긴 여러 삽화를 모은 것에 가깝다. 또한 여기서 다룬 주제들 때문에 같은 시기가 여러 번 되풀이해 논의된다는 점도 말해 둔다. 무엇보다도 이 책은 장차의 작업에 대한 초대장 같은 것이다.

끝으로 지적하자면, 이 책은 이탈리아 르네상스의 지식인들에 관한 것이다. 이 말이 단순하게 들릴 수도 있겠지만 "지식인", "이탈리아", "르네상스"란 용어들은 모두 설명이 필요하다. 우선 "이탈리아"에서 시작하는 것이 좋겠다. 그것이 우리에게 장소에 대한 감각을 줄 것이기 때문이다. 장소에 대한 감각을 느끼기 위해서는 또한 시간에 대한 감각이 필요하다. 문제의 시간은 내가 "장기 15세기"라 부르려 하는 것이다. 지금으로서는 문제의 시기가 대략 1350년경에서 1525년경까지를 아우른다는 것—그래서 "장기" 15세기가 된다—정도로 이해하면 충분하겠다. 이 시기의 이탈리아는 우리가 오늘날 생각하는 방식의 한 나라가 아니었다. 그것은 소규모이지만 그래도 도시보다는 더 큰 정치 단위인 도시국가의 집합체였고, 독립과 문화적 정체성에 대한 강력한 인식이 있었다. 그곳 어딘가에 사는 사람은 아마 그 도시를 향한 애국심을 느꼈을 것이고, 그곳이—"이탈리아"가 아니라—자신의 진정한 고향이라는 강한 믿음을 가졌을 것이다. 하지만 장기 15세기 동안 어떤 지식인은 때때로 이탈리아가 하나의 통합체라는 말을 하기도 했다. 보통 이런 예들은 문제의 인물이 추방되거나 혹은 알프스산맥 너머로부터 침입자들이 이탈리아 반도 안으로 들어오는 때에 나타났다. 바꾸어 말하자면, 대체로 어떤 위

---

5 지식인 세대와 공동체에 초점을 맞춘 로널드 G. 위트의 작업은 나의 연구가 중점을 두고 있는 전근대 지식인의 삶이 지닌 사회적 소통의 현실적 측면을 분명히 밝히고 있다. Ronald G. Witt, *In the Footsteps of the Ancients: The Origins of Humanism from Lovato to Bruni* (Leiden: Brill, 2000).

협이나 부재 상태만이 이탈리아라는 관념을 불러일으킬 수 있었다는 것이다. 그래서 후일 16세기쯤 되어, 이를테면 프랑스나 잉글랜드에서 일어난 민족정신 같은 것은 결코 출현한 적이 없었다. 이탈리아는 파편화한 채로 남아 있었고, 이것이 우리가 "이탈리아" 르네상스라고 말할 때 염두에 두어야 하는 모습이었다.

"르네상스"란 용어는 훨씬 덜 복잡하다. 고대 세계에 대한—고대 로마의, 다음으로는 고대 그리스의 언어, 예술, 문화에 대한—새롭고도 집중적인 관심이 이탈리아 사회의 어떤 부분을 사로잡았다. 이런 경향은 장기 15세기보다 훨씬 더 이른 시기에 시작되었으며, 심지어는 일찍이 13세기에 북부 이탈리아 도시 파도바에서도 나타났다는 기록이 있다.[6] 비록 그 용어 자체는 복잡하지 않다고 해도, 지난 30~40년간 이를 둘러싼 의문들은 계속 증폭되어 왔다. 이탈리아 르네상스는 단지 남성 엘리트만을 위한 현상이었는가? 그 대답은 대략 그렇다는 것이며, 우리가 장기 15세기에 대해 생각하게 될 때 특히 그러하다. 따라서 다음과 같은 의문이 떠오른다. 21세기 학자들의 관심사를 고려한다면, 어떻게 르네상스를 여전히 적절하고도 중요한 주제로 간주할 수 있을 것인가?

이 세 번째 의문에 대한 답은 "지식인"—이에 대해서는 사람에 따라 서로 다른 것을 생각하겠지만—이라는 세 번째 용어의 의미와 연관되어 있으며, 또한 그 의미로부터 발산된다. 오늘날에는 "지식인"이 때로 부정적 함의를 가질 수도 있다. 누군가에게 그것은 속물적 엘리트주의거나 더 나쁘게 말하자면 세상에 대한 실제적 참여가 결여한 상태를 떠올리게 한다. 즉 지식인은 중요하지 않으며 그저 주변부에 머무는 존재라는 것이다. 또 다른 누군가에게 때로 그 말은 홀로 깊은 생각에 빠져 있다가 준비되면 펜을 들고 글을 써서 그것을 세상에 내놓는 낭만적 개인에 대한 고전적 전형을 시사할 수도 있다.

어느 시대에서든 우리는 이러한 고정 관념을 넘어 지식인을 광의의 방

---

6 Witt, *In the Footsteps of the Ancients*.

식으로 바라볼 필요가 있다. 즉 그들은 어떻게 일했는가, 그들의 명시적 목표는 무엇이었으며 묵시적 가정들은 또 무엇이었는가, 그들은 어떤 종류의 직업적 위치를 점하고 있었는가, 그들은 당대의 단체들과 관련해 자신을 어떻게 자리매김하고 있었는가, 그들이 작업할 때 손에 쥔 자료는 어떤 종류의 것이었는가 등등을 고려해야 한다는 것이다. 이 책에서는 르네상스 지식인을 그들이 당시 그랬던 모습으로 보여 주고자 한다. 즉 그들은 매우 심오하지만 많은 측면에서 제한된 방식의 학식을 지니고 있었고, 생활 조건에서 인권 이론에 이르기까지 모든 점에서 철저히 전근대 세계에 매몰되어 있던 사회적 존재였다는 것이다. 우리가 만날 르네상스 지식인 대부분은 낭만적 개인과는 아주 거리가 먼 지극히 사회적인 사람들이었다. 이는 전통적인 의미(다른 사람들과의 사회적 소통을 강조하는)에서든 혹은 편지 쓰기를 통해서든 그러했다. 특히 편지 쓰기는 지식인의 사회성을 반영하는 것으로서, 말 그대로 직접 얼굴을 맞대지는 않지만 그래도 대화의 의미를 갖는 것이었다. 즉 읽고 쓰는 행위는 무언가를 서로 나누는 일인 것이다.

간략히 요약하자면, 우리는 주로 1350년에서 1525년까지의 시기에서 지금 우리가 이탈리아라고 생각하는 것에 대해 이야기할 것이며, 그 주요 주제는 지식인의 삶과 이력과 작품이 될 것이다.

감사의 글

다음으로부터 일부 자료를 쓸 수 있도록 해 준 편집자와 출판사에 감사한다. Christopher S. Celenza, "Creating Canons in Fifteenth-Century Ferrara: Angelo Decembrio's *De politia litteraria*, 1.10", *Renaissance Quarterly* 57 (2004), 43-98; "Petrarch, Latin, and Italian Renaissance Latinity", *Journal of Medieval and Early Modern Studies* 35 (2005), 509-36; "End Game: Humanist Latin in the Late Fifteenth Century" in *Latinitas Perennis II: Appropriation and Latin Literature*, eds. Y. Mars, J. Papy, and W. Verbaal (Leiden: Brill, 2009), 201-42; "The Platonic Revival" in *The Cambridge Companion to Renaissance Philosophy*, ed. J. Hankins (Cambridge: Cambridge University Press, 2007), 72-96; "Marsilio Ficino" in the *Stanford Encyclopedia of Philosophy*, 2011 (8000 words), online at http://plato.stanford.edu/entries/ficino/; "Late Antiquity and the Italian Renaissance" in *The Oxford Handbook of Late Antiquity*, ed. S. F. Johnson (Oxford: Oxford University Press, 2012), 1172-99; "Coluccio Salutati's View of the History of the Latin Language", in *Cicero Refused to Die: Ciceronian Influence Through the Centuries*, ed. N. van Deusen (Leiden: Brill, 2013), 5-20; "Introduction:

Salvatore Camporeale and Lorenzo Valla" in Salvatore I. Camporeale, *Christianity, Latinity, and Culture*, tr. Patrick Baker, and ed. Patrick Baker and Christopher S. Celenza (Leiden: Brill, 2014), 1-15.

　세상을 떠나기 전에 이 원고를 읽고 귀중한 제언을 해 준 로널드 G. 위트에게 언제나 그랬듯이 깊은 감사의 마음을 전한다. 존스 홉킨스 대학의 전前 동료들은 이 책의 여러 주제에 대해 고무적인 대화와 생각들을 끊임없이 제공해 주었다. 특히 셰인 버틀러, 빌 에긴턴, 얼 헤이븐스, 실비아 몬티글리오, 래리 프린시페, 유제니오 레피니, 매트 롤러, 월터 스티븐스에게 감사한다. 나의 글을 읽고, 비판하고, 의견을 제시하고, 무엇보다 이 모든 나날을 함께해 준 아내 애나 하웰 셀렌차에게 고마운 마음을 전한다. 끝으로 존스 홉킨스 대학의 동료였던 스티븐 J. 캠벨의 학문을 칭송하고 그와의 우정을 기리는 뜻에서 이 책을 그에게 바친다.

약어 목록

Bruni, *Ep.*. = Leonardo Bruni, *Epistolarum libri VIII*, a cura di Lorenzo Mehus, 2 voll. (Firenze, 1741; ristampato con introduzione di James Hankins, Roma: Edizioni di storia e letteratura, 2007).

Bruni, *The Humanism.* = *The Humanism of Leonardo Bruni*, ed. and tr. Gordon Griffiths, James Hankins, and David Thompson (Binghamton: MRTS, 1988).

Bruni, *Opere.* = Leonardo Bruni, *Opere letterarie e politiche*, a cura di P. Viti (Torino: UTET, 1996).

Bruni, *Schriften.* = Leonardo Bruni, *Humanistisch-philosophische Schriften mit einer Chronologie seiner Werke und Briefe*, ed. Hans Baron, Quellen zur Geistesgeschichte des Mittelalters und der Renaissance, 1 (Leipzig: Teubner, 1928; repr., Wiesbaden: Sändig, 1969).

Celenza, *Poliziano's* Lamia. = Christopher S. Celenza, ed., *Angelo Poliziano's* Lamia *in Context: Text, Translation, and Introductory Studies* (Leiden: Brill, 2010).

Ficino, *Commentaire / Commentarium.* = Marsilio Ficino, *Commentaire sur le Banquet de Platon, De l'amour / Commentarium in convivium*

Platonis, De amore, ed. and tr. P. Laurens (Paris: Belles Lettres, 2002).

Ficino, *Opera*. = Marsilio Ficino, *Opera Omnia* (Basel, 1576).

Ficino, *Platonic Theology*. = Marsilio Ficino, *Platonic Theology*, ed. and tr. Michael J. B. Allen and James Hankins, 6 vols. (Cambridge, MA: Harvard University Press, 2001-06).

Garin, *Prosatori*. = Eugenio Garin, *Prosatori latini del Quattrocento* (Milano: Ricciardi, 1952).

Hankins, *Huamnism and Platonism*. = James Hankins, *Humanism and Platonism in the Italian Renaissance*, 2 vols. (Roma: Edizioni di storia e letteratura, 2003).

Hankins, *Plato*. = James Hankins, *Plato in the Italian Renaissance*, 2 vols. (Leiden: Brill, 1990).

Kristeller, *Studies*. = Paul Oskar Kristeller, *Studies in Renaissance Thought and Letters*, 4 vols. (Roma: Edizioni di storia e letteratura, 1956-96).

Kristeller, *Supplementum*. = Paul Oskar Kristeller, *Supplementum ficinianum*, 2 voll. (Firenze: Olschki, 1938).

McLaughlin, *Literary Imitation*. = Martin McLaughlin, *Literary Imitation in the Italian Renaissance* (Oxford: Oxford University Press, 1995).

Patota. = Leon Battista Alberti, *Grammatichetta e altri scritti sul volgare*, a cura di Giuseppe Patota (Roma: Salerno, 1996).

Pico, a cur di Garin. = Pico della Mirandola, *De hominis dignitate, Heptaplus, De ente et uno, e scritti vari*, a cura di Eugenio Garin (Firenze: Vallecchi, 1942).

Pico, *Opera*. = Pico della Mirandola, *Opera Omnia* (Torino: Bottega d'Erasmo, 1971), a facsimile of Pico della Mirandola, *Opera Omnia* (Basel, 1572) with additional material.

Pico, *Oration*. = Pico della Mirandola, *Oration on the Dignity of Man: A New Translation and Commentary*, eds. Francesco Borghesi, Michael

Papio, and Massimo Riva (Cambridge: Cambridge University Press, 2012).

Poggio, *Lettere*. = Poggio Bracciolini, *Lettere*, a cura di Helene Harth, 3 voll. (Firenze: Olschki, 1984 87).

Poggio, *De avaritia*, a cura di Germano. = Poggio Bracciolini, *Dialogus contra avaritiam (De avaritia)* (Livorno: Belforte, 1994).

Poggio, *De nob*. = Poggio Bracciolini, *La vera nobiltà*, a cura e tradotto in italiano di Davide Canfora (Roma: Salerno, 1999).

Poggio, *Opera*. = Poggio Bracciolini, *Opera Omnia*, a cura di Riccardo Fubini, 4 voll. (Torino: Bottega d'Erasmo, 1964-69).

Poliziano, *Opera*. = Angelo Poliziano, *Opera Omnia* (Venezia: Aldus Manutius, 1498).

Poliziano, *Silvae*. = Angelo Poliziano, *Silvae*, ed. and tr. Charles Fantazzi (Cambrideg, MA: Harvard University Press, 2004).

Rizzo, *Lessico*. = Silvia Rizzo, *Il lessico filologico degli umanisti* (Roma: Edizioni di storia e letteratura, 1984).

Tavoni. = Mirko Tavoni, *Latino, grammatica, volgare: Storia di una questione umanistica* (Padova: Antenore, 1984).

Valla, *De vero*. = Lorenzo Valla, *De vero falsoque bono*, ed. and tr. Maristella Lorch (New York: Abaris, 1977).

1
시작

어떤 종류의 역사든 우리는 그것이 어디서 시작되었는지 택할 수밖에 없다. 어떤 문화적 발전도, 정치적 운동도 혹은 종교적 진화도 그 기원은 거의 무한히 뒤로 소급될 수 있다. 원인을 발견하고 다시 그 원인의 원인을 발견하는 식으로 끝없이 나아갈 수 있다는 것이다. 어디서 시작할 것인지에 대한 이 딜레마는 특히 이탈리아 르네상스에 대해 생각할 때만은 어느 정도 완화될 수 있다. 이 책에서 만나는 지식인 대부분이 문화적 이상을 찾기 위해 먼 과거, 즉 고대 그리스와 로마 시대를 바라본다는 공통점을 가지고 있기 때문이다. 하지만 동시에 그들 모두는 많은 측면에서 근본적으로 자기 시대의 사회적·물질적 조건과 연관되어 있었다. 그들은 자신들을 주위에 보이는 문화, 스스로 몸담은 문화와 구별 짓고자 했던 중세인이었다. 어떤 시점에서든 시작은 필요하다. 그래서 우리는 14세기에서 시작하려고 한다. 지적인 삶에 관한 한, 르네상스를 전개하도록 한 발전들이 많은 측면에서 14세기에 일어났기 때문이다.

좀 더 구체적으로 우리는 1364년의 한 편지에서 시작할 것이다. 지식인이란 예나 지금이나 많은 점에서 서로 다른 존재이지만, 그래도 그들은 무엇보다 독자인 동시에 작가이다. 그들이 쓰는 것을 분석함으로써 그들이 말하는 것을 주의 깊게 듣는 것이 그들의 세계로 들어가는 최선의 통로이다. 제대로만 하면 이는 우리에게 그 배경과, 사상가의 성격에 대한 어떤 느낌과, 작가에 대해 생각하는 데 도움이 될 만한 다양한 전망을 제공해 준다. 1364년 페트라르카가 보카초에게 보낸 편지가 있다. 둘은 절친한 친구 사이였지만, 약간 더 어렸던 보카초는 때때로 페트라르카를 경외의 눈으로 바라보았다. 페트라르카는, 보카초가 페트라르카의 시를 보고 나서는 그의 재능에 경외심을 느껴 그 자신이 쓴 이탈리아어 시 일부를 태워 버렸다는 이야기를 전해 들었다. 페트라르카는 그 자신 역시 지난날 어떤 상반된 감정을 가진 적이 있다고 썼다. 지금은 주로 라틴 문학에 전념하고 있지만, 그도 한때 "내 생애 대부분을 속어로 글을 쓰는 일에 바치고자" 한 적이 있다는 것이다. 그는 계속해서 이렇게 말했다. 라틴어는

> 고대의 위대한 천재들에 의해 많이 계발된 상태이기 때문에, 나든 다른 사람이든 여기에 무언가 의미 있는 것을 덧붙일 수가 없습니다. 반면에 속어는 최근에 발견되었고 황폐해진 것도 최근인 데다가 그것을 계발한 사람도 거의 없어 아직도 매우 투박한 상태이기 때문에, 장식과 확장이 가능하다고 본 것입니다.[1]

페트라르카는 1304년에서 1374년까지 격동의 세기에 살았다. 1364년쯤이면 그는 속어 시인으로서나 라틴어에 해박한 학자로서나 그 시대의 기준으로 대단히 유명한 위치에 있었고, 그의 업적은 학식 있는 사람들에게 선망의 대상이 되고 있었다.

이 편지가 우리에게 말하는 것은 무엇인가? 먼저 페트라르카는 당시

---

1 Francesco Petrarca, *Res Seniles: Libri V-VIII*, a cura di Silvia Rizzo (Firenze: Le Lettere, 2009), 30-50, esp. 42-44.

널리 퍼져 있던 라틴어에 대한 어떤 가정을 드러내고 있는데, 그것은 그 언어의 완숙한 발전상을 고려할 때 당대의 독자가 더 할 일은 없다는 것이다. 페트라르카가 산 시기와 장소의 학식 있는 사람들은 오늘날에는 상상하기 어렵지만 이중 언어를 사용했다. 그들은 초급 교육에 이어 라틴어 교육을 받았다. 학식이 있다는 것은 곧 "리테라투스litteratus"로 여겨졌다. 이 말은 단지 우리가 지금 생각하는 방식으로 "모국어를 읽고 쓸 줄 안다"는 것만을 뜻하지는 않았다. 리테라투스가 된다는 것은 또한 구체적으로 라틴어의 (특히) 독자이자 작가이며, 어느 정도는 화자라는 것을 의미했다.

라틴어의 매력은 지속성과 전통이라는 점과도 관련이 있었다. 당시는 대중교통이 나타나기 전이었고 라디오나 텔레비전 같은 것은 더더욱 없던 때였으므로, 사람들은 비교적 균일한 방식으로 자국어의 "표준적" 발음을 거의 들을 수 없었다. 이런 요소들 때문에 속어(어린이가 집에서 배우는 모국어)는 원래 불안정한 것으로 보였다. 이탈리아의 경우, 토스카나 방언은 나폴리 방언과 상당히 달랐고, 나폴리 방언은 밀라노 방언과 아주 달랐다는 식으로 지역 차가 컸다. 시기와 지역에 따라 사람들의 "모국어"가 그렇게 변화무쌍하다 보니, 이들 언어는 진지한 글쓰기에 적절치 않은 것으로 생각되었다. 반면에 라틴어는 그렇지 않았다.

우선 라틴어에는 14세기에 이르기까지 길고도 지속적인 역사가 있었다. 라틴어 자체는 478년 로마제국이 무너진 후 약 2세기 만에 모국어의 지위를 잃었다. 그러나 그것은 미사는 물론 교회의 성장 덕분에 나타난 수많은 신학적·행정적 저작물까지 교회의 모든 활동에서 사용된 공식 언어로서 엄청난 성취를 이루었다. 12세기와 13세기에 생겨난 대학에서는 새롭고도 표준화한 라틴어 형식이 발달했다. 한편, 지금의 프랑스, 에스파냐, 포르투갈, 이탈리아에서는 프랑스어, 에스파냐어, 포르투갈어, 이탈리아어라는 "로망스"어가 발전해 나왔다. 하지만 이들 언어의 출현은 비조직적인 방식으로 이루어졌다. 그것은 라틴어 구어口語에서 생겨났으나 그것만의 문법과 어휘, 그리고 특히 방언을 발전시켰다. 방언은 로마제국의 몰락에서 15세기에 이르기까지 도대체 왜 그러한 언어들의 글쓰기와 문법 생성에 거의 관심이 없었는지를 이해하기 위한 대단히 중요한 요소이다(토스카나의 경우 한 가지 특기할 만한 예외가 있었는데, 이는 제6장에서 다루어질 것이다). 이들 속어, 즉 일상적으로 말해지는 언어들은 중세 유럽에서 하나의 고정된 형태로 존재하지 않았다. 그보다는, 예컨대 이탈리아어라는 광의의 한 언어 집단 내에서조차 지역에 따라, 나아가서는 시기에 따라 무수한 지방 사투리가 있었을 것이다.

오직 한 언어만이 시간의 시험을 견뎌 공식적인 목적을 위해 공부하고 가르치고 사용하기에 충분할 만큼 지속적이라고 생각되었다. 그것이 바로 라틴어였다. 사실, 중세 내내 "문법"—그람마티카 grammatica—이라는 말은 라틴어라는 한 가지만을 의미했다. 우리가 중세와 르네상스에 종종 그러하듯이, 만약 그 시대의 누군가가 '그람마티카'를 공부한다는 말을 듣는다면, 이는 그가 라틴어를 공부한다는 것을 뜻했다. 페트라르카는 한때 "나든 다른 사람이든" 라틴 문학의 저장고에 "무언가 의미 있는 것을 덧붙일 수가 없다"고 믿었던 적이 있다고 말했는데, 이는 그가 고대의 문학적 성취를 바라보던 많은 사람에 공통된 불안감을 피력하고 있다는 것을 보여 준다. 이미 완전함을 이룬 어떤 것에 무엇을 더할 수 있단 말인가?

또한 페트라르카가 속어는 "최근에 발견되었고 …… 아직도 매우 투박한 상태"라고 한 것 역시 강조할 필요가 있다. "발견된 지 얼마 되지 않았고"라는 말에서 페트라르카는 두 작가 공동체를 가리키고 있다. 첫 번째는 "시칠리아파派" 시인들인데, 중세 프랑스 음유시인(트루바두르)과 그들의 사랑 및 영웅 이야기에 고취된 그들은 13세기에 번성했고, 속어로 최고의 미인에 대한 사랑의 시를 썼다. 페트라르카는 다른 곳에서, 즉 자신의 다른 저술에서 시칠리아 시인들이 한때는 "제일이었다"고 말하고 있다.[2] 이른바 시칠리아-토스카나파의 일원이었던 토스카나의 어떤

---

2 Petrarca, "Triumphus cupidinis" in Francesco Petrarca, *Opere di Francesco Petrarca*, a

작가들은 그들을 중요한 이탈리아 시인으로 인정하는 초기 목록에 등재했다. 달리 말해 일단의 작가들은 비교적 최근에야(페트라르카의 관점에서 볼 때) 읽을 가치가 있고 진지하게 고려할 만한 속어 문학 쓰기에 성공했다는 것이다. 그것은 분명히 시였고 역사, 철학 혹은 신학보다는 압도적으로 사랑이란 소재를 다루고 있기는 했지만, 그래도 이는 진지하게 받아들일 만한 것이었다. 만약 이들 초기 시인이 두 작가 공동체 중 하나를 대변했다면, 다른 하나는 바로 단테 알리기에리(1265~1321)의 공동체였다.

공공연하게 내보이는 것보다는 없는 것처럼 보이는 것이 종종 작가의 마음 상태를 더 많이 드러낸다. 페트라르카가 속어는 "그것을 계발한 사람이 거의 없다"고 말할 수 있었다는 사실은 놀랍다. 그가 이 편지를 쓰고 있을 당시만 해도 1321년에 쓴 단테의 『코메디아』(*Commedia*)가 잘 알려져 있었기 때문이다. 인페르노(지옥), 푸르가토리오(연옥), 파라디조(천국)의 세 곡曲을 통해 단테는 그 장대한 여정을 아름답고 우아하게 표현했다. 『코메디아』의 주요 등장인물은 단테라는 시인 그 자신으로, 우리는 그를 따라 지옥과 연옥과 천국의 영역을 탐사한다. 길을 가던 중 우리는 고대 세계의 명사名士들을 만난다. 그들은 이탈리아 역사에서 유명한 인물들인데, 그중에서도 특히 단테를 이끌어 가는 두 안내자가 중요하다. 그 하나는 단테와 함께 연옥을 거쳐 가는 고대 라틴 시인 베르길리우스이며, 다른 하나는 단테의 뮤즈인 여성 베아트리체로 천국을 인도한다.

단테는 의도적으로 오직 피렌체에서만 쓰던 이탈리아 구어인 토스카나 속어로 글을 썼는데, 이는 후일 "문학적" 이탈리아어를 위한 전범이 되었다. 우리가 "디비나 코메디아*Divina Commedia*", 즉 "신곡"으로 알고 있는 작품은 ─ 여기서 신품神品이라는 뜻의 형용사 "디비나"는 뒤에 붙여진 것이고 원래의 제명은 "코메디아"였다 ─ 칭송받고 매료와 논평

---

cura di Emilio Bigi (Milano: Mursia, 1963), 4.35-36: "i ciciliani/che fur già primi."

의 대상이 되었다. 반응이 너무 열광적이었기 때문에, 얼마 후인 1373년 피렌체시는 보카초에게 단테의 『코메디아』에 대해 공개 강연을 요청할 정도였다.³ 우리가 페트라르카의 이 편지에서 알게 되는 다른 하나는 그에게는 언제나 뇌리를 맴도는 유령이 있었다는 점이다. 그것은 우주에 대한 환영을 너무나도 완벽히 표현했기 때문에 사실상 신품으로 여겨지는 작품을 쓴 단테라는 작가의 유령이었다. 그는 라틴어가 아니라 이탈리아어로 그것을 해냈다. 『라 코메디아』에서 튀어나오는 수많은 테마가 전통적으로는 라틴어로 전달할 법한 주제 — 철학, 신학, 과학 — 를 다루고 있다는 점에서 이는 놀라운 사실이다.

단테 자신은 일찍이 『속어 웅변론』(*De vulgari eloquentia*)이라는 작품을 썼는데, 여기서 그는 속어를 진지한 언어로 계발해야 한다고 주장했다. 그런 그가 지식인들이 읽도록 이 텍스트를 라틴어로 써야 했다는 것은 역설적이지만, 그가 전개한 주장은 강렬했다. 즉 속어는 집에서 자연히 배우게 된다는 것, 그리고 속어로 표현한 문제들은 단지 소수의 아주 교양 있는 사람들을 넘어서 더 넓게 퍼져 나가야 한다는 것이다. 사람은 "대단히 불안정하고 가변적인 동물instabilissimum et variabilissimum animal"이기 때문에, 속어에는 계발과 규칙과 그것을 진지한 문학에 사용할 정도로 만들기 위한 고된 노력이 필요하다는 것은 분명했다.⁴

페트라르카는 그 편지에서 자신 역시 일찍이 속어를 능란하고 정밀한 수준의 언어로 끌어올릴 수도 있으리라 생각한 적이 있었지만, 이후 곧 그러한 계획을 포기했다는 것을 알려 주고 있다. 페트라르카는 조심스럽게 갈고닦은 어떤 페르소나를 만들고 다듬어 단테를 뛰어넘는 상징적 도약을 하고자 한다. 이는 속어 시를 뒤에 남긴 진지하고 경건하며 학문

---

3 다음을 볼 것. Michael Papio, "Introduction: Boccaccio as *Lector Dantis*" in Giovanni Boccaccio, *Boccaccio's Expositions on Dante's Comedy*, tr. with introductions and notes by Michael Papio (Toronto: University of Toronto Press, 2009), 3-37, esp. 7-10.

4 Dante, *De vulgari eloquentia*, a cura di Pier Vincenzo Mengaldo, in Dante, *Opere minori*, 2 voll. (Milano: Ricciardi, 1979), I.9.6.

적인 지식인 페트라르카이다. 여기서 그는 면밀하게 각색한 자아를 표현하고 있다.

사실, 페트라르카는 생애 내내 속어 시를 썼다. 바티칸 도서관의 한 사본은 그가 삶 전체에 걸쳐 시를 개작하고 재정리했다는 것을 보여 준다. 이 시 작품은 이탈리아어로 "리메 스파르세Rime sparse"—산재한 운율이라는 뜻—혹은 그가 라틴어로 "레룸 불가리움 프라그멘타Rerum vulgarium fragmenta", 즉 "속어로 된 단편"으로 불렀을 만한 것이었다.[5] 이 모든 것이 지나칠 정도로 학구적인 것처럼 보이겠지만 한 가지 사실은 주목해야 한다. 즉 페트라르카의 결정적 방향 전환—속어에서 라틴어로, 연시戀詩를 이상화하는 데서 역사 연구로, 삶에 대한 어느 정도 세속적인 태도에서 지극히 종교적인 관점으로—은 이탈리아에서 문학과 학문을 바라보는 태도에도 결정적 변화를 가져왔다는 것이다. 이후 다섯 세대에 걸쳐 주요 이탈리아 지식인들이 활동하고, 작업하고, 때로는 격론을 벌이게 될 곳은 주로 라틴어 관련 분야였다. 물론, 장기 15세기에, 15세기가 지나가는 만큼이나 이탈리아 속어에 대한 관심도 함께 증폭되었다. 하지만 페트라르카의 강력한 존재감은 라틴어를 주요 언어 수단으로 삼는 문화 운동이 시작된다는 것을 알려 주었다.

배경

우리는 과거를 연구할 때, 자신이 가장 잘 이해하는 범주들을 통해 그것을 바라보려는 경향이 있다. 이런 경향은 놀라운 것이 아니며 오히려 자연스럽다. 그러나 문제가 있다. 즉 우리가 가장 잘 이해하는 범주들이

---

5   MS Vatican City, Biblioteca apostolica vaticana, Vat. Lat. 3196. 다음도 볼 것. Luca Marcozzi, "Making the *Rerum vulgarium fragmenta*" in *The Cambridge Companion to Petrarch*, eds. Albert Russell Ascoli and Unn Falkeid (Cambridge: Cambridge University Press, 2015), 51-62.

때로 연구하는 과거의 사람들에게는 잘 이해되지 않을 수도 있다는 것이다. 그러면 이런 의문이 떠오른다. 우리는 우리가 이해하는 범주들을 사용할 것인가, 아니면 우리가 연구하는 시대에 작동하던 범주들을 이해하려 해야 할 것인가? 내가 이 책에서 옹호하는 관점은 후자이다. 철학이란 한 예를 보자. 오늘날 철학을 연구하는 사람들은 그것이 주로 언어적 논쟁을 다룬다고 믿는 경향이 있다. 즉 최고의 철학이란 어떤 사상가가 상호 체계 정연한, 합리적으로 기술된 논증을 명확히 하는 그런 것이라는 것이다. 종교는 그 모호성과 함께 인간 이성 너머의 더 높은 힘에 호소할 필요성 때문에 이런 구도 속에 있을 수 없다. 하지만 13, 14, 15세기에는 사정이 달랐다.

앞으로 이야기하겠지만, 우리는 한편으로 대학에서 좀 더 근대적인 관점을 선취하는 유의미한 점들을 볼 수도 있다. 그곳에서는 철학이 하나의 학문 분야로서 오직 인간 이성에만 근거하고 종교와는 분리되어 있으며, 그 자체로 어떤 제한된 지성적 영역 내에서 자율적으로 기능할 수 있다는 것이 공통적이었고 또 널리 받아들여지던 관념이었다. 다른 한편으로 대학에서의 삶을 좀 더 총체적인 지적 생활이라는 면에서 볼 때, 우리는 이러한 견해가 일부 작동되기는 하지만 오해의 소지도 있다는 점을 알 수 있다. 사상가들 대부분은 아마 대학의 철학(단지 개괄적인 방식으로 고찰될 뿐인)을 종교의 보조 역할 정도로만 생각했을 것이다. 그리고 사실상 대학은 철학을, 그보다는 더 고원하고 더 중요한 것으로 간주하는 신학 연구의 기본적 예비 과정으로 보도록 조직되어 있었다. 오늘날의 학계와 지적 집단에서는 철학과 종교라는 두 분야 사이의 관계가 오히려 철학을 더 상위의 지적 과목으로 보는 것으로 역전되어 있다. 하나의 과목으로서의 "철학"은 우리가 이를 입증하는 것으로 거명할 수 있는 많은 예 가운데 하나에 불과하다. 과거의 어떤 범주들은, 설사 그것이 외면상 같은 이름을 가지고 있을지라도, 우리가 오늘날 이해하는 것과는 다른 것이었다.

그래서 현명한 사람들에게 한마디를 하자면, 과거를 바라볼 때 차이를 두려워해서는 안 된다는 것이다. 오늘날 생각하고 살아가는 방식의 전례를 찾는 것, 과거에서 "우리처럼 보이는" 것들을 찾는 것은 잘못된 일이 아니다. 하지만 만약 우리가 과거의 사상가들을 만든 전망(물론, 이것이 명백히 존재하고 증거에 의해 입증될 수 있을 때)에서 근본적인 차이를 인식하지 못한다면, 역사는 역사가 아닐 것이다. 우리가 이제 다루고자 하는 것이 지식인이기 때문에 가장 좋은 출발점은 교육일 것이다.

그람마티카

1369년에서 1373년 사이 어느 때, 나폴리의 지식인 굴리엘모 마라마우로는 단테의 「지옥편」 주석서를 썼다(단테는 1321년 세상을 떠났고, 그때쯤 이미 그의 작품은 고전으로 여겨지고 있었다). 굴리엘모는 주석서 서문에서 자신이 이전의 단테 주석서를 비롯한 여러 자료를 편집하고 있다고 밝혔다. 이 자료 중 하나에 대해 그는 "그것은 그람마티카로 되어 있다"(el quale è in grammatica).[6] 이 예가 아니었다면 거의 알려지지도 않았을 이 인물 마라마우로는 단지 그가 단테 주석서를 준비할 때 참고했던 자료들을 알리는 방식으로 그저 지나가듯이 이 사실을 언급하고 있다. 그에게는 자신이 사용한 자료 중 하나가 그람마티카로 되어 있다는 점이 언급할 만한 것이었다. 그에게 이 말은 그냥 라틴어를 뜻했다. 이탈리아 장기 15세기의 교육에서 특징적인 점이 무엇이었느냐는 것을 알려고 할 때, 이는 우리에게 좋은 출발점이 될 것이다. 여기서 어린아이들이 교육받은 다양한 지역적 조건과 그것들 사이의 세부적 차이점 모두를 적절히 요약하기는 불가능할 것이다.[7] 그러나 기초 산수와 속어 읽기를 배

---

6 Guglielmo Maramauro, *Expositione sopra l' "Inferno" di Dante Alighieri*, a cura di Pier Giacomo Pisoni e Saverio Bellomo (Padova: Antenore, 1998), pref.

7 Robert Black, *Humanism and Education in Medieval and Renaissance Italy: Tradition and Innovation in Latin Schools from the Twelfth to the Fifteenth Century* (Cambridge:

우는 초급 단계를 넘어 교육받은 어린이 모두에게는 공통점 하나가 있었다. 즉 이후 그들에 대한 교육의 많은 부분이 라틴어로 진행된다는 것이다. 사실, 그들의 교육을 구별 짓고 우리 시대의 규범과 완전히 차이를 보이는 세 가지 특징이 있는데, 그것은 라틴어가 존재한다는 것, 암기에 주안점을 둔다는 것, 그리고 사람들이 교육을 위해 사용한 자료의 종류가 비교적 적었다는 것이다.

교육이란 글자 그대로의 의미에서 볼 때 보수적인 일이다. 왜냐하면 이는 온전히 앞서 했던 것을 보전해 후세에 내려보내는 것이기 때문이다. 이탈리아의 경우, 물론 지역적 차이는 있겠지만, 14세기에 이르면 학생들을 단계별 교육으로 목표를 이룰 수 있게끔 하는 어떤 신뢰할 만한 방법들이 발전했다. 그람마티카라는 말이 "라틴어"를 의미했다면, 그 말에는 또한 좀 더 축자적 의미인 "문법"이란 뜻도 함께 들어 있었다. 이는 말하자면 어린 학생들이 집에서 하는 말은 아니지만 그래도 도구로 필요한 외국어를 배울 방법이 필요했다는 것이다. 그들이 처음 배워야 하는 것은 기초 어휘와 기초 문법이었다. 이때 사용한 기본 텍스트 가운데 하나는 "야누아Janua", 즉 "입구"라 불렸는데, 이는 그것이 라틴어로 가는 입구이자 다른 모든 자유 학예로 가는 통로로 보였기 때문이다.

오늘날 만약 교육이 자신의 모국어와는 다른 언어일 뿐만 아니라 "죽은" 언어, 즉 어느 누구도 그것을 자연스럽게 말하지 않는 언어로 이루어졌다고 상상해 보라. 선생님은 수업 중에 그 언어로 말했을 것이고, 학생들 역시 대개 말하는 사람의 모국어 강세와 발음을 따르겠지만 점점 더 그 언어를 듣는 데 익숙해졌을 것이다. 하지만 그 언어의 지위에는 아무런 의문도 표하지 않았을 것이고, 그것에 대해, 그리고 사실상 언어 일반에 대해 특별한 방식으로 생각하게 되었을 것이다. 모국어로는 농담을

Cambridge University Press, 2001); Paul F. Grendler, *Schooling in Renaissance Italy: Literacy and Learning, 1300-1600* (Baltimore: Johns Hopkins University Press, 1989); Ronald G. Witt, "What Did Giovanni Read and Write? Literacy in Early Renaissance Florence", *I Tatti Studies* 6 (1995), 83-114.

하고 기본적인 상업 활동을 하며, 친밀한 관계도 맺는 등, 집에서 하는 기본적인 것에서부터 연인 간의 일에 이르기까지 모든 활동을 할 수 있었다. 반면에 라틴어는 종교의 공식 언어, 국제 외교와 학문의 언어와 같이 심각한 일에 적설한 언어로 보였을 것이다. 가장 중요한 것은 이러한 인상들이 어린 나이에 형성되었으리라는 점이다. 그러려면 당신은 물론 이런 교육을 받을 만큼 운 좋은 소수의 사람 중 하나여야 했을 것이다.

라틴어의 이런 독특한 지위(죽은 언어이지만 상위의 문제들을 위해서는 필요한)를 고려할 때, 그것을 가르치고 배우기 위한 특별한 수단이 필요했다. 만약 라틴어의 존재가 장기 15세기를 우리 시대와 구별 짓는 첫 번째 요인이라고 한다면, 두 번째 요인은 주요 수단, 즉 암기 방식으로 배우는 표준 텍스트였다.

이런 텍스트 중 가장 유명한 것이 바로『야누아』였다. 그것은 여덟 개 부분으로 나누어져 있었는데, 이는 각각 말의 여덟 개 부분, 즉 명사, 동사, 분사, 대명사, 전치사, 부사, 감탄사, 접속사에 대응하는 것이었다.[8] 그것은 어린 학생이 기본 지식을 거의 갖추고 있지 않다는 가정 아래 만들어졌다. 즉 이 텍스트는 그들에게 기본적인 단어의 형태뿐만 아니라 말의 각 부분에는 어떤 것이 있고 그 기능이 무엇인지를, 즉 오늘날 문법학자들이 "언어 형태론"이라 부르는 것을 함께 가르치도록 고안되었다.『야누아』의 시적인 서문 첫 몇 행은 그것이 무엇과 비슷한지 그 느낌을 전해 준다.

> Ianua sum rudibus primam cupientibus artem / Nec prae me quisquam recte peritus erit: "나는 첫 번째 기예를 원하는 무지한 자들을 위한 입구라네 / 그래서 나 없이는 그 누구도 제대로 배우지 못할 것이라네."

---

8 Federica Ciccolella, *Donati Graeci: Learning Greek in the Renaissance* (Leiden: Brill, 2009), 22.

서문은 이렇게 이어진다.

> 왜냐하면 나는 성과 격, 태態와 수, 그리고 각 품사에서 굴절되는 형태를 가르치기 때문이지. 말의 나머지 부분에서는 어떤 것이 최선인지를 설명하는 방법을 알려 준다네. 내가 사용법을 가르치지 않는 단어는 없지. 그러니 미숙한 초심자들이여, 읽고 공부하는 데 전념하게나. 자네들은 빨리 공부해 많은 것을 배울 수 있을 테니까.[9]

이 모든 것이 오늘날에는 외국어를 공부해 온 학생들에게조차 생소하게 들릴 것이다.

핵심은 라틴어가 "굴절되어" 있다는 생각이다. 이는 사실상 단어들이 문장의 어느 부분을 구성하는지에 따라 그 어미의 형태가 달라진다는 것을 뜻한다. 즉 같은 명사라도 그것이 문장의 주어인가, 아니면 직접목적어 혹은 간접목적어인가 등에 따라 서로 다른 어미를 가지게 된다는 것이다. 이런 측면은 명사의 "격"을 나타낸다. 라틴어의 "성性"은 세 가지(남성, 여성, 중성)인데, 이때 명사와 형용사의 철자는 서로 다르며 각각의 성에 따라 격변화 또한 달라진다. 간단히 말해 라틴어는 퍼즐과 같다. 즉 학생들이 어떤 텍스트를 이해하려면 경우에 따라 올바른 단어를 짜맞추는 방법을 배워야 할 필요가 있다는 것이다.

『야누아』는 이런 문제를 가르치는 데 도움을 주기 위해 문답 형식으로 짜여 있는데, 이는 당시 어떤 종류든 기본적인 것을 가르치는 오래된 방식이었다. Poeta quae pars est? "'시인'은 어떤 품사인가?" Nomen. "명사." Quare est nomen? "그것은 왜 명사인가?" Quia significat substantiam et qualitatem propriam vel communem cum casu. "왜냐하

---

[9] 다음에서 재인용. Ciccolella, *Donati Graeci*, 21; tr. in Paul Gehl, *A Moral Art: Grammar, Culture, and Society in Trecento Florence* (Ithaca, NY: Cornell University Press, 1993), 88–89.

면 그것은 그 자체에 고유하거나 혹은 격과 마찬가지로 다른 것과 공유하는 어떤 실체와 성질을 나타내기 때문이다"[10] 등등. 이런 텍스트는 몇 번이고 반복적으로 소리 내어 읽으면서 배우게 되는데, 그렇게 함으로써 그 내용이 학생("여성"인 경우는 드물었지만)의 마음속에 각인되어 일생을 두고 잊어버리지 않게 되는 것이다. 『야누아』의 사용은 라틴어 교수법의 한 측면을 보여 주고 있으며, 그것을 사용하고 가르치는 방법은 지역에 따라 달랐을 것이다(굳이 말할 필요도 없겠지만). 그러나 어떤 측면에서 이런 교육 방식은 강조할 만한 가치가 있는데, 그것이 오늘날 사용하는 것과는 많이 다르기 때문이다.

  이 과정의 구어적 부분을 보자. 우리는 근대 이전에 살았던 사람들에 비해 적어도 두 가지 방식에서 글을 읽고 쓰는 능력에 대해 생각하는 데 훨씬 더 익숙해져 있다. 첫째, 우리는 읽는 것과 쓰는 것을 대략 서로 동등한 정도로 본다는 것, 둘째, 인쇄된 것이든 화면상의 것이든 우리는 독자 외부의 텍스트와 관계한다는 것이다. 읽고 쓰는 능력에 대해 생각할 때, 물론 의식적으로 그런 것은 아니겠지만, 우리는 머리 안의 텍스트(암기된)까지 "고려할" 필요를 느끼지는 않는다. 더욱이 읽고 쓰는 능력에 대한 우리의 관념은 새로운 매체의 출현과 함께 급격히 바뀌고 있다. 우리의 기억은 점점 더 단기적인 내용에 적합하도록 변하고 있다. 우리가 온라인상의 자료에 더 의지할수록 기억 속에 그것을 저장할 필요는 더 적어진다. 이는 페트라르카의 시대와 우리 시대를 구별 짓는 근본적 차이 가운데 하나였다. 장기 15세기의 읽고 쓰는 능력에 대해 생각할 때, 우리는 그들이 머릿"속에" 지금보다 훨씬 더 많은 지식을 넣고 있었다는 것, 즉 그들은 자신들이 배운 많은 부분을 암기하고 있었다는(적어도 우리의 경우보다는 훨씬 더) 사실을 되새기면서 약간 균형을 맞출 필요가 있다. 이런 과정은 그에 따른 결과를 낳았는데, 그것은 물론 한 사람이 암기할 수 있는 것에는 한계가 있기 때문이다. 결과적으로 장기 15세기 전

---

10 다음에서 재인용. Ciccolella, *Donati Graeci*, 22.

체를 통틀어(그들에 선행한 중세인들의 경우만큼이나) 상대적으로 제한적인 종류의 중요한 텍스트가 아주 큰 권위를 갖고 신봉되었다. 이런 정신 태도는 또한 다음과 같은 단순한 사실의 산물이기도 했다. 즉 책을 손으로 만들던 시대에는 오늘날 직관적으로 가정하는 것보다 책의 수가 훨씬 더 적었다는 것이다. 그뿐만 아니라—특히 14세기에는—15세기에 제한적으로나마 존재하게 되었던 실질적인 "공공" 도서관도 아직 나타나지 않은 상태였다.[11]

만약 우리가 페트라르카 및 그와 동시대인을 형성한 교육 세계에 대한 어떤 배경을 제공하고자 한다면, 라틴어와 그에 대한 암기가 넘쳐나고 상대적으로 적은 종류의 권위 있는 텍스트에 크게 의존한다는 그런 일반적인 특징을 강조할 수 있겠다. 이러한 것이야말로, 물론 세부적으로는 차이가 있겠지만, 교육받은 모든 이탈리아인을 형성한 기본적이고 일반적인 요인이었다.

장기 15세기가 시작될 무렵의 사상가들에게 영향을 준 또 다른 주요 요인은 2차 학교 교육을 끝내고 들어가는 대학이었다. 이 시기의 이탈리아 지식인 대부분은 실제로 대학을 경험했다. 물론, 누군가는 대학을 비판하고 그곳을 "국외자"로 규정하기도 하겠지만, 그래도 이 강력한 중세 제도는 많은 사람에게 깊고도 중대한 결과를 가져왔다.

유럽의 대학은 12세기와 13세기에 그 뿌리를 두고 있었다. 그것은 거의 자발적으로 "마지스트리magistri"로 알려진 존경받는 교수들이 학생 추종자들을 불러모으면서 출현했다.[12] 마지스트리는 보통 주요 도시의 특정 지역에 몰리는 경향이 있었기 때문에 그들의 기관 역시 그 부근에서 자라났다. 그런 기관 가운데 가장 이른 것들이 볼로냐, 파리, 옥스퍼드에서 나타났다. 이들 대학은 13세기 중엽쯤 되면 "스투디움 제네랄레

---

11 제11장을 볼 것.

12 Marsha Colish, *Medieval Foundations of the Western Intellectual Tradition* (New Haven: Yale University Press, 1997), 265-73.

studium generale"라는 이름으로 불리게 되는데, 이는 그것이 가르치고 배우는 곳(studium)이며, 어떤 특정 대학도 그 지역적 배경을 뛰어넘는 총괄적 측면(generale)을 갖고 있다는 것을 뜻했다. 예를 들자면, "마지스테르magister" 칭호를 얻는 학생은 또한 바로 그 칭호 덕분에 "리첸티아 우비퀘 도첸디licentia ubique docendi", 즉 "어느 곳에서든 가르칠 수 있는 면허"를 얻게 되었는데, 이는 그렇게 배운 기술이 이전 가능하다는 것을 의미했다.

일반적으로 대학은 어떤 과목을 가르칠 수 있는지에 따라 네 개 "학부"로 나뉘었는데, "하위"의 "학예" 학부 하나와 의학, 신학, 법학이라는 세 개의 "상위" 학부가 그것이었다. "자유 학예"를 가르치는 학예 학부에는 일곱 분야가 들어 있었다. 세 개는 언어 분야인 문법, 수사학, 논리학이었고, 다른 네 개는 좀 더 수학적 성격의 산술, 기하, 천문, 음악이었다. 이 다양한 과목을 공부한 학생은 차례로 "바칼라우레우스 아르티움baccalaureus artium"(근대 학사 학위의 기원)과 "마지스테르 아르티움 magister artium"(우리 석사의 선조)을 취득했다. 학생이 박사 학위를 취득할 만한 능력이 있다고 해도 오직 이 과정들을 이수한 뒤에라야 의학, 신학, 법학이라는 상위 세 개 학부 중 하나에 들어갈 자격을 가지게 된다(박사 학위를 얻는 것은 많은 경우 9년까지도 걸리는 긴 과정이었다).

한 학자는 서유럽에서 대학이 출현하는 배경을 알 수 있는 유용한 통계를 제시했다. 1300년에는 이 기관이 18개 있었는데, 1378년에는 28개가 되었다. 1500년이 되면 무려 60개로 늘어난다.[13] 이 숫자가 말해주는 것은 우선 그 모델이 성공적이었다는 것이다. 대학은 서로 약간씩 달랐지만 그래도 개별 기관 사이에는 공통점이 있었다. 즉 모든 대학이 네 개 학부 전체에서 모두 강점을 갖지는 않았고 각각 그 나름의 전문 분야를

---

13 Jacques Verger, "Patterns" in *A History of the University in Europe*, eds. Hilde de Ridder-Symoens and Walter Rüegg, 4 vols. (Cambridge: Cambridge University Press, 1992-2011), I, 35-67, esp. 55-65.

발전시켰다는 등등이었다.

그러나 우리는 대학의 공통적인 교수 방법뿐만 아니라 공통 교육 과정이 나타난 것도 추적할 수 있는데, 이는 중세 대학이 서로 다른 배경에도 불구하고 상당히 유사하다고 인식할 정도로 단일했다는 점을 말해 준다. 가장 중요한 유사점은 교수 방법이었는데, 이는 "강의"와 "논쟁"이라는 두 가지 광의의 접근법으로 이루어져 있었다. 라틴어로는 "렉티오lectio" 혹은 "렉투라lectura"로 알려진 강의는 이 두 명사의 어원인 라틴어 동사 "레제레legere", 즉 "읽다"에서 나왔다. 근본적으로 정확히 강의의 중심에 있었던 것은 다름 아닌 읽기였다. 말하자면 교수는 라틴어로 번역된 아리스토텔레스의 『니코마코스 윤리학』 같은 어떤 권위 있는 텍스트를 소리 높여 읽는다. 그러고는 읽은 부분을 주석하기 위해 잠깐 멈춘 뒤 텍스트의 의미를 설명한다. 이러한 과정은 중세 대학의 관행에서 나온 두 가지 주요 글쓰기 장르 중 하나인 "주석서"로 이어졌다. 아리스토텔레스의 『니코마코스 윤리학』에 대한 주석서를 예로 들자면, 저자(교수)는 "렘마lemma"—주제—로 알려진 한 단어 또는 짤막한 구절을 인용하게 될 텍스트의 어떤 한 부분에 초점을 맞출 것이다. 렘마는 그것을 설명하는 부분으로 이어질 것인데, 이는 단지 단어의 정의를 내리는 정도로 아주 짧을 수도 있고 혹은 그것이 아리스토텔레스 사상의 어느 곳과 들어맞는지, 그리스도교 사상과는 어떻게 관련되는지 등등에 대해 길게 설명을 더할 수도 있다. 렘마와 그것을 둘러싼 주석은 보통 서로 다른 글씨체로 쓰여 독자가 둘을 쉽게 구분할 수 있도록 했다.

강의와 함께 그것의 문자적 표현인 주석이 중세 대학 수준의 가르치고 쓰는 두 가지 장르 중 하나를 대변했다면, 논쟁은 다른 하나를 대변하는 것으로 전자에 못지않게 중요하면서 동시에 생산적이었다. 이 경우 교수는 수업 중에 "문제"(라틴어로는 콰에스티오네스quaestiones)를 제시하게 된다.[14] 이러한 문제들은 공부 과정에서 나오는 문제들과 관련 있는

---

14 *Les genres littéraires dans les sources théologiques et philosophiques médiévales: définition,*

데, 반론을 제시하면 그에 답하는 전형적인 방식으로 짜여 있었다. 문제의 서식은 학생이 어떤 상황에서 이러한 반론을 제시할 수도 있다는 생각을 반영하고 있었다.

그래서 예컨대 13세기 토마스 아퀴나스가 물었던 것 같은 어떤 문제가 제시될 수도 있을 것이다. 그는 신학을 종합한 걸작 『신학대전』(Summa Theologiae)을 "신성한 교의"가 필요한지, 즉 신학을 공부할 필요가 있는지에 대한 물음으로 시작하고 있는데, 이는 첫 "문제"의 첫 "항"에서 바로 나타난다.[15] 대답은 예상대로 "그렇다"이다. 즉 토마스의 견해로는 신학 공부가 필요하다는 것이다. 하지만 여기서 우리에게 중요한 것은 그가 취하는 방식으로, 이는 깊이 검토할 만한 가치가 있다.

이런 식의 탐구를 위한 표준 방식은 다섯 부분으로 되어 있다. 첫째, 문제의 형식에 맞추어 문제를 진술한다. 둘째, "반론"(문제에 부정적인 답이 나오게 할 만한 논점들)을 제기한다. 셋째는 라틴어 "세드 콘트라 sed contra"("반면에")라는 말로 시작하는 진술로, 이로부터 반론에 반대되는 논점 혹은 논점들이 만들어지게 된다. 넷째는 "레스폰데오 쿼드 respondeo quod"("나는 …… 대답한다")로 시작하는 진술인데, 여기서 교수는 문제에 답하게 된다. 다섯 번째는 원래의 문제들에 대한 좀 더 구체적인 응답이다. 여기서 토마스의 논의 방식은 그러한 형식의 완벽한 예를 보여 주고 있다.

첫 항이 시작되는 문제는 다음과 같다. "철학적 앎 외에 어떤 교의가 더 필요한가?" 이는 명제에 대한 "반론"이 제일 먼저 나타나도록 짜여 있다. 첫 반론은 이렇다.

---

critique, et exploitation, ed. Institut d'Études Médiévales (Louvain-la-Neuve: Université catholique de Louvain, 1982).

15 Thomas Aquinas, Summa *theologiae: Latin Text and English Translation* (New York: McGraw-Hill, 1964), 1a1a, q.1; translation from *The Summa Theologica of St. Thomas Aquinas*, 2nd ed., 22 vols. (London: Burns, Oates, and Washbourne, 1913-42).

우리에게는 철학적 앎 외에 다른 어떤 지식도 필요치 않은 것처럼 보인다. 왜냐하면 사람은 이성을 넘어서는 것을 알고자 해서는 안 되기 때문이다. "네가 감당하지 못할 것은 구하지 말라"(「집회서」 3장 21절). 그러나 이성을 넘어서지 않는다면 그것이 무엇이든 철학적 앎으로 충분히 사유할 수 있다. 그러므로 철학적 앎 외의 다른 지식은 필요치 않다.

여기서 가정은 "철학"이 인간 이성에 접근 가능한 문제를 다룬다는 것, 그리고 "독트리나doctrina"(교의)는 형식화될 수 있고 가르칠 수 있는 일련의 학문을 나타낸다는 것이다. 구약의 「집회서」(*Ecclesiasticus*, 보통 「시락서」(*Sirach*)로 알려져 있다)에서 인용된 앞의 구절은 겸손을 촉구하고 있는데, 마치 학생이 교실에서 제기된 문제에 대답하려 할 때 들을 수도 있을 바로 그런 종류의 말로 보인다.

두 번째 반론은 민감한 영역으로 들어간다. 전문全文은 이렇다.

나아가 지식은 오직 실재와만 관계할 수 있다. 왜냐하면 실재實在로 전환 가능한 진리를 제외하고는 그 어떤 것도 알려질 수 없기 때문이다. 그러나 실재하는 모든 것은 철학적 앎으로 사유된다. 심지어 신 자신까지도 그러하다. 그래서 아리스토텔레스로부터 명확히 알 수 있는 것처럼 신학 혹은 신성한 앎이라 불리는 철학의 한 부분이 있는 것이다. 그러므로 철학적 앎 외에는 더이상의 지식이 필요하지 않다.

신이 있다는 것은 모두에게 명확하다. 만약 신이 있다면, 그는 실재일 것이다. 실재인 것은 무엇이든 철학의 지시문으로 고구考究되는데, 신학으로 알려진 철학의 한 지류가 있는 것도 이 때문이다(반론에서 주장하듯이). 이 후반부 진술이 교묘한 부분이다. 토마스가 의존한 권위자인 아리스토텔레스는 사실 『형이상학』(*Ta meta ta fysika*)에서, 신성한 일을 연구하는 신학은 철학의 "이론적" 지류 중 하나라고 말한 바 있다.[16] 여기서 잠재적으로 발생하는 문제는 철학과 신학이라는 두 영역 간의 관계이다.

왜냐하면 철학은 단호히 신학에 종속된다고 간주했기 때문이다. 즉 철학은 "신학의 시녀"라는 것으로, 이러한 관용구의 기원은 실질적으로(표현은 약간 달랐지만) 11세기까지 거슬러 올라간다.[17]

토마스에게 중요한 것은 두 영역 간의 관계를 올바로 이해하는 것이었다. "세드 콘트라" 부분은 이런 관념에 대해 부연한다.

반면에 "신의 영감으로 이루어진 모든 글은 가르치고, 꾸짖고, 바르게 이끌고, 의義를 교육하기에 유익하니"(「디모데후서」 3장 16절)라고 되어 있다. 즉 신의 영감으로 쓰인 글은 인간 이성으로 발견한 철학적 앎의 한 부분이 아니다. 그러므로 철학적 앎 외에 또 다른 앎, 즉 신의 영감에 의한 앎이 있어야 한다고 보는 것이 유익하다.

여기서 "글"이란 신약과 구약을 포함한 그리스도교 경전을 뜻하는데, 토마스가 강조하고자 하는 요점은 이 텍스트들이 신성한 원천이라는 것으로, 예컨대 아리스토텔레스의 책처럼 인간 이성의 실천에서 나오는 그런 종류의 텍스트와는 근본적으로 다르다는 것이다.

성경은 "계시되었다." 즉 그 메시지와 그 신비와 무한히 해석 가능한 그 이야기 줄거리는 신에게서 나왔다는 것이다. 달리 말해 이처럼 분리되고, 성스럽고, 신성한 일련의 지식은 그것만의 "앎" 혹은 학문을 가져야 마땅하다는 것이다. 토마스에게 이 말은 구체적이고 집중적인 지식으로 이어질 수 있는 훈육을 의미했다.

"레스폰데오 쿼드repondeo quod", 즉 수업 중의 토론 과정에서 교수가 제시할 만한 "대답"을 위한 단계도 마련되었다. 토마스는 다음에서 즉흥적이면서도 대단히 학문적인 대답을 제시하고 있다.

---

16 Aristotle, *Metaphysics*, ed. W. D. Ross (Oxford: Clarendon Press, 1924), 6.1, 1026a19.
17 Bernardus Baudoux, "Philosophia 'Ancilla Theologiae'", *Antonianum* 12 (1937), 292-326.

나는 이렇게 대답한다. 인간의 구원을 위해서는 인간 이성으로 탐구한 철학적 앎 이외에 신이 계시한 지식이 있어야 한다는 것이다. 이는 무엇보다 인간은 이성의 파악을 넘어서는 어떤 목적을 지향하듯이 신을 지향하기 때문이다. "신이시여, 당신 외에는 당신께서 당신을 기다리는 사람들을 위해 한 일을 눈으로 본 적이 없습니다"(「이사야」 64장 4절). 하지만 먼저 목적이 무엇인지가 그에 맞추어 생각과 행동을 할 사람들에게 알려져야 한다. 그러므로 인간의 구원을 위해서는 인간 이성을 뛰어넘는 어떤 진리들이 신의 계시를 통해 알려지는 것이 필요했다.

이 문제에 대해 지금까지 본 토마스의 최종 대답에는 다음과 같이 일련의 핵심 문제가 작동하고 있다.

첫째, 우리는 "철학적 앎"이 인간 이성을 통해 파악된다는 것을 알게 된다. 이는 모든 점을 고려할 때, 신적 깨달음 없이도 그것을 파악하고 이해할 수 있음을 뜻한다. 둘째, 이 대답에는 "인간은 이성의 파악을 넘어서는 어떤 목적을 지향하듯이 신을 지향한다"는 인간성에 대한 가정이 들어 있다. "인간은 선천적으로 신에 대한 욕구를 가지고 있다." "하지만 먼저 목적이 무엇인지가 …… 알려져야 한다." 달리 말해 선천적인 욕구는 크든 작든 외견상 다른 사람들 사이에서 명백한 것으로 보인다. 그래서 인간이 구원을 얻기 위해서는─토마스는 여기서 이보다 더 높은 목표는 있을 수 없다는 것을 암시한다─"인간 이성을 뛰어넘는 어떤 진리들이 신의 계시를 통해 알려져야 한다". 증거를 관찰로 얻든 논리적 논증으로 얻든 간에, 연구할 가치가 있는 모든 것이 입증될 수 있는 것은 아니다.

또한 인간 이성의 도움으로 발견되고 탐구될 수 있는 신에 대한 진리들이 있다. 하지만 여기에는 신적 계시가 필요하다.

왜냐하면 이성으로도 알 수 있을 만한 신에 대한 진리는 오직 소수의 사람에게만 알려질 것이고, 그것도 오랜 시간이 지나면서 수많은 오류와 뒤섞일 것인데, 반면에 신 안에 있는 인간의 온전한 구원은 이러한 진리에 대한 앎에 달려 있기 때문이다. 그러므로 인간의 구원을 보다 적절하고 확실하게 얻기 위해서는 이성을 통해 탐구하는 철학적 앎 외에 계시를 통한 성스러운 앎이 있어야만 한다.

하지만 누군가는 여기서 무언가 거부감을 느낄 수도 있겠다.

한편으로 토마스는 인류에게 구원은 가장 최종적이고 우선적임을 아주 명확히 하고 있다. 비록 선택받은 소수가 인간 이성만으로 신과 구원에 대한 결론에 이를 수도 있겠지만, 사람들 대부분은 그러한 목표를 이룰 수 없으며 대신에 계시가 필요하다. 여기에는 인간 이성의 권능과 특권을, 훈육의 관점에서 말하자면 철학의 권능을 지키고자 하는 토마스의 한 측면이 있다. 다른 한편으로 토마스는 구원이야말로 인간 이성으로 도달할 수 있는 어떤 결론보다 더 중요하며, 그래서 철학의 권한이 제한적임을 처음으로 말한 인물일 수도 있다. 그러므로 신학(즉 그가 "계시를 통한 성스러운 앎"이라고 말한 것)은 그것만의 진정한 목적을 가져야 하고, 그것만의 더 높은 결론에 이르러야 한다는 것이다. 그리고 신학은 그 출발점으로 성서와 이후의 성스러운 글들을 사용하면서 계시에 기초해 그렇게 해야 한다는 것이다.

뒤로 몇 걸음 돌아가 생각할 때, 우리는 무엇을 알 수 있는가? 먼저 중세 스콜라 철학의 두 주요 글쓰기 장르인 주석과 문제에는 중요한 목적이 있었다는 점이다. 주석은 강의와, 문제는 논쟁과 관련해 둘 모두가 실제 수업과 긴밀히 연결되었다. 중세 대학에서 훈련받은 수천 명의 많은 학생은 내용뿐만 아니라 생각하는 법도 배웠고, 그래서 이후 자기식의 교육 과정을 통해 자기만의 길로 나아갈 수 있었다. 그들은 강의를 통해 권위 있는 텍스트를 면밀히 읽고, 핵심적 의미의 수많은 층위를 파악하는 기술을 배웠다. 그들은 논쟁을 통해 일반적으로 인정하는 지혜에 의문을 제기하고, 명백히 인정된 결론에 엄격한 언어적 시험을 가하며, 발견을 위해 논리를 적용하는 것을 배웠다.[18] 13세기 말에서 14세기 초까지 대학이 성숙기에 이르는 동안, 가르치고 배우는 이러한 기초 기술은 몇 세대에 걸쳐 학생들에게 전수되었다.

그러나 대학이 팽창하고 중세 말에 이르러 유럽에서 더 많은 대학이 나타남에 따라 별로 놀랄 것이 없는 일이 일어났다. 교육 과정이 점점 더 표준적으로 변했고, 고등 교육에서 자주 나타나듯이 때로는 어떤 문제가 일상생활에 적절해서가 아니라 그것이 그저 교과 과정에 있다는 이유만으로 제기되곤 했다. 더욱이 중세 대학의 두 주요 글쓰기 장르는 너무 위축되어 제 구실을 못하는 것으로 보이게 되었다. 예컨대, 파리 대학의 역사에서 가장 위대한 인물 중 한 명인 장 제르송(1363~1429)은 "트락타테/트락타투스tractate/tractatus", 즉 논고論考라 부르는 옛 글쓰기 형식을 되살리는 데 일조했다.[19] 이 논고라는 글쓰기는 양식화하고 표준화한 문제나 주석보다는 좀 더 접근 가능한 형식으로 고안되어 대학 밖의 여러 문제에 적용할 수 있었다. 그것이 라틴어로, 더 구체적으로 말하자면 중세 대학 라틴어로 쓰였다는 점은 변함없으나, 상대적으로 접근이 더 쉬웠으므로 이전의 두 글쓰기 장르에 중요한 새 형식을 더하게 되었다.

수많은 대학이 출현하고 있던 시기에 한창 활동 중이던 제르송은 주목할 만한 또 하나의 경향을 암시하고 있다. 만약 신학의 필요성에 대한 토마스의 훌륭한 "문제"로 되돌아가 생각한다면, 우리는 그것의 예리함과 정밀함에 깊은 인상을 받게 된다. 하지만 종교적 경험에는 많은 요소가 개입하는데, 그중 하나가 영적인 것, 즉 사람들의 감정을 끌어당기는 정서적 차원이다. 만약 주석과 문제 양자의 형식화된 양식이 제한적 요소의 하나였다면, 다른 하나는 그런 글쓰기 장르로는 종교적 경험의 좀 더

---

18 Alex J. Novikoff, *The Medieval Culture of Disputation* (Philadelphia: University of Pennsylvania Press, 2013).

19 Daniel Hobbins, "The Schoolman as Public Intellectual: Jean Gerson and the Late Medieval Tract", *The American Historical Review* 108 (2003), 1308-37; Hobbins, *Authorship and Publicity before Print: Jean Gerson and the Transformation of Late Medieval Learning* (Philadelphia: University of Pennsylvania Press, 2009).

영적인 측면에 대해 언급하기가 어렵다는 것이었다. 지극히 논리적인 양식은 그것만의 위치를 차지하고 있었지만, 제르송은(대학 환경 안팎의 다른 많은 인물과 마찬가지로) 전통적으로 제공되던 대학의 관행적 과정보다 영적 요소에 좀 더 관심을 기울일 필요가 있다고 믿게 되었다.

페트라르카보다 이런 경향을 더 잘 보여 주는 사람은 없었다. 그는 대학 환경 안에서 시간을 보냈으나, 그것이 무미건조하다는 것을 느낀 뒤 "국외자"의 태도 ― 극단적일 정도로까지 ― 를 견지한 인물이었다.

2
단테, 페트라르카, 보카초

페트라르카(1304~74)는 르네상스에 일어난 고대의 부활에 중심적인 인물이다. 이러한 변화는 지식인들이 쓰는 언어에까지 미쳤고, 어떤 르네상스 지식인들은 스스로를 국외자로 간주하는 경향까지 낳았다.[1] 그러나 이 모든 측면에서 그는 탐구할 필요가 있고 하나의 대화로 이해할 수도 있는 배경을 가지고 있었다. 즉 그것은 그를 선행한 단테나 당대인인 보카초 같이 뛰어난 다른 인물들, 그가 이상화한 오래전에 죽은 권위자들, 혼란스러운 14세기에 그가 접촉하게 된 수많은 사람과 제도였다.

먼저 시인 단테 알리기에리(1265~1321)가 있었다. 우리는 주로 그의 가장 중요한 저작인 『신곡』(*Divina Commedia*)을 통해 그를 알고 있다. 제1부 「지옥편」은 서양 문학에서 가장 유명한 다음과 같은 말로 시작한다.

> 우리 삶의 여정 어딘가에서
> 난 어두운 숲속에 갇혀 버렸네

---

1 Christopher S. Celenza, *Petrarch: Everywhere a Wanderer* (London: Reaktion, 2017).

똑바로 가는 길을 잃어 버렸다네

아, 험난하다는 것이 무엇인지 어떻게 말할까
이 거친 숲은 얼마나 가혹하고 혹독한지
문득문득 두려움이 내 마음을 엄습한다네[2]

시인은 사람들이 인생의 여정에서 자기 자신을 잃고 소외되어 방황한다는 전형적인 이야기를 들려주고 있다. 그는 이 위험천만한 상태에서 벗어나기 위해 수많은 사람과 장소와 사물과 조우하는 여정을 시작해야 한다.

그 여정은 어떤 것이었는가. 단테의 『코메디아』(Comemdia)는 중세 독자들에게 지옥 깊숙이까지 갔다가 돌아오는 여정을 제공한다("신곡"에서 "신divina"이란 형용사가 붙은 것은 이해할 만하지만, 그것은 후일 덧붙인 것으로 단테가 원래 붙인 제목은 "코메디아"이다). 여정의 구조는 내려가다가 다시 올라가는 것으로 되어 있다. 즉 먼저 지옥(인페르노)으로 내려간 뒤, 다시 연옥(푸르가토리오)으로 올라가며, 최종적으로는 천국(파라디조)에 올라 결국 등장인물인 단테(인류를 대표하는)가 신을 만나는 황홀한 순간에 이른다. 각 "칸티카cantica", 즉 권卷 혹은 편篇 — 인페르노, 푸르가토리오, 파라디조 — 은 알려진 대로 33개 "칸토canto", 즉 곡曲으로 구성되는데, 그 각각은 단테의 여정을 묘사하는 일화로서 장章의 역할을 하고 있다. 또한 「지옥편」에는 첫 도입 소곡이 있는데, 소곡의 총수는 100개이다. 단테는 여정을 통해 독자에게(그리고 청자에게, 왜냐하면 명품 시는 듣는 것이므로) 역사적 일화, 저명한 인물, 전방위에 걸친 기억할 만한 모

---

2 Dante Alighieri, *Inferno* in *The Divine Comedy*, Italian text and translation, with a commentary by Charles S. Singleton (Princeton: Princeton University Press, 1970-75), I,1-6: "Nel mezzo del cammin di nostra vita/mi ritrovai per una selva oscura,/che la diritta via era smarrita./Ahi quanto a dir qual era è cosa dura/esta selva selvaggia e aspra e forte/che nel pensier rinova la paura!"

험을 소개하는데, 어떤 곳에서는 오늘날조차 놀라우리만치 저속하게 보일 수 있는 언어로, 또 어떤 곳에서는 감미로울 정도로 고귀하게 느껴지는 언어로 이를 묘사하고 있다.

단테는 여정의 시작에서 지옥과 연옥 대부분을 인도할 인물을 만나는데, 그는 바로 시인 베르길리우스이다. 베르길리우스의 존재가 오늘날의 독자에게는 그리 각별하게 느껴지지 않을 수도 있다. 단테는 우리에게 둘의 만남에 대해 말함으로써, 자신이 베르길리우스를 인도자로 택한 것이 크고 작은 의미로 가득 차 있다는 점을 명확히 알려 주고 있다. 지옥에 들어가기 전, 그 언저리에서 단테는 눈앞에 "오랜 적막으로 희미해진 어떤 사람"(「지옥편」I.62-3)을 본다. 단테가 약간 떨리는 목소리로 이 신비로운 사람에게 누구냐고 묻자 이런 답이 돌아온다.

> 시인이었다오. 난 노래했지요 그 의로운,
> 트로이아 출신 안키세스의 아들을.
> 당당했던 일리온이 불에 타버렸을 때.[3]

단테는 곧 지금 이야기하는 사람이 누구인지를 알아차린다.

> "그대가 그 베르길리우스지요? 바로 그 샘물,
> 그토록 넓은 말의 강물을 흘러넘치게 한?"
> 나는 답했지 부끄러운 얼굴로.[4]

그는 정말로 고대 로마의 가장 유명한 서사시 『아이네이스』(*Aeneis*)의 저자인 베르길리우스이다.

---

3 *Inferno* I.73-5: "Poeta fui, e cantai di quel giusto/figliuol d'Anchise che venne di Troia/poi che 'l superbo Ilïón fu combusto."
4 *Inferno* I.79-81: "'Or se' tu quel Virgilio e quella fonte/che spandi di parlar sì largo fiume?'/rispuos' io lui con vergognosa fronte."

『아이네이스』는 아이네이아스("안키세스의 아들") 이야기를 들려주는데, 그는 그리스인이 트로이아를 파괴하자 그곳에서 도망쳐 장대한 여정 끝에 결국 로마를 창건했다. 『아이네이스』는 로마시詩의 주요 텍스트였다. 『아이네이스』를 공부한다는 것은 곧 단테의 시대에 고도로 교육받은 사람들이 시를 면밀히 뜯어보고, 단어 하나하나를 분석하며, 모두 다는 아니더라도 그 대부분을 암기하려 하면서 라틴어 문법을 깊이 배우는 방법이었다. 등장인물로 나오는 단테는 경외감에 휩싸인다.

> 그대는 나의 스승이자 나의 작가,
> 오직 그대에게서만 배웠다오
> 날 명예롭게 한 훌륭한 스타일을.[5]

"오직 그대에게서만." 단테는 자신의 고귀한 스타일이 시인으로서의 명예를 가져다주었다는 것을 아무 부끄럼 없이 천명하는 자화자찬 — 물론, 자만심까지는 아니겠지만 — 의 순간에조차 베르길리우스에 대한 존경심("스승", "작가")을 보인다. 단테는 이미 『코메디아』의 이 첫 부분에서부터 자신이 소수의 일원, 즉 영속적인 중요성을 지닌 작품을 쓸 사람에게만 열린 모임에 들어가 있다는 것을 알고 있다.

그는 완벽하게 성공했다. 『신곡』은 고대 문학 및 신학을 모두 포괄하고 있었기 때문에, 독자들은 즉각적으로 이 작품이 광범위한 학식을 보여 주고 있다는 점을 인정했다. 그것은 그 당시의 기준에 따라 "출판"되었다. 즉 단테는 자신이 죽기 2년 전인 1319년에야 마지막 권인 「천국편」의 원고를 완성할 정도로, 스스로 마지막까지 작품이 마무리되었다고 여겨질 때가 되어서야 그것을 공개한 것이다. 단테는 자신의 삶과 작품 덕분에 중요한 인물이 되었고, 페트라르카는 전 생애 내내 그의 명성

---

5 *Inferno* I.85-7: "Tu se' lo mio maestro e 'l mio autore,/tu se' solo colui da cu' io tolsi/lo bello stilo che m'ha fatto onore."

을 뇌리에서 지울 수 없었다. 두 사람의 차이만큼이나 서로 비슷한 점도 그런 과정을 부추기는 데 일조했다.

둘은 추방이라는 문제를 공유했다는 데서 서로 비슷한 점이 있었다. 단테에게 그것은 말 그대로의 추방이었다. 단테는 애국자이자 적극적인 정치 활동을 한 피렌체인으로, 전쟁에서 도시를 위해 싸웠고 도시의 복잡다단한 정치 생활에 참여했다. 그는 "교황 백파白派"로 알려진 정치 당파에 속해 있었고, 종국에는 그를 추방으로 이끈 것도 바로 이 당파 연합이었다. 이 문제에 대해 약간의 부가적인 설명을 하는 것도 좋을 텐데, 그것이 피렌체 정치뿐만 아니라 이탈리아의 일반적인 정치 상황을 잘 보여 주기 때문이다.

단테의 시대에 이탈리아 도시국가는 이전 두 세기를 거친 후 아주 완숙한 상태에 이르렀고, 중부 이탈리아의 몇몇 도시 — 특히 피렌체 — 는 거대한 부와 명성을 얻고 있었다. 피렌체는 스스로 자기 도시의 정체성을 공화국으로 보았는데, 이는 어떤 공유 통치 방식의 전통을 갖고 있다는 것을 의미했다. 그러나 그러한 공유 통치의 전통은 또한 파이 조각을 두고 종종 말 그대로 서로 싸우는 경쟁 가문들이 있다는 것을 뜻했다. 이런저런 형태로 모든 이탈리아 주요 중심지에 존재하던 이런 경쟁 때문에, 도시들은 강력한 외세와 연합했고 다른 도시와 동맹을 맺는 일도 종종 있었다. 하지만 내정內政이라는 열띤 환경 내에서는 누구와 어떻게 연합해야 하는지를 두고 자주 의견 충돌이 일어났다. 만약 불안정한 내정內政이 단테 시대의 정치적 삶을 보여 주는 첫 번째 특징이라면, 두 번째 특징은 "제국"과 교황 혹은 "황제파"와 "교황파" 간의 전全 유럽적 경쟁에서 나타났다.[6]

11세기 이후 유럽은, 지금 우리가 독일로 알고 있는 곳을 광범위한 중

---

6 Philip Jones, *The Italian City-State: From Commune to Signoria* (Oxford: Clarendon, 1997); Lauro Martines, *Power and Imagination: City-States in Renaissance Italy* (Baltimore: Johns Hopkins University Press, 1988); Daniel Waley and Trevor Dean, *The Italian City Republics* (London: Routledge, 2009).

심지로 가진 신성로마제국 지지자와 교황이라는 두 파로 찢어져 있었다. 제국 지지자들은 기벨린Ghibellines으로 알려져 있었다(이는 독일어 "바이블링엔Waiblingen"이 변형된 것으로, 12세기에 제국을 대표했던 호엔슈타우펜 Hohenstaufen 가문의 중요한 성城을 가리켰다). 교황 편을 든 사람들은 "구엘프Guelphs"로 불렸다(이 역시 "벨프Welf"의 변형으로, 12세기에 호엔슈타우펜 가문에 반대했던 바이에른의 가문 이름이었다). 오늘날 우리는 독일을 하나의 통일 국가로 생각하는 데 익숙하므로, 이는 좀 복잡하게 보일 수도 있다. 하지만 당시에는 수많은 국가가 서로 경쟁하고 있었고, 중세 내내 서로 간의 충돌이 뒤따랐다. 단테의 시대에 이르면 이러한 충돌은 바로 그 자신의 도시 피렌체 ― 전통적으로 구엘프 도시였고, 그래서 교황을 지지했던 ― 가 경쟁 가문들이 이끄는 두 당파, 즉 교황 백파와 교황 흑파(흑백이라는 색깔은 두 주요 경쟁 가문의 문장紋章과 관계가 있다)로 쪼개지는 지경으로까지 치달았다. 이 파당들은 서로를 적대했고, 단테는 패배하는 쪽에 속해 있었다(공교롭게도 페트라르카의 아버지 역시 그랬다).

그래서 우리는 수없이 많은 당파를 보게 되는데, 이는 근대 국가 혹은 법의 지배라는 근대적 개념과는 거의 닮은 점이 없었다. 가문은 정치의 기초였고, 단테의 피렌체에서도 예외가 아니었다. 비록 고대 세계에서 법과 권리의 언어가 유래한 먼 기원을 찾을 수는 있겠지만, 그래도 단테와 페트라르카의 시대에는 기본적으로 모두가 전근대 세계에 살고 있었다는 점을 기억할 필요가 있다.

황제파와 교황파의 분열 역시 이탈리아 역사에 대한 두 가지 강력하고도 구조적인 사실을 뚜렷이 드러내고 있다. 첫째, 이탈리아 도시국가는 부유하고 강력하기는 하지만 여전히 규모가 작아 서로 간에는 물론, 이탈리아 외부의 세력 ― 어떤 경우에는 사실상 이탈리아와는 전혀 관계가 없는 독일 "황제"와 같은 ― 과도 연합할 필요가 있었다. 황제가 필요한 것은 종종 사람들이 목표로 하는 어떤 관념상의 정치적 통합 때문이 아니라 그저 그가 강력하다는 이유 때문이었다. 둘째, 교황(교황파가 충성을 바치는)의 존재는 심지어 중세에조차 여타 정치체와는 아주 다른 어떤 것으로서 이탈리아를 구별 짓게 했다. 페트라르카의 시대가 지난 뒤에 마키아벨리(1469~1527)는, 교황은 다른 군주와는 달리 "국가를 가지고 있을 뿐 그것을 방어하지는 않으며, 신민이 있지만 그들을 통치하지는 않는다"고 말했다.[7] 이런 사실에도 불구하고, 그리고 여타 군주국(마키아벨리가 지적하고 있는)과도 달리, 교황은 안전을 보장받았고, 적어도 어느 정도의 안정성은 유지하고 있었다.

이탈리아 땅에 그리스도교의 중심적이고 가장 중요한 제도가 존재한다는 것은 이탈리아 전체를 특징 짓는 하나의 지표가 되었다. 교황 가까이 사는 사람들은 먼 곳의 사람들이 잘 보지 못하는 교황궁의 불쾌한 측면을 보게 마련이므로, 이는 자긍심의 요소인 동시에 논쟁과 때로는 반교권주의적 혐오의 요소이기도 했다. 어쨌든 중요한 점은 바로 이런 것이다. 즉 교황의 존재야말로 이탈리아를 다른 어떤 나라와도 구별 짓게 한 제도를 소유케 함으로써 그것을 독특한 나라로 만들었다는 것이다. 교황제의 중요성을 주목하지 않는다면 우리는 이탈리아를 이해하기 어려울 것이다.

단테나 페트라르카를 비롯한 지식인들을 이해하는 것도 이와 마찬가지이다. 『코메디아』에는 단테가 거의 찬사를 보내지 않는 몇몇 교황이 지옥에서 고통을 겪는 대목이 나오는데, 자신의 대가족 일원 세 명을 추기경으로 임명한 니콜라우스 3세(재위 1277~80)가 한 예이다. 그는 성직 매매의 죄를 지은 것이다. 이 죄의 명칭(시모니아simonia)은 시몬 "마구스magus", 즉 마법사 시몬의 이름을 딴 것으로, 그는 「사도행전」에서 베드로에게 헛되이 뇌물을 주려 한 인물이다.[8] 이 죄를 범한 사람들이 있는 지옥의 어떤 계界에 이르면, 죄의 심각성이 제19곡의 첫 행부터 여지없이 드러난다.

---

7 Niccolò Machiavelli, *Il principe*, a cura di G. Inglese (Torino: Einaudi, 1995), chap. 11; 니콜로 마키아벨리, 곽차섭 옮김·주해, 『군주론』, 11장 2절.
8 「사도행전」 8장 9-24절.

오 마술사 시몬이여, 오 그를 따른 가련한 자들이여,
선善함에 바쳐야 할 신의 것을
너희 탐욕스런 무리는

금은을 위해 파는구나.
이제 너희를 위해 나팔을 불어야지
여기 세 번째 구렁에 너희가 있으니.⁹

단테는 우리에게 무엇이 잘못된 것인지를 말해 주고 있다. 교회는 그리스도의 신부이자, 그 자체로 순수함을 지켜야 할 것이다. 성직 매매의 죄를 범한 자는 신부를 파는 남편, 즉 결코 그런 행동을 해서는 안 되는 때에 이익을 위해 무언가를 파는 것과 같다. 벌은 죄와 딱 맞아떨어지는데, 우리는 지옥의 이 "볼자bolgia", 즉 구렁에는 구멍이 나 있어 죄인들은 영원히 다른 사람들의 머리 위에 거꾸로 박혀 첩첩이 쌓여 있어야 한다는 것을 알고 있기 때문이다.

여기서 단테는 한 죄인의 다리가 까딱거리는 모습을 보고 베르길리우스의 도움을 청한다. 단테의 스승이자 인도자인 베르길리우스는 그를 데리고 한 곳으로 내려가는데, 그곳에서 한 영靈이 놀랍게도 단테에게 인사를 건넨다. 사실, 그 영은 단테를 교황 보니파치우스 8세(그리고 영은 깜짝 놀라는데, 운명의 책은 보니파치우스가 좀 더 뒤에 죽는다고 예언했기 때문이다)로 착각하고 있다.

"너 거기 벌써 와 서 있느냐,
너 거기 벌써 와 서 있느냐, 보니파치오?
책이 날 몇 년 속였구나.

---

9 *Inferno*, tr. by Mark Musa (New York: Penguin, 1984), 19.1–6.

> 넌 급히 배를 불리려고
> 속이는 데 주저하지 않았지
> 고귀한 숙녀조차도. 그래서 그녀를 갈가리 찢어 놓았지?"[10]

베르길리우스는 단테에게 영의 오인을 바로잡아 주라고 말한다. 단테는 공손하게 자신은 사실 보니파치우스가 아님을 알려 준다.
 그러자 영은 자신이 교황 니콜라우스 3세의 영혼임을 밝히면서, 그가 겪고 있는 고통이 어떤 것인지를 말해 준다.

> 내 머리 아래로 다른 자들이 처박혀 있는데
> 성직 매매로 나에 앞서 온 자들이라,
> 바위틈에 끼어 납작해진 채로.
>
> 나 또한 저 아래로 떨어질 테니
> 그자가 오면. 내가 오인하여
> 갑작스럽게 당신에게 물었던 그자가.
>
> 하지만 이미 오랫동안 내 발은 익혀지고
> 이처럼 거꾸로 처박혀 있었지
> 그가 시뻘건 발로 처박힐 시간보다 더 오랫동안.
>
> 뒤이어 더 추악한 짓을 한 자가 올 터인데,
> 그는 서쪽에서 온 무법의 목자牧者라,
> 그와 나를 모두 덮을 정도로.[11]

---

10 *Inferno*, tr. Musa, 19.52-57.
11 *Inferno*, tr. Musa, 19.73-84.

암시적인 언어 속에서 우리는 다음과 같은 점을 발견한다. 즉 단테는 교황 니콜라우스 3세(재위 1277~80), 보니파치우스 8세(재위 1294~03) 및 클레멘스 5세(재위 1305~14)가 — 우리가 니콜라우스의 말을 듣고 알게 되듯이 — 모두 성직 매매의 죄로 지옥에서 영원한 고통을 겪고 있다고 생각한다는 것이다. 단테는 니콜라우스에게 단 한순간도 마음을 주지 않고 그 악귀 같은 교황에게 이렇게 일갈한다.

이제 내게 말해 보시오. 얼마나 많은 돈을 원했는지

우리 주께서 성 베드로에게
열쇠를 맡기기 전에?
분명히 당신께선 '나를 따르라'란 말 외엔 요구하신 게 없으셨지요.[12]

달리 말해 교황은 그리스도교 초기에 그리스도가 베드로에게 "천국의 열쇠"[13]를 주는 때까지 거슬러 올라가는 성스러운 의무가 있다. 베드로는 그리스도의 교회가 정초할 "반석"으로, 그의 계승자(교황)는 그들에게 최초로 모범이 된 그의 성스러운 기준에 부응할 의무가 있다는 것이다. 단테는 니콜라우스에게 마지막으로 책망의 말을 퍼붓는다.

당신은 자신을 금은의 신으로 만들었으니,
우상 숭배자와 무엇이 다르단 말이오
그들은 하나를 섬겼으나 당신은 수백을 섬겼다는 것 외에?*

세 교황은 잇따라 지옥에 떨어졌다. 이는 무엇을 의미하는가? 단테의 시

---

12 *Inferno*, tr. Musa, 19.89-93.
13 「마태복음」16장 19절.
* *Inferno*, tr. Musa, 19.112-114.

대에 이미 이탈리아와 교황은 서로 특별한 관계에 있었다. 둘은 때로 경멸을 낳기도 했지만 그래도 서로 밀접한 관계에 있었다. 이는 교황청이 아비뇽으로 옮겨가 있을 때조차도 그러했는데, 페트라르카는 바로 그곳에서 성장했다.

「지옥편」 제19곡에 나오는 단테의 시행詩行은 우리에게 그의 교황관을 꿰뚫어 보게 해 주지만, 동시에 다른 것도 상기하도록 해 준다. 『코메디아』는 거의 즉시 걸작의 지위에 도달했는데, 이는 14세기 독자의 심금을 울리는 이름과 상황을 통해 커다란 당대적 가치를 지니고 있었기 때문이다. 그것이 걸작의 지위를 계속 유지할 수 있었던 것 역시 그 주제들이 영속적이고 강렬하며 영원한 것이었기 때문이다. 그 주제란 어떤 것이었는가? 소외와 구원(처음에는 베르길리우스, 뒤에는 베아트리체가 인도하는 등장인물 단테, 그가 영원히 사랑하는 존재, 지옥의 심연에서 지고의 천국으로 가는 여정과 같은), 행위에 따라 배분되는 상과 벌, 신이 다스리고 만물에 신이 깃든 서로 연결된 전체로서의 우주로 표상되는 그리스도교 보편주의가 바로 그것이다. 이러저러한 측면 덕분에 『코메디아』는 내내 서양 문학에서 천재적 작품으로 자리매김하게 되었다.

당신이 시인이 되겠다고 마음먹었는데, 우뚝 솟은 이 유산이 백미러에 비치고 있다고 생각해 보라. 페트라르카가 성년이 되었을 때 처한 상황이 바로 이런 것이었다. 그리고 그 찬란한 『코메디아』 뒤에는 단테가 있었다. 단테는 다른 속어 작품 외에도 라틴어 작품도 두 편 썼는데, 이는 비록 덜 유명하기는 하지만 페트라르카를 둘러싼 환경을 고려할 때 흥미로운 출발점이 된다. 그 하나인 『왕국론』(De Monarchia)은 교황권에 대해 일부 같은 견해를 공유하고 있다. 단테는 역대 교황이 주장하고자 한 것과는 달리, 세속 황제는 명목적으로 교황의 지배 "아래" 있기보다는 분리된 권력의 영역을 가져야 한다고 주장했다. 그는 다른 많은 사람이 그랬던 것처럼 교회와 국가가 어떤 관계를 유지해야 하는가를 이해하고자 함으로써 대단히 중세적인 정치 저술 전통을 따랐다.[14]

또 다른 작품은, 특히 페트라르카를 지적 맥락 속에 위치시키려 할 때 더욱 적절한 것으로 보인다. 단테의 저작 『속어 웅변론』(*De vulgari eloquentia*)은 고급 문학 작품에서 속어를 사용할 것을 요청하고 있다.[15] 오늘날에는 이 모든 것이 얼마나 이상하게 보이겠는가? 단테는 라틴어로 작품을 썼는데, 정작 문학 언어로 적당한 것은 라틴어가 '아니라' 속어라고 주장한다. 이뿐만 아니다. 다른 작품 『향연』(*Convivio*)에서 그는 거꾸로 라틴어가 속어보다 더 고상하다고 주장했다. 왜? 단테는 왜 그렇게 스스로 배치되는 주장을 했을까? 그는 이 두 작품 — 토스카나어로 쓴 『향연』과 라틴어 작품 『속어 웅변론』을 모두 미완인 채로 남겨 두었다. 이러한 사실은 — 작가가 서양의 지적 생활을 빛낸 아주 뛰어난 지식인이라는 점과 함께 — 우리에게 언어라는 핵심 문제를 던져 준다. 단테가 암시했으나 명료하게 밝혀지는 않은 것이 바로 언어의 문제였는데, 그것을 해소한 인물이 르네상스로의 길을 연 — 비록 고대의 유령들 뒤에서 그렇게 했지만 — 페트라르카였다. 하지만 그는 라틴어의 우위에 대해 개인적으로는 양가적인 데가 있었고, 이러한 태도는 르네상스 내내 여러 가지 서로 다른 방식으로 나타났다.

단테의 『속어 웅변론』은 완결되지 못한 채 남아 있었다. 그는 추방된 직후인 1302년경에 그 작품 집필을 시작했다(내적 증거가 이를 보여 준다). 그가 왜 이를 완성하지 않았는지는 알려지지 않는다. 이 작품이 단테 자신의 시대에는 널리 유포되지 않았지만 근대 학자들은 이에 관심을 보였는데, 그것은 주로 단테가 속어를 고급 문학의 언어로 옹호했기 때문이다. 하지만 근대 학자들은 때로 단테의 목표를 과장하기도 했는데, 이는 그들이 단테의 세계보다 더 근대 민족주의에 경도되어 있었기 때문이다. 그는 "이탈리아" 애국자로서 속어를 옹호하지는 않았을 것이다. 그보다는 속어가 문학에 적절할 수도 있다는 점을 제시하려고 했던

---

14 라틴어-영어 대역판으로는 다음을 볼 것. Dante, *Monarchia*, ed. and tr. Prue Shaw (Cambridge: Cambridge University Press, 1995).

15 라틴어-영어 대역판으로는 다음을 볼 것. Dante, *De vulgari eloquentia*, ed. and tr. Steven Botterill (Cambridge: Cambridge University Press, 1996).

것뿐이었다. 그 이상도 이하도 아니었다.

몇 가지 요인이 그 역할을 했다. 먼저 중세 말 이탈리아에 "한 가지" 속어가 있었다고 생각하는 것은 시대착오이다. 그보다는 지역과 시기에 따라 거의 셀 수 없을 만큼 다양한 엄청난 수의 속어들이 있었을 것이다. 단테도 이를 인정했다. 그는 『향연』에서 "라틴어는 지속적이고 부패하지 않는"(lo latino è perpetuo e non corruttibile) 반면, 속어는 "불안정하고 부패하기 쉽다"고 썼다.[16] 단테는 "속어는 용례를 따르지만, 라틴어는 기예를 따른다"(lo volgare seguita uso, e lo latino arte)고 말했는데, 이는 라틴어가 비록 자연스럽지는 않으나 정확히 속어보다 더 많은 것을 표현할 수 있는 구성력 덕분에 기예(이탈리아어 "아르테arte", 라틴어 "아르스ars"는 기술 혹은 기예라는 뜻이다)의 언어라는 의미였다.[17] 그는 『속어 웅변론』에서도 일관된 입장이었다. 그는 모든 속어가 끊임없는 변화의 상태에 있는데, 이는 "인간이 대단히 불안정하고 변화무쌍한 동물"이기 때문이라고 썼다.[18] 단테는 다른 경쟁 속어에 대해 토스카나어를 옹호하고자 했다. 어쨌든 그가 하려 했던 것은 그것을 표준화해 사실상 스스로 일련의 지속적인 규칙을 가지는 제2의 언어를 만드는 것이었다.[19] 그러나 페트라르카를 필두로 한 새로운 세대의 사상가들에게는 이 지속성 관념이 라틴어가 이미 가지고 있던 것과 정확히 같은 것이었다. 페트라르카는 자신이 단테의 거대한 존재에 사로잡혔던 것처럼 이후 다섯 세대 동안 르네상스 식의 언어 평가라 할 만한 것의 기조를 제시했다. 그뿐만이 아니었다. 그는 자아의 힘을 통해 당시의 다른 수많은 힘을 이용해 그것을 통합하고, 그래서 새로이 활성화한 문화 운동의 정평 있는 중심이 되

---

16 Dante, *Convivio*, a cura di Franca Brambilla Agena, 2 voll. (Firenze: Le Lettere, 1995), v. 2: 1.5.7.

17 Ibid.

18 Dante, *De vulgari eloquentia*, ed. Botterill, 1.9.6: "homo sit instabilissimum atque variabilissimum animal."

19 Ibid., 1.1.3-4.

는 데에도 성공했다.

페트라르카가 이룬 모든 것을 이해하려면 서로 얽혀 있는 네 가지 측면에 주목해야 한다. 새로운 라틴어, 그리스도교에 대한 새로운 강조, 서로 다른 장르 사이에 나타난 새로운 철학(물론, 그것이 언제나 통상적인 철학 저작만은 아니었지만), 정치에 대한 근본적 태도가 그것이다.

첫째, 라틴어를 보자. 대학과 교회에서 쓰던 것과는 다른, 페트라르카의 "새로운" 라틴어로의 이행은 엄밀히 말하면 단지 언어만을 포함하지는 않았다. 그가 자신의 라틴어를 개선하려고 고대 작가들을 연구해 그들의 비밀을 알아내는 데 눈을 돌렸듯이, 그 또한 역사적·학문적 연구로 나아갔다. 달리 말해 그것은 호혜적이었다. 라틴어를 배우려는 욕구가 클수록 필연적으로 역사를 알려는 욕구도 커졌고, 그 반대도 마찬가지였다.

이런 경향 일부는 페트라르카가 만년에 교황 우르바누스 5세에게 쓴 한 편지에서 엿볼 수 있다. 페트라르카는 라틴어 배우는 것을 가리켜 "우리 기예의 근원이자 모든 지식의 기초"라고 말했다.[20] 하지만 특히 흥미로운 것은 그 말을 한 맥락이다. 먼저 이 편지가 페트라르카 자신이 특별한 관심을 가진 교황 우르바누스 5세에게 쓴 것이라는 점이다. 지극한 그리스도교인인 이 사람이 익명이지만 일련의 공개 편지("시네 노미네[sine nomine]", 즉 이름이 없는 편지)[21] 형식으로 교황을 향해 긴 글을 썼다는 것은 좀 이상하게 보일 수도 있다. 그는 단테처럼 교황에 대해 못마땅한 점이 많았다. 그러나 페트라르카는 우르바누스 5세만은 다르기를 바랐다. 예컨대, 굳이 우르바누스란 이름을 택한 것은, 그가 교황을 "우릅

---

20 Petrarca, *Epistolae seniles*, 9.1, in Petrarch, *Letters of Old Age*, 2 vols. tr. Aldo Bernardo (New York: Italica, 2005), 312. 다음을 볼 것. Emanuele Casamassima, "L'autografo della seconda lettera del Petrarca a Urbino V (*Senile* IX 1)", *Quaderni petrarcheschi* 3 (1985-86), 103-34, spec. 116; Silvia Rizzo, *Ricerche sul latino umanistico* (Roma: Edizioni di storia e letteratura, 2002), 37.

21 Francesco Petrarca, *Sine nomine*, a cura di Ugo Dotti (Torino: Aragno Editore, 2010).

스Urbs"—도시라는 뜻으로 특히 로마를 그렇게 불렀다—의 버팀대로 삼고자 했음을 암시한다.

그리고 우르바누스는 분명히 프랑스의 멸시로부터 이탈리아와 이탈리아인을 옹호한 페트라르카의 말을 듣고자 했다. 편지에서 명확히 나타나듯이, 프랑스 왕은 우르바누스를 아비뇽에 계속 머물게 하려고 그에게 사절을 보내 프랑스를 칭송하고 이탈리아를 깎아내리는 말을 했다. 페트라르카가 "말은 사라지지만 글은 남는다"[22]고 하면서 교황에게 이탈리아를 옹호하는 편지를 썼던 것도 이 때문이다. 페트라르카에게 문제의 핵심은 바로 이런 것이었다. 즉 "저에게 말씀해 주십시오. 자유 학예와 자연학 혹은 역사학의 어떤 부분이, 지혜와 웅변과 윤리학이, 그리고 라틴어로 된 철학의 어떤 부분이 실제로 이탈리아인에 의해 발견되지 않은 경우가 있는지 말입니다."[23] 페트라르카는 여기서 고대의 위대함과 전통을 상기시키는 데서 한 걸음 더 나아가 중세의 업적 역시 빠뜨리지 않는다. "이탈리아인들은 시민법과 교회법도 세웠는데, 그것을 잘 설명해 놓았기 때문에 외국인들이 할 일은 아예 없거나 있다고 해도 아주 적었습니다."[24] 시민법은 고대 로마로, 교회법은 초대 교회로 거슬러 올라가지만, 이 두 가지 법을 다시 연구하게 된 것은 사실 중세 이탈리아, 즉 11세기 초 볼로냐 대학에서였다. 그러고는 이렇게 끝맺는다. "우리 기예의 근원이자 모든 지식의 기초—라틴 문학—는 여기서 창안되었습니다. 라틴어와 라틴어 이름 역시 …… 되풀이하지만, 그 모두가 다른 곳이 아닌 바로 여기서 유래했고, 여기서 발달했습니다."[25] 고대는 많은 것을 성취했다. 하지만 페트라르카가 법학에 대한 중세의 업적을 강조한 것은 이탈리아, 즉 선조의 땅이지만 정작 자신은 성장하지 못한 곳에 찬사—거의 갈망한다고 할 정도로—를 보내고자 한 것이었다. 사실, 그는 프

---

22 *Sen.* 9.1, in Petrarch, *Letters of Old Age*, 312.
23 Ibid.
24 Ibid.
25 Ibid.

랑스인들이 파리 대학을 자랑스러워할 것이라고 썼다.²⁶ 그러나 이는 단지 이탈리아의 이 모든 문화적 성취와 대비되는 한 기관을 언급했을 따름이다.

끝으로 요점은 이렇다. "교회가 그토록 위대한 곳은 그 어디에도 없다는 점을 …… 누구도 의심하게 해서는 안 됩니다. 교회의 힘이든, 이탈리아인뿐만 아니라 그리스도를 믿는 모든 민족의 신심이든, 그 어떤 것을 평가하든 간에 말입니다. 왜냐하면 바로 여기서 교회가 탄생했고, 여기서 성숙했으며, 다른 곳이 아닌 여기서 ─ 희망컨대, 신이 원하고 당신이 따르기를 ─ 교회는 영원할 것이기 때문입니다."²⁷ 페트라르카에게는 학문과 그리스도교와 이탈리아와 라틴어가 모두 다 함께 떼려야 뗄 수 없는 방식으로 얽혀 있었다. 만약 현 사회가 그것을 찢어 놓았다면, 바로 지금이야말로 그것을 되돌려 놓을 때라고 그는 넌지시 말한다. 교회는 로마로 되돌아가야만 한다. 생각이 언어와 라틴어에 이르게 되었을 때, 이는 ─ 라틴어권의 제위帝威야말로 그리스도교와 연결될 수 있고 또 연결되어야 한다는 생각 ─ 곧 페트라르카의 사고에 동력을 제공하는 한 요소가 되었다. 그것은 후일 로렌초 발라의 사상에서 되살아나게 된다.

또 다른 중요한 요소는 라틴어와 속어 간의 관계였다. 이러한 측면에서 페트라르카의 입장은 피상적으로 읽히기 쉽지만, 그것은 사실 보는 것보다 더 복잡하고 깊다. 보카초에게 보낸 편지 두 통이 페트라르카의 태도를 엿볼 수 있게 해 준다. 이 편지들은 1350년 두 사람이 처음 만난 이후 점점 더 가까워진 관계를 보여 준다. 그들 위를 맴도는 단테의 유령도 보인다. 또한 페트라르카가 다른 사람과의 대화라는 매우 사교적인 방식으로 언어를 비롯한 여러 문제에 입장을 개진하고 있다는 것도 보여 준다.

그가 첫 편지를 쓴 것은 자신이 단테를 비판했다는 소문이 퍼지고 있

---

26 Ibid., 313.
27 Ibid.

다는 사실을 들었을 때였다.[28] 그는 보카초가 보낸 편지에 답을 했는데, 여기서 보카초는 단테에 대한 찬사가 페트라르카의 영광 역시 높일 것임을 확신한다고 말함으로써, 마치 자신이 단테를 칭송하는 것을 사과하는 것처럼 보인다. 페트라르카는 이에 보카초가 그렇게까지 할 필요가 없었다면서 방어적 태도를 보였다. 결국 그는 젊을 때 단테를 한번 본 적이 있고, 또한 둘 모두가 피렌체 출생이며, 가문이 친척 관계일 뿐이라는 것이다. 하지만 페트라르카가 적어도 마음속으로는 자신에게 적대적인 사람들이 그런 유의 소문을 부추긴다고 생각했다는 점은 사실이다. 이런 소문 중에는 페트라르카가 열렬한 장서가임에도 불구하고 고의로 단테의 『코메디아』를 소장하지 않기로 작정했다는 것도 들어 있었다. 달리 말해 소문을 퍼뜨리는 이런 사람들의 말로는, "난 그의 책을 소장한 적이 없습니다. 내가 책을 모으는 데 아주 열심이기는 하지요. 특히 찾기가 아주 힘든 경우는 더 그렇습니다. 하지만 새 책이고 입수하기 쉬운 경우는 내 방식에 맞지 않고 평소의 습관과도 달라 좀 무관심한 편이지요"라고 한다는 것이다.[29]

이 모든 것에서 "단테의 유령"이란 존재는 분명하다. 페트라르카는 "그의 책" 혹은 라틴어로는 "리브룸 일리우스librum illius", 말 그대로 옮기자면 "그 사람의 책"이라고 말한다. 그는 단테의 이름을 부르고 싶지 않았기 때문에, 단테와 『코메디아』를 가리키는 우회적인 방법이 필요했다. 하지만 페트라르카는 보카초에게 주목할 만한 말을 한다. 이 경우 그 비난은 사실이다. 그러나 이유가 있었다. 젊어서 속어 시를 쓰겠다는 생각에 빠져 있을 때, 그는 사실 "그 사람의 책"을 피했다. 왜냐하면 페트라르카는 자신이 부지불식간에 그를 모방할까 봐 겁이 났기 때문이다. 하지만 이제는 그도 성숙했고 관점도 바뀌었다. "오늘날에는 이런 걱정

---

28 Petrarca, *Epistolae familiares*, 21.5. 라틴어 텍스트는 다음을 볼 것. Francesco Petrarca, *Prose*, a cura di Giuseppe Martellotti, et al. (Milano: Ricciardi, 1955), 1002-14, spec. 1002.

29 Ibid.

은 뒷전으로 밀려나 있습니다. 그동안 누르고 있던 그런 걱정을 떨쳐버렸고 옆으로 밀어 놓았기 때문에, 나는 진심으로 다른 모든 사람과 함께, 그 누구보다도 그를 반기고 있습니다."[30] 여기서 페트라르카가 암시하고 있는 것은 그가 한때 "다른 모든 사람과 함께, 그 누구보다도 그"(즉 다른 모든 속어 시인과 함께 그 누구보다도 단테)에 대해 지니고 있었을 법한 우려가 깡그리 사라졌다는 점이다. 그는 이제 위대한 속어 시를 쓰겠다는 욕심을 뒤로 하고, 새롭고도 성숙한 단계에 접어들고 있다. 지금부터 그는 관심의 초점을 라틴어 작품에 맞추고자 한다. 시의 영역에서 그는 라틴어 서사시 『아프리카』(Africa)를 쓰게 될 것이고, 그 이후로는 앞서와는 달리 온 마음을 역사와 철학 저작에 쏟게 된다.

훨씬 뒤에 쓴 다른 또 하나의 편지가 이런 모습을 더욱 또렷이 보여 준다. 이 역시 친구 보카초에게 보낸 것으로, 때는 1364년이다.[31] 여기서 페트라르카는 그가 보카초에 관해 들은 어떤 일을 언급하고 있는데, 그것은 보카초가 젊은 시절에 페트라트카의 속어 시를 보고 위축되어 자기가 쓴 초보적 작품들을 태워 버리기로 작정했다는 취지의 소문이었다. 자신의 시 작품을 페트라르카의 시에 도저히 견줄 수 없었기 때문이라는 것이다. 페트라르카는 보카초에게 그렇게 하지 말라고 간청한다. 그는 보카초에게 말하기를, 그가 사실 단테(여전히 그 이름은 말하지 않는다)와 페트라르카를 이어 세 번째 자리를 차지한다고 하면, 그는 그 위치에 만족해야 한다는 것이다. 마지막으로 페트라르카는 자기 자신이 걸었던 길에 대해 들려준다. "내가 한때 현재의 나에 반하는 생각을 가지고 내 생애 대부분을 이처럼 속어로 글을 쓰는 일에 바치고자 한 것은 사실입니다. 그 이유는 이렇습니다. 내가 보기에 좀 더 세련된 두 양식의 라틴어 ─ 산문과 시를 뜻한다 ─ 는

---

30 Ibid.
31 Francesco Petrarca, *Res seniles*, libri V-VIII, a cura di Silvia Rizzo, con Monica Berté (Firenze: Le Lettere, 2009), 5,2, 30-51.

고대의 위대한 천재들에 의해 많이 계발된 상태이기 때문에, 나든 다른 사람이든 여기에 무언가 의미 있는 것을 덧붙일 수가 없습니다. 반면에 속어는 최근에 발견되었고 황폐해진 것도 최근인 데다가 그것을 계발한 사람도 거의 없어 아직도 매우 투박한 상태이기 때문에, 장식과 확장이 가능하다고 본 것입니다.[32]

이 짧은 구절 속에는 많은 것이 들어 있다. 먼저 고대, 특히 라틴어에 대한 불안이 있다. 고대 로마 세계와 그 문학 작품을 열렬히 애호한 페트라르카는 고대의 위대함에 필적할 만한 어떤 것을 쓰는 과제가 자신에게는 역부족이라고 생각했다. 도저히 도달할 수 없을 것 같은 이 고대의 위대함이 그가 속어로 방향을 돌린 이유를 보여 준다. 다른 이유는 그가 말하고 있듯이, 속어가 "최근에 발견되었다"는 것이다. 여기에 "황폐해진 것도 최근인 데다가 그것을 계발한 사람도 거의 없어 아직도 매우 투박한 상태"라는 말도 덧붙여져 있지만, 그냥 이것으로 충분하다고 말할 수 있다. 여기서 다시금 페트라르카 자신만큼이나 강력한 영향력이 있지만 이름을 밝히지 않는 단테의 존재가 크게 다가온다.

그러나 페트라르카의 불안 — 단테와 관련해 — 에는 단순한 질투심을 넘어 더이상의 것이 있다. 즉 텍스트가 어떻게 유통되는가의 문제가 있는 것이다. 페트라르카는 좀 더 젊은 시절, 자신이 속어로 중요한 작업을 시작했을 당시에 대해 보카초에게 이렇게 말하고 있다.

나는 젊음이 주는 자극에 고무되어 그 분야에서 위대한 작업을 시작했지요. 그리하여 회반죽과 돌과 나무로 건물의 토대를 놓았습니다. 하지만 이후 자만심과 나태의 어머니인 우리 자신의 나이를 돌아보았을 때, 나는 그러한 것을 다룬 사람들의 "천재天才"가 얼마나 위대한지, 그들이 말하는 스타일이 얼마나 "아름다운"지 씁쓰레한 마음으로 느끼기 시작했습니다.

---

32 Ibid., 42.

그 결과는 글을 낭독하는 것이 아니라 아예 조각낸다고 당신이 말할 만한 그런 것입니다.[33]

"토대", "회반죽", "돌", "나무"에서 페트라르카가 의미하고 있는 것은 그가 이탈리아어로 시를 썼다는 것이다("위대한 작업"이란 필시 『칸초니에레』(*Canzoniere*)이리라). 즉 그 시들은 언어와 전통과 시적 독창성을 위한 엄청난 노력과 관심으로 만들어졌다는 것이다.

그러나 이후(언제나 그렇듯이 페트라르카의 마음속에서) 어느덧 시간이 흐르자 그는 실망하게 되었다. 오늘날의 독자에게는, 그가 "그러한 것을 다룬 사람들의 '천재'가 얼마나 위대한지, 그들이 말하는 스타일이 얼마나 '아름다운'지"를 회상하면서 "글을 낭독하는 것이 아니라 아예 조각낸다"는 말을 들으면, 도대체 그가 무슨 말을 하는지 고개를 갸웃할 수도 있다. 이게 무슨 말인가? 말을 종이에 박아넣는 작가가 왜, 작품을 어떻게 낭독하고 있는지(설사 그렇게 하고 있더라도) 그처럼 염려해야 하는 것인가? 이 의문에 대한 답은, 페트라르카가 시를 써 나가는 세계가 문어와 구어, 확정적인 것과 불확정적인 것, 비물질적인 것과 물질적인 것 사이에서 이상하게 뒤섞인 방식으로(우리에게는 이상하겠지만) 존재하고 있었다는 사실에 있다.

먼저, "낭독하다"란 뜻의 "레치타리recitari"와 "조각내다"란 뜻의 "디세르피discerpi"라는 두 개의 라틴어 핵심 동사를 보자. 시에 대한 우리의 주요한 이미지가 글로 써 내려가는 것이라면, 페트라르카에게 그것은 주로 "낭독"하는 목소리와 관련되어 있었다. 그가 이해한 바로는 이야말로 당시 바로 시가 작동하는 방식이었다. 즉 글로 쓴 것은 일종의 상호 존재를 가지는데, 곧 종이에 쓰인 부분과 그것이 낭독될 때 생명을 얻는 부분이 그것이다. 여기서 "글"로 번역된 라틴어는 "스크립타scripta"로, 직역하자면 "글로 쓰인 것"을 뜻한다. 스크립타를 낭독하는 사람은 그것

---

33 Ibid.

을 낭독하는 것이 아니라 차라리 조각내 버리는 것처럼 보인다는 것이다. 여기서 "조각낸다"로 번역된 "디세르피discerpi"는 폭력적 함의를 지닌 말이다. 달리 번역하자면 "갈기갈기 찢다" 혹은 "조각을 내 버린다"가 되겠는데, 페트라르카는 이 말이 주는 울림을 잘 이해하고 있었다.

그래서 이 구절에는 많은 의미가 들어 있다. 물론, 무엇보다 먼저 단테의 유령이 있다. 하지만 어떤 점에서 좀 더 중요한 것은, 현대 독자에게는 다소 분명치 않게 보이겠지만, 텍스트가 유통되는 방식에 내재한 불안정이 이 편지의 본질적인 특징이라는 점이다.[34] 페트라르카는 이어서 이렇게 말한다. "나는 이를〔시를 낭독하는 것〕듣고 또 들었고, 그래서 이 모든 것을 거듭 생각해 볼 때, 필시 무너지고 말 무른 진흙과 모래로 쌓아 올리는 것은 헛된 일이며, 나나 내 작품은 대중의 손으로 그저 갈기갈기 찢기고 말 뿐일 것이라는 결론에 이르렀습니다."[35]

이는 꽤 암울한 모습이다. 한편으로 페트라르카는 고대인이 위대한 작가이며, 그들에게 덧붙일 것은 많지 않다는 것을 인정한다. 다른 한편으로 그는 자신이 일찍이, 단지 "최근에 발견되었을" 따름인 속어가 실제로 개선될 수 있으며, 나아가 자신이 그것에 무언가 덧붙일 수도 있을 것이라 믿었다고 말한다. 하지만 그가 속어로 쓴 것을 사람들이 낭독하며 작품을 망치는 모습을 보고 들으면서, 또한 짐작하다시피 손으로 베껴 쓴, 그래서 그 각각이 개인적 산물인 텍스트 그 자체가 어쩔 수 없이 서로 약간씩은 다를 것임을 알게 되면서 페트라르카는 좌절감을 느낀 것 같다. 그는 독창적인 것은 아무것도 할 수 없었다. 그래서(어쨌든 여기서 그가 그리는 모습이 시사하는 대로) 그는 고대인 연구 쪽으로 물러나고 있다.

---

34 Justin Steinberg, "Dante *Estravagante*, Petrarca *Disperso*, and the Spectre of the Other Woman" in *Petrarch and Dante: Anti-Dantism, Metaphysics, Tradition*, eds. Zygmunt G. Baranski and Theodore J. Cachey Jr. (Notre Dame: University of Notre Dame Press, 2009), 263-89.

35 Petrarca, *Res Seniles*, libri V-VIII, 5.2, 42-3.

그러나 그 모습은 불완전한 것이었다. 사실, 우리는 페트라르카가 속어 작품을 포기하기는커녕 방랑의 전 생애 내내 집요하게 『칸초니에레』 집필을 계속했다는 것을 알고 있다. 그는 삶의 긴 여정을 통해 이 작품을 아홉 차례나 수정했고, 자신이 죽던 해인 1374년에야 비로소 그것을 마무리했다. 그는 같은 해에 "개선凱旋"을 주제로 한 일련의 시 중에서 여섯 번째이자 마지막 작품인 『영원의 개선』(Triumphus eternitatis)을 속어로 썼다. 이 "개선" 시리즈에서 시인은 사랑, 정숙, 죽음, 명성, 시간을 차례로 등장시키는데, 결국에는 신이 최후의 심판을 가하게 되어 사악한 자는 벌을 받고 의로운 자는 상을 받는 시간에 이른다는 것이다. 페트라르카 자신은 스스로 바라듯이 그의 뮤즈 라우라와 대면할 것인데, 그녀는 부활해 "베일"을 다시 쓰게 된 뒤에도 상상할 수 없을 만큼 아름다울 것이다. 그때조차도, 시간이 끝난 뒤에도, 페트라르카는 글 쓰는 것을 떠올리고 있다.

> 하지만 다시 일어서게 될 모든 사람에 앞서,
> 세상이 흐느끼며 그녀를 부른다네
> 내 말과 내 지친 펜으로.
> 하지만 하늘도 그녀를 온전히 보고 싶어 한다네.
> 세넨에서 발원發源한 한 강의 둑에서
> 사랑은 내게 그녀를 향한 기나긴 전쟁을 안겨 주었지
> 지금도 그 기억이 가슴속에서 속삭이고 있다네.
> 그녀의 아름다운 얼굴을 덮고 있는 지복의 묘석墓石이여!
> 그녀는 이제 아름다운 베일을 다시 쓰게 되리니,
> 세상에서 그녀를 보았던 사람에게 내리는 축복이 있다면
> 그녀를 하늘에서 다시 보게 되는 것이 아닐까?[36]

36　*Triumphus Eternitatis*, ll. 135-45, in *Opere*, 317.

그의 "스탄카 펜나stanca penna"(지친 펜). 페트라르카의 펜이 지친 한 가지 이유는, 언제나 글로 쓰인 말의 잠재력과 불안정함과 자아를 형성하는 능력을 의식한 나머지 일련의 모순으로 점철된 삶을 살았기 때문이다. 사적인 삶을 선호하지만 동시에 공적으로 인정받고 싶어 하고, 대단히 종교적이지만 당시의 교회에는 비판적이며, 사람은 싫어하지만 친구 사귀는 재능은 있다는 것이 바로 그런 모순들이었다.[37] 그러나 페트라르카의 전全 생애와 함께 사실상 그를 이은 휴머니스트 운동의 남은 여정을 변화시킨 것 중 하나는 언어, 특히 라틴어 대對 속어의 문제와 연결되어 있었다.

앞서 언급한 보카초에게 보낸 편지에서 페트라르카는 작품을 "조각낸다"고 했는데, 이 편지야말로 그 어떤 것보다 그가 보여 주고자 했던 공적 이미지를 식별토록 해 주는 훌륭한 증언이다. 그는 완전히 성숙한 단계로 향하는 성장 과정에서 속어로 연애시를 썼던 젊은 시절의 가벼운 행동을 뒤로 하고 진지한 라틴어 작품이라는 위엄 있는 영역으로 옮아 갔다.[38] 주목할 만한 자전적 기록으로, 미래의 이름 모를 독자에게로 가는 그의 "후세에 보내는 편지" 역시 비슷한 이야기를 하고 있다. 그는 여기서 이렇게 쓰고 있다. "청소년기는 나를 속였고, 중년기는 나를 타락시켰으나, 노년기는 나를 교정해 주었습니다."[39] 이러한 성장 과정은 일부 육체적 사랑에서 멀어지는 것과 관련이 있었지만, 속어보다 더 진지하고 지속적이라 생각한 라틴어 작품에 공적으로 헌신하는 것과도 연결되어 있었다. 하지만 그가 사적으로 속어 시작詩作을 계속했다는 사실은 무언가 중요한 것을 암시하는데, 장래의 이탈리아 휴머니스트 운동에서도 여전히 지속될 어떤 것, 즉 라틴어와 토스카나어는 서로 대단히 의존적이라는 점이다. 다른 경우만큼이나 이 경우에도, 페트라르카는 물론

---

37 Celenza, *Petrarch: Everywhere a Wanderer*.
38 Petrarca, *Lettera ai posteri*, a cura e tradotto di Gianni Villani (Roma: Salerno, 1990).
39 Ibid., 34.

미래 세대가 그에게서 부족한 점을 많이 찾아낼 수도 있을 테지만, 그래도 그를 따르는 것에 대한 모범을 보여 준다.

그것은 아마 결국에는 단테의 유령이었을 것이다. 약 50년 후, 우리가 앞으로 자세히 다룰 주요 피렌체 사상가인 레오나르도 브루니는 단테와 페트라르카에 대한 짤막한 전기를 썼고, 나아가 둘을 서로 비교하기까지 하게 된다. 그는 둘 모두를 대단히 칭송했다. 그러나 브루니는 각각이 지닌 수많은 탁월한 특징(예컨대, 단테는 완벽한 속어를 썼고, 페트라르카는 산문과 시에 아주 뛰어난 재능이 있었다는 등)을 열거한 뒤, 둘을 비교하면서 다음과 같은 흥미로운 말을 하고 있다. "속어의 경우 페트라르카는 그가 이점을 지닌 칸초네와 소네트 작품에서 단테와 대등하다. 하지만 그래도 단테의 주저 —『신곡』을 뜻한다 — 가 페트라르카의 어떤 작품보다 낫다는 것을 인정할 수밖에 없다."[40] 브루니의 시대(그는 1444년에 죽었다)에 이르면, 단테의 『신곡』은 이미 고전으로 인정받은 상태에 있었다. 반면에 페트라르카의 시대에 이는 아직 고전이 되어 가는 과정에 있었다.

단테와의 비교는 제쳐두고라도 페트라르카가 성취한 것은 더 있었다. 결국 이러한 성취와 함께 그는 역사를 다른 새로운 관점으로 보게 되었다. 현대인에게는 놀랍게 들리겠지만, 그 모든 것은 학문 덕분에 날개를 달았다. 이 학문이라는 것은 두 가지로 바라볼 수 있을 텐데, 즉 그것은 사회 환경의 소산이자 개인적 능력의 결과라는 것이다.

사회 환경에 관해서는 페트라르카가 자신의 숭배자이자 친구인 조반니 보카초(1313~75)와 맺은 관계가 주목받게 된다. 앞서 살펴보았듯이, 두 사람의 관계가 발전한 것은 편지 덕분이었다. 오늘날 보카초는 이탈리아 문학은 물론, 사실상 서양 문학의 초석 가운데 하나인 『데카메론』

---

40 Leonardo Bruni, "Lives of Dante and Petrarch" in Id., *The Humanism of Leonardo Bruni: Selected Text*, tr. and intro. Gordon Griffiths, James Hankins and David Thompson (Binghamton, N.Y.: Center for Medieval and Renaissance Studies, 1987), 100. * 하지만 바로 이 구절 앞에서 브루니는 라틴어에 관한 한 산문이든 시든 페트라르카가 단테를 압도한다고 말한다.

(*Decameron*)의 저자로 알려져 있다. 보카초의 토스카나어 산문은 후일 16세기 초에 토스카나어의 모범으로 칭송되기에 이른다. 100편의 이야기가 10일에 걸쳐 이어지는(그래서 기발한 그리스 식 책명이 붙었다. 데카deka = 10, 헤메라hemera = 일, 날) 『데카메론』은 피렌체 외곽을 그 극적 무대로 삼고 있는데, 7명의 젊은 여성과 3명의 젊은 남성이 1348년의 흑사병을 피해 그곳에 와 있다. 이 림프절 역병은 1348년에서 1352년 사이에 피렌체뿐만 아니라 전 유럽에 걸쳐 큰 피해를 입혔고, 이로써 인구의 3분의 1일이 사망할 정도였다. 보카초가 쓴 『데카메론』 서문에는 이 파멸적인 질병에 대한 지금까지의 기록 중에서도 가장 심금을 울리는 기억할 만한 묘사가 들어 있다.

그것이 천체의 영향으로 우리 필멸의 존재들에게 내려왔건, 아니면 우리의 사악함 때문에 우리를 벌하려는 신의 의로운 분노로 내려왔건 간에, 그것은 몇 년 전 동방에서 시작되어 무수한 생명을 앗아갔고, 이어 서방으로 향해 무자비하게 여기저기 옮아가며 유례없는 고통을 퍼뜨렸습니다. 인간의 어떤 지혜와 혜안도 그 앞에서는 무용지물이었습니다.[41]

보카초는 이 무시무시하고 예상할 수 없는 고통이 "살아남은 사람들, 병자와 그들의 물품을 일절 피하라는 극히 잔인한 예방책에 따랐던 거의 모든 사람에게 온갖 종류의 공포와 망상을 불러일으켰다"면서 이 질병에 대한 사람들의 반응을 기술하고 있다.[42] 어떤 사람들은 소집단으로 나뉘어 사회와 격리된 채로 음식과 와인으로 소박한 삶을 살았다. 또 어떤 사람들은 "그처럼 사악한 질병에 가장 확실한 약은 엄청나게 마시고, 삶의 쾌락을 즐기며, 노래를 부르고, 즐겁게 지내며, 만사에 웃고, 무슨 일이든 농담을 하면서 모든 수단을 다해 자신들의 욕구를 충족하는

---

41 Giovanni Boccaccio, *Decameron*, tr. Wayne Rebhorn (New York: Norton, 2013), 4.
42 Ibid., 7.

것이라고 주장했다." 법에 대한 존중심은 곤두박질쳤고 "사람들은 무엇이든 하고 싶은 대로 해도 된다고 느꼈다." 일부는 역병을 피하고자 피렌체를 떠났다. 결국 그 누구도 완전한 해결책을 찾지는 못했다. 누구는 살고 누구는 죽었다. 믿기는 힘들지만 "아버지와 어머니가 자식들을 돌보고 보살피기를 거부했고, 그들을 마치 모르는 사람인 양 대했다"고 할 정도로 사회 구조가 무너져 내렸다. 부자도 보통의 상황이라면 함께 했을 가족과 친척 없이 죽었으나, 낮은 신분의 사람들은 이보다 더 비참했다. "많은 사람이 밤낮을 가리지 않고 거리에서 세상을 떠났다. 물론, 집안에서 죽은 사람도 엄청나게 많았으나, 그들의 부패하는 사체에서 나는 악취가 다른 사람들이 죽기 훨씬 전에 이미 이웃에 그들의 죽음을 알렸다. …… 도시는 사체로 넘쳐났다."[43]

우리는 죽음과 질병, 사회 구조가 거의 즉각적으로 무너져 내린 도시, "매일, 거의 매시간 모든 교회로 실려 오는 엄청난 수의 사체를 묻을 축성祝聖한 터가 부족했던" 피렌체란 도시에 대한 암울한 묘사를 목도한다.[44] 이런 식으로 시작하는 책이 희극적 풍자 문학의 시금석으로 나타났다는 것은 믿기 힘들다. 그러나 사실이 그랬고, 그 이유는 저자의 성격과 관련이 있다. 그는 천성이 부드러운 사람으로 알려져 있었지만, 그의 편지에서 보듯이 때로는 자기 회의의 경향도 보이는 인물이었다.

다섯 번째 날의 네 번째 이야기를 보자. 이 짤막한 이야기는 『데카메론』이 표현하고 있는 일종의 유머와 그것에 담긴 가치들을 전형적인 방식으로 보여 주고 있다. 존경받는 노인 메세르 리지오 다 발보나는 아내 자코미나와 함께 로마냐(라벤나에 비교적 가까운)에 살고 있었다. 메세르 리지오는 만년에 아내가 딸을 출산하는 놀라운 일을 접했다. 그들은 아기에게 카테리나라는 이름을 지어 주었다. 그녀는 아름답게 자라났고, 부부는 "훌륭한 결혼 상대와 맺어 주겠다는 희망으로 온 정성을 다해 그

---

43 Ibid., 7-8.
44 Ibid., 11.

녀를 지키고 보살폈다."⁴⁵ 그와 함께 역시 그 지방 출신에다 비교적 유복한 집안으로, 메세르 리지오의 집 단골손님인 리차르도라는 젊은이가 있었는데, 메세르 리지오와 아내는 그를 마치 아들처럼 믿고 있었다. 하지만 카테리나의 미모와 우아함을 눈여겨본 리치르도는 그녀를 격정적으로 사랑하게 되었고, 이러한 감정을 도저히 숨길 수 없을 지경에 이르렀다. 그의 관심을 눈치챈 "그녀 역시 그를 사랑하게 되자 리차르도는 크게 환호했다."⁴⁶ 둘은 서로에게 끌리는 감정을 고백했고 다락방에서 만날 계획을 짰다. 부모가 카테리나를 항상 지켜보고 있었기에, 그들이 함께 있을 만한 다른 방법이 없었기 때문이다.

카테리나는 아직 5월 말밖에 되지 않았는데도 자기 방이 덥다는 핑계를 대고는 발코니에서 자도록 부모의 허락을 구했다. 자신은 슬쩍 밖으로 나가 찬 공기 속에서 시간을 보내며 "밤꾀꼬리 노랫소리를 듣고 있을" 참이었다.⁴⁷ 밤꾀꼬리(나이팅게일)에는 고대에까지 거슬러 올라가는 상징으로서의 긴 역사가 있었고, 역사적으로 상실, 봄에 대한 염원, 사랑 등 많은 것을 환기했다. 보카초의 용법은 훨씬 더 세속적이었다. 카테리나가 발코니에서 잠든 사이 리차르도가 찾아왔고, "둘은 서로 수많은 키스를 퍼부은 뒤에 함께 누웠다. 그러고는 온밤 내내 서로를 탐닉했고, 그사이 밤꾀꼬리는 환희의 노래를 부르고 또 불렀다."⁴⁸ 그들은 결국 기진맥진해 깊이 잠들었다. "카테리나는 오른팔로 리차르도의 목을 감싸 안았고 그녀의 왼손은 그의 바로 그것을 쥐고 있었는데, 숙녀분 당신들께서는 너무 당혹해 남자 앞에서 차마 이름을 부를 수 없을 그것 말입니다."⁴⁹

아침이 되자 가장인 리지오는 딸이 잘 있는지 보려고 다락방으로 올라

---

45 Ibid., 417.
46 Ibid.
47 Ibid., 418.
48 Ibid., 419.
49 Ibid.

갔다. 둘이 그러고 있는 모습을 보자 그는 아내에게 가서 이렇게 말했다. "여보, 빨리 일어나 봐. 와서 당신 딸이 밤꾀꼬리를 얼마나 좋아하는지 보라고. 개가 그걸 잡아 손에 꼭 쥐고 있단 말이지."[50] 아내인 자코미나가 와서 그 광경을 보고는 깜짝 놀라 벌컥 화를 냈다. 하지만 리지오의 태도는 신중했다. 그는 카테리나와 리차르도를 이런 모습으로 보게 되었으니, 이제는 사랑에 불타는 리차르도를 카테리나와 혼인시키는 수밖에 없다고 말했다. 그래서 둘을 깨운 뒤에 리지오는 리차르도(그는 이때 겁을 먹은 상태였다)에게 "자네는 카테리나를 적법하게 혼인한 아내로 삼아야 하는" 선택을 할 수밖에 없다고 알려 주었다.[51] 리차르도는 즉각 이를 수락했고, 둘은 그 직후 바로 그곳에서 — 어머니인 자코미나가 그녀가 낄 반지를 가지고 왔기 때문에 — 부모가 보는 앞에서 결혼했다. 며칠 후 그들은 결혼을 굳건히 하고자 공개적으로 결혼식을 했고, 리차르도는 카테리나를 자기 집으로 데려갔다. "그러고는 이후 오랫동안 그는 마음이 족할 때까지 밤낮으로 밤꾀꼬리를 잡으면서 그녀와 평안하고 행복한 삶을 살았다."[52] 밤꾀꼬리. 알겠죠?

　우리는 이 이야기에서 보카초가 매번 재미있고 즐거운 이야기를 하는 코미디언 같은 작가였다는 것 이상의 많은 점을 알게 된다. 사실상 사회적 세계 전체가 이 작은 이야기에서 펼쳐지고 있는 것이다. 먼저 부모의 가장 열렬한 희망이 딸을 좋은 데 결혼시키는 것이라는 점을 상기해 보라. 비록 이야기는 허구이지만 이러한 욕망은 보카초가 살던(단테와 페트라르카는 말할 나위도 없이) 세계에 관한 중요한 사실을 시사한다. 즉 결혼이란 무엇보다 가족의 재산을 물려주고 굳건히 하기 위해 존재했다는 것이다. 이 일화에서 첫눈에 반한 사랑과 같은 것이 주제라는 바로 그 사실이야말로 결국 그 예외적 성격을 통해 이 점을 강조하고자 하는 것이

50　Ibid.
51　Ibid., 421.
52　Ibid., 422.

다. 진짜 결혼을 구성하는 것, 즉 증인 앞에서 두 사람이 동의하는 데 대한 간략하지만 효과적인 묘사가 있다. 그들은 모두 가톨릭이었지만 그곳에는 사제가 필요 없었다. 또한 참석자 모두가 시민이었지만 시 당국자도 있을 필요가 없었다. 심지어는 공개 결혼식조차도 뒤로 미룰 수 있었다.[53] 끝으로 나이가 지혜를 가져온다는 사실이 있다. 연로한 아버지 리지오는 리차르도가 딸과 동침한 모습을 보고도 그를 거칠게 대하지 않는다.

간단히 말해 이 이야기는 보카초의 『데카메론』에 나오는 다른 많은 이야기처럼 누군지 알아볼 만한 진짜 사람들과 그들의 일상적 관심사를 소재로 취하고 있다. 그런 점에서 『데카메론』은 매우 혁명적 작품이었고 지금도 여전히 그러하다. 그것은 다양한 100편의 이야기를 통해 그 바로 이면의 사회를 투영했고, 나아가서는 오늘날에도 충분히 읽을 만한 빛나는 희극 문학 작품이 되었다. 달리 말해 이는 어떤 승리 같은 것이다. 그것은 작가로서의 보카초의 승리일 뿐만 아니라 작품 자체를 쓰는 일의 승리이기도 하다.

그래서 보카초는 얼마 지나지 않아 자신의 초기 작품의 음란함에 가책을 느껴 양심의 위기를 겪었고, 그리하여 이후로는 라틴어로 학문적 작업을 하고 글을 쓰는 쪽으로 완전히 돌아섰다는 것은 현대의 독자에게 매우 놀랍게 보일 수도 있다. 친구인 페트라르카의 엄격한 고전주의— 그 자신은 속어로 계속 글을 썼음에도 불구하고 속어를 따라다니는 그림자—도 틀림없이 한 역할을 했을 것이다.

페트라르카가 보카초에게 보낸 다른 한 편지가 좋은 예가 될 텐데, 이는 그것을 두 사람이 만년에 썼다는 점 때문이다.[54] 여기서 페트라르카

---

53 Gene Brucker, *Giovanni and Lusanna: Love and Marriage in Renaissance Florence* (Berkeley: University of California Press, 1986).

54 Petrarca, *De insigni obedientia et fide uxoria. Il Codice Riccardiano 991*, a cura di Gabriella Albanese (Alessandria: Edizioni dell'Orso, 1988); Id., *Letters of Old Age*, tr. Aldo Bernardo, 2 vols. (New York: Italica, 2005), II, 655-68. 나는 다음에서 인용했다.

는 자신이 『데카메론』의 한 이야기를 읽고 이를 라틴어로 옮겼다는 사실을 전하고 있다. 편지는 그들 간의 관계가 대략 어떤 것이었는지에 대해 많은 점을 알려 주고 있으므로 깊이 검토할 필요가 있다. 편지는 이렇게 시작한다.

> 앞서 언젠가—아마 젊었을 때라고 생각되는데—당신이 우리 모국어로 출판한 책(『데카메론』)을 보았습니다. 그 책이 어디서 어떻게 내게 들어왔는지는 모르겠습니다. 내가 그것을 읽었다고 한다면 거짓말이겠지요. 사실, 그것은 두꺼운 책인데다가 대중을 위해 쓴 것이고, 또 산문이니까요. 어쨌든 내가 좀 바쁘기도 하고 시간도 없으니까 말입니다.[55]

이는 한 노인이 자신보다 약간 나이는 적지만 그를 열렬히 칭송하는 다른 노인에게 쓴 편지이다. 두 사람은 이때까지 수십 년을 서로 알고 지낸 사이였다(편지는 1370년대 초에 쓰였다). 꼭 문학 비평가라야 이 편지의 숨은 뜻을 알 수 있는 것은 아니다. "나는 당신의 책을 읽을 시간을 내지 못했습니다. 보카초. 그건 대중을 위해 쓴 것이니까요." 즉 속어로 쓴 책이라는 것이다. 우리가 페트라르카에게서 보는 과장된 라틴어 편향이 틀림없이 두 사람 사이에 깊게 드리워져 있었을 것이다. 보카초의 삶이 이때쯤에 이르면 그는 이미 속어를 끊기로 작정하고, 나이가 더 많은 엄숙한 친구를 기쁘게 해 줄 것 같은 그런 학문적 라틴어 저작을 쓰는 데 이미 많은 시간을 쓴 상태였다. 하지만 피렌체시市 또한 보카초에게 단테의 『코메디아』에 대한 공개 강의를 의뢰했고(바로 이 편지를 쓴 바로 그즈음인 1373년), 그는 이를 수락했다. 보카초조차도 논평의 가치가 있는 속어 문학이 존재한다는 것을 인정하지 않을 수 없었다. 단지 그것은 자신의 책 『데카메론』, 오늘날 교양 계층의 독자에게 여전히 살아 있는 그 저

Petrarca, *Opera latina* (Venezia, 1503), CCii-iv.
55 Petrarca, *Opera latina* (Venezia, 1503), CCii.

자의 작품이 아니었을 뿐이다.

페트라르카는 보카초의 『데카메론』에 관해 계속 이렇게 말한다.

나는 그것을 대략 훑어보았습니다. 약간 외설적인 것들이 보이기는 했지만, 그것을 쓸 당시의 나이면 변명이 되겠지요. 스타일, 언어, 소재의 바로 그 가벼움도 그런 것을 읽을 만한 사람들의 가벼움과 함께 그렇게 되듯이 말입니다. 그것은 당신의 글이 지향하는 사람들에게는 아주 중요하겠지요. 도덕의 다양함은 글의 스타일에서의 다양함을 변명해 줍니다. 나는 아주 가벼운 이야기 중에서도 몇몇 경건하고 진지한 것들을 포착했습니다만, 내가 어느 대목에도 완전히 몰입한 적은 없었기 때문에 이에 대해서는 여전히 확고한 판단을 내리지 못하고 있습니다.[56]

여기서 그의 논조가 소극적 공격이라는 점이 분명히 드러나지 않는다고 해도, 우리는 다시 한번 그들이 서로 어떤 관계인지는 충분히 느낄 수 있다. "외설적", "가벼움", "가벼운 이야기"와 같은 말들은 모두 페트라르카가 그토록 오래 스스로 만들어 내려고 애썼던 상상된, 거의 꿈과 같은 정체성, 보카초 역시 최종적으로 취하려 했던 냉철하고 진지하며 근엄한 정체성과는 반대편에 있었다. 두 사람은 분명히 친구 사이였고, 그래서 우리는 위협적인 페트라르카와 그 위협에 몸을 웅크리는 보카초라는 인상을 받아서는 안 된다. 우리는 차라리 보카초를 이런 지적 관계에서 낮은 위치에 있다는 정도로 생각할 수 있겠다. 이런 경우 높은 위치에 있는 인물의 오만함, 때로 보이는 장광설, 그리고 자기중심주의 같은 것은 둘 사이의 교제가 주는 다른 즐거운 측면들을 고려하여 인내해야 하는 그런 것이다.

『데카메론』에서 페트라르카의 눈을 사로잡은 것은 제일 마지막의 "그리젤다" 이야기로 보카초의 걸작에 담긴, 유머라고는 거의 찾을 수 없는

---

56 Ibid.; *Letters of Old Age*, tr. Bernardo, II, 655.

몇 안 되는 이야기 가운데 하나였다. 오늘날 그 이야기를 읽는다는 것은 우리의 세계와 보카초 및 페트라르카의 세계 사이에 놓인 엄청난 차이를 정면으로 직시하는 것과 같다. 페트라르카가 번역하고자 한 것이 하필 이 이야기라는 점을 인식함으로써, 우리는 그의 마음속을 들여다보는 통찰력을 얻게 된다. 이야기는 살루초(토리노 근처의 소도시) 후작 구알티에리에 대한 것으로, 활동적인 청년인 그는 아내를 얻기보다는 "매사냥과 수렵"에 더 열심이었다. 하지만 봉신들은 그가 미혼인 채로 남아 있겠다는 생각을 좋아하지 않았고, 그들이 나서서 그에게 적절한 혼처를 구해 주겠다고 제의하는 지경에까지 이르렀다. 결국 그는 설득에 못 이겨 결혼하기로 했으나, 다만 오직 그 자신이 장래의 신부를 정할 것이며 그녀가 어떤 사람이라도 그녀를 받아들이고 축하해 주기로 약정했다. 후작은 인근 농촌 마을 출신으로 대단한 미모를 지닌 그리젤다라는 소녀를 택했는데, 그녀를 그동안 눈여겨보던 중이었다. 그는 그녀의 아버지와 이야기를 나누고 타협을 본 뒤, 그녀와 결혼하기로 합의했다.

　후작이 초라한 농촌 마을을 찾기로 한 날까지도 그리젤다는 아무것도 모르고 있었다. 모든 봉신을 거느리고 마을에 도착한 그가 아버지가 보는 앞에서 그녀에게 처음으로 건넨 말이라는 것이, "만약 결혼하게 되면 마음을 다해 자신을 기쁘게 해 주고 자신이 무슨 말, 무슨 짓을 하든 결코 속상해 하지 않을 것이며 항상 순종할 것인지" 묻는 것이었다.[57] 그녀는 그러겠다고 대답했다. 그러자 "그는 그녀의 손을 잡고 밖으로 데리고 나와, 그곳에 사는 사람들은 물론 일행 모두가 보는 앞에서 그녀를 발가벗겼다."[58] 후작은 그녀를 위해 만든 옷을 가져오게 한 뒤, 하인에게 명하여 다시금 모두가 보는 앞에서 그녀에게 옷을 입히도록 했다. 그러고서 그는 군중에게 바로 이 사람이 아내로 맞을 여자라고 말했다. 일행은 깜짝 놀랐으나 그의 선택을 받아들였고, 후작은 바로 그때 그곳에서 그

57　Boccaccio, *Decameron*, tr. Rebhorn, 841.
58　Ibid.

리젤다(그녀가 "망연자실 당혹해하는" 것으로 묘사된 것은 이해할 만하다)와 결혼했다. 그들은 그의 대저택으로 돌아왔고, "그곳에서 마치 프랑스 왕의 딸과 결혼이라도 한 것처럼 아름답고 흥겹고 호화로운 축하연을 열었다."[59]

지금까지의 이야기를 따라온 독자들은 후작이 그리젤다를 아주 좋지 않게 대했다고 생각할 수도 있다. 그러나 그녀에게는 더 많은 일이 기다리고 있었다. 결혼 생활이 자리 잡자, 그녀는 후작의 칭송받는 장식품이 되었다. 그녀는 "대단히 매력적이고 유쾌하며 예의도 발랐으므로, 양치기 소녀가 아니라 …… 마치 고귀한 영주의 자식처럼 보일 정도였다." 더욱이 "그녀는 남편에게 아주 순종적이고 배려가 깊어 그는 자신이 세상에서 가장 행복하고 만족스러운 남자라고 여길 정도였다."[60] 그녀는 이내 임신해 딸을 낳았다. 후작의 마음속에 무언가 스쳐 지나간 것은 바로 이즈음이었다. 보카초는 이렇게 말하고 있다. "그녀에게 끊임없이 고난을 주고 삶을 내내 참을 수 없는 지경에 이르게 해서 그녀의 인내심을 시험해 보자는 생각이 머리에 떠올랐다."[61] 그래서 그는 우선 그 시작으로 봉신 모두가 그녀의 저급한 신분을 못마땅해 한다고 말했다(물론, 이는 명백히 거짓말이었다). 또한 후작은 그녀가 낳은 작은 딸아이를 아무도 좋아하지 않는다고도 했다. 그리젤다는 자신의 사회 신분이 봉신보다 낮다는 것을 잘 알고 있으며, 후작과 결혼할 만큼 되지 못한다는 것 역시 알고 있다고 대답했다.

그 이후 곧 후작은 그리젤다에게 하인을 보냈다. 그는 이렇게 말했다. "마님, 제가 죽임을 당하지 않으려면 주인님이 제게 시킨 일을 해야 하는데요. 저에게 아씨를 빼앗아 ……."[62] 감정에 북받쳐 하인은 더이상 말을 잇지 못했다. 짐작컨대, 그리젤다는 하인이 아이를 죽이라는 명을 받았

---

59 Ibid., 842.
60 Ibid.
61 Ibid., 843.
62 Ibid.

다고 생각했다. 그녀는 마음이 쓰라렸으나 명에 따라 "바로 딸을 요람에서 꺼내 태연한 척 아기에게 입을 맞추고 축복의 말을 한 뒤 하인의 팔에 안겨 주었다."[63] 그런 다음에 순종적인 그리젤다는 하인에게 이렇게 말했다. "네 주인이자 내 주인이기도 한 그분이 명한 바로 그대로 하게. 하지만 짐승이나 새에 먹히도록 하라는 명을 받지 않았거든 제발 그렇게 되도록 두지는 말게나." 하인은 아기를 데리고 나와 구알티에리와 이야기를 나누었는데, 후작은 "그녀의 평정심에 크게 놀랐다."[64] 구알티에리는 또다시 그리젤다에게는 알리지 않은 채 아이를 볼로냐로 보내 그곳에서 키우도록 했다.

그들은 다음에는 아들을 얻었다. 그러자 구알티에리는 예의 속임수를 써서 이렇게 했다.

어느 날 짐짓 화난 표정으로 그녀를 노려보면서 말했다. "여보, 당신이 이 아이를 낳은 이후 도대체 내 봉신들과 함께 있을 수가 없을 지경이오. 잔누콜레의 손자 — 잔누콜레는 그리젤다의 아버지이다 — 가 나를 이어 주군이 될 것이라면서 그렇게도 매몰차게 불평을 해대니 말이오. 그래서 그들이 날 이 자리에서 끌어내리지 못하게 하려면 저번처럼 해야 하지 않을까 싶소. 그리고 결국에는 당신과 헤어져 다른 아내를 얻어야겠지."[65]

그리젤다는 또다시 이 충격을 참아 냈는데, 당시에는 이러한 태도가 평정심으로 보였겠지만 오늘날에는 마조히즘처럼 보인다. 그녀는 이렇게 대답했다. "나의 주인이시여, 당신은 오직 당신의 행복을 얻고 원하는 바를 이룰 수 있을 것인지만 생각하세요. 저에 대해서는 아무것도 고려하실 필요가 없습니다. 당신이 기뻐하지 않는다면 저에게는 그 어떤 것도

---

63 Ibid.
64 Ibid.
65 Ibid.

아무런 가치가 없으니까요."⁶⁶ 저번과 같은 방법으로 아들 역시 비밀리에 볼로냐로 보내졌다.

눈여겨볼 것은 이 이야기를 통해 구알티에리에 대한 반감이 나타났다는 점인데, 그의 행동에 대해서는 잘했다기보다는 이해하기 어렵고 황당하다는 반응이었다. 예컨대, 아들 사건 이후 구알티에리의 신민들은 "그를 탓하고 그의 잔인함을 비난했지만, 그의 아내에 대해서는 깊은 연민을 느꼈다."⁶⁷

구알티에리의 잔인한 마지막 행동, 즉 아내에 대한 최후의 시험은 몇 년 후 결혼 생활을 끝내겠다고 협박한 것이었다. 그는 가엾은 그의 아내를 비롯한 모든 사람에게 자신이 교황의 특별 허가를 얻어 다시 결혼할 수 있게 될 것이라고 말했다. 그는 자신에게로 오는 가짜 문서를 만들어 그것이 교황이 보낸 것이라고 믿도록 계획을 짰다. 그리젤다는 속으로 슬픔을 삼키면서 자신이 받은 반지와 옷가지를 모두 되돌려주고 다만 소박한 옷 몇 가지만 가져가겠다고 절절한 어조로 말했고, 구알티에리는 이를 허락했다. 그녀는 아버지 잔누콜레에게로 돌아갔다.

한편, 구알티에리는 자신이 정말로 재혼할 것이라고 봉신들을 믿게 한 뒤, 그리젤다 아닌 그 누구도 결혼식 준비에 참여하지 못하게 했다. 그리젤다는 남편의 집을 깔끔하게 정리하고 초대장을 보내는 등의 일을 하게 되었다. 그녀는 이에 대해 여전히 아무 불평도 하지 않았다. 이때쯤 그의 딸은 12세가 되었는데, 구알티에리 외의 모든 사람이 그녀를 그와 결혼하는 사람인 줄로만 알고 있었다. 그리젤다는 또다시 우아한 태도로 그 소녀를 맞았고, 그녀의 아름다움을 칭송했으며, 심지어는 구알티에리의 안목에 찬사를 보내기까지 했다.

이 모든 일이 일어난 뒤, 마침내 구알티에리는 모든 것이 그리젤다를 시험하려는 계획이었다고 밝혔다. "나는 당신에게는 아내가 되는 방법

---

66 Ibid.
67 Ibid., 843.

을 가르치고, 그들〔신민〕에게는 아내를 다루는 방법을 가르치며, 동시에 여생을 당신과 함께 내내 평화롭고 평온하게 보내고 싶었소 ……. 그리고 나는 당신이 말에서든 행동에서든 내 뜻을 벗어나는 것을 본 적이 없을뿐더러, 내가 바라는 모든 행복을 나에게 줄 것이라 여기기 때문에 그렇게 오랫동안 당신에게서 빼앗았던 것을 이제 한꺼번에 되돌려주고자 하오."[68] 그는 두 아이 — 아들도 누나와 함께 왔으므로 — 가 사실은 그녀의 자식이며, 그들은 죽지 않았고, 자신은 누구보다도 그리젤다를 사랑한다고 말했다. 그리젤다는 기쁨에 겨워 눈물을 흘렸다. 귀부인들은 그녀의 옷을 격에 맞는 것으로 바꿔 입혔으며, 그녀의 아버지 잔누콜레는 호화로운 저택을 받았다. 그리고 구알티에리는 "그리젤다와 만족스러운 생활 속에서 언제나 그녀를 최대한 존중하며 오래오래 살았다."[69] 『데카메론』의 마지막을 장식하는 이 이야기는 너무 극단적이라 작품 속의 등장인물들조차 의견이 분분해 숙녀 중에는 이를 비판한 사람도 있었고 칭찬한 사람도 있었다. 그런데 페트라르카는 왜 하필이면 이 이야기를 번역하려 했을까?

한편으로 그 대답은 비교적 단순해 보이는데, 페트라르카 스스로 편지 말미에서 자신의 추론을 이렇게 제시하고 있기 때문이다.

나는 이 이야기를 다른 언어로 바꿔 보기로 했는데, 이는 요즘의 기혼 여성들에게 이 부인의 인내심 — 나로서는 거의 따라 할 수 없을 정도로 보이는데 — 을 닮으라기보다는, 독자들이 적어도 이 여성의 평정심을 닮도록 해서 그녀가 남편에 대해 했던 것을 우리의 신에 대해 하도록 하기 위해서입니다.[70]

---

68 Ibid., 848.
69 Ibid., 849.
70 Petrarca, *Opera latina*, CCiv; Petrarch, *Letters of Old Age*, tr. A. Bernardo, II: 655.

달리 말해 이 라틴어 판 이야기는 알레고리적인 것, 즉 무한하지만 언제나 이해될 수만은 없는 지혜를 가진 신이 우리의 행로에 던져 놓는 난관을 인간이 어떻게 인내할 것인지 이해할 수 있게 하는 방법으로 받아들여져야 한다는 것이다. 욥을 생각해 보라. 그리고 페트라르카의 설명에는 무언가 중요한 것이 있다. 오늘날 학자들이 "귀감적"이라고 부르는—독자들에게 덕을 가르치고자 역사적 실례를 사용하는 것—것이, 비록 페트라르카 자신은 이 말을 쓰지 않았지만 언제나 그의 마음속에 가득 차 있었다.

이어지는 편지에서 페트라르카는 보카초에게 라틴어로 옮긴 이 그리젤다 이야기를 친구 두 명에게 보여 주었다고 전하고 있다. 한 친구는 내내 반쯤 울다시피 할 정도로 거기에 묘사된 사건에서 큰 감동을 받았고, 다른 친구는 단지 그것을 믿지 못할 이야기라고만 생각했다는 것이다. 페트라르카는 후자에 대해 "자신에게 어려운 것은 모두에게 불가능하다고 간주하는 사람들도 있는 법입니다"라고 말하며, 은근히 그 친구를 비판했다.[71] 하지만 결국 그리젤다 이야기와 그것을 번역하겠다는 페트라르카의 선택은, 남성과 여성의 여정이 다르며 여성에게 칭송되는 덕이 무엇보다 순종을 내포하고 있다는 점을 상기시키고 있다.

후일에 쓴 편지는 가슴 아픈 소식을 전하고 있다. 페트라르카가 쓴 이전의 편지가 보카초에게 전해지지 않았다는 말을 그가 들었다는 것이다. 사실, 보카초의 답장에 대한 기록이 없다. 특히 페트라르카가 쓴 두 통의 편지에는 날짜가 적혀 있지 않은데, 다만 내적 증거로 미루어 그것들이 1370년대 초에 작성되었다고 짐작할 뿐이다. 이 두 편지는 페트라르카의 『노년의 편지』(Seniles)에 들어 있다. 페트라르카는 보카초에게 보낸 네 통의 편지와 함께 『후세에 보내는 편지』(Posteritati)를 마지막으로, 사실상 『노년의 편지』를 끝맺고자 했다. 이는 마치 그의 유산을 우선 자신에게 가장 열광적인 보카초에게 넘기고 이어서 일반적인 후세에 전하는

---

71 Petrarca, *Opera latina*, CCiv(v); Petrarch, *Letters of Old Age*, tr. A. Bernardo, II: 670.

것처럼 보이기도 한다. 페트라르카는 1374년 7월 19일에 세상을 떠났고, 보카초에게는 50피오리노라는 후한 금액을 유언으로 남겼다.[72]

페트라르카에게 진정한 문학 작품은 보카초 같은 친구와 당시의 수많은 독자, 그리고 결국에는 후세의 사람들과 — 그가 넌지시 알려 주었던 대로 — 나누어야 하는 것이었다. 또한 페트라르카에게는 거장다운 요소가 있는데, 그것은 발견을 향한 열망과 라틴어 텍스트들을 찾아 모으는 부지런함과 자신이 발견해 낸 것을 널리 알리려는 의지와 힘이 있었다는 사실이다. 한 예를 들어 보자. 페트라르카는 키케로의 연설 『아르키아스 변론』(*Pro Archia*)을 발견한 후(1333년 리에주에서) — 이 작품은 키케로가 아르키아스를 변호한 것으로, 이는 정확히 그가 시인이라는 이유에서였다 — 누군가가 이 연설문의 사본을 가지고 있을 것이라 확신했다.[73] 그것은 의미심장한 순간이었다. 키케로는 시인 아르키아스를 변호하는 중, 청중에게 시가 중요한 기능을 한다면서 그 이유를 이렇게 말했다. 즉 "인간성에 관련된 모든 기예에는 어떤 공통적 연관이 있는데, 시는 마치 그 기예들을 서로 함께 묶어 놓은 것과 같기" 때문이라는 것이다.[74] 연설 약간 뒤로 가면 키케로가 자신이 법정에서 통상 하는 관습과는 다른 방식으로 말하는 데 대해 변명하는 대목이 나오는데, 여기서 그는 "인문학"에 해당하는 "스투디아 후마니타티스 아크 리테라룸studia humanitatis ac litterarum"이란 표현을 사용하면서 "인문학 연구에 관해 좀더 자유롭게" 말하겠다고 한다.[75] 키케로의 이 라틴 어구는 직역하자면

---

72 Petrarch, "Testament" in *Petrarch's Testament*, ed. Theodore Mommsen (Ithaca, NY: Cornell University Press, 1957), 68-93, esp. 82. 유언으로 남긴 금액의 가치에 대해서는 다음을 볼 것. Richard Goldthwaite, *The Economy of Renaissance Florence* (Baltimore: Johns Hopkins University Press, 2009), table A1. 페트라르카의 비전에 대해서는 다음을 볼 것. Giuseppe Mazzotta, *The Worlds of Petrarch* (Durham, NC: Duke University Press, 1993).

73 Petrarca, *Seniles* 16.1, in Petrarca, *Opera latina* (Venezia, 1503), 쪽수가 매겨져 있지 않음. 편지의 영역은 다음을 볼 것. Petrarch, *Letters of Old Age*, tr. A. Bernardo, 599-607.

74 Cicero, *Pro Archia*, sec. 2.

"인간성과 문학 연구"쯤이 되겠지만, 좀 더 넓게 보면 페트라르카가 사랑에 빠졌고 종종 르네상스 휴머니즘의 핵심이라 간주해 온 분야(광의의 철학을 포괄하는 문학)를 가리켰다.[76]

또 다른 발견으로 페트라르카는 약간 충격을 받았다. 1345년 다시 자료 탐색을 위한 여정에 나섰을 때(이번에는 베로나로 갔다), 그는 키케로가 친한 친구인 티투스 폼포니우스 아티쿠스에게 보낸 편지들을 필사한 사본 하나를 발견했다.[77] 키케로는 여기서 아티쿠스와 함께 가족에 대해 의논하고 내심의 감정 상태를 드러내며, 때로는 로마 정치 및 거기서 자신이 지닌 역할에 관해 천박한 험담까지 하곤 했다.[78] 페트라르카는 스토아적 덕을 지닌 키케로(보호가 필요할 때 시인을 변호할 만한 그런 유의 인물), 우정과 서로 다른 여러 철학 유파와 수사학과 그 외의 다른 수많은 것에 관한 대화편을 쓴 키케로, 그리고 모든 의미에서의 무게를 지닌, 로마와 그 공화국의 영웅 키케로는 잘 알고 있었다. 하지만 페트라르카는 키케로가 지극히 평범한 문제에도 또한 관심이 있다는 사실을 알고 몹시 상심한 나머지, 이 고대의 현인을 비판하는 분노의 편지를 쓰기까지 했다. "나는 당신이 말하는 것, 불평하는 것, 흔들리는 것에 대해 많이 들었습니다. 나는 오랫동안 다른 사람에게 조언해 주는 능력을 지닌 인물

---

75 Ibid., sec. 3.
76 Paul Oskar Kristeller, *Renaissance Thought and Its Sources* (New York: Columbia University Press, 1979).
77 가장 최근에 나온 것으로 자세한 참고문헌이 달린 다음의 글들을 볼 것. Martin Eisner, "In the Labyrinth of the Library: Petrarch's Cicero, Dante's Virgil, and the Historiography of the Renaissance", *Renaissance Quarterly* 67.3 (2014), 755-90; Martin McLaughlin, "Petrarch and Cicero: Adulation and Critical Distance" in *Brill's Companion to the Reception of Cicero*, ed. William H. F. Altman (Leiden: Brill, 2015), 19-38.
78 편지에 대해서는 다음을 볼 것. D. R. Shackleton Bailey, *Cicero's Letters to Atticus*, with translation and commentary, 7 vols. (Cambridge: Cambridge University Press, 1965-70); Cicero, *Letters to Atticus*, ed. and tr. D. R. Shackleton Bailey, 4 vols. (Cambridge, MA: Harvard University Press, 2014).

로 당신을 알았지만, 이제는 마침내 당신이 스스로 어떤 인물인지 보게 되었군요."[79] 종래 씁쓸한 기분이 가시지 않았던 페트라르카는 키케로에게 두 번째 편지(더 긴)를 쓰게 되었다. 여기서 그는 키케로의 긍정적 성품을 강조하면서도 ― 물론, 비판적 어조는 여전하지만 ― 그가 진정한 철학자라면 반드시 체화해야 할 삶의 방식에 부응하지 못한 게 아니냐고 넌지시 말했다.[80] 요컨대, 페트라르카와 키케로의 관계는 감정적이었다. 이는 자료의 발견과 문헌 작업을 넘어서 과거의 귀감적 인물과의 정서적 관계라는 영역으로 들어간 것이었다.

페트라르카가 남긴 것은 무엇인가? 다른 어떤 것보다도 라틴어를 향한 그의 태도가 먼저 떠오른다. 그는 고전에 대해 급증하는 관심과 함께 다소 일관되지 않은 지적 운동에 뛰어들어 그것을 중요한 두 방향으로 이끌었다. 첫째, 단테가 『코메디아』로 토스카나 속어에 지속적인 자취를 남겼다면, 페트라르카는(그와 보카초의 소통에서 보았듯이) 확고히 라틴어 깃발을 꽂았다. 물론, 이러한 행동에도 아이러니한 측면이 없는 것은 아니었다. 페트라르카 자신은 생애 내내 속어 시에 대한 작업을 계속했고, 사실상 그 유명한 삶의 마지막 순간까지도 이를 지속했다. 또한 대중을 멀리하고 스토아 편향에다 덕을 찬양하는 식으로 라틴어를 포용한 것은 적어도 어느 정도는 속어에서 단테가 이룬 위대한 업적의 희미한 그림자, 페트라르카가 만년으로 가면서 오히려 점점 더 커진 그 그림자로 인해 유발된 것이기도 했다.

누차 말한 대로, 다음의 다섯 세대 정도 동안 가장 뛰어난 이탈리아 지식인들은 자신들이 생각하는 많은 부분을 라틴어로 작업하게 된다. 우리는 수많은 지식인이 스스로 고전적 가치라고 본 것에 깊이 헌신해, 종내는 그리스 및 로마 텍스트는 물론 자신들의 라틴어 작품까지도 속어로

---

79 Petrarca, *Le familiari*, a cura di Vittorio Rossi, 4 voll. (Firenze: Sansoni, 1933-68; riedizione, Firenze: Le Lettere, 1997), 24.3.1.
80 Ibid., 24.4.

번역하는 고된 작업에 뛰어들었다는 것을 알게 될 것이다. 그러나 15세기 말까지도 라틴어는 상대적인 지속성을 보장할 수 있는 유일한 표현 수단으로 간주되었다. 그것은 문화를 가로질러 대화할 수 있는 유일한 언어였고, 또 내내 그런 상태로 남아 있었다.

둘째, ─ 그리고 이 측면의 유산은 그리 지속되지 못했고 그의 시대의 문화와 더 관련이 있었는데 ─ 페트라르카는 휴머니즘을 종교라는 방향타로 헤쳐 나갔다. 이 두 요소는 다음 세대 휴머니즘의 중심인물인 콜루초 살루타티의 삶과 작품과 사상에 깊은 울림을 주게 된다.

3
이탈리아 르네상스, 피렌체에 뿌리를 내리다

페트라르카가 세상을 떠날 때쯤에는 유럽 곳곳에 그의 추종자들이 있었다. 그가 쓴 이탈리아어 시는 많은 사람의 입에 오르내렸고, 그의 학문적 성격 — 고대인이라면 당연히 지니고 있었다고 생각한 덕에 초점을 맞춘 라틴어 작품과 깊은 그리스도교 신앙 — 은 수많은 지식인의 이상이 되었다. 그는 또한 후일 "피렌체의 "트레 코로네Tre Corone", 즉 "삼관三冠"으로 알려지게 되는 세 작가 중 하나인 핵심적 인물이기도 했는데, 다른 두 명은 단테와 보카초였다.[1] 달리 말해 15세기 말에는 단테, 페트라르카, 보카초가 피렌체의 문화적 자긍심의 원천이 되었다. 이러한 기억이 언제나 그렇듯이, 이는 새로운 문화적 작업을 앞으로 나아갈 수 있게도 하지만 동시에 그것이 지닌 많은 측면을 생략해 버리는 그런 유의 "문화적 기억"이었다.

---

1 Victoria Kirkham, "Le tre corone e l'iconografia di Boccaccio" in *Boccaccio letterato*, a cura di Michelangiola Marchiaro e Stefano Zamponi (Firenze: Accademia della Crusca, 2015), 453-84.

이 문화적 기억이 생략하고 빠뜨린 것은 무엇이었는가? 우선 셋 중 피렌체 땅에서 죽은 경우는 오직 보카초뿐이라는 사실이 있다. 알다시피 단테는 자신의 가장 유명한 작품을 고국으로부터 추방된 상태에서 썼다. 페트라르카는 물론 가족적 연줄을 주장할 수 있겠지만 어쨌든 프랑스에서 자랐고, 그가 이탈리아에서 보낸 대부분의 시간 역시 다른 도시에서 보냈는데, 그곳은 종종 피렌체와 완전히 상충하는 정치 전통을 가진 곳(밀라노와 파도바처럼)이었다. 다정하고 상냥하며 건설적인 성품으로 알려진 보카초만이 피렌체에 살면서 만년에 즈음해 단테의 『코메디아』에 대한 강의도 하고, 페트라르카의 헌신적 친구로서 그에 대한 기억을 보존하며 그가 가장 의미 있다고 생각했던 그런 종류의 학문적 작업을 해나갔다.

그들은 1375년까지 모두 세상을 떠났다. 보카초는 그해 12월 21일에 죽었는데, 그때까지 단테 강의는 겨우 「지옥편」의 제16곡 끝부분에 이르렀을 뿐이었다.[2] 세 명의 "왕관" 모두를 하나로 묶은 것은 다름 아닌 보카초였다.[3] 보카초가 삶의 거의 마지막에 다다랐을 때, 피렌체시의 가장 열렬한 옹호자 가운데 하나인 또 다른 인물이 피렌체의 "서기장"(고위의 통치적·외교적 책무를 수행하는 직책)이 되었다. 그는 콜루초 살루타티로, 활기찬 지식인 집단이 그 주위로 몰려들었다. 이탈리아 휴머니스트 운동이 피렌체에서 뿌리를 내리게 된 것은 주로 그가 이끄는 집단과 그의 강

---

[2] 강의에 대해서는 다음을 볼 것. Giovanni Boccaccio, *Esposizione sopra la Comedia di Dante*, a cura di Giorgio Padoan (Milano: Mondadori, 1965); Id., *Boccaccio's Exposition on Dante's Comedy*, ed. and tr. Michael Papio (Toronto: University of Toronto Press, 2009). 파피오의 훌륭한 서문(3-38)도 볼 것.

[3] Martin Eisner, *Boccaccio and the Invention of Italian Literature: Petrarch, Cavalcanti, and the Authority of the Vernacular* (Cambridge: Cambridge University Press, 2013); Celenza, *The Lost Italian Renaissance*; Patrick Baker, *Italian Renaissance Humanism in the Mirror* (Cambridge: Cambridge University Press, 2015); Brian Maxon, *The Humanist World of Renaissance Florence* (Cambridge: Cambridge University Press, 2013).

력한 풍모 덕분이었다.

살루타티의 삶과 저작을 훑어보기 전에, 휴머니스트 운동 그 자체와 함께 피렌체를 새로운 지적 활동에 최적의 장소로 만든 다양한 조건을 먼저 생각해 보는 것이 좋겠다. 휴머니즘을 기술하는 경험적으로 가장 포괄적인(물론, 반드시 최선은 아니겠지만) 방법은 그것을 주로 지식인들 사이에서 일어난 언어적인 일련의 과목 ― 모두가 라틴어에 관한, 그리고 결국에는 고전 라틴어에 관한 ― 으로의 전환으로 보는 것이다. 이 과목들은 문법, 수사학, 시, 역사, 도덕철학이었다.[4] "문법"의 범위는 우리가 오늘날 생각하는 것보다 훨씬 더 넓었다. 그것은 품사, 문장 구조, 의미를 부여하기 위해 동사와 명사를 바꾸고 다루는 방법 등의 기초 지식을 포괄했다. 하지만 그것은 시와 강력한 관련이 있었고, 특히 중세 이래 그랬다. 품사를 배우는 한 방법은 예컨대 베르길리우스의 『아이네이스』 ― 이는 물론 중세 내내 가장 인기 있는 작품이었지만, 르네상스에 와서 새로운 호응을 얻었다 ― 같은 긴 시를 "해부하는" 것이었다. 우리는 『아이네이스』의 첫 행들을 택해 그것을 한 행씩, 한 단어씩 꼼꼼히 살펴볼 수 있다.

> Arma virumque cano, Troiae qui primus ab oris
> Italiam fato profugus Lavinaque venit Litora

나는 노래하네cano 무기와 남자를arma virumque, 그는 처음으로primus 왔다네qui ······ venit 트로이아Troiae 해안oris으로부터ab. 운명에 의해fato 추방되어profugus 이탈리아로Italiam, 라비늄 연안으로Lavina ······ litora. 베르길리우스는 먼저 자신이 하고 있는 것에 대해 "노래한다"고 말

---

4 Paul Oskar Kristeller, *Renaissance Thought and Its Sources* (New York: Columbia University Press, 1979). 그는 이 저작 외에 다른 여러 곳에서 그러한 견해를 강력하게 주장했다. 좀 더 최근의 문헌으로는 다음을 볼 것. D. Rundle and M. McLaughlin, "Introduction", *Renaissance Studies* 17 (2003), 1-8; Celenza, *The Lost Italian Renaissance*.

한다(시에는 리듬이 있고, 그래서 조용히 읽고 듣지 않으면 어떤 의미에서 불완전하다고 생각했으므로). 그는 무엇을 노래하는가? "무기"와 "남자"이다. 그것은 전쟁 이야기이자 한 남성 영웅 아이네이아스의 이야기이다. 기본 문법 수준에서 보면 "무기"와 "남자"라는 두 명사는 "나는 노래한다"는 동사의 직접목적어이다. 그러므로 이는 라틴어에서 "아쿠사티웨accusative", 즉 대격對格이라 부르는 것에서 나타나는데, 그것은 가리키는 어떤 것을 지칭할 뿐 영어에서 비난이나 고발을 뜻하는 "accusation"과는 아무 관련도 없다. 말하자면 동사의 행동 "노래한다"는 영웅적인 중심인물의 전쟁 이야기("전쟁과 남자")를 직접적으로 가리키고 있다. 또한 "아르마arma"와 "위룸virum"이라는 두 단어가 "그리고"를 뜻하는 "에트et"나 "아크ac" 같은 통상적인 라틴어 단어로 분리되지 않고, 구句가 이어져 "아르마 위룸퀘arma virumque"로 표현되고 있다는 점도 알게 될 것이다. 남자를 의미하는 단어 "위룸virum" 끝에는 "퀘que"가 달려 있다. 이 작은 단어는 문법에서 "불변화사," 좀 더 특수한 용어로 말하자면 "전접어前接語"라 부르는데, 그것이 붙어 있는 단어를 그 앞의 단어와 분리한다. 고대 세계에서 라틴어가 자연스럽게 변화하면서 언어가 글로 쓰일 때, 그런 종류의 문법 구조가 형식상의 의미에서 도움이 되었다. 왜냐하면 고대 세계에서는 수백 년 이상 구두점도 띄어쓰기도 없었기 때문이다. 그래서 말을 듣는 사람들은 시를 "노래한다"라고 낭독하는 사람이 어디에 강세를 두는지 인지하는 바로 그 순간, 두 단어가 분리되어 있다는 것을 알게 되는 것이다.

달리 말해 문법(이 경우 시와 관련된)처럼 겉으로는 단순하고 중립적으로 보이는 어떤 것이 휴머니스트들에게는 마치 도약판처럼 언어, 신화 연구, 역사를 비롯한 많은 것을 세세히 고찰하는 데 큰 역할을 했다. 다른 과목도 모두 같은 추진력을 공유했다. 휴머니스트들은 역사를 통해 자신들을 사로잡았던 고대의 과거와 만날 수 있었다. 나아가서 역사는 그들이 현재의 행위(특히 지도적 계급의 행위)를 만들어 내는 데 도움이 될 수 있다고 믿었던 고대라는 과거의 실례를 제공했다. 수사학은 말로 하는 일을 높이 평가하는 문화에서 설득에 관한 연구를 심화했다. 그리고 도덕철학은 진실로 휴머니스트 운동 전체가 지향하는 것, 즉 우리는 어떻게 살아야 하는가를 위한 핵심이 되었다. 진정한 우정은 어디에서 찾을 수 있는가? 진정한 고귀함은? 페트라르카에서 보았듯이, 이러저러한 많은 질문은 휴머니스트들에게 활기를 불어넣었다. 고대 로마의 과거에 대한 열정으로 책에 쓰인 단어들을 연구하던 휴머니스트들은 수세기 동안 감추어져 있었던 많은 수서본을 발견하기에 이르렀다. 앞으로 살펴보겠지만, 그들은 이러한 발견을 통해 과거에 그랬던 것과는 다른 관점에서 역사를 바라보게 되었다. 그리고 이러한 발견의 정신은 마침내 책에서 뛰쳐나와 바깥 세계로 향했고, 그리하여 과학적인 것을 비롯한 여타의 발견으로 이어지게 되었다.

그러나 이 모든 것은 14세기 말에서 15세기 초 피렌체에서 본격적이고 집중적인 방식으로 시작되었다.[5] 그래서 그 자체가 질문이 된다. 왜 피렌체인가? 세 가지 이유를 생각할 수 있다. 첫째는 다름 아닌 부富와 관련이 있다. 재정적 자원이 부족하면 문화도 지탱될 수 없다. 피렌체라는 도시는 매우 부유했다. 돈을 벌어들인 것은 주로 은행가와 직물 상인이었는데, 그들은 적어도 두 세기 동안 이 두 직종에서 매우 활기차게 일했다.[6] 두 번째 이유는 첫 번째와 연결되어 있다. 은행가와 상인은 여행을 한다. 예컨대, 메디치 상사商社는 당연히 이탈리아의 다른 도시에도 여러 지점이 있었지만, 마침내 브뤼헤, 제네바, 런던(이탈리아 도시가 아닌 세 군데만 들자면)에도 지점을 세웠다.[7] 이것이 뜻하는 바는 모든 것을 고려할 때 피렌체에는 여행에 능하고 어떤 코스모폴리탄적 세계관을 가진 지도적 계급이 있었다는 것이다. 달리 말하자면, 그들은 많은 것을 봄으

---

[5] 이에 대한 가장 최근의 개설적 역사로는 다음을 볼 것. John Najemy, *A History of Florence, 1200-1575* (London: Wiley-Blackwell, 2008).

[6] Goldthwaite, *The Economy of Renaissance Florence*.

[7] Raymond De Roover, *The Rise and Decline of the Medici Bank, 1397-1494* (Cambridge, MA: Harvard University Press, 1963).

로써 비전통적인 형태의 학문과 문화에 더욱 개방적인 경향이 있었다는 것이다.[8]

마지막으로 나머지 하나의 주요 요인은 일견 모순적으로 보일 만한 것이다. 즉 피렌체의 대학이 아주 작고 전혀 특출하지도 않다는 점이다. 예컨대, 파리 센강의 왼쪽 기슭에는 13세기 초 이래 유럽에서 가장 번성하던 한 대학이 자리 잡고 있었다. 볼로냐 역시 도시의 큰 구역을 시민법과 교회법 연구를 전문으로 하는 유명한 대학이 차지하고 있었다. 오늘날 여러분이 유력한 중세 대학을 가지고 있었던 이 두 도시, 혹은 그와 같은 다른 도시(예컨대, 옥스퍼드)를 방문하게 되면 여전히 그 기관들의 존재를 체감할 수 있을 것이다. 피렌체는 그렇지 못했다. 언뜻 보기에는 휴머니즘을 받아들인 도시에 명망 있는 대학이 없었다는 것이 전혀 이점으로 느껴지지 않을 수도 있겠지만, 사실이 그랬다. 그 이유는 이렇다. 가장 유용한 지식을 보존하는 데 생산적이고 효과적인 중심지가 대학이었고 지금도 그렇기는 하지만, 새로운 형태의 지식을 창조해야 할 때는 그것이 항상 "얼리 어댑터early adaptors"가 되지는 않는다는 것이다.

또한 휴머니즘은 새로운 것이었다. 휴머니스트 운동을 단지 그것이 관심을 둔 언어 중심적 학과목에 초점을 맞추어 생각하는 것은 정확히 무엇이 새로운 것인지를 알지 못하게 한다. 언어에 관한 다섯 개의 학과목―문법, 수사학, 시, 역사, 도덕철학―은 중세에도 여전히 공부하고 있었다. 사실, 그 과목들에 대한 접근 방식은 르네상스에 와서도 크게 달라지지 않았던 시기가 있었다. 다른 것은 정도의 문제이지 유형의 문제는 아니었다. 콜루초 살루타티(1331~1406)는 우리가 이 점진적 변화가 자리 잡는 모습을 볼 수 있는 완벽한 인물이다. 궁극적으로 우리가 이탈리아 르네상스 휴머니즘에서 정확히 무엇이 새로운 것인지를 볼 수 있

---

[8] 이는 중세 말 북부 이탈리아에서 굳건히 뿌리를 내리고 있었던 관점으로, 상술한 여러 조건 때문에 피렌체에서 훨씬 더 큰 힘을 얻게 되었다. Ronald G. Witt, *The Two Latin Cultures and the Foundation of Renaissance Humanism in Medieval Italy* (Cambridge: Cambridge University Press, 2011).

는 것도 살루타티(그리고 그 주위의 집단)를 통해서이다.

살루타티는 단테나 페트라르카와 마찬가지로[9] 가족적 배경 때문에 일찍부터 피렌체 땅을 떠난 "추방자"였다. 그는 스티냐노(루카 인근의 아주 작은 마을로, 피렌체 영토 내의 토스카나 도시)에서 태어났으나, 그의 아버지는 황제파가 권력을 잡자 정치 숙청을 당하게 된다. 가족은 볼로냐로 옮아갔는데, 여기서 살루타티는 존경받는 선생이었던 피에트로 다 몰리오의 촉망받는 학생으로 소년기 교육을 받았다. 피에트로 다 몰리오는 볼로냐에서 잘 알려진 인물로, 몇 명의 학생이 있었고 페트라르카나 보카초와도 친분이 있었다(편지가 보여 주듯이). 페트라르카가 리비우스의 텍스트를 연구했던 것처럼 그 역시 고전 텍스트 연구에 많은 공을 들였다. 다 몰리오는 각별히 고대 희극 작가 테렌티우스(여러 작가 가운데서도)를 교습 도구로 활용하는 데 관심이 있었다.[10] 그의 선택은 중요한 것이었는데, 고대 로마의 위대한 희극 작가 중 하나인 테렌티우스는 특히 일상 언어 용법을 연구하는 데 소중한 존재였기 때문이다. 키케로가 결국 적절하고 우아하며 사실상 완벽한 라틴어 교사로 널리 존경받았다면, 테렌티우스는 일상 언어의 용례에 대해서라면 당연히 의지해야 하는 작가였다. 살루타티는 다 몰리오에게서 많은 것을 배웠는데, 그를 향한 시에서 썼듯이 이는 "쿼드 에피스톨라 포세트quid epistola posset",[11] 즉 편지의 힘은 얼마나 강력한가라는 한마디로 요약된다.

편지. 우리는 이미 페트라르카가 이 글쓰기 형식을 어떻게 이용했는지 보았다. 그는 그것을 통해 자기반성을 하고 타인과의 관계를 굳건히 하며, 중요한 문제에 대해 학문적으로 논평하는(보카초에 보낸 편지에서처

---

9 Ronald G. Witt, *Hercules at the Crossroads: The Life, Works, and Thought of Coluccio Salutati* (Durham, NC: Duke University Press, 1983); Witt, *In the Footsteps*, 292-337.
10 Leonardo Quaquarelli, "Moglio, Pietro da", in *Dizionario biografico degli italiani* 75 (2011), 267-73.
11 Ibid.; Berthold L. Ullman, *Studies in the Italian Renaissance* (Roma: Edizioni di storia e letteratura, 1973), 298.

럼) 수단으로 활용했다. 하지만 중세 말 이탈리아에는 다른 방식의 편지와 편지 쓰기가 만연해 있었다. 그것은 살루타티가 단언했던 것처럼 매우 강력한 힘을 지니고 있었다. 이는 정치와 외교, 그리고 여러 행정적 입장과 생각을 교환하는 공식 서한이었다. 때로 이런 편지는, 예컨대 부동산 매매나 여타 사적 법률 문제의 경우 사람과 사람 간에 전해졌고, 외교 교섭이나 전쟁, 정치 동맹 창출의 경우에는 최고위층 수준에서 국가 간에 교환되기도 했다. 살루타티를 비롯해 이러한 방식의 편지를 쓰는 사람들은 예외 없이 공증인 교육을 받았는데, 이 직업 범주는 아주 중요하기 때문에 그 함의를 잘 이해할 필요가 있다.

공증인은 중세 성기盛期와 르네상스에 북부와 중부 이탈리아 도시국가의 정치적·문화적 삶에 중요한 역할을 했다.[12] 공증인의 직업적 지위는 12세기까지 거슬러 올라가는데, 당시 그들은 "푸블리카 피데스 publica fides"로 알려지게 되는, 즉 "공중公衆의 신뢰"라고 옮길 만한 것을 얻었다.[13] 공증인은 오늘날 종종 법률가가 수행하는 종류의 기능을 하는 것으로 이해하는 것이 가장 적절하다. 지금과 같이 그때도 사람들 간의 거래는 법률 문서의 공증 없이 이루어질 수 없었다.

공증인은 이런 일상적 법률 기능 말고도 전문 작가가 되기에 충분한 위치에 있었다. 다수의 공증인이 라틴어로 "아르스 딕타미니스 ars dictaminis"라 알려진 서한 작성법을 공부했는데, 이는 여러 상황에 맞춘 공식 서한을 작성하기 위해서는 반드시 숙달해야 하는 과목이었다.[14] 살루타티의 시대쯤에는 볼로냐 대학이 2년짜리 공증 연구 과정을 열었고, 이를 통해 "아르스 딕타미니스"를 비롯한 여러 사항을 공부할 수 있었다. 먼저 피에트로 다 몰리오 아래서 공부했던 살루타티는 1350년에 그

---

12 Witt, *In the Footsteps*, esp. 90-93.
13 Armando Petrucci, *Writers and Readers in Medieval Italy: Studies in the History of Written Culture*, ed. and tr. Charles M. Radding (New Haven: Yale University Press, 1995), 152.
14 Witt, *In the Footsteps*, 1-80.

과정을 마쳤다. 다음 단계는 볼로냐의 공증인 조합에 들어가는 자격시험을 치르는 것이었다. 그러나 그곳의 정치 불안으로 살루타티 가족은 피렌체 영토 내의 부차노로 돌아가게 되었다. 그곳은 피렌체에서 서쪽으로 대략 60킬로미터 떨어진, 피렌체와 바다 사이에 있는 소도시였다. 그가 젊은 공증인으로 첫 출발을 한 것도 바로 그곳이었다.

살루타티의 명성이 높아지자, 1374년 그는 피렌체로 불려가 당시 추첨으로 이루어졌던 선거를 감독하는 정부 기구에서 일하게 되었다. 1년 뒤인 1375년에 살루타티는 피렌체 서기장이 되었는데, 이는 사실상 피렌체의 공식 서한 작성을 총괄하는 자리였다. 그 당시 피렌체와 교황 간의 전쟁이 임박한 상황이었기 때문에 그 자리는 특히 중요한 직책이었다. 이 시기에 쓴 살루타티의 편지들은 교황의 대의에 대항하는 피렌체의 조치를 정당화하고, 피렌체가 여전히 충성스러운 교황파 혹은 친親교황 도시이기를 바란다는 점을 주장했는데, 이를 통해 그는 국제적 명성을 얻었다. 당시 타협을 통해 전쟁 가능성이 점점 희박해지는 것처럼 보이기도 했으나, 결국 전쟁을 피할 수는 없었다.

더 중요한 것은 서한 작성이 정치 문제에서 점점 더 중심 요소가 되어 간다는 점이었다. 후일 15세기에 에네아 실비오 피콜로미니(작가이며 사상가이자 성직자로, 마침내는 교황 피우스 2세가 되었다)는 대단히 흥미로운 주장을 한 바 있다. 즉 살루타티 시대에 피렌체의 경쟁자였던 밀라노의 참주 잔갈레아초 비스콘티가 말하기를, 살루타티의 편지는 피렌체의 기사 천 명보다 더 자신에게 해害가 될 수 있다고 했다는 것이다.[15] 피콜로미니는 같은 대목에서, 피렌체인들은 서기장을 뽑을 때 다른 도시와는 달리 법에 대한 기술적 지식을 지닌 사람보다는 연설과 "인문학이라 불리는 기예"에 능한 사람을 중시하기 때문에 칭송받을 만하다고 썼다.[16]

---

15 "crebro auditus est dicere non tam sibi mille Florentinorum equites quam Coluccii scripta nocere." 다음에서 인용함. S. Rizzo, "Il Latino nell'Umanesimo" in *Letteratura italiana*, a cura di A. Asor Rosa, vol. 5, *Le Questioni*, 379-408.

16 "Commendanda est multis in rebus Florentinorum prudentia, tum maxime quod in

휴머니스트 운동은 왜 피렌체에서 가장 먼저, 그리고 그토록 대대적으로 일어났는가? 한 가지 분명한 이유는 언어적이고 라틴적이며 고전적인 휴머니스트 수사법과 정치권력 간의 연결이었다.

살루타티는 매우 존경받는 인물이었으므로 이후 매년 서기장 직을 연임했고, 이는 1406년 그가 죽을 때까지 이어졌다. 당시 피렌체의 통치 형태가 공화정이었다는 점을 고려할 때, 이 사실은 특기할 만한 — 정말로 놀라운 — 것이었다. 훨씬 더 뒤에 마키아벨리가 자신의 고전『군주론』에서 피력한 대로, "공화국의 경우는 활력이 더 넘치고 증오와 복수심 역시 더 깊다."[17] 그가 다른 곳에서 상세히 서술하고 있는 것처럼 이 같이 치열한 경험을 겪어야 하는 이유는 공화국에서는 서로 불화하는 시민 집단인 파당의 존재가 불가피했기 때문이다. 이런 측면 — 시민 모두가 적어도 명목상으로는 동등한 권리를 지닌 사회에서 발생하는 시민들 간의 끝없는 경쟁 — 은 공화국의 불리한 점을 드러냈다. 하지만 피렌체는 많은 이탈리아 도시국가가 1인 지배라는 유혹에 넘어간 이후에도, 오랫동안 보란 듯이 공화국을 유지하고 있었다. 살루타티와 그 주위의 지식인들에게 피렌체 공화주의는 언제나 도시와 그들 자신의 정체성을 형성하는 중요한 부분이었는데, 이는 지적 작업에 연료를 공급하고 지식인들이 쓰고 생각하는 방식을 바꾸며, 그들이 세계에 접근하는 방식에서 중요한 요인으로 작용했다.

살루타티의 경우에 경쟁이 공화국에 특유한 것이라는 점을 고려하면, 그가 도시의 가장 중요한 행정직을 계속 연임했다는 것은 더욱 놀랍다. 이는 그에 대해 주목할 만한 어떤 것을 암시하는데, 즉 그는 정치적 안목에 더해 도량이 넓은 성품을 지니고 있었다. 이 점은 특히 젊은 지식인들

---

legendis cancellariis non iuris scientiam, ut pleraque civitates, sed oratoriam spectant et quae vocant *humanitatis studia* 〔이탤릭체 강조는 저자〕." 다음에서 인용함. Rizzo, ibid., 29-31, spec. 31.

17 Niccolò Machiavelli, *Il principe*, a cura di G. Inglese (Torino: Einaudi, 1995), cap. 5, 29-31; 니콜로 마키아벨리, 곽차섭 옮김·주해, 『군주론』, 5장 9절.

의 활동을 이끌고 분발케 하는 데 도움이 되었다. 이 추종자 집단에 대해 살펴보기 전에, 우선 살루타티 자신의 활동에 대해 고찰해 보는 것이 좋겠다.

살루타티는 하나의 중요한, 그리고 이해할 만한 측면에서 페트라르카와 달랐다. 페트라르카는 이제 막 떠오르기 시작한 이탈리아 르네상스에 대한 관심(고전 고대에 대한 애호와 고전 라틴어에 대한 지속적 존경)을 종교와 연결한 최초의 주요 휴머니스트였다. 페트라르카의 침울한 내면성은 두 갈래로 나뉜 성격을 투영했다. 그는 한편으로 공적 갈채를 받고 싶어 하면서도, 다른 한편으로는 궁극적으로 그리스도교 신앙에 따라 자기 자신의 영혼을 계발하는 것을 우선해야 한다는 점을 굳게 믿었다. 반면에 살루타티는 무엇보다도 공적인 인물로, 일하는 시간 대부분을 통치 업무 및 피렌체 외교와 유럽에서 가장 부유하고 바쁜 한 도시에서 시민으로서의 짐과 즐거움을 함께 누리는 데 할애했다. 물론, 이는 살루타티가 공공연히 천명한 적은 없지만, 그의 관심사가 세속적인 쪽으로 더 기울어져 있었다는 것을 뜻한다. 그는 페트라르카나 다른 휴머니스트들처럼 고전 세계와 고전 라틴어를 애호했지만, 페트라르카와는 달리 고전과 그리스도교의 융합을 우선하지 않았다.

살루타티는 많은 르네상스 사상가가 그랬듯이 편지를 높이 평가했는데, 이는 앞서 보았던 대로 그것이 공적 상황에서 지닌 힘 때문만이 아니라 문학적 표현의 수단이기도 했기 때문이다. 이런 의미에서 편지 한 통을 살펴보는 것이 유용할 텐데, 이는 문제의 편지가 겸손하지만 뛰어난 학문적 업적, 즉 결국 휴머니즘의 역사적 전환을 증명하는 어떤 것으로 이어졌기 때문이다. 그 편지는 무엇보다 학문상의 많은 문제와 성취가, 사람 간이든 책을 통해서든 대화의 결과라는 것을 상기시킨다. 이 경우 편지 교환은 살루타티와 교육자이자 공증인이며 외교관이었던 라벤나 출신의 조반니 콘베르시노라는 인물 사이에 이루어졌다. 콘베르시노 역시 살루타티 자신의 경애하는 스승 다 몰리오의 학생이었다. 그들은 공통적인 교육적 유대 관계를 갖고 있었을 뿐만 아니라 점차 서로 간의 우정도 발전시키고 있었는데, 콘베르시오는 살루타티보다 나이가 약간 더 적었으므로 분명히 그 자신을 말하자면 후배로 생각했을 것이다.

콘베르시노는 살루타티에게 쓴 편지에서 자신이 그의 친구 서클에 들어갈 수 있도록 해 달라고 요청했는데, 살루타티에게는 그가 지나칠 정도로 찬사와 칭송을 보내고 있는 것으로 보였다. 게다가 약간 이상하기까지 한 점도 있었다. 살루타티는 이렇게 쓰고 있다.

> 당신이 나를 칭송하는 중에 나를 복수형으로 지칭하고 있어 정말 깜짝 놀랐습니다. 당신의 저술들이 보여 주듯이 당신은 많은 것을 보았습니다. 청컨대, 나에게 말해 주시오. 당신이 인용할 고대인 가운데 누가 단수형으로 말하지 않았는지. 나 같으면 친구나 나아가 동등자뿐만 아니라 세계의 군주 제후라도 단수형으로 지칭할 겁니다.[18]

여기서 살루타티가 뜻하는 바는 무엇인가? 먼저 살루타티는, 마치 콘베르시노가 자신에게 그렇게 굽힐 필요까지는 없다는 듯이 그의 편지가 얼마나 반가운지를 밝히는 것으로 편지를 시작했다.

하지만 살루타티의 정확한 의도는 복수형을 존칭으로 사용하는 문제였다. 프랑스어, 이탈리아어, 독일어, 에스파냐어를 비롯한 여타 근대 언어를 공부한 사람이라면, 콘베르시노가 왜 그렇게 했는지를 알 것이다. 그 이유는 많은 언어 — 영어와는 아주 다르게 — 가 영어의 "you"에 해당하는 단어를 두 방식으로 쓰기 때문이다. 즉 하나는 친구와 사회의 동등자 간에, 다른 하나는 더 공식적 관계에서 사용한다. 프랑스어, 에스파냐어, 독일어에서는 때때로 그 공식적 형태가 복수형 "당신", 즉 한 사람

---

18 Coluccio Salutati, *Epistolario*, a cura di F. Novati, 4 voll. Fonti per la storia d'Italia, 15-18 (Roma: Istituto storico italiano per il medioevo, 1891-1911), 2.408. 다음에서 인용함. Christopher S. Celenza, "Coluccio Salutati's View of the History of the Latin Language" in *Cicero Refused to Die: Ciceronian Influence through the Centuries*, ed. N. van Deusen (Leiden: Brill, 2013), 5-20, esp. 11.

으로서의 "당신"이 아니라 집단으로서의 "당신"과 같다. 살루타티에게는 바로 이것이 문제였다. 고대 라틴어에서는 이런 용법이 존재하지 않았기 때문이다. 양자 간의 분리는 없었다. 물론, 복수형 "당신"—"워스vos"—은 있었지만, 이는 실제 집단을 가리키는 경우에만 사용했다. 단수형으로는 오직 하나의 "당신"—"투tu"—만 있을 뿐이었다.

이어서 살루타티는 이교도이든 그리스도교인이든 간에, 존경받는 몇 명의 고대 작가를 열거하고는 그들 누구도 존칭이라고 해서 "당신"이라는 단어를 복수형으로 사용하지는 않았을 것이라고 썼다. 살루타티는 키케로를 무대로 불러낸다. 그는 만약 키케로가 다시 살아나 콘베르시노에게 이렇게 말한다면 어떨 것 같으냐고 넌지시 묻는다. "친애하는 조반니여, 나의 어떤 규칙이, 어떤 예가, 당신이 누구에게 편지를 쓸 때, 마치 원로원을 향해 말하는 것처럼 그를 복수형으로 불러야 한다고 일러주던가요?"¹⁹

콘베르시노는 반발했다. 그는 우선 복수형 "당신"을 존경의 표시로 쓴 고대의 예가 실제로 있지 않겠느냐고 넌지시 말했다(이는 잘못된 판단이다). 또한 그는 살루타티 스스로 복수형 "당신"을 존칭으로 사용한 적이 있다는 점도—이는 옳은 말이다—지적했다. 나아가 콘베르시노는 지금부터 살루타티가 원하는 대로 그를 지칭할 때 단수형 "투"를 사용하겠다는 점을 분명히 했다.

여러분은 이렇게 물을지도 모르겠다. 이게 도대체 뭐가 중요하단 말인가? 살루타티의 다음 편지(말하자면 콘베르시노에 대한 답장)를 보면 좀 더 잘 이해할 수 있을 것이다. 무엇보다도 살루타티는 그 자신의 경우를 포함해 외교상으로는 존칭인 "보스"를 써야 할 때가 있다는 것을 인정했다. 사실, 어떤 정치적 배경에서는 정중히 예의를 갖추는 것이 꼭 필요하

---

19 Ibid., 409: "Quid responderes Ciceroni nostro si diceret: mi Iohannes, qua mea regula quove meo moveris exemplo, ut ad unum scribens, quasi litteras ad senatum dirigas, illum pluraliter alloquaris?"

다는 것이다. 그래서 우리는 살루타티가, 우리가 살아가는 일상 세계에서 제멋대로 상상할 수도 있는 것을 사실인 양 그대로 받아들이는 당시 지식인들의 편향적 습성을 따르지 않는다는 점을 알게 된다. 달리 말해 만약 피렌체의 서기장이 프랑스 궁정과 서한을 교환한다면, 궁정 측은 당연히 존칭으로 복수형 "보스"를 사용할 것이다. 살루타티는 세상 물정에 밝은 사람이었고 외교적 의례도 알고 있었다. 그렇다고 그가 그것을 좋아한 것은 아니었다. 그는 이 편지에서 특히 라틴어를 이처럼 몰역사적으로 만들곤 하는 프랑스인들에 대해 한탄하고 있다.

이어서 상황은 좀 더 흥미로운 방향으로 흘러가는데, 편지의 바로 이 순간—이탈리아 르네상스 휴머니즘의 역사에서의 다른 많은 순간과 마찬가지로—정확히 말해 과거에 대한 휴머니스트의 열정이 낳은 결과로 불가피하게 나타나는 역사가 틈입하기 때문이다. 살루타티는 존칭으로 "보스"를 사용하는 근대적이고 몰역사적인 이런 관습이 언제 나타났는지 토의하고 친구에게 그것을 설명하려 애쓰면서 과거 라틴어의 역사로 되돌아간다.

그러면 이 근대적 습관은 언제 나타난 것일까? 살루타티는 "이 헛된 일이 카이사르가 독재관이 되면서 그와 더불어 시작되었다"—이는 콘베르시노의 입장이었는데, 핵심적인 고대 텍스트에 대한 중세의 오독에 따른 것으로 해석상의 오류를 범할 소지가 다분했다—는 것을 믿지 않았고, "그보다는 훨씬 뒤, 수 세기가 지난 후일 것으로 짐작하지만, 언젠지는 나도 모른다"고 말했다.[20] 살루타티는 고대의 몇몇 예를 살피고는, 비교적 늦은 시기의 오직 한 작가 엔노디우스(474~521, 파비아 주교이자 다작의 서간 작가)만이 존칭으로 "보스"를 썼다는 것을 발견했다. 살루타티와 콘베르시노의 편지 교환은 계속되었고, 그들의 우정은 상호 간의 지적 관심 덕분에 더 두터워졌다.

---

20 Salutati, *Epistolario*, 2: 418-19: "Non puto quod hec vanitas inceperit cum Cesare dictatore; sed post plura secula; quando tamen ignoro."

살루타티의 폭넓은 편지 연결망에는 그 밖에도 많은 사람이 있었는데, 그들은 종종 공식과 비공식 사이를 미묘하게 오가는 관계에 있었다. 1395년의 한 예를 들어 보자(콘베르시노와 편지를 교환한 직후이다). 다시 한번 사적 문제가 살루타티를 역사의 영토로 이끌었다. 마르톨로메오 올리아리 추기경은 살루타티에게 편지를 써서, 다른 많은 사람이 그랬듯이 그의 편지를 수집하라고 촉구했는데, 올리아리의 견해로는 살루타티야말로 당시 가장 저명한 서한 작가였기 때문이다. 그뿐만 아니라 살루타티는 심지어 이 측면에서 칭송받는 고대인들, 예컨대 로마제국 말기(사실은 동고트 치하)의 외교관이었던 카시오도루스와 같은 권위자들에 필적할 정도라는 것이다. 카시오도루스는 혼란스러웠던 6세기에 살았고, 은퇴한 뒤에는 중세 초기 수도원 격인 비바리움 Vivarium을 세웠는데, 이는 아마 고대 로마 세계의 텍스트와 관념과 사고방식을 이제 막 새롭게 나타나던 그리스도교적 질서에 융합하는 데 가장 중요한 역할을 한 기관이었을 것이다.

살루타티는 추기경의 권고에 긴 답장을 썼다. 우선 그는 "투/보스" 문제로 돌아가, 자신이 저명하다고는 하지만 그래도 왜 "보스"보다는 "투"로 지칭되고 있는지 그 이유를 추기경에게 설명했다. 여기서 살루타티는 콘베르시노에게 보낸 이전의 편지에서 사용한 논증의 개요를 밝히고 있다. 하지만 다시 편지 교환자―이 경우에는 카시오도루스에 대한 올리아리의 언급―의 힌트가 살루타티를 역사에 관해 더 확장된 논의로 이끌고 있다. 살루타티는 앞의 훌륭한 인물들이 편지를 수집했던 문제를 이야기하기 전에, 먼저 자신이 심지어 카시오도루스와 동일 집단에 속할 수 있다는 바로 그 생각에 답해야 한다고 생각했다. 이를 위해 그는 라틴어의 역사를 간략히 고찰하고 있는데, 이는 그가 이 문제를 깊이 생각해 왔다는 것을 보여 준다. 하지만 그가 지닌 사고의 깊이에도 불구하고, 살루타티의 사유에 나타나는 특징들은 근대의 학식 있는 독자에게는 이상하게 보일 수도 있다.

이러한 요소 가운데 첫 번째는 시기와 관련된다. 오늘날에는 비교적 쉽게 과거 역사 속의 인물, 사건, 때의 연대를 거의 정확하게 알 수 있다. 말하자면 한 5세기 작가에 대한 여러 일자를 아는 데는 많은 방법이 있을 텐데, 사람들 대부분은 우선 19세기와 20세기에 만들어진 방대한 참고문헌에서 나온 온라인 자료부터 찾아볼 것이다. 살루타티의 시대에는 그렇지 못했다. 올리아리에 대한 답장에서 말한 "역사"—우리로서는 무엇보다 시기와 관련되어 만들어지는 어떤 것 — 란 그가 생각하는, 그리고 편지를 교환하는 상대방도 그럴 만한 예와 범주에서 끌어냈을 어떤 것이었다. "의심의 여지없이, 고대에는 온갖 종류의 문학 연구가 번성했고, 바로 그 이유로 웅변이 탁월한 수준에 이르렀기 때문에, 후세의 사람들이 그것을 아무리 따르려 해도 언변의 위엄과 웅변의 정점을 보전할 수는 없었을 것이다."[21]

그래서 첫 번째 가정이 나타난다. 즉 완벽함이 달성되는 황금시대, 이후에는 쇠퇴가 불가피한 중대한 시점이 있었다는 것이다. 살루타티의 말은 계속된다. "그래도 그 직후의 계승자들에게는 고대와의 어떤 유사점과 흔적이 남아 있었다." 여기서 살루타티는 "흔적"이란 뜻의 라틴어 단어로 "베스티지움vestigium"을 쓰고 있는데, 이는 또한 "발자국"이란 의미도 있다. 그것은 마치 한때 거인들이 땅 위를 걸어 다니면서 그들이 무엇을 했는지 보고 감지할 수 있는 실마리를 남긴 것처럼 오직 그들이 행한 예만 남아 있다는 것이다. 그러고는 이렇게 말한다. "그 이후 점차 후세의 사람들은 글쓰기 양식을 송두리째 잃어버렸습니다. 시간이 흐름에 따라 과거의 영광은 처음에는 아무도 모르는 사이에 사라졌지만, 이후에는 훨씬 더 뚜렷이 웅변의 왕자 키케로에게서 멀어지게 되었지요."[22] 살

---

21 Salutati, *Epistolario*, 3: 80: "Floruit proculdubio seculum illud priscum omni studio literarum, et adeo in eloquentia valuit, quod non potuerit imitatrix quanvis et studiosa posteritas illam dicendi maiestatem et culmen eloquentie conservare."

22 Ibid., "Mansit tamen in proximis successoribus similitudo quedam et aliquale vestigium antiquitatis; sed, paulatim ab illa scribendi soliditate discedente posteritate, cum ipso temporis lapsu latenter primum decus illud effluxit, deinde manifestiore dissimilitudine ab eloquentie principe Cicerone discessum est."

루타티가 세세히 설명할 필요도 없이 당연한 것으로 여기는 가정은, 키케로야말로 고대 라틴어 양식에서 의심의 여지없는 최고봉, 최고이자 가장 귀감이 되는 작가, 모두가 동경하는 모범이라는 것이다. "웅변의 왕자"라는 표현에서 "왕자"로 옮긴 라틴어는 "프링켑스princeps"로, 이는 모든 의미에서 사실상 왕이라는 함의의 "왕자"를 뜻한다. 그러나 그것은 또한 "순서에서 첫 번째"로서 혹은 "제일(가장 중요한) 시민"으로서 "첫 번째"를 의미하기도 한다. 그래서 만약 작가의 위계 같은 것이 있다면 키케로는 그 꼭대기에 있으며, 어떤 면에서는 그 뒤를 따르는 사람들의 근원이라는 것이다. 그리고 만약 라틴 작가 공화국 같은 것을 상상한다면, 키케로는 그 공동체의 가장 중요한 시민이라는 것이다. 간단히 말해 그는 귀감이 되는 인물이었다.

살루타티는 이렇게 말한다. "하지만 당시 최고 수준이라고 보기에는 학식이 얕은 사람들이 나타나는 듯한 때가 가끔 있었지요. 날 못 믿겠거든 눈앞에 작가들을 죽 늘어놓아 보십시오."[23] 달리 말해 이제 역사를 시작하고 역사를 통해 나타났던 많은 라틴어 학자를 언급하고 구분하기 시작하는 시간이 된 것이다. 이들의 이름 몇몇은 키케로의 편지에서 나타난다. 살루타티는 그 이름들을 열거한 뒤, 이어 다음 시대로 넘어간다. 아마 현대 독자들은 정확한 연대 목록을 기대할지도 모르겠다. 하지만 그것은 전혀 살루타티의 표현 방식이 아니었다.

살루타티가 매긴 순서대로 만들어진 라틴어 학자들의 목록은 이렇다(그는 이름에다 연대를 첨부하지 않았으나, 그렇게 하는 편이 더 도움이 된다. 그럼으로써 우리는 살루타티가 누구를 더 애호했는지, 그리고 그 시대에 역사를 한다는 것이 우리 시대와는 얼마나 달랐는지 느낄 수 있다). 세네카(3 BC~AD 65), 발레리우스 막시무스(20 BC~AD 50), 리비우스(59 BC~AD 17). 살

---

23 Ibid., "Fuerunt pauci tamen per tempora, qui adeo viderentur inter coevos emergere, quod ad illam attingere sublimitatem ab imperitioribus putarentur. Hec non michi credas velim, sed ipsos scriptores ante oculos tibi ponas."

루타티는 이 산문 작가들이 비록 키케로 이후의 인물이지만, 적어도 그와 같은 수준으로 보고 있다. 다음에는 타키투스(56~117)가 있는데, 그는 앞의 작가들과 같은 수준은 아니다. 이어서 수에토니우스(69~140), 소小플리니우스(63~113), 마르티아누스 카펠라(5세기경 활동), 아폴레이우스(123/5~80), 마크로비우스(395~423 활동)가 나온다. 살루타티는 이후대 집단에 대해, 그들의 글에서는 "키케로에서 정점에 이르렀던 고대 담화의 위엄이 어느 정도로 쇠퇴했는지⋯⋯ 볼 수 있다"고 말한다.[24] 또 다시 정점은 키케로였고, 그의 언어 사용에는 "위엄" 혹은 라틴어로 "마이에스타스maiestas"가 있었는데, 이는 왕에 속하는 자질이다.

이 이름들 중 어떤 것은 오늘날에도 잘 알려져 있다. 리비우스는 고대 로마의 위대한 역사가이고, 세네카는 타락한 로마 황제 네로의 스승이라는 불운에 처했던 스토아 철학자이며, 타키투스는 초기 게르만인의 풍속과 부패한 로마 황제들에 대해 글을 썼다. 수에토니우스의 황제 "열전"은 오늘날에도 관심을 사로잡는 책이다. 이 외의 다른 인물도 살루타티가 고대 라틴어에는 변동이 있었고 쇠퇴한 시기가 있었음을 주장하고자 그들을 한데 모아 작가 목록에 넣을 정도로 그 시대에는 중요한 작가였다.

이어서 살루타티는 고대 말의 작가로 넘어간다. 다시 한번 그는 이 인물들을 배치할 연대표를 사용하는데 순서는 뒤죽박죽이다. 이는 살루타티가 연대를 몰랐다는 것(혹은 몰랐을 수도 있다는 것)이 아니다. 그에게는 역사를 쓸 때 연대가 우리만큼은 중요하지 않았던 것 같다. 그의 목록(앞서와 같이 연대는 살루타티가 붙인 것이 아니다)에는 카시오도루스(490~585), 암브로시우스(340~397), 심마쿠스(345~402), 히에로니무스(347~420), 아우구스티누스(354~430), 엔노디우스(474~521), 시도

---

24 Ibid., 3: 82: "in quorum scriptis percipitur quantum tractu temporis ornatus ille locutionis effloruit quantumque maiestas illa prisci sermonis, que cum Cicerone summum apicem tenuit, imminuta est."

니우스 아폴리나리스(430~485)를 비롯한 여러 인물이 들어 있다. 살루타티는 이 모든 작가가 웅변이 "어떤 방식으로" 부활한 시기, 여전히 글쓰기 양식을 적절한 수준까지 끌어올릴 수 있었던 하나의 긴 시기 중에 살았다고 말한다.[25] 그는 라틴어가 어떻게 빈진했는지, 혹시 라틴어가 외국의 침입자들이 전파한 것 같은 다른 지방 속어와 경쟁함으로써 발전한 것인지 등등에 대해서는 아무 언급도 하지 않고 있다. 다음으로 그는 중세로 넘어간다.

사실, 살루타티는 목록에 열거된 중세 작가들을 별 가치가 없는 것처럼 생각하는 듯한데, 말하자면 그는 이들을 "많은 사람"으로 뭉뚱그려 놓았다. 예컨대, 그는 "피에르 아벨라르"와 "존 솔즈베리"를 마치 그들이 쇠퇴하는 라틴어의 경향을 대표하는 양, 그들이 썼거나 작업했던 것에 대해서는 별다른 말도 없이 그저 이름만 언급하고 있다. 하지만 오늘날 피에르 아벨라르(1079~1142)와 존 솔즈베리(1120~80)는 중세 사상의 시금석으로 높이 평가되고 있다. 아벨라르는 어린 제자 엘로이즈와의 파란만장한 연애 사건으로 유명한데, 그의 책임으로 귀결된 이 사건은 오늘날까지도 그들이 주고받은 일련의 열정적인 편지로 남아 있다.[26] 또한 그는 『예 그리고 아니오』(Sic et Non)에서 중요한 주제를 "논제"로 구분함으로써, 후일 스콜라 철학적 방법의 핵심이 된 부분을 만들어 낸 것으로 보인다. 존 솔즈베리는 잉글랜드인이었으나 프랑스 도시 샤르트르의 주교로 봉직한 인물로, 일련의 저작을 통해 내부자의 시각에서 당시 발전 중이던 교육 문화에 대한 지식을 보여 주었다. 그의 저작들은 오늘날 12세기 사상에 대한 귀중한 사료로 평가되고 있다.[27] 사실, 그의 저작

---

25 Ibid.
26 Michael Clanchy, *Abelard: A Medieval Life* (Oxford: Blackwell, 1999); Jean Jolivet, *Abélard en son temps* (Paris: Les Belles Lettres, 1981); John Marenbon, *The Philosophy of Peter Abelard* (Cambridge: Cambridge University Press, 1997).
27 Michael Wilks, ed., *The World of John of Salisbury* (Oxford: Blackwell, 1984); Hans Liebeschütz, *Medieval Humanism in the Life and Writings of John of Salibury* (London: University of London Press, 1950).

가운데 하나인 『메타로기콘』(*Metalogicon*)에서 존은 뒤에 페트라르카를 비롯한 여러 사람이 말했던 것과 많은 점에서 기본적으로 같은 동기에서, 지나치게 까다로운 추론 방식을 풍자하고 있다. 즉 그러한 방식이 너무 특수할 뿐만 아니라 근본적으로 실생활의 문제와는 연결되지 않는다는 등의 비판이었다. 요컨대, 적어도 존 솔즈베리는 많은 측면에서 뒤에 나타날 휴머니스트들의 선행자이자 정신적 친족이었다. 오직 하나, 그가 라틴어를 쓰는 방식만 제외한다면 그랬다. 그래서 살루타티는 아벨라르와 존 솔즈베리를 비롯해 그들과 유사한 다른 많은 사람이 "스스로 웅변에 대해 별로 염려하지 않았다"고 말한 것이다.[28]

하지만 살루타티는 이제 낙관적 태도를 가져도 되는 이유를 안다. 본 항에 가까울수록 "우리 시대의 문헌 연구는 어느 정도 상승해 왔기" 때문이다. 살루타티가 말한 "문헌 연구"란 라틴어로 "스투디아 리테라룸 studia litterarum"인데, 그에게 이는 우리가 오늘날 생각하는 식의 문학이 아니라 당시 고대적 전범에 따라 시행되던 문헌적·역사적 작업을 뜻했다. 살루타티는 이러한 고전 라틴어 연구가 다시 증가하는 데 일조한 사람들을 가리켜 "최초의 웅변 계발자"라고 불렀는데, 그가 택한 인물 가운데 하나인 알베르티노 무사토(1261~1329) 같은 일군의 사상가가 바로 그들이다.[29]

이어서 살루타티는 앞으로 계속될 이탈리아 문학의 창조 설화에서 이미 시금석 — 논쟁과 경이와 긍지의 — 이 된 일련의 인물들을 거명함으로써, 피렌체의 문학적 신화 창조에서 자신이 맡은 역할을 다하고 있다.

그리고 그 피렌체의 빛들이 나타났지요. 지식이나 재능에서 우리 시대에 살았던 그 누구도, 심지어 고대의 그 누구조차도 필적할 수 없는 인물은

---

28 Ibid., 3: 83: "inciderint enim licet Ivones, Bernardi, Hildeberti, Petri Blesenses, Petri Abaelardi, Riccardi de Pophis, Iohannes Saberii et alii plures, qui sibi nimis de eloquentia blanditi sunt."

29 무사토에 대한 최근의 연구에 대해서는 다음을 볼 것. Witt, *In the Footsteps*, 117-73.

오직 속어 웅변 최고의 영광인 단테 알리기에리뿐입니다. 물론, 페트라르카와 보카초도 있습니다. 내가 잘못 생각한 것이 아니라면 후세는 그들의 모든 저작을 칭송해 마지않을 겁니다. 하지만 제 생각으로는, 올바른 판단력을 지닌 그 누구도 그들이 말하는 능력에서 그 고대인들과 얼마나 많이 다른지 인지하지 못하고 있습니다.[30]

짧은 구절이지만 여기에는 많은 것이 들어 있다.

먼저 피렌체인의 긍지가 있다. 비록 단테와 페트라르카가 가장 생산적인 시기를 피렌체 바깥에서 보내기는 했지만, 그들은 뒤에 남긴 유산 덕분에 피렌체인으로 "인정되었다." 단테는 "속어 웅변"의 최고봉에 올랐고, 학식이 깊어 고대인도 그에 필적할 수 없었다. 글의 주제는 달랐지만 학식의 수준은 비교 불가였다. 물론, 그는 라틴어가 아닌 속어로 걸작을 썼다. 그리고 그 뒤로 페트라르카와 보카초가 있다. 하지만 "말하는 능력에서"—즉 라틴어 구사 능력에서—그들은 고대인과 같은 수준은 아니라는 것이다.

살루타티의 이 말은 너무 엄격하지 않은가? 어떻게 피렌체의 삼관이, 오늘날조차도 이탈리아 문학에서 거둔 성취로 칭송받는 그들을, 물론 비난은 아니더라도 그들의 라틴어(말할 필요도 없이 모국어가 아닌)가 진짜 고전적으로 들리지 않는다는 이유로 "평가절하"할 수 있단 말인가? 이러한 의문은 이탈리아 르네상스의 지적 역사를 돌려놓은 중요한 계기를 보여 준다. 살루타티는 이 편지에서 간략하고 거의 즉흥적인 답변을 통해 다음 세기에 규정될 문제의 두 측면을 요약·표현하고 있다.

---

30 Ibid., 3: 84: "emerserunt et ista lumina florentina; ut summum vulgaris eloquentie decus et nulli scientia vel ingenio comparandum qui nostris temprobus floruit, aut etiam cuipiam antiquorum, Dantem Alligherium, pretermittam; Petrarca scilicet et Bocaccius, quorum opera cuncta, ni fallor, posteritas celebrabit: qui tamen quantum ab illis priscis different facultate dicendi nullum arbitror qui recte iudicare valeat ignorare."

한편으로는 여러 문화를 가로질러 이해하고 사용할 수 있는 표준 언어가 필요했다. 이탈리아 속어는 프랑스 왕이나 궁정에서는 통할 수 있겠지만 그런 역할까지는 하지 못할 것이다. 사실상 대학에서도 그렇지 못할 것이다. 그곳의(지금도 그렇지만) 특수한 연구를 위해서는 종종 표준화된 어휘가 필요했다. 더욱이 이제는 어쨌든 이탈리아 르네상스가 아닌가. 페트라르카가 발견했듯이, 기능적인 중세 라틴어의 다양한 변종은 어휘와 문법에서 고대 라틴어에 필적하지 못했다. 따라서 이 새로운 라틴어(오늘날 학자들이 "신新라틴어"라 부르는)는 고전적 어법을 존중할 필요가 있었다. 이는 완전히 실현되는 데 한 세기 이상이 걸릴 기획이었다. 그 초기 단계인 지금에 와서도 살루타티는 페트라르카의 표현 양식이 고대적 전범과 많이 다르다는 것을 인지할 정도였다.

다른 한편으로 살루타티는 단테의 뛰어난 속어 사용을 강조했다. 많은 휴머니스트의 "공식" 노선은 항상 같았겠지만(고전적 라틴어가 최상이며, 다른 것은 모두 야만적이라는 것), 사실 15세기 동안 속어 취향은 점점 늘어나고 있었다. 휴머니스트들 — 그들 중에는 살루타티의 젊은 학생들도 있었는데 — 은 때때로 자신들이 쓴 라틴어 작품을 이탈리아어로 번역했다. 그 이유는 15세기에 오늘날 우리가 "속어 고전주의"라 부를 만한 현상이 증대했기 때문이다.[31] 상인을 비롯한 여러 부류의 사람들은 고전 고대를 생각하는 동시에, 그것이 보여 주는 전범 — 행동거지, 양식, 철학적 관심사 — 을 기준으로 삼는 취향을 공유하고 있었다. 그들은 아마 유창한 라틴어를 습득하기 위한 시간도, 그러려는 의향도 없었을 것이고, 이런 일은 종종 새로 발견한 고대 라틴어 텍스트를 평가하는 것과 관련된 학문적 작업에 맡겨 두었을 것이다. 그러나 그들은 유명한 고대의 실례들 — 고대 로마는 초기의 영웅적 시기에 어떻게 왕정을 축출하고 자치로 돌아섰는지, 혹은 키케로는 로마 공화국의 장점을 어떻게 변

---

31 Andrea Rizzi and Eva del Soldato, "Latin and Vernacular in Quattrocento Florence and Beyond: An Introduction", *I Tatti Studies* 16 (2013), 231-42.

호했는지 등—을 읽고 듣는 것을 좋아했다. 달리 말해 취향이라는 것이 참 기묘하다는 것이다. "고급" 문화를 대표한다고 생각되는 사람들은 종종 아래의 훨씬 더 큰 덩어리는 감춘 채 위의 아주 작은 부분만 보여 주는 빙산의 일각과 마찬가지이다.[32] 이 경우 우리에게는 글을 쓰는 사람들—휴머니스트들—과, 그래서 우리의 일차 사료가 되는 사람들이 있다. 그러나 그들은, 글쓰기가 주요 관심사는 아니지만 그래도 고전 세계를 애호하는 더 넓은 층의 공감을 반영하고 있다.

살루타티의 정체성은 직업상 무엇보다 활동적 삶에 있었다. 그는 공무원이었고, 서기장 직에 있던 오랜 시간 자신의 주요 의무는 피렌체 국國에 봉사하는 것이었다. 하지만 그는 또한 여러 저작을 남겼고, 이는 오늘날에 와서는 쉽게 읽히지 않을지 모르지만 그래도 그의 광범위한 지적 관심사를 반영하고 있다.

때로 이 저작들은 그의 편지에 나타나는 것 같은 유의 "대화적" 접근을 보여 준다. 말하자면 살루타티는 어떤 주제나 관념에 대한 "최종적 진술", 즉 언제 어디서나 유효한 불변적이고 완결적인 견해보다는 종종 어떤 특정 인물을 겨냥한 글을 썼다(우리가 때때로 작가들에게서 기대하는 것과는 달리). 살루타티의 전前근대 세계는 매우 "지방적"이었다. 예컨대, 1381년에서 1382년 사이에 그는 『세계와 종교에 대하여』(De saeculo et religione)라는 글을 썼다.[33] 여기서 그는 왜 수도원의 은거하는 삶이 이 세상에서 정치 활동을 하는 삶보다 더 좋은지를 자세히 논증하고 있다. 금욕적이고 구도적인 수도원의 삶은 신에 가까이 가고, 마음의 평화를 얻

---

32 이러한 생각을 아주 다른 맥락에서 다룬 것으로는 다음을 볼 것. Pamela Long, *Openness, Secrecy, Authorship: Technical Arts and the Culture of Knowledge from Antiquity to the Renaissance* (Baltimore: Johns Hopkins University Press, 2001); Pamela Smith, *The Body of the Artisan: Art and Experience in the Scientific Revolution* (Chicago: University of Chicago Press, 2004); Deborah Harkness, *The Jewel House: Elizabethan London and the Scientific Revolution* (New Haven: Yale University Press, 2007).

33 Coluccio Salutati, *On the World and Religious Life*, ed. and tr. Tina Marshall (Cambridge, MA: Harvard University Press, 2014).

고, 정치 활동의 세계에 횡행하는 거짓과 위선을 피할 수 있는 능력을 준다. 살루타티가 이 작품을 썼을 때, 그는 피렌체 서기장으로서 탁월한 정치 활동의 삶을 영위하고 있었다.

따라서 이러한 의문이 떠오른다. 그는 단지 어떤 글에서 자신조차도 진정으로 믿을 수 없는 어떤 것, 혹은 적어도 자신이 살면서 했던 행위가 거짓임을 보여 주는 어떤 것을 옹호한 위선자에 불과했던가? 초기 세대의 학자들이 풀기 위해 씨름한 것도 바로 이 같은 의문이었다. 사실, 살루타티만이 아닌 다른 많은 휴머니스트가 종종 독자의 선호에 맞추어 글을 쓰는 듯이 보였기 때문에, 진실하지 못하다고 비난받을 소지가 있는 것은 사실이다.[34]

오늘날에 와서 보면 이 의문은 질문 자체가 잘못된 것으로 보인다. 살루타티는 우차노 출신의 니콜로 라피라는 이름이 잘 알려지지 않은 친구에게 이 글을 써 보냈다.[35] 니콜로는 교회법 학자였다. 그는 삶의 어떤 시기에 산타 마리아 델리 안젤리(천사들의 성 마리아)라는 피렌체의 한 수도원에 들어가기로 작정했다. 살루타티는 그곳으로 가 니콜로를 만났고, 니콜로는 살루타티에게 자신이 수도원 서약을 깨지 않고 스스로 택한 삶을 굳건히 지키는 데 도움이 될 만한 글을 써 달라고 부탁했다. 그래서 살루타티는 『세계와 종교적 삶에 대하여』를 쓴 것이다. 이는 위선적으로 행동한 것도, 올바른 삶에 대한 확고부동한 이론을 영구적으로 진술한 것도 아니었다. 그것은 분명히 우려스럽고 감정적인 대화 끝에 나온 우정의 행위였다. 물론, 그들의 대화는 우리에게 전해 오지 않는다. 하지만 그 증거는 남아 있다. 살루타티는 당대인들과 마찬가지로 수서본의 세계에 살고 있었다는 점에 유념하자. 도대체 그가 어떻게 500년 후의 학자들이 그의 글에서 삶의 이러저러한 방식에 대한 확고부동한 참여의 증

---

34 이 논쟁은 한스 바론의 유명한 저작을 둘러싸고 전개되었다. 참고문헌에 대해서는 다음을 볼 것. Christopher S. Celenza, *The Lost Italian Renaissance* (Baltimore: Johns Hopkins University Press, 2004), 36-40.

35 Ronald G. Witt, "Introduction" to Salutati, *On the World and Religious Life*, vii-xvii.

거를 찾는 데 진력할 줄 알았겠는가?

이 작품의 다른 측면들은 살루타티가 인문학 연구에서 피렌체를 대변하는 주도적 인물이었음을 보여 준다. 오늘날에는 이런 연구가 당시 얼마나 논쟁적인 문제였는지 상상하기 어렵다. 그 이유는 인문학 연구가 고대 이교도, 즉 비그리스도교 작가 연구에 거의 전적으로 의존했기 때문이다. 페트라르카는 자신의 연구를 모두 내부 지향적으로 바꿈으로써, 즉 자신이 읽은 것을 스스로 그리스도교 신앙에 맞추는 데 이용하고, 그리하여 크게는 휴머니스트 운동을 그리스도교의 테두리 안에 잡아 둠으로써 이 문제를 해결했다. 그러나 이러한 방식을 지속하기는 어려웠다.

첫째, 훨씬 더 "새로운" 고대 텍스트의 발견이라는 문제가 있었다. 예컨대, 살루타티는 자신의 영웅 페트라르카가 키케로의 『사신私信』(키케로가 친구에게 보낸 편지)이 담긴 수서본을 얻었을 때와 키케로의 『아티쿠스에게 보내는 편지』를 발견했을 때를 비교했다. 두 경우 다 키케로는 완벽하게 통제된 스토아 현자라기보다는 바쁘고 활동적이며 때로는 남 이야기하기 좋아하고 정치적인 인물임을 보여 주었다. 후자의 편지를 발견한 페트라르카는 키케로에 대해 자신이 읽은 내용에 마음이 너무 심란해져, 오래전에 죽은 키케로도 오싹해 할 만큼 그의 이 세속적 성향을 꾸짖는 보기 드문 편지를 썼다. 하지만 활동적인 정치가의 삶을 살고 있던 살루타티는 이 편지를 달리 이해했다. 사실, 그는 키케로의 모습을 두루 알 수 있다고 오히려 좋아하기까지 했다. 그는 또한 그 편지가 로마 공화국이 작동하는 "이면"을 통찰하게 해 준다는 점을 높이 평가했다. 그는 여기서 자신이 봉직하고 사랑하는 피렌체 공화국과의 유사한 면을 보았던 것이다.[36]

살루타티는 이 편지를 구할 수 있게 해 준 사람에게 보낸 편지에서 키케로에 관해 이렇게 썼다. 이 편지들을 읽고 나서 "나는 그가 정치에서 어떤 유의 인물이었는지, 친구들은 물론, 나아가 로마의 지도적 시민 가

---

36 Witt, *Hercules*, 299-300.

운데 어느 정도로 탁월했는지 알게 되었습니다. 그리고 나는 그가 전쟁에서 얼마나 용감했는지, 얼마나 영광을 염원했는지, 그를 비롯한 로마인들이 어떤 기예로 위대한 명성을 얻었고 자신들에 대한 칭송을 확고하게 만들었는지도 알게 됩니다."[37] 괴로움에 시달리던 페트라르카와는 달리, 살루타티는 키케로를 비롯한 로마인들이 세속적 영광을 얻고 정치적 업적을 성취하는 것을 자랑스러워했다는 사실에 고무되었다.

살루타티는 자신의 정치적 공감을 드러내면서 계속 이렇게 말한다. "당신 덕분에 나는 내전의 진정한 근원과 함께, 과연 그 무엇이 전 세계의 수도인 로마를 인민적 통치 형태에서 군주정의 예속으로 옮아가게 했는지 알게 되었습니다."[38] 살루타티가 "인민적 통치 형태"에 대해 쓴 라틴어는 "리베르타스 포풀리카libertas populica"인데, 문자 그대로 읽으면 "인민의 자유" 혹은 "인민적 자유"가 된다. 여기서 그가 뜻한 것은 참여적 통치를 위한 어떤 기초를 가진 국가, 다른 외부의 국가에 종속되지 않는 국가이다. 살루타티를 비롯한 당시 사람들에게는 이 독립성이야말로 피렌체의 특징이었고 자긍심의 요체였다. 그가 고대의 선례를 발견할 기회를 얻는다는 것은 환영할 만한 일이었다.

그러나 살루타티에게 키케로의 편지는 정치에 대한 정보를 제공하는 것 이상의 가치가 있었다. 그것은 그에게 키케로라는 사람이 일상생활에서 어떤 취향을 가지고 있었는지도 알려 주었는데, 이는 당시 사람들이 그랬듯이 과거의 위대한 인물을 삶의 모범으로 생각하던 살루타티에게는 여러 측면에서 중요한 점이었다. 그는 키케로를 마치 원형 무대에 선 사람인 양 바라보았다. "나는 나의 키케로가 가족에게 얼마나 친절한지, 아들에게 얼마나 실망했는지, 일이 잘못되어가자 얼마나 좌절했는지, 위험이 닥치자 얼마나 두려워했는지, 사정이 나아졌을 때는 얼마나 평온하고 만족스러워했는지 보게 되었습니다."[39] 살루타티는 키케로가 동료 친

---

37 Salutati, *Epistolario*, a cura di F. Novati (Roma, 1891), vol. 2, 389.
38 Ibid.

구들과 소통하는 모습을 보았고 그의 편지에서 많은 이익을 얻었기 때문에, 글 말미에서 어떤 이론서나 역사서도 "그렇게 열심히 그토록 즐거워하며" 읽은 적이 없었다고 말할 정도였다.[40] 살루타티가 알고자 하는 것은 인간 키케로이다. 자신의 공화국을 괴롭히는 문제와 관심사들로 매일같이 시달리던 살루타티는, 라틴어 웅변의 모범이자 이제는 훨씬 더 인간적으로 다가오는 키케로가 고대 로마에서 스스로 길을 찾는 방식에 끝없이 매료되고 있는 것이다.

살루타티가 하는 일 대부분, 무엇보다 편지 쓰는 일은 서기장으로 피렌체에 봉사하는 것이 단지 그저 할 일을 하는 것 이상임을 보여 주었다. 그는 자신을 받아 준 제2의 조국을 사랑하게 되었고, 특히 유려한 웅변으로 피렌체의 "리베르타스libertas"에 헌신했다. "리베르타스"란 문자 그대로 읽으면 "자유"가 되겠지만, 더 넓게는 피렌체의 통치 형태인 공화국 — 시민이 통치에 참여하는 권리를 가지며 동시에 의무감도 느끼는 — 을 향한 성향을 반영한다. 하지만 그에게 "자유"의 의미는 무엇이었을까? 공화주의에 대한 그의 헌신은 과연 절대적인 것이었을까?

이러한 의문들에 대해 생각하는 다른 방법은 일견 당혹스러운 살루타티의 저작 『폭군에 대하여』(De tyranno)를 살펴보는 것이다.[41] 그동안 학자들에게 살루타티의 『폭군에 대하여』는 해석하기 어려운 것이었는데, 이는 살루타티가 보내고 있는 듯한 정치적 메시지가 자신의 공화주의 옹호와 상충하기 때문이다. 혹은 적어도, 학자들은 그런 식으로 문제를 표현하는 경향이 있었다고 말할 수도 있겠다. 하지만 다시 한번 글을 쓴 맥락을 생각해 보면 그것이 그렇게 이해하기 힘든 것은 아니다. 살루타티가 이야기하고 있는 문제는 많은 피렌체인 사이에 있었던 논쟁의 요점, 즉 토스카나의 가장 위대한 시인이자 피렌체의 자긍심인 단테가

---

39 Ibid.
40 Ibid.
41 Coluccio Salutati, *De tyranno* in Id., *Political Writings*, ed. Stefano Ugo Baldassarri, and tr. Rolf Bagemihl (Cambridge, MA: Harvard University Press, 2014), 64-143.

브루투스와 카시우스를 왜 지옥의 제일 밑바닥에 두었는지에 대한 의문과 관련되어 있다. 이 의문을 이해하고 그 이면에 무엇이 있는지를 알기 위해서는 잠깐 멈추어 그 배경을 살펴볼 필요가 있다.

우선 고대 세계와 그 유산은 모든 르네상스 사상가에게 무엇보다 중요했다. 그것은 자신들을 가늠하는 기준이었고, 그들은 그것이 부활하기를 염원했다. 하지만 언제나 그렇듯이, 그 고대가 어느 시기, 누구의 고대인가가 문제였다. 물론, 이 경우에 문제의 브루투스는 기원전 44년 카시우스를 비롯한 여러 사람과 함께 율리우스 카이사르를 죽였던 그 브루투스이다. 살루타티와 당대인들이 지닌 의문은 과연 그 살인이 정당했는지에 대한 것이었다. 만약 카이사르가 불법적으로 통치하는 참주였다면, 그 대답은 정당화될 수 있다는 것이었다. 만약 아니었다면, 이는 시해(왕을 죽이는 것) 행위였을 뿐만 아니라 나아가 배신행위이기까지 했다. 단테는 다름 아닌 후자의 방식에 따라 브루투스와 카시우스의 행위를 배신행위로 보았다. 그들은 지옥 밑바닥으로 갔는데, 여기서는 모든 것이 역전된다. 이탈리아는 따뜻한 지중해성 기후이지만, 그곳은 꽁꽁 얼어붙어 있다. 루치페르는 한때 자신이 지녔던 모습(신의 가장 아름답고 "빛나는" 천사)을 잃은 채, 거대하고 추하며 날개에다 머리 셋이 달린 흉측한 용모와 몸을 가진 괴물로 묘사된다. 루치페르의 입 세 개는 각각 역사상 최고의 배신자(적어도 단테가 보기에)를 하나씩 물어뜯고 있다. 브루투스("말없이 몸부림치며"라고 묘사되는), 카시우스, 그리고 돈 몇 푼 때문에 예수 그리스도를 배신한, 모든 사람 중 최악의 배신자인 유다스 이스카리오테스 — 단테가 자신을 지옥으로 안내하는 등장인물 베르길리우스를 통해 우리에게 확신시키고 있듯이, 가장 큰 고통을 느끼는 — 가 바로 그들이다.[42] 달리 말해 단테는 브루투스와 카시우스를 사악한 무리 속에 넣어 두고 있는 것이다.

그럼 율리우스 카이사르는 어떨까? 한편으로 중세 독자에게 카이사르

---

42 Dante, *Inferno*, 34.61-69.

는 정확히 고대 로마라는 드라마의 일부인 덕분에 중요했던 고대의 수많은 인물 가운데 하나였다. 카이사르는 전쟁에서 용감했고 정치에서 과감했을 뿐만 아니라 관대함으로도 큰 명성을 얻고 있었다. 다른 한편으로 카이사르는 또한 스스로 종신 독재관임을 공언한 바 있다(보카초의 언명으로는 "로마의 법을 위배해"). 보카초는 「인페르노」 제4곡에 대한 주석에서 이렇게 말했다. 이 대목에서 카이사르는 "유덕한 이교도" 중 하나로 나오는데, 이들은 그리스도를 알지 못했기 때문에 유죄이지만, 적어도 지옥의 가장 혹독한 형벌을 받지는 않을 정도의 덕은 지니고 있다는 것이다.[43] 하지만 몇몇 중세 주석가가 그랬듯이, 카이사르가 필요했다고 말할 수도 있다. 그는 독재관으로 결국 로마의 첫 황제 아우구스투스를 위한 길을 닦았으며, 그 치하에서 역사상 가장 중요한 사건인 그리스도의 탄생이 있었다는 것이다. 이는 복잡한 문제로 많은 입장이 개진될 수 있었다. 게다가 단테는 물론 존경받는 인물이었다.

이 문제에 대해 살루타티가 어떻게 접근했는지는 우리가 그의 말을 주의 깊게 듣고, 그를 가장 그럴 법한 맥락 속에 놓을 때 비로소 파악된다. 즉 그를 공화주의 "이론"을 전개하는 정치 과학자가 아니라 스스로 편지 교환자이자 친구로서의 역할이 가장 중요하다고 믿는 한 애국적 피렌체인으로 보아야 한다는 것이다. 사실, 살루타티가 이 주제에 대해 글을 쓰게 된 것은 안토니오 다퀼라라는 잘 알려지지 않은 어떤 인물의 부탁 때문이었다. 안토니오는 정확히 왜 단테가 자신의 시에서 그런 선택을 했는지 궁금해했다.[44] 살루타티는 이 문의에 답하기 위해 광범위한 내용의 글을 썼다. 다시 한번 편지를 통한 문의가 저술의 추동력이 되었다는 사실이 드러나고 있다. 달리 말해 바로 이것이야말로 그가 철학적으로 이야기하는 방법이었다. 즉 자신을 서재에 가두고 이론을 논하기보다

---

43 Witt, *Hercules at the Crossroads*, 370. 보카초에서의 인용은 Boccaccio, *Il comento alla Divina Commedia*, a cura di D. Guerri, Scrittori d'Italia, voll. 84-86 (Bari, 1918).

44 Witt, *Hercules*, 367.

는 어떤 입장을 개진하게 만드는 편지와 같은 사회적 환경을 이용하는 것이다.

이 글에서 수많은 논증을 거친 후 나온 살루타티의 입장은 분명하다. 그는 『폭군에 대하여』에서 이렇게 쓰고 있다. "자신의 공적功績으로 권력을 얻은 인물, 단지 자신의 지지자뿐만 아니라 그에 반대하는 사람들에게조차도 그들이 동료 시민이라는 이유로 그처럼 인간적으로 대해 준 인물을 폭군이라고 부르는 것이 과연 옳은 것인가? …… 따라서 우리는 이렇게 결론지을 수 있겠다. 카이사르가 공동의 공화국에서 법을 남용하지 않고 적법하게 패권을 잡은 것으로 볼 때, 그는 결코 폭군이 아니었다는 것이다."[45] 살루타티는 카이사르가 공언한 절대 권력에 대해 인민의 지지를 얻고 있었다고 주장한다. 관료로 일하는 그 누구라도, 특히 살루타티처럼 통치 기구에 있던 사람이라면, 때로는 강력한 실행력이 필요하다는 점을 우리에게 일러줄 수 있을 것이다. 당시 로마사의 섭리적 성격(카이사르에서 아우구스투스로 이어지고, 후자의 치하에서 그리스도가 탄생한)이 지지하는 이 입장은 어쨌든 이해할 만하다.

그다음으로는 단테의 명성을 보존하고 확립하며 증진할 필요가 있었다.

카이사르가 내전이라는 절망적 위기 속에서 그로 인한 온갖 악행을 종식코자 로마 원로원과 인민이 자신에게 부여한 통치 권한을 그 같은 관용을 발휘해 이끌어 나간 것이 사실이라면, 단테가 조국의 아버지 카이사르를 배신하고 죽이는 통탄할 죄인인 그 방종한 자들을 지옥의 심연에 밀어넣고, 그들에게 극형을 선고한 데 대해 그 누가 그를 꾸짖을 수 있단 말인가?[46]

---

45 Salutati, *De tyranno*, tr. Bagemihl, 115.
46 Ibid., 139; Witt, *Hercules*, 383.

단테는 옳은 일을 했다는 것이다. 카이사르가 전면에 나섰을 때, 로마는 더이상 옛날의 영웅적이고 참여적인 공화국 — 피렌체가 언제나 자신과 비교하던 바로 그 전설 — 이 아니었다. 이제 로마는 내전으로 좌초한 실패 국가로, 그 수렁 밖으로 국가를 이끌 강력한 지도자가 필요했다. 피치자의 동의를 얻은 카이사르가 바로 그런 사람이었고, 브루투스를 비롯한 배신자 무리가 그를 암살한 것은 어떤 도덕에도 거스르는 일이었다. 살루타티는 이렇게 말한다. "그래서 결론짓건대, 우리의 단테는 다른 사안에서처럼 이 사안에서도 신학적으로나 도덕적으로 — 시적으로는 말할 나위 없이 — 브루투스와 카시우스를 그렇게 처분한 데 대해 아무런 실수도 범하지 않았다. 사실, 그가 실수는커녕 정당한 심판을 내렸다는 점에는 의문의 여지가 없다."[47]

이 마지막 구절은 당시 살루타티의 충성심이 어디에 가 있었는지를 잘 보여 준다. 즉 단테는 피렌체 문화의 기념비적 존재라는 것이다. 또한 단테가 "시적으로" 성공했다고 강조한 살루타티의 언명도 주목된다. 시란 어느 정도의 발견과 이야기를 허용할 뿐만 아니라 나아가 그것이 꼭 필요하며, 때때로 성공적인 시인은 더 영구적이고 지속적인 유의 진실, 즉 사실의 진실보다는 본질적 재현의 진실에 도달하기 위해 역사적 진실의 경계를 가릴 수도 있다는 것을 어떤 사상가라도 다 알고 있는, 그런 영역이었다. 이 경우 카이사르는 "정당한 통치자"로서, 그를 죽인 사람들은 그런 통치자를 암살하는 자의 범례로서 상상되었다. 여기서 살루타티는 고대 로마의 사건들에 대한 다른 해석에는 관심이 없다. 그중 하나는 카이사르가 로마 내전을 끝내려고도 했지만 동시에 그것을 조장하기도 했는데, 기원전 49년 자신이 지휘하는 군단을 이끌고 루비콘강을 건너 로마 영토 안으로 — 그리고 로마에 대항해 — 들어오는 놀라운 행동을 했다는 것이다. 고대 로마의 역사와 현재의 피렌체에서 그것이 차지하는 위치, 피렌체 문화를 상상하는 방식에서 단테가 차지하는 위치와 기능,

---

47 Salutati, *De tyranno*, tr. Bagemihl, 141; Witt, *Hercules*, 384.

피렌체 엘리트 지식인들의 충성심을 둘러싼 대화는 살루타티의 젊은 추종자 집단이 노老스승에게 의문을 제기하기 시작하면서 당분간 더 계속되고 그 양도 늘어나게 된다.

이 서클 구성원으로 눈을 돌리기 전에, 살루타티의 업적 한 가지에 주목할 필요가 있다. 즉 그는 1397년에서 1400년까지 르네상스 휴머니스트 문화에 그리스어를 도입했다는 것이다. 수십 년 전 이탈리아 르네상스 휴머니스트들이 스스로의 운동에 대한 역사를 쓰기 시작했을 때 그들은 거의 모두가 이 확장된 계기의 중요성을 언급했는데, 바로 그때를 시작으로 그리스어가 피렌체시에서 진지하고 지속적인 방식으로 가르쳐지게 되고, 그 덕분에 지식인들은 마침내 고대 문화에 대한 자신들의 이미지를 완성하는 최후의 가장 중요한 퍼즐 조각을 맞추게 되는 것이다.[48] 살루타티는 바로 14세기 마지막 10년간 피렌체에서 어떤 종류의 문화 동역학이 작동 중이었는지를 우리에게 보여 주는 핵심적 역할을 했다.

왜 그리스어가 중요한가? 이에 대한 답을 얻으려면 한 라틴어 인용의 예를 드는 것이 효과적이다. 고대 로마의 가장 위대한 서정시인 호라티우스(BC 65~BC 8)는 훌륭한 시인과 작가의 규범과 관례에 관한 고전적인 장시長詩 『시학』(Ars poetica)에서 이렇게 쓰고 있다. "Vos exemplaria Graeca / nocturna uersate manu, uersate diurna"(밤낮으로 그리스 책을 들추어 보라).[49] 호라티우스 같은 고대 로마 작가들, 즉 르네상스 휴머니스트들이 모방하고자 한 바로 그 사상가들은 거의 모두가 그리스 문학과 철학이 그들 자신의 문화 형성에 얼마나 큰 영향을 주었는지 알고 있었다. 물론, 독창적인 서사시인 호메로스가 있었다. 그는 『일리아스』(Ilias)에서 트로이 전쟁과 영웅 및 신들의 행적을 이야기했다. 그는 또한 『오뒷

---

48 Patrick Baker, *Italian Renaissance Humanism in the Mirror* (Cambridge: Cambridge University Press, 2015).

49 Horatius, *Ars poetica*, II, 268-69 in Horace, *Satires, Epistles and Ars Poetica*, ed. and tr. H. Rushton Fairclough (Cambridge, MA: Harvard University Press, 1991), 472.

세이아』(*Odysseia*)에서 신화와 성격 묘사의 정수를 보여 주었는데, 약삭빠른 영웅 오뒷세우스가 전쟁 후 고향으로 돌아가는 여정에 초점을 맞추고 있다. 철학의 아버지 플라톤도 있었는데, 그는 더 높은 세계, 지상의 우리에게는 보이지 않지만 언젠가는 그 기준에 맞추어 우리의 영혼을 측정할 그런 세계가 존재한다는 관념을 확립했다. 그리고 아리스토텔레스가 모습을 드러내는데, 그는 윤리학에서 형이상학에 이르기까지 지적 훈련을 위한 일종의 건축학을 만들어 냈다. 위대한 비극시인 소포클레스, 아이스퀼로스, 에우리피데스는 위대한 작품을 통해 영원한 운명과 운運에서 내밀한 가정사에 이르는 다양한 문제를 탐구했다.

이들은 고대 로마인들이 숭배한 뛰어난 그리스 작가 가운데 일부일 뿐이었다. 로마인들은 그들을 추앙하면서도 어떤 경우에는 그들과 거리를 두기도 했지만, 자신들이 달아나려는 그들의 그림자 속에 영원히 머물러 있을 수밖에 없었다. 여기 다시 아우구스투스 황제에게 보낸 편지에서 로마와 그리스 문화의 관계에 대해 말하는 호라티우스가 있다. "Graecia capta ferum victorem cepit et artes / intulit agresti Latio"(포로가 된 그리스가 야만인 정복자를 포로로 만들었고, 소박한 라티움에 기예를 들여왔습니다).[50] 아니면 영웅 아이네이아스와 그의 이탈리아 건국 이야기를 들려준 베르길리우스의 위대한 서사시 『아이네이스』(*Aeneis*)를 보자. 아이네이아스는 잊히지 않을 극적 장면에서 지하 세계로 내려가는데, 그곳에는 죽은 자들이 마치 "유령"처럼 살고 있다. 이전 자아의 그림자인 그들은 여전히 말하고 생각할 수는 있으나, 결코 모습을 드러낼 수는 없는 운명이다. 아이네이아스가 아버지인 안키세스를 만났을 때, 그는 아들에게

---

50 Horatius, *Ep.*, 2.1, ll 156-57, tr. H. R. Fairclough, in *Harace, Satires, Epistles and Ars Poetica*, 409; cit. in Alessandro Barchiesi, "Roman Perspectives on the Greek" in *The Oxford Handbook of Hellenic Studies*, eds. George Boys-Stones, Barbara Graziosi, and Phiroze Vasunia (Oxford: Oxford University Press, 2009), 98-113, esp. 103, cit. in Christopher S. Celenza, "Hellenism in the Renaissance" in *The Oxford Handbook of Hellenic Studies*, 150-65.

이렇게 말한다.

> 생각건대, 다른 사람들은 청동을 두드려 마치 살아 있는 듯 고귀한 방법으로 숨을 불어넣은 청동 조상을 만들어 내거나, 대리석으로 진실한 생명을 재현하거나, 훌륭한 연설을 하거나, 혹은 컴퍼스를 돌려 천체의 운동을 표시하거나, 하늘의 성좌가 출현함을 예언하겠지. 그래, 그렇게 하도록 두려무나! 로마인인 너는 권력으로 인간을 다스리는 방법을 불러내어라. 이야말로 너의 특별한 "기예"가 될 것이니. 평화가 관습이 되도록 시행하고 머리를 숙이는 자에게는 자비를 베풀되, 오만한 자와는 전쟁을 주저하지 말라.[51]

로마인들은 심지어 자신들을 군사적 행동을 하는 사람, "권력으로 인간들을 다스릴" 사람으로 규정하면서 스스로 그리스 문화와 거리를 두면서도 동시에 자신들의 모든 기예와 문화가 그리스에서 왔다는 것을 인정했다. 나아가 모든 휴머니스트의 우상인 키케로는 르네상스 시기에(그리고 이 문제에서는 중세에도) 잘 알려진 일련의 작품에서, 그리스 철학 개념을 정제하고 "문화적으로 번역했다." 사실, 중세와 르네상스 사상가들은 기본적으로 라틴어와 모국어라는 이중 언어 교육을 받았고, 이는 로마인들이 받은 교육 방식과 같았다. 각별히 키케로는 그리스어와 라틴어를 오가는 훈련을 받았다.

모든 것을 고려해 볼 때, 어떤 냉철한 관찰자도 고대 세계를 완전히 이해하려면 라틴어뿐만 아니라 그리스어도 필요하다는 것을 부인할 수 없을 것이다. 바로 이 유령 같은 존재야말로 라틴어 애용자들의 뇌리를 사로잡고 피렌체 휴머니스트들, 특히 살루타티 서클의 젊은 지식인들에게

---

51 Virgil, *Aeneid*, tr. with notes by Frederick Ahl (Oxford: Oxford University Press, 2007), 6,847-53, cit. Barchiesi, "Roman Perspectives on the Greek"; cit. Celenza, "Hellenism in the Renaissance."

피렌체에 꼭 필요하다고 믿게 한 것이었다. 그래서 훌륭한 스승이던 살루타티는 피렌체에서 영속적이고 지속적인 방식으로 그리스어 교육이 이루어질 수 있도록 했던 것이다.

그러나 살루타티가 그리스어의 중요성을 인정한 최초의 휴머니스트는 아니었다. 일찍이 페트라르카는 비잔티움의 어떤 사람에게 쓴 편지에서 이렇게 말한 바 있다. "당신의 목소리가 없다면 나에게 당신의 호메로스는 벙어리입니다. 아니 그보다는 내가 그의 말을 듣지 못하는 것이겠지요. 하지만 난 그를 바라보는 것만으로도 아주 흐뭇합니다. 나는 종종 그를 품에 안고는 한숨을 쉬며 이렇게 말한답니다. '오 위대한 인물이여, 당신의 말을 들을 수 있기를 얼마나 열망하는지!'"[52] 페트라르카는 한 그리스인 친구가 보내 준 호메로스의 수서본에 대한 감사의 표시로 이 편지를 보냈다. 페트라르카는 칼라브리아 출신의 바를라암이라는 그리스어 사용자와 공부하면서 그리스어를 배우려 했다(당시 그리스어는 남부 이탈리아 일부 지역에서 사용되고 있었다). 그러나 그는 그 말을 능숙하게 하는 데까지는 이르지 못했다. 그에게 호메로스는 여전히 "벙어리"로 남아 있었다. 보카초 역시 그리스어가 필요하다고 생각하게 되었고, 그래서 피렌체 대학에 바를라암의 학생인 레온지오 필라토가 가르치는 강좌를 3년 동안 개설하기로 하는 데까지 이르렀다. 하지만 필라토의 강의는 시작되지 못했다. 그를 만난 페트라르카는 보카초에게 쓴 편지에서 그가 뚱하고 까다로운 사람이라고 말했다. 어쨌든 이로써 그리스어 강좌를 이어갈 필요한 환경과 적절한 역사적 계기와 사람들은 갖추게 된 셈이다.[53]

그리스어를 배울 사람들에 대해 살루타티는 두 가지 길을 추구했다. 첫 번째로 1395년 자신의 서클 일원인 야코포 안젤리 다 스카르페리아가 비잔티움에 가서 그리스어를 공부하며 1년가량 머물렀다. 살루타티

---

52 니콜라 시제로에게 보낸 편지. Petrarca, *Le Familiari*, a cura di Vittorio Rossi, 18.2, v. 3, 277, cit. in Mariarosa Cortesi, "Umanesimo greco" in *Lo spazio letterario del medioevo*, a cura di Guglielmo Cavallo et al., vol. 3 (Roma, 1995), 457–507, spec. 457.
53 Cortesi, "Umanesimo greco."

는 그에게 가능한 한 많은 그리스어 서책을 구입해(물론, 그 대금은 따로 지불했다) 피렌체로 가져오라는 편지를 썼다. 모든 장르가 다 중요한데, 살루타티는 특히 그것들을 가능하면 "큰 글자"로 필사하라고 당부했다. 여기서 그가 뜻한 바는 글자가 모두 대문자로 된 "언셜uncial"이라 불리는 특별한 필사체였다.[54]

두 번째가 더 중요한데, 살루타티는 스카르페리아의 도움으로 마누엘 크뤼솔로라스라는 비잔티움의 순회 외교관이자 교육자를 설득해 1397년부터 1400년까지 3년 동안 피렌체에 머물도록 했고, 그를 위해 그리스어를 가르치는 또 하나의 전문 강좌를 준비했다.[55] 이번에는 일이 잘 풀렸다. 크뤼솔로라스의 계약서에는 그가 피렌체와 부속 영토 내의 배움을 원하는 모든 시민에게 "그리스 문학과 문법"을 가르쳐야 한다고 적시되어 있었다.[56] 그렇게 해서 그들은 배웠다. 후일 15세기 베스트셀러 휴머니스트가 되는 레오나르도 브루니는 그것을 잘 해냈다. "만약 호메로스와 플라톤과 데모스테네스를 보고 그들과 대화를 나눌 기회가 있다면, …… 당신은 그것을 스스로 박탈할 것인가? 무려 700년 동안 이탈리아에는 그리스어를 읽을 수 있는 사람이 아무도 없었으나, 우리가 인정하듯이 우리의 모든 지식 체계는 바로 그리스에서 온 것이다."[57] 이 진술은 분명히 열의를 보여 주고 있다. 하지만 이는 이탈리아 르네상스의 역사에서뿐만 아니라 넓게는 문화의 역사에서 아주 중요한 다른 어떤 점도 명확히 밝히고 있는데, 그것은 새로운 세대의 지식인들이 앞선 세대를 뛰어넘어 새로운 어떤 것에 기여하고, 바로 그 새로움으로 사회적 명망을 얻으려 한다는 점이다.

---

54 Coluccio Salutati, *Epistolario*, a cura di F. Novati (Roma, 1891), vol. 3, 132.
55 살루타티가 크뤼솔로라스에게 보낸 편지. Salutati, *Epistolario*, vol. 3, 119-25.
56 Cortesi, 464에 인용된 크뤼솔로라스의 계약서를 볼 것.
57 Leonardo Bruni, *Commentarius rerum suo tempore gestarum*, a cura di E. Santini e Camine Di Pierro, in *Rerum italicarum scriptores*, ordinata da L. A. Muratori, 19.3 (Bologna, 1926), 341-42; tr. G. Griffiths in *The Humanism of Leonardo Bruni*, 23-24, cit. Hankins, *Plato in the Italian Renaissance*, 2 vols. (Leiden, 1989), I, 30.

그러나 그리스어를 배우는 것에는 중대한 문제가 있었는데, 피렌체에는 그리스어 강의를 위해 확립된 전통이라는 것이 없었기 때문이다. 이 문제에 대해 크뤼솔로라스는 대단히 효율적으로 대처했다.[58] 그는 먼저 『문제』(그리스어로는 "에로테마타Erotemata")라는 기초 문법 교과서를 만들었는데, 이는 중세 내내 사용되었던 기초 라틴어 문법 교과서들을 본뜬 것이었다. 그렇게 하는 것이 결코 만만한 일은 아니었는데, 크뤼솔로라스가 교육받은 비잔티움의 전통은 언어에 대해 다른 사고방식을 가지고 있었기 때문이다. 비잔티움의 교육은 문학과 수사학 쪽으로 과도하게 쏠려 있었다. 그런 측면에서 언어상의 모든 것에 관심을 쏟았던 이탈리아 휴머니스트들과는 서로 잘 맞았다.

하지만 비잔티움과 서구의 학문 체계는 아주 달랐다. 대표적인 예 하나만 들어 보자. 비잔티움의 전통에서 가르치는 사람은 그리스어 명사를 56가지 유형으로 나누었고, 학생은 이 모두를 숙지해야만 했다. 반면에 라틴어에서는 명사가 단지 5개 유형으로 구분되었을 뿐이다. 크뤼솔로라스는 명사의 수를 대폭 축소하지는 않았으나(이는 아마 불가능했을 것이다), 그래도 56가지를 10가지로 줄일 수는 있었다. 크뤼솔로라스와 비슷한 시기에 그리스어 문법을 단순하게 만들려는 시도가 없지는 않았지만 어쨌든 그의 『문제』는 성공했고, 우리는 그 저작의 수서본이 널리 유통되고 있었다는 사실에서 이를 확인할 수 있다.[59] 첫 세대는 바로 그의 이 저작과 방법을 통해 그리스어를 배운 것이다.

언어를 학습하는 경우가 항상 그렇듯이, 이들 초기 학습자 역시 외국어 학습상의 여러 다른 측면 때문에 어려움을 겪었다. 그러나 가장 중요한 것은 번역이었다. 이 휴머니스트 세대에게는(단지 그리스어를 배우는 사람만이 아니라) 더불어 고대 세계를 배워야 하는 어려움이 있었다. 따라

---

58 Federica Ciccolella, *Donati graeci: Learning Greek in the Renaissance* (Leiden: Brill, 2008).
59 Ibid., 120.

서 그리스어를 라틴어로 번역하는 과제가 최우선으로 떠올랐고, 그리스어를 배우는 엘리트 휴머니스트들이 이를 떠맡았다. 그리고 15세기 초 문화의 경제적 동력 역할을 한 상인과 추기경과 고위 성직자들이 그 자금을 댔다.

크뤼솔로라스는 번역 이론을 제대로 가르쳤고, 학생들에게(물론, 기초는 숙지한 뒤) 원문의 리듬은 살리되 너무 문자 그대로 옮기기보다는 좀 더 감각적인 번역을 권했다. 크뤼솔로라스의 제일 똑똑한 학생이었던 브루니는 번역에 관해 쓴 글에서 바로 이 방식을 이야기하고 있다. 즉 번역자는 "번역이 원문의 깊이와 다양한 운율적 성질을 혼란케 하고 파괴하지 않도록 좋은 귀를 가지고 있어야 한다"는 것이다. 또한 "최고의 번역자는 자신의 지성, 마음, 의지 모두를 원저자에게 향하도록 해서, 어떻게 하면 그의 언어가 지닌 모양, 태도, 자세, 나아가서는 그의 모든 선과 색을 표현할 수 있을 것인지 숙고하되, 어떤 의미에서는 그것을 변형해야 할 것이다." 물론, "가능한 한 원문의 스타일"은 항상 유지해야 한다.[60] 브루니의 말은 번역 과제가 고급 수준에서 수행되어야 한다는 것이다.

비교적 초기 단계의 이 휴머니스트 운동에서 휴머니스트들을 사로잡은 한 가지 의문은 어떻게 하면 고대 세계의 다양한 전망을 자신들의 시대에 통합할 수 있는가 하는 것이었다. 구체적으로 말해 그들은 오늘날에는 상상하기 힘들지만, 자신들을 그리스도교인으로 규정하는 사회에 살고 있었다. 물론, 그들이 고대 세계에서 찾고 있었던 많은 것이 이교異敎 고대에 그 기원을 두고 있었다. 15세기 초에 이 문제가 새삼 새로운 것은 아니었다. 예컨대, 보카초는 『이교 신의 계보』(*Genealogia deorum gentilium*) 마지막 분석에서 이교 시든 아니든 간에, 시는 모두가 신에게서 왔다고 하면서 시의 독립성을 주장한 바 있다. 신은 시에 일종의 신적

---

60 Leonardo Bruni, "On the Correct Way to Translate" in Bruni, *The Humanism of Leonardo Bruni*, 217-29, esp. 220-21. 이 텍스트의 비판본, 이탈리아어 역, 상세한 주석에 대해서는 다음을 볼 것. Leonardo Bruni, *Sulla perfetta traduzione*, a cura di Paolo Viti (Napoli: Liguori, 2004).

광기를 주었고, 바로 이로부터 시는 비록 스스로 전혀 의식하지 못하지만 그 본연의 영감을 끌어낸다는 것이다.[61] 더욱이 보카초가 넌지시 말하듯이, 시인이 겉보기보다 더 깊은 의미를 의도하지 않는다고 생각한다면 어리석은 일이라는 것이다.[62] 하여튼 베르길리우스가 서사시 『아이네이스』에서 그랬듯이, 시인이 다수의 신을 작품 속에 불러들인 것은 단지 자신들의 기예에 봉사하려는 뜻일 뿐이었다.[63] 그러나 이 새로운 "크뤼솔로라스 이후"의 세계는 양적으로나 질적으로 다른 세계였다. 사실, 지성사에서 가장 흥미진진한 시기 가운데 하나인 15세기 초 피렌체 휴머니즘을 특징 짓는 것도 바로 이러한 새로움인 것이다.

---

[61] Giovanni Boccaccio, *Genealogia deorum gentilium* (Basel, 1532), 14.6-7, pp. 359-61.
[62] Ibid., 14.13, pp. 369-72.
[63] Ibid.

4
피렌체 휴머니즘, 번역, 새로운(옛) 철학

이제 우리가 그동안 그저 지나치듯이 만났던 누군가를 소개할 적당한 시간이 되었다. 그는 바로 레오나르도 브루니(1370~1444)이다. 브루니는 15세기 이탈리아의 베스트셀러 작가였던 인물이다. 지금까지도 3천 권을 훨씬 더 상회하는 그의 작품 수서본이 남아 있으며, 활판 인쇄술이 출현한 이후부터(이는 브루니가 죽고 훨씬 뒤인 1460년대 초 이탈리아에 나타났다) 1500년까지 브루니의 작품이 포함된 200종 이상의 인쇄본이 간행되었다.[1] 이뿐만 아니라 브루니는 활동적인 외교관이자 정치가였는데, 그의 경력은 서유럽에서 가장 흥미롭고 중요한 시기 중 하나에서 절

---

1 James Hankins, *Repertorium Brunianum: A Critical Guide to the Writings of Leonardo Bruni* (Roma: Edizioni di storia e Letteratura, 1997), prefazione; Josef Soudek, "Leonardo Bruni and His Public: A Statistical and Interpretative Study of His Annotated Latin Version of the ps.-Aristotelian *Economics*", *Studies in Medieval and Renaissance History* 5 (1968), 49-136; Id., "A Fifteenth-Century Humanistic Bestseller: The Manuscript Diffusion of Leonardo Bruni's Annotated Latin Version of the ps.-Aristotelian *Economics*" in *Philosophy and Humanism: Renaissance Essays in Honor of Paul Oskar Kristeller*, ed. E. P. Mahoney (Leiden: Brill, 1976), 129-43.

정에 달했고, 그의 활동 무대 두 곳—피렌체와 로마—은 르네상스 문화를 산출하는 핵심적 문화축이자 동력이었다.[2]

로마에 관해서라면 이 "영원한 도시"는 그리스도가 사도 베드로에게 "너는 베드로라 내가 이 반석 위에 내 교회를 세우리니 저승문도 이를 어찌지 못하리라"(「마태복음」 16장 17절)고 말했던 때부터 교황의 전통적인 거처였다. 서기 64년 네로 치하에서 순교한 베드로는 제도적 그리스도교의 상징이었고, 로마는 서유럽 공식 종교의 보좌가 되었다.[3] 달리 말해 엄청난 양의 전통이 로마와 제도적 그리스도교를 잇고 있었다. 그래서 우리는 1308년 교황이 로마를 떠났을 때, 더욱이 1378년에서 1417년 사이 두 명, 때로는 세 명이 서로 교황권의 주인이라고 다투게 되었을 때, 당시 사람들이 느꼈을 불안감—그리고 그 결과로 나타난 창조적인 긴장 관계 등—을 상상할 수도 있다.[4] 사실, 브루니가 직업상 처음 경험한 중요한 일은 대립 교황 중 하나인 인노첸치우스 7세의 교황 비서로 봉직한 것이었다. 브루니가 교황궁에 들어간 것은 1405년으로, 포초 브라촐리니의 추천을 살루타티가 보증함으로써 이루어졌다.[5]

그 전에 브루니는 자신이 태어난 도시이자 1384년 당시 강력했던 피렌체 치하로 들어간 아레초에서 좋은 초기 교육을 받았다. 브루니는 다른 많은 젊은이와 마찬가지로 공부도 하고 출세할 길도 찾고자 피렌체로 왔다. 1390년대에 그는 법을 공부하려는 생각에서 피렌체 대학에 등록했다. 그러나 그는 곧 살루타티 주변의 문화 서클에 매료되었고, 결국 그 서클에서 가장 중요하고 영향력 있는 참여자가 되었다. 더욱이 그는

---

2   15세기 초 피렌체와 로마 간의 풍요로운 관계에 대해서는 다음을 볼 것. George Holmes, *The Florentine Enlightenment, 1400-50* (London: Weidenfeld and Nicolson, 1969).

3   Eamon Duffy, *Saints and Sinners: A History of the Popes* (New Haven: Yale University Press, 1997), 1-36.

4   Ibid., 87-132; Joëlle Rollo-Koster, *Avignon and Its Papacy, 1309-1417* (Lanham, MD: Rowman and Littlefield, 2015).

5   Hankins, *Humanism and Platonism*, I, 1-18; Bruni, *The Humanism*, 21-42.

그 집단에서 진지하게 그리스어를 배우고자 하는 열성적인 인물로, 크뤼솔로라스의 가장 훌륭한 학생 가운데 하나였다. 1405년 로마의 교황 비서직에 임명될 때까지 그는 새로 획득한 기술을 사용해 장차 15세기를 통해 가장 인기 있는 그리스어 텍스트가 될 저자을 라틴어로 번역했다. 당신은 그것이 호메로스 혹은 플라톤이나 아리스토텔레스의 텍스트라고 생각할지 모르겠지만, 그렇지 않았다. 그것은 카이사레이아 출신의 고대 그리스인 교부였던 바실레이오스가 쓴 "그리스어 문학에서 어떤 이익을 얻을 수 있는지에 대해 젊은이에게 보내는 편지"였다.[6]

존경받는 교회 행정가이자 신학자였던 바실레이오스는 조카들에게 그들이 비록 그리스도교인이지만 왜, 그리고 어떻게 고대 그리스 이교 작가들을 읽어야 하는지 정말로 진지하게 논구하는 글을 썼다. 바실레이오스의 답은 간단히 말해 그것을 조심스럽지만 열린 마음으로 읽으라는 것이었다. 이교 문학에는 마치 꿀벌처럼 접근해야 한다. "왜냐하면 꿀벌은 모든 꽃에 똑같이 다가가지도, 내려앉은 꽃 전부를 가져가려 하지도 않으며, 단지 스스로의 작업에 적절한 만큼만 취할 뿐, 나머지는 손대지 않기 때문이다."[7] 어쨌든 "어느 정도 지혜롭다는 명성을 얻은 거의 모든 작가가 크든 작든 온 힘을 다해 작품 속에서 덕을 칭송해 왔다."[8] 훌륭한 항해사라면 분별을 발휘해 배를 조종하지 "경솔히 바람에 맡기지는 않는다."[9] 바실레이오스의 요점은, 그 당시까지 인정받았던 고전의 어떤 대목은 사실상 그리스도교적 관점과 조화되지 않는 부분이 있을 수도 있다는 것이었다(그는 호메로스 작품에 나오는 제우스의 행위에 대해 언급하고 있는데, 그는 신들의 왕임에도 부도덕한 행동을 하는 것으로 묘사되어 있다

---

6 이 작품의 평판과 성쇠에 대해서는 다음을 볼 것. Luzi Schucan, *Das Nachleben von Basilius Magnus, Ad Adolescentes: Ein Beitrag zur Geschichte des christlichen Humanismus* (Geneva: Droz, 1973).

7 Basil, *The Letters*, ed. and tr. Roy J. Deferrari, 4 vols. (Cambridge, MA: Harvard University Press, 1926-34), IV, 378-435, esp. 391.

8 Ibid., IV, 399.

9 Ibid., IV, 407.

는 것이다). 하지만 그동안 만들어진 모든 고대 문학에 다가가되, 그리스도교 원리를 기준으로 삼아 이교 문학에 담겨 있고 또 명백히 인지되는, 덕에 대한 수많은 예들은 받아들이고 나쁜 예는 피할 필요가 있다는 것이다.

바실레이오스는 특히 브루니를 비롯한 그의 세대가 공감할 만한 주제를 언급했다. 더욱이 브루니가 1400년에서 1401년 사이 번역에 착수했을 때, 그의 스승이자 아버지 같은 인물인 살루타티가 논란에 휩싸이는 상황이 발생했다. 보수적인 성직자들이 이교 고전을 연구하는 데 반대한 것이다.[10] 그래서 브루니의 번역은 스승을 돕는 동시에 그와 자신의 집단이 참여하고 있는 고전 고대에 대한 열정을 증진한다는 두 가지 기능을 가지게 되었다. 브루니의 라틴어 역은 거의 450개 수서본과 91종의 인쇄본이 나올 정도로 대단한 성공을 거두었다.[11] 아울러 주목할 만한 사실은 바실레이오스의 "편지" 번역이 브루니의 번역 경력 초기에 처음 이루어진 데다, 공교롭게도 그의 작품 중에서도 가장 인기가 있었다는 것이다. 이를 비롯한 여타 번역은 그와 고대라는 과거 간의 관계에서 의미심장한 어떤 점을 암시했다. 즉 당시로는 혁명적이기는커녕 잘해 봤자 풍요함과 반성과 논쟁의 원천에 불과했던 피렌체 휴머니즘을 성숙시키기 위한 조리법에서 그리스어는 필수적이자 최종적인 재료라는 것이다.

다른 번역도 뒤를 이었는데, 그 모두가 직접적으로 당시의 삶에 적절한 "뉴스"로 받아들여졌을 뿐만 아니라 어떤 정체성의 창조를 위한 진정한 원천으로 인식되었다.[12] 예컨대, 정치적 측면에서 브루니는 고대 그리스에서 가장 유명했던 공중 연설가 데모스테네스의 수많은 연설을 번역했는데, 그는 마케도니아 왕 필리포스가 서서히 진행하고 있던 전제정에 대항해 아테나이의 정치 전통을 지켜야 한다고 열정적으로 주장한 인물

---

10 Witt, *Hercules*, 410-15.
11 Hankins, *Humanism and Platonism*, I, 11.
12 Ibid., I, 177-92.

이었다.[13] 브루니는 이 대목에 깊이 공감했고, 당시 브루니의 번역을 환영했던 열렬한 피렌체 통치 엘리트 역시 그러했는데, 이는 자랑스러운 피렌체가 전제적인 밀라노의 습격에 맞서 저항해야 한다는 것을 상기시켰다.

또한 브루니는 『파이돈』(*Phaidon*)이라는 플라톤의 주요 대화편을 번역했다(이때가 1405년이니 그의 경력상 여전히 매우 이른 시기이다). 여기서 잠시 멈추어 이 대화편에 대한 브루니의 인식을 들여다보는 것도 좋을 것이다. 그렇게 함으로써 우리는 브루니 시대의 철학과 그 유용성에 대한 그의 인식과 전근대의 문화적 삶을 제대로 이해하기 위해 사회적 관계를 부각하는 방법 등에 대해 많은 것을 알 수 있기 때문이다.

『파이돈』이 서양 중세(12세기 이후)에도 알려져 있었다는 것은 놀라운데, 당시 플라톤의 대화편 다수가 번역되지 않은 채 남아 있었기 때문이다.[14] 그러나 그나마 입수 가능한 중세의 번역이라는 것도 라틴어 수준이 좋지 않아 문학적 기술에 대한 플라톤의 높은 기준에는 한참 못 미치는 것이었다. 그래서 브루니의 스승인 살루타티는 그에게 플라톤의 이론은 물론 그 이상을 담은 이 대화편을 번역해 보라고 권유했다.

한편으로 볼 때, 『파이돈』에는 보통 플라톤 철학으로 이해되는 것의 근간이 되는 주장이 담겨 있다.[15] 여기에는 "형상" 이론에 대한 논증이 있는데, 이는 지상에서 불완전하게 존재하는 사물들의 완전한 형상이 어딘가에 존재한다는 주장이다. 이 대화편의 등장인물인 소크라테스는 두 사물을 "동일하다"고 인식할 때, 우리는 동시에 동일성 그 자체의 "형상"을 이해하게 된다고 말한다. 천상에서 내려온 우리 영혼이 물질로 된

---

13 Ibid., 191.

14 Raymond Klibansky, *The Continuity of the Platonic Tradition during the Middle Ages, Together with Plato's Parmenides in the Middle Ages and the Renaissance* (London: The Warburg Institute, 1939), 27.

15 이 문단에 대해서는 다음을 볼 것. Christopher S. Celenza, "The Platonic Revival" in *The Cambridge Companion to Renaissance Philosophy*, ed. James Hankins (Cambridge: Cambridge University Press, 2007), 72-96, esp. 72-74.

육체에 깃듦으로써 비로소 스스로를 발견하게 되는 것처럼 사실 우리는 마치 언제나 알고는 있지만 깜빡 잊어버린 것 같이 그 관념을 "기억한다"는 것이다.16 예컨대, 당신이 애호하는 아름다운 음악 작품을 생각해 보라. 일단 당신이 그것을 알게 된 다음에는 그것과 똑같은 음악 작품이 결코 존재한 적이 없다고 생각하기는 힘들다. 형상 이론도 바로 이와 같다. 더욱이 형상은 모든 종류의 중요한 문제와 관련되어 있다. 누군가의 육체적인 아름다움을 평가한다고 하자. 이것이 가능한 것은 당신이 그 사람에게서 지속적으로 아름다운 것(미의 형상)을 보기 때문이다. 무언가 좋은 일을 할 때, 당신은 선善의 형상에 "참여하고 있는" 것이다. 플라톤에게는 선의 형상과 같은 관념을 사실로 상정하는 것이 아주 중요했다. 그는 그렇게 함으로써 상대주의적 윤리보다는 객관적 윤리가 있을 수 있다고 말할 여지를 가지게 된 것이다.

『파이돈』에는 또한 인간의 영혼이 불멸한다는 주장도 들어 있다. 소크라테스는 영혼이 육체의 외형적 죽음을 이기고 살아남는다고 이야기한다. 인간이라는 존재는 마치 허방에 빠져 있는 것과 같다.17 아주 유덕한 삶을 산 사람은 죽은 후에 신들과 함께 영원히 살게 된다. 좀 더 정화가 필요한 사람의 영혼은 지상으로 돌아가는데, 그들이 대단히 사교적이라면 꿀벌이나 말벌로 다시 태어난다. 최악의 경우는 코퀴토스강으로 보내지는데, 이는 고대에 아케론강과 합류해 저승(단테에게는 이것이 지옥의 가장 밑바닥에 있는 제9계界였다)으로 이어진다고 생각되었다.

인간 영혼의 불멸, 사후의 상벌, 우리 자신의 세속 세계를 감독하는 더 높고 비물질적인 세계와 같은 것들은 보면 볼수록 그리스도교와 흡사해 보인다. 플라톤주의와 그리스도교 간의 이러한 친족 유사성이야말로 성 아우구스티누스(354~430)가 고대 이교 철학을 검토하면서 플라톤주의자들이 "우리(그리스도교인)와 가장 가깝다"고 천명한 한 가지 이유였

---

16 Platon, *Phaedo* in Plato, *Opera*, 5 vols. (Oxford: Clarendon, 1995), vol. 1: 73c-77a.
17 Ibid., 109a-115.

다.[18] 존경받는 아우구스티누스가 천명하고 중세 그리스도교 사상가들이 이어받은 이 같은 승인 덕분에, 플라톤주의는 서양 그리스도교의 유전자에서 가장 중요한 한 가닥이 되었다.

이런 유사성을 명확히 보여 주는 또 다른 사실은, 플라톤이 쓴 저작 대부분이 브루니와 그의 세대에게는 새로운 것이었지만 그 핵심 메시지는 친숙하다는 것이다. 하지만 훨씬 더 중요한 것은 플라톤과 플라톤주의의 새로운 면모였다. 먼저 이제는 그리스어를 유창하게 할 수 있게 된 브루니를 비롯한 여타 사람의 눈에 들어온, 고도의 문학 수준을 겸비한 대화라는 글쓰기 형식을 들 수 있다. 문학적 수준에서 플라톤은 이른바 "아티카 식" 그리스어의 진정한 명인이었다. 아티카 식 그리스어란 학자들이 가장 정점에 이른 '고전" 수준의 고대 그리스어 산문을 가리키는 데 사용하는 용어이다. 키케로가 고대 라틴어 산문의 귀감이라면, 그리스어에서 그 위치를 차지하는 것이 바로 플라톤의 글이었다. 대화 형식에서도 이는 브루니 및 그가 속한 문화 집단의 이상과 잘 맞아떨어졌다. 물론, 대화편이 중세에 존재하지 않았다는 것은 아니었다. 그러나 브루니 세대가 고전풍 라틴어에 얼마나 경도되어 있었는지를 생각하면, 그들이 중세 대화편을 진지하게 받아들이기는 어려운 일이었다. 무엇보다 그들의 영웅 키케로가 수많은 유명한 대화편을 쓰지 않았던가. 이야말로 15세기 초 이탈리아 휴머니스트의 모범이었다.[19]

플라톤의 대화편은 몇 가지 주목할 만한 중요한 특징을 가지고 있다.

---

18 Augustinus, *De civitate Dei*, ed. Bernhard Dombert (Leipzig: Teubner, 1909), 8.9.

19 대화편에 대해서는 다음을 볼 것. David Marsh, *The Quattrocento Dialogue: Classical Tradition and Humanist Innovation* (Cambridge, MA: Harvard University Press, 1980); Christopher S. Celenza and Bridget Pupillo, "La rinascita del dialogo" in *Atlante storico della letteratura italiana*, a cura di S. Luzzatto e G. Pedullà, vol. 1: *Dalle origini al Rinascimento*, a cura di A. De Vincentiis (Torino: Einaudi, 2010), 341-47. 더 이후의 시기에 대해서는 다음을 볼 것. Virginia Cox, *The Renaissance Dialogue: Literary Dialogue in Its Social and Political Contexts, Castiglione to Galileo* (Cambridge: Cambridge University Press, 1992).

키케로 대화편의 화자는 여러 철학적 입장을 장황하게 설명한다. 반면에 플라톤 대화편의 화자는 재치 있는 말을 주고받고 여러 각도의 입장을 탐색하며, 일반적으로 대화편에서 최선인 것, 즉 독자의 사고를 자극하는 등, 좀 더 서로 간의 대화에 중점을 두는 것으로 보인다. 독자는 대화의 결론에 동의할 수도 있고 그러지 않을 수도 있을 것이다. 어떻든 중요한 것은 독자가 적어도 어느 정도는 또 다른 화자, 즉 글 안에서 불멸하고 "고정적인" 대화를 수행할 준비가 된 어떤 사람이 된다는 것이다. 또한 플라톤의 대화편은 문학 엘리트 내에서 사회적 삶이 어떻게 작동할 수 있는지에 대한 야심 찬 모델이기도 했다. 대화 바깥에서 존재할 수도 있는 위계가 무엇이든 간에, 대화 내에서 각 화자는 자신의 의견을 피력할 권리가 있다는 것이다. 브루니를 비롯한 동료 휴머니스트와 같은 사상가 집단은 시민권과 사회적 삶을 탐색하는 데 관심이 있었고, 그래서 그들에게는 이러한 행위 모형이 의미가 있었다.

하지만 플라톤의 대화편에서 가장 새로웠던 것은, 철학이 무엇인지를 새롭고 더 확장된 판본을 통해 그것을 완독하는 방법과 관련이 있었다. 이 새로운 점은 옳든 그르든 대학에서 가르치는 전문적이고 특수한 종류의 철학을 경시하는 경향의 세대에게는 중요한 것이었다. 『파이돈』으로 돌아가는 것이 이러한 요소를 이해하는 데 도움이 될 것 같다. 왜냐하면 이 대화편에는 모든 철학적 "논증"(말하자면 소크라테스가 언어와 논리를 사용해 매일매일 살아가는 세계 너머 그 위에 동일한 형상이 존재한다는 점을 설득하는 대목)과 함께 다른 형태의 철학도 담겨 있었기 때문이다. 이런 형태의 철학은 정치한 언어적 논증보다는 화자의 발전에, 삼단논법과 논리적 증명의 제시보다는 어떻게 살 것인지에 대한 모범을 보여 주는 데 초점을 맞추고 있다. 예컨대,『파이돈』에서 독자들은 이보다 더 마음을 흔들 수 없는 설정과 마주친다. 사건은 아테나이인들이 소크라테스에게 "젊은이들을 부패하게" 했다는 혐의로 유죄를 선고한 뒤, 그가 죽기 직전의 밤에 시작된다. 그는 감옥에 갇혀 있다. 우리는 그가 죽을 것임을 알고 있으며, 그의 젊은 친구들이 권하는 대로 도시를 몰래 빠져나가는 불명예스러운 방법을 택하기보다는 차라리 스스로 죽겠다는 마지막 결정을 한 바로 그 순간의 그를 지켜보고 있다.

이 끔찍한 상황과 마주한 르네상스의 독자들에게, 소크라테스와 함께 있었던 파이돈이 다른 화자인 에케크라티스(그는 당시 거기 없었다)에게 그가 어떻게 행동했는지를 들려주는 대목은 정말 흥미로웠을 것이다.

나는 그가 젊은이들의 주장을 대하는 유쾌하고 친절하며 칭송할 만한 태도에 정말 놀랐다네. 그 토론이 우리에게 어떤 영향을 줄지 아주 잘 인식하고 있더군. 게다가 우리의 고통을 얼마나 잘 어루만져 주던지. 말하자면 도피와 패배에 빠져 있던 우리를 끄집어내 함께 그들의 주장을 검토하는 쪽으로 이끌어 갔다네.[20]

여기서 말하는 바가 아주 명백하게 보일 수도 있겠지만, 플라톤이 대화편에 이 대목을 넣은 데는 이유가 있었다. 즉 소크라테스는 어떻게 하면 잘 죽는 것인지에 대한 모범을 제시하는—아마 행복하지는 않겠지만 평정심을 유지한 채, 무엇보다 그가 사랑하는 사람들을 염려하면서—동시에, 어떻게 하면 잘 사는 것인지에 대한 모범도 보여 주고자 한 것이다. 사실, 브루니와 그의 집단이 소중하게 생각한 것도 바로 철학의 이런 측면(언어적 논증에 관심을 보이는 것이 아니라 동료들 사이에서 어떻게 하면 잘 살지를 염려하는 것)이었다. 달리 말해 이런 형태의 철학하기가 "중요했던" 것이다. 대학에서 가르치던 논증 지향 방식의 철학과 마찬가지로, 이 역시 진정한 철학을 대변하는 것이었다.

소크라테스는 앞서 인용한 구절에 바로 이어서 젊은 친구들이 결코 "미솔로고이misologoi"가 되어서는 안 된다는 점을 강조했다.[21] 이 단어

---

20 Platon, *Phaedo*, 88e-89a, tr. G. M. A. Grube in Plato, *The Complete Works of Plato*, ed. John M. Cooper (Indianapolis, Hackett, 1997).

21 Plato, *Phaedo*, 89d.

는 "싫어하는 것"을 뜻하는 그리스 말 "미세인misein"과 가장 기본적인 의미로는 "말"을 뜻하지만, 플라톤이 이해하는 바로는 "대화를 추구하는" 것이란 함의를 지닌 "로고스logos"의 결합을 나타낸다. 소크라테스가 젊은 친구들에게 그렇게 하라고 촉구한 것은 "대화를 싫어하는 사람"이 되지 말고 서로를 언제나 이성적으로 대하라는 뜻이었다. 즉 자신이 죽고 난 다음에도 대화를 계속하라는 것이다. 그는 같은 대목에서 미솔로고이("대화를 싫어하는 사람")는 곧 "미산트로포이misanthropoi", 즉 동료를 싫어하는 사람이 될 수 있다는 경고의 말을 하고 있다.

브루니는 스스로 『파이돈』과 그 번역 과제를 어떻게 바라보았는지에 대해 두 가지를 시사했는데, 이는 그의 성격과 함께 그가 몸담은 문화 지형을 드러내는 실마리이다. 첫 번째는 그가 친구인 니콜로 니콜리(1364~1437)에게 보낸 편지에 나온다. 니콜리는 비록 글로 남긴 것은 없지만, 그 자신부터가 15세기 초 휴머니즘에서 대단한 인물이었다. 그는 취향을 결정하는 점에서 핵심 역할을 했다. 그는 라틴어에 대해 아주 세련된 감수성을 지니고 있어 어느 쪽이 더 "엘로퀜티아eloquentia", 즉 웅변인지를 가장 잘 판단할 수 있는 사람 가운데 하나였고, 상당한 규모의 개인 장서는 문화적 원천이 되었다.[22] 그는 살루타티 서클의 핵심 성원 중 하나이자 휴머니스트 세대의 "시각 문화"에서도 대단히 중요한 인물이었다. 그는 15세기를 거쳐 가는 동안 점점 더 중요하게 된 새로운 형태의 필체를 창안했다.[23] 브루니는 니콜리를 대단히 존경했다. 『파이돈』 번

---

22 Martin Davies, "An Emperor without Clothes? Niccolò Niccoli under Attack", *Italia medioevale e umanistica* 30 (1987), 95-148; Giuseppe Zippel, *Storia e cultura del Rinascimento italiano* (Padova: Antenore, 1979); Berthold L. Ullman and Philip A Stadter, *The Public Library of Renaissance Florence: Niccolò Niccoli, Cosimo de' Medici and the Library of San Marco* (Padova: Antenore, 1972).

23 Martin Davies, "Humanism in Script and Print in the Fifteenth Century" in *The Cambridge Companion to Renaissance Humanism*, ed. Jill Kraye (Cambridge: Cambridge University Press, 1996), 47-62; Albinia C. de la Mare, *The Handwriting of Italian Humanists* (Oxford: Oxford University Press, 1973); Berthold L. Ullman,

역에 대해 쓴 브루니의 편지는 길게 인용할 만한데, 브루니와 그의 당대인에게 공동체가 얼마나 중요했는지를 잘 보여 주기 때문이다.

> 친애하는 니콜리, 내가 이미 자네의 폴리톤(자네가 항상 무지한 군중을 질타하고 있기 때문에 그를 이렇게 부르고 싶네)에 깊은 애정을 지니고는 있지만, 그를 번역하면서 그에 대해 더 호의를 가지게 되었기 때문에 전에는 단지 애정 정도로 그쳤지만 이제는 처음으로 그를 사랑한다고 해야겠네. 이보다 더 지혜롭고 웅변적으로 쓴 것은 자네도 상상할 수 없을 것 같네. 지금에 와서야 이전보다 훨씬 더 이를 잘 이해할 수가 있게 되었네. 나는 번역을 하면서 모든 각도에서 검토를 진행하지 않을 수 없었고, 정말로 그가 말한 모든 것을 되씹어 보았다네. 그래서 나의 아버지이자 스승인 콜루초에게 너무 감사한 마음이네. 그분이야말로 나에게 이 훌륭한 과제를 해 보라고 권유한 분이니까 말일세. 전에는 그냥 플라톤을 만났을 뿐인 것 같네. 이제는 그를 안다고 믿네만.[24]

이 편지에서 분명히 나타나듯이, 플라톤은 논쟁의 대상이 될 수도 있었다.

브루니는 플라톤을 번역했기 때문에 이제는 그에 대해 더 잘 안다는 점을 강조하고 있다. 번역을 하려면 저자를 자세히 검토할 필요가 있기 때문이다. 브루니는 플라톤의 지혜와 웅변을 강조한다. 그리고 그는 자신에게 『파이돈』을 번역하라고 권유한 사람이 스승인(브루니는 그를 "아버지"라 부를 정도로 그에게 각별했다) 살루타티라는 점도 역설한다. 편지 뒷부분에서 브루니는 플라톤에 대해 다음과 같이 말하는데, 플라톤의 작품에서 전반적으로 나타나는 내용과 스타일의 소통 방식에 방점을 찍고 있다.

The Origin and Development of Humanist Script (Roma: Edizioni di storia e letteratura, 1960).

24 Bruni, *Ep.*, I.8, p. 15, tr. in Hankins, *Plato*, I, 50.

그는 최고의 세련미와 고도의 논쟁 방법 그리고 놀라운 민감성을 가지고 있다네. 생산적이고 신묘한 정서는 화자에게 경이로울 정도의 유쾌함을 주면서 비상한 발화력을 가지고 전달되고 있네. 그의 담론에는 아주 평이하면서도 동시에 그리스인들이 말하는 칭송할 만한 "카리스charis"(우아함)가 있네. 부자연스러운 것도 거친 것도 없더군. 모든 것이 말과 말의 규칙을 자유자재로 사용하는 사람에 의해 이루어진 것처럼 보이네. 마음속 모든 감정을 지극히 평이하고도 아름답게 표현하는 최고의 재능을 지닌 인물 말일세.[25]

브루니의 진짜 요점은 만약 독자에게 도덕(그리고 철학적 진리까지도)을 가르치겠다면, 호소하는 방식으로 해야 한다는 것이다. 즉 사람들에게 그런 진리라는 지적 건축물을 습득시키는 것만이 아니라 그것을 마음 깊이 믿도록 해야 한다는 것이다. 이러한 목표를 이루는 유일한 방법은? "엘로퀜티아", 즉 웅변을 통해 그렇게 할 수 있다는 것이다.

옛 그리스어로 글을 쓴 플라톤은 이런 웅변을 포함해 많은 재능을 가진 인물이었다. 이제 그 웅변이 서유럽 역사에서 처음 라틴어로 표현되었다. 사람들이 새로 발견한 고대 텍스트에서 무언가를 배워야 한다는 것은 브루니에게는 자명한 진리로 보였다. 그러나 머지않아 그의 입장은 조금씩 바뀌게 되었고, 당시 막 출현하기 시작한 공적 지식인(브루니 역시 곧 그런 사람이 되었다)의 책무를 좇아 과연 어떤 유의 작가가 더 효과적일 수 있는지 — 그들에게 관심을 두는 독자 사이에서까지도 — 를 재평가하게 되었다. 여러 이유로 플라톤은 너무 난해했다.

당시 왜 이런 변화가 일어났는지에 대한 단서는 브루니의 『파이돈』 번역에 대한 두 가지 진술 중 두 번째 진술에 있다. 그것은 교황 인노첸치우스 7세에 바친 그 작품의 헌정사인데, 이는 다양한 맥락 속에서 조명할 가치가 있다. 지금에 와서 돌아보자면 1378년에서 1417년까지의

---

25 Bruni, *Ep.*, I.8, p. 16, tr. in Hankins, *Plato*, I, 50.

시기는 내내 두 명, 때로는 세 명의 대립 교황이 난립해 교황제가 대단히 불안정했다.[26] 인노첸치우스 7세 치세는 짧고 험난했다. 그것은 단지 1404년부터 1406년까지 지속되었을 뿐, 로마 시민의 지지도 별로 받지 못했다. 하지만 그는 8명의 추기경에 의해 옹립되었고 역사상 적법한 교황으로 재위했다. 브루니는 매우 놀라운 방법으로 인노첸치우스 7세 궁정의 교황청 비서직을 얻었는데, 이는 그런 자리에 대한 경쟁이 얼마나 심했는지를 잘 보여 주고 있다.

우리는 이 일화를 브루니가 살루타티에게 보낸 편지에서 알게 되는데, 여기서 그는 사건의 전말을 자세히 전하고 있다. 살루타티가 그 직을 브루니에게 추천했고, 브루니는 그것을 곧 차지할 것처럼 보였다. 하지만 교황과 그 주변 사람들에게는 브루니가 아직은 젊다는 점이 걸렸다. 또 다른 대기자는 야코포 안젤리 다 스카르페리아(살루타티가 비잔티움에서 그리스어 수서본을 구해 달라고 부탁했던 바로 그 야코포)였는데, 그의 나이가 더 적절해 보였다. 마침 한 프랑스 공작이 보낸 길고 복잡한 편지가 도착하는 극적 사건이 일어나자, 교황은 이에 대해 누가 더 정확한 방법으로 답장을 쓸 수 있는지 서로 경쟁하게 했다. 둘은 답장 초안을 제출했다. 그 결과 야코포를 지지하는 측조차도 브루니의 글을 더 선호했다. 브루니는 전하기를, "교황 스스로 다른 경쟁자를 거부하시고, 제가 그 직위에 봉직하게 되었다고 축하의 말씀을 주셨습니다."[27] 브루니는 거의 10년 동안 교황청에서 일하면서 인노첸치우스 7세 외에도 세 명의 교황을 더 섬기다가 피렌체로 돌아왔다.

인노첸치우스 아래서 봉직하며 보낸 시간은(비록 교황의 재위 기간만큼이나 짧기는 했지만) 브루니에게 중요한 것으로 판명되었다. 그의 생애 처음으로 실제적 측면에서 그동안 정교하게 연마해 놓은 그의 다양한 능력이 직업적 정체성의 시작과 함께 통합된 것이다. 우리는 브루니가 플

---

26 Rollo-Koster, *Avignon and Its Papacy*.
27 Bruni, *Ep.*, I.2, p. 4.

라톤의 『파이돈』 라틴어 번역을 인노첸치우스에게 바치면서 쓴 헌정사에서 이러한 과정을 일부 엿볼 수 있다.

> 그러므로 저는 가장 축복받고 성스러운 아버지인 당신께 귀중하고도 너무나 절묘한 플라톤의 책 『영혼의 불멸성에 대하여』(=『파이돈』)를 보냅니다. 제가 그것을 그리스어로 읽고 이 책에 담긴 경건하고도 건강한 금언들을 접하고 나니, 이는 번역할 가치가 있으며, 또한 이를 성하께 바쳐야 할 것 같은 생각이 들었기 때문입니다. 하늘이 영혼을 보살피라는 소명을 주신 성하께서는 이를 통해 최고의 철학자들이 영혼에 대해 믿는 바를 아시게 될 것입니다. …… 사람이 죽고 난 후 영혼에 일어나는 일은 종교에서 결코 미소한 부분이 아니기 때문입니다.[28]

여기서 우리는 먼저 브루니가 자신이 가장 우선시하는 바를 분명히 보여 주는 작품의 제목을 제시하고 있다는 것을 알게 된다. 『파이돈』은 무엇보다 영혼의 불멸성을 주장하고 있다는 것이다. 그가 친구 니콜리에게 플라톤의 웅변과 높은 수준의 대화 식 논증을 칭찬한 반면, 교황에게는 플라톤을 그리스도교의 틀 내에서 이해할 수 있는 길을 더 강조한 것이다.

브루니는 이어지는 헌정사에서, 플라톤이 오랫동안 그리스도교 교리와 가깝다고 여겨져 왔기 때문에, 고대의 어떤 그리스도교 사상가들은 한발 더 나아가 플라톤이 고대 히브리 교의에 대해 그저 스쳐 지나가는 정도 이상으로 잘 알고 있었다고까지 주장했다고 말한다. 그는 이것이 연대 상으로는 불가능하지만 어쨌든 그 사실을 알려 주는 것은 유용하다는 점을 강조한다.[29] 우리는 그가 일찍부터 역사적 책임의 필요성(기본 연대표를 지켜야 그것을 이해할 수 있으므로)과 자신이 몸담은 제도적 틀에

---

28 Bruni, *Schriften*, 4, tr. Hankins, *Plato*, I, 50.
29 Ibid.

작품을 맞출 필요성 사이에 균형을 유지하고 있었다는 점을 알게 된다. 이 경우 그는 이교 사상가가 서구 그리스도 교권의 수장에게 건네는 대화를 제안하고 있는 셈이다. 그는 자신의 작업을 가능한 한 그리스도교의 길이라는 틀 속에 넣기로 작정한 것이다.

브루니는 이후에도 교황궁에 있던 시기 내내 비교적 짧은 그리스어 텍스트를 계속 번역했다. 이는 물론 그 텍스트들이 훌륭하기도 했지만, 동시에 그것들에 특별한 관심이 있었기 때문이다. 그는 그리스의 위대한 연설가 데모스테네스가 쓴 "필리픽"(비난 연설) 중 네 가지를 번역했다. 이 연설가는 마케도니아인의 폭정에 대항해 고대 아테나이(공화국인 피렌체와 같은)의 자유를 옹호한 인물이었다. 또한 그는 다른 많은 사람이 그랬던 것처럼 플루타르코스의 『영웅전』(*Bioi Paralleloi*) — 유명한 고대 인물들의 삶과 이력을 짧지만 훌륭하게 정제한 — 의 여러 부분 가운데 마르쿠스 안토니우스와 소小카토의 생애를 라틴어로 옮기기도 했다.[30] 앞으로 살펴보겠지만, 브루니는 결코 번역과 그리스인의 지혜로부터의 배움에 대한 취향을 버린 적이 없었다.

교황궁에 있던 시기는 또한 다른 중요한 기능도 했다. 즉 그는 현실의 복잡다단하고 때로는 위험하기까지 한 정치 환경에 노출된 것이다. 그는 역대 교황이 폭력적인 로마 귀족 가문들의 압력 때문에 로마를 떠나는 광경을 목격했다. 그들이 돌아오는 것도 보았다. 그러나 그는 이 모든 것을 통해, 그런 난관에도 불구하고 교황제가 잔존하는 모습도 보았다. 교황제가 어떤 시기에 불안정한 상황에 처한 것처럼 보이더라도, 그것은 여전히 교회의 기반인 베드로 "바위"의 고향인 것이다. 브루니가 이 경험으로 얻게 된 제도문화에 대한 나름의 견해는 이후의 삶 내내 지속되

---

30 Marianne Pade, *The Reception of Plutarch's* Lives *in Fifteenth-Century Italy*, 2 vols. (Copenhagen: University of Copenhagen Press, 2007); Christopher S. Celenza, "'Parallel Lives': Plutarch's *Lives*, Lapo de Castiglionchio the Younger (1405-1438) and the Art of Italian Renaissance Translation", *Illinois Classical Studies* 22 (1997), 121-55.

었고, 피렌체 정치 문화에 대한 생각도 바꾸어 놓았다. 국가가 살아남기 위해서는 안정된 제도가 필요하며, 이는 진실로 오직 삶의 중요한 부분을 그 제도를 위해 봉사한 사람들만이 알게 된다는 것이다.

브루니는 자신이 섬긴 마지막 교황인 "대립 교황" 요안네스 23세(그는 역사에서 불법적 대립 교황으로 쫓겨났다)가 콘스탄츠 공의회의 결정으로 권좌에서 내려온 뒤인 1414년 피렌체로 돌아왔다. 공의회는 결국 몇 년 후 오토네 콜론나를 마르치누스 5세 교황으로 선출함으로써 교회 분열을 해결하게 된다.[31] 1416년 브루니는 피렌체 시민권을 얻었다. 이 젊은이는 원래 토스카나의 아레초시市에서 태어났기 때문에, 피렌체 시민권을 획득함으로써 그는 위신과 자긍심, 특히 여러 가능성까지도 얻게 된 셈이다. 첫 번째로 그는 기념비적 역사서 『피렌체 인민의 역사』 (Historiarum Florentini populi)를 집필 — 1415년부터 시작해 그가 죽은 1444년까지 이어졌다 — 함으로써 세금 우대 조치를 받았다.[32] 브루니는 이미 교황궁 재직 당시 상당한 돈을 모았다. 이 세금 우대 특권은 그가 인문학 연구를 위해 훨씬 더 많은 자유 시간을 갖게 된다는 것을 의미했다. 그는 침착하게 이를 수행했다. 그는 결코 은퇴한 학자의 삶에 안주하지 않았고, 휴머니스트로서의 노력이 어떻게 제2의 조국에 도움이 될 수 있는지에 대해 자신이 가지게 된 견해에 맞추어 작업을 계속해 나갔다.

그러므로 그가 번역 작업을 하면서 아리스토텔레스로 눈을 돌린 것은 놀라운 일이 아니다. 그는 아리스토텔레스를 피렌체의 좀 더 실제적 측면에서, 특히 그를 비롯한 여러 사람이 공적인 삶에서 인문학의 주요 목

---

31 Walter Brandmüller, *Das Konzil von Konstanz, 1414-1418*, 2 vols. (Paderborn: Schöningh, 1991-97); Phillip H. Stump, *The Reforms of the Council of Constance, 1414-1418* (Leiden: Brill, 1994).

32 Lauro Martines, *The Social World of the Florentine Humanists, 1390-1460* (Princeton: Princeton University Press, 1963), 168, 171. 『피렌체 인민의 역사』에 대해서는 다음을 볼 것. Leonardo Bruni, *History of the Florentine People*, ed. and tr. James Hankins, 3 vols. (Cambridge, MA: Harvard University Press, 2001-07).

표로 삼은 엘리트 시민에게 덕을 가르치는 것과 좀 더 조화를 이루는 방향에서 보게 되었다.[33] 오늘날에는 이 기본적 동기가 잘 이해되지 않을 수도 있다. 우리는 인문학을 공적인 삶과는 별개로 생각하는 경향이 있다. 그러나 15세기 이탈리아 지식인에게는 이러한 생각이 자명하지 않았다. 게다가 공적인 삶에서도 여전히 학문을 연마한 브루니에게는 양자의 간격을 이어 주어야 할 필요성이 훨씬 더 컸다. 그는 고전 세계에 새롭게 초점을 맞추어 그것이 그와 당대인에게 유의미한 지점에 도달하기를 바랐다. 브루니를 비롯한 많은 휴머니스트는 정치에 관한 글을 쓰는 것으로는 정치적 덕성을 가르칠 수 없음을 인식했다. 이보다 더 필요한 것은 실례와 계율로써 정치적 덕성을 가르치는 설득력 있고 읽기 쉬운 텍스트였다.

계율이라는 측면에서는 아리스토텔레스가 중요하게 생각되었다. 플라톤의 가장 위대한 학생인 아리스토텔레스는 지속적 중요성을 지닌 그의 많은 저술 중에서도 브루니를 비롯한 많은 사람이 특히 설득력이 있다고 본 텍스트를 썼다. 『니코마코스 윤리학』(*Ethika Nikomacheia*)이 바로 그것이다. 정확히 말해 브루니는 그것이 매우 인간적이기 때문에 유용하다고 보았다. 아리스토텔레스는 책의 서두에서 당시 휴머니스트들이 가장 애호하던 윤리학을 일반적인 정치학 아래로 놓았다. 아리스토텔레스가 제시하는 바는 탐구란 모두 최고의 "목적"을 찾는다는 것이었다. 이 말의 뜻은, 우리가 무슨 일을 어떻게 해야 하는지 혹은 무언가가 어떻게 작동하는지를 탐구할 때면 어김없이 최고이자 최종의 산물 — 최고의

---

33 James Hankins, "Teaching Civil Prudence in Leonardo Bruni's *History of the Florentine People*", in *Ethik, Wissenschaft oder Lebenskunst? Modelle der Normenbegründung von der Antike bis zur frühen Neuzeit / Ethics, Science or Art of Living? Models of Moral Philosophy from Antiquity to the Early Modern Era*, eds. Sabrina Ebbersmeyer and Eckhard Kessler (Münster-Berlin: LIT, 2007), 143-57; Hankins, "The Virtue Politics of the Italian Humanists" in *Beyond Reception: Renaissance Humanism and the Transformation of Classical Antiquity*, eds. Patrick Baker, Johannes Helmrath, and Craig Kallendorf (Berlin: De Gruyter, 2019), 95-114.

"목적"—이 되는 것을 따라간다는 것이다. 그러나 아리스토텔레스는 말하기를,

> 설사 어떤 개인의 목적과 국가의 목적이 같다고 해도, 국가의 목적은 그것을 이루고 보존하는 데서 더 크고 복잡한 것으로 보인다. 한 개인을 위한 목적을 이루는 것도 가치 있는 일이지만, 민족과 도시국가를 위해 그것을 이루는 것이야말로 더 훌륭하고 신성한 일이다. 그래서 바로 이런 것들이 정치학과 관련된 우리의 탐구가 지향하는 목적이다.[34]

인간의 행위와 탁월성은 그 자체로 연구해야 마땅하지만, 이는 국가라는 사회 공동체의 맥락 안에서 이해할 때 비로소 의미가 통한다. 우리는 이미 브루니에게 그와 같은 진술이 얼마나 중요한 것인지 알고 있다. 그는 교황궁에서 세속 정치와 실제의 삶을 지켜보고 그에 참여했으며, 피렌체로 돌아와서는 그 문화적 수도에서 주요 시민의 삶을 살아갔다. 그 결과 각 시민의 개인적 탁월성과 번영이 결국 공동체의 번영과 연결되어 있다는 정치관이 나타난 것이다.

아리스토텔레스는 계속해서, 모든 탐구 영역은 문제가 되는 특수한 학문 분야에 적절한 수준의 확실성만을 추구해야 한다고 말한다. 그에게 "정확성이 모든 기예의 산물에서 구현될 수는 없는 것처럼 토론에서도 항상 구현될 수 있는 것은 아니다. 정치학이 논구하는 훌륭하고 정당한 행동은 대단히 다양하고 변화가 심하기 때문에, 그것은 본성이 아니라 단지 관습으로 존재한다고 생각할 수도 있다."[35] 아리스토텔레스의 『니코마코스 윤리학』은 물론 윤리학에 관한 것이며, 그래서 그가 현대의 대학 학과를 상기시키는 "정치학"이라는 용어를 쓰고 있는 것이 놀랍고 의

---

34 Aristotle, *Ethica Nicomachea*, ed. I. Bywater (Oxford: Clarendon, 1920), 1094b, tr. Ackrill, in *A New Aristotle Reader*, ed. and tr. J. L. Ackrill (Princeton: Princeton University Press, 1989), 1094b.

35 Ibid., tr. Ackrill.

외로 느껴질 수도 있다. 따라서 그리스 원어인 "폴리티케politikê"에 대해 살펴볼 필요가 있다. 이는 직역하면 "정치학"이고, 좀 더 넓게(하지만 더 정확하게) 보면 "우리가 사회와 연관된 제도적 삶을 이야기할 때 탐구하는 것"이다. 아리스토텔레스는 윤리학을 정치학 세계의 한 부분으로 보았다. 그 자체는 부정확해 말하자면 수학 같지는 않다. 윤리학은 원래 역사적인 학문 분야로, 그 계율은 시간에 따라 필연적으로 변화한다. 역사적 맥락이 바뀌면 사회 규범도 바뀐다. 그러므로 윤리학에 대해서는 "이러저러한 주제에 대해 이러저러한 전제를 가지고 대략적이며 개괄적으로, 진실에 대해 그리고 대체로 진실인 것에 대해 말하는 정도로 만족해야 한다."[36] 아리스토텔레스는 계속해서, 세상을 살면서 성숙해지고 여러 경험을 한 사람만이 윤리에 대해 잘 알 수 있다고 말한다. 어떤 의미에서는 윤리라는 것을 가르칠 수도 있겠지만, 어떤 의미에서는 삶의 경험을 통해 배우기도 해야 한다는 것이다.

브루니가 아리스토텔레스를 진지하게 탐구하기 시작한 무렵, 그는 대단한 인생 경험을 하게 된다. 그래서 우리는 그가 1415년 교황궁을 떠난 때까지뿐만 아니라 피렌체에서 입지를 굳히는 1420년대에 이르기까지 그의 삶의 행로를 되짚어볼 필요가 있다. 그가 교황궁에 머문 10년 동안은 여러 교황과 로마 인민과 심지어는 나폴리 왕까지도 개입된(그는 자신이 로마에서 권력을 가질 권리가 있다고 믿었다) 경쟁이 촉발한 수많은 폭력 사태로 극적 상황이 빈발했던 시기였다. 브루니는 짧은 기간이지만 1410년 11월에서 1411년 4월까지 피렌체 서기장 직을 맡기도 했다. 하지만 그는 다시 교황궁으로 돌아왔고, 다양한 직무를 맡으면서 1415년까지 교황궁에 남았다. 그는 35세의 나이로 교황궁에 들어갔다가 40대 중반의, 이제는 결혼까지 한 상태로 피렌체에 돌아왔다. 그는 도착하자마자 피렌체 시민권에 덧붙여 앞서 말한 바 있는 세금 면제를 신청했는데, 당시의 한 문서에 적힌 것처럼 "더욱 왕성하고 자유롭게 연구에 매진

---

36 Ibid.

할 수 있게 된"것이다.³⁷ 시민권과 세금 우대를 위한 그의 청원은 여러 다른 층위의 피렌체 정부 기구를 통과해야만 했는데, 이는 순조롭게 이루어졌다. 이는 브루니에게 제2 조국인 피렌체의 정부가 확고히 그의 편에 서 있다는 중요한 신호였다. 그리고 피렌체는 사실상 그가 정착한 곳이었다.

1420년대에 이르러 브루니는 모든 종류의 문학적·역사적·철학적 연구가 시민의 형성에 미치는 중요성에 대해 폭넓은 견해를 가지게 되었다. 사실, 이러한 노력 각각에 별개의 명칭을 붙이는 것은 오히려 여타 휴머니스트와 함께 브루니가 제시하고 있던 비전을 가리는 것이다. 모든 것은 서로 연결되어 있었다.

예컨대, 브루니는 1424년에 바티스타 말라테스타에게 여성은 어떤 종류의 문학과 문학 연구를 해야 하는지를 논한 편지를 썼다.³⁸ 브루니가 보낸 편지가 여성에 관한 전통적 견해를 일부 반영하고 있다는 점은 사실이다. 즉 그들은 미덕의 수호자이며, 그래서 예를 들자면 겸손과 정숙 같은 미덕을 가르치는 학문에 집중해야 한다는 것이다. 그래도 이 편지에는 두 가지 혁명적인 면이 있었다. 첫째, 브루니는 여성이든 남성이든 똑같이 문학을 공부해야 한다고 주장한다. 오늘날에는 이런 생각이 별로 놀랍지 않을 수도 있다. 하지만 브루니가 살던 때에는 여성이 특히 고대의 세속 문학에서 큰 발전을 이루도록 한다는 것은 결코 통상적인 일이 아니었다. 둘째, 그는 여성도 물의를 빚을 만한 고대 시 작품을 공부할 수 있고 또 그래야 한다는 생각을 옹호했다. 예컨대, 베르길리우스의 『아이네이스』에는 신들이 간통과 잔혹한 폭력을 저지르고 도덕적으로 의심스러운 행동을 하는 장면들이 담겨 있었다. 그러나 특히 우리의 관심을 끄는 것은 브루니가 후자의 논점이 정당함을 주장하는 방식인데, 그는

---

37 Emilio Santini, *Leonardo Bruni e i suoi* Historiarum Florentini populi libri XII: *Contributo allo studio della storiografia umanistica fiorentina* (Pisa: Scuola Normale Superior, 1910), app. I, docc. 1-4, pp. 132-42.

38 In Bruni, *Schriften*, 5-19; tr. in Bruni, *The Humanism*, 240-51.

이를 위해 성서에서 그 자체로 도덕적 의심을 살 만한 행위를 보여 주는 많은 이야기를 인용하고 있다.

예컨대, 성서에서 우리는 "삼손이 격렬한 욕망에 사로잡혀 자신의 장대한 머리를 젊은 처자의 무릎에 누이고 자신에게 힘을 주는 머리카락이 잘리는 모습"을 보지 않는가? "이것은 시적이 아닌가? 이것은 수치스러운 일이 아닌가? 롯의 딸들이 행한 충격적인 범죄에 대해서는 그냥 조용히 넘어가겠다." 이는 소돔이 파괴되고 그 결과 남편으로 삼을 만한 사람이 부족해지자, 롯의 딸들이 아버지에게 술을 먹인 뒤 그와 동침해 아이를 가진 일화를 가리킨다. "혐오스럽고 추악한 동성애는 또 어떤가. 나는 시인을 칭송하는 사람이지만, 그것을 보여 주는 두 가지 정황에 대해서는 차마 전달할 수 없을 정도이다."[39] 달리 말해 성서에서조차 겉으로 보기에는 부도덕한 이야기들이 있다는 것이다. "이 모든 것이 사악하고 음란하며 구역질 나는 이야기이지만, 그렇다고 성서를 읽지 말아야 하는 것인가? 분명코 그렇지 않다. 마찬가지로 설사 시인이 때로 인간의 쾌락에 대해 언급한다고 해서 그를 거부해서는 안 된다."[40] 브루니는 그 어느 곳에서도 다른 텍스트의 경우처럼 성서에 담겨 있을지도 모를 숨은 의미를 검토하고 분석해야 한다고 말하지는 않는다. 하지만 그가 성서를 신성거나 성스러운 그리스도교적 순수함의 예로서가 아니라 검토해야 할 또 하나의 텍스트로 사용하는 것이 적절하다고 보았다는 사실은, 그의 작품과 그리고 사실상 그 세대 휴머니스트의 특징인 어떤 세속적인 성격을 보여 주고 있다.

브루니는 이런 실용적 세속주의 덕분에 피렌체인, 특히 그가 보기에 현재 피렌체 공화국을 이끌고 있거나 장차 그럴 만한 인물들이 아리스토텔레스처럼 실제적인 사상가를 널리 읽어야 한다고 확신했다. 물론, 플라톤의 작품이 무가치하다는 것은 아니었다. 그러나 대화 형식은 플라

---

39 Bruni, *The Humanism*, 250.
40 Ibid.

톤의 교시 일부를 모호하게 만들 뿐만 아니라 그의 탁월한 문학적 수준 자체가 오히려 그가 전하려는 메시지에 명확한 해석을 제시하기 어렵게 한다는 것이었다.

한편으로 브루니는 플라톤과 아리스토텔레스가 중요한 점 대부분에 대해 서로 동의한다고 믿었다. 브루니는 "아리스토텔레스의 삶"에서, 그 둘이 비록 서로 다른 추종자와 견해를 가졌다 해도, "이 철학자들 사이에 전반적인 경향에서 어떤 갈등이나 이견이 있었다고 생각해서는 안 된다"고 썼다. 이 철학자들과 그 추종자들은 "덕과 행위와 선악, 그리고 우주의 본성과 영혼의 불멸성에 대해 같은 교의와 같은 견해를 가진 것으로 보인다."[41] 다른 한편으로 플라톤의 작품은 "이미 성숙하고 완성된 학자인 사람들에게 더 적합하다. 아직 지혜가 덜 여문 사람들은 플라톤의 작품에서 충분한 가르침을 받을 수 없을 것이다."[42] 브루니는 앞의 "생애"에서 아리스토텔레스에 대한 평가의 핵심을 보여 주고 있다. 즉 아리스토텔레스는 "좀 더 온건한 견해를 가지고 있었으며, 그래서 그는 보통의 삶의 관습과 방식을 지지했다는" 것이다.[43] 브루니가 경험한 실제의 삶은 최대한 많은 사람에게 닿을 수 있는 그런 종류의 교육을 증진하는 텍스트가 필요하다는 것을 가르쳐 주었다. 아리스토텔레스가 아주 중요한데, "그의 책들이 쓰인 방식을 볼 때, 그가 젊은이를 가르치고 중간적 능력의 사람들을 고양하며, 성숙한 사람들은 더욱 수련하고 정진케 하기를 원했다는 점이 명백하기 때문이다."[44]

아리스토텔레스는 넓은 범위의 독자를 가졌다는 점과 더불어 문학에 대해 아주 많이 알고 있었다는 점 때문에라도 높이 평가받아야 했다. 브루니는 특히 이런 생각에 사로잡혀 있었다. 브루니는 반사적으로 당대의

---

41 Leonardo Bruni, *Opere letterarie e politiche*, a cura di Paolo Viti (Torino: UTET, 1996), 504-29; tr. Bruni, *The Humanism*, 283-92, esp. 288.

42 Bruni, *The Humanism*, 289.

43 Ibid.

44 Ibid.

철학자를 싫어했다. 그는 "사실, 이 시대에 철학자로 생각되고 싶어 하는 사람 가운데 문학에서 가장 중요한 것을 아는 자가 있는가?"라고 썼다.[45] 브루니가 스콜라 철학자들이 자신들의 생각을 소통하는 문학적 웅변이 부족하다는 정형화된 비판을 하는 것으로 미루어, 대학에 포진한 당시 철학자들에 대한 그의 비판은 외견상 글의 스타일을 향하고 있는 것으로 보인다. 반면에 아리스토텔레스는 "다양한 문학적 문제에 대한 수많은 정보는 물론, 모든 시인에 대해서도 아주 잘 알고 있었는데, 이는 이전에 그 누구도 해내지 못한 일이었다."[46] 하지만 브루니의 지나가는 듯한 말에는 그 이상의 것이 있다. 그가 말하고 있는 것은, 진정한 철학자라면 사람의 머리는 물론 그 마음까지도 움직이게 하는 것이 중요하며, 그래서 설득력이라는 것은 철학과 분리된 것이 아니라 오히려 그 구성 요소라는 것이다. 형식과 내용은 비록 개념적으로는 분리되어 있고 또 분리할 수도 있지만, 사실은 상호 연결되어 있다. 브루니에게 아리스토텔레스는 효율적인 철학자에게 필요한 모든 성질을 다 갖추고 있는 인물이었다. 그의 작품은 인간 지혜의 다양한 분야를 아우르고, 이해도에서 다른 여러 수준의 많은 사람에게 이해 가능하며, 고대의 권위라는 공경할 만한 고색창연함 역시 지니고 있다는 것이다.

그러나 문제가 있었다. 아리스토텔레스의 작품은 서양에서 13세기 이래 라틴어 번역으로 읽을 수 있었다. 하지만 브루니는 종래의 아리스토텔레스의 라틴어 역이 아리스토텔레스적 논증의 위엄이 받아 마땅한 관심과 독자를 얻을 만큼 우아하지 못하다고 믿었다. 이러한 정서 ─ 아리스토텔레스의 작품이 그 지적 수준에 어울리는 웅변으로 표현되어야 한다는 ─ 는 15세기 초에 대단히 흥미롭고도 강렬한 한 논쟁을 만들어 냈다. 우선 그 한 가지 이유는 브루니가 자신의 주목할 만한 "아리스토텔레스의 생애"(이 작품은 그 철저함으로 지금도 여전히 깊은 인상을 남기고 있는

---

45 Ibid., 291.
46 Ibid.

데, 이는 사실 당시 유포되고 있던 중세의 아리스토텔레스 전기들을 크게 개선한 것이다)에서 우리가 "에서테릭esoteric", 즉 소수에게만 알려진 문제 혹은 "엑서테릭exoteric", 즉 다수에게 공개된 문제로 기술할 수 있는 것에 대해 자세히 이야기하지 않았기 때문이다.

간단히 말해 아리스토텔레스에게는, 가르침을 주었던 많은 고대 사상가의 경우와 같이, "에서테릭", 즉 "소수에게만 알려진"(그리스어로 접두사 "에소eso"는 "안에" 혹은 "내부의"라는 뜻이다) 작품과 "엑서테릭", 즉 "공개된"("엑소exo"는 "외부의" 혹은 "공개적인"이란 뜻이다) 작품이 있었다. 역사 속의 아리스토텔레스는 외부로 펴내는 데 적합한 문학적 기예技藝에 대한 작품("엑소테릭")을 썼고, 이는 플라톤의 대화편과 같은 형식으로 되어 있었다.[47] 하지만 이 대화편들은 중세에 보존되지 못했다. 브루니가 인용하는 키케로를 비롯한 저술가들이 아리스토텔레스가 "웅변"이었다고 말할 때, 그들이 가리키고 있었던 것은 이미 유실된 "엑소테릭"한 작품이었다. 하지만 브루니는 당시 모두가 그랬듯이 이를 접할 수 없었다.[48]

브루니를 비롯해 누구나 접할 수 있었던 것은 아리스토텔레스가 학교 안에서 쓰던 "에서테릭", 즉 소수만이 알고 있던 작품으로, 이는 본질적으로 교과서 같은 것이었다. 『니코마코스 윤리학』 같은 작품은 아리스토텔레스의 강의용 노트와 같은 점을 보여 주고 있는데, 이는 뒤에 그 자

---

47 아리스토텔레스는 "다수에게 알려진 작품"에 대해 언급할 때, 그와 같이 말하고 있다. 다음을 볼 것. *Ethica Nicomachea*, 1102a18-28; ibid., 1140a2; *Ethica Eudemia*, ed. R. R. Walzer (Oxford: Clarendon, 1991), 1217b22.

48 브루니가 알았을 수도 있는 아리스토텔레스의 웅변에 대한 고대의 두 증언에 대해서는 다음을 볼 것. Cicero, *Academica*, 2.38.119. 이는 아리스토텔레스의 "flumen orationis aurum"(찬란한 글의 흐름)에 대해 이야기하고 있다(Cicero, *De natura deorum. Academica*, ed. and tr. Horace Rackham [Cambridge, MA: Harvard University Press, 1951], 620); Quintilianus, *Istitutio oratoria*, 10.1.83, "eloquendi suavitate"(우아하게 말하기) (Quintilian, *The Orator's Education*, ed. and tr. Donald A. Russell, 5 vols. [Cambridge, MA: Harvard University Press, 2001], vol. 4, 296).

신이나 학생들이 편집한 것을 후대에 로도스 출신의 작가 안드로니코스 (기원전 1세기에 활동)가 아리스토텔레스의 다른 작품과 함께 묶어 다시 편집하고 정리해 간행한 것으로 보인다.[49] 아리스토텔레스의 좀 더 문학적이고 다수에게 공개된 작품들은 고대에 유통되어 키케로에게도 알려졌지만, 시간을 두고 전해 온 아리스토텔레스 전집에 들어가지는 못했다.[50] 브루니는 공개된 작품과 비공개 작품 간의 차이를 말하지 않고 있다. 그러나 그는 아리스토텔레스가 웅변이었다는, 키케로를 비롯한 여러 사람이 인정한 생각을 받아들였다(그렇게 할 필요가 있었기 때문에). 브루니에게는 이러한 요소가 스스로 아리스토텔레스를 바라보는 관점의 일부가 되어야 했다. 왜냐하면 그는 아리스토텔레스의 실제적 유용성이 동포들에게 필요하다고 믿게 되었는데, 이 유용성이라는 것은 웅변으로 표현되지 않으면 아무런 결실도 얻을 수 없을 것이기 때문이다.

따라서 브루니는 아리스토텔레스의 『니코마코스 윤리학』(원문은 간명하고 기능적이며 정확했다)을 그리스어에서 라틴어로 번역하면서, 키케로가 그랬던 것처럼(그의 라틴어는 화려하고 우아하며 운율적이기까지 했다) 아주 우아한 문체를 사용했다. 당신은 브루니가 문체를 잘못 썼다고 주장할 수도 있다. 혹은 브루니가 번역은 물론, 나아가 문화적 견지에서 아리스토텔레스를 당대인에게 전하려 했다고 주장할 수도 있다. 혹은 브루니가 세부 사항뿐만 아니라 철학적 텍스트가 어떻게 전해지고 연구되며 이해되어야 하는지에 대한 일반적 개념에서도 오류를 범했다고 주장할 수도 있다.

이 후자의 입장이 바로 알폰소 가르시아 다 카르타헤나가 브루니의 번

---

49 David Ross, *Aristotle* (London: Methuen, 1923), 1-19; G. E. R. Lloyd, *Aristotle: The Growth and Structure of His Thought* (Cambridge: Cambridge University Press, 1968), 9-18; Paul Moraux, *Der Aristotelismus bei den Griechen: von Andronikos bis Alexander von Aphrodisias*, 2 vols. (New York: De Gruyter, 1973-84).

50 Moraux, *Der Aristotelismus bei den Griechen*. 로마에서의 사정에 대해서는 다음을 볼 것. Jonathan Barnes, "Roman Aristotle" in *Philosophia Togata II*, eds. Jonathan Barnes and Miriam Griffin (Oxford: Clarendon, 1999), 1-69.

역을 비판하면서 제시한 것이었다. 사실, 그의 비판에는 실질적이고 중요한 어떤 것이 있었다. 랍비의 아들로 태어났으나 그리스도교로 개종한 알폰소는 학식 높은 스콜라 사상가이자 교회 정치가로, 결국 자신이 자라난 부르고스의 에스파냐 교구 주교의 자리까지 올랐다.[51] 그러나 알폰소의 비판을 살펴보는 일은 잠시 뒤로 미루어 두자.

이 논쟁과 문제점을 이해하려면 구체적인 예를 들고 아리스토텔레스가 말하려 한 것에 대해 좀 더 넓은 측면에서 생각해 보는 것이 최선이다. 아리스토텔레스는 『니코마코스 윤리학』을 시작하면서, 다른 주요 작품에서도 그랬듯이, 우리가 지금까지 살펴본 것처럼 탐구 분야에 대한 일반적인 전제들을 논하고 있다. 책의 첫 부분은 이렇게 시작된다. "모든 기예와 탐구, 그리고 마찬가지로 모든 실제적 일이나 활동은 어떤 선善을 지향하는 것으로 보인다. 그래서 모든 것은 선을 지향한다는 말이 회자되어 온 것이다."[52] 이 두 문장은 아리스토텔레스 철학에 필수적인 주도 관념을 보여 준다. 즉 모든 것은 어떤 목표를 지향하므로, 어떤 철학적 훈육에서도 특정 훈육을 위한 특정 목표가 되는 것을 구분해야만 한다는 것이다. 아리스토텔레스는 여기서 "목표"로 옮긴 단어에 대해 "아가톤agathon" 혹은 직역하자면 "선good"이란 단어를 썼다. 그리고 여기서 선으로 번역된 것은 모든 것이 지향하는 목표로 이해할 수 있다. 이것이 뜻하는 바를 이해하려면, "선"을 아리스토텔레스의 또 다른 핵심 관념인 인과因果의 맥락에서 바라볼 필요가 있다.

아리스토텔레스는 여러 곳에서 인과를 네 가지 방식으로 이해해야 한다고 주장하는데, 이는 질료인, 작용인, 형상인, 목적인으로 기술될 수 있는 원인으로 구성된다.[53] 나무 의자를 예로 들어 보자. 의자의 "질료인"

---

51 Alexander Birkenmajer, *Vermischte Untersuchungen zur Geschichte der mittelalterlichen Philosophie* (Münster: Verlag der Aschendorffschen Verlagsbuchhandlung, 1922), 129-210.

52 *Ethica Nichomachea*, 1094a, in Aristotle, *Nichomachean Ethics*, tr. Horace Rackham (Cambridge, MA: Harvard University Press, 1934), 3.

은 나무 혹은 그 의자를 이루고 있는 재료이다. "작용인"은 의자를 만든 목수(그것이 존재하도록 "작용"한 사람)이다. "형상인"은 의자의 "형상"인데, 이는 플라톤의 형상 개념과는 다른 개념이다(후자는 형상이 일종의 비물질적이고 완전한 "의자임chair-ness"으로, 물질로 만든 모든 의자의 잣대가 되고 그것에 비하면 물질로 만든 모든 의자가 불완전한 세속적 현현顯現일 뿐인 그런 것이다). 의자에 대한 아리스토텔레스의 "형상"은 의자 제작을 위한 계획 같은 것으로, 어떤 의미에서는 목수의 머릿속에 있고 다른 의미로는 외형적으로 나타난 의자의 모양으로 이해해야 한다. 즉 아리스토텔레스에게 질료와 형상은 언제나 서로 연결되어 있다는 것이다. 끝으로 의자의 아주 중요한 "목적인"이 있다. 그것은 의자가 존재하는 목적으로, 곧 우리가 앉는 것이다. 아리스토텔레스가 "모든 것이 지향하는 선"이라는 말에서 뜻한 것은 바로 이 마지막 의미에서이다.

　모든 것은 목적인을 가진다. 어떤 탐구(윤리학과 같은)의 한 측면은 탐구 대상이 무엇인지를 이해하는 것이다. 탐구 대상을 이해하는 것의 적어도 일부는 그 목적인, 그것이 지향하는 목적을 이해하는 것이 되어야 한다. 이 경우, 즉 윤리학의 탐구 대상은 인간이었다. 앞서 인용한 구절에서 아리스토텔레스는 그가 종종 그런 것처럼 "목적론적으로teleologically"("텔로스telos"는 그리스어로 "목적"을 뜻한다) 말하고 있다. 아리스토텔레스는 당면한 주제(여기서는 윤리학)의 특정 문제로 옮아가기 전에 그의 사고방식에 특유한 일반 진술을 하고 있다. 윤리학의 특정 문제는 인간에 관련된 것이어야 하며, 아리스토텔레스의 견해로 인간을 위한 선은 그가 그리스어로 "에우다이모니아eudaimonia"라고 부르는 것이다. 이 말은 전통적으로 "행복happiness"이라고 번역되었으나, 인간의 "번영flourishing"으로 이해하는 편이 더 낫다.

53　Aristotle, *Physics*, ed. and tr. P. H. Wicksteed and F. M. Cornford, 2 vols. (Cambridge, MA: Harvard University Press, 1934), bk. 2, sec. 3, 194b24-195a4 (vol. 1, pp. 128-32); Aristotle, *Metaphysics*, ed. and tr. Hugh Tredennick, 2 vols. (Cambridge, MA: Harvard University Press, 1933), bk. 5, sec. 2, 1013a25-1014a (vol. 1, pp. 210-16).

모든 사람의 번영은 그 사람의 개인적 성격(어떤 의미에서 그 사람이 태어난 목적, 즉 "목적인")과 그 사람이 일생을 살아가는 방식의 결합에 달려 있을 것이다. 일생의 삶은 수많은 요소로 이루어지지만, 아리스토텔레스에게 가장 중요한 것은 사람이 덕을 실천하는 방식에 관한 것이다. 그는 덕 역시도 목적론적으로 인식하는데, 덕을 발휘하려면 그것을 실천해야 한다는 의미에서 그렇다. 그는 덕을 가리켜 실천을 반복함으로써 잠재력을 실재實在로 구현해야 하는 어떤 "능력" 또는 "습관"—그리스어로 "헥시스hexis"—이라고 말했다.[54] 간단한 예로 용기라는 덕을 보자. 우리는 모두 용감하게 될 수 있는 능력을 타고났지만, 오직 반복해 용감한 행동을 함으로써(아리스토텔레스적 의미에서 용기라는 덕에 대한 타고난 잠재적 능력을 실재하게 만듦으로써) 용감한 사람이 될 수 있다. 삶도 그와 같다. 우리는 삶의 많은 부분이 잘 되어가도록 그것을 연마해야 한다. 브루니가 아리스토텔레스의 『니코마코스 윤리학』을 칭송한 것은 정확히 그것이 아주 현실적이어서 일상생활에 바로 적용할 수 있었기 때문이다.

브루니와 그의 번역으로 돌아가 보자. 브루니가 "선"을 라틴어로 "최고선"을 뜻하는 "숨뭄 보눔summum bonum"으로 옮긴 것은 흥미롭다. 이 표현은 아리스토텔레스가 이해한 바의 선이라기보다는 최고의 선에 가깝다. 그리고 브루니가 에우다이모니아, 즉 인간의 번영(그는 이를 펠리치타스felicitas로 옮겼다)을 최고선으로 본 것은 훨씬 더 많은 것을 말해 준다. 브루니는 바로 서두에서부터 아리스토텔레스에 대한 기본적 이해가 부족하다는 것을 드러냈다. 아리스토텔레스의 선은 일반적 성격의 선이었다. 모든 것은, 심지어 나무와 바위에조차도 스스로 지향하는 어떤 선이 있었다. 반면에 최고선은 신성神性과 관련되어 있다. 사실 『니코마코스 윤리학』 제10권에 따르면, 인간성을 위한 최고선이란 각각의 인간이 할 수 있는 한 신성에 이르는 것이었다.[55] 그래서 브루니가 선을 최고선으

---

54 *Ethica Nichomachea*, 1103a24.
55 Ibid., 1177b30-1178a1.

로 번역한 것은 생명이 없는 물체조차도 이 신성으로의 가능성에 참여할 수도 있다는 결과를 초래했는데, 이는 아리스토텔레스의 사유 전체를 무의미하게 만들 만한 관념이었다. 물론, 모든 것을 고려해 볼 때, 이러한 실수는 단지 하나의 작은 오류에 불과했다. 그러나 그것은 중요한 문제였고, 좀 더 비판적 견지에서 보자면 아리스토텔레스 일반에 대한 접근에서 진짜 차이점을 암시하는 것이었다. 즉 중세 대학에서 그동안 아리스토텔레스를 읽고 가르치고 배운 방식과 브루니 및 그 세대가 권위 있는 작품들을 이해하기 시작한 방식이 서로 다르다는 것이었다.

이 차이점을 이해하려면, 브루니의 아리스토텔레스 번역을 둘러싼 긴 이야기를 접고 다시 알폰소 가르시아 다 카르타헤냐의 "레오나르도에 반대하는 소책자"(라틴어 제목은 "리벨루스 콘트라 레오나르둠*Libellus contra Leonardum*")[56]로 돌아갈 필요가 있다. 이 논쟁이 촉발되기까지는 시간이 좀 걸렸다. 처음에, 즉 1416년 브루니가 『니코마코스 윤리학』을 번역했을 당시, 그는 성숙했으나 상대적으로는 여전히 젊은 40대 중엽으로 권력의 정점에 있었고, 학문적으로나 직업적으로나 이미 상당한 경험을 쌓은 뒤였다. 브루니는 당시 널리 유통된 자신의 번역 서문에서 중세의 번역자에 대해 어떤 자비도 베풀지 않았다. 브루니는 서문에서 번역자의 이름을 밝히고 싶어 하지 않았지만, 그는 뛰어난 재능을 가졌던 로버트 그로스테스트(1175/9~1253)로 존경받는 옥스퍼드 철학자이자 신학자이며, 링컨의 주교이자 훌륭한 정치가였다. 브루니는 그가 그리스어를 잘못 이해했고, 라틴어 번역임에도 어떤 경우에는 적절한 라틴어 단어가 있는데도 그리스어 단어를 그대로 사용했으며, 전반적으로 아리스토텔레스의 텍스트를 "라틴어보다 더 야만적인" 것으로 만들어 버렸다고 썼다.[57]

알폰소의 비판은 그 당시보다 거의 15년 후에야 나타났다. 물론, 그때

---

56 Edited in Alexander Birkenmajer, *Vermischte Untersuchungen zur Geschichte der mittelalterlichen Philosophie*, 129-210; Bruni, "Preface" (157-62); Alfonso, *Libellus* (162-86).

57 Bruni, "In libros Ethicorum prooemium", ed. Birkenmajer, 157.

쯤이면 브루니는 이미 피렌체의 서기장이었을 뿐만 아니라 많은 측면에서 이탈리아 최고의 인기 있는 휴머니스트 작가였으며, 무엇보다도 모두가 그의 의견을 구하고 존중하며 종종 그것을 무조건 받아들이기까지 하는 문화적 가치의 심판자 같은 존재가 되어 있었다. 알폰소의 비판은 매우 예의를 갖춘 것으로 그리스 원본을 라틴어로 번역해야 하는 필요성과 브루니의 국제적인 명성을 둘 다 고려한 것이었다. 알폰소는 자신의 책자를 헌정한 구즈만에게 이렇게 썼다. "초기 교회 시대는 물론, 사실상 고대 교회 공의회 시대 이래 고전적 원천들이 시들어가던 바로 그 순간부터, 그리스인들과의 소통은 거의 완전히 단절되었습니다."[58] 달리 말해 그리스적 유산으로부터 무언가 새로운 것이 출현하고 있을 때, 이는 아주 중요한 문제가 된다는 것이다.

알폰소는 자신이 왕의 대사로 에스파냐 서단西端의 살라망카에 머물던 당시 브루니의 작품에 대해 알게 되었다고 썼다. 그곳에서 그는 유명한 볼로냐 대학에서 법을 공부한 몇몇 사람을 알게 되었고, 종종 그들과 학문적인 대화를 나누었다. 그중에서도 특히 인문학 취향을 지닌 한 사람이 브루니를 가리켜 라틴어와 그리스어에 모두 박식한 인물로 알려져 있다고 말했다. 그 말을 들은 알폰소는 상대편이 집에 가지고 있다는 브루니의 몇몇 작품을 보여 달라고 부탁했는데, 그중에는 성聖 바실레이오스의 한 작품("젊은이에게 보내는 편지"에 대한 브루니의 번역)과 함께 크테시폰에 대해 각각 찬반 연설을 한 데모스테네스와 아이스키네스를 라틴어로 옮긴 브루니의 작품이 들어 있었다. 이 작품들을 읽고 난 알폰소는 마치 자신이 "새로운 키케로" 앞에 서 있다는 생각이 들 정도로, 그리스어를 라틴어로 옮기는 브루니의 웅변에 큰 감명을 받았다.[59]

저녁에 학문적 토론을 하는 관행은 4년이나 계속되었는데, 알폰소는

---

58 Alfonso, *Libellus*, ed. Birkenmajer, 163. 여기서 다룬 일화에 대해서는 다음을 참고했다. James Hankins, "The Ethics Controversy", in Bruni, *The Humanism*, 201-08.

59 Alfonso, *Libellus*, ed. Birkenmajer, 164.

구즈만에게 이에 대해 다음과 같이 썼다. "여러 문제 중에서도, 어느 날 저녁 대화가 윤리학 쪽으로 바뀌자 당신의 멋진 조카가 『윤리학』[아리스토텔레스의 "니코마코스 윤리학")의 새 역본 하나를 가지고 왔는데, 그는 이것이 레오나르도가 새로이 쓴 것이라고 말했습니다."[60] 알폰소는 이제 자신이 존경하게 된 브루니의 작품을 본다는 흥분에 휩싸였으나 그의 열광은 곧 실망으로 바뀌었는데, 이는 원래 거의 모든 학문 분과에서 정밀한 용어를 지향했던 작품이 마치 "고삐가 풀린"[61] 것처럼 번역되어 있다는 것을 알았기 때문이다.

"고삐가 풀렸다"는 것. 알폰소의 비판은 그 자신의 학식뿐만 아니라 아리스토텔레스에 대한 수백 년의 전통을 보여 주는 것이었다. 현대의 독자들은 여기서 특기할 만한 가장 중요한 점에 오히려 놀랄 법도 할 텐데, 브루니의 그리스어-라틴어 번역을 비판하는 알폰소 자신은 정작 그리스어를 읽지 못했다는 것이다. 어떻게 이런 일이 가능하냐고 누군가 묻지 않겠는가? 원문의 언어를 읽지 못하는데, 어떻게 그 번역을 비판할 수 있다는 말인가?

알폰소가 자신의 비판이 왜 정당한지에 대해 든 이유는, 브루니의 불감증적인 반응이 진화하는 휴머니즘에 대해 말해 주는 것만큼이나 알폰소가 몸담고 있던 문화에 대해 많은 것을 드러내고 있다. 알폰소는 아리스토텔레스에 대해 이렇게 말한다. "아리스토텔레스 자신은 그의 권위 덕에 올바로 사고한 것이 아니라 다름 아닌 이성으로부터 자신의 권위를 얻었기 때문에, 이성과 합치되는 것이라면 무엇이든 아리스토텔레스가 말한 것으로 간주해야만 합니다."[62] 알폰소는 본질적으로 중세의 교과서 전통이 개별 텍스트와 사상가를 한 부분으로 포괄하는 더 큰 진리를 반영한다고 믿고 있다. 그는 나아가 "우리는 아리스토텔레스가 말하

---

60 Ibid.
61 Ibid., 164-65.
62 Ibid., 166.

는 것이 아니라 도덕철학에 합치하는 것에 관심을 쏟아야만 합니다. 설사 아리스토텔레스라 해도 그가 우리에게 철학을 하사하는 군주나 통치자는 아닙니다. 그조차도 오류를 범할 수 있으니까요."[63] 아리스토텔레스는 우리가 가지고 있는 텍스트에서 다소 모호하게 보일 수도 있다. 하지만 이 경우 필요한 것은 또 다른 번역이 아니라 그것에 대한 설명과 주석이라는 것이다. "텍스트는 간략한 방식으로 우리를 가르칩니다. 주석의 기능은 텍스트의 의미를 설명하는 것입니다."[64] 진리란 아리스토텔레스와 같은 권위에 담긴 채, 사실상 권위로서의 그라는 인물과 떼려야 뗄 수 없는 관계에 있다. 하지만 이를 분명히 밝히려면 주석과 학파는 물론 현대의 해석자가 필요했다. 아리스토텔레스의 텍스트 각각은 단지 그보다 훨씬 더 큰 다성적 작업의 한 부분 — 물론, 중요한 부분이지만 — 을 보여 줄 따름이었다.

반면에 현대의 독자라면 브루니의 접근에 더욱 공감할 만하다. 그는 아리스토텔레스의 텍스트가 아리스토텔레스의 견해 — 즉 역사 속에 살았던 아리스토텔레스의 의견 — 를 반영한다고 보기 때문이다.[65] 그 의미를 올바로 알려면 먼저 그것을 원어(그리스어)로 이해한 뒤, 상대 언어(이 경우에는 라틴어)로 그 요지를 전달하는 방법을 찾는 것이 필요했다. 자신을 비판한 알폰소의 글을 처음 접했을 때, 브루니는 아주 관대하지 못한 태도를 보였다. 그는 밀라노 주교 프란체스코 피졸파소(브루니에게 알폰소의 비판문을 보낸 인물)에게 보낸 편지에서 이렇게 썼다. "그것을 읽기 시작했을 때, 나는 곧 웃음을 터뜨렸습니다. 마치 옛날의 스데반이 유대인, 즉 옛 법의 옹호자에게 돌로 맞았듯이, 이제는 내가 새로운 진실을 천명했다는 이유로 옛 진실, 아니 진실의 왜곡을 옹호하는 자들이 새롭

---

63 Ibid., 204 (이는 알폰소가 브루니에게 보낸 것으로 지금은 유실된 편지에서 나온 것인데, 브루니는 밀라노 대주교 프란체스코 피졸파소에게 보낸 편지에서 이에 대해 전하고 있다).
64 Ibid., 167.
65 Hankins, "The Ethics Controversy", 204.

고 진실한 번역을 내놓은 나에게 돌을 던지겠다고 위협하기에 이르렀습니다."[66] 브루니는 뒤에 가서 자신의 태도를 좀 더 명확히 드러냈다. "사실, 우리 사이에 의견이 일치하지 않는 것은 모두 번역에 관한 것입니다. 하지만 번역은 그리스어 원문에 잘 대응하면 옳은 것이고, 그렇지 못하면 결함이 있는 것입니다."[67] 브루니는 이어서, 만약 알폰소가 그리스어를 읽지 못하는 데도 불구하고 어떻게 번역이 옳은지 그렇지 않은지 판단할 수 있겠느냐며 그에 대한 불신을 신랄하게 토로하고 있다. 자신이 실수를 범한 "숨품 보눔summum bonum" 번역에 대한 브루니의 변호는 한 그리스인 권위자 에우스트라티오스에 근거하고 있는데, 그는 "타가톤t'agathon"(그리스어로 "선"이라는 뜻)이 "최고선"(라틴어로는 "summum bonum")을 의미할 수도 있다는 포괄적 설명을 제시한 바 있다.[68] 그러나 브루니의 실수는 그 단어의 정의定義보다는 그 맥락에 있었다. 이는 그가 인지하지 못한 실수였다.

브루니와 알폰소라는 두 사상가는 뒤에 서로 화해했다. 브루니는 역시 알폰소에게 비판적이었던 밀라노 대주교에게 더이상 편지 쓰기를 자제한 것 같은데, 이는 아마 앞의 화해 때문으로 보인다.[69] 두 사람을 갈라놓을 만한 것도 많이 있었고, 둘을 뭉치게 할 만한 것도 많이 있었다. 후자의 측면은 두 사람 모두 고대의 권위가 지닌 힘을 믿었다는 것이다. 그들은 모두 그런 권위가 필요하다는 것, 그것이 적절하다는 것, 또한 그것을 공부할 가치가 있다는 것을 믿었다. 오늘날의 눈에 더 들어오고 우리가 믿는 경향이 있는 바(좋은 번역이란 오직 원어와 역어를 모두 아는 사람에 의

---

66 Birkenmajer, 193-209; Bruni, *Epi.*, 7.4, ed. Mehus, v. 2, 81-90. 나는 이를 다음에서 인용했다. Hankins, "The Ethics Controversy," 206. * 스데반이 돌로 맞은 정황은 「사도행전」 7장에 나온다.

67 Bruni, *Epi.*, 7.4, ed. Mehus, v. 2, 85.

68 Ibid., 87.

69 Francesco Paolo Luiso, *Studi su l'Epistolario di Leonardo Bruni*, a cura di Lucia Gualdo Rosa (Roma: Istituto storico per il medioevo, 1980), 138, n. 5; Hankins, "The Ethics Controversy", 372, n. 24.

해 그 자체로 판단할 수 있다는 것)에 더 가까운 것은 번역에 대한 브루니의 태도이지만, 그들 간의 주요한 차이는 사실 개인이 제도적·학문적 문화와 맺은 관계와 관련이 있다. 그동안 아리스토텔레스에 대한, 특히 당시 전승되어 오던 아리스토텔레스의 저술 전체를 관통하는 사상적 측면에 대한 학문적 저술이 엄청나게 많이 쏟아져 나왔기 때문에, 알폰소에게는 그 전통(여기서는 중세 대학의 전통)을 고려해야 할 필요가 있었다. 즉 그 것을 존중해야 한다는 것이다. 브루니는 그러한 존중심을 가지고 있지 않았다. 사실, 그가 그런 존중심을 약간이라도 더 지니고 있었다면 자신이 범한 오류를 범하지 않았을 수도 있다. 프란체스코 피졸파소에게 보낸 알폰소에 대한 조롱조의 편지는 그러한 면에서의 약점 가운데 하나를 보여 주고 있다. 이는 휴머니스트 운동 내내 그 한구석에 온존했던 약점이기도 했다.

하지만 일단 번역 문제를 제쳐두면, 브루니의 입장은 어떤 의미에서 미래에 다가올 상황을 드러낸 것이었다. 즉 이탈리아에서 알폰소의 비판에 그가 대응한 시기쯤이 되면, 휴머니스트 식의 라틴어는 순조롭게 발전해 라틴어 교습에서 선호하는 형태가 되었다. 그래서 이번에는 브루니가 연루된 다른 논쟁을 부각해 보는 편이 좋을 듯한데, 이는 라틴어라는 언어 자체의 성격에 관한 것이다.

5
대화, 제도, 사회적 교화

레오나르도 브루니와 알폰소 사이의 논쟁은 좀 특수한, 그리고 많은 측면에서 아주 제한된 어떤 것, 즉 아리스토텔레스의 『니코마코스 윤리학』을 둘러싸고 벌어진 것이었다. 하지만 이는 새로운 언어관을 비롯해 지적 생활에서 제도가 차지하는 위치와 철학이 어떻게 인식되어야 하는지에 이르기까지 훨씬 더 많은 것을 시사하고 있다. 제도와 철학에 대한 알폰소의 진짜 관심사는 아리스토텔레스의 의미보다는 아리스토텔레스 주위에 세워진 제도적 장치와 그의 텍스트를 가르치는 일이었다. 알폰소는 실제로 브루니의 실수를 비판했으나 걱정의 수위가 높았고, 마치 자신이 그 도전을 격퇴하기라도 해야 한다고 믿는 것처럼 아주 감정적이었다. 반면에 브루니는 이탈리아 르네상스 휴머니즘에서 아주 흥미롭고도 지속적이며 중요한 특징을 보여 주고 있는데, 그는 제도권에 속하면서도 그 제도의 구조에 반대해 뛰쳐나온 인물처럼 보인다. 페트라르카 시대 이후, 휴머니스트들은 대학에서의 삶이 종종 제한적이고 엄격하며 지적으로 보수적인 성격을 지니고 있다고 불평했다. 물론, 그들의 말이 과장적인 경우도 많았고, 그들 대부분이 대학이나 다른 교육 기관에서 시간을 보낸 것도 사실이다.¹ 그러나 중요한 것은 자세— 더 나은 말이 떠오르지 않는다—인데, 국외자의 입장을 취하는 것은 단순한 태도 그 이상이다. 이러한 입장은 몇 세대 동안 휴머니스트 운동의 유전자가 되었다.

브루니는 이러한 측면에서의 일단의 모순을 가장 뚜렷이 보여 준다. 1430년대쯤이면 그는 성숙하고 아주 부유하며 피렌체의 정치적 삶에서 매우 존경받는 충실한 일꾼이자, 도시의 가장 강력한 정치 관직인 서기장에 안착해 있었다. 달리 말해 그는 중요한 제도적 지원을 받고 있었다. 하지만 그는 아리스토텔레스의 『니코마코스 윤리학』에 대한 논쟁에서 여전히 국외자의 입장을 취하며, 그때까지 거의 200년의 연륜을 지닌 헤아릴 수 없이 많은 대학 교과 과정과 많은 세대의 교수에 의해 지지를 받아 온 전통에 근본적 개편이 필요하다고 주장했고, 또 그렇게 할 수 있었다. 다시 번역하고, 다시 사고하며, 다시 만들어 냄으로써 철학을 교실 바깥에서 공유하는 어떤 것이 되도록 하며, 피렌체의 엘리트 시민— 통치하고 정치적 삶에 참여하며 지배하는 사람들— 이 지닐 만한 살아 숨쉬는 덕을 직조할 수 있었다. 달리 말해 브루니는 휴머니즘의 분열적인 면— 어떤 제도적 전통을 회의적인 시각으로 바라보는 경향—을 정치의 여러 가능성에 대한 보수적 토대와 결합했다. 1430년대에 시작한 고대 라틴어의 성격에 대한 논쟁보다 이러한 경향을 더 잘 보여 주는 것은 없다.

이 논쟁과 그 결과, 그리고 휴머니스트 운동을 완전히 이해하는 데 이 논쟁이 지닌 중심적 위치를 알고자 한다면, 전통과 함께 당시의 문화적 현실을 살펴보아야 한다. 달리 말해 브루니가 아직 젊고 자의식이 강한 아방가르드 집단에 속해 있었을 때가 언제인지, 어떤 종류의 사회적 맥

---

1 David Lines, "Humanism and the Italian Universities" in *Humanism and Creativity: Essays in Honor of Ronald G. Witt*, eds. Christopher S. Celenza and Kenneth Gouwens (Leiden: Brill, 2006), 323-42.

락이 그의 사고를 형성했는지, 끝으로 이 중대한 논쟁은 어떻게 시작되었는지를 살펴볼 필요가 있다는 것이다. 그러므로 우리는 시간을 뒤로 돌려 15세기 첫 10년으로 돌아갈 것이다.

전통의 측면에서 페트라르카의 시대처럼 브루니의 시대에도 초급 수준 이상의 교육을 받을 기회를 가진 소수의, 대부분 남성인 엘리트 계층에게 이중 언어 사용은 하나의 규범과도 같은 것이었다. 즉 한편으로는 교실에서 라틴어를 쓰고 라틴어 작문에 능통하며 아무 문제 없이 라틴어를 읽을 수 있는 능력이 있고, 다른 한편으로는 지방 속어 — 브루니의 경우 토스카나어 — 를 사용한 것이다. 브루니가 성년이 되었을 때쯤, 토스카나어는 이미 득의만면한 역사(앞으로 살펴보겠지만, 브루니가 이해하고 그 사회적 기능을 칭송하고 발전시킨 역사)를 가지고 있었다. 페트라르카는 당시 쓰던 라틴어가 자신이 그토록 사랑했던 고대 라틴어와 일치하지 않는다는 것을 인식했고, 그래서 통용 중인 라틴어 산문의 고전화 과정이 시작될 수 있도록 온 힘을 다했다. 이어서 살루타티는, 앞서 살펴본 것처럼 라틴어의 역사에 대한 사유를 제공했으며, 심지어는 조반니 콘베르시노와 주고받은 편지에서 관념적이지만 사람들이 라틴어를 사용하는 것이 곧 새로운 방식의 삶을 사는 것과 같다고 주장하기까지 했다. 이야말로 추앙하는 고대인과 경중에서 일치하는 일이라는 것이다. "당신은 도대체 언제쯤이라야 고대인처럼 말할 것인가? 그리고 당신은 왜 고대인처럼 살지 않는가?"[2]

그러나 브루니의 세대가 한창 꽃을 피울 무렵이면 이미 몇 가지 점에서 변화를 겪었는데, 이러한 변화를 이해하는 데는 브루니의 『피에르 파올로 베르제리오에게 바치는 대화』(*Dialogi ad Petrum Paulum Histrum*)보다 나은 작품이 없다. 이는 언어 논쟁과 그것에 대한 브루니의 입장을 이해하기 위한 첫걸음이다. 브루니는 15세기 첫 10년 어느 때쯤, 이 짤막한 대화편을 썼다. 그것은 단테, 페트라르카, 보카초, 그리고 사실상 살루

---

2 Coluccio Salutati, *Ep.* 2:409.

타티에 대한 성찰을 통해 세대의 변화가 가져온 모든 의식을 보여 주고 있다.³

브루니의 작품은 자신과 그의 집단이 숭상해 마지않던 고대 키케로 식 대화편의 범례를 일부 받아들이고 있다. 이 대화편은 아름다운 라틴어 산문과 술술 읽히는 스타일, 그리고 전문가는 아니지만 교양을 지닌 독자라면 이해 가능한 방식으로 철학적 개념을 분류하고 설명하는 경향을 공유하고 있다.

키케로의 대화편 『우정에 대하여』(De amicitia)를 예로 들어 보자. 키케로는 친구에게 이 대화편을 헌정했는데, 우선 그에게 자신은 한 인물을 가상해 그를 통해 자기 의견을 마치 다른 사람의 입에서 나오는 것처럼 쓰겠다고 말한다. 키케로는 먼저 스카이볼라와 라일리우스라는 두 명의 옛 로마 정치가와의 다정한 관계를 회상한 뒤, 이렇게 쓰고 있다. "이 책에서 나는 우정이라는 주제에 대해 친구로서 가장 애정 어린 친구에게 보내는 글을 썼다. …… 이 글에서 우정에 대해 말하는 화자는 지혜로운 사람인 라일리우스가 될 것이네. …… 잠깐이나마 나를 자네의 마음에서 지우고 라일리우스가 스스로 말하고 있다고 믿어 주게나."⁴ 키케로는 글을 헌정한 친구에게 이것이 물론 허구적인 대화이기는 하지만 역사적으로 실재한 인물(라일리우스)을 화자로 씀으로써 더 마음에 와닿을 것이라는 점을 분명히 했다. 키케로는 종종 심오한 철학적 주장을 당시의 로마인들에게 생생히 전달하는 능력이 있었다(이 대화편도 예외가 아니다). 다음 구절을 보자. 이는 대화편 서두에 나오는데, 라일리우스가 영혼에

---

3 David Quint, "Humanism and Modernity: A Reconsideration of Bruni's *Dialogues*", *Renaissance Quarterly* 38 (1985), 423-45; Riccardo Fubini, "All'uscita della scolastica medievale: Salutati, Bruni, e i *Dialogi ad Petrum Histrum*", *Archivio storico italiano* 150 (1992), 1065-1103; Ronald G. Witt, *In the Footsteps of the Ancients: The Origins of Humanism from Lovato to Bruni* (Leiden: Brill, 2000), 432-42.

4 Cicero, *De amicitia*, in Cicero, *De senectute, De amicitia, De divinatione*, tr. William A. Falconer (Cambridge, MA: Harvard University Press, 1923), 108-211, esp. sec. 1.5-6, p. 113.

대해 자세히 설명하는 대목이다.

> 나는 최근 영혼과 육체가 동시에 사멸하며 죽음이 모든 것을 파괴한다고 주장하고 나선 사람들에 동의하지 않기 때문에, 옛날의 견해에 더 무게를 두려 하네. 우리 조상들은 죽은 이를 숭배하는 의식을 거행했는데, 만약 그런 의식이 죽은 이와 무관하다고 믿었다면 그런 일은 결코 하지 않았겠지. 혹은 그것은 이 땅에 살면서 자신들의 원리와 교설에 따라 대大그리스에 문화를 가져온 사람들의 견해였을 수도 있네. 알다시피 대그리스는 지금은 완전히 파괴되어 버렸지만 한때는 번성했었지. 아니면 이는 아폴론의 신탁이 가장 지혜로운 자로 판단한 사람의 견해일 수도 있겠네. 비록 그가 대부분의 문제에서 한편으로는 이렇게 다른 한편으로는 저렇게 주장할 수는 있겠지만, 그래도 그는 언제나 일관해 인간의 영혼은 신에 속하고, 그것이 육체를 빠져나오면 하늘로 돌아간다는 것을 알고 있으며, 각 영혼이 유덕하면 할수록 쉽고 빠르게 하늘로 돌아갈 것이라고 주장했다네.[5]

이 대화 속의 말이 간략하고도 무심한 듯 보이지만, 여기에는 많은 것이 들어 있다.

라일리우스가 "최근 영혼과 육체가 동시에 사멸하며 죽음이 모든 것을 파괴한다고 주장하고 나선 사람들"이라고 언급했을 때, 그가 염두에 둔 철학적 유파는 에피쿠로스파이다. 그들은 각 인간 영혼이 단지 물리적 육체와 결합했을 때만 존재하며, 그 결과 육체가 사멸하면 영혼 역시 사멸한다고 믿었다. 라일리우스는 "죽은 이를 숭배하는 의식"에 대해 말함으로써, 라틴어로 종종 "모스 마이오룸mos maiorum", 즉 원로들의 방식이라고 부르던 고대 로마의 관습이 지닌 힘을 강화하고 있다(이 구절에서 키케로는 "auctoritas ······ nostrorum maiorum"에 대해 말하고 있다). 만약 죽음으로써 모든 것이 무無가 되어버린다면, 우리의 번성하는 사회가 죽

---

5 Ibid., sec. 4.13, p. 121.

은 이를 경배하는 관습을 그렇게도 오래 유지해 온 이유가 무엇이란 말인가? 라일리우스가 "이 땅에 살면서 자신들의 원리와 교설에 따라 대그리스에 문화를 가져온 사람들"이라고 했을 때, 그가 암시하고 있는 것은 피타고라스파로 그들은 남부 이탈리아("마그나 그라이키아magna Graecia", 즉 대그리스로 알려진)에 살고 있었다. 그들은 영혼이 다시 태어난다고 믿었다. 끝으로 라일리우스가 "아폴론의 신탁이 가장 지혜로운 자로 판단한 사람의 견해"라고 한 것은 소크라테스의 견해를 시사한다. 플라톤의 『소크라테스의 변명』에서, 델포이의 신탁이 소크라테스가 자신은 아무 것도 모른다는 것 하나는 알고 있기 때문에 가장 지혜로운 사람으로 그를 지명했다는 이야기는 유명하다. 그리고 『파이돈』을 비롯한 여러 곳에서 소크라테스는 인간 영혼의 불멸성을 주장했다.

키케로는 이 짤막한 구절에서 지식이 상정되고 강화되며 통합되는 학문적 대화의 모형을 제시하고자 한다. 그것은 사람들이 로마에 번성해 온 조상 숭배 의식은 물론이고, 에피쿠로스파와 피타고라스파에 대해서도 들었을 것임을 상정하고 있다. 매끄럽고 웅변적인 방식으로 이 모두를 함께 묶음으로써 그는 이미 알고 있던 것을 강화하고 더 확고하게 만들었으며, 결과적으로 사회적 기억과 저술의 기록 보관소를 창조했다. 브루니와 그의 친구들은 이런 것을 애호했다. 그들이 모방하고 내면화하고자 한 것도 바로 이런 학식이었다.

브루니의 『대화』로 돌아가 보자. 여기서 우리는 그 대상과 목표는 다르지만 여전히 유사한 과정이 진행되고 있음을 보게 된다.[6] 브루니가 "기록으로 보관한" 지식도 단테, 페트라르카, 보카초를 다루고 있기 때문이다. 그리고 여기서 나타나는 좀 더 광의의 측면은 세대의 변화와 관련이 있다. 브루니의 대화편은 키케로의 『우정에 대하여』처럼 친구인 피에르 파올로 베르제리오(1370~1444/45)에 대한 헌정사로 시작하는데, 베르제리오는 지금의 슬로베니아, 당시는 베네치아 통치 아래 있던 곳에

---

6 Text in Garin, *Prosatori*, 44-98; tr. in Bruni, *The Humanism*, 63-84.

서 태어났다. 브루니는 이 저명한 휴머니스트이자 교회 정치가이며 가까운 사이의 당대인에게 자신은 피렌체에 있는 것이 행복한데, 그곳에는 아름다운 건물들이 들어차 있을 뿐만 아니라 "한때 완전히 사라진 줄만 알았던 자유 학예와 모든 인간 문화의 씨앗이 남아 매일같이 자라나고 있어 곧 결코 적지 않은 빛을 발하리라 믿기 때문"이라고 썼다.[7] 일찍이 1405년 이전(그가 피렌체 시민이 되기 전), 브루니는 이러저러한 작품을 통해 피렌체가 고급문화의 중심이라는 생각을 널리 알리는 데 기여했다. 이를 넘어 그의 헌정사가 지향하는 진정한 목적은 자신이 전하고자 하는 바, 즉 "최근 콜루초의 저택에서 논쟁이 있었다"[8]는 것을 밝히려는 것이었다.

키케로가 종종 그런 것처럼 브루니 역시 이 대목에서 장면을 바꾸어 마치 대화가 실제로 일어난 것처럼 꾸민다.

그리스도의 부활을 위한 축일들이 치러지고 있는 와중에 좋은 친구 니콜로와 만나게 되었기 때문에, 우리는 지혜와 웅변에서 이 시대 최고의 인물이 분명한 콜루초 살루타티를 찾아가기로 했습니다. 우리는 멀리 가지 않아 친구이자 자유 학예에 헌신하는 사람인 로베르토 로시를 만났습니다.[9]

"니콜로"란 니콜로 니콜리를 말한다. 그는 문예 감식가이자 언어의 판관이며 비평가이자 서책 수집가로, 그가 모은 엄청난 양의 책은 그가 죽은 후 피렌체의 도미니쿠스회 건물인 산 마르코로 옮겨져 이탈리아 르네상스 최초의 대규모 "공공" 도서관의 핵이 되었다.[10] 또 다른 부유한 서

---

7   Bruni, *The Humanism*, 63.
8   Ibid.
9   Ibid., 63-64.
10 Berthold L. Ullman and Philip A. Stadter, *The Public Library of Renaissance Florence: Niccolò Niccoli, Cosimo de' Medici and the Library of San Marco* (Padova: Antenore, 1972); Christopher S. Celenza and Bridget Pupillo, "Le grandi biblioteche 'pubbliche' del XV secolo" in *Atlante storico della letteratura italiana*, a cura di S. Luzzatto e G.

책 수집가인 로베르토 데 로시는 크뤼솔로라스 밑에서 그리스어를 공부했다.

세 명의 친구가 살루타티의 집에 도착하자, 노인은 그들을 친절히 맞아 모두 앉으라고 말했다. 그러나 곧 무언가 이상한 일이 일어났다. 어색할 만큼 긴 침묵이 이어진 것이다. 결국 살루타티가 침묵을 깼다. 물론, 그는 젊은 친구들에게 해 줄 좋은 이야깃거리가 있었지만, 먼저 그들이 왜 "논쟁의 기술을 사용하지" 않느냐고 부드럽게 꾸짖었다. 살루타티는 "말하자면 주제가 무대 중앙에 제시되어 있고, 많은 사람이 그것을 지켜보고 있을 때", 논쟁보다 더 효과적인 것도 없다고 말한다.[11] 논쟁이야말로 인간의 정신을 환기하고 지성을 예리하게 만들며, "우리의 언변에 윤을 내서 …… 그것을 원하는 대로 쉽게 나오도록 하지. 많은 책을 읽고 스스로 문필가라 칭하지만, 막상 책을 읽을 때 외에는 이를 실행에 옮기려 하지 않아 정작 라틴어로 말할 수가 없는 많은 사람을 보면 이를 알 수 있다네."[12]

여기서 우리는 무엇을 알 수 있는가? 첫째, 함께 모여 라틴어로 학식 있는 주제를 토론하는 것이 물론 흔치는 않지만, 적어도 이질적이지는 않다. 둘째, 살루타티가 논쟁을 찬양한 것은 지혜를 얻는 일과 관련된 어떤 공적이고 대화적인 측면을 시사한다. 개인적인 독서가 중요하기는 하지만, 공적 소통을 통해 정보를 공유하는 것은 불가피하게 따라오는 갖가지 도전과 함께 이 문제에서도 똑같이 중요하다. 셋째, 스스로 새롭다고 주장하는 많은 문화 운동에서 그렇듯이, 르네상스 휴머니즘의 경우에서도 과거의 관행의 흔적이 남아 있음을 알게 된다. 여기서의 논쟁이란 것은 휴머니스트들이 일상생활에 적용되지 않는다는 이유로 폄하하곤 했던 중세 말 대학의 특징이었다. 논쟁 그 자체는 별 새로운 것이 아니었

Pedullà, vol. 1: *Dalle origini al Rinascimento*, a cura di A. De Vincentiis (Torino: Einaudi, 2010), 313-21.
11 Bruni, *The Humanism*, 64.
12 Ibid.

다.¹³ 초점의 변화를 보여 주는 것은 이 논쟁의 맥락이었다. 개인의 사택 혹은 대학이 아닌 다른 배경(앞으로 언급할 교황궁과 같은)에서 벌어지는 이러한 논쟁 — 정확히는 살루타티가 젊은 친구들이 도외시하고 있다고 꾸짓던 바로 그런 종류의 — 은 휴머니스트들이 추구하는 전망의 변화를 상징적으로 보여 주었다.

토론이 진행되자 니콜리가 나섰다. 그의 주요한 불만은 진지한 논쟁이 불가능하다는 것이었는데, 이는 학문이 크게 쇠퇴했을 뿐만 아니라 수많은 고대 문헌이 사라졌기 때문이라는 것이다. "그토록 많은 책이 유실되었는데, 그 누가 염치없이 무슨 이야기를 할 수 있겠습니까?"¹⁴ 즉 현재는 완전히 퇴락한 상태라는 것이다. "사라지거나 완전히 퇴락하지 않은 기예나 학문이 어디 있습니까?"¹⁵ 바로 철학 그 자체가 온전함을 잃어버렸는데, 이는 자칭 철학자들이 오만과 무지에 빠져 아리스토텔레스야말로 궁극의 권위라 주장하면서도 키케로가 그리도 우아하게 칭했던 그를 정작 원문으로는 읽을 수 없었기 때문이다. 변증법 역시 "브리튼적 궤변" — 니콜리에게 이는 스콜라 철학을 의미한다 — 에 의해 무너졌다. 문법과 수사학 영역에서도 희망이 없다. "도대체 우리는 어디에 그 원인을 돌려야 합니까, 콜루초?" 니콜리는 대담하게도 존경받는 노인에게 대놓고 묻는다. "그렇게 오랜 시간 동안 이러한 영역에서 두드러지는 사람이 하나도 없는데요."¹⁶

살루타티는 니콜리에게 당혹을 안겨 주는 소수의 예외적 존재였다 ("당신은 여기 있다는 것만으로 저의 주장을 반박하고 전복하는 것 같습니다."). 그러나 니콜리의 어조는 자신이 상실의 시대에 살고 있다는 믿음을 드러내고 있다.¹⁷ 이러한 감정은 비록 브루니와 그의 당대인이 항상 공유

---

13 Alex J. Novikoff, *Medieval Culture of Disputation: Pedagogy, Practice, and Performance* (Philadelphia: University of Pennsylvania Press, 2013).

14 Bruni, *The Humanism*, 66.

15 Ibid., 67.

16 Ibid., 69.

하는 바는 아니었겠지만, 적어도 브루니가 그런 견해를 표명한 니콜리를 화자로 넣을 정도로 당시 어느 정도는 통용되고 있었던 것 같다. 실제로 니콜리는 전반적인 측면에서 날카로운 비평가로 알려져 있었기 때문에, 대화는 그 역사적 신빙성을 분명히 피력하고 있다고 볼 수 있다. 그뿐만 아니라 등장인물로 나오는 살루타티는 대화편에서 브루니를 두고 로베르토 데 로시에게 "그는 나와 함께 옳은 편에 서기보다는 니콜리와 함께 잘못된 편에 설 것 같구먼"[18]이라고 말함으로써 브루니가 니콜리에 동의한 것처럼 이야기하고 있다.

살루타티의 포괄적인 반응은 대화의 진행에서나 그때의 문학 토론이 처한 상황에서나 모두 효과적이다. 살루타티는 먼저 우리가 갖고 있지 않은 것을 마음에서 씻어내 버려야 한다고 말한다. 다음으로 그는 단테, 페트라르카, 보카초의 중요성을 강조하면서, 사실 그처럼 자랑스러운 유산을 가진 피렌체인이 인문학적 영광의 결여에 대해 불평한다면 놀라운 일이 아니냐고 반문한다. 실제로 살루타티는 "왜 그들이 인간 문화의 모든 측면에서 고대인과 어깨를 나란히 할 수 없는지 모르겠다"라고까지 말한다.[19] 우리는 여기서 길 잃은 대화의 반향을 들을 수 있는데, 즉 자신들의 도시를 자랑스러워하지만 동시에 현대의 긍지를 희생하면서까지 고대적인 모든 것을 숭상하는 것을 염려한 피렌체인들이 자기 자신의 문화를 드높이고자 했다는 것이다.

니콜리는 그런 생각을 조금도 하고 있지 않다. 이 "이른바 세 거장"이란 명성은 "대중"에게서 나온 것으로, 니콜리는 그들 무리에 대해 언제나 의심스러워했다.[20] 그 외에도 이 셋 모두 각자의 결점이 있었다. 단테의 결점은 두 가지이다. 첫째, 그는 자긍심을 가진 학자라면 누구도 하지 않을 실수를 했다. 예컨대, 단테는 마르쿠스 카토(소小카토)를 흰 수염

---

17 Ibid.
18 Ibid., 70.
19 Ibid., 72.
20 Ibid., 72-73.

이 있는 노인으로 묘사했는데(「연옥편」 I.54), 그가 로마 내전기에 48세의 나이로 죽었다는 것은 누구에게나 잘 알려져 있다는 것이다. 단테는 카이사르를 살해한 브루투스를 지옥의 최하층에 두었는데, 사실 브루투스는 로마 공화정을 위해 폭정에 대항해 싸운 인물로 칭송되어 마땅하다는 것이다. 둘째(그리고 여기서, 니콜리를 통해 말하고 있는 브루니가 이 두 번째 결점이 더 크다고 믿는 것처럼 느낀다), "단테가 지닌 다른 모든 재능은 인정하지만, 그는 분명코 라틴어 실력이 부족했다"는 것이다.[21] 즉 단테는 자신의 걸작을 속어로 썼다는 것이다. 그가 라틴어로 남긴 글들은 (니콜리는 단테의 몇몇 편지에 대해 언급하고 있다) 어색하고 우아하지 못하다. 니콜리는 연장자인 콜루초에게 이렇게 말한다. "저는 학문이 있는 사람들 무리에서 당신의 시인을 빼내어 양모업 노동자나 제빵업자 부류에 넣을 겁니다. 그는 이 부류의 사람들에 더 친숙하고자 한 것처럼 말했으니까요."[22]

페트라르카에 대해 말하자면, 그는 오만할 뿐만 아니라 자신이 내놓은 결과보다 훨씬 더 많은 것을 약속했다. 페트라르카는 끊임없이 자신의 라틴어 서사시 『아프리카』를 쓰는 것에 대해 말했지만, 결국 미완으로 남았다. 그리고 나머지 작품에서 "그의 전원시에서는 목가적이라거나 숲의 냄새라고는 전혀 나지 않으며, 연설에서는 수사학의 기술을 별로 희구하지 않는 방식으로 글을 썼습니다."[23] 단테와 페트라르카가 보카초보다 낫다는 점은 모두가 동의하기 때문에 보카초까지 언급할 필요는 없다. 그러나 이 셋 모두가 가진 결점에 대해서는 한번 더 강조할 필요가 있는데, "그들은 특유의 오만함을 지니고 있었고, 누군가가 자신들의 작품을 평가하리라고 생각지 않았다"는 것이다.[24] 이제 그는 마지막으로 피렌체가 이 세 명의 문학적 명성이 최고라고 주장하는 것 배후에

---

21 Ibid., 73.
22 Ibid., 74.
23 Ibid.
24 Ibid., 75.

드리운 명암에 대해 신랄한 어조로 직격한다. "저는 당신의 작품 모두보다 키케로의 편지 하나, 베르길리우스의 시 한 편이 훨씬 좋습니다."[25]

만약 이 대화 같은 것이 실제로 있었다면, 상상할 수 있는 바와 같이, 다른 사람들은 이에 당황해 침묵을 지켰다. 살루타티가 대화를 이어갔다. 그는 "평소 그러하듯이 미소를 지으며" 니콜리를 꾸짖었다. "자네가 동료 시민들에게 더 친절하기를 얼마나 더 바라야 할지 모르겠구먼."[26] 브루니는 대화편을 이틀에 걸쳐 극적으로 전개되도록 짜 놓았는데, 첫째 날은 살루타티가 젊은 친구들에게 논쟁을 계속하도록 다시 촉구하는 이 대목에서 끝난다.

다음 날 화자들이 다시 모였는데, 이번에는 살루타티의 한 젊은 친구인 피에트로 세르미니가 합류했다. 그들은 로베르토 데 로시의 정원에서 만나 토론을 이어갔다. 모든 토론이 끝났을 때, 니콜리는 전날의 주장과는 반대로 자신이 피렌체의 "삼관三冠"을 폄하한 것은 단지 살루타티가 그들을 옹호하게 하기 위해서였다고 장난스럽게 말했다. 니콜리는 이어 양면적으로 해석될 만한 일련의 진술을 하는데, 그는 먼저 겸손한 척하면서 살루타티에게 이렇게 말한다. "피렌체의 시인들은, 콜루초, 당신의 천재와 화술과 지식을 필요로 하는 것 같습니다만."[27] 이 말이 표면적으로 뜻하는 것은, 니콜리는 스스로 피렌체의 삼관을 칭송하기에 적절치 않다고 생각하며, 살루타티야말로 그런 일에 더 적합하다고 믿는다는 것이다. 하지만 왜? 이는 삼관과 살루타티가 너무 위대해 자신의 능력 밖이라고 믿기 때문일까? 아니면 그들 모두가 이전 세대에 속한다고 보기 때문일까?

삼관에 대한 그의 "옹호"에서 그 대답을 알 수 있다. 니콜리는 단테의 풍부한 상상력과 인간적이든 신적이든 모든 것에 대한 엄청난 묘사에

---

25 Ibid.
26 Ibid.
27 Ibid., 79.

대해 진지하게 찬사 — 비록 그것이 전혀 세세하지 않고 아주 모호하기는 하지만 — 를 보냈다.[28] 그리고 카토에 대한 단테의 몰역사적인 묘사에 대한 자신의 진술을 철회하는 대목에 이르자, 그는 단테가 카토를 노인으로 묘사한 것은 전통적으로 노년에 부여되는 지혜를 표현하려는, 단지 시적 자유에서 비롯한 것일 뿐이라고 스스로 변호했다. 단테가 브루투스를 지옥 최하층에 빠뜨린 것 역시 마찬가지이다. 단테는 카이사르란 인물을 적법 군주로(니콜리의 말로는, 물론 그가 그렇지 않았다는 것은 모두가 알고 있기는 하지만), 브루투스를 폭군 살해자의 표현으로 사용한 시적 장치일 뿐이었다.[29] 단테의 "라틴어 실력이 부족"하다는 가장 심각한 비난에 대해서는 그저 이렇게 변호했다. "그가 서간문에 정통하고 박식하며 우아하고 상상력에 가득 찬 글을 쓴다는 점은 분명합니다."[30] 니콜리는 단테를 문화적으로 뛰어난 인물로 간주하는 이유에 대해서는 어떤 진정한 설명도 유의미한 논증도 제시하지 않고 있다.

페트라르카에 대해서도 논조는 유사하다. 니콜리는 자신이 파도바에서 만난 페트라르카의 친구들에게서 들었다며 이렇게 이야기한다. "그들은 그가 아주 미남이고 지혜로우며 당대 최고로 박식한 인물이었다고 말했습니다."[31] 니콜리는 꽤 많은 시간을 들여 다른 도시, 다른 시기에 페트라르카의 친구들이 들려준 그에 대한 찬사를 자세히 이야기한다. 피렌체인의 경우에 대해 니콜리는 이렇게 말한다. "특히 페트라르카가 그동안 멸실되었던 인문학을 되살려 그것을 배울 수 있도록 길을 연 공적 정도는 기려야 하지 않겠습니까?"[32] 페트라르카는 진지한 인문학 연구를 선도한 인물로 마땅히 칭송되어야겠지만, 그저 그런 정도라는 것이다. 니콜리는 전날 자신이 강력히 비난했던 페트라르카의 『아프리카』에 대

---

28 Ibid., 80.
29 Ibid., 80-81.
30 Ibid., 81.
31 Ibid., 82.
32 Ibid., 82-83.

해서도, 단테의 경우와 같이 변호는 하되 그 어조는 경직되어 있다. "과연 누가 그를 승인하지 않을 정도로 심하게 비판하겠습니까?"³³ 계속해서 니콜리는 만약 그 작품에 부족한 점이 있다면, 그 이유는 페트라르카가 죽기 전에 그것을 완성하지 못한 데 있다고 말한다. 그리고 니콜리의 가장 통렬한 논평이 이어진다. "페트라르카의 모든 작품보다 베르길리우스의 시 한 편, 키케로의 편지 한 통이 더 좋다고 사람들이 말하는 것에 대해"—물론, 전날 그처럼 비난적인 문학적 비교를 한 당사자는 익명의 "사람들"이 아니라 바로 니콜리 자신이었다—"저는 종종 이런 식으로 맞받아칩니다. 저는 베르길리우스의 모든 편지보다 페트라르카의 연설 하나가, 키케로의 모든 시보다 페트라르카의 시가 훨씬 좋다고 말입니다."³⁴ 물론, 베르길리우스가 쓴 편지는 남아 있는 것이 없었다. 그리고 키케로의 시라는 것도—거의 남아 있지 않지만—그의 최상의 작품으로 생각되지는 않았다(아무리 관대하게 봐준다 해도).³⁵ 보카초 역시 마찬가지로 모호하고 미약한 찬사를 받을 뿐이다. 가련한 노인 콜루초는 니콜리가 논의 중인 시인들에 대해 덧붙일 찬사가 있느냐고 묻자, 다만 이렇게 말한다. "자네가 그들에 대한 찬사에 덧붙일 만한 것을 남겨 두었는지 모르겠구먼."³⁶ 독자들은 이에 대해 무어라 생각하겠는가?

이 대화와 같은 것이 아마 실생활에서도 자주 있었을 것이다. 물론, 정말 그랬는지 확인할 방법은 없다. 그러나 여기서 표출된 긴장 상태는 사실이다. 이는 스스로 전위적이라 자처하는 젊은이들과 관련이 있는데, 그들은 존경하는 연로한 스승을 만족시키려 하면서도 동시에 새로움에 대한 자신들만의 정서를 유지하고 있는 집단이다. 달리 말해 브루니는

---

33 Ibid., 83.
34 Ibid.
35 증거의 요약에 대해서는 다음을 볼 것. Emma Gee, "Cicero's Poetry" in *The Cambridge Companion to Cicero*, ed. Catherine Steel (Cambridge: Cambridge University Press, 2012), 88-106.
36 Ibid.

상대적으로 초기인 이 단계에서 이러한 젊은이 중 하나였다. 하지만 고대 언어에 대한 논쟁이 본격적으로 나타나는 시기가 되면, 브루니 자신은 구파舊派를 대변하게 된다.

만약 브루니가 참여하고 있던 사회적 세계를 이해하는 한 방법이 어떻게 해서 실제의 대화가 15세기에 나타난 수많은 대화편의 기원이 되었는지를 조명하는 것이라면, 다른 한 방법은 그러한 원래의 대화가 어디서 어떻게 이루어졌는지를 좀 더 자세히 들여다보는 것이다. 교황궁을 둘러싼 환경을 예로 들어 보자. 지금까지 살펴본 것처럼 브루니는 그곳에서 많은 세월 동안 일했고, 오직 내부자에게만 가능한 그곳에서의 들고나는 일들을 세세히 알고 있었다. 지식인에게든 문화적 교환에서든 근접성은 중요한 문제이다. 교황궁은 전全 그리스도교 세계에서 온 사람들을 한데 모으고 라틴어라는 단일 언어로 그들을 통일하는 곳이었다. 뒤에 언급할 사상가 로렌초 발라는 이에 대해 1450년대에 이렇게 말했다. "로마 교황청에서는 라틴어 외에 어떤 언어도 허용하지 않기 때문에, 또한 전 그리스도교 민족이 앞을 다투어 그곳으로 몰려들기 때문에 모두가 라틴어를 배우는 데 관심이 클 수밖에 없다."[37] 그리스도교 권역의 온갖 곳에서 온 사람들이 득실대는 교황궁에서 라틴어는 사회적 화폐의 역할을 하는 언어였다.

교황궁에 대해 약간 풍자적인 대화편 『교황궁의 혜택에 대하여』(*De curiae commodis*)를 쓴 다른 사상가 소少라포 다 카스틸리온키오(1405/6~38)는 이렇게 썼다. "프랑스인, 독일인, 헝가리인, 스코틀랜드인, 일리리아인〔발칸 반도 출신의 사람〕이 있다. 그들은 모두 공용어로 라틴어를 쓰고 오랫동안 상업적으로 교역해 왔기 때문에, 이미 우리에게 친숙하다. 그들의 풍속과 생활 방식이 서로 매우 달라 누구라도 쉽게 알 수 있다."[38]

---

37 Lorenzo Valla, *Orazione per l'inaugurazione dell' anno accademico 1455-1456. Atti di un seminario di filologia umanistica*, a cura di Silvia Rizzo (Roma: Roma nel Rinascimento, 1994), 192-201, spec. 33.

38 Lapo da Castiglionchio the Younger, *De curiae commodis*, in Christopher S. Celenza,

달리 말해 교황궁은 바로 그 존재와 조직으로 일종의 코스모폴리타니즘을 고취했고 그리하여 국제적 그리스도교 신앙을 직조하는, 서로 매우 다른 풍속, 언어, 인종이 혼합되고 어우러지는 이상적이자 현실적인 장소가 되었다.

그러면 라틴어로는 "쿠리아 로마나curia romana"로 알려진 교황궁은 어떤 곳이었는가? 공식적인 견지에서 우리는 그것을 스스로 "비카리우스 크리스티vicarius Christi", 즉 "그리스도의 대리자"—지상에서 그리스도를 대변하는 사람—라고 간주하는 교황을 지지하는 모든 사람과 기관으로 생각할 수 있다.[39] 구조적인 측면에서 보면, 15세기 초 그곳에는 행정("칸첼레리아cancelleria"—서기국), 재정("카메라Camera"—국고國庫), 입법("로타rota"—공소법원控訴法院의 세 부서가 있었다.[40] 비록 교황궁의 한 부분은 아니지만, 추기경단 역시 권력과 후원의 중요한 중심점으로 기능했다. 1430년대에는 24명의 추기경이 있었는데, 그들은 각각 자기 자신의 "파밀리아", 즉 수많은 고용인을 포함한 가문을 가지고 있었다. 숙련된 작가 브루니를 비롯한 15세기 휴머니스트들은 점점 더 교황궁과 추기경 가문에서 직장을 구했다. 그들이 만나고 토론과 논쟁에 참여하며, 나아가서는 일을 떠나 오락(때로는 외설적인)을 즐겼던 곳도 바로 이러한 문화적 교차로에서였다.

브루니의 가까운 친구로 교황궁에서 많은 시간을 보냈고 후일 피렌체 서기장으로 브루니의 족적을 따라간 포초 브라촐리니(1380~1459)는

Renaissance Humanism and the Papal Curia: Lapo da Castiglionchio the Younger's De curiae commodis (Ann Arbor: University of Michigan Press, 1999), 103-228, esp. 173.

39 Michele Maccarrone, *Vicarius Christi. Storia del titolo papale* (Roma: Facultas Theologica Pontifici Athenaei Lateranensis, 1952).

40 Celenza, *Renaissance Humanism and the Papal Curia*, 1-80; Elizabeth M. McCahill, *Reviving the Eternal City: Rome and the Papal Court 1420-1447* (Cambridge, MA: Harvard University Press, 2013); Walther von Hoffmann, *Forschungen zur Geschichte der Kurialen Behörden*, 2 vols. (Roma: Loescher, 1914).

자신이 교황 마르치누스 5세(1417~31) 시대에 궁에서 보낸 시간에 대해 언급하면서 다음과 같이 묘사했다. "마르치누스 5세 시대에 우리는 궁에서 가장 은밀한 곳에 있는 어떤 장소 — '부잘레bugiale', 즉 '거짓말의 극장'에서 만나곤 했다. 그곳에서 우리는 뉴스를 접했고, 보통은 주로 휴식을 위해, 하지만 때로는 진지하게 모든 종류의 일을 이야기하곤 했다."[41] 포초가 이 일화를 전한 것은 15세기의 매우 외설스러운 한 농담 모음집이 어떻게 만들어졌는지 설명하려던 것이었다. 이는 『파체티에』(Facetiae)라 불리는 것으로 당시 널리 유행하던 이야기와 농담을 모아 그 자신이 라틴어로 쓴 것이었다. 그러나 지금 우리에게 중요한 것은 다음의 두 가지이다. 첫째는 포초가 "뉴스"의 통용을 강조하고 있다는 사실, 둘째는 이야기를 나누다가 화제가 심각해지는 때를 언급한 것이다.

뉴스의 경우, 당시에는 지금은 이해하기 어려운 어떤 사정이 있었다는 점을 명심하자. 이는 우리가 모든 종류의 뉴스를 소비하는 데 이용하곤 하는 신문도, 텔레비전도, 인터넷도 없는 세계였다. 포초 외에 다른 당대인 역시 교황궁에서 뉴스가 돌아다닌다는 사실을 언급하고 있다. 이 중 하나인, 앞서 말한 라포는 1438년 자신의 대화편에서 교황궁에 대해 이야기하고 있다. 이 작품의 특징은 교황궁에 대한 찬사, 사치스럽고 공허한 형식으로 흐르는 경향에 대한 풍자, 그리고 무엇보다도 그 세대의 휴머니스트로서 교황궁의 가장 바람직한 내부집단의 일부가 되고자 하는 국외자의 갈망이다.

작품 서두에서 우리는 그가 후원자인 조르다노 오르시니라는 추기경을 이제 막 잃었다는 것을 알게 된다(교황 에우제니우스 4세에 바치는 작가의 헌정사를 통해). 어떻게 일을 계속하고 문학적 노력에 대한 지지를 얻을지 막막하던 그는, 교황궁 사람들의 일을 폭로함으로써 고위급 인사의

---

41 Poggio Bracciolini, *Facetiae*, cit. and tr. in Anthony Grafton, *Leon Battista Alberti: Master Builder of the Italian Renaissance* (Cambridge, MA: Harvard University Press, 2002), 51.

관심을 끄는 마지막 시도를 해 보려고 한다. 그의 생각에 교황궁에서 일하는 사람들은 "당신의 눈으로 볼 때"—그는 교황에게 말한다—"제가 저 자신과 궁에서 신실하고 정직하게 살아가는 다른 사람들을 변호하는" 바로 그 순간에도 최선을 다하지 않고 있다는 것이다.[42] 그 대화편은 웃기기도 하고 신랄하기도 하고 때로는 분노를 표출하기도 하면서, 교황궁 생활을 일별하도록 해 준다. 이는 두 가지 점에서 유용한데, 첫째는 그곳에 있는 휴머니스트들을 전시하듯 보여 준다는 것이고, 둘째는 교황궁이 온갖 종류의 뉴스가 유통되는 곳으로서 얼마나 중요한지를 잘 보여 준다는 것이다.

라포는 "지성과 상상력이 자유 학예의 어떤 과목을 향해도, 로마 교황궁은 한자리에서 최고 최상의 수많은 사람을 보유하고 있는 곳"이라고 말한다.[43] 그는 휴머니즘이 하나의 문화 운동임을 의식하면서 이렇게 이야기한다. "나는 여기서 신학 교수에 대해서는 언급하지 않으려 한다. 그들의 연구는 우리와는 진정 아무런 관련성이 없다. 나는 자연철학자, 수학자, 천문학자, 음악가에 대해서도 거론치 않겠다. 또한 시민법과 교회법 해석자도 그냥 조용히 지나칠 것이다."[44] 달리 말해 라포는 좀 더 수학적인 많은 자유 학예는 말할 것도 없고, 중세 전통에서 "더 고급의" 세 과목(의학, 신학, 법학)—대학에서 박사 학위를 받을 수도 있는—가운데 둘의 중요성을 인정하고 있다는 것이다. 하지만 "물론, 그들이 교황궁을 미화하고 방어하는 존재 같은 것이기도 하고, 궁에서 이루어지는 일 대부분이 그들의 노력에 기대고는 있지만, 그래도 그들은 우리의 이 특별한 영역, 즉 내가 맛볼 수 있는 결실에 어떤 기여도 하지 못한다."[45] 라포는 "매일매일의 사회적 교류뿐만 아니라 이들 연구, '이 인문학haec studia humanitatis'이 나와 긴밀히 묶어 주는" 사람들을 열거하고자 한

---

42 Lapo, *De curiae commodis*, 107.
43 Ibid., 153.
44 Ibid.
45 Ibid.

다.⁴⁶ 우리는 여기서 두 가지를 알게 된다. 첫째, 라포는 친근함과 우정을 높이 평가하고 있으며, 곧 이어지는 기술에서와 같이 친구로 여기는 사람들을 부각하고자 한다(그리고 그들의 이름을 열거함으로써 자신이 속한다고 주장할 만한 사회 집단을 만들려고 한다). 둘째, 그 스스로 각별히 애호하는 대상은 사실상 "스투디아 후마니타티스studia humanitatis", 즉 문법, 수사학, 시, 역사, 도덕철학의 인문학이다. 이처럼 한 이류 휴머니스트가 오직 "자신이 맛볼 수 있는" 것만을 강조하는 데서, 우리는 1430년대에 새로운 휴머니즘 문화가 얼마나 매력적이었는지 정확히 알게 된다.

또한 우리는 교황궁이 주요 휴머니스트들을 한데 모으는 아주 중요한 역할을 했다는 것도 안다. 라포는 자신을 대화편의 두 화자 가운데 하나로, 다른 화자는 실제로 가까운 친구였던 안젤로 다 레카나테로 설정했다. 안젤로가 라포에게 마음에 둔 사람을 말해 보라고 하자 라포는 몇몇 휴머니스트를 거명하는데, 그들은 지금까지도 휴머니스트 운동에 대한 우리의 이해에 핵심적인 인물로 남아 있다. 각각에 대한 묘사에서 라포는 문제의 인물을 거명한 뒤, 그 휴머니스트를 유명하게 만든 기예와 특징을 요약하고 있다.

그가 언급한 첫 번째 휴머니스트는 카말돌리회의 수도사로, 1431년 수장이 된 암브로조 트라베르사리였다. 라포는 그에 대해 이렇게 쓰고 있다. "그는 성스러운 삶과 정결함과 양심과 학식과 인간성과 대단히 탁월하고 우아하게 말하는 능력을 부여받은 사람이라서 우리가 사는 이 시대에 일종의 불사조, 즉 인간에게서 태어난 것이 아니라 하늘에서 떨어진 불사조 같은 존재라고 불리기에 모자람이 없다."⁴⁷ 라포는 이러한 특징(암브로조의 성스러움과 학식 등)이 독자는 물론 당연히 상대편 화자에게도 최고의 관심사일 것이므로, 우선 그 인물의 삶을 이야기하는 것이 적절하다고 생각했다. 비록 라포가 암브로조의 수많은 학문적 업적

---

46 Ibid.
47 Ibid., 155.

에 대해서는 말하지 않고 있지만, 그래도 그중 두 가지 정도는 언급할 만하다. 즉 교부들에 관한 저술과 함께 디오게네스 라에르티오스의 『유명한 철학자들의 생애와 사상』(*Peri bion dogmaton kai apophthegmaton ton en philosophia eudokimesanton*)을 그리스어에서 라틴어로 번역한 것이다. 교부들에 관한 주제는 많은 휴머니스트가 세속적이고 고전적인 과거뿐만 아니라 그리스도교적 고대에도 관심이 있었음을 알려 준다.[48] 그리스 초기 교부들과 많은 연관이 있던 암브로조의 그리스어-라틴어 번역은 그리스도교 신앙이라는 고대의 다른 측면으로 향하는 세계를 열었고, 이는 이후 수 세기 동안 학술 문화의 일부로 남게 된다. 또한 그의 디오게네스 라에르티오스 번역은 고대 철학자들의 성격에 대해 여전히 끝없는 호기심을 품고 있던 르네상스 사상가들에게는 적격이었다.[49] 라포와 흡사하게 라에르티오스(그는 3세기에 글을 썼다) 역시 고대 철학자들이 쓴 텍스트 분석은 다른 사람들의 몫으로 미루고 무엇보다도 그들의 "삶"을 논했기 때문이다. 즉 그는 그들에 대한 기본적 전기 못지않게 그들이 살아간 삶의 방식을 기술했다는 것이다.[50]

라포가 제시하는 다른 간략한 성격 묘사들도 기본적으로는 서로 비슷하다. 하지만 그중 몇 가지는 자세히 살펴볼 가치가 있는데, 그것들이 앞으로 좀 더 자세히 살펴볼 인물들을 묘사하고 있을 뿐만 아니라 더 중요한 측면으로 라포의 묘사를 통해 휴머니스트가 다른 휴머니스트를 "읽는" 방식을 재구성할 수 있기 때문이다. 달리 말해 우리는 교황궁에서의

---

48 Charles M. Stinger, *Humanism and the Church Fathers: Ambrogio Traversari (1386-1439) and Christian Antiquity in the Italian Renaissance* (Albany: State University of New York Press, 1977).
49 Marcello Gigante, "Ambrogio Traversari interprete di Diogene Laerzio" in *Ambrogio Traversari nel V centenario della nascita*, a cura di Gian Carlo Garfagnini (Firenze: Olschki, 1988), 367-459.
50 Christopher S. Celenza, "What Counted as Philosophy in the Italian Renaissance? The History of Philosophy, the History of Science, and Styles of Life", *Critical Inquiry* 39 (2013), 367-401, esp. 391-92.

삶이 보여 주는 사회 경제에서 어떻게 명성이 핵심적인 화폐의 형태로 존재하는지 알 수 있다는 것이다.

예컨대, 라포는 플라비오 비온도(1392~1463. 앞으로 보게 되겠지만, 그는 언어 논쟁에서 핵심적 역할을 한 인물이다)가 도달한 지위 — 교황 비서라는 그의 신분에 대해 넌지시 내비치면서 — 에 주목하면서 이렇게 말하고 있다. 그는 "분별 있고 진지하며, 아울러 …… 학식이 깊고 역사 서술에서도 훌륭하다. 우리는 사실 그에게 빚을 지고 있는데, 이는 그가 고대인의 삶의 방식을 이야기하고 되살리며, 역사 서술을 통해 우리 자신의 시대에 이룬 업적을 상세히 기술해 후세에 남기는 작업을 해 왔기 때문이다."[51] 주목할 점은 라포가 "인류학적 상상력"이라고 부를 만한 르네상스 휴머니즘의 또 다른 부분을 강조하고 있다는 것이다. 이는 르네상스 휴머니즘 전체를 관통하는 특징적인 사상 조류이다. 그것은 종종 외견상 대단히 이상하고 상이하게 보이는 고대 종교를 이해하려는 휴머니스트들의 경향과 관련 있다. 키케로의 『브루투스』(*Brutus*)(이 텍스트의 발견으로 언어 논쟁이 촉발됐다)를 발견했던 비온도는 또한 지형학에 관한 책을 썼을 뿐만 아니라(여기서 그는 땅 밑에 묻힌 로마 시의 고고학적 특징을 열거하고 설명하고자 했다) 나아가 고대 로마의 쇠퇴와 멸망에서 그 자신의 시대에 이르는 시기를 깊이 고구한 최초의 위대한 역사 서술의 걸작을 통해 사실상 중세라는 개념을 창안한 인물이었다.[52] 라포는 다른 인물로 넘어가기 전에 존경하는 태도로 그의 저술을 언급하고 있다.

라포가 큰 관심을 기울인 다른 한 인물은 레온 바티스타 알베르티

---

51 Lapo, *De curiae commodis*, 155.
52 Biondo Flavio, *Italy Illuminated*, ed. and tr. J. White (Cambridge, MA: Harvard University Press, 2005); Biondo Flavio, *Historiarum ab inclinatione Romanorum imperii decades* (Venezia, 1483); Angelo Mazzocco and Marc Laureys, eds., *A New Sense of the Past: The Scholarship of Biondo Flavio (1392-1463)* (Leuven: Leuven University Press, 2015); Riccardo Fubini, "Biondo Flavio" in *Dizionario biografico degli italiani* 10 (Roma, 1968), 548-51; Denys Hay, *Flavio Biondo and the Italian Middle Ages* (Oxford: Oxford University Press, 1959).

(1404~72)인데, 그는 라포와 거의 나이가 같다. 근래에 알베르티는 "르네상스적 인간"이라는 거의 신화적 인물의 원형으로 알려지게 되었다. 라틴어와 속어를 모두 편안하고 우아하게 구사한 알베르티는 재치 넘치는 대화편과 깊이 있는 건축학 비평을 썼으며, 나아가 그 자신이 기량이 뛰어나고 재능 있는 건축가였다. 그를 놀라워하는 라포의 묘사에 따르면, 그는 비교적 어린 나이에 이미 이례적인 면을 보였다. "그의 천재가 너무 놀라워 나는 그를 누구와도 비교하지 못하겠다."[53] 여기서 "천재genius"로 옮긴 말에 대해 원래 라포가 쓴 라틴어 단어는 "인제니움ingenium"인데, 이는 기술, 능력, 그리고 무엇보다도 타고난 재능이라는 관념을 내포하고 있다. 라포는 계속해서 알베르티에 대해 이렇게 쓰고 있다. "그의 천재가 이러하므로, 그는 자신이 공부하겠다고 마음먹으면 어떤 분야에서나 쉽고 빠르게 다른 사람을 능가한다."[54] 그런데 알베르티라는 별이 이미 떠올라 우리가 그것을 보고 있는데도 불구하고, 라포는 자신 또한 이러한 재능을 갖고 있을 뿐만 아니라 스스로 현재 교황궁에 있는 이 명사들에 "속한다"는 것을 독자들이 알고 있을 것이라 확신한다. "그래서 나는 그처럼 많은, 학식 있고 뛰어난 이 사람들과 아주 가까운 사이이다."[55]

라포는 지금은 교황궁에 없지만 그래도 언급할 가치가 있는 두 사람을 거명하면서 저명한 교황궁 지식인들에 대한 개관을 마무리하고 있다. 프란체스코 필렐포(1398~1481)는 라포의 가장 중요한 선생으로, 그는 그에게서 그리스어를 배웠고 그를 스승으로 생각했다. 다른 한 명은 브루니이다. 이 두 사람은 "학문과 웅변의 장식품"이자 "끊임없는 노력으로 우리의 이러한 연구를 확장하고 꾸민" 것으로 묘사되고 있다.[56] "이러한 연구"란 물론 "스투디아 후마니타티스"이다.

---

53 Lapo, *De curiae commodis*, 157.
54 Ibid.
55 Ibid.
56 Ibid., 159. * 라포는 32/3세 때인 1438년에 죽었다.

브루니의 『대화』와 라포의 『교황궁의 혜택에 대하여』 사이의 30년 간 많은 변화가 있었다. 주변부에 머물렀던 라포는 휴머니스트 "내집 단"—비록 직업적으로는 그렇지 않지만 자신들을 "국외자"로 묘사하 는 지식인 집단—의 하나가 되고자 할 수는 있었다. 라포는 되풀이해서 "우리의 이러한 연구"라고 함으로써 그런 생각을 명확히 하고 있다. 그 는 과연 교황궁의 가장 내밀한 집단에 들어갈 수 있었을까? 그의 때 이 른 죽음*이 그러한 기회를 앗아가 버렸다. 이때쯤 브루니는 대단한 문화 적 자산을 가진 인물이 되어 있었기 때문에, 브루니가 이미 교황궁을 떠 났음에도 불구하고 라포는 이 피렌체 서기장을 언급함으로써 자신을 상 징적으로나마 그와 연결할 필요가 있다고 생각한 것이다.

브루니와 라포의 작품과 같은 대화편은 그것이 어떻게, 어떤 사회적 공간에서 핵심적인 논쟁이 일어났는지에 대한 통찰을 제공함으로써, 당 시 사람들이 문화적으로 무엇에 열광했는지를 극적으로 보여 준다. 이러 한 측면에서 고대 로마에서 라틴어가 어떤 위치에 있었는지에 대한 논 쟁보다 더 중요한 것은 없었다. 왜냐하면 이는 역사와 자기표현과 현재 와 과거 간의 관계에 대한 관심사를 포괄하고 있었기 때문이다.[57] 다정 한 분위기 속의 첫 번째 "교전"은 라포가 언급한 바로 그 플라비오 비온 도와 브루니 사이에 일어났다. 그 배경은 교황궁이었는데, 당시에는 궁 이 피렌체에 있었고 항상 그랬듯이 활기찬 지적 교환의 중심지 역할을 하고 있었다. 그것은 약 30년 전 브루니의 대화편에서 살루타티가 화자 인 젊은 친구들에게 촉구했던 그런 종류의 "디스푸타티오disputatio"가 아닌, 그저 활발하게 주고받는 대화로 시작한다. 그리고 이런 대화가 일 부 그런 경향이 있는 것처럼 그것은 이후 비온도 플라비오*가 브루니에 게 쓴 편지를 통해 글로써 기억되었다.

---

57 이에 대해서는 다음을 볼 것. Mirko Tavoni, *Latino, grammatica, volgare: Storia di una questione umanistica* (Padova: Antenore, 1984). 인용한 문헌은 다음을 볼 것. Celenza, "End Game"; Maurizio Campanelli, "Languages" in Wyatt, ed., *The Cambridge Companion to the Italian Renaissance*, 139-63.

과연 로마인들은 우리 시대에 세련되지 못하고 교육도 받지 못한 대중이 어디서나 공통으로 쓰는 모국어를 사용했는지, 아니면 우리가 "라틴어"라고 부르는 "문법적 기술"을 사용해 말했는지에 대해 우리 시대의 학식 있는 사람들 사이에 큰 토론이, 사실상 논쟁이라고 할 만한 것이 있는데, 나도 종종 거기에 참여했다네.[58]

비온도는 자신과 브루니, 안토니오 로스키, 포초 브라촐리니, 첸초 데 루스티치, 안드레아 다 피렌체(이들은 라포가 자신이 반한 스타 이야기에서 언급한 권위자들과 정확히 일치한다) 간에 있었던 특정 대화를 꼼꼼히 기억해 내고자 고심한다.

내 기억이 맞다면 로스키와 첸초는 자네와 함께 로마인이 이후의 시대에서 그랬던 것처럼 인민들에게는 그들이 보통 상용하는 말하는 방식이 있었다는 데 동의했던 것 같네. 이 때문에 학식이 뛰어난 웅변가조차 자신들이 "연설"이라고 부른 것을 후세에 남겼고 이는 구어 형식으로 인민들에게 했던 것이어서, 그들은 뒤에 아주 많은 노력을 기울여 그것을 "문법적" 라틴어로 다시 쓰게 되었다는 것이지.[59]

반면에 비온도는 고대 라틴어가 글을 쓰는 것과 어느 정도 같은 방식으

---

* 플라비오 비온도는 비온도 플라비오로 표기하기도 한다.

58 Biondo, in Tavoni, 198: "Magna est apud doctos aetatis nostrae homines altercatio, et cui saepenumero interfuerim contentio, materno ne et passim apud rudem indoctamque multitudinem aetate nostra vulgato idiomate, an grammaticae artis usu, quod latinum appellamus, instituto loquendi more Romani orare fuerint soliti."

59 Ibid.: "Tecum enim, si recte memini, Luscus et Cintius sentire videbantur, vulgare quoddam et plebeium, ut posteriora habuerunt saecula, Romanis fuisse loquendi genus a litteris remotum, quo doctissimi etiam oratores apus populum illas dicerent orationes, quas postmodum multa lucubratione in grammaticam latinitatem redactas posteris reliquerunt."

로 말하는 단일한 언어였다고 생각하면서 이를 뒷받침하는 몇 가지 주장을 제시하고 있다. 키케로의 『연설가에 대하여』(De oratore)에서 "오라티오oratio", 즉 라틴어 담화에는 본질적으로 세 가지 "사용역registers"*이 있다고 말한다.[60] 키케로에 따르면, "오라티오"는 "시처럼 운율적[numerosa]이어도 대중의 말처럼 완전히 비운율적이어도 안 된다."[61] "오라티오"는 이 두 사용역 사이에 위치한다. 그것은 어느 정도 리듬이 있지만 그렇다고 지나칠 정도는 아니어서, 겉으로 보기에 의도적으로 그런 것처럼 보이지는 않아야 한다. 또한 그것은 연결이 원활하지 않아 "평범하고 속되게" 보이지 않도록 해야 한다.[62] 비온도는 이 일련의 명제야말로 문제의 핵심을 나타내고 있다고 보았다.[63] 달리 말해 비온도는 라틴어에 세 가지 사용역이 있다는 키케로의 인식—고대적 인식—에 대해 말하고 있는 것이다. 비온도에게 이러한 요소는 라틴어가 하나의 언어라는 것, 즉 그 맥락과 사회적 상황에 따라 달리 말해지고 사용되지만, 결코 현대의 속어와 라틴어의 차이만큼 다르지는 않은 언어였다고 판단할 수 있게 해 주는 수많은 이유 가운데 하나였다.

비온도의 다양한 주장을 뒷받침하는 기본 텍스트는 키케로의 『브루투스』와 『연설가에 대하여』이다. 이 두 텍스트는 1421년 로디에서 재발견된 후, 휴머니스트들에게는 점점 더 중요한 것이 되었다.[64] 비온도는 키

---

* 사용역使用域이란 언어 계층이나 연령, 지역, 문체 등에 따라 달리 나타나는 언어의 변이형을 말한다. 일반어에 대해 전문어나 유아어, 지역 방언과 계층 방언, 속어 등이 이에 속한다.

60 Cicero, *Orator*, in Cicero, *Brutus, Orator*, ed. and tr. G. L. Hendrickson and H. M. Hubbell (Cambridge, MA: Harvard University Press, 1962), sec. 195, p. 470.
61 Ibid.
62 Ibid., sec. 196, p. 470.
63 Biondo, in Tavoni, 203: "Hic, Aretine clarissime, hic altum sunt mihi iacenda quaestionis propositae fundamenta."
64 Tavoni, 19-24; Martin McLaughlin, "Humanist Criticism of Latin and Vernacular Prose" in *The Cambridge History of Literary Criticism*, eds. Alastair Minnis and Ian Johnson, v. 2 (Cambridge: Cambridge University Press, 2005), 648-55; Timothy

케로가 고대의 여러 연설가와 그들의 스타일을 대화 형식으로 설명한 『브루투스』에서, 어떤 고대인들은 문학과 언어에 대한 교육을 받은 지식인이 아니었음에도 대중 연설을 잘 할 수 있었다는 사실을 알게 되었다. 한 예로 쿠리오라는 연설가가 있었는데, 키케로의 『브루투스』에 따르면 그는 "문학을 전혀 몰랐지만" 일부 사람들은 그를 "당시 세 번째로 훌륭한 연설가"로 간주했고, 자라면서 가정에서 들었던 것 덕분에 그의 말은 "최악의 라틴어는 면했다"는 것이다.[65] 비온도는 이렇게 말하고 있다.

> 만약 가정에서 쓰는 말이 그 정도로 영향을 주어 쿠리오의 경우처럼 학식이나 문학 없이도 "최악의 라틴어"는 면하고 "다소간 우아한 말"을 사용하며 도시에서 세 번째로 훌륭한 연설가인 어떤 사람을 만들어 낼 수 있다면, 그가 가정에서 들은 언어가 라틴어가 "아니라"는 것은 가능한 일이 아니겠지.[66]

비온도는 계속해서 전사이자 로마 정치가였던 그라쿠스 형제에 대한 키케로의 설명으로 넘어간다. 어머니인 코르넬리아는 가정에서 그들에게 수준 높은 말을 사용했다. 비온도는 브루니에게 "자네는 가정에서 서로 이야기하면서 듣는 말이 큰 변화를 가져온다는 것에 대해 들었겠지"라고 말한다.[67] 피렌체인의 예가 이를 보여 주는데, 피렌체시에서 자란 사

Kircher, "Landino, Alberti, and the Invention of the Neo-Vernacular", *Albertiana* 19 (2016), 29-48, 30; Remigio Sabbadini, *Le scoperte dei codici latini e greci ne' secoli XIV e XV*, 2 voll. (Firenze: Sansoni, 1905-14; repr. ed. Eugenio Garin, Firenze: Sansoni, 1967), I: 99-100.

65 Cicero, *Brutus*, sec. 210, p. 178.
66 Biondo, in Tavoni, 205: "Si tantam itaque vim domesticus habebat usus, ut sine doctrina, sine litteris non pessime latine loquentem splendidioribus uti verbis et tertium urbis oratorem faceret Curionem, non latinus esse non potuit sermo ille domesticus."
67 Ibid., 206: "Magni interesse audivisti, quod quisque domi audiat, quibuscum loquatur."

람은 그렇지 않은 사람보다 훨씬 더 우아하게 말한다는 것이다. 비온도는 로마인도 이와 마찬가지라고 생각했다. 바르게 자라난 사람이라면, 심지어 여자라 해도(코르넬리아와 키케로의 스승 라일리우스의 딸 라일리아 같은) 특별한 문학적 훈련 없이 높은 수준의 라틴어로 대화할 수 있었다는 것이다.[68]

물론, 비온도에 따르면 다른 사용역이 있었을 수는 있겠지만, 말로 연설하는 경우 "그렇게 발화한 그 말들이 우리가 지금 '글을 읽고 쓸 줄 안다'고 할 때의 바로 그 라틴어였다"는 점은 인정해야 한다는 것이다.[69] 이러한 환경과 함께 연설과 시적 희곡 작품의 공연에 그것을 듣는 청중이 있었다는 점을 고려하면, 광범위한 사람들이 언어를 이해하고 있었다는 것은 틀림없이 사실이라는 것이다.

비온도는 관객의 경우를 흥미롭게 생각하는데, 이는 그가 염두에 둔 희곡들(플라우투스나 테렌티우스 같은 고대 극작가의 작품)이 운문으로 쓰여 있기 때문이다. 비온도는 다시 키케로의 『연설가에 대하여』에서 출발해 브루니에게 운문의 "자연적"(인위적이거나 연습한 것이 아닌) 성격에 대한 키케로의 말을 상기시킨다.[70] 비온도는 키케로를 인용하면서 "운문의 한 음절이 너무 짧든지 너무 길든지 하면 온 관객이 소리를 질러 댄다"고 쓰고 있다.[71] 청중은 자신들을 신경 쓰이게 하는 것이 무엇인지 혹은 왜 그런지 정확히 이해하지 못할 수도 있겠지만, 자연 그 자체가 우리에게 음절의 수와 모음의 길이를 모두 판단할 능력을 심어 주었다는 것이다.[72] 비온도는 자신의 주장을 뒷받침할 다음과 같은 점을 강조한다. 즉 운문에 대한 자연적인 지식은 고대 라틴어가 단일했다는 것을 보여

---

68 Ibid., 206-07.
69 Ibid., 208: "Constet vero primum inter nos necessarium est, sive grandibus, sive abiectis, sive dissipatis, sive coercitis ratione verbis oratum fuerit, verba orationum, dum pronunciarentur, fuisse Latina, qualia nunc dicimus litterata."
70 Cicero, *Orator*, secs. 173, 183, pp. 452, 460.
71 Biondo, in Tavoni, 210; Cicero, *Orator*, sec. 173, p. 452.
72 Biondo, in Tavoni, 210.

준다는 것이다. 사람들이 들을 수 있는 범위는 물론 능력에 따라 달랐겠지만, 그래도 모든 수준의 사람이 이를 이해할 수 있었다는 것이다.

비온도가 글을 끝맺는 대목은 짧지만 가장 흥미로운 주장을 담고 있다. 왜냐하면 여기서 그는 역사적 파열의 관념을 도입하고 있기 때문이다. 이러한 파열과 그에 수반하는 것에 대한 관념이 때로는 역사적 변화를 암시하는 전조이기도 하지만, 어쨌든 그것은 15세기 라틴어 논쟁의 저변에 있는 기본 조류를 표출하고 있다. 더욱이 언어 논쟁은 이탈리아 르네상스의 최우선적 관심사의 핵심을 나타낸다. 가장 중요한 의문은 이렇다. "우리 현대인"은 과연 존경하는 고대인과 정말로 다른가? 비온도는 이 문제를 다음과 같이 표현한다. "나는 풀어야 할 마지막 문제가 있음을 알고 있네. 이는 왜, 어느 시대에, 무슨 이유로 고대인에게는 보편적이었던 라틴어에 대한 지식이 내가 입증하려고 애썼던 것처럼 현재 우리의 통속적 언어로 바뀌었다고 믿게 되었는가 하는 것일세."[73] 이에 대한 비온도의 대답은 그 긴 길이로 보아 거의 나중에 덧붙였다고 생각될 정도이다. 그는 키케로의 『브루투스』에 나오는 한 구절을 소환하는데, 이는 그 중요성을 고려하면 비온도 자신이 한 것보다 더 자세히 설명할 가치가 있다.

키케로의 대화편에서 화자인 폼포니우스가 발언하게 되었다. 그는 연설의 중요성을 논하면서 "연설가의 기초이자 …… 토대는 알다시피 올바르고 순수한 라틴어 용법"이라고 말한다. 이런 수준의 라틴어로 명성을 얻은 사람은 "규칙과 이론이 아니라 훌륭한 어법 덕분에 칭송을 받았다"(rationis et scientiae, sed quasi bonae consuetudinis)는 것이다.[74] 폼포니우

---

73 Ibid., 214 (구두점이 약간 바뀜): "Extremam mihi restare video responsionem: qua ratione, quibus temporibus causisque factum credam, ut vulgaritatem hanc nostram cum universae multitudinis latinitate, quam ostendere conatus sum apud priscos fuisse, permutaverimus."

74 Cicero, *Brutus*, ed. G. L. Hendrickson (Cambridge, MA: Harvard University Press, 1962), p. 222, sec. 258: "Solum quidem, inquit ille, et quasi fundamentum oratoris vides, locutionem emendatam et Latinam, cuius penes quos laus adhuc fuit, non fuit

스는 계속해서 이렇게 말한다. 거의 모든 로마인이 어찌하다 로마 밖에서 많은 시간을 보내거나 혹은 좋지 않은 환경의 가정에서 자라지 않는다면, 자연스럽게 합당한 수준의 라틴어 능력을 지닐 수 있는 때가 있었다. 하지만 어느 시기가 되면 이러한 상황이 더이상 존재하지 않는다. 더욱이 아테나이와 로마에서는 순수한 라틴어를 구사하지 않는 사람들이 대거 유입돼 "언어를 축출"(expurgandus est sermo)하고 "거의 변할 수 없는 증거로서 반드시 지켜야 할 일련의 이론적 논거(ratio)를 무시함으로써, 쉽게 사라질 수도 있는 규칙인 관습을 그 누구도 지키지 않는" 일이 벌어지기에 이른다.[75] 요점은 이렇다. 우리는 키케로의 이 대목을 읽으면서 고대인 역시도 규칙을 따르는 불변의 언어 이론을 만들어 내는 것에 대해 생각할 수 있었다는 점을 쉽게 추론할 수 있다. 또한 이러한 언어 동결 과정을 향한 욕망은 이제 다시 엄청난 노력을 기울여야만 되살릴 수 있는 순수함이 존재했던, 상상 속에서만 가능한 상실의 시대에 대한 가정과 연결되어 있었다.

이러한 주장에 큰 충격을 받은 비온도는 글 거의 말미에서 이에 대해 언급한다. 그는 키케로의 말을 이렇게 풀어쓰고 있다. "알다시피 키케로 시대 앞의 시기에는, 로마 바깥에 살거나 혹은 가정에 외래적인 어떤 것이 있는 사람들은 어떤 면에서 로마인의 말이 지닌 우아함에서 벗어나 있었고, 그래서 그들은 그 외래적인 것 때문에 변질한 것이라네."[76] 키케로의 시대에서조차 라틴어 사용에서 어떤 이질적 흔적이 인지될 정도라는 것이 사실이라면, 역사적 환경은 이러한 상황을 가늠할 수 없을 정도로 바꾸어 놓았을 것이다.

---

rationis aut scientiae, sed quasi bonae consuetudinis."
75 Ibid.: "Confluxerunt enim et Athenas et in hanc urbem multi inquinate loquentes ex diversis locis. Quo magis expurgandus est sermo et adhibenda tamquam obrussa ratio, quae mutari non potest, nec utendum pravissima consuetudinis regula."
76 Biondo, in Tavoni, 214: "Temporibus vides quae Ciceronis aetatem praecesserant illos qui aut extra Romam vixerant, aut Romae domesticam habuerant aliquam barbariem, a nitore locutionis romanae aliqualiter recessisse, et barbarie illa infuscatos fuisse."

그러나 고트인과 반달인이 로마시(市)를 빼앗아 그곳에 거주하기 시작한 뒤, 외국어로 인해 변질한 것이 처음에는 한두 명에 불과했겠지만 나중에는 모두가 오염되어 사실상 아주 불순한(penitus sordidati) 상태가 되어 버렸겠지. 그래서 점차 로마인의 라틴어는 외래식 라틴어(barbarica latinitate)와 뒤섞이고, 원래의 것이 아닌 어떤 특징을 가진 우리의 이 통속어가 그 자리를 차지하게 된 것이라네.[77]

비온도는 뒤이어 답장을 기다린다면서 브루니에게 보낸 편지를 끝맺고 있다.

하지만 이 마지막 주장에서 우리는 르네상스 시기의 라틴어 논쟁에서 나타나는 중요한 어떤 것, 결국 스스로 은밀한 방식으로 언어 문제 전반에 충격을 주는 어떤 점을 보게 된다. 즉 비온도는 언어의 역사적 진화라는 관념을 도입한 것이다. 사실, 그는 이 문제를 "외래적인 것barbaries" 대對 진짜 로마적 라틴어라는 관점에서 문제의 틀을 짰고, 그래서 고대적 진정성의 복원 가능성에 대한 관념은 여전히 암묵적인 생각으로 남아 있었다. 물론, 이러한 관념은 사실 중세 문헌에서도 보이며, 인기가 높던 이시도루스의 작품이 가장 유명한 예이다.[78] 그러나 역사적 변화의 관념은 15세기 사상가들의 수많은 논의에서 논쟁의 시금석이 되었다.

브루니의 답장은 비온도의 문의보다는 짧다. 그 편지가 언어의 사회적 기능에 대한 자신의 견해를 드러내고는 있지만, 동시에 브루니의 생각이 명확하다는 점 역시 보여 준다. 브루니는 서두에서 문제의 의문점을 그 기본 가정과 시기적 한계라는 두 가지 측면에서 명확히 하고자 한다. 쟁

---

77 Ibid., 214-15: "Postea vero quam urbis a Gothis et Vandalis capta inhabitarique coepta est, non unus iam aut duo infuscati, sed omnes sermone barbaro inquinati ac penitus sordidati fuerunt; sensimque factum est, ut pro romana latinitate adulterinam hanc barbarica mixtam loquelam habeamus vulgarem."

78 Isidori Hispalensis, *Etymologiarum Sive Originum*, ed. W. M. Lindsay, 2 vols. (Oxford: Oxford University Press, 1911; repr. 1971), 1: 1.9.1: "Latinas autem linguas quattuor esse quidam dixerunt, id est Priscam, Latinam, Romanam, Mixtam."

점 그 자체에 대해서,

> 자네는 고대인이 통속어와 학술어가 아니라 모두에게 같은 하나의 언어를 가지고 있다고 생각하고, 반면에 나는 지금도 그런 것처럼 통속어는 학술어와는 달랐다고 믿고 있지.[79]

시기적 한계에 대해서는,

> 자네가 마다하지 않는다면, 어떤 시기에 어떤 곳에서라는 식으로 문제를 기술하는 편이 중요해 보이네. 누군가가 "고대인에게는"이라고 말하는 것은 실상 시간이나 장소를 아주 확실하게 지칭하는 것이 아니지. 문제를 다음과 같이 생각해 보세나. 즉 로마에서 테렌티우스와 키케로의 시대에 민중이 우리가 지금 "라틴어(latine)"와 "학문적(litterate)"이라고 하는 방식으로 말했는지 혹은 대중의 언어가 있고 배운 사람의 언어가 따로 있었는가 하는 것일세.[80]

브루니의 논증은 강력해 비온도의 주장을 본질적인 점까지 추궁하고 있다.

  브루니는, 연설이 원로원이나 법정과 같은 공적 통치 기구에서 이루어질 때의 청중은 주로 배운 사람들이었으므로 비온도의 주장은 맞지 않

---

79 Bruni, in Tavoni, 216: "Quaestio nostra in eo consistit, quod tu apud veteres unum eumdemque fuisse sermonem omnium putas, nec alium vulgarem, alium litteratum. Ego autem, ut nunc est, sic etiam tunc distinctam fuisse vulgarem linguam a litterata existimo."
80 Ibid.: "Pressius quoque, si placet, ita circumscribamus, ut certo tempore locoque diffiniantur. Nam qui apud veteres dicit nec tempus nec locum satis certum designat. Sit igitur quaestio utrum Romae per Terentii poetae et M. Tullii tempora vulgus ita loquebatur ut loquuntur hi quos nunc latine litterateque loqui dicimus, vel alius fuerit vulgi sermo, alius litteratorum."

다고 말한다. 설사 연설이 배운 사람과 배우지 못한 사람이 뒤섞인 "콩치오concio", 즉 대중 집회에서 이루어지는 경우라 해도 연설가는 "제빵사와 검투사"가 아니라 주로 "공화국을 통치하는 데 익숙한 사람들"을 겨냥하고 있었다는 것이다.[81] 브루니는 마치 오늘날 배우지 못한 사람들이 미사를 이해하듯이, 당시 하층민은 "모호하게나마" 일이 어떻게 되어가는지는 이해하지 않았겠느냐고 말한다.[82]

브루니는 또한 연설에서는 문자 문화가 중요하다는 것, 그리고 구어적 구성이 꼭 연설 방식을 결정하지는 않는다는 점을 지적한다.

우리가 결코 빠뜨리면 안 되는 사실은 연설가 스스로 그 자신이 말하는 것과는 다른 방식으로 연설을 글로 썼다는 것이네. …… 그들은 완전히 다른 어떤 것을 쓴 것이 아니라 자신들이 말하는 것을 좀 더 장식적이고 우아하게 쓴 것이지. 그래서 그들은 대중 집회에서라면 민중이 다 알고 이해하기 쉬운 말을 썼을 테지만, 이를 글로 옮길 때는 좀 더 세련되고 [limatius] 간결한(contractius) 방식을 사용했겠지.[83]

브루니는 학식 있는 연설가라면 원로원이나 법정에서 그야말로 배운 사람처럼 말했을 것이라고 생각한다. 하지만 설사 대중 집회에서라 해도 그들은 잘 알고 있는 사람들을 겨냥함으로써(ad scientes), 집회의 배우지

---

81 Ibid., 217: "Itaque non ad pistores tantum et lanistas, sed multo magis ad eos qui in reipublicae gubernatione versabantur, et quorum intererat quid populus decerneret, orator loquebatur."
82 Ibid.: "pistores vero et lanistae et huiusmodi turba sic intelligebant oratoris verba ut nunc intelligunt Missarum solemnia."
83 Ibid. (구두점 약간 바뀜): "Nam illud nos latere non debet, oratores ipsos aliter scripsisse orationes suas quam dixerant, quod et apud Graecos et apud Latinos exploratissimum est; non quod diversum scriberent, sed quo ornatius et comptius id ipsum quod dixerant litteris mandabant, ut quaedam in concione dicta verbis forsan vulgates et apertis et ad intelligentiam accomodatis, limatius postea contractiusque scripta legantur."

못한 사람들은 마치 오늘날 민중이 라틴어 미사를 이해하는 정도로 연설을 이해했을 것이다.[84] 이후 연설가가 연설을 글로 쓰게 되면, 그들은 그것을 갈고닦아 가능한 한 최고 수준으로 끌어올리려 했을 것이다.

브루니는 시와 함께 극장 관객이 운율을 자연스럽게 이해하는가의 문제에 대해 아주 명료한 태도를 취한다. "자네는 대중도 시인의 작품을 '이해한다'고 생각하지. 하지만 나는 그들이 그저 연극을 보고 있다고 생각한다네."[85] 연극에는 언제나 몸짓과 가면과 음악이 가미된 볼 만한 구경거리가 등장하기 마련이다. 플라우투스와 테렌티우스의 작품 서두에서도 작가들이 연극의 행동과 장면을 묘사하며 시각적인 장치를 아주 많이 사용한다는 것을 엿볼 수 있다.[86] 결국 "시인의 작품 어느 것도, 그들의 연극 어느 부분도 민중의 말을 따른 것은 없다네. 민중은 말을 이해하고자 하기보다는 구경거리를 보고자 한 것이라네."[87]

브루니는 본질적으로 사회 내의 불가피한 구분과 관련된 고정적 언어 체계를 믿고 있다. 한편에는 엘리트 계층이 있다. 국가를 통치하는 그 구성원은 연설 문화에서 적극적인 역할을 할 만큼 학식이 있으며, 공적 상황에서는 근본적으로 오직 그들끼리만 메시지를 전달한다. 다른 한편에는 대중이 있다. 그들은 통치 아래 있고 구경거리를 좋아하며, 오직 어떤 한계 안에서만 복잡한 논증을 이해할 수 있다.

이러한 하층 공동체에 대한 브루니의 핵심적 예시는 앞의 "제빵사와 검투사"가 아니라 여성이다.

플라비오, 자네는 자네와 어울리는 사람들만큼이나 학식 있고 문학에도

---

84 Ibid.: "In senatu enim iudiciis ad scientes litteras loquebantur [*sc. oratores*] litterate, in concionibus vero etiam ad scientes."
85 Ibid.: "Tu enim turbam convenisse putas ad carmina poetae intelligenda, ego autem convenisse puto ad ludos scenicos spectandos."
86 Ibid., 217-18.
87 Ibid.: "Nichil igitur poetae, nichil eorum fabulae ad sermonem vulgi pertinent. Non enim intellectum verborum, sed spectaculum ludorum vulgus sequebatur."

조예가 깊으니 물어보겠네. 자네는 정말 간병인과 보잘것없는 여성을 비롯한 이런 부류의 대중이, 지금 우리가 선생에게서 그렇게 많은 도움을 받고 그렇게 많이 노력해 겨우 이해하는 것을 선생의 가르침을 받지 않고도 알 수 있었다고 믿는 것인가? 정녕 그들이 우리가 "라틴어"와 "학식 있는"이라고 지칭하는 방식으로 말하는 사람들이 그러한 것을 이해하는 것과 똑같이 그렇게 했다고 믿는단 말인가? 또한 그들이 시인의 희극을 누군가에게 미리 배우지 않고도 이해할 수 있었다는 것인가?

브루니는 자신의 수사학적 의문에 이렇게 대답한다. "그것은 아주 터무니없는 생각이라네."[88]

이처럼 다양한 언어 공동체가 존재하는 이유는 라틴어의 복잡성과 연관되는데, 브루니의 시각에서는 그것이 자연 언어가 아니기 때문에 공식적 교육을 받지 않은 사람들은 그것을 전체적으로 파악하기는 어렵다는 것이다. 브루니는 자신의 주장을 위해 "보잘것없는 여성"의 예를 끌어오고 있다. 이 점은 시사적이다. 물론, 뻔한 말이기는 하지만, 20세기 이전 서양 사람들 대부분은 물론이고 오늘날 세계의 많은 사람도 그러하듯이, 브루니가 강력한 성별 분리 사회에 살았다는 것은 특기할 만하다. 당시의 남녀는 오늘날만큼 소통하지는 못했다. 브루니에게는 최고 엘리트 계층의 여성 외의 어떤 여성이 라틴어가 수반되는, 근본적으로 공적인 방식의 교육에 참여할 수 있다는 것은 상상도 할 수 없는 것이었다. 앞서 본 바티스타 말라테스타에게 보낸 편지의 예외적 위치는 단지 이러한 관념에 대한 또 하나의 예증일 뿐이다.

---

88 Ibid., 218-19 (구두점 약간 바꿈): "Tu ne quaeso, Flavi, cum sis vir doctus ac litteris expolitus, vel alii qui tecum sentiunt, animum inducere potestis ut credatis nutrices et mulierculas et huiusmodi turbam ita tunc nasci ut quae nos tot magistris, tanto usu vix tenemus, illi nullis magistris assequerentur, ut eo modo loquerentur, quemadmodum hi qui latine litterateque loquuntur, intelligerentque poetarum comoedias nullo prius eos docente? Profecto valde absurdum est ita credere."

브루니는 계속해서 속어와 라틴어는 근본적으로 다르다고 말한다. 속어와 달리, 라틴어는 굴절되어 있고 동사는 변화하며 단어에는 아주 다양한 의미가 있다. 브루니에 따르면, "페로fero (I bring)는 동사인데, 그로부터" 문법상의 주요 형形인 "툴리tuli (I have brought)"와 "라툼latum (having been brought)"이 나오며, 그 파생어는 "수스툴리sustuli (I have borne) 및 "수브라툼sublatum (having been borne)과 연관된다.[89] "압푸이트abfuit"와 "데푸이트defuit"는 누군가가 부재했다는 것을 가리키지만, 전자는 긍정적, 후자는 부정적 함의를 지닌다.[90] "자네에게 묻겠네. 보잘것없는 여성과 간병인과 글을 읽고 쓰지 못하는 대중이, 정말 배운 우리조차도 겨우 말할 수 있는 이런 것들을 말한단 말인가?"[91]

고대 로마에 말은 잘하지만 문학 훈련은 전혀 받지 못했다고 알려진 사람들이 있었다는 취지로 비온도가 키케로에게서 인용한 예들에 대해, 브루니는 그런 경우는 예외라고 주장한다.[92] 그는 가정에 글을 읽고 쓸 수 있는 사람이 있다면 효과가 있을 것이라는 점은 인정한다. "그건 나도 인정하겠네. 만약 친척이나 하인이 배운 사람(literati)이고 어머니가 말을 우아하게(elegantes) 한다면, 이는 아들의 말을 우아하게 하는 데 도움이 될 수 있겠지."[93] 브루니는 당시의 로마 남성들보다 더 순수한 방식으로 말을 잘하는 로마 여성들을 칭송하기까지 한다. 하지만 그는 조심스럽게 오늘날의 이 로마 여성들의 말이 "속어"라는 점을 지적한다. "그들이 쓰는 명사의 격格은 굴절하지 않고, 동사 형태가 변화하지도 않으며, 문학적 방식으로 어미語尾를 맺지도 않는다네. 오히려 그들은 순수하고

---

89 Ibid., 219: *"Fero* verbum est, a quo *tuli, latum, sustuli, sublatum."*
90 Ibid.: *"Abfuit* et *defuit* duo sunt, quorum alterum laudem, alterum vituperationem significat."
91 Ibid.: "Haec ne quaeso mulierculae et nutrices et vulgus illiteratum dicent, quae nos literati vix dicere valemus?"
92 Ibid., 220.
93 Ibid.: "Fateor: parentes enim literati, et servi, matres etiam si elegantes sunt, adiuvare eloquentiam filiorum possunt."

명료하고 외국 냄새가 전혀 나지 않는 말을 쏟아내지."[94] 같은 맥락에서 브루니는 이렇게 말한다. "순수한 방식으로 말하는 단테나 다른 어떤 사람들에게서도 보듯이, 속어에도 그 나름의 탁월한 수준이 있다네."[95]

브루니가 인정하지 않으려 한 것, 아니 인정할 수 없는 것은 라틴어라는 것이 언제나 모두가 말하고, 매일매일의 소통을 통해 배우며, 교육은 단지 그것을 더 갈고 닦기 위한 것일 뿐인 통속어, 즉 속어였다는 것이다. 사실, 비온도의 주장 가운데 브루니가 답하지 않은 유일한 논점이 비온도의 마지막이자 주요한 논점이라는 것은 놀랍다. 그것은 로마인이 말했던 언어가 역사적 진화를 겪었고, 이는 특히 야만인의 침입 이후 결정적이었다는 것이다. 많은 점에서 브루니는 라틴어가 "링과 아르티피치알리스lingua artificialis", 즉 관념적으로 그 자체의 불변적 규칙을 지닌, 만들어진 언어라는 성기盛期 및 후기 중세적 관념에 매여 있었다(중세의 앞선 사람들은 그 규칙을 제대로 사용하지도 발견하지도 못했다는 것이 브루니의 견해이다).

브루니는 이런 측면에서 스승이자 전임 피렌체 서기장이었던 콜루초 살루타티(1331~1406)와 흡사했다. 살루타티는 생의 마지막 해에 도미니쿠스회 수도사 조반니 도미니치(1356~1420)가 시작한 묵시적이자 노골적인 공격을 막아내야 했다. 도미니치는 자신의 『반딧불이의 밤』 (*Lucula Noctis*)에서 고대 이교 작가 연구를 비난하지는 않았지만, 과도하지는 않아야 한다고 경고했다. 학생들이 이교 작가에 지나치게 몰입함으로써 진정한 그리스도교의 본질적 메시지를 놓칠 우려가 있다는 것이다.[96] 살루타티는 미완의 응답에서 "그람마티카grammatica"로서의 라틴

---

94 Ibid., 221: "Non quod casus inflecterent, aut verba variarent ac terminarent literate, sed quod purum et nitidum ac minime barbarum sermonem infunderent."

95 Bruni, in Tavoni, 221: "Nam et habet vulgaris sermo commendationem suam, ut apud Dantem poetam et alios quosdam emendate loquentes apparet", Cf. Bruni, *Schriften*, 61: "Ciascuna lingua ha la sua perfezione e suo suono, e suo parlare limato e scientifico"; McLaughlin, *Literary Imitation*, 93.

96 Edmund Hunt, ed., *Iohannis Dominici Lucula noctis* (Notre Dame, IN, 1940).

어가 고대 이교 사상가들의 발명품이라는 점을 강조했다.[97] 초기 그리스도교인들은 이 발명품에서 이익을 보았는데(그리스어의 발명에서도 그랬듯이), 이는 다양한 지지층에 통일된 방법으로 메시지를 보내도록 해 주었기 때문이다. 라틴어는 그 자체로 토대 문화(살루타티는 이를 그리스도교 문화로 보았다)를 담는 용기用器와 같은 것이었다. 도미니치에 대한 그의 주요 비판은 종교인이 라틴어를 모르면 초기 그리스도교 문헌을 완전히 이해할 수 없다는 것이었다.[98] 살루타티와 마찬가지로 브루니 역시 라틴어를 문화의 토대로 보았다. 하지만 브루니는 라틴어가 그리스도교에 중추적이라는 관념에 매이지도 않았고, 라틴어의 발명이라는 주장도 천명하지 않았다. 그러나 라틴어의 위치에 대한 주요 메시지는 서로 유사하다. 즉 라틴어는—과거 고대에 그랬던 것처럼 지금도—문화의 선도자들이 도구로 사용하는 문화의 통일된 언어로 존재한다는 것이다. 삶과 경력이 이 시점에 이른 브루니는 더이상 이처럼 세세한 의문들에 할애할 시간이 없었다. 그리고 오직 내부자만이 알 수 있는 것, 즉 문화적이든 아니든 지도력이라는 것은 상대적으로 작은 엘리트의 영역이라는 점을 확신함으로써, 그는 사실상 지배층을 대변하고 있었다.

브루니가 속어에 끼치는 고전주의의 영향을 확대하는 데 관심을 가졌다는 것은 사실이다. 혹은 차라리 고전 세계에 대한 올바른 인식이 가르쳐 줄 수 있는—그는 그렇게 믿고 있다—그런 종류의 덕성에 대한 인식을 확대하는 데 관심이 있었다고 말하는 편이 나을지 모르겠다. 제임스 핸킨스가 지적했듯이, 브루니가 쓴 단테와 페트라르카 "전기"는 "라

---

97 Coluccio Salutati, *Epistolario*, 4 voll. in 5, a cura di F. Novati (Roma: Istituto storico italiano, 1891-1911), 4: 216; as cited in Rizzo, *Ricerche*, 21: "An dicere potest aliquis litteras atque grammaticam inventionem non esse Gentilium et, si prohibentur Christianis ista studia, non etiam ipsam grammaticam inhiberi?"; 개관적 서술은 다음을 볼 것. Rizzo, *Ricerche*, 15-27.

98 Coluccio Salutati, *Epistolario*, 4: 220; as cited in Rizzo, *Ricerche*, 22: "Quo fit ut latine loqui nesciant (i.e., religiosi) et ipsas sacras litteras et dicta doctorum ad intelligentiam non capescant."

틴어를 모르는 사람들에게 브루니가 생애의 마지막 30년간 공들여 선전코자 한 시민적 이상을 확산시키기 위해 전통적인 속어 문학 장르를 이용하려는 노력으로 볼 수 있다."[99] 그뿐만 아니라 브루니 자신의 많은 저술이 속어로 번역되었고, 심지어는 고전적 이상을 더 많은 청중에게 알리는 데 도움이 되고자 그 스스로 여러 차례에 걸쳐 속어 연설을 작성하기까지 했다.[100] 하지만 브루니는 속어를 향한 이러한 노력이 메시지를 전달하는 수단이라는 데 어떤 의문도 가지지 않았고, 그 메시지의 완전한 의미는 오직 지속적으로 라틴어를 사용할 때만 발생하고 인식되며 주어질 수 있는 것이었다. 그러나 15세기 언어 논쟁은 곧 다른 국면으로 넘어가게 된다. 이는 돌이켜 보면 중대한 계기로 보이지만, 그것이 출현한 당시로서는 피렌체의 문화적 삶이 갑자기 급속하게 하락하는 모습으로 나타났다.

---

99 James Hankins, "Humanism in the Vernacular: The Case of Leonardo Bruni" in *Humanism and Creativity: Essays in Honor of Ronald G. Witt*, eds. Christopher S. Celenza and Kenneth Gouwens (Leiden: Brill, 2006), 11-29, esp. 14.
100 Ibid.

6
누가 문화를 소유하는가? 고전주의, 제도, 속어

레온 바티스타 알베르티는 브루니가 편지에서 생각을 펼친 것과 거의 동시에, 1437년의 『가족론』(*Della famiglia*) 제3권 서문을 통해 언어 논쟁에 개입했다(그 뿌리는 교황궁 안과 그 주변에서 진행되던, 마찬가지로 활기찬 대화들에 있었다). 알베르티는 새로운 세대에 속했다. 1404년에 태어난 그는, 라포의 짧막한 개요가 보여주듯이, 1430년대에 이르러 현란하고 새로운 재능을 가진 인물로 나타나게 된다.[1] 또한 알베르티는 또 한 명의 "국외자"를 대변하고 있었다. 그의 경우, 이는 문학적 경향에서 비롯한 것이 아니었다.

피렌체에서 추방된 한 귀족의 서자였던 알베르티는 일찍이 문학 교육을 받았고, 볼로냐 대학에서 법을 공부했다. 1430년대에 라포가 교황궁에서 그와 조우했을 즈음, 알베르티 가家에 대한 도시 금령이 풀린 덕분

---

[1] 알베르티에 대한 자세한 참고문헌이 달린 가장 최근의 연구서로는 다음이 있다. Martin McLaughlin, *Leon Battista Alberti: La vita, l'umanesimo, le opere letterarie* (Firenze: Olschki, 2016); Timothy Kircher, *Living Well in Renaissance Italy: The Virtues of Humanism and the Irony of Leon Battista Alberti* (Tempe: MRTS, 2012).

에 이미 그는 피렌체에 거주 중이었다. 우리는 이를 알베르티의 『회화론』(*De pictura*) 이탈리아어 판 헌정사에서 알 수 있는데, 여기서 그는 추방 생활에서 돌아온 후 피렌체에서 느낀 놀라움을 기술하고 있다. 『회화론』은 한마디로 걸작이다. 이 작품에는 원근법과 같이 르네상스의 작품 활동에서 나타나는 신경향에 대한 요약, 화가가 자연 현상을 어떻게 색채로 표현하는지에 대한 흥미로운 생각, 그리고 무엇보다도 천재는 결코 죽지 않는다는 것, 새로운 예술과 새로운 문학과 새로운 형태의 지식이 존재할 수 있다는 것, 고대와는 독립적인 방식으로 그렇게 할 수 있다는 것에 대한 확신이 있다. 『회화론』은 사실 이 모든 것을 뛰어넘는 것이었다. 알베르티는 앞의 믿음을 되새기면서 헌정사를 이렇게 시작하고 있다. "그토록 많은 탁월하고 훌륭한 기예와 학문이 …… 오늘날에는 거의 완전히 사라진 것처럼 보이는 것에 대해 나는 놀라기도 하고 슬퍼하기도 했습니다."[2]

그러고는 같은 헌정사에서 자신의 추방 생활을 이야기한 후에 이렇게 쓰고 있다.

많은 사람에게서, 그중에서도 나의 소중한 필리포(이는 결국 피렌체 두오모의 돔을 건축하는 데 성공한 필리포 브루넬레스키일 것이다) 당신에게서, 그리고 우리의 가까운 친구 조각가 도나토(도나텔로)와 넨초(로렌초 기베르티), 루카(루카 델라 롭비아), 마자초 같은 다른 친구들에게서 칭송할 만한 어떤 것에 대한 천재, 이 기예들에서 고대에 유명했던 그 누구에게도 밀리지 않는 천재를 봅니다. 그래서 나는 그 소금이 될 만한 모든 종류의 칭송을 얻는 힘이 자연 혹은 지금 우리가 사는 때가 부여한 재능 못지않게 우리 자신의 근면과 성실함에 있다고 말해 왔지요.[3]

---

[2] Leon Battista Alberti, *De pictura* (redazione volgare), a cura di Lucia Bertolini (Firenze: Polistampa, 2011), proemio.
[3] Ibid.

여기에는 주목할 만한 세 가지 견해가 나타나 있는데, 이 모두가 언어 논쟁에 대한 알베르티의 참여를 설명하는 데 도움이 된다.

첫째, 알베르티는 자기 자신의 사고를 발전이라는 관점에서 본다. 그는 다른 사람들의 말을 듣고는 당시 간접히 재발견하고자 했던 고대인과 비교해 자신의 왜소함을 느꼈다. 그러나—그의 사유는 계속 나아간다—피렌체로 돌아온 그는 눈을 떴다. 그렇게 해서 그는 당대인이 설사 고대와 비교하더라도 부끄러워할 것은 아무것도 없다는 점을 인식했다. 둘째, 알베르티 가가 추방 중일 때 피렌체와 그 도시가 이루어 낸 괄목할 만한 방식이 중요한 위치를 차지하고 있다. 사실, 이는 헌정사이고 그러므로 헌정을 받는 브루넬레스키와 그의 고향인 피렌체에 우호의 감정을 전하고자 한 것이다. 하지만 피렌체에서 기예가 번성하고 있다는 점은 부인할 수 없는 사실이었고, 특히 오랫동안 그곳을 떠나 있었던 알베르티에게는 놀라운 일이었던 것처럼 보인다. 끝으로 이미 언급했듯이, 이 헌정사는 1436년 이 작품의 이탈리아어 판을 펴내는 데 일조했다. 학자들은 알베르티가 처음에 이 작품을 이탈리아어로 썼는지 아니면 라틴어로 썼는지를 놓고 논쟁해 왔다. 로코 시니스갈리는 토스카나어로 먼저 쓴 뒤, 많은 해를 거치면서 라틴어로 옮겼다고 주장한다.[4] 그러나 어느 쪽이 처음인지는 크게 중요치 않다. 중요한 것은 그가 두 판본 모두를 똑같은 지적·문화적 세계의 일부로 생각했다는 사실이다.

이 라틴어-이탈리아어라는 이중 언어 상용은 중요하다. 알베르티를 이해하는 데 결정적인 점이 있다. 즉 이탈리아어 판을 유통할 필요가 있었고, 이는 속어가 라틴어와 나란히, 때로는 라틴어를 대신해 적절한 문화적 수단의 역할을 할 수 있다는 자신의 믿음을 잘 보여 준다는 것이다. 이 이중 언어 상용은 또한 좀 더 깊숙한 어떤 것을 암시한다. 요컨대, 말

---

4 Rocco Sinisgalli, *Il nuovo "De pictura" di Leon Battista Alberti-The New "De pictura" of Leon Battista Alberti* (Roma: Kappa, 2006); Sinisgalli, "Introduction" to Leon Bttista Alberti, *On Painting: A New Translation and Critical Edition*, tr. Rocco Sinisgalli (Cambridge: Cambridge University Press, 2011), 3-14.

하자면 끊임없이 커지는 고전주의 시장이 나타났다는 것이다. 그 시장에는 브루니와 알베르티처럼 고도로 훈련된 휴머니스트뿐만 아니라 상인과 같이 다른 부류의 사람도 포함되어 있었다. 이들은 라틴어로 작업할 시간도 뜻도 없었지만, 그래도 키케로의 연설을 읽거나, 율리우스 카이사르의 위업을 듣거나 혹은 당시 유행하던 수많은 고대 작가로부터 삶의 교훈을 얻고자 했다. 사상가들은 아리스토텔레스의 저술 다수를 속어로 번역했다. 『니코마코스 윤리학』은 브루니의 새 라틴어 번역이 나온 후 다시 크게 인기를 끌었고, 그 자체로 새로운 이탈리아어 번역과 새로운 독자를 창출하는 원동력이 되었다.[5] 15세기 사상가들은 아리스토텔레스 및 키케로를 비롯한 많은 고대 작가를 새롭고 자신만만한 상인 계급이 심취하고 애호하는 것을 정당화하는 데 이용했다.

속어 고전주의의 범위―그리고 한계―를 알려면 베네데토 코트룰리(1416~69)의 경우가 도움이 된다. 그는 이탈리아에 거주하던 헤르바치아(크로아티아) 출신의 상인으로, 복식 부기를 완성한 공이 있다. 15세기 중엽에 그는 『무역과 완벽한 상인에 대하여』(*Della mercatura e del mercante perfetto*)를 썼다. 여기서 그는 다음과 같은 것을 제시했다.

무역은 적절하고 정직하게 수행하기만 하면 대단히 유익할 뿐만 아니라 인간 공동체의 통치에 지극히 필요한 것이며, 그러므로 가장 고귀한 활동이다. 키케로가 말하기를, "상인은 국가의 중추"라고 했는데, 이때의 상인이란 정직하고 경험이 많으며 글을 배운 사람을 뜻했다. 같은 이유로 아리

---

5 Hankins, "Humanism in the Vernacular", 26; David Lines, "Aristotle's *Ethics* in the Renaissance" in *The Reception of Aristotle's Ethics*, ed. Jon Miller (Cambridge: Cambridge University Press, 2012), 171-93; Lines, "Beyond Latin in Renaissance Philosophy: A Plea for New Critical Perspectives", *Intellectual History Review* 25 (2015), 133-61; Andrea Rizzi and Eva del Soldato, "Latin and Vernacular in Quattrocento Florence and Beyond: An Introduction", *I Tatti Studies in the Italian Renaissance* 16 (2013), 231-42; Brian Maxon, *The Humanist World of Renaissance Florence* (Cambridge: Cambridge University Press, 2013).

스토텔레스는 국가의 주요 요소 중 하나로 무역을 꼽고자 했다.[6]

코트룰리가 마음에 둔 텍스트는 마닐리우스법을 옹호하는 키케로의 강력한 연설, 『마닐리우스법 옹호』(Pro lege manilia)였다. 여기서 키케로는 실제로 세수稅收가 국가의 중추이며, 세금을 징수하는 사람들 ― "푸블리카니publicani"는 세금 징수뿐만 아니라 상업 활동에도 종사하는 사람들이었다 ― 은 다른 모든 사회 계급의 기초로 간주해야 한다고 말했다.[7]

아리스토텔레스에 관해 코트룰리가 지적한 텍스트는 『정치학』(Politika)이 분명한데, 여기서 저자는 실제로 상인과 교역자가 국가에 필요하다고 말한다. 물론, 아리스토텔레스는 일종의 반상업적 편견, 정확히 말하면 그렇게 보이는 것에 일조했고, 코트룰리를 비롯한 여타 사람들이 그것을 반박하고자 한 것도 사실이다. 아리스토텔레스는 국가가 제대로 기능하려면 다양한 직업이 필요하다고 생각했다. 그러나 오직 "아레테arete"(종종 "덕virtue"으로 번역되지만, 차라리 "탁월성exellence"으로 이해하는 편이 더 낫다)라고 부르는 것을 가진 사람만이 통치할 수 있다. 탁월성 혹은 진정한 덕을 소유하는 것은 개인의 발전에 관한 문제이자, 본질적으로 자기계발과 스스로의 행위에 제한을 두는 어떤 것이다. 교역자는 부를 획득하는 사람이며, 부의 획득에는 한계가 없다.[8] 나아가 아리스토텔레스는 "가장 고귀하고 대단히 정의로운 사람들로 이루어지는 정체政體에서 시민은 장인이나 교역자의 삶을 살아서는 안 된다. 그러한 삶은 비천하고

---

6   Benedetto Cotrugli, *Della mercatura* (Brescia, 1602), 7-8, cit. and tr. Eugenio Refini, "Aristotile in parlare materno", *I Tatti Studies* (2013), 311-41, 317.
7   Cicero, *Pro lege manilia*, 7.17 (in Cicero, *Pro lege manilia. Pro Caecina. Pro Rabirio Perduellionis*, ed. and tr. H. Grose Hodge (Cambridge, MA: Harvard University Press, 1927), 28): "Etenim, si vegtigalia nervos esse rei publicae semper duximus, eum certe ordinem, qui exercet illa, firmamentum ceterorum ordinum recte esse dicemus."
8   Aristotle, *Politics*, ed. and tr. Horace Rackham (Cambridge, MA: Harvard University Press, 1944), 1.3, 1257b, pp. 44-46.

탁월성에 해롭기 때문"이라고까지 말한다.⁹ 이는 그가 부富를 비난한다고 말하는 것은 아니다. 반대로 15세기의 많은 사상가가 아리스토텔레스에게서 소중하게 보았던 한 가지 점은, 만약 부를 적절히 유지하고 분별 있게 사용한다면 사회에 유익한 기능을 할 수 있다는 것이었다. 부는 우리가 후함의 덕을 베풀고 가난한 자를 도우며, 자신의 가계를 자기충족적으로 이끌어 감으로써 국가라는 기계에 기름을 쳐서 그것을 잘 유지하게 해 주는 것이었다.¹⁰

덕의 추구, 그리고 그 작업과 교차하는 속어의 사용이 증가하는 방식에 대해 더 할 말이 있겠지만, 다시 거의 무명 인사인 코트룰리로 돌아가 보자. 그의 인용이 정확하지는 않을지 모르지만, 그보다는 두 경우의 저변에 작용하는 역학이 더 중요했다. 즉 자신의 ─ 이 경우에는 상인 ─ 삶의 방식에 가치를 두는 고대 문헌을 발견할 수 있었고, 또한 그렇게 하기 위해 훈련받은 학자처럼 할 필요도 없었다는 것이다. 고전주의(느슨하고 때로는 여기서처럼 오류를 범하기 쉽고 정교하지 못한)는 세상에서 자기의 위치를 알리고 견고하게 만드는 한 중요한 방식이 되어가고 있었다. 고전주의는 "문화" 자본이라 부를 만한 역할을 했다. 그리고 그것을 속어로 기술할 필요가 있을 때는 그렇게 했다.

알베르티로 돌아가자면, 언어 논쟁에 대한 그 자신의 참여는 속어를 정당화하는 또 하나의 결정적 단계를 보여 준다. 그러나 코트룰리의 예와는 달리, 알베르티의 개입은 다른 어떤 것보다도 그리고 그의 표면적 의도에도 불구하고, 라틴어의 중요성을 보여 준다. 좀 더 정확히 말하자면, 이는 토스카나어의 영역에서 이루어지는 긍정적인 어떠한 발전도 반드시 라틴어가 중요하다는 의식을 동반해야 한다는 것을 드러내고 있다.

알베르티 이론의 중심에는 담화가 사회에 유용하다는 데 초점을 맞춘

---

9 Ibid., 7.9, 1328b35-43, p. 574.

10 Hans Baron, *In Search of Florentine Civic Humanism: Essays on the Transition from Medieval to Modern Thought*, 2 vols. (Princeton: Princeton University Press, 1988), 1: 158-257.

역사적 변화에 대한 인식이 자리 잡고 있다. 그는 자신의 가장 유명하고 영속적인 작품 가운데 하나인 『가족론』—지금에 와서 유명한 이유는 그것이 15세기에는 수서본으로만 유통되었고 19세기까지도 간행되지 않았기 때문이다—에서 당시 언어 문제가 처한 상황에 대한 불만을 거침없이 쏟아 내고 있다.[11] 이 작품은 네 권으로 구성된 속어 대화편인데, 실질적으로는 1440년에 가서야 완성되었다. 알베르티는 가정이 어떻게 운영되어야 하는지를 기술하고자 고심했는데, 이는 교육과 결혼에서 재정과 아이들에 이르기까지 그야말로 가정에 대한 모든 것을 담고 있다. 알베르티는 제3권 헌정사에서 직접적으로 언어 문제를 제기하면서 자신이 왜 속어로 작품을 쓰는지 말한다. 브루니와는 달리, 알베르티는 일찍이 비온도가 제기했던 역사적 논증을 펼친다. 라틴어는 왜 사용되지 않게 되었는가? 알베르티에 따르면, "이탈리아는 다양한 민족, 즉 갈리아인, 고트인, 반달인, 롱고바르도인 등 지독히 가혹한 야만족에 의해 여러 차례 빼앗기고 점령되었습니다."[12] 침입의 와중에 다른 언어를 사용하는 사람들과의 소통을 위해 라틴어 사용자들은 다른 언어를 배웠고, 새로 도래한 민족 역시 라틴어를 배웠다. 외국인들이 라틴어를 배우기는 했지만, "그들의 발음에는 아마 저급함과 변질이 수없이 나타났을 것입니다. 이처럼 우리 언어와 뒤섞이는 바람에 한때는 매우 계발되고 정제되었던 라틴어는 거칠고 망가진 상태가 되었습니다."[13]

---

11 Leon Battista Alberti, *I libri della famiglia*, a cura di Ruggiero Romano e Alberto Tenenti, edizione nuova, Francesco Furlan (Torino: Einaudi, 1994). 이후 인용은 다음에 따른다. Alberti, "Proemio al III dei *Libri de familia*", in Patota, 3-12.

12 Alberti, "Proemio", in Patota, 6: "Fu Italia piú volte occupata e posseduta da varie nazioni: Gallici, Goti, Vandali, Longobardi, e altre simili barbare e molto asprissime genti." "nazioni" 및 "genti"의 의미를 "peoples"로 보는 데 대해서는 Patota, 6, n. 18을 볼 것.

13 Alberti, "Proemio", in Patota, 6-7: "Onde per questa mistura di dí in dí insalvatichí e viziossi la nostra prima cultissima ed emendatissima lingua." 알베르티는 후일 피에트로 벰보가 『속어론』(*Prose della volgar lingua*)에서 했던 방식—이탈리아 속어가 원주민 언어와 야만인 언어 간의 상호 교환으로 생겨났다는 것—으로 주장하지는 않

알베르티가 브루니에 동의하지 않는다는 것은 글이 진행되면서 분명히 나타난다.

> 여기서 나는 이 크나큰 손실(라틴어의)에 놀라면서 당시는 물론 그 이전에도 이탈리아에 오늘날 우리가 사용하는 것과 같은 어떤 공통 언어가 있었다고 주장하는 사람들에 동의할 수 없습니다. 그들은 오늘날 학식이 깊은 사람조차도 이해하기 어렵고 모호한 것을 당시의 여성들이 알고 있었다는 것은 믿을 수 없다고 말하면서, 결론적으로 당시 배운 사람들이 글로 쓰던 언어는 아마 학자들의 기술이자 발명품일 것이며, 대중은 그것을 대략 이해할 뿐 완전히는 알 수 없었다고 말합니다.[14]

알베르티는 여기서 브루니와는 아주 다른 이론을 제시하고 있는데, 이는 특히 그가 고대 라틴어조차도 "아마 학자들의 기술이자 발명품일(una quasi arte e invenzione scolastica)" 것이라는 생각을 피력한 데서 그러하다.

알베르티의 토스카나어 단어 "아르테arte"의 의미를 숙고해 보면, 마음속에 연상되는 것들이 있을 것이다. 이 단어는 "기술"을 뜻하는 라틴어 "아르스ars"에 해당한다. 우리는 이와 연관해 쉽게 "링과 아르티피치알리스lingua artificialis"(인공어)를 떠올릴 수 있는데, 이는 알베르티가 반

고 있다; Pietro Bembo, *Prose della volgar lingua*, a cura di Carlo Dionisotti (Torino: UTET, 1966), 86: "Del come, non si può errare a dire che, essendo la romana lingua e quelle de' Barbari tra sè lontanissime, essi a poco a poco della nostra ora une ora altre voci, e queste troncamente e imperfettamente pigliando, e noi apprendendo similmente delle loro, se ne formasse in processo di tempo e nascessene una nuova, la quale alcuno odore e dell' una e dell' altra ritenesse, che questa volgare è, che ora usiamo."

14 Alberti, "Proemio", in Patota, 7: "Né a me qui pare da udire coloro, a quali di tanta perdita maravigliandosi, affermano in que' tempi e prima sempre in Italia essere stata questa una qual oggi adoperiamo lingua commune, e dicono non poter credere che in que' tempi le femmine sapessero quante cose oggi sono in quella lingua latina molto a' bene dottissimi difficile e oscure, e per questo concludono la lingua in quale scrissero e dotti essere una quasi arte e invenzione scolastica piú tosto intesa che saputa da molti."

대하는 관념이다. 알베르티의 시대에는 "아르테"가 길드를 뜻하기도 했다는 점에 주목하자. 여기서 우리는 알베르티가 일생 지니고 있었던 국외자의 정서를 읽을 수 있다. 즉 그는 사람들이 집단별로 모이는 경향, 개개인의 뛰어난 점을 찾기보다는 그들을 무조건 어떤 집단과 관련짓는 삶으로 이끄는 관습을 항상 반대해 왔다.[15] 그가 여기서 피력한 생각은 일찍부터 『회화론』에서 제시한 견해, 즉 모든 사람이 우리가 그리스와 로마의 탁월한 고대인에 비해 아무것도 나은 것이 없다고 말하지만, 이는 사실이 아니라고 한 것과 일맥상통한다. 당신의 눈과 귀를 열어라. 그러면 스스로 그 타당성을 입증하는 최상의 기예와 언어와 철학이 존재하고 있음을 보고 들을 수 있으리라. 1405년쯤으로 거슬러 올라가는 브루니의 『대화』가 살루타티 시대를 뛰어넘으려는 새로운 세대의 관심사와 우선적인 사항을 반영하고 있었다면, 알베르티라는 인물에서 우리는 여러 패러다임을 통합하고자 하면서도 동시에 그것을 뛰어넘으려는 또 다른 세대의 투쟁을 보게 된다.

　이 새로운 세대의 관점을 규정하는 데 몰두하던 알베르티는 피에로 데 메디치(피렌체 최고의 후원자였던 코지모 데 메디치의 아들)의 후원으로 1441년 피렌체에서 개최된 한 경연을 준비했다.[16] 시적 성격을 띤 이 경연의 주제는 "진정한 우정"이었다. 경연에 참가할 사람은 이 주제를 다룬 시 한 편을 제출하게 되어 있었다. 중요한 점은 제출할 작품이 라틴어가 아니라 속어인 이탈리아어였다는 것이다. 경연은 "체르타메 코로나리오Certame coronario"라는 명칭으로 진행되는데, 이는 이탈리아어로 대략 "왕관을 위한 경연"이라는 뜻이다. 하지만 이 두 단어 모두 라틴어와

15　알베르티의 개인적 성향은 그의 자서전에서 잘 나타난다. Alberti, *Autobiografia e altre opere latine*, a cura di Loredana Chines e Andrea Severi (Milano: Rizzolo, 2012), 64-103; Riccardo Fubini e Anna Menci Gallrini, "L'autobiografia di Leon Battista Alberti: Studio e edizione," *Rinascimento*, n.s. 12 (1972), 21-78.

16　Guglielmo Gorni, "Storia del Certame coronario", *Rinascimento*, n.s. 12 (1972), 135-81; Lucia Bertolini, a cura di, *De vera amicitia: I testi del primo Crtame coronario* (Modena: Franco Cosimo Panini, 1993).

관련이 있다. 이탈리아어 "체르타메"는 직접적으로 라틴어 "케르타멘 certamen"에서 파생한 것인데, 베르길리우스의 일곱 번째 전원시, 즉 고대 신화 속에 나오는 두 명의 양치기 티르시스와 코리돈 간의 노래 경연을 세세히 읊은 시에 나온다. 그리고 이탈리아어 "코로나리오"는 라틴어로 왕관을 의미하는 "코로나corona"와 관련되는데, 이는 보통 계관시인에게 주어지는 월계수로 만든 "왕관"을 가리킨다. 달리 말해 이 경연의 의도는 속어를 고전적 상징의 궤도로 가져와 그것이 시적 기량의 정당하고 중요한 수단임을 공개적으로 천명함으로써, 이 경연에 의례적 성격을 부여해 전체적으로 그 명망을 드높이겠다는 것이었다.

당시 교황궁은 피렌체에 있었다. 이 유구한 그리스도교 제도가 지닌 문화적 명망이 이 도시의 명망과 결합해 피렌체는 점차 새로운 르네상스 문화를 선도하는 도시로서의 위상을 확립하게 되었다. 그러므로 교황궁의 주요 인사 10명이 경연의 심판을 맡고, 나아가서 경연 장소가 알베르티의 친구이자 칭송의 대상인 브루넬레스키가 돔을 올린 대성당, 즉 피렌체의 영적·종교적 중심지에서 개최되는 것은 자연스러운 일이었다. 그러니 경연자들의 작품을 심사한 심판관들이 상을 수여하지 않기로 한 것이 얼마나 실망스러웠겠는가. 그 이유는? 어떤 경연자도 특별히 뛰어나 보이지 않았고, 그래도 4명이 상을 받을 만했지만 우열을 가릴 수 없어 아무에게도 상을 수여치 않기로 했다는 것이다. 심판관들이 수여를 거부한 저변에는 언어 문제가 도사리고 있었다. 그것은 마치 불안정한 속어로 쓴 것은 결코 라틴어의 지속성과 경쟁할 수 없다고 말하는 것처럼 보였다. 우정이라는 주제가 포괄적이라는 것도, 참가자 중 몇몇이 주요 시민이라는 것도(그중에는 장차 피렌체 서기장이 될 베네데토 아콜티도 들어 있었다), 행사 전체를 메디치 가가 후원한다는 것도 별 소용이 없었다.[17]

---

17 아콜티의 참여에 대해서는 다음을 볼 것. Gorni, 161; Robert Black, *Benedetto Accolti and the Florentine Renaissance* (Cambridge: Cambridge University Press, 1985), 44-45.

모든 것이 끝난 뒤, 알베르티는 두 가지 방식으로 반응했다. 그 하나는 다른 하나보다 좀 더 건설적이었다. 첫 번째로 그는 심판관들 — 익명으로 알려졌으나 알베르티 자신이 그러리라 생각한 인물들 — 에게 분노에 찬 편지를 보냈다. 그는 빈정대는 투로 글을 시작한다. "피렌체의 평민이자 민중이 인간다운 당신들에게 인사드립니다. 오, 지극히 고귀한 교황 비서님들이여."[18] 여기서 그는 경연이 원래 착상했던 방식을 제시하고, 사실상 그것을 "피렌체의 젊은이들에게 유익한 어떤 것, 우리의 조국에 가치 있는 어떤 것, 또한 모두가 칭송하는 어떤 것으로" 받아들인다.[19] 이어서 그는 그들이 애초에 경연 조건을 수락하지 않았느냐고 말한다(알베르티의 함의는, 그러므로 그들이 심판관으로서의 약속을 어긴 것으로 보일 수 있다는 것이다). 시들 가운데 다수가 이미 피렌체 너머까지 퍼져 나갔고 학식 있는 사람들이 훌륭하다고 판단했건만, 어떻게 이런 일이 일어날 수 있다는 말인가?

속어로 말하는 사람들이 라틴어가 박식한[litteratissimo] 사람들과 경쟁하는 것은 적절치 않다든가, 이 때문에 무엇보다도 이런 경연은 금지되어 마땅하다고 말하는 …… 사람들이 있다는데, 그런 사람들은 오직 당신들뿐입니다. 특히 우리는 당신들이 흔히 "우리는 모두 유피테르의 자손이며, 모두가 똑같은 분별심을 갖고 있다"고 말하는 것을 들어왔기 때문에, 지극히 학식이 깊은 당신네 중에 그처럼 기량이 부족한 사람이 있다고는 도통 믿기지 않는 것도 사실입니다.[20]

51-52, 68-69; Bertolini, 111-39, 295-333.

18 Alberti, "Protesta", in Patota, 42-52, spec. 42: "Le plebe et i vulgari fiorentini vi saluta come huomini, molto generosissimi segretarii apostolici."

19 Ibid., 43: "che fosse cosa utile alla nostra gioventù, cosa degna alla patria nostra, cosa ancora lodata presso a tutte le genti?"

20 Ibid., 46: "Solo tra voi sentiamo essere chi vitupera questa principiata nostra laude, e dice essere cosa indegna che uno vulgare con uno nobilissimo literatissimo contenda, e per questo in prima doversi vietare questi certami. Nollo crediamo che tra alcuni di voi,

이 지점에서 알베르티는 수사학적으로 당시의 정서를 표현하면서 압박을 가하기 시작한다. 결국 "운이 아니라 덕이 우리를 고귀하게 만든다는 것이 분별 있는 사람들의 공통적 견해"라는 것이다.[21] 이러한 견해는 바로 그때쯤인 1440년경, 그 자신 역시 불평으로 가득 찬 교황 비서였던 포초 브라촐리니가 피력한—사실, 피력하고 있던— 것이었고, 그래서 알베르티의 편지는 여기서 포초(그에 대해서는 뒤에서 좀 더 자세히 언급할 것이다)를 은근히 비꼬고 있는 셈이다.[22]

분노의 편지는 알베르티가 고대를 언급하면서 더욱 흥미로운 방향으로 흘러간다. 그는 심판관들이 고대의 모든 것에 집착하면서 고대 그 자체를 오해하고 있다고 질책했다. 알베르티의 말은 좀 길어도 인용할 가치가 있다.

비판을 계속하는 사람이 있다면 우리는 이렇게 묻겠습니다. 진정 이러한 것이, 당신들이 그렇게 내세우고 어떤 식으로든 고대의 냄새가 나지 않는 것은 아무것도 좋아하지 않을 정도로 그들의 모든 언행 하나하나를 애호하는, 그런 고대인들이 언제나 하던 습관이었을까요? 또 이렇게 묻겠습니다. 그때에는 인격이 매우 훌륭하고 학식도 아주 깊은 사람, 당신들만큼이나 지극히 예민한 귀를 가진 사람이 있었을까요? 또한 플라우투스가 못이 박힌 손을 하고 밀가루를 뒤집어쓴 채 무대에 나타났을 때, 로마의 그 "군주들"은 그를 경멸했을까요? 아니면 그 시인이 먹고살기 위해 힘겹게 일

---

huomini dottissimi, sia tanto ineptia, sendo in voi questo comune detto che tutti siamo da Giove, e tutti comperiamo il sale tanto l'uomo quant' e l'altro."

21 Ibid.: "essendo comune sentenzia di tutti e prudenti che la virtù, non la fortuna, fia quella che noi nobilita."
22 텍스트에 대해서는 다음을 볼 것. Poggio Bracciolini, *La vera nobilitate*, a cura di Davide Canfora (Roma: Salerno, 1999). 포초는 1440년 밀라노 대주교 프란체스코 피촐파소(브루니가 자신의 『니코마코스 윤리학』 번역과 관련해 접촉했던 인물)에게 보낸 한 편지에서 자신의 작품에 대해 말하고 있다. 다음을 볼 것. Poggio, *Lettere*, 2: 359-62.

한 빵집의 냄새를 참았을까요?²³

마지막 물음에 대한 알베르티의 암묵적인 대답은 물론 "그렇다"는 것이다. 그의 요점은 한때 생계를 위해 제분소에서 일했다고 생각되는(고대의 전기적 전승에 따르면) 플라우투스가 그래도 중요한 라틴어 극작가로 존경받고 있다는 것이다.²⁴ 그러나 플라우투스의 시대에 그 자신은—여기서 알베르티가 쓴 편지의 서두를 상기하자면—"평민이자 민중"이었다. 알베르티는 플라우투스의 삶과 출생의 배경을 자세히 살펴본다면, 그가 결코 사회의 높은 신분 출신이라든지, 그 혼자서만 별개로 자신과 동료들이 일상적으로 말하는 것과는 다른 언어로 글을 썼을 것이라든지, 제2의 언어로 글을 썼다든지 하는 식으로 볼 수는 없다는 점을 암시하고 있다. 달리 말해 플라우투스는 모국어로 글을 썼다는 것이다.

알베르티는 엘리트주의적이고 자기 만족적인 상대방과의 가상 대화를 이어가면서 그들을 아주 날카롭게 비판하고 있다.

이렇게 말하고 싶네요. 나의 선인先人이여, 스스로 덕을 닦는 데 헌신하는 사람, 동료 시민을 돕는 일, 우리 모두—그들 역시 당신들과 똑같은 사람입니다—에게 더 많은 배움을 주고 우리를 더 잘 살도록 해 주는 일에 헌

---

23 Alberti, "Protesta", in Patota, 46-47: "E se pur fusse chi perseverasse vituperandolo, il domanderemo se questo fu usato costume sempre presso agli antichi, quali voi tanto proponete et approvate in ogni fatto et detto, che nulla altro può non dispiacervi se non quanto e'sente dell'antico. E domanderemo se in que'tempi si trovarono huomini generosi, huomini dotti, et huomini che avvessono l'orecchie delicatissime pari a voi. Et domanderemo se, quando Plauto venia in scena tutto polveroso e colle mani callose, que' principi latino lo fastidiavano, se a que' patricii stomacava l'odore del pristino (= 'pristrino' = mulino) in quale quel poeta se exercitava per pascersi."

24 알베르티가 알고 있던 텍스트 속의 플라우투스 전기와 제분소에 대해서는 다음을 볼 것. Aulus Gellius, *The Attic Nights*, ed. and tr. John C. Rolfe (Cambridge, MA: Harvard University Press, 1947), 3.3.14 (in vol. 1, p. 250); 알베르티와 겔리우스에 대해서는 다음을 볼 것. McLaughlin, *Leon Battista Alberti*, 137, 143.

신하는 사람을 무시하라고 당신에게 가르치는 것은 도대체 무슨 종류의 "인문학"이란 말입니까?[25]

짧지만 진심 어린 이러한 외침에는 아주 많은 것이 들어 있다.

첫째로 "인문학"을 보자. 여기서 알베르티가 쓰고 있는 이탈리아어 표현은 "스투디오 두마니타(=디 우마니타)studio d'umanità(=di umanità)"로, 이는 라틴어 "스투디아 후마니타티스studia humanitatis"를 바로 이탈리아어로 바꾼 것이다. "스투디아 후마니타티스"는 이미 휴머니즘이라는 새로운 문화를 인식하는 표지標識가 되어 있었다. "스투디아 후마니타티스"의 5과목이 한 곳에서 동시에 언급된 최초의 예를 발견한 때가 1438년이었다는 것은 주목할 만하다. 그해에 당시 피렌체 최고의 정계 인사이자 후원자였던 코지모 데 메디치는 토마조 파렌투첼리에게 "어떻게 장서藏書를 구축하는지", 달리 말해 어떻게 하면 적절하고 시대의 흐름에도 맞는 장서를 조성할 수 있는지 조언을 구했다.[26]

파렌투첼리는 성서, 교부들의 저술, 교회법에 관한 저술, 그리고 수많은 스콜라 철학서 같은 중세적 전통의 주류에 속하는 책을 광범위하게 제시했다. 그가 열거한 저술 대부분은 사실상 전통적인 텍스트였다. 그러나 파렌투첼리는 목록 끝부분에 이런 말을 덧붙였다. "인문학과 더불어 문법, 수사학, 시, 역사, 도덕철학에 관한 것에 대해서는 당신이 이 모든 것을 잘 알고 있으리라 생각합니다. 하지만 만약 제가 장서를 구축하고자 한다면, 물론 모든 것을 완비할 수는 없겠지만, 특히 이러한 것들을 빠뜨리고 싶지는 않을 것입니다." 그러고는 계속해서 그가 계획한 저술 목록에 다수의 로마 문법학자들, "키케로의 작품은 모두가 뛰어나므

---

25 Alberti, "Protesta", in Patota, 47: "E diremo: qual tuo studio d'umanità, o huomo, t'insegna tanto fastidire chi si dia alle virtù, alle cose grate a'suoi cittadini, alle quali cose noi altri, pure huomini come voi, diventiamo piú dotti e piú atti a ben vivere?"

26 Vespasiano da' Bisticci, *Le vite*, a cura di Aulo Greco, 2 voll. (Firenze: Istituto nazionale di Studi sul Rinascimento, 1970-76), 1: 46-47.

로 그의 모든 저술", 퀸틸리아누스, 세네카, 베르길리우스, 그리고 다른 수많은 로마 고전("방대한 역사를 담고 있는" 플루타르코스의 『영웅전』(*Vioi Paralleloi*)의 라틴어 번역은 말할 나위도 없고)을 나열하고 있다.[27] 파렌투첼리는 이후 최초의 "휴머니스트 교황"이 니콜라우스 5세가 된다. 그는 그리스어-라틴어 번역을 장려했고 바티칸 도서관의 기초를 닦았다. 일찍이 그가 제시했던 장서 목록은 그 장서가 조성될 무렵에도 전통의 힘이 여전히 강력했다는 것을 보여 준다. 하지만 또한 알베르티가 속어의 모험을 감행할 당시 "스투디아 후마니타티스"는 기본적인 것이자 문화적 삶의 지주로 이해되고 있었다는 것도 보여 준다.

그래서 알베르티가 항의의 편지에서 "인문학"이라는 용어를 사용했을 때, 그것은 무게가 있었다. 그는 라틴어 문화가 자신의 세대에서 문화의 수호자로 자처하는 사람들의 삶과 정신에 얼마나 깊이 스며들어 있는지 스스로 이해하고 있다는 사실을 강조하고 있다. 그는 또한 이 경연의 심판관들이 무엇이 받아들일 만하고 유익함이 있는지를 판별하는 관점을 확장해야 할 필요가 있다는 것도 이야기하고 있다. 알베르티가 "스스로 덕을 닦는 데 헌신하는 사람, 동료 시민을 돕는 일 …… 을 하는 사람을 무시하라"고 허용하는 것은 도대체 무슨 종류의 "인문학"이냐고 물을 때, 그는 물론 자기 자신을 생각하고 있는 것이다. 그러나 알베르티는 동시에 문화에 대한 다음과 같은 암묵적인 질문도 하고 있다. 문화는 누구에게 도움이 되어야 하는가? 그 방법은? 그의 진술 나머지 부분은 그가 믿고 있는 것이 무엇인지를 보여 준다. 즉 속어에 편안한 사람들을 모두 아우르는 문화적 접근 방식을 진지하게 받아들여야 한다는 것이다.

---

27 이 목록은 다음에서 볼 수 있다. MS, Firenze, Biblioteca nazionale centrale, Magl. 1.6.30; Giovanni Sforza, *La patria, la famiglia, e la giovinezza di Papa Niccolò V: Ricerche storiche*, Atti della Reale Accademia lucchese di scienze, lettere ed arti, 23 (Lucca: Giusti, 1884), 359-81. 인용한 구절은 p. 380에 나온다. 다음도 볼 것. Benjamin J. Kohl, "The Changing Concept of the *Studia Humanitatis* in the Early Renaissance", *Renaissance Studies* 6 (1992), 185-209; Cesare Vasoli, "La biblioteca progettata da un Papa Niccolò V e il 'suo canone'", *Babel: Littératures plurielles* 6 (2002), 219-39.

라틴어 학자로서 흠잡을 데 없는 자격을 갖춘 알베르티 같은 인물이 제기한 비판은 비록 당시에는 즉각적인 반향을 불러오지 못했지만, 오늘날에 와서는 새삼 주목을 끌고 있다.

알베르티는 앞서 『가족론』에서 한 주장에서 역사적 이유뿐만 아니라 언어의 사회적 기능과 유용성에 대해서도 분명히 지적하고 있다. 그는 앞서 언급한 제3권 헌정사에서 이렇게 의문을 제기한다. "고대 작가들은 왜 사람들이 거의 이해하지도 못하는 언어로 동료 시민들이 글을 쓰는 데 도움을 주기 위해 그토록 노력했을까?"[28] 학식 있는 사람들이 이 계획에 충분한 시간을 투여한다면 속어를 "세련되고 윤이 나는(elimata e polita)" 것으로 만들 수 있다는 것이 기본 발상이었다.[29] 이런 생각은 단테의 『속어 웅변론』까지 거슬러 올라가는데, 언어 문제 전반의 주요한 긴장 관계를 반영하고 있다. 즉 언어에 관한 규칙과 질서를 부여한다는 것은 모든 사람이 가장 "세련되고 윤이 나는" 형태의 언어에 접근할 수는 없을 것이라는 의미에서 필연적으로 어떤 수준의 사회적 제한을 암시한다.

사실, 알베르티의 주장에는 브루니의 주장을 뒤엎는 것이 있었다. 브루니는 하인들이 라틴어처럼 복잡한 언어를 적절히 사용할 수 없었을 것이라고 주장한 바 있다. 하지만 알베르티는 오늘날에도 "우리 하인들이 단어를 완전히 이해할 수 있게 발음하거나" 토스카나어의 동사 형태와 여타 문법 사항을 바르게 사용하는 것이 "얼마나 어려운지를 보고 있

---

28 Alberti, "Proemio", in Patota, 9: "E con che ragione arebbono gli antichi scrittori cerco con sí lunga fatica essere utile a tutti e suoi cittadini scrivendo in lingua da pochi conosciuta?"

29 Ibid., 10: "E sia quanto dicono quella antica apresso di tutte le genti piena d'autorità, solo perché in essa molti dotti scrissero, simile certo sarà la nostra s'e dotti la vorranno molto con suo studio e vigilie essere elimata e polita." 이 점에 대해서는 다음을 볼 것. Angelo Mazzocco, *Linguistic Theories in Dante and the Humanists: Studies of Language and Intellectual History in Late Medieval and Renaissance Italy* (Leiden: Brill, 1993), 82-105.

지 않은가"고 반문했다.³⁰ 토스카나어에도 나름의 문법적 난점과 까다로운 사항이 있다. 달리 말해 알베르티는 아래로부터의 혁명을 요구하지는 않았다. 그는 토스카나어를 비롯해 형식을 갖춘 어떤 언어도 사용하는 사람의 능력만큼 이해하고 사용하게 된다는 점을 알고 있었다. 그러나 알베르티는 속어를 당대의 "고급"문화에서 차지하고 있는 것 이상으로 훨씬 더 확장해야 한다고 생각했다.

따라서 그는 한 걸음 더 나아가 토스카나어 제목의 『소소문법』(Grammatichetta)을 썼다.³¹ 최초의 피렌체 속어 문법서인 이 작품은 지금에 와서는 친숙하게 들리는 말로 시작한다. 그는 이렇게 썼다.

믿건대, 라틴어가 모든 라틴계 사람에게 공통적인 것이 아니었고 오직 학교에서 교육받은 어떤 사람들(오늘날에도 그 수가 적은)에게만 속한 언어였다고 주장하는 사람들이 우리의 이 작은 작품을 보게 된다면, 그들은 그러한 실수에서 벗어나게 될 것이다. 나는 이 책에서 약간의 해설을 제시함으로써, 우리의 언어가 사용되는 방식을 함께 모아 보았다.³²

여기에는 얼핏 보아서는 놓치기 쉬운 중요한 점이 있다.

알베르티는 언어의 문어적 형태가 말하는 방법과 반드시 상호 의존적으로 공존하고 기능한다는 점을 말하고 있다. 라틴어는 제2의 언어이기 때문에, 당연히 그것을 말하는 사람은 더 적을 것이다. 하지만 그가 주장

---

30 Alberti, "Proemio", in Patota, 8.
31 Alberti, *Grammatichetta*, in Patota, 13-39. 이에 대한 기본 판본과 연구는 다음을 볼 것. Leon Battista Alberti, *La prima grammatica della lingua volgare: La grammatichetta vaticana*, Collezione di opere in edito o rare, v. 125, a cura di Cecil Grayson (Bologna: Commissione per i testi di lingua, 1964).
32 Alberti, *Grammatichetta*, in Patota, 15: "Que' che affermano la lingua latina non essere stata comune a tutti e' populi latini, ma solo propria di certi docti scolastici, come hoggi la vediamo in pochi, credo deporranno quello errore, vedendo questo nostro opusculo, in quale io racolsi l'uso della lingua nostra in brevissime annotationi."

하려는 것은 마치 고대인이 라틴어에 대해 그랬던 것과 똑같은 것을 토스카나어에도 적용할 필요가 있다는 점이었다. 알베르티는 바로 앞서 인용한 구절에 이어 이렇게 쓰고 있다. "처음에는 그리스의, 다음에는 라틴의 위대한 지성과 학자들 역시 과거에 비슷한 일을 한 바 있다. 그리고 그들은 이와 똑같은 종류의 지침—문어와 구어 모두에 적절한 지침—을 '그람마티카Grammatica'로 명명했다."³³ 앞서 살펴보았듯이, "그람마티카"라는 말은 중세 전통에서 "라틴어"의 대체어로 사용되었다. 알베르티는 단지 그 개념을 약간 더 숙고해 규칙을 살아 있는 방식으로 이해하고 실행할 수 없다면 그것은 아무 의미도 없을 것이라고 말했을 뿐이었다. 그는 『소문법』의 짤막한 서문을 간단히 이렇게 끝맺고 있다. "이 책을 읽으면 이 기법 및 우리 언어와 관련해 일어나는 일을 이해할 수 있을 것이다."³⁴ 그것이 다였다. 알베르티는 이어서 알파벳의 순서, 모음의 종류, 품사 등으로 시작해 토스카나어에 대해 아주 짧고 평이하게 기술하고 있다.

이 짤막한 텍스트에서 기술상의 가장 중요한 특징은 텍스트에 라틴어가 끊임없이 나타난다는 것이다. 알베르티는 토스카나어와 라틴어가 서로 긴밀히 얽혀 있으며, 토스카나어가 존중받을 만한 위치에 이르려면—거의 한 세기 뒤에는 결국 그렇게 될 것인데—라틴어와의 연결점을 부각할 필요가 있다는 점을 인식하고 있었다.

알베르티는 『소문법』에서 사실상 그의 독자, 특히 토스카나어를 문학적으로 진지하게 받아들이지 않으려는 사람들도 라틴어를 참조하는 것이 유용하다는 점을 알게 될 것이라는 가정 아래, 내내 라틴어를 시금석처럼 사용하고 있다. 예컨대, 그는 명사에 대해 이렇게만 말하고 있다. "토스카나어 명사 대부분은 라틴어 명사와 매우 흡사하다. 토스카

---

33 Ibid.: "Qual cosa simile fecero gl' ingegni grandi e studiosi presso a' Greci prima, e po' presso de e' Latini; et chiamorno queste simili ammonitioni, apte a scrivere e favellare senza corruptela, suo nome, *Grammatica*."

34 Ibid.: "Questa arte, quale ella sia in lingua nostra, leggietemi e intenderetela."

나어 명사에는 '남성형'과 '여성형'만이 있는데, 라틴어 '중성형' 명사는 〔토스카나어에서〕 남성형이 된다."[35] 이러한 기술에서 그가 두 언어를 아주 단순한 방식으로 비교하고 있다는 것을 보게 된다. 라틴어 명사에는 남성형(예컨대, "정원"이란 뜻이 "호르투스hortus"는 남성형인데, 이는 만약 여기에 형용사가 붙으면 그 형용사 역시 성을 일치시켜야 한다는 의미이다), 여성형("탁자"라는 뜻의 "멘사mensa"), 중성형("고요함"이란 뜻의 "실렌티움silentium")의 세 가지 성이 있으나 토스카나어에는 남성과 여성 두 가지 성만 있는데, 라틴어의 중성형은 토스카나어 남성형에 포괄되었다. 방금 든 세 가지 예에서(알베르티의 텍스트에는 없는 예를 가상하자면) "호르투스"는 토스카나어 "오르토orto"로, "멘사"는 그대로이고, "실렌티움"은 "실렌치오silenzio"로 변형된다. 이와 비슷한 요소들이 알베르티의 『그람마티케타』 곳곳에서 나타난다. 이는 매우 기본적인 것으로, 그야말로 기초 수준에서 라틴어를 공부하던 사람들에게도 자명해 보였을 것이다.

그러나 단순한 것도 돌이켜 보면 종종 자명하게 보이는 법이다. 사실, 알베르티는 토스카나어에 대해 이와 비슷한 일을 한 최초의 인물이었다. 지금 대단하게 보이는 것은 그때도 그랬으리라고 생각할 수도 있겠다. 하지만 그렇지 않다. 알베르티는 15세기 초·중반의 피렌체에서 그곳의 보수적이고 라틴어 지향적인 문화 선도자들과는 달리 홀로 피렌체 속어를 고취하는 입장을 취했다. 『그람마티케타』는 르네상스 혹은 초기 근대에 인쇄본으로 간행된 적이 없었다. 그것은 메디치 가문이 후원하는 피렌체 산 마르코 도서관에 수고본 상태로 있다가, 뒤에 교황 레오 10세가 되는 조반니 데 메디치 추기경에 의해 로마로 옮겨졌다. 그리고 1508년 로마에서 이 작품의 수서본 하나가 만들어졌는데, 공교롭게도 지금 작지만 혁명적인 이 텍스트에 대한 우리의 지식에 토대를 제공하고 있는 것이 바로 이것이다. 그것이 단테의 『속어 웅변론』 수서본과 함께 묶여 있었다는 것도 매우 시사적이다.[36]

---

35 Ibid., 17.

물론, 알베르티의 길고도 유명했던 삶에는 다른 일들도 있었다. 건축가로 활동한 그는 산타 마리아 노벨라의 정면 상단부(여러 건의 의뢰 중에서도)를 설계했다. 이는 피렌체의 두 도미니쿠스회 교회 중 하나로, 마자초가 그린 「삼위일체」(*Santa Trinità*)가 여기 봉헌되어 있다. 이 프레스코화는 특히 알베르티가 『회화론』에서 원근법에 대한 놀라운 기술을 할 때 염두에 두고 있던 그림 가운데 하나이기도 하다. 그 그림 밑부분에는 토스카나어 대문자로 이렇게 적혀 있다. "IO FU GIA QUEL CHE VOI SIETE, E QUEL CH'I' SON VOI ANCO SARETE(나는 한때 지금의 당신이었고, 지금의 나는 언젠가 미래의 당신이 될 것이다)." 이 명문銘文은 무덤을 그린 부분에 채색되어 있으며, 글 바로 아래에는 잊을 수 없을 만큼 무시무시한 모습의 해골이 그려져 있다. 그것은 "메멘토 모리memento mori", 즉 죽음을 기억하라는 말이다. 죽음은 삶을 상쇄하며, 살면서 이룬 어떤 업적도 죽음의 마지막 승리와 비교해 평가해야 한다는 것이다. 알베르티는 토스카나어에 대한 자신의 작은 작품이 그처럼 거의 유통되지 않을 것임을 알았을까? 그것은 왜 무시되었나? 그는 피렌체의 엘리트들이 그에게 문호를 닫아 버렸기 때문에 지적인 삶에서 국외자가 되었는가? 혹은 그의 천성이 언제나 친구들을 멀리 하게 만들었는가?

이는 물론 대답하기 힘든 의문들이다. 그러나 한 세대를 뛰어넘으면 언어 논쟁이 좀 더 구체화하는 때가 올 것이다. 알베르티가 거의 알려지지 않게 된 문법서를 쓴 약 30년 뒤, 두 명의 사상가가 언어 논쟁이 가는 길들을 예시하게 된다.

첫째로 1471년에서 시작해 보자. 이 해에 비록 오늘날에는 거의 알려

---

36 Ms, Città del Vaticano, Biblioteca Apostolica Vaticana, Reg. Lat., 1370; Alberti, *La prima grammatica*, a cura di C. Grayson; Patota; Paolo Brongrani, "Nuovi contribute per la grammatica di L. B. Alberti", *Studi di filologia italiana* 40 (1982), 65-106; Nadia Cannata Salamone, "Il dibattito sulla lingua e la cultura letteraria e artistica del primo Rinascimento romano. Uno studio del ms. Reg. lat. 1370", *Critica del testo* 8 (2005), 901-51.

지지 않았지만, 인쇄술 도입 초기에 커다란 성공을 거둔 책 하나가 발간되었다. 그것의 완전한 제목은 『시에나 출신 아고스티노 다티의 웅변 규칙에 대한 소책자』이지만 곧 『소웅변론』, 라틴어로는 『엘레간티올레』(Elegantiolae)로 알려지게 되었다.[37] 이 책을 쓴 시에나 학자이자 교육가 아고스티노 다티는 한동안 가장 학식 있는 사람들이 키케로의 작품에 밝지 않으면 그 누구도 라틴어에 숙달될 수 없다고 생각했다는 점을 지적하면서 글을 시작한다. "그러므로 키케로 — 바로 웅변의 아버지라고 명명할 만한 — 의 작품을 읽고 또 읽고, 아울러 그의 작품들이 일견할 가치가 있다는 것을 앎으로써 우리는 — 만약 그러한 것들을 잘 이용한다면 — 웅변에 가까워지며, 좀 더 평범한 사람들의 언변을 훨씬 앞설 수 있을 것이다."[38] 여기서 중요한 점은 다티가 피력한 정서가 아니다. 사실, 1471년쯤이 되면 많은 사람이 키케로를 라틴어 작문(때로는 말하는 것도 포함해)의 모범이라고 생각했다. 더 주목할 만한 점은 다티의 책이 남긴 반향이었다. "잉쿠나불라incunabula" 시대 — 금속 활판 인쇄술의 발명에서 1500년까지 — 에만 한정하더라도 이 작품은 무려 110판 이상을 찍었다.[39]

달리 말해 그것은 그 이유를 물어야 할 정도로 대성공이었다. 몇 가지 대답을 제시할 수 있다. 첫째, 『엘레간티올레』는 대략 양면 20쪽 정도로 짧았다는 것이다. 둘째, 작품의 성격을 잘 부각하고 있다는 것이다. 『엘레간티올레』는 단순할 정도로 아주 짧고, 아담하고, 효과적인 키케로 식 라틴어 설명서이다. 다티는 산문을 쓸 때 키케로의 기법을 효과적으로 사용할 수 있는 일련의 방식으로 바로 들어간다. 첫째, 변주와 변화

---

37 다음의 1491년 판 제목을 인용했다. *Augustini Datti scribae senensis Elegantiolae foeliciter incipiunt* (Venetia: Johannes Baptista de Sessa, 1491).

38 Ibid., a.i. (r).

39 Robert Black, *Humanism and Education in Medieval and Renaissance Italy: Tradition and Innovation in Latin Schools from the Twelfth to the Fifteenth Century* (Cambridge: Cambridge University Press, 2001), 359-64.

(varietas; commutatio). 말의 변주는 언제나 웅변가의 연설에 최상의 힘과 아름다움을 준다. 다티는 어떻게 이 목표를 달성하는지에 대해 몇 가지 제언을 하고 있다. 다른 대목에서 그는 어구를 부정으로 끝낼 수도 있다고 말한다. 예컨대, "당신보다 더 뛰어난 사람은 본 적이 없습니다―프레스탄티오렘 테 비디 네미넴praestantiorem te vidi neminem."⁴⁰ 요컨대, 이 책은 다티가 다년간 가르치고 연마한 결과로 얻은 기법들을 모은 것이다. 그리고 이는 필요를 채워 주었다. 1470년대에 이르면 사회의 학식 있는 엘리트 성원들이 무엇을 배워야 하는지에는 의심의 여지가 없었다는 것을 우리는 알고 있다. 즉 그것은 자기 생각을 문화와 외교의 공식 언어인 라틴어로, 나아가 고전적 방식에다 역사적으로도 정확한 라틴어로 표현하는 법을 배우는 것이었다. 1470년쯤이 되면 키케로 식 라틴어는 문화적 참정권의 부여라고 부를 만한 지점에까지 이르게 된다. 이는 기득권층의 언어였다. 다음 장章에서 살펴보겠지만, 왜 라틴어 사용법에 대한 합의가 나타났는지에는 몇 가지 이유가 있다. 그것은 역사 및 언어 논쟁과 연결되어 있었다.

둘째, 거의 동시에 언어 문제의 다른 측면이 나타났다. 우리는 피렌체로, 더 구체적으로는 피렌체 대학으로 돌아가야 한다. 이는 바다로 가는 피렌체의 관문인 피자Pisa에 본관을 두고 있었지만, 피렌체 자체에도 문학을 다루는 다른 분관이 있었다. 1467년에서 1470년 사이 어느 시점에 바로 그곳에서, 피렌체의 사상가이자 교육가인 크리스토포로 란디노가 토스카나 속어로 쓴 페트라르카의 소네트에 대한 대학 강좌를 열고 있었다. 속어 텍스트를 대학 수준에서 강의할 수 있었다는 바로 그 사실은

---

40 Agostino Dati, *Elegantiolae*, a.i. (v): "Praepositiones perpulchre inter substantiva atque adiectiva nomina inferentur, ut: ferace in agro; ornatissimo in loco; maximas ad res; hanc ob causam; iustis de causis, aliaque huiusmodi complura ······ Negativa dictio apte in calce orationis ponitur, ut: praestantiorem te vidi neminem. Scipione clariorem in bellicis laudibus invenies neminem. Tua erga me benivolentia et tuo in me animo gratius est nihil. Qui te ardentius amet habes neminem."

다소 혁명적이었다. 단테의 『코메디아』도 단속적이지만 피렌체 대학에서 쭉 가르쳐 왔다. 보카초가 이 걸작에 대해 강의한 것은 14세기로까지 거슬러 올라간다. 그러나 『코메디아』는 일찍부터 시, 신학, 그리고 모든 종류의 사건을 포괄하는 걸작으로서 구색창연한 연원을 지니고 있었다.

그래서 크리스토포로 란디노(1424~98)가 페트라르카를 강의하기로 작정했을 때, 이는 아직은 작은 발걸음이지만 토스카나어로 된 작품이 진지한 대학 연구의 수준으로 올라갈 수 있으며, 설사 속어 시라 하더라도 그것이 던지는 모든 공명을 끌어낼 학문적 장치가 필요할 정도로 매우 복잡하고 우아하며, 충만한 의미가 있음을 천명하는 것이었다. 달리 말해 란디노의 강의는 의미가 있었다. 그가 강의를 열면서 속어에 대해 말한 것—강의 전체의 틀을 제시하는—은 좀 길지만 인용할 가치가 있다.

모든 언어("세르모네sermone")에는 말과 개념("센텐체sentenze")이 필요하다는 것을 그 누구도 의심하지 않는다. 기술("아르테arte")을 결여한 말은 항상 부적절하게 된다. 그것에는 우아함도, 구성도, 가치도 없다. 그리고 진정한 인문학("베리 스투디 두마니타veri studi d'umanità")에서 끌어내지 않은 관념은 항상 가볍고 경박해진다. …… 그러므로 기술과 학문의 필요성을 고려할 때, 이는 또한 라틴어 없이는 얻을 수 없으므로, 훌륭한 토스카나어를 구사하고자 하는 사람은 누구나 먼저 훌륭한 라틴어를 습득해야 한다.[41]

---

41 Cristoforo Landino, "Orazione fatta per Cristofano da Pratovecchio quando cominciò a leggere i sonetti di messere Francesco Petrarca in istudio", (1467-70) in R. Cardini, *La critica del Landino* (Firenze: Sansoni, 1973), 342-54, spec. 349-550: "Niuno di voi dubita che ogni sermone ha bisogno di parole e di sentenzie. Le parole sanza arte sempre fieno inette perché mancheranno d'eleganzia, mancheranno di composizione, mancheranno di dignità. Le sentenzie, le quali non saranno tratte da veri studi di umanità, sempre fieno e frivoli e leggieri …… Se adunque fa di bisogno l'arte, fa di bisogno la dottrina, e queste senza la Latina lingua non s'acquistano, è necessario essere

란디노의 기술에서 모든 핵심어는 라틴어 교육의 전통에 깊이 공명하고 있다. 예컨대, "세르모네"를 보자. 이는 라틴어 "세르모sermo"에서 나왔고 여기서는 "언어"로 번역했다. 말할 수 있다는 의미에서의 "언어"뿐만 아니라 표현과 재현 체계로서의 "언어"를 포괄하는 것은 다름 아닌 말과 개념이다. 또한 "기술을 결여한 말은 언제나 부적절하게 된다"는 생각이 있다. 여기서 "아르테"는 물론 "기술"을 뜻하는데, 이 경우에는 선택과 배열의 기술을 의미한다. 그 함의는 이를 배우는 것이 라틴어를 가르치고 배우는 핵심적 방법이며, 속어의 경우도 마찬가지라는 것이다. 이런 기술 없이는 언술에 사용되는 어떤 말도 "엘레강스elegans"를 결여할 것이고(듣기가 좋지 않아 설득력이 없을 것이라는 뜻이다), 구성도 결여할 것이며(즉 서로 잘 연결되지 않는 말이 될 것이다), 그래서 결국 "가치"를 상실할 것이다. 여기서 쓴 이탈리아어 단어는 "디뉘타dignità"인데, 이는 라틴어 "디그니타스dignitas"와 직접 연결된 것으로 "가치" 혹은 "권위" 등의 의미를 지닌다.

   란디노가 말하려는 것은 토스카나어를 포함해 쓸모 있는 언어는 기술을 잘 활용할 필요가 있다는 것이다. 그리고 기술은 오직 라틴어에서만 배울 수 있다. 그것의 규칙과 공부하는 방법 및 전통도 마찬가지이다. 또한 "스투디아 후마니타티스"도 필요하다. 란디노가 말한 "진정한 인문학veri studi d'umanità"의 의미가 바로 이것이다. 란디노의 시대에는 그것이 자명한 정서였기 때문에, 이에 대해 거의 부언할 필요가 없었다. 사실, 란디노의 견해로는 "학식"을 끌어내는 것은 다름 아닌 인문학이었다. 그는 이에 해당하는 말로 이탈리아어 "도트리나dottrina"를 썼는데, 이 역시 여러 층의 의미 중에서도 "가르침", "박식", "입증할 수 있는 지식" 등을 포괄하는 풍부한 라틴어적 공명("독트리나doctrina")을 지니고 있다. 모든 점을 고려할 때, 사상가에게는 기술과 학식 모두가 필요하며, "이는 또한 라틴어 없이는 얻을 수 없으므로, 훌륭한 토스카나어를 구사

---

latino chi vuole essere buono toscano."

하고자 하는 사람은 누구나 먼저 훌륭한 라틴어를 습득해야 한다"는 것이다.

달리 말해 란디노는 라틴어와 토스카나어가 긴밀히 연관되어 있으며, 토스카나어로 쓰는 글을 보증은 못해도 적어도 보호해 줄 수 있는 방식으로 사용하려면 라틴어가 제공하는 전통과 규칙이 필요하다는 점을 당연시했다. 알베르티는 이미 한 세대 전에 이를 나름의 방식으로 직관함으로써, 『그람마티케타』를 정확히 라틴어 문법 전통에서 배치해 놓은 체계에 따라 구성한 바 있다. 물론, 그는 논쟁을 불러일으키고 있었다. 그는 "체르타메 코로나리오"에서 상징적으로 나타났듯이, 존중받지 못한다는 데 대해 모욕을 느꼈고 언제나 자신이 국외자라는 생각에 사로잡혀 있었으며, 또한 스스로 개인이라는 정체성에 충실했기 때문에 『그람마티케타』를 쓴 동기는 과장이 아니라 복잡한 면이 있다. 그러나 요점만은 분명했다. 즉 토스카나어와 라틴어는 서로 연결되어 있다는 것이다.

아고스티노 다티의 『엘레간티올레』는 동전의 뒷면을 보여 주었다. 페트라르카 이래 여러 세대의 지식인들이 공부하고 기록하며, 마침내는 창조적인 자기표현의 도구로서 완성했던 키케로 식 라틴어가 주류로 받아들여지게 되었다. 그것은 학교로 유입되었고, 15세기 중엽에 이르면 엘리트 교육에서 필수 장식품이 되었다. 이를 설명서 정도로 격하할 수도 있겠지만, 어쨌든 이것이 필요했다. 하지만 이에 대한 흥미가 계속되었는가? 그것의 전위는 어디인가? 지식인들이 앞장서 나아가려면 어떤 종류의 작업이 필요했나? 이러한 질문에 대한 답은 오직 우리의 발걸음을 되짚어 나감으로써 찾을 수 있다. 언어 문제에 대한 세대 갈등이 브루니와 알베르티 사이에서 일어났던 것처럼 지대한 영향을 끼칠 중요한 또 다른 갈등이 포초 브라촐리니와 로렌초 발라 사이에서 나타났다. 이번에는 언어만큼이나 철학이 문제가 되었다. 이러한 다음 국면을 검토하려면 먼저 포초에 대해 좀 더 깊이 알아야 한다.

7
포초 브라촐리니

역병을 피해 있는 동안, 난 솔즈베리 대성당을 보았네. 그리고 자네가 수없이 말했던 그 책을 찾아냈지. 언젠가 마누엘이 봤다는 것이 뭔지 모르겠네. 한 가지는 알지. 내가 꼼꼼히 조사해 봤지만, 이제 그곳에는 오리게네스의 책은 하나도 없다네. 더욱이 그 책들을 봤다고 하는 사람도 아예 없다는 걸세. 식탐과 욕정에 탐닉하는 사람은 수없이 많지만, 문학을 사랑하는 사람은 거의 없지. 물론, 진정한 학문을 배우기보다는 하찮은 논쟁이나 궤변에 더 숙달한 야만인은 있지만.[1]

때는 1420년, 글쓴이는 포초 브라촐리니이다. 그는 멀리 잉글랜드에서 친구이자 후원자이며 동료인 피렌체 휴머니스트 니콜로 니콜리에게 그렇게 편지를 썼다.

    레오나르도 브루니처럼 토스카나인이지만 피렌체 바깥 출신인 포초

---

[1] Poggio, *Lettere*, 1: 20.

는 비교적 일찍이 교황궁에 자리를 잡았다.² 그는 거의 50년이라는 오랜 경력 동안 몇 대에 걸쳐 여러 교황에 봉직했고, 브루니처럼 피렌체 시민이 되어 언제나 피렌체를 진정한 집으로 생각했다. 포초는 전근대 세계에서는 비교적 보기 드물게 광범위한 여행을 했던 계층에 속했다. 포초가 여행을 가장 많이 다닌 시기가 바로 교황에 봉직한 때라는 것은 곧 그가 세상을 많이 보았다는 것을 의미했다. 그는 1414년에서 1417년 사이, 오늘날 스위스와 독일의 경계에 있는 콘스탄츠의 공의회에 가 있었다.³ 그는 그곳에서 오토네 콜론나가 교황 마르치누스 5세로 선출되면서 대분열을 둘러싼 투쟁이 끝나는 것을 지켜보았다. 그는 자신이 직접 해야 할 일이 없을 때를 이용해 중세에는 존재했다고 알려졌지만 거의 연구된 적이 없는 텍스트들을 찾아 여러 수서본 도서관을 샅샅이 뒤졌다. 예컨대, 그는 공의회가 열리는 동안 에피쿠로스 철학을 기술한 라틴어 시 작품인 루크레티우스의 『사물의 본성에 관하여』(*De rerum natura*)를 완본 상태로 찾아냈다.⁴ 그 모든 것을 통해 언어와 언어 문제에 대한 포초의 개입(이에 대해서는 다음 두 장에서 다룰 것이다)은 여행과 직업을 통해 얻은 실용적 세계관과 긴밀히 연결되어 있었다. 언어 논쟁에서 그가 한 역할로 넘어가기 전에, 우리는 그가 초기에 쓴 몇몇 편지와 그의 가장 중요한 두 저작에 대한 분석을 통해 세계를 바라보는 그의 관점을 이해하는 것이 필요하다.

---

2 포초의 생애에 대해서는 여전히 다음이 매우 유용하다. Ernst Walser, *Poggius Florentinus: Leben und Werke* (Leipzig: Teubner, 1914).

3 공의회에 대해서는 다음을 볼 것. Brandmüller, *Das Konzil von Konstanz, 1414-18*; Stump, *The Reforms of the Council of Constance*.

4 루크레티우스의 영향에 대해서는 다음을 볼 것. Alison Brown, *The Return of Lucretius to Renaissance Florence* (Cambridge, MA: Harvard University Press, 2010); Stephen Greenblatt, *The Swerve: How the World Became Modern* (New York: Norton, 2012); Gerard Passanante, *The Lucretian Renaissance: Philology and the Afterlife of Tradition* (Chicago: University of Chicago Press, 2011); Ada Palmer, *Reading Lucretius in the Renaissance* (Cambridge, MA: Harvard University Press, 2014).

편지에 관해 말하자면, 앞서 인용한 편지를 쓴 시기는 그가 불안정한 때였고, 그래서 그는 잉글랜드의 보퍼트 추기경 헨리의 초청을 받아들여 그곳에서 5년을 보냈다. 앞서 인용한 편지를 쓴 것이 바로 이 시기인데, 당시 추기경에 봉직하고 있었던 포초는 자주 여행을 다녔다. 우리는 이 간략한 인용문을 통해 유럽에서 역병이 절정에 달했던 때는 1348년부터 1352년 사이이지만, 사실은 때를 가리지 않고 수시로 창궐했음을 알게 된다. 포초는 역병을 피해 솔즈베리로 갔는데, 여기는 건물 대부분이 13세기에 완공된 브리튼 식 고딕 대성당으로는 가장 두드러진 한 곳이었다. 물론, 포초의 관심사는 수서본이었다. 행간을 읽어볼 때, 우리는 피렌체가 애호한 그리스인 선생 마누엘 크뤼솔로라스—그는 14세기 말 피렌체에 머물면서 포초와 니콜리를 비롯한 많은 사람에게 그리스어를 가르쳤다—가 솔즈베리에 귀중한 작품이 소장되어 있다고 한 말에 답하고 있다는 것도 알게 된다.

그중에는 그리스어로 글을 썼고 3세기 중엽에 죽은 이집트 출신 그리스도교인 오리게네스의 텍스트들도 있었다. 오리게네스는 신학자로서 존경과 칭송을 받았음에도 성인의 위치에 이르지는 못했다. 그는 영혼이 미리 존재한다는 이단적 입장을 지지한 것으로 보이는데, 이는 신이 각 인간의 영혼을 본질적으로 육체와의 단일체 일부로 창조했다는 그리스도교적 가르침과는 잘 조화되지 않았다. 또한 오리게네스는 정절 문제에 매진했는데, 심지어는 스스로 거세까지 하면서 「마태복음」 19장 12절의 다음과 같은 구절을 문자 그대로 받아들이는 데까지 이르렀다. "천국을 위해 스스로 된 고자도 있도다. 이 말을 받을 만한 자는 받을지어다." 그래서 포초는 니콜리의 열성적인 격려와 오래전 크뤼솔로라스가 던진 단서에 힘입어 오리게네스가 쓴 것이면 무엇이든 찾아보려 했다(하지만 아무런 결실도 없었다). 끝으로 우리는 포초가 잉글랜드 학자들이 "문학 애호가"라기보다는 억지만 쓰는 "야만인"이라는, 즉 그들은 자신과 니콜리 같은 휴머니스트가 아니라는 휴머니스트 전형을 유지하고 있었다는 것 역시 알게 된다. 그는 그들이 "우리와는 같지" 않다고 말하고 있는 것이다.

다른 사람을 배제함으로써 사회적 공간을 규정하려는 시도는 공히 모든 문화 운동에서 나타난다. 내부자가 있으면 국외자도 있다. 포초는 여기 니콜리와 주고받은 짤막한 편지에서 당시 너무 흔해 거의 자기 풍자에 가까웠던 어떤 것, 즉 대학에 기반을 둔 학자는 휴머니즘을 "갖지" 못한다는 점을 말하고 있다. 두 사람은 오래전 존경하는 선생에게서 그리스어를 배웠다는 기억으로 결속해 있었고, 거의 알려진 바 없는 논쟁적 텍스트일 만한 것을 찾는다는 임무를 계속하고 있었으며, 끝으로 이 모든 것을 넘어 친구로서 서로를 그리워하고 있었다. 사실, 이 시기에 포초가 니콜리에게 보낸 편지들은 자신이 왜 아직도 "집"—그에게는 이 말이 피렌체, 나아가서는 이탈리아를 뜻했다—으로 돌아오지 않는지 구구절절한 설명으로 가득 차 있었다. 그리고 이 모든 설명은 자신을 재정적인 짐에서 벗어나게 해 줄 돈과 수입 확보가 필요하다는 것으로 끝난다.

예컨대, 포초가 니콜리에게 보낸 다른 편지를 보자.

모종의 참사회원 직을 주겠다는 제의가 있네. 이는 내가 어디에 있든 연年 100피오리노, 적어도 80피오리노의 수입을 보장해 줄 걸세. 만약 내가 이를 받는다면 더 바랄 것이 없겠지. 부와 지위를 모두 얻겠다는 욕심은 버려야 할 것 같네. 그리고 언제나 그랬듯이 문필 연구를 할 시간은 가지겠지. 사실, 자네에게 종종 말했네만 이야말로 언제나 내가 뜻하는 것이었고, 여기 온 것도 바로 이 때문이라네. 그러면 연구하면서 살아가는 데 충분한 것을 약간이나마 얻을 수 있겠지. 뭐 설사 이게 다 무망하다고 해도 난 이미 그것을 이루었다고도 볼 수 있지 않겠나.[5]

여기에 나오는 용어와 역학 관계가 현대의 독자에게는 매우 낯설게 보일 것이다.

---

5 Poggio, *Lettere*, 1: 52-53.

여기서 참사회원이라는 말이 나오는데, 아마 포초는 결국 받아들이지는 않았지만 보르도 대성당의 참사회원 직을 제의받은 것 같다.[6] 추측해보자면, 포초는 성당 감독에 관련한 일에 대한 대가로 그 성당으로부터 얼마간의 재정 수입을 얻을 예정이었을 것이다. 성당이 토지를 가지고 있고 그로부터 나오는 생산량이 늘어나며, 다시 그로부터 수입이 증대된다면 농부는 그 수입의 일정량을 성당에 주어야 했을 것이다. 또한 성당 관할 지역에서 법적 분쟁이 발생한다면, 아마 그 분쟁을 해결하기 위해 포초가 불려갔을 것이다. 포초는 물론 성직자는 아니었지만 유럽 전역에 걸친 교회의 방대한 관료제에 봉직하는 많은 사람처럼 "오르디네스 미노레스Ordines Minores"라 불리는 하급 성직을 가지고 있었는데, 이는 오늘날 가톨릭교회에서 평신도 부제副祭가 지니고 있을 만한 종류의 직분이었다. 당시 그것이 뜻하는 바는 교회의 시각에서 볼 때 당신이 "공식적" 인물이며, 어떤 직책 ― 이 경우는 참사회원과 같은 직책 ― 에 따르는 일을 수행하는 대가로 주어지는 성직록을 받을 수 있다는 것이었다.

포초는 니콜리에게 "내가 이를 받게 된다면 더 바랄 게 없겠지"라고 썼다. 왜? 그러면 그는 자신이 항상 원했던 "문필 연구를 할" 시간을 가지게 될 것이기 때문이다. 이 성직록을 받는다면 그는 "부와 지위"를 얻겠다는 욕심은 "버려야" 했을 것이다. 포초의 뜻은 적어도 명시적으로는 자신이 지금까지 교회 고위직에 봉직하면서 영위해 왔던 좀 더 활동적이고 참여적이며 공적인 삶에서 완전히 물러나 평온하지만 만족스러운 학자의 삶을 살겠다는 것이었다. 그는 이야말로 자신이 진정으로 바라는 것이고 이탈리아를 떠나 잉글랜드로 온 유일한 이유 역시 결국에는 이러한 뜻을 이루는 것, 연구를 이어갈 수 있을 만큼 충분한 부를 획득하는 것이라고 말하고 있다.

어떤 측면에서 포초는 활동적이지만 생각할 여유가 없는 일에 종사하

---

6   J. A. Twemlow, ed., *Calendar of Entries in the Papal Registers Relating to Great Britain and Ireland. Papal Letters, v. 7, AD 1417-1431* (London: Mackie and Co., 1906), 295.

는 사람들의 여망을 표현하고 있다. 즉 언젠가는 일정과 관료제 내부의 정치와 위계가 가하는 압력에 매이지 않고 스스로의 관심사를 추구하는 평온한 시간을 갖고 싶다는 것이다. 하지만 뒤로 돌아가 그 구절을 맥락 속에서 뜯어본다면 여기에는 더이상의 것이 깔려 있음을 알게 될 것이다.

포초는 역시 니콜리에게 보낸 바로 앞의 편지에서 이렇게 썼다. 그는 "내가 어떤 확고한 위치에 도달한다는 조건으로 우리의 친구 피에로 람베르테스키가 내게 제의해 온 것 때문에 기분이 좋다네. 지난 편지에서 그는 곧 출발할 것이라고 하면서 자신이 지금 염두에 두고 있는 것이 실현될 것이며, 그렇게 되는 대로 곧 다시 피렌체에서 편지를 보내겠다고 약속했다네."[7] 람베르테스키는 당시 그곳의 많은 사람처럼 항상 수많은 사업을 하고 있던 부유한 피렌체인이었다.[8] 그가 하던 사업 중에는 헝가리로 가서 장기간 체류해야 하는 경우도 있었던 것 같다. 우리가 알기로 람베르테스키는 1423년에 이 여행을 위한 르네상스 식 비자 같은 것을 받았고, 그래서 포초로서는 좋은 수익이 기대되는 어떤 일이 진짜로 실현될 것처럼 보였던 것 같다.[9] 이 사업에서 포초가 할 일이 무엇이었는지는 알려지지 않았다.

포초는 같은 편지에서 이런 식의 전직轉職이 어떻게 진행될 것인지도 언급하고 있다. 그는 이미 자신과 니콜리 둘 모두와 친구 사이인 피에로의 말이 허풍만은 아닐 가능성을 고려하고 있었다. 포초는 여행 자금을 어떻게 조달할 것인지도 계획하고 있었다. "여행에 충분할 만큼의 자금

---

7 Poggio, *Lettere*, 1: 51.
8 Gene A. Brucker, *Renaissance Florence* (Berkeley: University of California Press, 1969), 69-88; Richard Goldthwaite, *The Economy of Renaissance Florence* (Baltimore: Johns Hopkins University Press, 2009).
9 Johann Friedrich Böhmer, *Regesta Imperii, XI: Die Urkunden Kaiser Sigmunds, 1410-1437*, 2 vols. (Innsbruck: Wagner, 1896-1900; repr. Hildesheim: Georg Olms, 1968), v. 1, 401, doc. 5667; cit. Phyllis W. G. Gordon, *Two Renaissance Book Hunters* (New York: Columbia University Press, 1991), 260, n. 4.

을 모으기 위해 성직록에서 얼마간의 돈을 긁어모을 수 있을 때까지는 여기에 — (즉 잉글랜드에) — 있을 예정이네. 그렇지 않고는 아무것도 할 수 없으니까 말일세."[10] 어쨌든 포초는 이 제의 — 세부 사항은 알려지지 않은 — 가 구체화 될 것이라고 믿고 있었다.

뒤이은 편지에서 포초의 어조는 바뀌고 있는데, 아마 피에로에게서 아무 소식이 없었기 때문에 다른 계획을 심각하게 고려해 봐야 한다는 점을 인지한 것으로 보인다. 피에로라는 이름이 여러 번 나오는데, 이는 부지불식간에 포초의 불안이 크다는 것을 보여 준다. "먼저, 자네가 내 편지를 받았다니 기쁘네. 내가 자네와 피에로에게 보낸 답장 말일세." "난 피에로에게서 답장이 올 때까지 기다릴 것이네." "피에로가 답을 하면 즉시 내게 알려 주게나" 등등.[11] 포초는 다시 잉글랜드에서 자신이 처한 상황을 자세히 기술한다. "얼마 전 자네에게 말했던 대로 내가 가고 싶다고 즉시 집으로 갈 수가 없네. 약간 지체해야 할 것 같아. 내가 이 성직록을 받는 즉시 난 그것을 누군가를 치유할 일이 없는 다른 것과 바꾸려고 했다네. 적어도 지금까지 내가 보지 못했고, 또한 내가 온 힘을 쏟아부을 만한 어떤 것으로 말일세."[12] 여기서 "치유"란 "영혼의 치유"를 가리킨다. 실제로 그것이 뜻하는 바는 기금을 받는 대가로 해야 하는 의무였다. 이론상 이러한 의무는 어떤 유의 목회 활동 — "영혼을 돌보는 것" — 과 관련이 있었다("치유cure"는 "돌봄care"을 의미하는 라틴어 "쿠라cura"의 영어식 번역이다).

포초는 자신이 밝히고 있는 대로 "치유할 일이 없는"(즉 "한직閑職 sinecure" = 시네 쿠라sine cura) 성직록을 찾고 있다. 달리 말해 포초는 자신이 현재 받게 되는 성직록을 그것이 주어진 기관에 덜 매이고 일도 덜 하는 다른 것과 바꾸려는 것이다. 그는 같은 편지에서 이렇게 말하고 있

---

10 Poggio, *Lettere*, 1: 51.
11 Poggio, *Lettere*, 1: 54-55.
12 Ibid., 1: 54.

다. "벌써 두 달 동안 누군가가 내 교회 성직록을 주는 대가로 프레번드 prebend라고 하는 것 ─〔잉글랜드의 중세적 전통 특유의 기금 성직록으로, 그에 따른 의무 사항은 거의 없다〕─ 을 주겠다며 나에게 달라붙고 있었다네. 하지만 내가 막상 이 일에 매듭을 지으려 하자, 약속은 할 수 없다면서 뒤로 물러서는군."[13]

포초의 편지들에서 우리는 몇 가지 점을 명확하게 알 수 있다. 특히 경력에서 비교적 초기 단계인 이 시점에서, 그는 여전히 수입에 신경을 쓰고 새로운 일자리는 없을까 살피고 있다. 포초는 40대 초인 1422년에 당시 중요한 행정 업무를 수행하고 있던 과정에서 편지를 썼다. 포초는 부잣집 출신이 아니었고, 그래서 언제나 선택의 여지를 많이 열어 놓아야 한다는 것을 잘 알고 있을 만큼 세상살이에 요령이 있었다. 니콜리에게 보낸 그의 편지는 우정이야말로 정서의 자양분과 고향 소식과 경력상의 지지가 필요할 때면 언제나 돌아올 수 있는 곳이자 삶의 초석이라는 것을 보여 준다. 물론, 편지들은 포초의 경력 탐색보다 훨씬 더 많은 것을 이야기하고 있다. 종종 새로 발견한 책에 대한 "소식"도 들린다. 그는 같은 편지에서 이렇게 말한다. "자네가 로디에서 찾아냈다는 『연설가에 대하여』에 대해 사람들이 놀라운 발견이라고 할 것이네."[14] 여기서 포초는 최근에 재발견한 키케로의 『연설가에 대하여』를 언급하고 있는 것인데, 이 작품에서 키케로는 "완벽한 연설가"란 어떤 유의 사람이어야 하고, 어떤 훈련을 받아야 하며, 연설을 어떻게 구성해야 하는지를 개관하고 있다. 그것은 역시 로디에서 발견한 키케로의 『브루투스』와 짝을 이루는 것인데, 이 작품의 영향에 대해서는 이미 살펴본 바 있다. 이 작품들은 고대 세계에 통용되었던 수사학에 새로운 실제적 세부 사항을 더해 주었는데, 이런 이야깃거리는 포초와 그 당대인이 끝없는 호기심을 표하던 것이었다.

---

13 Ibid., 1: 54-55.
14 Ibid., I: 56.

그러나 이 초기 단계에 전면에 등장한 것은 다름 아닌 재정적으로 만족스러운 경력 가능성에 대한 포초의 지속적인 갈망이었다. 그는 삶의 이 지점에 이르러 여러 교황에 봉직하는 중요한 직위에 있었으나, 이는 그것이 지닌 위신에도 불구하고 수입이 좋지는 않았다. 하지만 그것은 외교 활동의 배경에서 세계를 바라보는 기회와 나아가서는 그 필요성을 제공해 주었다. 포초가 잉글랜드에서 편지를 쓸 당시, 그는 이탈리아의 동료 사상가들이 거의 누리지 못할 이점을 갖고 있었다. 그는 오히려 피렌체와 이탈리아에서 벗어나 있음으로써, 물론 계속해서 다른 배경의 직업을 찾고는 있었지만, 어떤 거리와 관점 같은 것을 얻었고 자신의 사상을 형성하는 세계를 감정에 휘둘리지 않고 바라볼 수 있었다. 이러한 것이 15세기 여행자인 포초에 어떤 의미를 지니는지 이해하려면, 시대착오적으로 보일 수도 있겠지만 고대 세계의 가장 유명한 여행자를 다룬 19세기 시인 앨프리드 테니슨의 작품 「율리시즈」(*Ulysses*)로 눈을 돌려볼 수도 있다.

> 채워지지 않는 마음으로 떠돈 덕분에
> 많은 것을 보고 알게 되었네. 사람들이 사는 도시와
> 풍속과 기후와 의회와 정부 기구들,
> 특히 내 자신에 대해서도.[15]

여행과 더불어 고향을 떠나 오랫동안 살아가는 경험은 포초에게 일종의 코스모폴리타니즘을 선사했다. 이는 암묵적이기는 하지만, 세상에는 다른 방식의 삶과 다른 문화와 세계를 달리 표현하는 방식이 있음을 받아들이는 것이었다. 테니슨의 아름다운 시에서 두 행 정도를 더 읊어 보는 것도 포초의 삶의 다른 측면을 이해하는 데 도움이 될 수 있다.

---

15 Alfred, Lord Tennyson, "Ulysses" in Id., *Selected Poetry*, ed. Norman Page (London: Routledge, 1995), 69-71, esp. 70, ll. 12-15.

얼마나 따분한 일인가. 멈추고, 끝을 내고,
녹슬어 광택을 잃고, 반짝거리도록 사용치 않는 것이.[16]

테니슨이 생각하고 있던 것은 물론 포초가 아니었다. 그러나 그의 시행은 포초의 경험과 정서와 삶의 스타일에 대해 무언가 중요한 것을 포착하고 있다. 포초는 자신이 한 모든 항변과 학문 활동을 위한 여가에 대한 바람에도 불구하고, 여전히 행동적인 인물로 남아 있었다.

잉글랜드에서의 봉직 이후인 1423년, 그는 교황궁이 있는 이탈리아 로마로 돌아왔다. 포초는 1430년대에 피렌체에서 오래 체류하는 동안 특히 저명한 인물로 부상했다. 당시 그는, 앞으로 살펴보겠지만, 훨씬 뒤인 1450년대까지는 언어 논쟁에 대해 아무것도 쓰지 않았지만, 그래도 이 주제에 대한 독창적인 참여자였다. 그는 1430년대에 이르러서야 교황 비서직을 비롯해 속인에게 주어지는 교황궁의 중요한 직위를 얻으면서 자신의 길을 가게 되었다.[17] 그가 몇몇 작품으로 명성을 얻고, 15세기의 철학적 문헌에 확고히 이름을 올린 것도 다름 아닌 1430년 말이었다. 특히 두 작품이 중요한데, 『탐욕론』(*De avaritia*)과 『귀족론』(*De nobilitate*)이 바로 그것이다.

『탐욕론』은 포초가 쓴 가장 초기 작품 가운데 하나이다. 하지만 막상 쓰기는 했지만 그것에 대한 불안감이 드러나고 있다. 포초는 친구인 프란체스코 바르바로에게 바친 헌정사 서문에서 바르바로를 비롯한 여러 사람 덕분에 그리스어 작품의 라틴어 번역이 크게 발전했다는 점을 언급한다. 그리고 글의 주제가 자신처럼 그리스어가 부족한 사람에게는 어려운 것임을 인정한다. 하지만 그는 "공익을 위해"―적어도 서문에서는 그렇게 말하고 있다―탐욕에 반대하는 작품을 한번 써 보고 싶다고

---

16 Ibid., 70, ll. 22-23.
17 W. von Hoffmann, *Forschungen zur Geschichte der kurialen Behörden*, 2 vols. (Roma: Loescher, 1914), 2: 110.

말한다.[18] 이 작품은 직업적으로나 재정적으로 포초가 어느 지점에 있는지를 아는 데 도움이 된다. 또한 그것은 적어도 글을 쓸 당시에 온존하던 어떤 에토스 같은 것을 전면에 드러낸다. 이는 약간은 보수적인 자신의 신분을 확신하면서 부의 소유를 옹호할 만한 능력과 의지를 지닌, 점점 더 부유해지고 있는 엘리트의 정신 상태이다. 문제의 작품은 『탐욕론』으로, 키케로 식의 대화 형식에 몇 명의 화자가 등장한다. 대화의 배경은 교황궁인데, 포초는 그곳에서 수많은 "교황 비서가 함께 식사하고 있다"고 썼다.[19] 그들은 당대의 현상이었던 프란체스코회의 방랑 설교자 베르나르디노 다 시에나를 두고 토론했는데, 그는 이탈리아 전역을 돌며 멈추는 곳마다 넋이 빠진 채 듣고 있는 지역 주민들에게 겸손하게 살고, 그리스도교 신앙의 미덕을 실천하며, 가톨릭 규범에 맞게 정치를 개혁하도록 촉구하면서 무려 세 시간에 걸쳐 긴 설교를 하는 습관이 있었다.[20] 화자들은 베르나르디노가 성공적인 연설가라면 갖추어야 할 세 가지 특징을 다 가지고 있고 "듣는 사람들이 가르침을 받고 기뻐하며 마음이 움직이게" 하는 보기 드문 설교자임을 인정하고 있다.[21] 그러나 베르나르디노가 웅변적이기는 하지만, 그조차도 사람들이 악습을 그만두게 하지는 못했을 뿐만 아니라 어쨌든 탐욕이라는 악습을 논하지도 않은 것으로 보인다는 것이다. 그런데 탐욕이 과연 악습인가? 이는 토론에서 가장 중요한 문제가 된다. 탐욕스럽다는 것이 과연 공익에 도움이 될 것인가 혹은 해를 끼칠 것인가?

---

18 Poggio, *Op.*, 1: 1.

19 Ibid., 1: 2.

20 베르나르디노에 대해서는 다음을 볼 것. Franco Mormondo, *The Preacher's Demons: Bernardino of Siena and the Social Underworld of Early Renaissance Italy* (Chicago: University of Chicago Press, 1999). 포초의 견해에 대해서는 다음을 볼 것. Riccardo Fubini, *Umanesimo e secolarizzazione da Petrarca a Valla* (Roma: Bulzoni, 1990), 183-219.

21 Poggio, *Op.*, 1: 3. 사실, 이러한 3종 연설 기법은 아주 흔한 것으로, 퀸틸리아누스의 『연설론』(*Institutio oratoria*), 3.5.2에서 볼 수 있다.

처음에는 대답이 명증하게 보였다. 탐욕스러운 사람이란 만사를 재물에 대한 끊임없는 욕심으로 채우는 괴물과 다르지 않다는 것이다. "그래서 그는 사익의 노예가 될 것이며, 그 자신이든 사업이든 그가 말하고 생각하는 모든 것이 그런 이익을 지향할 것이고, 결국 공익은 망각하게 될 것이다."[22] 하지만 대화가 진행되자 논의의 방향이 바뀌는가 싶더니, 탐욕스럽다는 것이 결국 그렇게 나쁘지만은 않은 것 같다는 강력한 주장이 제기된다. 안토니오 로스키가 새로운 화자로 토론에 참가한다. 그는 악습에 관한 한 탐욕은 성욕과는 달리 "사람의 정신을 뒤집어 놓거나 마음을 혼란케 하지도 않으며, 학문 연구와 지혜 획득을 위한 훈련의 길을 방해하지도 않는다"고 말한다.[23] 통치자에서 철학자에 이르기까지 위대하고 칭송받는 수많은 사람이 돈을 원했다는 것이다. 상업을 포함한 거의 모든 직업이 적어도 어느 정도는 부의 축적을 최종 목적으로 삼고 있으며, 여기에는 그만한 이유가 있다. 왜냐하면 "공공의 이익을 위해서나 시민 생활을 위해서나 돈이 매우 유익하기" 때문이다.[24] 돈으로 사람들 간의 통상이 가능할 뿐만 아니라 더욱이 "탐욕은 자연적인 것"이기도 하다.[25] "자신은 종교라는 포장 아래 일하지도 땀을 흘리지도 않고 음식을 얻으면서, 다른 사람에게는 세속의 재화를 비난하고 나아가 가난을 설교하기까지 하며 돌아다니는 …… 위선자들"은 아예 입에 올리지도 말라는 것이다.[26]

성직자에 대한(그리고 꼭 집어 앞서 칭송한 그런 유의 설교자에 대한) 이런 비난에 이어 부를 향한 욕망이 어떻게 시민적·문화적 성취를 가능케 하는지에 대한 언급이 뒤따른다. "필요로 하는 만큼 도시를 건립할 수 있는 것은 우리의 노력으로 편히 살아가는 비활동적이고 게으른 사람들 때문

---

22 Poggio, *Op.*, 1:7.
23 Ibid., 1:11.
24 Ibid., 1:12.
25 Ibid., 1:13.
26 Ibid.

이 아니라 인류 보존에 가장 적합한 사람들의 노력 덕분이다. 만약 그 누구도 자신이 필요로 하는 것 외에 아무것도 추구하지 않는다면, 우리 모두 농부가 되어야 할 것이다(다른 결과는 굳이 언급하지 않겠다)."[27] 이러한 감정(행동적 삶과 부의 획득에 대한 욕망을 칭송하는 반反사제주의)은 도발적이다. 결국 농부가 되는 것이 뭐가 문제냐는 말이다.

하지만 그들은 한결같이 한 직업에 속한 사람들(여기서는 교황 비서와 행정가)이 자신들의 이익을 방어하는 것 이상의 것을 보여 주고 있다. 그들은 사회와 인민의 역할에 대한 관점, 즉 오랜 세속주의 계보의 한 측면을 형성하는 관점을 시사하고 있다. 그리스도교 전통 — 부를 멸시하고 사람의 영적·내면적 삶을 강조하며, 일상 세계의 삶을 다른 세계, 곧 관념적으로 우월한 다른 세계로 가는 순례의 한 부분으로 취급하는 — 만으로는 충분치 않다. 돈에 대한 욕망은 자연적이라는 것이다. 더욱이 이 자연적 욕망은 상업을 만들어 내는 데만 그치지 않는다. 더 많은 것을 바라는 욕망은 자기 보존에 절대적으로 필요하며, 그것 없이는 "자비나 자선처럼 가장 칭송받는 미덕을 실천할 수 없을 것이며, 관대하고 후한 사람도 존재하지 않게 될 것이다."[28] 나아가 "문명과 미美가 사라지고 그에 따라 도시의 모든 광휘도 사라질 것이다. 그 누구도 교회와 열주列柱를 세우지 않을 것이며 기예 또한 존재하지 않게 될 것이다. 그리고 우리 자신의 삶을 포함한 모든 일이 혼란에 빠지게 될 것이다."[29] 탐욕이라는 "악습"이 없다면 결국 문명이라는 것을 아예 가지지도 못하게 된다는 것이다.

이러한 견해는 포초 자신의 것이었을까? 좀 더 나은 질문을 던져 보자. 그것이 중요한가? 이러한 질문이 파생하는 결과를 이해하자면, 이처럼 탐욕을 옹호하는 명료하고 격렬하며 수사적으로 강력한 일련의 주장(화

---

27 Ibid.
28 Ibid.
29 Ibid.

자 안토니오에 의한)이 제시된 후에 포초가 또 다른 화자를 등장시키고 있다는 사실을 언급해야 한다. 다음 차례의 화자는 안드레아로 그는 만찬에 약간 늦게 왔고 신학 전문가로 소개되었다. 그가 뒤늦게 들어오자, 참석자들은 위엄에 찬 안드레아 앞에서 세속적인 논의를 이어가기가 꺼려진다고 하면서 모두 입을 다물었다. 그러나 그는 사람들에게 논의를 계속하라고 하면서 부를 향한 욕망이 자연적 현상이라는 안토니오의 주장을 주의 깊게 경청했다. 그의 차례가 되자, 그는 앞의 주장을 조목조목 반박했다. 탐욕스러웠다는 철학자가 있다면, 이는 인격상의 결함 탓으로 돌려야 한다. 왜냐하면 그 이름에 걸맞는(철학자란 원래 "지혜를 사랑하는 사람"이다) 어떤 철학자도 절제의 부족이라는 특징을 가진 탐욕과 같은 악습을 범할 리가 없기 때문이다.[30] 물론, 군주들이 이러한 탐욕의 징후를 보이기는 하지만, 그들은 시민들의 모범이 되어야 하므로 이는 결코 칭송할 만한 것이 아니다.[31] 탐욕이 시민들에게 유익하다는 주장 역시 옳지 않다. 욕망은 반드시 절제되어야 마땅하며, 부를 향한 절제되지 않은 욕망은 사회를 오염시킬 것이다. 탐욕스러운 사람은 단지 돈을 모으기 위해서라면 자신의 나라를 해하는 음모를 꾸밀 것이기 때문이다.[32]

첫째, 안드레아가 논증을 잘했다고 해야겠다. 그는 아리스토텔레스적 전통에 따라 미덕을 양극단 사이의 중간이라 생각하면서 탐욕은 그 한 극단임을 논증함으로써, 절제에 대한 전통적인 옹호를 보여 준다. 둘째, 포초는 안드레아의 주장을 『탐욕론』 끝부분에 배치하고 있는데, 이로써 사실상 대화가 종결된다는 점을 고려하면 독자들은 이를 가장 중요한 주장이자 포초의 진정한 견해를 가장 잘 대변하는 것으로 생각할 수도 있을 것이다.[33] 셋째, 포초는 탐욕에 반대하는 안드레아 식의 주장 안에

---

30 Ibid., 1: 20.
31 Ibid., 1: 20-22.
32 Ibid., 1: 24-26.
33 이 점에 대해서는 다음을 볼 것. Francesco Bausi, "La *mutatio vitae* di Poggio Bracciolini. Ricerche sul *De avaritia*", *Interpres* 28 (2009), 7-69.

초기 그리스도교 교부의 입장을 많이 첨가해 놓고 있다. 교부들의 말 일부는 원래 그리스어로 되어 있었으므로(암브로조 트라베르사리가 라틴어로 번역한 이오안니스 크리소스토모스의 저작처럼), 그것은 고대 그리스도교의 권위를 표방할 뿐만 아니라 그것 자체가 하나의 "뉴스"이기도 했다.[34] 하지만 이 모든 점을 고려해도 안드레아의 주장이 매우 전통적이라는 데는 변함이 없다.

『탐욕론』에서 새로운 것은 부를 향한 욕망이 긍정적이고 사회에 유익할 뿐만 아니라 어쨌든 사람들의 행위를 냉정하게 살펴볼 때 그것이 정당하다고까지 뻔뻔스러울 정도로 천명하고 있다는 점이다. 이는 철학적 혹은 종교적 이상을 가지고 추상적으로 제기하는 문제가 아니다. 물론, 전통적인 그리스도교적 자선과 비천함은 좋다. 그래서 우리는 이러한 모범에 따라 행동해야 한다는 식이 아니라는 것이다. 이 작품 속의 주장들은 사회에 사는 사람들이 실제로 하는 것을 전제하고 있으며, 화자인 안토니오는—물론, 저자인 포초도—이러한 전제에 따라 주장을 펼치고 있다.

부의 획득을 자연적이자 사회적인 선으로 볼 수 있다는 생각은 오래된 관념이다. 그것은 포초에 앞서 2천 년을 거슬러 올라간다. 아리스토텔레스는 『니코마코스 윤리학』에서 돈은 내적으로 임의적인 것을 구체적인 어떤 것으로 만드는, 즉 물건에 가치를 부여하는 유용한 교환 수단이라고 주장하면서 화폐에 대해 자세히 고찰한 바 있다.[35] 또한 그는 『정치학』을 통해 민주정에서는 잉여 재화를 모을 수 있고, 또 모아야 한다고 말한다. 그중 일부는 가난한 사람들에게 베풀어 그들이 상업이나 여타 직업에 종사할 수 있게 할 수 있는데, 이는 시민 다수가 지나치게 가난하면 "민주주의가 타락할 것이기 때문"이다.[36] 물론, 아리스토텔레스는 부

---

34 Charles Stinger, *Humanism and the Church Fathers: Ambrogio Traversari and Christian Antiquity in the Italian Renaissance* (Albany: State University of New York Press, 1977).
35 Aristotle, *Nicomachean Ethics*, 5.1133b.
36 Aristotle, *Politics*, 6.5.1320a33.

가 항상 최고선이 될 수는 없다고 주장하지만, 그것이 인간의 사회생활에서 자연스러운 위치에 있음을 알고 있었다. 이런 측면에서 아리스토텔레스의 생각은 고대의 사회 관습을 반영하고 있다. 즉 부자라면 도시 전반에 관대하게 자선을 베풀 것이라 기대한다는 것이다. 문제는 사람들이 단지 가난하므로 베풀어야 한다는 것은 아니었다. 가난한 사람들에게 베풀어야 하는 의무는 그들이 동료 시민이라는 사실과 관련이 있었다. 달리 말해 부자는 또한 도시에 사원을 짓고 공공의 경기와 도시 미화 사업을 후원하는 등 도시 자체에도 자선을 베풀어야 한다는 것이다.[37]

그리스도교 전통은 좀 더 복잡한데, 「사도행전」(4장 32~35절)에서 공유 재산의 관념을 강력하게 옹호하고 있기 때문이다.

> 다수의 신자가 한마음 한뜻이 되어 물건을 서로 통용하고 자기 재물을 조금이라도 자기 것이라 하는 사람은 하나도 없었다. …… 그들이 큰 은혜를 받아 그중에는 가난한 사람이 없으니, 이는 땅이나 집을 가진 사람들이 그것을 팔아 그 돈을 사도 앞에 가져가니, 사람들은 이를 각각의 필요를 따라 나누어 썼다.

초기 그리스도교 신앙에는 부를 재분배해야 한다는 주장이 담겨 있었던 것이다.

하지만 초기 그리스도교 사상가들은 사회적으로 부의 축적이 불가피하다는 점 역시 인식하고 있었다. 심지어는 그리스도조차도 가난한 사람들은 언제나 우리와 함께 있을 것이라 했고, 더 거슬러 올라가 구약 전통에서는 가난한 자에 대한 자선은 꼭 필요한 사회 선이라 말하고 있다.[38] 그러나 초기 그리스도교 시대에는 부를 가리켜 잘 쓸 수도 잘못 쓸 수도

---

37 Peter Brown, *The Ransom of the Soul: Afterlife and Wealth in Early Western Christianity* (Cambridge, MA: Harvard University Press, 2015).
38 「마태복음」 26장 11절; 「신명기」 15장 11절.

있는 도구와 같다고 한 주장도 나타난다. 초기 그리스도교 교부 클리미스 알렉산드레이아(150~215)를 예로 들어 보자. 그는 부동산과 개인의 재산은 "아디아포라adiaphora"로 간주해야 한다고 했는데, 여기서 그리스어(클리미스가 쓴 언어) "아디아포라"는 "그저 그런 것", 즉 그 자체로는 중요하지 않은 것을 뜻한다. 그것을 어떻게 쓰는지가 더 중요하다는 것이다. "도구를 솜씨 있게 쓴다면 그것 자체가 솜씨 있게 될 것인데 …… 부 또한 그런 도구이다. 이를 적절히 쓰는 법을 알게 되면 그것은 진정한 정의를 이루는 수단이 된다. 그러나 그것을 불의하게 쓴다면 부 그 자체는 불의의 시녀가 될 것이다."[39] 클리미스는 재산과 땅을 가진 사람의 인격에 초점을 맞추고 있다. 그는 부자들에게 욕심을 억제하고 부를 사회와 나눌 것을 촉구하고 있다. 이러한 입장은 "자연법" — 자연 상태에 따른 법 — 과 "관습법" — 인간의 관습에 따른 법 — 의 구분을 받아들이는 쪽으로 발전했는데, 중세 법학자 그라티아누스(12세기에 활동)는 이를 다음과 같이 잘 요약해 놓고 있다. "자연법에 따르면, 만물은 공히 만인에 속한다. 오직 "관습법" 또는 실정법을 통해서만 이것은 내 것이며 저것은 네 것이라 말할 수 있게 된다."[40] 달리 말해 자연은 단지 사람과 사물의 존재만을 확립해 놓았을 뿐이다. 사람들이 공동체를 조직하고 사회 질서를 세우려 하면서 사유 재산 제도가 확립되었다는 것이다.

토마스 아퀴나스는 그것을 이렇게 규정한다. "재산의 소유는 자연법에 반하는 것이 아니라 인간 이성이 고안해 그것에 첨가한 것이다."[41] 아리스토텔레스처럼 토마스 역시 미덕을 위해 부를 사용할 수 있다고 믿었다. 토마스는 부를 "운이 준 물건"으로 간주했으며, 부를 "마냐니미타

---

39 Clement, *Quis dives salvetur*, in *Patrologia Graeca*, 9: 631-52, chap. 14, esp. 617-20; cit. and tr. in Anton Hermann Chroust and Robert J. Affeldt, "The Problem of Private Property According to St. Thomas Aquinas", *Marquette Law Review* 34 (1950-51), 151-82, esp. 161.
40 Gratian, *Decretum* 7.1, cit. and tr. in Chroust and Affeldt, 176.
41 Aquinas, *Summa theologica*, 2a2ae, q.66, art.2, ad 1; cit. and tr. Chroust and Affeldt, 180.

스magnanimitas"(이 말을 문자 그대로 번역하면 "위대한-정신을-가짐"이 된다), 즉 "관대함"의 미덕이라는 맥락에서 보았다. "문제"는 이러했다. "운이 준 물건이 관대함으로 이어지는가?" 토마스는 이에 대해 세 가지 "반박"을 제시한다. 첫째, 미덕이란 스스로 존재하며 "운이 준 물건"을 필요로 하지 않는다. 둘째, 관대한 사람은 종종 운이 준 물건을 외적이고 불필요한 것으로 무시한다, 셋째, 관대한 사람은 불운에 슬퍼하지 않는다고들 하지만 누구나 부와 같이 운이 준 물건을 포함해 "자신에게 도움이 되는 것을 잃으면 슬퍼하는 법"(즉 아무도 돈을 잃고 싶어 하지 않는다)이기 때문에 운이 준 물건은 결코 관대함으로 이어질 수 없다. 그다음의 "반대" 진술("문제" 형식의 논리에 따라)에서 토마스는 "행운이 관대함을 가져오는 것으로 보인다"[42]고 한 "철학자"—아리스토텔레스—의 말에 주목한다. 토마스는 이어서 자신의 해결책을 이렇게 제시한다.

관대함과 관련되는 것은 두 가지이다. 그 질료는 명예이며, 그 목표는 위대한 무언가를 이루는 것이다. 운이 준 물건은 이 둘 모두로 이어진다. 왜냐하면 명예란 현자에 의해서뿐만 아니라 운이 준 이러한 물건을 소유하면서 동시에 커다란 존경의 대상이 되는 다수의 사람이 유덕한 사람에게 수여하는 것이므로, 결과적으로 유덕한 사람은 운이 준 물건을 소유한 사람들에게 더 큰 존경심을 표하기 때문이다. 마찬가지로 운이 준 물건은 유덕한 행위에 유용한 기관 혹은 도구이다. 이는 부와 권력과 친구를 통해 일을 쉽게 이룰 수 있기 때문이다. 그러므로 운이 준 물건이 관대함으로 이어진다는 것은 명백하다.[43]

요컨대, 부가 덕으로 이어질 수 있다는 것이다.

---

42 Aquinas, *Summa theologica*, tr. English Dominican Province, 2nd ed., 2a2ae, q.129, art.8; Aristotle, *Nicomachean Ethics*, 4.1123b33-1125b1.

43 Aquinas, *Summa theologica*, tr. English Dominican Province, 2nd ed., 2a2ae, q.129, art.8, resp.

하지만 포초의 논의와 비교되는 몇 가지 점을 주목하자. 만약 양측의 논의를 "논증"으로 환원한다면, 즉 토마스와 포초의 텍스트를 단순히 그 구성 요소로 환원한다면 어떻게 될까? 여기서 우리는 유사한 논증이 찬반 모두의 경우에 나타나며, 두 사상가 공히 반론을 제시할 빌미를 제공하고 있다는 것을 볼 수 있다. 부는 자선 사업을 하고 미덕을 발휘하는 데 유용할 수 있으며, 부에 대한 과도한 욕망은 유익하지 않다는 등등.

그러나 두 텍스트를 논증으로만 돌리는 것은 잘못된 일일 것이다. 사람들은 단지 "논증"에 의해서만 생각하지는 않으며, 아주 합리적 근거 위에서 결정하지도 않는다. 사람들은 감정이라는 것을 가지고 있다. 그들의 감정이 나타나고 굳혀지는 데는 여러 요인이 있다. 그중에서 가장 강력한 것은 설득하는 힘이다. 지식인을 포함해 사람들 대부분에게 설득력은 스타일과 관련이 있다. 따라서 사적인 부와 그 기능에 대한 토마스와 포초의 시각 사이에 나타나는 첫 번째 주요한 차이는 스타일에 관한 것이다. 토마스는 "문제"라는 형식 안에서 논의를 이끌어 나가고 있다. 그는 명증성을 강조하고 찬반 양측의 입장을 이야기하며, 가능한 한 수사적 중립을 취한다. 이는 감정과 활발한 참여를 유발하지 않으며, 심지어는 적극적으로 반대하지도 않는다. 반면에 포초는 대화편에서 진짜 역사적 인물들을 이용하고 있는데, 그들은 지극히 합리적인 논증보다는 강력한 논점을 제시하면서도 때로는 유머러스하게 대화를 이끌면서 인간의 공통 관습에 호소한다.

더 중요한 점은 포초가 이미 토마스에게서 나타난 바 있는 발전적 측면 — 부에 대한 변화하는 개념을 부각하는 측면 — 을 비약적으로 가속하고 있다는 것이다. 도시와 무역과 상업이 부활하고 있던 중세 성기盛期에 살고 있었던 토마스에게는 부를 가난한 자와 교회를 돕는 수단으로 사용해야 한다는 그리스도교 전통과 달리 생각하는 것이 가능했다. 사실, 토마스는 부를 절제하는 방식으로 적절히 운용하고 다룬다면 사회에 유익함을 가져올 수 있다고 말한 아리스토텔레스에 동의하면서 그의 주장을 해설하고 있는 것이다.

포초는 이와는 전혀 다른 세상에 살고 있는데, 적어도 화자인 안토니오가 발언할 때 특히 그러했다. 이는 마치 그가 자선을 한다는 것은 부를 무엇보다도 도시를 위한 자금 공여로 보는 고대 이교도 전통으로 돌아가도록 촉구하는 것처럼 보인다. 그것은 그리스도교적 입장보다 더 확장적인 동시에 더 제한적인 비전이다. 더 확장적이라는 것은 시민의 의무를 도시 연합체의 한 부분으로 부각함으로써, 그것을 주요 선으로 간주하게 된다는 의미이다. 부자에게 시민권을 행사하는 한 방법은 부를 공익에 기여케 하는 것이며, 그러한 기여는 도시 관련 사업을 하고, 공적 공간을 꾸미고, 예술가를 후원하는 것이 될 수 있다. 그들의 자선적 기부는 가난한 사람에게 갈 수도 있겠지만, 이는 그들이 시민이기 때문에 그렇게 되는 것이라는 점이 중요하다. 우리는 왜 포초의(그리고 고대 이교의) 개념이 그리스도교적 개념보다 더 제한적일 수도 있는지 알고 있다. 그리스도교적 개념은 그 구성원이 신 앞에서는 모두가 평등한 보편 교회를 아우르고 있었다. 적어도 이론상으로는 한 도시의 빈자는 다른 도시의 빈자와 다르지 않았다. 하지만 포초의 생각은 장난스럽게도 자기 자신의 도시와 그것의 각별한 필요를 출발점으로 삼는다. 만약 당신의 도시와 모든 시민이 같은 유의 보호와 법률과 편의를 누려야 한다면, 그러한 의무 사항들은 보편적 의미의 인류가 아니라 오직 당신의 도시를 위해서만 적용된다는 것이다. 가볍고 마치 솜털 같은 느낌의, 별로 진지하게 보이지도 않는 대화에서, 우리는 아직은 멀고 개략적이며 그저 시작에 불과하겠지만 훨씬 뒤에는 그 모습을 드러낼 민족주의의 배아를 목도하게 된다.

  그래서 부를 향한 욕망이라는 문제에 대한 포초 자신의 견해가 어떠했는지가 중요할까? 전혀 그렇지 않다. 훨씬 더 중요한 것은 대화에서 제시한 주장들이 서양의 지적인 삶에서 혈류의 일부가 되었다는 점이다. 이 같은 상황에서는 텍스트가 저자의 손에서 벗어나 다른 시기 모든 종류의 독자에 의해 해석되고 모양이 바뀌며 전유된다는 사실이 저자 원래의 의도보다 훨씬 더 중요하다. 이와 유사한 역동적 과정이 포초의 다른 대화편에서도 나타나는데, 이 저술은 그가 세상 경험이 더 많은 성숙한 시기의 산물이다.

『귀족론』은 지속적 중요성을 지닌 문제 — 어떤 사람을 귀족이라고 간주하게 하는 것은 무엇인가 — 를 다루고 있지만, 당시는 특히 그것에 관한 관심이 절정에 달한 때였다.[44] 이런 관심에는 여러 가지 이유가 있었다. 전통적 견해로는 사회적 지위가 곧 귀족의 표지였다. 만약 어떤 가문에 부와 작위와 군사적 봉사 등등에 대해 문서에 기록된 오랜 역사가 있다면, 그들을 귀족으로 간주해야 할 것이다. 그러나 포초가 글을 쓰고 있던 1440년의 피렌체는 여러 면에서 주목할 만했다. 그때쯤 피렌체는 확실한 문화의 중심지 — 거의 틀림없이 이탈리아의 '유일한' 중심지 — 로 알려져 있었다. 노년으로 접어든 레오나르도 브루니는 유럽을 통틀어 가장 존경받는 휴머니스트 가운데 하나였다. 이제 브루넬레스키의 깜짝 놀랄 만한, 아니 거의 기적에 가까운 돔을 얹은 피렌체 대성당은 1439년 중요한 교회 공의회의 영적 중심지 역할을 했고, 그리하여 교황은 피렌체를 집 밖의 집으로 간주하기까지 했다.[45] 도나텔로의 혁명적 기예는 한창 무르익어 있었고, 그가 유연하고도 사실적인 "다비드"를 제작한 지도 이미 10년이 흘렀다. 그리고 이 모든 것이 세습적인 왕이 아니라 상인과 장인과 은행가의 후원과 부 덕분이었다. 달리 말해 그것은 전통적인 작위 귀족 덕분이 아니었다는 것이다.[46] 그래서 당시는 널리 인식되고 있던 "귀족이라는 것" — 공화국의 시민은 어떻게 명성을 얻을 수 있으며 또 얻어야만 하는지 — 에 대해, 나아가 어떤 종류의 방법을 사용하면 그러한 지위를 획득하고 행사할 수 있는지에 대해 생각해 보기에는 적

---

44 Poggio, *De nob*.

45 Joseph Gill, *The Council of Florence* (Cambridge: Cambridge University Press, 1959); Id., *Personalities of the Council of Florence* (Oxford: Oxford University Press, 1964). 배후 사정에 대해서는 다음을 볼 것. Johannes Helmrath, *Das Basler Konzil, 1431-1449: Forschungsstand und Probleme* (Köln: Böhlau, 1987).

46 예컨대, 다음을 볼 것. Dale Kent, *Cosimo de' Medici and the Florentine Renaissance: The Patron's Oeuvre* (New Haven: Yale University Press, 2000).

기였다.⁴⁷

『귀족론』의 다른 주목할 만한 점은 그 형식이다. 대화편으로 이루어진 이 작품의 주요 화자 두 명은 니콜로 니콜리와 로렌초 데 메디치인데, 잘 알려지지 않은 메디치 가문의 인물인 후자는 그보다 더 유명한 코지모의 동생이며, 니콜리와 포초의 아주 가까운 친구이다. 포초는 대화편에서 또 한 번 실제로 살아 있는 사람들을 등장시켜 주장을 펼치게 하고 있다. 앞으로 살펴보겠지만 포초가 니콜리라는 등장인물을 일종의 대변자로 쓰고 있다고 가정하는 것이 합당하다. 그러나 대화라는 장르 자체를 강조하는 것도 중요한데, 이런 형식에서는 설사 피력되는 어떤 입장이 다른 입장보다 더 무게가 있다고 해도 독자는 다성多聲, 즉 많은 목소리가 동시에 나오는 것을 경험하게 된다.

포초는 대화 서두에서, 자신은 일부러 단순한 방식으로 글을 쓰고자 했는데, 그 이유는 생각건대 이 작품이 스스로의 계획대로 주제를 택한 첫 경우이기 때문이라고 말했다. 또한 『귀족론』의 라틴어는 아주 훌륭했기 때문에, 르네상스 휴머니스트들은 ─ 그리고 특히 이 점에서 포초는 ─ 문화의 기능적 언어로 키케로 식의 고전 라틴어를 채택하고, 그것에 성공적으로 맞추어 나갔다고 말할 수 있다. 그들의 라틴어는 표현력이 넘치고 유려하며 게다가 전문 용어로 채워져 있지도 않았다.⁴⁸ 예리한 대화는 마치 그것이 진짜 대화인 양 진행되며, 좋은 글이 모두 그렇듯이 그러한 성취 뒤에는 그것을 가능토록 한 기예가 감추어져 있다.

등장인물인 니콜리가 무대에 서면서 토론이 시작된다. 먼저 다른 지역 사람들은 고귀함을 어떻게 생각하는지에 대해 간단히 개관한다. 여기서 화자는 니콜리이지만 그 목소리는 포초의 것이다. 그것은 그래야만 하는

---

47 이는 15세기에 활발히 논의되던 주제였다. 다음에 모아 놓은 관련 텍스트를 볼 것. Albert Rabil, ed., *Knowledge, Goodness, and Power: The Debate over Nobility among Quattrocento Italian Humanists* (Binghamton, NY: MRTS, 1991).

48 Silvia Rizzo, "I latini dell'umanesimo" in Giorgio Bernardi Perini, a cura di, *Il latino nell'età dell'umanesimo* (Firenze: Olschki, 2004), 51-95.

데, 왜냐하면 다른 곳의 다른 관습에 대해 자신 있게 훑을 수 있는 사람은 포초처럼 여행을 하고 세상의 많은 것을 보며, 자신이 말할 것을 설득력이 있으면서도 간결하게 요약하는 습관을 지닌 인물이기 때문이다.

"귀족"이라는 말의 가능한 의미를 훑은 뒤, 니콜리는 이탈리아의 다른 중심지로 옮아간다. 그는 아예 대놓고 말한다. 나폴리에서는 귀족을 "게으름과 나태desidia atque ignavia"의 수단으로 인식하는데, 그곳 귀족에게는 무슨 종류든 일을 한다는 것이 악평으로 받아들여진다는 것을 뜻한다.[49] 나폴리 귀족들은 집 안마당에 앉아 있거나 말을 타면서 시간을 보낸다. 베네치아에서 귀족으로 간주하려면 원로원 계급에 속해야 한다. 그것은 국외자에게는 거의 접근을 허용치 않는 고정적이고 제한적인 집단이다. 하지만 베네치아 귀족은 통상과 상업 활동을 가치 있는 일이라 생각한다. 로마 귀족은 상업을 경멸하며 전원 및 농경 활동을 고귀한 일이라고 본다. 니콜리는 "우리 피렌체인은" 이를 제대로 보는 것 같다고 말한다. 즉 "이 사람들은 아주 오랜 혈통을 가진 사람들과 그 조상이 공화국을 다스리는 일로 도시에 봉사한 사람들을 귀족으로 간주합니다. 이들 가운데 어떤 사람은 상업에 전념하지만, 자신의 귀족 신분을 향유하면서 사냥과 새 키우는 일 외에는 아무것도 하지 않는 경우도 있습니다."[50] 제노바인은 대략 베네치아인과 비슷한데, 그들의 폐쇄적 귀족 집단은 상업이 유익하다고 본다. 반면에 롬바르디아인은 토지 수입으로 살면서 사냥과 탐조探鳥를 즐긴다.[51]

포초는 니콜리의 입을 빌려 이탈리아 여러 지역의 귀족 관습을 빠르게 훑으면서 지역에 따라 귀족 계급의 사회 관습이 다르다는 것을 보여 주었다. 상업과 무역을 귀족 생활의 합당한 부분이라 생각하는 경우가 있는가 하면, 그것을 하지 않고 사냥을 더 선호하는 경우도 있다. 그러나

---

49 Poggio, *De nob.*, 42.
50 Ibid., 46.
51 Ibid., 44-48.

명확한 점은 관습이 제각각 상이하다는 것이다. 행위가 귀족 개념을 규정하는데, 그러한 행위는 문화와 관습과 지방이라는 조건에 따라 달라진다. 결국 귀족이라는 관념 그 자체에 지속적인 것은 아무것도 없는 듯하다는 것이다. 이탈리아를 넘어 독일, 프랑스, 잉글랜드, 에스파냐, 그리스, 이집트, 시리아 등지를 살펴보아도 사정은 같다. 귀족을 무어라 생각하는지가 모두 달라 귀족에 대한 공통 관념이 무엇인지 결정하기가 어렵다는 것이다.

화자인 로렌초가 결국 관습—라틴어로 "콘수에투도consuetudo"에는 "일반적 관습"이라는 뜻도 들어 있다—을 따르는 수밖에 없지 않겠느냐고 이의를 제기하자, 니콜리는 그보다는 무언가 더 깊은 것을 찾아야 한다고 대답한다. 법이 장소와 시간에 따라 다르다고 해도 그 모든 것은 동일한 것, 즉 그가 라틴어로 "공정과 정의의 원천"이라 부르는 것에서 연유하기 때문이다.[52] 니콜리는(그리고 추정컨대 틀림없이 포초도) 어떤 것이 귀족인지 아닌지를 결정할 수 있는 비교적 객관적인 어떤 종류의 수단이 있다고 생각하는 것이 분명하다.

문제의 요체는 바로 앞서 화자인 니콜리가 제시한 다음과 같은 대단히 열정적인 진술에 초점을 맞출 때 나타난다. "어떤 사람이 스스로 아무런 성실한 노력도 하지 않고 진정한 덕성도 지혜도 학식도 갖추지 못한 채, 오직 조상과 가문의 연원에만 의존하면서 게으름을 피우고 빈둥거리기만 할 때, 그래도 어쨌든 그가 귀족일 수 있다는 일이 도대체 어떻게 가능하다는 것입니까?"[53] 정말 어떻게 그런 일이? 물론, 그것은 오직 자신의 재능만이 성공의 척도가 되어야 한다고 믿는 모든 국외자의 목소리일 뿐이다. 이는 "당신은 제대로 된 가문 출신이 아니야"라든지, "당신은 제대로 된 학교에 가지 못했군"이라든지 혹은 "당신은 우리처럼 보이지

---

52 Ibid., 58: "Sed tamen omnes eandem originem habent, cum ab equitatis et iustitie fonte descendant."

53 Ibid.

않아"와 같은, 간단히 말해 "당신에게 어떤 능력이 있든, 우리에 속하지 않고 또 앞으로도 결코 그럴 수 없을 거야"라는 말을 항상 듣는 모든 사람이 느끼는 감정이다. 또한 더 중요한 것은 이야말로 개인적으로 가진 재산도 없이 고군분투하면서 오직 교육과 열정만으로 칭송받는 정치적 인물이자 문화 해설자이며 작가인 지금의 자신으로 자수성가한 포초의 목소리라는 것이다.

포초를 규정하는 마지막 범주인 작가는 포초를 이해할 수 있게 하고 그가 여기서 과연 어느 정도까지 이를 수 있는지 가늠하게 해 주는 중요한 렌즈와도 같다. 그를 비롯한 대화편 작가들이 높이 평가하는 것 하나는 "아르구멘타티오 인 우트람퀘 파르템argumentatio in utramque partem", 즉 "문제 찬반 양편의 논증"이었다.[54] 앞서 살펴본 것처럼 브루니의 『피에르 파올로 베르제리오에게 바치는 대화』에는 단테, 페트라르카, 보카초의 위대함에 대해 먼저 반대 논증을 하고 이어 찬성 논증을 하는 중심 화자(다시 한번 경외할 만한 능력의 니콜리)가 있었다. 또한 우리는 이튿날 논증에서 본질적으로 "피렌체의 삼관"은 거의 속어만을 사용했기 때문에, 브루니를 비롯한 새로운(당시로는) 세대가 원하는 유의 문화적 특징을 여전히 갖지 못하고 있었다는 원래의 입장을 견지하는 기발한 방법을 보았다. 요컨대, 브루니는 물론 자신의 입장을 어느 정도 드러내고 있기는 하지만, 그래도 서로 다른 주장을 충분히 포용할 만한 찬반 논증을 선호했다는 것이다. 포초의 『탐욕론』 역시 마찬가지였다. 그리고 이는 포초의 『귀족론』에서도 같은 방식으로 작동한다.

또 다른 화자인 로렌초는 니콜리보다 발언 기회가 훨씬 더 적다. 그러나 그가 말하는 것은 전통적 시각을 옹호하는 경우가 많다. 로렌초는 니콜리를 반박하면서 자신은 무엇이 귀족을 구성하는지에 대한 아리스토텔레스의 정의를 따르고 싶다고 한다. "이제 아리스토텔레스의 『정치

---

54 휴머니스트들이 가장 애호하던 이 개념은 키케로에게서 볼 수 있다. Cicero, *De oratore*, 3: 80.

학』 제5권으로 돌아가 보자면, 귀족은 오랫동안 유지해 온 부와 결합한 덕성들로 이루어진다고 말한다. 또 다른 곳에서 그는 귀족으로 보이는 사람들은 덕성과 조상의 부를 소유하고 있는 사람들이라 말한다."[55] 부, 가문, 명성을 중시한 아리스토텔레스의 정의야말로 정말 전통적인 것이었다.

하지만 니콜리는 이에 동조하지 않는다. 사실, 아리스토텔레스는 단지 공통적 견해를 요약하고 있을 따름이며, 『니코마코스 윤리학』과 같은 다른 곳에서는 "천성적으로 유덕한 성향이 있고 습관과 연습으로 이를 구현하는 사람이 진정 고귀하다고 믿는 것처럼 보인다"는 것이다.[56] 심지어 아리스토텔레스조차도 귀족이란 운으로 얻은 것보다는 스스로 하는 일과 관련이 있다는 생각을 지지하는 쪽으로 읽힐 수 있었다.

논증은 계속되지만, 사실 어느 화자도 다른 사람을 설득하지 못한다. 로렌초는 귀족에 대한 전통적 견해가 옳다고 생각하며, 한 대목에서 이를 그리스 말 "에우게네이아eugeneia" ― 그 어근("eu"=잘; "genos"=인종 혹은 부족)은 "잘 태어난 상태"를 가리킨다 ― 와 연결하고자 한다.[57] 니콜리는 그 그리스 말이 라틴어로 보통 "노빌리타스nobilitas"로 번역되는 것은 사실이지만, 라틴어 용례는 더 광범위하며 좀 더 일상적 활동과 연관된다면서 이렇게 대답한다. "우리는 어떤 사람이 하는 행위와 개인을 명예와 영광으로 이끄는 올바른 행동에 근거해 그를 고귀하다고 한다. 그리스인들은 귀족을 혈통에 연유하는 것으로 생각한다."[58]

대화가 진행될수록 각 화자는 자신의 주장을 더 강력하게 제기하지만, 각 견해의 타당성을 그다지 납득하지 못한다. 만약 당신이 당시 포초의 작품을 읽는 독자였다면, 자신만의 사유와 성향과 편견을 강화하는 논증으로 텍스트를 멀리할 수도 있었을 것이다. 또한 당시 많은 사람이 각

---

55 Poggio, *De nob.*, 80; Aristotle, *Politics*, 4.6.1294a21, 5.1.1301b4.
56 Poggio, *De nob.*, 82; Aristotle, *EN*, 10.8-9.
57 Poggio, *De nob.*, 96.
58 Ibid.

자의 논문과 편지를 통해 찬반 논증으로 대화에 끼어들어 그 일부가 되었다.[59] 포초의 글은 "인기 작품"이었고 적어도 활판 인쇄술 이전 시대에 쓴 작품으로서는 그렇게 부르기에 충분했다. 그러나 독자가 문제의 찬반 어느 쪽에 기울지 않을 수도 있겠지만, 대화편에서 니콜리의 입을 빌린 포초의 입장은 아주 명확하다. 고귀함을 덕성으로 보는 주장 — 세상에서 하는 행동으로 측정되는 고귀함 — 이 텍스트에서 더 길고 지속적이며, 수사적으로 더 활력에 차 있다. 포초는 문제의 찬반 양측을 제시하는 데 상당한 주의를 기울이고 있으나, 이 자수성가형 인물에게 제일 중요한 것은 유산보다는 행동이었다.

  1440년에 이르면 포초의 목소리는 많은 측면에서 이미 기득권층의 목소리가 되어 있었다. 그는 국외자가 아니라 피렌체에서 가장 부유한 사람 가운데 하나가 되었다. 그는 로마로 돌아가 교황궁에서 봉직했고, 1447년 에우제니우스 4세가 죽기까지 그 밑에서 자신의 명예로운 지위를 유지했다. 1447년 토마조 파렌투첼리가 교황 니콜라우스 5세로 선출되자, 교황궁의 성격이 약간 바뀌었다. 파렌투첼리는 한 대목에서 "스투디아 후마니타티스" 5개 과목을 언급한 최초의 인물이었다. 그는 교황이 되자 일련의 그리스어-라틴어 번역 계획을 짜고 이를 저명한 사상가들에게 맡김으로써, 교황궁 자체를 인문학의 동력으로 만드는 야심 찬 계획에 착수했다. 포초는 자신의 그리스어 능력이 그리스어-라틴어 번역을 할 정도까지는 미치지 못했기 때문에(스스로 인정한 바와 같이), 새로운 세대로부터의 압력을 느끼게 되었다. 이 세대를 대표하는 가장 뛰어난 인물은 로렌초 발라였고, 그리하여 둘은 자주 격렬히 논쟁하게 된다.

---

59 Rabil, ed., *Knowledge, Goodness, and Power*.

8
로렌초 발라

그래서 만약 내가 어떤 것을 고치고 있다면, 이는 성서가 아니라 그것의 '번역'을 고치고 있는 것이며, 이렇게 함에 있어 나는 성서에 무례한 일이 아니라 오히려 경건한 일을 하고 있는 셈이다. 또한 나는 이전의 번역자보다 더 낫게 번역하는 것 이상의 다른 어떤 일도 하지 않고 있으므로, 성서라 불러야 하는 것은 바로 나의 번역이지 — 그것이 올바로 고쳐진다면 — 그의 번역은 아니다.[1]

누가 이런 말을 하고 있나? 문제의 인물은 로렌초 발라라는 지식인으로, 그는 로마 출신이지만 까다롭고 호전적이며 자아도취적 성품 때문에 고

---

[1] Lorenzo Valla, *Antidotum Primum: La prima apologia contro Poggio Bracciolini*, ed. Ari Wesseling (Van Gorcum: Assen, 1978), 112: "Itaque, ne multus sim, siquid emendo non Sacram Scripturam emendo, sed illius potius interpretationem, neque in eam contumeliosus sum, sed pius potius, nec aliud facio nisi quod melius quam prior interpres transfero, ut mea tralatio, si vera fuerit, sit appellanda Sancta Scriptura, non illius." Cited in Lucia Cesarini Martinelli, "Nota sulla polemica Poggio-Valla e sulla fortuna delle *Elegantiae*", *Interpres* 3 (1980), 29-79, spec. 63.

향을 떠나 수십 년을 보냈다. 이 진술의 배경은 발라에게는 특이할 것도 없는 한 논쟁이다. 그리고 그 논쟁은 1450년, 이제 어떻게 봐도 노년에다 존경받으며 뛰어난 기량의 포초가 발라를 공격하는 글을 썼을 때 일어 났다. 포초가 공격한 배경, 두 지식인 간에 계속 진행된 논쟁, 그에 연루된 위험성 모두가 15세기 중엽에 휴머니즘이 다다른 중요한 지점을 조명해 주고 있다.

먼저 발라 자신을 소개할 필요가 있다. 1406년 교황궁과 연결된 한 가문에서 태어난 발라는 대분열을 끝내고 이탈리아 땅으로 의기양양하게 돌아온 교황 마르치누스 5세 치세에서 성장했다.[2] 그 시대 권위자들과의 접촉이 발라의 교육에 기여한 바가 있는데, 레오나르도 브루니는 발라의 초기 라틴어 일부 습작품을 읽고 교정해 주었다. 발라는 또한 조반니 아

---

2 존 몬파사니는 다음에서 1406년이라는 날짜에 찬성하는 주장을 하고 있다. John Monfasani, "Disputationes vallianae", in *Penser entre les lignes: Philologie et philosophie au Quattrocento*, ed. F. Mariani Zini (Lille: Presses Universitaires de Septentrion, 2001), 229-50, esp. 229-31 (now repr. as essay XII, with the same pagination, in John Monfasani, *Greeks and Latins in Renaissance Italy: Studies on Humanism and Philosophy in the Fifteenth Century* (Aldershot: Ashgate, 2004). 발라에 대한 최근의 문헌은 다음을 볼 것. Lodi Nauta, *In Defense of Common Sense: Lorenzo Valla's Humanist Critique of Scholastic Philosophy* (Cambridge, MA: Harvard University Press, 2009); Mariangela Regoliosi, a cura di, *Pubblicare il Valla* (Firenze: Polistampa, 2008); Regoliosi, a cura di, *Lorenzo Vall e l'umanesimo toscano: Traversari, Bruni, Marsuppini* (Firenze: Polistampa, 2009); Regoliosi, a cura di, *Lorenzo Valla: La riforma della lingua e della logica*, 2 voll. (Firenze: Polistampa, 2010); Lorenzo Valla, *Raudensiane note*, a cura di Gian Matteo Corrias (Firenze: Polistampa, 2007); Lorenzo Valla, *Laurentii Valle Encomion Sancti Thome Aquinatis*, a cura di Stefano Cartei (Firenze: Polistampa, 2008); Lorenzo Valla, *Ad Alfonsum regem Epistola de duobus Tarquiniis (and) Confutationes in Benedictum Morandum*, a cura di Francesco Lo Monaco (Firenze: Polistampa, 2009); Lorenzo Valla, *Laurentii Valle Emendationes quorundam locorum ex Alexandro ad Alfonsum primum Aragonum regem*, a cura di Clementina Marsico (Firenze: Polistampa, 2009); Salvatore I. Camporeale, *Lorenzo Valla: Umanesimo, riforma, e controriforma; studi e testi* (Roma: Edizioni di storia e letteratura, 2002). 다음도 여전히 읽을 가치가 있다. Girolamo Mancini, *Vita di Lorenzo Valla* (Firenze: Sansoni, 1891).

우리스파에게서 그리스어를 배웠다. 아우리스파는 비교적 덜 알려진 인물이지만, 콘스탄티노폴리스로 가서 그리스어를 배운 가장 이른 세대에 속했다.

발라 가족이 한 세대 동안 로마에 자리를 잡기는 했지만, 원래는 이탈리아 북부 피아첸차(밀라노 인근) 출신이었다. 1430년 발라는 가족이 소유한 약간의 재산을 관리하는 데 조력하고자 그곳으로 갔다. 그로부터 1년이 채 되지 않아 그는 논란이 많은 작품 『쾌락에 대하여』(*De volutate*)의 초기 판을 썼다. 후일 발라는 이 작품의 제목을 『참된 선과 허위의 선에 대하여』(*De vero falsoque bono*)로 바꾸었다.[3] 그러나 일부 핵심 관념은 내내 동일했다. 세 "권"으로 이루어진 대화편의 중심 요소는 에피쿠로스주의 — 매우 속화된 해석에 따른 — 에 대한 강력한 옹호이다. 창시자인 에피쿠로스의 이름을 딴 에피쿠로스주의는 현재 학자들이 철학에서 세 "헬레니즘학파"로 부르는 것 가운데 하나를 대표했다. 이 명칭은 세 학파가 플라톤과 아리스토텔레스 시대의 바로 뒤를 잇고, 알렉산드로스 대왕의 출현으로 특징지어지는 헬레니즘 시대에 번성한 데서 연유했다.[4] 다른 두 학파는 스토아주의와 회의주의인데, 에피쿠로스주의와 함께 이 셋 모두가 고대 철학사에서 특기할 만한 역할을 했다. 도덕철학적 측면에서 에피쿠로스주의의 기초는 "쾌락 원리"였는데, 이를 가장 단순하게 말하자면 모든 사람이 스스로 즐거움을 지향하는 자연적 성향과 고통을 피하고자 하는 경향을 타고났다는 것이다. 그래서 윤리학은 이런 노선을 따라 구성되어야 한다는 것이다.

고대 에피쿠로스주의 문헌 — 그리고 포초가 콘스탄츠에서 발견한 또 다른 작품, 즉 루크레티우스의 『사물의 본성에 관하여』(*De rerum natura*)가 가장 중요한 예가 된다 — 을 읽으면 읽을수록 우리는 더욱더 원래

---

3 Valla, *De vero falsoque bono*.

4 A. A. Long, *Hellenistic Philosophy: Stoics, Epicureans, Sceptics*, 2nd ed. (Berkeley: University of California Press, 1986).

의 에피쿠로스주의가 복잡다단하다는 점을 인식하게 된다.[5] "쾌락"은 많은 것을 뜻할 수 있지만, 고대 에피쿠로스주의자에게 그것의 가장 근원적 의미는 "당신의 욕망을 만족시키는 것"이었다. 욕망을 줄이면 줄일수록 더 많은 쾌락을 경험하게 된다. 성격 형성이 중요한 것처럼 욕망의 자기 제어가 중요하다. 그러나 이는 조롱하기 쉽고 오해하기도 쉬운 철학이었다. 고대의 에피쿠로스 철학자들은 사회와 정치 생활에서 벗어나 서로 신뢰하는 소규모 집단으로 사는 것을 선호했다. 그들은 창시자인 에피쿠로스를 좀 극단적으로 보이는 방식으로까지 숭배했다. 루크레티우스는 에피쿠로스에 대해 이렇게 말했다. "그는 세상의 불타는 경계선 너머로 멀리 나아갔고, 그의 마음과 정신은 아무런 속박 없이 무한을 떠돌았다. …… 그리고 이제는 미신을 발아래 꿇리니 그 승리는 하늘과 대등하도다."[6] 철학으로서의 에피쿠로스주의는 그리스도교 전통에서 오명을 얻었는데, 초기 문헌에는 에피쿠로스주의를 구체적으로 거명하지도 않은 채, 적어도 그 중심 교의에 대한 인식을 누가의 말을 빌려 "먹고, 마시고, 즐기자"는 식으로 요약해 놓았다.[7] 신에 대한 에피쿠로스주의적 관념 ─ 신이 존재하기는 하지만 인간사에는 아무런 관여도 하지 않는다는 것 ─ 은 신이 인간 개개인에 모두 관심을 가진다는 그리스도교적 가정에 직면했다. 끝으로 에피쿠로스주의의 원자론적 물질론도 그리스도교의 정서를 위배하는 것이었다. 만물은 물질적인 원자에서 만들어졌으

---

5 르네상스의 루크레티우스 수용에 대해서는 다음을 볼 것. Alison Brown, *The Return of Lucretius to Renaissance Florence* (Cambridge, MA: Harvard University Press, 2010); Stephen Greenblatt, *The Swerve: How the World Became Modern* (New York: W. W. Norton & Company, 2012); Ada Palmer, *Reading Lucretius in the Renaissance* (Cambridge, MA: Harvard University Press, 2014); Gerard Passanante, *The Lucretian Renaissance: Philology and the Afterlife of Tradition* (Cambridge, MA: Harvard University Press, 2014).

6 Lucretius, *De rerum natura*, ed. and tr. W. H. D. Rouse and Martin Ferguson Smith (Cambridge, MA: Harvard University Press, 1992), 1.73-79, p. 8.

7 「누가복음」 12장 19~20절; 「고린도전서」 15장 32절("죽은 자가 다시 살아나지 못한다면 내일 죽을 터이니 먹고 마시자 하리라").

며, 인간을 포함해 어떤 것이 사멸하면 그것을 구성한 원자는 허공 속으로 흩어진다. 에피쿠로스주의적 견해로는 인간 개개인의 영혼은 결코 죽음을 이겨 낼 수 없었다. 이러한 물질론은 사후에 어떤 보상도 처벌도 없다는 것을 뜻했다. 지상에서의 삶이야말로 우리가 가진 모두였다.

결과적으로 에피쿠로스주의는 여러 가지 문제를 표출했다. 발라의 대화편은 3부 혹은 세 "권"으로 구성되었는데, 발라가 독자에게 한 말로는 이 모두가 "스토아파(nationem)를 쳐부수기 위해" 계획한 것이었고,[8] 일부는 에피쿠로스주의를 옹호하는 측면도 있었다.[9] 발라가 의미한 것은 덕은 그 자체로 추구해야 하며 그 자체의 보상이라는, 우중충하고 비현실적인 스토아적 관념처럼 보이는 것에 반대 논증하려는 것이었다. 완전 무결한 스토아주의자는 결코 감정을 보이는 법이 없고 보상에 대한 희망을 품지 않고도 사회생활에 적극적으로 참여하며, 쾌락의 추구라는 동기 없이 덕의 규율에 따라 살아갈 것이다. 이와는 달리, 발라는 이러한 체계가 말 그대로 부자연스럽다는 것, 즉 자연을 따르지 않는다는 것, 우리의 현대적 용어를 빌리자면 쾌락의 추구가 우리의 "하드웨어에 내장되어 있다"는 것을 보여 주고자 했다. 쾌락은 곧 "선"이라는 것이다. 사람들은 보통 "우리 영혼에 좋은 것, 몸에 좋은 것, 운이 좋은 것"에 대해 말하곤 하지만, 스토아주의자들은 이 셋 중 뒤의 둘은 전혀 선으로 간주해서는 안 된다고 믿기 때문에, 발라는 이에 대해 스토아주의자들을 반박해야 한다고 생각했던 것이다.[10]

발라(혹은 그의 화자)는 내내 쾌락을 지지하는 강력한 주장을 폈다. 예컨대, 한 대목에서 그는 여성의 아름다움에 초점을 맞추고 있다. 발라는 이렇게 말한다. "사실, 어여쁜 얼굴보다 더 달콤하고 더 즐거우며 더 사랑스러운 것이 있습니까? …… 여성은 키가 크든, 피부색이 희든, 성적

---

8 Valla, *De vero falsoque bono*, 51, tr. Lorch.
9 Ibid.
10 Ibid., 91.

매력이 있든, 비율이 좋든 어쨌든 간에, 아름다운 얼굴뿐만 아니라 아름다운 머릿결로 …… 아름다운 가슴으로, 아름다운 허벅지로, 그리고 사실상 온몸의 아름다움으로 영광을 얻는 것 아닙니까?"[11] 자연은 여성을 그런 식으로 창조했고, 남성이 여성의 아름다움을 칭송하듯이 그들 역시 남성의 아름다움을 칭송하고 그것에 매력을 느끼게 되어 있다는 것이다.

우리는 어떤 이유로 자연으로부터 시각을 부여받았고 동시에 미각도 부여받았다. 맛있는 음식을 예로 들어 보자. 이에 대해 발라는 이렇게 말한다. "건방지게 그런 음식을 헐뜯고 금하는 사람이 있다면 그것은 삶이 아니라 죽음을 찬양하는 것으로밖에 보이지 않기 때문에, 나로서는 그 스스로 승인하는 금식으로 고통받아 굶어 죽어야 한다고 생각합니다. 사실, 그가 부디 그런 운명에 처하기를 바랍니다."[12] 발라의 화자는 또다시 넓은 의미에서의 자연을 강조하고 있다. 즉 좋은 음식을 좋아하지 않는 사람은 없다는 것이다. 앞서 그는 이야기가 음식에 이르렀을 때, 검약에 대한 금욕적 전통을 강조한 바 있다. 이는 많은 사람이 공유하던 관념으로, 음식이란 무관심한 태도로 대해야 하는 것이고 단지 영양 섭취를 위해 존재할 뿐이며, 그것을 무언가 특별하고 각별한 관심을 표할 가치가 있는 것인 양 집착해서는 안 된다는 것이다. 이 작품 전편을 통해 발라가 펼치는 주장은 대체로 이런 식이다. 그는 쾌락이야말로 모든 결정에서 중요한 동기 부여의 요소라는 점을 제시하고자 인간의 자연적 성향을 되풀이 강조하고 있다.

발라는 대화편 마지막 권에서 에피쿠로스주의적 원자론을 거부하고, 화자의 입을 통해 진정한 쾌락은 신을 향유하는 것이며, 이는 오직 그리스도교 교리를 통해 얻을 수 있다고 주장함으로써, 그리스도교의 공식적 입장을 긍정하고 있다. 그러나 포초의 견해에서도 그랬던 것처럼 발라의 경우도 다르지 않다. 즉 이 작품에서 표명된 불확실한 입장에 관한 발라

---

11 Ibid., 98-99. tr.
12 Ibid., 103.

자신의 관점은 별로 중요하지 않다는 것이다. 중요한 것은 그러한 입장들이 거기에 있었고, 그것들이 세상에 알려졌으며, 그리고 그것들이 다른 지적 논의를 직조하는 실마리가 될 수 있었다는 사실이다. 그리고 한 가지 더 말하자면, 『쾌락에 대하여』의 경우에 저자는 이 모든 것을 대략 20세라는 나이에 해내고 있었다. 혹은 적어도 그때쯤에 시작했다.

이후, 아니 확실히 말하자면 1431년, 발라에게 파비아 대학 교수직 제의가 왔다.[13] 교수로서 해야 할 업무는 수사학을 가르치는 것이었다. 하지만 계약상 그에게 주어진 학과의 테두리에 갇히기 싫었던 그는 대학의 법학 교수들, 구체적으로 말하자면 바르톨로 다 사소페라토[14]라는 유명한 중세 법학자를 이용하는 방식과 그에 대한 무비판적 해석(물론, 그의 견해로는)을 공격하기 시작했다. 발라에게 남겨진 것은 — 그에 대한 적대감이 너무 컸다 — 그저 도망가는 것뿐이었다.

발라는 결국 아라곤 가家 알폰소 왕(1396~1458)의 궁정에서 비서로 봉직하는 정신廷臣으로 장기적인 거주처를 마련했다. 알폰소는 "두 시칠리아 왕국"— 당시는 나폴리와 시칠리아를 그렇게 불렀다 — 을 다스리고 있었다.[15] 알폰소는 거의 계속해서 전쟁의 와중에 있었지만 기예의 중요한 후원자이자 고대 문학 애호가였고, 이후로도 내내 그랬다. 그는 몇몇 휴머니스트를 후원했는데, 발라도 그중 하나였다. 발라는 나폴리에 자리를 잡았고, 사실상 거의 모든 주요 작품을 알폰소의 궁정에 있는 동안에 썼다. 그와 포초의 논쟁으로 돌아가기 전에, 발라의 주요 작품 일부를 살펴보는 것이 좋겠다.

전체적으로 볼 때, 발라의 작품들을 관통하는 주요 경향은 놀라울 정

---

13 Mancini, *Vita*, 65-94.
14 바르톨로에 대해서는 다음을 볼 것. Danilo Segoloni, a cura di, *Bartolo da Sassoferrato: studi e documenti per il VI centenario*, 2 voll. (Milano: Giuffrè, 1962); Diego Quaglioni, *Politica e diritto nel Trecento italiano: il "De tyranno" di Bartolo da Sassoferrato* (Firenze: Olschki, 1983).
15 Mancini, *Vita*, 95-225.

도의 통일성인데, 여기에는 가장 중요한 세 가지 주제가 나타난다. 그것은 그리스도교에 대한 관심 및 자신을 일종의 개혁자(어떤 유의 개혁자인지는 앞으로 차차 알게 될 것이다)로 보는 경향, 라틴어에 대한 그것의 적절한 용법과 사회에서의 기능 및 문화의 도구로 사용할 수 있는 방식에 대한 정밀한 감각, 마지막으로 논쟁적인 대화체 방식으로 글을 쓰는, 아니 사실상 사유하는 경향이다.

이러한 사고방식을 이해하는 최선의 길은 앞서 이 장의 서두에 제시한 인용문으로 돌아가 그것을 맥락 속에서 뜯어보는 것이다. 이미 언급했다시피, 이는 글을 통해 발라와 포초가 나눈 긴 논쟁 중에 나타난 것이다. 여기서 포초는 요점을 세밀히 파악하지 않은 채 발라를 이단이라고 비난했다. 이런 비난을 야기한 것은 표면적으로는 논쟁을 불러일으킬 것 같지 않은 발라의 한 작품이었다. 이 작품은 "불가타Vulgata"라 불리던—신약의 원래 언어인 그리스어를 라틴어, 즉 "링과 불가타lingua vulgata" 혹은 "통속어"로 번역했기 때문에 이런 이름이 붙여졌다—라틴어 판『신약성서』에 대한 일련의 주석서였다.

"안노타티온스Annotations"라고 불리는 발라의 주석은 "문헌학적" 주석으로 불릴 수도 있는데, 말하자면 이는 라틴어 번역을 원어인 그리스어와 아주 정밀하게—아마도 아주 까다롭게—비교하는 것이었다.[16] 하지만 그 이면에는 언어의 힘과 비평가의 책임에 대한 다소 혁명적인 견해가 놓여 있었다.

몇십 년간 포초와 발라가 서로 좋은 감정을 느낀 적은 없었다. 그들은 1421년에 처음 만났는데, 아직 아주 어린 나이였던 발라가 당시 교황 비서였던 삼촌 멜키오레 스크리바니를 따라 교황궁을 방문했을 때였다. 스크리바니가 죽자(1429년 혹은 1430년에 다시 번진 역병으로), 발라는 대담

---

16 이에 대한 아주 최근의 연구로는 다음이 있다. Christopher S. Celenza, "Lorenzo Valla's Radical Philology: The 'Preface' to the *Annotations to the New Testament* in Context", *Journal of Medieval and Early Modern Studies* 42 (2012), 365-94.

하고 야심차게도 자신을 삼촌의 직위에 고려해 달라고 요청했다. 그러나 포초는 역시 교황궁에서 봉직한 안토니오 로스키와 더불어 교황(마르치누스 5세)에게 발라를 뽑지 말라고 조언했다. 이 젊고 지나치게 자신만만한 인물이 나이 든 비서들을 공격함으로써 비서실에 불화를 일으킬 것이라고 한 것이다(사실, 발라는 이미 밀라노의 비서였던 로스키를 공격하는 글을 쓴 적이 있었다). 교황은 그들의 조언을 받아들였다.[17] 자신의 요청이 거절되자, 발라는 이에 대해 생애 내내 분노의 감정을 갖게 되었다. 이는 다시 기존의 경쟁적 천성에 불을 붙였고(그런 게 가능하다면), 교회를 포함한 제도적 문화에 회의를 느끼는 데 일조했다.

글을 통한 포초와의 공식 논쟁이 시작된 1450년, 발라는 이미 교황궁의 일원이 되어 있었다. 교황 니콜라우스 5세는 그를 "스크립토르 scriptor"로 임명했는데, 이보다 훨씬 더 포초의 신경을 거스른 것은 발라가 니콜라우스가 자랑하던 그리스어-라틴어 번역자 가운데 하나가 된 것이었다.[18] 교황궁은 거의 50년 동안 포초의 직업적 고향이었다. 그는 내부자 중의 내부자였다. 이제 여기서 포초는 교황의 문화적 관심사를 위해 일해야 할 사람은 다름 아닌 바로 자신이라는 당위성보다 훨씬 더, 앞으로 일생 짜증의 근원이 될 무언가를 얻게 되었다. 발라는 그리스어 전문가였지만 포초는 그렇지 못했다. 이는 니콜라우스 5세 치세에서 아주 중요한 점이었다. 발라가 아직은 교황궁의 최고 엘리트 수준까지는 이르지 못했지만(그는 1455년에서 1458년까지 재위했던 교황 칼리스투스 3세 치세에 비로소 교황 비서로 임명된다) 어쨌든 교황궁의 일원이었고, 게다가 포초 스스로 그 존재를 느낄 수밖에 없는 존재였다.

둘 사이의 갈등은 일련의 격렬한 논쟁으로 폭발했다. 발라는 포초의 서간집에 대해 자신이 볼 때 적절한 라틴어가 아니라고 비판했다. 포초는 발라를 공격하는 "연설"을 써서 발라의 작품들을 비판했다. 그중에

---

17 Wesseling, "Introduzione" in Valla, *Antidotum*, 1-53, spec. 2.
18 Ibid., 21-25; Mancini, *Vita*, 226-54.

는『신약성서 대조』(Collatio Novi Testamenti)도 있었다. 다른 비판에서는 포초가 고대 텍스트에 대한 발라의 독해를 두고 트집을 잡았으나,『주석서』의 경우에는 틀을 완전히 달리해 발라가 성聖 히에로니무스에 반하는 책을 썼으며 "성서를 혐오한다"고 주장했다. 포초의 비판과 이에 대한 발라의 대답을 이해하려면, 잠깐 뒤로 돌아가 중세와 르네상스에서 라틴어 성서가 지닌 기능에 대해 생각할 필요가 있다.

먼저 성 히에로니무스의 문제가 있다. 347년에서 420년까지 살았던 히에로니무스는 중세와 르네상스 문화에서 교회의 "라틴 교부 4인" 중 하나로 알려질 정도로 권위 있고 중요한 인물로 생각되었다. 나머지 셋은 암브로시우스(340~397), 아우구스티누스(354~430), 그레고리우스 대大 교황(재위 590~604)이었다. 초기 그리스도교가 그리스도교 규범을 발전시킴으로써 고대의 문학 전통에 융합되고, 이교적 가치를 새로운 그리스도교 세계에 수용하며, 끝으로 그리스도교의 발전이 보여 주는 좀 더 일반적인 문화 번역 과정을 따라 빠르게 이동하는 과정에서 이 넷 모두가 일익을 담당했다. 그들의 노력 덕분에 수백에 이르던 고대 지중해 종교 가운데 하나일 뿐이던 그리스도교는 5세기에 이르러 서양의 지배적 종교가 될 정도로 발전했다. 그 마지막 측면으로 성서를 번역하게 된 것은 특히나 중요한 결과를 가져왔다. 이 경우 핵심 인물은 여러 라틴 교부 중에서도 특히 성 히에로니무스였다. 그는 학식이 깊었고 라틴어와 그리스어 모두 유창했다. 그는 성서적 전통에서 히브리어가 지닌 커다란 무게를 인식하고 히브리어까지도 배우는 일에 매진했다. 히에로니무스는 생각이『구약성서』에 미치자, 당시 사용하던 라틴어 번역이 히브리 원어가 아닌 "셉투아진타Septuaginta", 즉 널리 사용되어 온 그리스어 번역인 70인역(70명의 학자가 번역한 것으로 알려졌기 때문에 그런 이름이 붙었다)에 기초한 것임을 인지했다. 따라서 그는 히브리어 원전에 기초한 라틴어 번역을 하게 되었다.

문제가 그리스어『신약성서』에 이르자 히에로니무스는 난제와 마주하게 되는데, 그는 결국 이를 자신이 내놓은 라틴어 역 "서문"—교황 다마수스 1세(재위 366~384)에게 바치는—에서 언급하고 있다. 다마수스는 히에로니무스에게 『신약성서』의 권위 있는 라틴어 역본을 만들어 달라고 요청했다. 히에로니무스는 교황에게 이렇게 말한다. "성하聖下께서는 이 세상 전역에 이처럼 흩어져 있는 성서 사본들을 판별하고 그것들 간의 다양함을 고려해 그중 어떤 것이 그리스어적 진실과 부합하는지 결정하여 헌것에서 새것을 만들어 내라고 다그치십니다."[19] 히에로니무스는 계속해서 오랫동안 어떤 종류의 라틴어 역본을 읽고 예배하는 데 익숙해서 새 번역을 받아들이기가 쉽지 않을 것이므로 비판이 우려된다고 말한다. 그러나 적어도 그는 교황 스스로 자신을 후원한다는 사실에 안도할 수 있었다. 우리는 이러한 진술에서 이미 히에로니무스 시대의 라틴어권 세계에서는 어떤 라틴어 역본들을 사용하는 데 익숙했다는 점을 알 수 있다. 히에로니무스의 우려는 타당했다. 일반 독자들은 말 그대로의 의미에서 보수적 경향이 있다. 즉 그들은 기존의 익숙한 텍스트 형태가 바뀌는 것을 달가워하지 않는데, 하물며 종교 공동체에서는 그 저항이 훨씬 더 심할 것이다.

하지만 히에로니무스는 성공했다. 그는 가능한 한 기존의 수많은 라틴어 역본을 수집하고, 이를 서로 간은 물론이고 나아가 그리스어 원전 『신약성서』와도 비교해 이후 권위 있는 라틴어 역으로 사용될 최종적인 라틴어 역본을 만들어 내기에 이르렀다. 중세 들어 시간이 흘러가면서 이 라틴어 역본은 그 자체로 어떤 성스러운 분위기까지 띠게 되었다. 그것은 이제 더이상 단순히 어떤 텍스트가 아니라 그 자체가 숭배의 대상이 되었고, 그것에 대한 모든 것—텍스트에 쓰인 말의 질서, 말 그 자체—을 신성하다고까지 여기게 되었다. 발라의 시대가 되면 중세 사상가들 누구나 이 라틴어 역본에 기초해 성서에 대한 해설과 주석, 그리고

---

19 Jerome, "Praefatio in Evangelio" in *Biblia sacra iuxta vulgatam versionem*, eds. Robertus Weber and Roger Gryson (Stuttgart: Deutsche Bibelgesellschaft, 1994), 1515-16, esp. 1515.

해석을 내놓았다.[20] 이제는 그리스어 원전을 참조하는 것이 필요하다고 생각지도 않았다. 결국 라틴어 역은 어떤 신적 영감을 받은 교황이 의뢰해 그리스도교 전통에서 가장 권위 있는 인물 가운데 하나이자 성인으로 간주하는 히에로니무스가 완수한 것이었다. 불가타 판 『신약성서』는 그 자체로 성스러운 것이 되었다.

그래서 발라가 라틴어 역 『신약성서』를 살펴보면서 그것을 그리스어 원전과 비교하고 때로는 다른 라틴어 번역을 제시하려 했다는 사실은 화를 불러일으키게 되어 있었다. 발라가 종교적인 눈을 통해서가 아니라 "학자의 시각에서" 『신약성서』를 살펴볼 것이라고 한 것은 현대 학자에게는 솔깃한 일이고, 또 어느 정도 사실이기도 하다. 즉 그가 하고자 하는 일은 어떤 면에서 성서를 다른 텍스트와 다를 바 없이 취급하는 것으로 볼 수 있다는 것이다. 이렇게 함으로써 발라는 작게나마 삶에 대한 세속적 견해에 기여했다고 할 수 있고, 이는 어느 정도 사실이다. 물론, 이러한 견해는 훨씬 뒤에 가서야 최종적인 결실을 얻게 될 것이지만, 그래도 그것은 작은 구성 요소 중 하나, 즉 종교 텍스트도 다른 모든 텍스트처럼 분석하고 해부하며 연구하는 텍스트에 불과하다는 생각을 내포하고 있었다. 당대인이 발라의 작업을 어떻게 이해했는지 주목하고 또 그것이 한 세기 뒤에 어디로 이어졌는지를 따라가 본다면, 우리는 이 견해가 세속성을 부추기고 있다고 단언하게 될 것이다. 어떤 면에서는 다름 아닌 발라의 작업에 대한 이러한 이해 때문에, 포초는 발라를 가리켜 히에로니무스에 거스르는 글을 쓴 인물이라고 비판하게 된 것이었다.

그러나 포초는 더 많은 것을 우려하고 있었다. 이를 파악하자면 그가 1452년에 발라를 공격하는 첫 "연설"에서 말한 바를 살펴볼 필요가 있다.[21] 포초는 여러 면에서 발라에게 불편함을 느꼈다. 그 하나는 분명히

---

20 Friedrich Stegmüller, ed., *Repertorium Biblicum Medii Aevi*, 11 vols. (Madrid: Consejo Superior de Investigaciones Cientificas, 1950-80). 여기에는 24,000개에 이르는 중세 주석 목록(1500년까지)이 들어 있다. 다음도 볼 것. Beryl Smalley, *The Study of the Bible in the Middle Ages*, 3rd ed. (Oxford: Blackwell, 1983).

개인적인 것인데, 발라가 고대와 현대를 가리지 않고 모든 사람을 공격하고 심지어는 그리스도교 신앙의 주축이 되는 인물들에까지 독설을 퍼붓는 듯한 사실과 연루되어 있다. 포초는 발라가 라틴어 문법을 설명하고 해설하는 기본 텍스트를 쓴 프리스키아누스, 도나투스, 세르비우스 등, 고대 문법 전통의 권위자들을 공격했다고 말한다.[22] 그는 이어서 이렇게 말하고 있다.

> 발라는 변증법과 철학에서 아리스토텔레스와 보에티우스가 많은 오류를 범했다고 주장한다. 그는 바로 그 웅변술의 스승인 키케로가 제대로 말하는 방법을 몰랐다고 공언한다! 그는 고대의 법학자들이 많은 단어의 의미를 몰랐다고 주장한다. 그는 퀸틸리아누스 한 사람을 제외한 다른 모든 사람을 비난한다. 흡사 광신도처럼 그는 퀸틸리아누스야말로 지금까지 존재한 모든 사람 중에서 가장 학식이 뛰어나다고 천명하면서 그를 심지어 키케로보다 더 선호한다. …… 발라는 축복받은 히에로니무스가 웅변의 황금강이라고 부른 인물이 퀸틸리아누스가 아니라 키케로였다는 것을 알지 못한다. 그럼에도 불구하고 발라는 히에로니무스를 비난하면서 그가 성서의 많은 부분을 잘못 번역했다고 주장한다. 그는 나아가 축복받은 아우구스티누스가 『운명에 대하여』, 『삼위일체에 대하여』, 『섭리에 대하여』와 같은 작품에서 잘못된 견해를 피력하고 있다는 믿음 ― 이러한 것이야말로 이 사람, 아니 이 짐승의 우둔함인데 ― 을 천명하는 데까지 이른다. 발라는 초지일관 무지의 구름에 가린 채, 이교도이든 그리스도교이든 모든 학문 분야에서 뛰어난 사람이라면 누구라도 받아들인다.[23]

---

21 In Poggio, *Op*., 188-205.
22 Ibid., 189.
23 Ibid. * "보에티우스Boet(h)ius"는 지금까지 고전 라틴어 발음(대략 공화정 말기에서 제국 초기 ― 대략 기원후 1~2세기 정도까지 ― 까지 통용됨)에 따라 흔히 "보이티우스"라 표기해 왔다. 하지만 그가 살았던 시기(480~524)에는, 물론 지역과 시기의 차이는 있지만, 이미 중세 라틴어(교회 라틴어와 유사함) 발음으로 거의 바뀐 상태이므로 역사적 변화를 살려 이렇게 표기했다. 중세 문헌에 "Boëtius"란 표기도 나오

포초는 이어지는 구절에서 발라가 과거의 작가들을 공격하는 데 그치지 않고 현재의 권위자, 특히 브루니 같은 인물에게까지 공격의 필봉을 휘두르고 있다고 주장한다.[24]

이 긴 인용문은 많은 특기할 만한 점을 보여 주는데, 포초의 비평에는 정당한 면도 있지만 그만큼 많은 불평도 담겨 있다. 주목할 만한 한 측면은 "인신" 공격이다. 발라에게 특기할 것은 그의 "우둔함"이며, 그는 "짐승"이라는 것이다. 좀 더 거리를 두는 학문적 논쟁의 어조에 익숙한 현대의 독자는 이런 식의 사적 반감에 놀랄 수도 있다. 그러나 당시에 이는 어느 정도 통용되는 일이었다. 어조와 언어에서 훨씬 더 지독한 수많은 다른 15세기 비방문도 인용할 수 있다.[25] 포초에게는 발라가 단지 학문적 의미에서만 잘못된 것이 아니었다. 그는 또한 언제나 지나치게 남을 혹평하곤 하는 나쁜 사람이라는 것이다.

둘째로 권위자 목록의 폭이 놀라울 만큼 넓다는 점이다. 포초가 보기에 발라는 고대 문법 전통의 충실한 대변자들에서부터 법학자, 저명한 철학자, 놀랍게도 키케로와 교부들에 이르기까지 거의 모든 사람을 공격했다. 포초의 생각으로는 이 사람들 모두가 권위자였다. 또한 적어도 이 경우, 그들이 권위자의 위치에 있다는 점을 강조하는 것만으로도 발라를

는데, 바로 이를 반영한 것이다. "Boethius"의 "th" 역시 중세 라틴어에서 "ti"가 "티"에서 "치" 발음으로 변화하는 과정에서 나오는 표기법 변화로 유추할 수 있다(물론, "Boetius"라는 표기도 여전히 사용되고 있다).

24 Ibid.
25 Charles Nisard, *Les gladiateurs de la république des lettres aux XVe, XVIe, XVIIe siècles* (Paris: Levy, 1860); David Rutherford, *Early Renaissance Invective and the Controversies of Antonio da Rho* (Tempe: Arizona Center for Medieval and Renaissance Studies, 2005); Ennio Rao, *Curmudgeons in High Dudgeon: 101 Years of Invectives (1352-1453)* (Messina: EDAS, 2007); Johannes Helmrath, "Streitkultur. Die 'Invektive' bei den italienischen Humanisten" in *Die Kunst des Streitens. Inszenierung, Formen und Funktionen öffentlichen Streits in historischer Perspektive*, ed. Marc Laureys (Göttingen: V&R unipress Bonn University Press, 2010), 259-93.

공격하기에 충분했다. 포초는 이 고대 작가들 — 특히 키케로 — 이 깊은 존경과 칭송을 받을 만하므로 그들에 대한 어떤 공격도 바로 그 사실로 인해 틀림없이 의심받을 것이라는 데 독자들이 동의하리라고 믿었다. 그들은 과거를 되돌아봄으로써 근대 문화를 건설하는 위대한 과업에서 하나하나 벽돌을 쌓아 올린 권위자였다. 물론, 그들이 했던 것에 무언가를 더할 수는 있겠지만, 근대 비평가로서 우리가 안아야 하는 책임은 그들이 담지한 진리를 끄집어내는 방식으로 그들을 읽는 것이었다.

세 번째로 떠오른 측면은 많은 점에서 포초가 옳았다는 것이다. 좀 더 정확히 말하자면, 그의 당대인은 그가 옳다고 생각했을 수 있다는 것이다. 이러한 시야가 어떻게, 왜 사실일 수도 있는지는 탐색해 볼 만한 가치가 있다. 이를 위해서는 발라의 몇몇 작품을 더 깊이 살펴보고, 그들도 인정하듯이 수사적으로 편향된 결론을 포초가 어떻게 이끌어 냈는지 알 필요가 있다.

우선 포초가 아리스토텔레스와 보에티우스에 대해 말하는 것을 보자. 포초의 논평은 『모든 변증법 다시 갈기』(*Repastinatio totius dialecticae*)라는, 좀 이상하게 보이는 이름을 가진 발라의 작품 — 보통 『변증법 논쟁』(*Dialecticae disputationes*)으로 알려져 있다 — 을 가리키고 있다.[26] 발라는 이 저술에서 많은 목표를 겨냥하고 있지만, 그중에서도 가장 두드러진 것은 중세에 알려진 분야로서의 논리학 혹은 "변증법"을 개혁하는 것이었다. 그의 모든 작품이 그렇듯이, 이 역시 "변증법적" 성격을 띠고 있다. 이는 그 외적 형태가 어떻든 간에, 모든 것이 서로 조화될 수는 없지만 작품이 최대치의 효과를 가질 수 있도록 환기할 필요가 있는 일련의 관점과 논증을 내포하고 있음을 의미한다. 또한 그의 다른 작품들과 같이 『변증법 논쟁』에서도 분노가 느껴지는데, 이는 마치 발라가 자신에 동의

---

26 Lorenzo Valla, *Dialectical Disputations*, eds. and tr. Brian Copenhaver and Lodi Nauta, 2 vols. (Cambridge, MA: Harvard University Press, 2012). 이에 대한 연구로는 다음을 볼 것. Lodi Nauta, *In Defense of Common Sense*.

하지 않는 독자들에 도전하고 있는 것처럼 보인다.

발라는 고대 문헌들이 피타고라스가 만들었다고 말하는 "철학자 philosophos"라는 말의 기원에 대한 유명한 이야기로 글을 시작한다. 이 이야기를 가장 널리 유포되던 형태로 만든 것은 키케로였다.[27] 여러 가지 이유로 그리스의 코린트시市로 간 피타고라스는 레온 왕 앞에서 학구적이고 확신에 찬 태도로 많은 주제에 대해 강론했다. 피타고라스에 대해 호기심이 많았던 레온은 그에게 어떤 "기술"이 있는지, 즉 피타고라스가 무슨 직업을 가지고 있길래 그처럼 깊은 지혜를 얻을 수 있었는지 물었다. 바로 이 대목에서 발라는 피타고라스에 대해 이렇게 말한다. "어떤 직업을 가지고 있느냐고 묻자, 그는 자신이 앞선 사람들이 주장했던 바의 지혜로운 사람은 아니며, 단지 지혜를 사랑하는 사람일 뿐이라고 답했다."[28]

"지혜를 사랑하는 사람." 이것이 바로 그리스어 어원의 단어 "필로소포스philosophos"("phila"는 사랑을, "sophia"는 지혜를 뜻한다)이다. 당시 피타고라스는 스스로를 낮추는 겸손한 태도를 보이고자 자신을 그렇게 묘사한 것이었다. 사실, 스스로를 가리켜 그리스어로 "소포이sophoi", 즉 "지혜롭다"고 할 만한 사람들이 있었다. 그러나 "필로소피아"란 말의 원래 의미는 진리 탐색은 적절한 겸손 아래 수행되어야 하고 이는 계속 진행 중인 과업이며, 어떤 사람 또는 어떤 사상가 집단도 결코 모든 진리를 발견한 적이 없다는 점을 제시하고자 하는 것이었다.[29] 어떻든 발라가 이 일화 — 고대에 많은 사람이 반복적으로 말하기는 했지만, 피타고라스가 쓴 글은 아무것도 보존되지 않았기 때문에 아무런 문헌적 기초도 없는 — 에서 강조하고자 한 것은 바로 이러한 것이었다. 달리 말해 그것은 단지 발라가 철학이라는 과업을 위해 지녀야 하는 겸손의 중요성을

---

27 Cicero, *Tusc.*, 5.3.8.
28 Valla, *Dialectical Disputations*, 1: 3, tr. Copenhaver and Nauta.
29 이러한 견해의 배경에 대해서는 다음을 볼 것. Pierre Hadot, *What Is Ancient Philosophy?* tr. Michael Chase (Cambridge, MA: Harvard University Press, 2004).

강조하고자 이용한 이야기일 뿐이라는 것이다. "겸손을 얼마나 높이 칭송해야 하는가"야말로 피타고라스가 직업을 묻는 질문에 그처럼 간단히 답한 데서 의도한 것이었다.[30]

발라는 계속해서 이렇게 말한다. 마찬가지로 칭송받을 사람들은 그런 메시지를 받은 이후의 철학자들이다. 그들은 "피타고라스로부터 자신들의 이름을 얻었지만 어떤 식으로든 철학자의 혈통을 발명한 인물과 의견을 같이하지 않기를 결코 꺼리지 않은 사람들이다. …… 그들이 따라야 하는 것은 사람이 아니라 진리와 탁월성이었으며, 이야말로 그것을 어디에서 발견하든 누구의 권위에도 개의치 않고 수행해야 할 그들의 당면한 목표였다."[31] 이 언명을 앞서 인용한 포초의 비판과 연결해 생각해 보면, 발라가 문학과 종교와 철학의 역사를 장식한 수많은 위인을 혹평했음을 알 수 있다. 다시 한번 우리가 목도하는 것은 세대의 힘이다. 되돌아보면, 포초는 브리튼에 머물 당시 그곳 지식인들의 문학적 세련성이 부족하다는 것을 비아냥대면서 그들이 그저 권위에 맹종하고 있다고 분통을 터뜨린 바 있다. 하지만 포초의 그 비판은 한참 전인 1420년대의 일일 뿐이다. 지금 발라는 개혁가라는 강력한 책무를 받아들였고, 반면에 포초는 발라를 비판한 『연설』에서 그가 많은 점에서 권위를 충분히 존중하지 않는다고 말하는 것으로 움츠러들고 있는 것이다.

우리가 아리스토텔레스와 보에티우스에 대한 발라의 비판과, 아니 그보다는 그것에 대한 포초의 왜곡을 주의 깊게 살펴본다면, 그들을 둘러싼 사정을 더 잘 이해할 수 있다. 한 측면에서 발라가 추구한 것은 언론의 자유이다. 발라가 피타고라스와 그의 훌륭한 예를 따라 "철학자는 언제나 다른 집단의 지도자들에 반해서뿐만 아니라 자기 자신에 반해서도 스스로 생각하는 것을 직설적으로 말할 자유를 가지고 있었으며, 이는 어떤 종파에 헌신하지 않는 사람들에게는 더욱 그러하다"고 말함으로써

---

30 Valla, *Dialectical Disputations*, 2.
31 Valla, *Dialectical Disputations*, 1: 3.

이를 분명히 밝히고 있다.³² 여기서 발라는 "종파"란 말을 사용하고 있는데, 이를 통해 그는 진정한 철학자라면 진리 탐색을 위해 어디든 가는 자유를 가져야 할 필요가 있다는 메시지를 미묘하게 보내고 있다. "종파"는 라틴어로 "섹타secta"인데, 이는 그리스어 "하에레시스haeresis"와 관련이 있다. 양자 모두 축자적으로 "깎아 내는 것"을 뜻하며, 좀 더 넓게는 "선택하는 것"을 의미한다. 그리스어 "하에레시스"는 분명히 "이단"과 관련되는데, 후자는 원래 "선택"을 뜻했으나 고대 말에 이르러 "잘못된 선택"을 의미하게 되었다. 그러므로 발라는 어떤 사상 유파에 지나치게 얽매인 사상가들을 비판하고 있는 것이다. 그는 동시에 수사修辭라는 가닥을 사용해 이런 식의 태피스트리를 직조하고 있다. 독자들에게는 부지불식간에 이 가닥이 종교적 함축으로 느껴질 수도 있을 것이다. 달리 말해 그는 위험을 비켜가려 한 것이다.

아리스토텔레스에 대해 발라는 이렇게 말한다. "참을 수 없는 것은 작금의 소요학파인데", ― 이 용어는 "아리스토텔레스주의자"를 뜻했다 ― "그들은 나를 가리켜 어떤 종파에도 속하지 않은 채 아리스토텔레스와 견해를 달리하는 자유를 누리는 자라고 하며 나를 거부한다."³³ 이어 발라는 고대에 얼마나 많은 학파가 있었고, 그들 가운데 많은 수가 아리스토텔레스를 따르지 않았다는 점을 소상히 설명하고 있다. 그런 다음 그는 언어 문제로 넘어가 스스로 아리스토텔레스를 "안다"고 믿는 당시의 아리스토텔레스주의자들을 조롱한다. "그들이 안다는 것이 사실은 그저 습관적으로 그를 그 자신의 언어가 아닌 외국의 언어로 읽는 것인데, 그러한 언어는 진짜가 아니다. 왜냐하면 아리스토텔레스의 번역 대부분은 질이 좋지 않을 뿐만 아니라 그리스 원어로는 제대로 된 것을 라틴어로는 제대로 옮기고 있지 못하기 때문이다."³⁴ 더 중요한 것은 아리

---

32 Ibid., 3-5.
33 Ibid., 5.
34 Ibid., 7.

스토텔레스가 대단히 긴요한 문제, 예컨대 속주를 다스리고 군대를 이끄는 방법과 법률적 변론을 하고 의술을 행하는 방법 등에 대한 정치적 논의를 간과하는 경향이 있었다는 것이다. 또한—그가 성서에 대해 말한 것과 다르지 않게—"만약 아리스토텔레스가 어딘가에서 더 낫게 말했을 법한 것이 있다고 해도, 나 자신은 그보다 더 낫게 말하도록 최선을 다할 것이며, 이는 그 사람을 비난하기 위해서가 아니라 …… 진리를 기리기 위해서이다."[35] 여기저기서 발라는 주변의 모든 사람에 동의하지 않는 데다가 이를 일종의 방법—그것을 통해 고대인을 능가할 수 있다고 자신하는—으로 바꿈으로써 스스로를 구별 짓고자 하는, 약간 기분 나쁜 성향의 사상가로 나타난다.

아리스토텔레스와 보에티우스에 관한 포초의 비난으로 돌아가 보자. 아리스토텔레스에 대해 발라가 『변증법 논쟁』에서 제안하고 있는 것은 아주 급진적이다. 그것은 다름이 아니라 초월적 범주를 기초로 삼고 있던 논리학(변증법) 체계에 대한 대안을 보여 주는 것이다.[36] 중세 성기盛期

---

35 Ibid., 11.
36 발라가 의도한 것에 대한 여러 다른 관점으로는 다음을 볼 것. Paul Richard Blum, *Philosophieren in der Renaissance* (Stuttgart: Kohlhammer, 2004), 44-55; Riccardo Fubini, "Contributo per l'interpretazione della *Dialectica* di Lorenzo Valla", in *Filosofia e scienza classica, arabo-latina medievale e l'età moderna*, a cura di Graziella F. Vescovini (Louvain-la-Neuve: Fédération Internationale des Instituts d'Étude Médiévales, 1999), 289-316; Hanna-Barbara Gerl, *Rhetorik als Philosophie: Lorenzo Valla* (München: Fink, 1974); Eckhard Kessler, "Die Transformation des aristotelischen Organon durch Lorenzo Valla", in *Aristotelismus und Renaissance: In memoriam Charles B. Schmitt*, ed. Eckhard Kessler (Wiesbaden: Harrasowitz, 1988), 53-74; Jill Kraye, "Lorenzo Valla and Changing Perceptions of Renaissance Humanism", *Comparative Criticism* 23 (2001), 37-55; Marco Laffranchi, *Dialettica e filosofia in Lorenzo Valla* (Milano: Vita e Pensiero, 1999); Peter Mack, *Renaissance Argument: Valla and Agricola in the Traditions of Rhetoric and Dialectic* (Leiden: Brill, 1993); John Monfasani, "Was Lorenzo Valla an Ordinary Language Philosopher?", *Journal of the History of Philosophy* 50 (1989), 309-23, repr. with same pagination in Id., *Language and Learning in Renaissance Italy* (Aldershot: Ashigate, 1994); Nauta, *In Defense of Common Sense*; Alan Perreiah, "Humanist Critiques of Scholastic Dialectic", *Sixteenth-Century Journal* 13

이래 서양에서 논리학에 대한 기본 교육은 라틴어로 번역한 아리스토텔레스의 『오르가논』(*Organon*) — 논리학이 철학의 "도구(오르가논)"라고 본 데서 나온 이름 — 를 출발점으로 삼아 왔다.[37] 이 집성에 담긴 6개 작품(『범주론』(*Katēgoriai*), 『명제론』(*Peri Hermineias*), 『분석론 전서前書』(*Analytika Protera*), 『분석론 후서後書』(*Analytika Ystera*), 『변증론』(*Topika*), 『소피스트적 논박』(*Sophistikoi Elenchor*))은 자유 학예 교육의 받침대 역할을 했으며, 중세 스콜라 철학적 논리학의 기초가 되었다. 이 체계의 핵심 요소 중 하나는 만물을 관장하는 10개의 초월적 범주가 존재한다는 가정이었다. 사상가들은 이 범주들을 통해 우리가 존재하는 모든 것을 이해할 수 있다고 생각했다. 아리스토텔레스는 이를 실체, 양, 성질, 관계, 장소, 시간, 위치, 상태, 능동, 수동으로 보았다.[38] 보에티우스는 아리스토텔레스의 많은 논리학 저술을 라틴어로 번역했는데, 그리하여 발라가 보기에 형편없고 진짜가 아닌 용어들이 지적 생활의 혈류 속으로 밀려 들어오게 되었다는 것이다. 중세 서양의 라틴 사상가들은 이 10개 범주에다가 사물(res), 존재(ens), 하나(unum), 어떤 것(aliquid), 진리(verum)라는 6개의 초월적 범주("프레디카멘타praedicamenta"라고도 불린다)를 첨가했다.[39]

1439년 발라는 이 광범위한 체계를 공격하는 작품의 첫 판을 끝냈다(제2판은 1448년에, 제3판은 1452년에 완성했다). 이 작품의 세 판본 모두가 대학에서 배우고 가르치던 당대 논리학의 과도한 부분을 "잘라 내는" 발

(1982), 3-22.

37 『오르가논』의 라틴어 역본에 대해서는 다음을 볼 것. Aristoteles, *Categoriae vel praedicamenta*, Aristoteles latinus, 1,1-5, ed. Lorenzo Minio-Paluello (Bruges: Desclée de Brouwer, 1961). 여기에는 다음 작품들이 포괄되어 있다. 보에티우스의 초기 번역, 또 다른 중세 초 짜깁기 번역, 귈렐무스 데 모르베카의 중세 성기 번역이 그것이다. *Categoriarum supplementa*, Aristoteles latinus, 1,6-7, ed. Minio-Paluello and Bernard G. Dod (Bruges: Desclée de Brouwer, 1966).

38 Aristoteles, *Cat.*, 4, Latin in *Categoriae vel praedicamenta*, 6-7, 48, 86-87.

39 Jan Aertsen, *Medieval Philosophy as Transcendental Thought: From Phillip the Chancellor (ca. 1225) to Francisco Suárez* (Leiden: Brill, 2012); Jorge Gracia, "The Transcendentals in the Middle Ages: An Introduction", *Topoi* 11 (1992), 113-20.

라의 작업을 잘 보여 준다("잘라 낸다"는 말은 이 작품의 확장된 서명書名의 핵심 부분이 된 "레파스티나티오repastinatio"의 또 다른 의미이다). 발라가 아리스토텔레스를 비판했을 때, 적어도 그가 염두에 두고 있던 것의 일부는 바로 이 체계에 대한 맹종이었다.

그러나 그는 범주가 과도하다고 비판하는 것 이상으로 나아간다. 그는 퀸틸리아누스를 따라 이들 형이상학적 범주를 실체, 성질, 능동이라는 3개로 축소한다. 이 세 범주는 통상 발화되는 일상적 문장 뒤에 놓인 심적 패턴을 반영한다. 즉 "실체"는 "명사" 혹은 "주어"에, "성질"은 "형용사 혹은 부사"에, "능동"은 "동사" 혹은 "술어"에 대응한다.[40] 중세의 초월적 범주 6개 중에서는 오직 "레스res", 즉 "사물"만 남는데, 발라는 이것이야말로 6개 범주 중 "렉스rex", 즉 "왕"의 위치에 있다고 말한다.[41] 발라는 이탈리아 휴머니스트들의 경향을 받아들이고 역사와 보통의 일상 세계에 주목함으로써, 우리의 보통 발화가 세계에 대해 알 수 있는 의미를 반영하는 방식에 초점을 맞춤으로써 스콜라 철학적 논리학을 바꾸어 놓았다. 그리하여 그는 스콜라 철학자들에 대한 과장된 공격을 넘어, 아예 그들의 기반 자체에 도전하려 한 최초의 이탈리아 휴머니스트가 되었다.

하지만 1450년대 즈음 이미 기득권의 확고한 일원이 되어 있던 포초는 이러한 문제의 복잡한 단면들을 가지고 있지 않았다. 발라라는 사람이 짜증스러웠다는 점은 확실하다. 그러나 그의 작업이 너무 혁명적이었기 때문에, 포초뿐만 아니라 대부분의 당대인 역시 그 점을 놓쳤다. 르네상스 작가의 인기를 가늠하는 한 방법은 그 혹은 그녀 작품의 수서본과 초기 인쇄본 수량을 살펴보는 것이다. 이 측면에서 발라의 작품 가운데 성공한 유일한 것은 라틴어 스타일에 대한 탁월한 지침서인 『라틴어의 우아함』(*Elegantiae linguae Latinae*)인데, 이는 15세기 말과 16세기에 훌

---

40 Valla, *Dialectical Disputations*, 1: 13-17, pp. 200-81.
41 Ibid., 1: 2, pp. 18-37, esp. 24-27.

륭한 교과서로 소문이 나 있었다. 그러나 그 작품과 다른 몇몇을 살펴보기 전에 우리는 먼저 『신약성서』에 대한 작품 — 이 장의 서두에서 인용한 작품 — 을 두고 포초와 벌인 논쟁으로 돌아가야 한다.

관련 맥락 속에서 파악해 볼 때, 포초에 대한 발라의 대응은 정교하게 진행되고 있다. 발라는 자신이 "인비디아invidia" — "악의적 질투"에서 『신약성서 대조』를 썼다는 포초의 비난에 대해, 언제나 그랬듯이 공격적으로 스스로를 정당화하고 있다. 발라는 고대 작가들이 구약이든 신약이든 이미 많은 역자와 역본을 가지고 있었음을 확인해 준다는 점을 강조한다.[42] 그는 계속해서 이렇게 말한다. "그래서 당신은 성서가 무엇이라 말하고 싶은가? 그것은 분명히 진정한 번역이어야 하지 않는가? 하지만 이는 불확실하다."[43] 여기서 "진정한 번역"이라고 옮긴 말의 원어인 "베람 인테르프레타티오넴veram interpretationem"은 넓은 의미를 갖고 있다. 이를 "진짜 해석"이라고 옮겨도 사실 무방하다.

여기서 발라가 실제로 말하고 있는 것은 무엇인가? 그를 읽는 한 가지 방법(이는 궁극적으로 그를 혁명적으로 읽는 것인데)은 그가 성서까지도 포함한 모든 텍스트를 끊임없이 재번역하고 재해석해야 한다는 생각을 제기한다고 보는 것이다. 텍스트의 의미는 결코 고정되지 않고 어쩔 수 없이 시간과 문화적 맥락에 따라 바뀐다는 것이다. 이것이 발라 자신의 개인적 의도였을까? 그럴 수도, 그렇지 않을 수도 있다. 발라는 대단히 자만심이 강하고 권위에 분개하며 그 자신이 근본적으로 옳다는 것을 확신했기 때문에, 실제로 오직 그만이 어떤 텍스트의 "진정한 번역"을 제공할 수 있을 뿐만 아니라 나아가 일단 그렇게만 하면 텍스트에 관한 어떤 문제도 다 해결될 것이라고 믿었음 직하다. 그러나 다시 말하지만 저자의 작품에 담긴 잠재력을 파악하는 것, 달리 말해 그 저자의 저술이 세계에 어떤 종류의 작용을 하는지를 살피는 것이 저자 자신의 의도를 판

---

42 Lorenzo Valla, *Antidotum Primum*, 112.
43 Ibid.

별하는 것보다 더 중요하다. 그리고 실수하지 말자. 성서는 다른 여느 텍스트와도 다르다. 일단 불가타 판 『신약성서』의 라틴어에 손대기 시작하면, 과연 성서가 다른 언어로도 읽혀야 한다고 믿는 정도까지 멀리 나아갈 수도 있지 않을까? 물론, 발라는 그렇게는 주장하지 않았고 실제로 새 라틴어 번역을 내놓으려던 것은 더욱 아니었다. 그러나 마르틴 루터가 용인한 소수의 이탈리아 휴머니스트 가운데 하나가 발라였고, 여러 학자가 발라를 프로테스탄트 종교개혁과 연관된 어떤 태도들을 가진 정당한 선구자로 보아 온 것도 결코 우연이 아니다.[44] 달리 말해 일단 수문이 약간이라도 열리면 물은 흘러 들어오게 되는 것이다. 처음에는 천천히 흐르겠지만, 그것 자체가 곧 들이닥칠 홍수의 전조이자 예감이 될 수 있다.

논의가 『신약성서』에 이르렀을 때, 발라가 사용한 것은 정확히 물의 비유였다. 발라는 책의 의도를 설명한 서문에서, 불가타 판에 대한 히에로니무스 자신의 서문이 수많은 판본의 성서가 통용되고 있음을 시사하고 있다는 데 주목했다. 이어서 발라는 이렇게 말한다. "400년이란 시간 동안 그 개울들이 이미 그토록 걷잡을 수 없을 정도가 되었다면, 1,000년 뒤쯤이면 정화한 적 없는 이 개울 곳곳은 틀림없이 쓰레기와 오물로 가득 찰 것이다."[45] 같은 서문에서 발라는 『신약성서』를 가리켜 지붕을 수리해야 하는, 그리고 그 자신이 그렇게 하는 중인 장대한 사원에 비유했는데, "왜냐하면 만약 사원이 제대로 관리되지 않으면, 틀림없이

---

44 Salvatore I. Camporeale, *Christianity, Latinity, and Culture: Two Studies on Lorenzo Valla*, tr. Patrick Baker, and eds. Patrick Baker and Christopher S. Celenza (Leiden: Brill, 2014).

45 발라는 1430년대 어느 때쯤과 1449년에 각각 다른 내용의 서문을 썼다. 두 서문이 모두 포함된 라틴어 텍스트는 다음을 볼 것. Lorenzo Valla, *Collatio Novi Testamenti*, a cura di Alessandro Perosa (Firenze: Sansoni, 1970), 3-7 (Praefatio); 7-10 (Praefatio, forma antiquior). 두 서문은 다음에 번역되어 있다. Christopher S. Celenza, "Lorenzo Valla's Radical Philology: The 'Preface' to the *Annotations to the New Testament* in Context", cited at 382.

비가 새어들어 안에서 신성한 일들을 치르지 못할 것이기 때문이다."[46] 한 층위(그가 종종, 하지만 불완전하게 읽히는 층위)에서 발라를 읽을 때, 그가 단순히 "이 모든 것을 그냥 깨끗이 청소해 보자"고 말하는 것처럼 보일 수도 있다. 우리는 어쨌든 성서가 그리스도교적 삶의 중심이고 라틴어 판본이 대단히 중요하며, 시간이 흐르면서 미숙한 필경사와 편집자들이 텍스트를 변질시켰다는 것을 알고 있다. 우리는 개울을 정화하고 지붕을 수리해야 할 필요가 있다. 이렇게 하는 길은 그리스어 원본에 초점을 맞추는 것이고, 그러면 라틴어 판본이 옳다는 것을 확신할 수 있다. 즉 간단한 문제라는 것이다.

하지만 발라는 좀 더 심오한 것을 겨냥하고 있었다. 포초를 비롯한 여러 사람이 관심을 둘 만한 이유가 있었다. 같은 서문의 다른 곳에서 발라가 말하고 있는 것을 보자.

> 내가 언제나 그리스어를 검토하는 일만 하지는 않으며, 그보다는 라틴어 판에 나타나는 모호한 부분을 드러내고 항상 축자 번역하는 방식이 내용을 더 이해하기 어렵게 만드는 예를 보여 주는 일도 하고 있다는 사실을 이에 덧붙이고자 한다. 나는 그리스어를 전혀 모르는 사람들 또는 이 문제에 관해, 물론 소수이겠지만 라틴어를 제대로 알지 못하는 사람들에 경종을 울리기 위해 이렇게 하는 것이다.[47]

발라는 어느 곳에서도 새 번역을 드러나게 옹호하지는 않고 있음을 기억하자. 그러나 그는 『신약성서』가 그동안 축자적으로 번역되어 온 방식이 실제로는 그 의미를 모호하게 만들었을 수도 있다는 것을 말하고 있다. 히에로니무스는 언젠가 그 자신은 딱 하나만 빼고 다른 모든 경우에 "의미를 따라", 즉 반드시 축자적으로 번역하지 않는 편을 선호한다고

---

46 Valla, "Praefatio" in Celenza, "Lorenzo Valla's Radical Philology", 383.
47 Ibid., 382.

말한 적이 있다. 그 하나의 예외가 바로 성서인데, "여기서는 말의 순서가 신비의 표징"이라는 것이다.[48] 히에로니무스 — 발라도 잘 알고 있었다시피, 그는 비록 라틴 불가타 판의 번역자는 아니었지만 적어도 그 최종 편집자였다 — 는 성서에서만큼은 축자 번역이 필요하다고 믿었다. 말의 순서가 신비의 표징이라면, 신비를 밝히고 그것을 특별한 지식이 없는 사람들에게 설명하면서 해석을 결정하는 일은 주석가에게 넘기면 된다. 그러나 발라는 달리 생각했다. 그는 주석가들에게 의존할 생각이 없었다. 즉 텍스트를 직접 경험하고자 한 것이다.

발라는 후일 포초와의 논쟁에서 히에로니무스가 다시 살아난다면 "그도 아마 내가 『신약성서 대조』에서, 포초 당신이 증오로 인해 시작되었다고 주장하는 바로 그 작품에서 하는 것과 똑같은 방식으로, 어떤 사본에서 변질하고 피폐해진 것을 바로잡을 것"[49]이라는 취지로, 히에로니무스에 대한 공감을 시사하고 있다. 그러나 사실 발라는 『신약성서 대조』의 첫 서문에서 히에로니무스의 권위에 도전할 정도로 그에 관한 생각을 훨씬 더 명백하게 밝히고 있다.

앞서 언급한 대로 히에로니무스는 그의 감독 아래 불가타 판을 제작토록 한 교황 다마수스에게 바치는 서문을 쓴 바 있다. 여기서 그는 그 일에 대해 걱정했다. 발라는 대담하게도 히에로니무스의 이 서문을 거의 전부 인용한 뒤, 그 속에 뚫린 구멍들을 들쑤시고 있다.

첫째, 히에로니무스는 교황 다마수스에게 이렇게 말한다(발라가 인용한 대로). "성하聖下〔교황 다마수스〕께서는 이 세상 전역에 이처럼 흩어져 있는 성서 사본들을 판별하고, 또 그것들 간의 다양함을 고려해 그중 어떤 것이 그리스어적 진실에 부합하는지 결정해 헌것에서 새것을 만들어내라고 다그치십니다."[50] 히에로니무스는 계속해서 자신은 교황의 명이

---

48 Hieronimus, *De optimo genere interpretandi* (*Epistula 57*), ed. G. J. M. Bartelink (Leiden: Brill, 1980), 13; par. 5, sent. 2: "ubi et verborum ordo mysterium est."
49 Lorenzo valla, *Antidotum Primum*, 112.
50 Valla, "Praefatio," citing Hieronymus, in Celenza, "Lorenzo Valla's Radical Philology",

라 스스로 안심할 수 있겠지만, 과연 어떤 판본을 쓰는 데 익숙한 사람들이 새것을 잘 받아들이려 할지 우려된다고 말한다. 또한 그리스 원본으로 돌아가는 것은 좋은 생각인데, 이로써 "번역자의 실수로 형편없이 간행되거나, 주제넘은 무식쟁이가 잘못 교정하거나, 필경사가 졸면서 첨가하거나 바꾸어 놓은 것들을 바로잡을" 수 있기 때문이다.[51] 이 모든 것이 합당하게 들린다. 물론, 라틴어 불가타 판의 모든 중세 독자도 성 히에로니무스의 이 서문을 읽었다. 이는 불가타 판 텍스트 전통의 본질적 부분이 되었고, 사실상 발라의 시대에 이르러서는 성서 그 자체를 포장하는 본질적 부분이었다.

발라는 비평을 시작하기 전에 약간의 겸손함—겸손한 척하는 것이지만—을 보인다.

그처럼 위대하고 학문이 깊은 사람, 그 위에 교황의 명을 받은 사람이 그토록 조심스럽게 미움을 피해야 한다고 말한다면, 나처럼 보잘것없는 사람은 어떻게 해야 하는가? 누구의 명도 받지 않은 나는? 내 눈앞에 그처럼 많은 상이한 사본을 펼쳐 보일 수도 없고, 그래서 히에로니무스의 바로 그 교정—나에게서 너무 멀리 떨어져 있는—을 교정하는 것처럼 보이는 나는?[52]

대략 심중을 알 것 같은 변명이 끝나자 발라는 비평을 시작한다. 그는 형식이 아니라 내용상 대화의 방식과 지적 관례를 사용하면서 이제는 익숙하게 된 방식으로 비평을 수행한다. 여기서 발라는 히에로니무스의 반대편에 서 있다.

발라가 사용하는 특별한 장치는 "페르소나"이다. 그는 짐짓 겸손함을

380.
51 Ibid., 380-81.
52 Ibid., 381.

보인 뒤에 이렇게 말한다.

> 그러나 우리가 옳게 생각한다면, 당시 히에로니무스가 한 일은 내가 지금 하는 일보다 더 혐오스러웠고, 그래서 우리는 냉철하고 주의 깊은 스타일의 언어를 사용해야 하며, 거의 모두가 이에 반대할 것이라는 사실도 숨기지 말아야 한다. 우리가 마치 그때 살고 있는 것처럼 반대하는 사람들의 목소리를 듣고 히에로니무스에게 말을 걸면서 이 반대자들을 의인화하도록 해 보자.[53]

무대는 마련되었다. 발라는 먼 과거로부터 들려오는 "반대자들"의 목소리─물론, 완전히 가상의─를 들을 것이다. "페르소나"라는 문학적 장치가 발라를 멀리 떨어져 있게 해 주는 바로 그 순간, 그는 오래전에 죽은 히에로니무스를 직접 비판할 수 있게 된다. 마치 그저 당시 "어떤 사람들"─물론, 발라 자신이 아니라─이 히에로니무스가 한 일에 반대했을 수도 있다고 말하기 위해서인 것처럼.

그러면 반대하는 것은 무엇인가? 반대는 이렇게 시작한다. "당신 말로는 다마수스가 어떤 사본이 그리스 원전의 진리에 부합하는지 알아내라고 명한다는 것인데, 하지만 당신은 이를 수행하지 않고 있다. 오히려 당신은 기존의 모든 사본을 비난하면서 새 작품을 창조하고 있다."[54] 서두에서부터 우리는 발라가 히에로니무스의 서문이 내포한 내적 모순점으로 보이는 것을 조목조목 비판하고자 한다는 것을 알게 된다. 여기서 발라는 단지 히에로니무스의 서문에 그리스어 텍스트에 대한 논의가 거의 없다는 점을 지적하고 있을 뿐이다. 히에로니무스는 그리스어 원전을 살피고 어떤 의미에서 원전을 복원하기보다는 반대자들이 말하듯이 그것을 혁신하고 있다. 즉 그는 "새 작품을 창조하고 있으며", 이는 전통을 소

---

53 Ibid.
54 Ibid.

중히 여기는 세계에서는 바람직하지 않다는 것이다. 그들은 계속해서 이렇게 말한다. "당신이 하는 일 — 이중적인 — 을 옹호하기 위해 당신은 이중적인 주장을 하고 있다. 당신은 기존의 모든 사본에 결함이 있다고 비난조로 말한다. 당신은 새 작품을 창조하고 있는데, 이는 교황이 당신에게 그렇게 하라고 명해서가 아니라 당신을 '강제하기' 때문이다. 그래서 우리는 당신에게 이 둘 모두를 제거해 달라고 요청한다."[55] 이 진술은 히에로니무스의 말에서 모순을 찾으려는 발라의 시도 첫 부분을 보여 준다. 반대자들은 히에로니무스에게 반문한 바로는 그가 성서의 모든 판본을 훑어보면서 "거의 사본 숫자만큼이나 많은 판본이 있다"고 말했는데, 이는 당시에 문자화된 성서 판본이 너무 많아 편집이 필요하다는 것이 히에로니무스의 생각이라는 점을 시사한다. 그러나 반대자들의 생각은 다르다. "이 다양한 사본 더미에서 신뢰할 수 있고, 그래서 그것을 오류투성이라고 비난하는 것이 부당한 어떤 사본이 분명히 있을 수도 있지 않을까? 하지만 이 세상의 모든 사본을 읽어 보지 않은 사람들이 모든 사본에 대해 정말 알 수 있을까?"[56] 반대자들은 히에로니무스가 부주의했다고 비난하기 시작한다. 즉 당시 유통되고 있던 어떤 성서 판본도 정확할 수 없으며, 히에로니무스가 현존하는 모든 판본을 보기 위해 그리스도교권 전역을 돌아다니지 않았다는 것도 분명하다는 것이다.

이어서 발라의 페르소나인 반대자들은 히에로니무스에 대해 암묵적이기는 하지만 좀 더 개인적인 공격에 착수한다. 만약 히에로니무스가 모든 고대 "사본"(성서 텍스트의 수서본)에 대해 말하고 있는 것이 사실이라면,

> 이는 위대한 인물들, 즉 교황뿐만 아니라 힐라리우스, 암브로시우스, 아우구스티누스를 비롯한 수많은 인물을 중상모략하는 일이 될 것이다. 당신

---

55 Ibid.
56 Ibid.

은 이들 중 그 누구도 신뢰할 만한 사본을 가지고 있지 않았다고 하는 것 같은데, 이는 마치 그들이 그것에 대해 별로 상관치 않았든지, 아니면 심지어 자신들이 신뢰할 만한 텍스트를 갖지 못했다는 것 자체를 몰랐다고까지 말하는 것처럼 보인다.[57]

달리 말해 여기 히에로니무스 당신 외에 세 명의 존경받는 교부가 있다. 성서에 대한 글을 쓰고 사유했던 그 모든 과정에서, 그들이 별 타당한 이유 없이 신뢰할 수 없는 수서본을 사용했다는 것이 어떻게 있을 수 있는가? 당신은 오직 자신만이 저 밖에 서로 다른 결함으로 가득한 성서 판본들이 있다는 것을 인식하게 되었다고 말하는 것인가? 반대자들은 "그래서 만약 당신 스스로를 비난하고 싶지 않거든 다른 사람도 비난하지 않아야 한다"고 말한다.[58]

이는 격한 언사이다. 그러나 그들이 문제의 두 번째 부분, 즉 교황 다마수스가 새 성서 판본을 창조하라고 명했다는 히에로니무스의 주장으로 옮아가면 더이상의 것이 나타난다. 하지만 "그가 어떤 좋은 사본이 있다고 생각하는 것처럼 어떻게든 좋은 사본을 찾아내야 한다고 명했다는 일이 어떻게 있을 수 있으며, 마치 그가 모든 사본이 하나도 빠짐없이 모두 나쁘다고 생각하는 것처럼 옛것에서 새것을 창조하라고 명할 수 있었단 말인가?"[59] 달리 말해 히에로니무스 당신은 왜 서로 배타적인 두 가지 말을 썼던 것인가? 발라의 반대자들은 기본적으로 결코 모호하지 않은 어조로 오랜 시간을 거치며 성서의 한 부분이 된 히에로니무스의 서문이 제대로 숙고되지 않은 것이었다고 말하면서 그를 소환하고 있다. 물론, 이는 발라의 말이다. 그가 하고 있는 것은 무엇보다도 자신 앞의 장애물을 일소하고 그 역시 성서를 주의 깊고 비판적으로 검토할 권리

---

57 Ibid.
58 Ibid.
59 Ibid.

가 있다는 것을 말하고자 하는 것이다.

사실, 성서는 너무나 중요하기 때문에 발라는 자신의 재능을 성서 해석의 과업에 쓸 권리뿐만 아니라 의무도 있다고 믿고 있다. 어쨌든 그는 그리스어를 잘 알고 있으며, 『신약성서 대조』의 첫 서문에서 말한 것처럼 불가타 판에는 "수많은 부분이 모호한 방식으로 번역되어 있다. 이는 번역자의 잘못이라기보다는 번역상의 규칙과 요구 사항 때문인데, 그리스어를 모르는 사람은 이해할 수 없는 이 번역처럼 적어도 의역이 아니라 축자 번역을 한 것이 문제이다. 사실이 이렇기 때문에 그들—(여기서는 당대 신학자들)—의 해설 속에는 거짓되고, 부적절하며, 진리와 도저히 부합되지 않는 수많은 오류가 넘쳐난다."[60] 당대의 신학은 이미 파산이 났고 발라는 그것을 고쳐 유일하고 진실한 과정, 즉 『신약성서』의 그리스어 원전과 직접 대조하는 과정에 올려놓아야 할 필요가 있었다.

장기적 관점에서 볼 때, 발라의 『신약성서 대조』는 성공의 가능성을 갖고 있었다. 북유럽 휴머니스트 에라스무스는 그의 말대로 수서본 "사냥" 중이던 1504년, 루뱅 외곽의 한 서고에서 그 사본을 발견했다. 1505년 에라스무스는 발라의 『신약성서 대조』를 인쇄본으로 간행했는데, 사람들이 종교개혁의 혈류로 들어간 것이 바로 그때쯤이었다. 에라스무스는 발라의 『신약성서 대조』를 『신약성서』 주석을 위한 기초로 사용했는데, 여기에는 발라의 주석과 함께 자신이 쓴 많은 주석이 첨가되어 있었다.[61] 물론, 앞서 언급했다시피, 성서에 대한 발라의 태도는 사실상 종교개혁을 예시豫示한 것으로 볼 수 있다.[62]

---

60 Valla, "Praefatio, forma antiquior" in Celenza, "Lorenzo Valla's Radical Theology", 387.
61 수서본 "사냥"을 언급한 에라스무스의 편지에 대해서는 다음을 볼 것. Erasmus, *Opus epistolarum Des. Erasmi Roterodami*, ed. P. S. Allen (Oxford: Clarendon Press, 1906-58), letter 182, 1-4. 에라스무스의 성서 작업에 대해서는 다음을 볼 것. Erika Rummel, *Erasmus' Annotations on the New Testament: From Philologist to Theologian* (Toronto: University of Toronto Press, 1986); H. J. de Jonge, "Novum testamentum a nobis versum", *Journal of Theological Studies* 35 (1984), 394-413.
62 Camporeale, *Christianity, Latinity, and Culture: Two Studies on Lorenzo Valla*. 발라에

발라의 『신약성서 대조』 서문에서 나타나는 것은 무엇인가? 결국 히에로니무스가 틀렸다는 것이다. 발라의 무식한 당대 신학자들은 하도 많이 틀리다 보니 실제로는 없는 것을 만들어 내고 있었다. 강은 오염되었고 지붕에는 비가 새고 있었다. 포초가 발라를 미워한 것이 뭐가 놀라운가? 그들의 논쟁은 고립된 현상이 아니었다. 발라는 수많은 당대인과 언어의 검을 겨루었고 포초와도 계속해서 싸웠다. 하지만 서로가 상대방에게 쏟아부은 모욕적인 말을 열거하는 것보다 중요한 것은 그 둘이 어느 지점에서, 왜 달랐는지 이해하는 일이다. 이는 이 장을 마치고 다음 장을 여는 것이기도 하다.

우리가 시작한 곳에서 끝을 맺기 위해서는 다시 한번 번역이 개선될 수 있다고 말함으로써, 성서를 모욕했다는 포초의 그에 대한 비난에 발라가 답한 바로 그 중요한 대목으로 되돌아갈 필요가 있다. "그래서 만약 내가 어떤 것을 고치고 있다면, 이는 성서가 아니라 그것의 '번역'을 고치고 있는 것이며, 이렇게 함에 있어 나는 성서에 무례한 일이 아니라 오히려 경건한 일을 하고 있는 것이다. 또한 나는 이전의 번역자보다 더 낫게 번역하는 것 이상의 다른 어떤 일도 하지 않고 있으므로, 성서라 불러야 하는 것은 바로 나의 번역이지—그것이 올바로 고쳐진다면—그의 번역은 아닌 것이다." 발라의 영민하고 주의 깊은 말에는 히에로니무스가 1,000년 동안 번역자로 알려져 왔다는 사실이 생략되어 있다. 그리고 우리가 알다시피, 발라는 분명히 히에로니무스를 비판하고자 했다.

우리가 이 인용문과 이 논쟁에서 끌어낼 수 있는 것은 다음과 같다. 논란과 경쟁 심리가 논쟁을 추진한다. 이어서 논쟁은 발견을 추진하며, 그리하여 반대 관점의 경쟁 상대가 있으면 그들은 각자의 관점을 정교하게 다듬게 된다. 발라와 포초 간의 진짜 차이가 라틴어의 성격에 대한 각

대한 루터의 견해(발라의 『콘스탄티누스 기진장』(Constantini Donatione)을 읽은 뒤)에 대해서는 다음을 볼 것. Martin Luther, *Martin Luthers Werke. Kritische Gesamtausgabe*, par. 4, *Briefwechsel*, vol. 2, ed. Johannes Ficker (Weimar: H. Böhlaus Nachfolger, 1931), 28.

자의 인식과 관련 있다는 것은 놀라운 일이 아니다. 이 근본적인 의문을 둘러싼 논쟁은 계속되었다. 여기에는 포초와 발라를 비롯한 다른 여러 인물이 연루되어 있었고 이 모두가 각자의 역할을 갖고 있었다.

9
라틴어의 성격: 포초 대對 발라

언어는 인간의 표현과 사회 계약, 그리고 공동체의 일관성을 위한 가장 근본적인 수단이다. 그 기원은 일상적·자연적 방식의 사람 대對 사람 간 상호 작용에서 파생되는 구어적 소통에 있으나, 어떤 형식으로든 어쩔 수 없이 언어를 "고정하는" 글쓰기가 그것을 가리고 있다. 작가와 글쓰기에 항상 동반되는 어떤 의문들이 있다. 누가 글을 쓰게 되는가? 글은 어떤 형식을 취해야 하는가? 어떤 "사용역register"에서 글쓰기가 발생하는가? 글로 쓰는 것은 지속성을 고려해야 하는가? 달리 말해 어떤 것을 글로 쓸 때, 훨씬 더 이후의 사람들을 생각해야 하는가? 혹은 "속어"가 어떤 시간과 장소에 매인 것처럼 그저 우리가 지금 말하는 방식을 형식화하는 것으로 충분한가? 물론, 인문학을 비롯한 여러 다른 학문 분야에는 각각 나름의 규율이 있다. 제한적인 사상가 공동체들은 자신들의 작업과 소통을 좀 더 효율적으로 만들기 위해 종종 손쉬운 방법으로 전문 어휘를 요구한다. 그러한 규율들은 외부자와의 소통으로부터 얼마나 멀리 떨어져 있어야 하는가? 특히 인문학의 경우, 이런 규율의 경계는 어디인가?

글쓰기와 지적 공동체가 합쳐질 때면 언제나 이런 의문들이 제기된다. 그러나 이는 라틴어에 대한 15세기 사상가들의 접근에서 특히 첨예하게 나타났다. 어떤 중요한 의미에서 이러한 의문들은 포초 브라촐리니와 로렌초 발라의 이력 속에서 정점을 찍었다. 두 사람의 관점은 아주 달라 그 각각이 라틴어 문제를 바라보는 근본적으로 다른 두 가지 방식의 전형처럼 보일 정도였다. 그들의 견해를 이해함으로써 우리는 세기 중반의 어디쯤에서 이 논쟁이 일어났는지 알 수 있을 뿐만 아니라 이 논쟁에서 방식은 다르겠지만 이탈리아 르네상스 휴머니즘이 결국 어디로 향하게 될 것인지에 대한 힌트를 얻을 수도 있다.

포초는 1430년대에 시작된 논쟁에 처음부터 참여했던 사상가들 가운데 한 명이지만, 그가 "공식적으로" 논쟁에 뛰어든 것은 1450년이 되어서였다. 그해에 그는 "배운 사람을 위한 말하기 방식과 평민 및 대중을 위한 말하기 방식이 각각 따로 있는지" 의문을 제기한 대화편을 썼다. 이는 훨씬 전 교황궁에서 있었던 대담을 상기해 보라는 요청을 받자, 한 해 앞인 1449년에 했던 논의를 되돌아본 것이었다.[1] 그때 그는 이 의문이 본질적으로 사람이 어디서 자랐느냐에 달려 있다고 대답했다. 지금 배워야만 획득할 수 있는 것을 당시의 일상적 사용만으로는 익힐 수 없었을 것이라고 생각하는 것이 왜 그렇게 어렵단 말인가? 우리는 배움 없이 교황궁이라는 환경 속에 와서 다른 사람들과 말하고 듣는 관습을 통해 그럭저럭 라틴어를 말할 수 있게 된 사람들을 많이 알고 있다. 만약 고대인들이 어머니의 젖을 먹으면서 이 언어를 배웠다면, 틀림없이 그것을 자기 것으로 만들었어야 했다는 것은 충분히 이해할 만하다.[2] 이 문제에 대한 포초의 검토가 이론적 수준에서 그 마지막 사항 이상으로 나아가지는 않고 있다는 점은 반드시 지적할 필요가 있다. 하지만 그것의 풍부함과 중요성은 그가 모은 자료의 양과 그것을 수합하는 방식에 있다. 사실,

---

1 Poggio, *Disceptatio convivialis*, III, ed. in Tavoni, 239-59, spec. 239.
2 Ibid.

포초가 이 문제를 마지막으로 제기한 사람은 아니겠지만, 그는 앞으로 보게 되듯이 모든 방법을 동원해 이를 해결하고 있다.

이 대화편에는 포초 자신이 주요 화자로 등장한다(이는 화자의 입장이 저자의 실제 삶과 일치한다고 가정해 볼 수 있는 상대적으로 투명한 경우에 속한다). 그는 대화편의 주요 부분을 오랜 친구인 레오나르도 브루니가 항상 자신에게 그 문제에 대해 글을 써 보라고 했다는 말로 시작한다.[3] 포초는 먼저 자기 자신의 주장을 제시하고, 이어 끝부분으로 가면서 오래 전 브루니가 플라비오 비온도에 대한 답장에서 썼던 그의 요점을 나열한다. 포초는 라틴어라는 이름이 라틴인으로 알려진 라티움 거주민이 말하던 언어에서 유래한다고 말한다. "이성에 의거할 때, 이것이 그들의 유일한 언어라는 점은 분명하다. 만약 또 다른 언어가 있었다면, 그것에는 다른 이름이 붙여졌을 것이다."[4] 포초는 속어의 탄생에 대해서는 아무 언급도 하지 않은 채, 현 로마인(특히 여성)의 말에 약간의 라틴어 어투가 잔존해 있다는 생각을 피력하고 있으며, 현재의 에스파냐인의 말에서도 라틴어 식 표현 같은 것을 찾고 있다.[5] 이러한 잔존물은 모두 성격이 다른 고대 언어 일부가 고립된 상태에서 현재의 속어에 남아 있다는 것을 보여 준다.

포초는 이어지는 논증에서 주로 퀸틸리아누스와 키케로에 의존하고 있다. 그 목표는 매우 다양한 상황에서 말해지고 이해되는 라틴어를 자료로 입증하는 것이다. 포초는 논쟁 초기에 나온 전통적 주장을 이용한다. 즉 그라쿠스 형제의 어머니인 코르넬리아는 스스로 본을 보임으로써 그들에게 잘 말하는 법을 가르쳤다는 것이다. 여러 부류의 청중은 자신들이 들은 연설을 틀림없이 이해했을 것이다. 연극이든 연설이든, 그것을 보고들은 청중이 그 내용을 이해했다는 증거가 있다. 공식적 교육

---

3 Ibid., 240.

4 Ibid.: "Hanc unicam fuisse ipsa ratione constat, Si enim alius ab hoc sermo extitisset, aliud quoque nomen sortitum esset."

5 Ibid.

을 받지 않은 사람들도 잘 말할 수 있었다는 생각을 뒷받침하는 증거가 있다는 등등. 이 과정에서 그는 또한 아울루스 겔리우스, 역사가 리비우스, 연설가 키케로, 작가 바로와 같은 고대 작가로부터 증거를 모았는데, 이들 모두는 한결같이 고대 라틴어가 "고대에" 변화를 겪었다는 것을 보여 주고 있었다. 그는 겔리우스와 리비우스로부터 라틴어에 외국어가 유입된 지역(에트루리아, 에스파냐, 갈리아 등)을 알아냈다. 바로로부터 그는 고대 라틴어가 스스로 변화한 증거를 발견했다. 예컨대, 대명사인 "올룸ollum"("그것")이 어느 시기에 형태가 바뀌어 "일룸illum"이 되었다는 것이다. 또한 그 변화 역시 다름 아닌 고대에 일어났다는 것이다.[6]

역사 감각이 있었던 포초는 고대 라틴어가 오랫동안 지속된, 본질적으로 단일하고 유기적인 언어이지만, 그래도 다른 모든 역사적 현상처럼 끊임없이 변화하면서 그때그때의 역사적 상황을 반영하고 있다고 파악했다. 그는 역시 바로로부터 평민들이, 예컨대 명사 격변화를 제대로 하지 못하는 등 때로는 말을 잘못한 경우가 있었다는 점을 발견했다. 그들이 범한 오류가 인지되었다는 사실은 그 자체로서 라틴어가 단일할 뿐만 아니라 오류를 범한 평민들이 완전히 다른 언어를 말하고 있지는 않았다는 것을 입증하는 역할을 하고 있다. 이와 궤를 같이하는 또 하나의 강력한 증거는 포초가 겔리우스에게서 찾아낸 예에서 나오는데, 이는 시센나라는 이름의 고대 로마인이 전통적으로 이태異態 동사(의미는 같지만 형태가 다른) "아센티오르assentior"가 사용된 자리에 동사형 "아센티오assentio"("나는 동의한다")를 쓰고 있으며, 이후에도 쭉 이런 방식을 따르고 있다는 것이다.[7] 다시 한번 이런 형태의 예는 포초가 언어의 변화뿐만 아니라 그런 변화가 불가피하며, 이는 인간과 연루된 모든 것이 겪게 마련인 자연적 속성이라는 것을 인지하고 있다는 점을 보여 준다.

포초는 대화편 말미로 가면서 브루니의 옛 편지를 간단히 검토한다.

---

6 Ibid., 252 (citing Varro, *Ling.*, 7.42).
7 Ibid., 255 (citing Gell, 2.25. 여기서 겔리우스는 다시 바로를 인용하고 있다).

포초는 라틴어로 이루어지는 사적 대담, 즉 라틴어와 속어가 서로 다른 언어였다면 속어로 이루어지는 것이 적절했을 그런 대담조차도 라틴어로 이루어졌다는 것을 입증할 수 있다고 주장했다.[8] 브루니는 평민들이 단지 수동적으로 이해할 뿐인 것으로 미사의 경우를 강조했다. 하지만 포초의 생각은 달랐다. 그는 미사와 복음이 의례적으로 같은 내용을 같은 방식으로 반복하기 때문에 사람들은 틀림없이 그 내용을 알게 될 것이라는 점을 지적하고 있다. 반대로 고대 로마에서 평민들이 대중 집회에서 듣게 되는 연설은 매번 그 내용이 달랐다. 설사 고대 작가들이 연설을 글로 옮길 때 윤문을 한다고 해도, 그것이 원래 라틴어로 말해진 것이라는 점은 변함이 없었다.[9] 끝으로 연극(예컨대, 테렌티우스의 작품 같은 것)은 브루니가 시사했듯이 구경거리와 액션만 보여 주는 것이 아니었다. 그것은 낭송도 되었으므로 그 의미를 이해하려면 말하는 내용을 반드시 알아야만 했다.[10] 잠시 후 대화편에서 포초의 화자 중 한 명인 카를로 마르수피니가 그곳에 모인 사람들에게 나가서 한잔하는 것이 어떻겠느냐고 제안하자 화자들은 해산한다.

포초의 긴 설명은 다음과 같은 메시지를 전달하고 있다. 즉 그에게 고대 라틴어는 비록 상이한 사람들이 상이한 수준의 능력으로 말하기는 했을 테지만, 그래도 고대 로마인 모두가 말했던 단일 언어였다는 것이다. 그는 상식과 고대 작가 — 고대 라틴어조차도 변화했음을 보여 주는 텍스트를 통해 입증되는 — 에 대한 지식을 사용해 이런 입장에 도달했다.

라틴어와 그 잠재력, 그리고 그것의 사용에 대한 포초의 견해를 이해하는 또 하나의 방법은 한 바퀴 돌아 발라와의 갈등이라는 그의 주요 동기 중 하나로 되돌아오는 것이다. 여기서 발라에 대한 그의 『첫 비방문』(*Invectiva prima*)이 전면에 등장한다. 이는 발라가 대응했던(그리고 성서

---

8 Ibid., 257 (citing Flavius Vopiscus, *Aurelian*, 14.1-2).
9 Ibid., 258.
10 Ibid., 259.

번역에 대해 과장된 주장을 했던) 바로 그 텍스트이다.[11] 여기에는 르네상스 비방문에 흔히 등장하던 통상적인 모욕의 말들이 들어 있다. 예컨대, 포초는 "우리의 친애하는 발라가 …… 『라틴어의 우아함』라는 제목의 책을 간행했다. 이는 차라리 『라틴어에 대한 무지』로 불러야 마땅하겠지만"이라고 썼다.[12] 포초는 나아가 발라의 과시적인 『라틴어의 우아한 면모들』(포초는 발라의 저작을 이렇게 부르고 있다)에서 피력한 많은 입장을 비판하고 발라가 아마 이단일 것이라고 하면서(히에로니무스의 불가타 판 번역을 의심하게 하고, 삼위일체와 연관된 한 단어를 오해하도록 만들었기 — 포초의 견해로는 — 때문에), 전체적으로 엄청난 양의 비판 사항을 모았다. 이 모든 것이 발라를 가능한 한 최악의 모습으로 비치도록 하려는 것이었다.[13]

포초의 가장 강력한 비판은 언어에 대한 발라의 접근이 권위를 거부하며, 그래서 믿을 수 없다는 것이다. 이에 대해서는 포초의 비방문을 좀 더 자세히 살펴볼 필요가 있다. 포초는 발라가 감히 가장 학식 높은 철학자 보에티우스와 알베르투스 마그누스는 물론, 아리스토텔레스의 철학, 키케로의 웅변, 바로를 비롯해 라틴어의 주요 등불이 될 만한 인물들에게 "전혀 최고의 존경과 숭배심을 보이지 않은 채" 그들을 소환하고 있다고 비난한다.[14] 포초는 계속해서 이렇게 말한다.

모든 사람 중에서도 우아한 곳이라고는 전혀 없는 이 자(발라를 뜻한다)는 그런 사람들을 비방하고 그들의 말과 정서를 저격하고 있는 것으로 생각된다. 당신은 이 범죄가 얼마나 맹목적이고 광적인지를 알고 있다. 라틴어의 경우, 그것의 적절한 의미와 힘과 감각과 구성이라는 모든 것이 이성이

---

11 Poggio Bracciolini, "Poggii florentini invectiva in L. Vallam prima", in Poggio, *Op.*, 188-205.

12 Ibid., 194.

13 Ibid., 198-200.

14 Ibid., 203.

아니라 고대 작가들의 권위에 의해 확립되었다. 만약 그것을 제거한다면, 라틴어의 기초와 자양분은 사라져 버리게 되어 있다. 라틴어로 말하게 될 때, 그 스승은 언제나 말이 사용되는 용법이었고, 용법은 오직 고대 작가들의 책과 글에서만 발견된다.[15]

포초는 나아가 발라가 이런 원칙을 위반했으며, 사실상 근본적으로 과거의 관습, 오직 과거의 관습에만 기초한 영역에 새로운 것을 도입하고 있다고 비난한다.

특히 눈에 띄는 것은 "이성이 아니라 고대 작가들의 권위"와 "용법은 오직 고대 작가들의 책과 글에서만 발견된다"는 구절이다. 포초가 발라와 어떻게, 왜 다른지는 일단 발라의 견해를 깊이 논의해 보면 더 잘 이해할 수 있게 될 것이다. 하지만 지금으로서는, 물론 그 계기가 분노와 논쟁적 에너지로 가열된 측면은 있지만, 라틴어의 상태에 대한 논쟁에서 최고의 성취를 보여 주고 있다는 점에 주목하는 것으로 충분하다. "오직 고대 작가들의 책과 글에서만"이라는 구절을 보라. 포초는 어디에서도 라틴어가 "죽은" 언어라고 말하지는 않는다. 사실상 그에게나 그의 15세기 동료들에게나 "산" 언어 대對 "죽은" 언어라는 용어상의 구별은 아직 몇십 년 후의 일이었다.[16] 그러나 언어의 적절한 용법이 오직 책에만 나와 있다고 생각하는 것은 명백한 함의들 혹은 적어도 한 가지 명백한 함의를 수반했다. 즉 라틴어는 죽은 언어였다는 것이다. 휴머니스트들은 고대 라틴어가 살아 있는 자연 언어였다는 것을 연구를 통해 발견함으

---

15 Ibid.: "Hic nisi esset insuavissimus, praesumeret redarguere tales viros et eorum verba et sententias carpere. Videre quanta sit huius prodigii caecitas et insania. Latinorum verborum proprietas, vis, significatio, constructio non tantum ratione, quantum veterum scriptorium autoritate constant. Qua sublata latinae linguae fundamentum et sustentaculum pereat necesse est. Latine enim loquendi usus semper fuit magister, qui solum autorum priscorum libris et scriptis continentur."
16 이 점에 대해서는 다음을 볼 것. R. Faithfull, "The Concept of 'Living Language' in Cinquecento Vernacular Philology", *Modern Language Review* 48 (1953), 278-92.

로써 죽은 언어 개념을 이해하게 되었다.[17]

당시 포초는 70대였다. 그의 젊은 경쟁자이자 논쟁적 성격의 발라는 라틴어에 대한 생각이 그와는 아주 달랐다. 그들을 이해한다는 것은 곧 발라가 자기 자신을 어떻게 보는지 이해한다는 것을 의미한다. 즉 그는 유일무이하고 특이한 개혁가이자 운명을 지배하는 사람— 이렇게 말해도 결코 과장은 아니다— 이라는 것이다. 물론, 당시는 그 누구도 그를 그렇게 보지 않았다. 발라의 주요 작품이 수서본과 초기 인쇄본으로 어떻게 유통되었는지에 대한 역사는 그의 당대인이 — 그를 싫어한 것이 끔찍한 성격 때문인지 혹은 그가 도대체 어떤 인물인지 이해하지 못했기 때문인지(좀 더 그럴듯하다) 모르지만 — 예컨대, 레오나르도 브루니의 경우와는 달리 발라의 글을 그리 많이 소비하지는 않았다는 것을 보여 준다. 그러나 만약 자신을 능력과 책임감이 출중한 개혁자로 바라보는 발라의 생각을 인식하지 못한다면, 우리는 라틴어에 대한 그의 관점이 미치는 범위를 결코 이해할 수 없다. 결국 발라는 그리스도교 신앙과 라틴 어법과 인간 문화 모두를 서로 긴밀히 연결된 것으로 보았다는 것이다. 발라가 실제로는 고대 라틴어의 상태에 대한 논쟁에 뛰어들지 않았다는 것도 엄연한 사실이다.

발라의 견해가 형성되는 것을 눈여겨 볼 수 있는 하나의 창문은 수서본과 인쇄본으로 상당히 많이 유통된 유일한 작품 『라틴어의 우아함』인데, 이것은 포초가 의문을 제기하고자 한 바로 그 텍스트이다.[18] 이는 그의 모든 주요 작품과 마찬가지로 알폰소 데 아라곤의 궁에 있던 시기에 쓰인 것으로, 그의 생애 내내 관심의 대상이 되었다. 후일 16세기 초에 이르면, 『라틴어의 우아함』은 라틴어 스타일에 관한 칭송받는 텍스트가

---

17 Silvia Rizzo, *Ricerche sul latino umanistico*, vol. 1 (Roma: Edizioni di storia e letteratura, 2002).

18 D. Marsh, "Grammar, Method, and Polemic in Valla's 'Elegantiae'", *Rinascimento*, n.s. 19 (1979), 91-116; M. Regoliosi, *Nel cantiere del Valla: Elaborazione e montaggio delle "Elegantiae"* (Roma: Bulzoni, 1993).

된다. 그 시대 최고의 기준에 비추어 문법적으로도 옳고 용법상으로도 훌륭한 방식으로 라틴어를 제대로 사용하고 있다고 확신하려면, 이는 반드시 참조해야 할 그런 위치에 있었다. 언어의 힘과 용법에 대한 발라 자신의 견해는 우리의 출발점이 될 만한 것을 보여 준다.

언어의 힘에 대해서는 발라 스스로 『라틴어의 우아함』 제1권 서문에서 아주 명확히 표현하고 있다. 여기서 그는 라틴어에 대해 의기양양한 어조로 글을 시작한다. 권력을 확장해 간 다른 고대 제국들도 있었지만 (발라는 페르시아, 메데스, 아시리아, 그리스를 언급한다), 로마제국과 비교해 보면 그 어느 경우도 "각자의 언어를 우리 민족이 이룬 정도까지는 확장하지" 못했다.[19] 여기서 "우리 민족"으로 번역한 말의 라틴어 원어는 단지 "노스트리nostri", 즉 아주 축자적으로는 "우리 남자들"이란 뜻이다. 그러나 여기서 우리는 발라가 의미하는 것이 무엇인지 생각해 볼 가치가 있다. 그는 결코 고대 로마인을 현재와는 별개로 간주해야 한다고 말하고 있지 않다(이미 여기서 자신의 걸작 초기 단계가 시작된다). 그는 라틴어가 스스로 역사를 지니고는 있지만, 포초가 말했듯이 결코 "고대 작가들의 책과 글"에서만 존재하고 그 속에서만 갇혀 있어서는 안 되는 하나의 거대한 문화적 연속체로 보는 정도까지 나아가고 있는 것이다.

발라는 문화란 라틴어가 존재하지 않고는 결코 기능할 수도, 사실상 살아남을 수도 없었다고 말한다. 신성한 존재는 인류에게 "육체보다는 영靈을 위한 음식인 일종의 신성한 과일" 같은 것으로서의 라틴어를 내려 주었다.[20] 자유 학예가 살아남고 번성한 것은 오직 라틴어 덕분이었다. 속어가 시간을 거쳐 발전해 나가는 그 순간조차도 라틴어는 마치 "황금에 부가된 보석" 같은 어떤 "장식물"로서 혹은 "세미나리움 seminarium", 즉 "모판" 같은, 달리 말해 많은 것이 자랄 수도 있고 전투가

---

19 다음에 수록된 비판본 제1권 서문(*Proemium*)에서 인용함. Regoliosi, *Nel Cantiere*, 120-25, spec. 125.
20 Ibid., 120-21.

일어날 수도 있으며, 경기가 진행될 수도 있는 일종의 확장된 들판 같은 역할을 했다.[21]

역사의 행로를 통해 어떤 사람은 라틴어 사용에 분개했을 수도 있으나 결국에는 모두가 그 유용성을 받아들였고, 라틴어야말로 "마치 신이 하늘에서 내려 준 것인 양" 생각하기에 이르렀다.[22] 문제의 초점은 발라가 라틴어를 얼마나 유일무이하다고 믿었느냐 하는 것이다. 그는 일련의 놀라운 진술을 하고 있는데, 이는 매우 중요하므로 모두 인용해 볼 필요가 있다.

그러므로 그토록 많은 세기 동안 성스럽고 종교적인 길을 통해 순례자와 야만인과 적들이 수호해 온 것은 다름 아닌 라틴어라는 위대한 성사聖事이자 사실상 위대한 신성神性이다. 우리 로마인은 이 점을 결코 한탄해서는 안 되며, 오히려 기뻐해야 할 것이고, 귀를 기울이며 듣고 있는 온 세상과 더불어 자긍심을 가져야 마땅하다. 우리는 로마를 잃었다. 우리는 우리의 왕국을 잃었다. 우리는 힘을 잃었다. 그러나 이는 우리의 잘못이 아니라 시대의 잘못이다, 그래도 우리는 더욱 걸출한 힘으로 세계 대부분을 지배하고 있다. 이탈리아는 우리의 것이며, 프랑스, 에스파냐, 독일, 판노니아(오늘날 헝가리, 오스트리아, 세르비아 일부에 걸쳐 있는 지역을 가리킴), 달마티아(오늘날 크로아티아 대부분을 차지하는 곳), 일리리쿰(근대 알바니아)을 비롯한 다른 많은 나라도 마찬가지이다. 왜냐하면 로마의 언어가 지배하는 곳이라면 어디에서나 로마의 힘을 발견하게 마련이기 때문이다.[23]

여기서 첫 번째로 강조되는 것은 발라가 라틴어를 "성사聖事"(라틴어로

---

21 Ibid., 121.
22 Ibid., 122.
23 Ibid.

는 "사크라멘툼sacramentum")이자 신성("누멘numen")이라고 기술한다는 점이다. "사크라멘툼"이라는 말은 보통 "성스러운sacred"으로 번역되는 라틴어 "사케르sacer"를 포함하고 있다. 하지만 그것의 기본 의미를 주목해 보면 흥미로운 점이 있는데, 이는 단지 "분리된 어떤 것"으로 종종 신들에 대해 쓰지만 때로는 비판적일 뿐만 아니라 심지어 부정적이기까지 한, 조사를 필요로 하는 것을 뜻하기도 한다. 예컨대, 베르길리우스는 『아이네이스』에서 "황금을 향한 '저주받은' 갈망"("아우리 '사크라' 파메스auri 'sacra' fames")에 대해 읊고 있으며, 카툴루스는 "무시무시하고 '혐오스러운' 작은 책"("호리빌렘 에트 '사크룸' 리벨룸horribilem et 'sacrum' libellum")이라 쓰고 있다.[24] "성스러운" 것은 마치 주변에 어떤 경계가 있는 것처럼 특별한 지위를 가지고 있었다. 발라에게는 라틴어가 그와 같다. 그것은 분명히 언어이지만 동시에 일련의 강력한 상징을 함께 끌어당기는 도구이기도 하며, 그래서 그 모든 것에는 주의 깊은 해석이 필요하다는 것이다.

여기서 "신성"("누멘")으로 번역한 단어는 더욱 흥미로운 데가 있다. 그 어근의 의미는 단순히 "끄덕임"으로 종종 신들이 동의의 의미로 고개를 "끄덕임"을 의미한다.[25] 그것은 점차 신성 그 자체를 뜻하게 되었고, 신성한 분위기 혹은 환경처럼 아주 특수한 종류의 신성을 가리킬 수 있기에 이르렀다. 발라는 "사크라멘툼"과 "누멘"이란 이 두 가지 라틴어 단어를 그저 별다른 생각 없이 사용한 것이 아니었다. 그는 라틴어가 특별하므로 이를 단지 소통의 도구 이상의 것으로 보아야 한다는 자신의 주장을 설파하는 신중하고 계산적인 수단으로 사용하고 있다. 그것은 곧 힘의 매개체인 것이다.

발라는 어떤 것을 염두에 두고 "우리"라는 말을 쓰고 있는가? 그는 "우리 로마인"이라고 말하는데, 그의 가족이 로마에서 살았다는 측면에

---

24 Vergilius, *Aen.*, 3.57; Catullus, 14.12.
25 Lucretius, *De rerum natura*, 2.63; Vergilius, *Aen.*, 1.603.

서 발라의 "우리"는 로마와 관련 있다고 볼 수 있다. 물론, 발라의 가족은 원래 북부 이탈리아 피아첸차 출신이었다. 잠깐만 생각해도 발라에게 "우리 로마인"은 훨씬 더 넓은 어떤 것이며, 지리적인 것만이 아닌 그보다 훨씬 더 넓은 개념임을 알 수 있다. 하지만 "우리는 로마를 잃었다. 우리는 우리의 왕국을 잃었다. 우리는 힘을 잃었다. 그러나 이는 우리의 잘못이 아니라 시대의 잘못이다." 그에게 "로마"는 더이상 서양 세계에서 정치권력의 중심을 대변하는 존재가 아니다. 발라가 "이는 우리의 잘못이 아니라 시대의 잘못이다"라고 말하는 것이 특히 눈에 띄는데, 정치권력을 그토록 오랫동안 가까이했던 사람에게서 나왔다면 주목할 만하겠지만, 사실은 정치와는 거리가 먼 어떤 것을 상정하고 있다. 발라의 정치는, 다른 많은 지식인이 그렇듯이, 세계가 아니라 마음에 대한 정치였다.

그러나 또한 발라는 마치 그리스도교 세계 바깥의 어디를 언급하는 것처럼 이렇게도 말한다. "우리는 더욱 걸출한 힘으로 세계 대부분을 지배하고 있다. 이탈리아는 우리의 것이며, 프랑스, 에스파냐, 독일〔등등〕도 마찬가지이다." 여기서 그가 의미하는 것은 문화가 다르고 지역 속어가 달라도 라틴어는 이들 어디에서나 공식 언어로 사용된다는 것이다. 그래서 "로마의 언어가 지배하는 곳이라면 어디에서나 로마의 힘을 발견하게 된다." 여기서 "힘"은 발라가 사용한 라틴어 단어 "임페리움imperium"의 번역인데, 이 말은 고대에는 우리가 지금 "제국"이라고 말할 때 생각하는 것과 동시에 명령하는 힘도 가리켰다. 그러나 다시 한번 발라의 "제국"은, 세속 정치로 국한한다면, 실제 세계와는 멀리 떨어져 있다.

물론, 실수를 범해서는 안 된다. 즉 어떤 저술의 서문도 그것의 전체 내용보다 더 중요하지는 않은 법이다. 이런 시각에서 볼 때,『라틴어의 우아함』은 놀라울 정도로 실제적인 작품이며, 적절한 용법의 제시에서 정치精緻하고도 장인적인 기술로 만든 작품이다. 예컨대, 제1권 제8장("'-rius' 혹은 '-rium'으로 끝나는 단어에 대하여")을 보면 정확히 말하고자 하는 것을 말하고 있다.[26] 그것은 이렇게 시작된다. "타불라리움tabularium"

318

〔"문서 보관소"란 뜻의 라틴어〕은 "타불레tabulae"〔원래는 "판자"란 뜻이지만, 보통 "서판書板"에서와 같이 "상床"을 가리키거나 "저술"이나 "계약서"를 의미하기도 한다〕가 보관된 곳이다. "사크라리움sacrarium"은 성물 저장소이며, "에라리움aerium"〔"금고"〕은 "에스aes"〔"구리", "청동" 혹은 "놋쇠"〕, 즉 주화와 재물을 비롯한 여타 귀중품 저장소이다."[27] 기타 등등. 총 6권 475장으로 구성된 『라틴어의 우아함』의 내용 대부분이 이렇다. 즉 이는 라틴어 단어와 표현을 올바로 쓰는 데 사용할 수 있는 목록으로 발라가 모든 것을 다 안다는 태도로 불러 주는 느낌도 있지만, 그의 경이로울 정도로 엄청난 박식을 보여 주고 있는 것도 사실이다.

하지만 서문이란 건물의 대략적인 모양을 보여 줄 뿐이지만, 발라가 세우려고 애쓰는(확실히 체계적이지는 않은) 건물뿐만 아니라 그 벽 안에 그가 세우지 못하게 하는 건물의 윤곽까지도 볼 수 있도록 해 준다. 제2권 서문은 이런 면에서 생산적이다.[28] 여기서 발라는 고대 문법학자들, 특히 "추종자 모두를 말이 서투른 어린아이로 보이게 할 정도로 뛰어난 도나투스, 세르비우스, 프리스키아누스"에게 경의를 표한다.[29] 이어서 발라는 중세 작가들에 대한 질책을 쏟아 내는데, 이는 별로 놀랍지도 않다. 이들 중에는 『어원학』(*Etymologiae*)으로 중세 사상가들을 위한 주춧돌을 제공했던 이시도루스 히스팔렌시스(560~636), "파피아스"(이탈리아 출신의 11세기 사전 편찬자), 에브라르두스 베투니엔시스(문법 교습용 라틴어 시집 『그리스주의』(*Graecismus*)를 쓴 13세기 작가) 등이 포함되어 있는데, 이들 모두는 중세 학교에서 항상 교과서로 썼던 책을 저술한 인물이었다.[30]

전체적으로 볼 때, 제2권 서문은 발라가 자신이 언급하는 고대 작품들

26　Lorenzo Valla, *Elegantiae linguae latinae* (Venezia, 1496), a.iii(v).
27　Ibid.
28　이 서문은 다음에서 인용한다. Garin, *Prosatori*.
29　Valla, in Garin, *Prosatori*, 602.
30　Ibid., 602-04.

이 사실 훌륭하기는 하지만 충분치는 않다고 — 적어도 이 단계에서는 암묵적으로 — 생각한다는 것을 보여 준다. 중세가 초래한 쇠락으로 인해 구멍이 뚫렸고, 그리하여 고대적 전통에서 불완전했던 것이 중세 내내 그대로 남았다. 저기에 구멍이 있고, 발라는 자신이 그곳까지 들어가 한바탕 전쟁을 치름으로써 그것을 모두 막을 수 있다고 믿었다.

그 과정에서 제2권 서문은 저자의 권리(시대착오적 용어를 굳이 사용하자면)라는 측면에서 발라의 시대에 일이 어떻게 돌아갔는지를 알 수 있는 하나의 창을 제공한다. 발라는 우선 레오나르도 브루니와 조반니 아우리스파(후자는 그리스어를 배우러 비잔티움으로 갔던 선구 세대의 휴머니스트이자 발라의 그리스어 선생이었다)가 『라틴어의 우아함』을 쓰도록 격려해 준 데 대해 칭송의 말을 한 뒤, 이어 흥미로운 사건을 전한다. 원래 자신은 『라틴어의 우아함』을 쓸 의향이 없었으나 브루니와 아우리스파의 격려 덕분에 책을 쓰게 되었다면서 이렇게 묻는다. "하지만 내가 마땅히 받아야 할 만한 칭송을 다른 어떤 사람이 훔치게 했다면, 나는 도대체 어떤 종류의 나태함, 아니 우둔함을 범했을 것인가?"[31] 발라는 표절자(그는 안토니오 다 로라는 경쟁자였다)의 이름을 거명해 괜히 그를 돋보이게 하지 않도록 조심하면서 무슨 일이 일어났는지 그 대강을 기술한다. "내가 피력한 원칙들 — 나는 이를 결코 숨긴 적이 없다 — 을 직접 혹은 나의 학생을 통해 들은 어떤 사람들은 그것을 자기 작품 속에 끼워 넣고자 했고, 그리하여 마치 자신들이 이를 먼저 발견해 낸 것처럼 보이게 만들었다."[32] 발라는 이어 자신이 이 사람들 가운데 하나의 작품을 읽게 된 것은 친구 덕분이었고, 역시 그 짓을 한 사람 앞에서 그가 훔친 것을 찾아냈다고 말한다. 그것은 특수한 문법 사항과 관련된 것으로 서투르게 만들어져 효과도 없고 창의적이지도 않았다. 하지만 이는 발라의 마음을 흔들어 놓았다.

---

31 Ibid., 606.
32 Ibid.

그는 여전히 그 짓을 한 사람의 이름을 밝히지 않은 채, 그와 나눈 대화에 대해 이렇게 말한다. "나는 이 우아함을 알고 있다. 선언컨대, 이는 내 재산이며, 그래서 나는 당신이 표절을 했다고 비난할 수 있다."[33] "재산." "표절." "재산"에 대해 발라는 라틴어 "만치피움mancipium"을 사용하고 있는데, 이 단어에는 계약을 통해 적법하게 획득해 그 자체로 입증 가능한 재산을 가리키는 연원이 깊은 법리학적 의미가 있다.[34] 발라가 "표절"이라고 부르는 것을 지칭하기 위해 쓴 표현은 라틴어로 "렉스 플라지아리아lex plagiaria"인데, 이 역시 오랜 고대적 냄새를 풍기는 말로서 그 우선적 의미는 납치와 관련이 있는데, 아울러 문학 작품을 훔치는 것도 뜻하게 되었다.[35] 그 짓을 한 사람은 당황해 농담으로 비켜나려 했다. 발라는 동요하지 않고 "만약 당신이 모든 영광을 가져간다면", 자신의 작품에는 뭐가 남겠느냐고 반문했다.[36] 그러자 더욱 할 말을 잃은 피의자는 발라가 마치 스스로 키우고 교육한 아이들을 발로 차버리는 나쁜 아버지처럼 행동하고 있다는 듯이 말했다. 반면에 자신—피의자—은 다만 다정하고 너그러운 방식으로 아이들을 편히 대하려 하고 있을 뿐이라는 것이다. 요컨대, 그것은 빅텐트 같은 것이다. 아닌가?

아니다. 발라는, 바로 그때 자신이 책을 써야 하는 것은 "위대한 인물들의 격려만이 아니라 단순히 말해 필요 때문"이라는 것을 깨달았다고 결론지었다.[37] 만약 그러지 않았다면, 그의 통찰력은 주로 구어로 교육하는 세계에서처럼 빙빙 돌기만 했을 것이며, 그런 세계에서는 그 누구도 지적인 것을 진정으로 얻을 수 없다는 것이다. 물론, 누군가가 나타나 터벅대고 흠이 가득한 방식으로 써 내려가게 되겠지만, 이는 오직 모든 것의 폭망일 따름이다. 『신약성서 대조』의 경우와 똑같이, 발라는 선택의

---

33 Ibid.
34 예컨대, 다음을 볼 것. Cicero, *De oratore*, 1.178.
35 Cf. Cicero, *Q.fr.* 1.2.6; Ulpianus, *Dig.* 48.15.1.
36 Valla, in Garin, *Prosatori*, 606.
37 Ibid.

여지가 없었을 뿐이었다. 그를 필요로 했다. 설사 처음에는 "마지 못해" 시작했다고 해도 어쨌든 그는 통찰력을 발휘해 글을 써 내려가야만 했다는 것이다.

두 가지 관측이 가능하다. 첫째, 발라의 "개혁가" 페르소나는 진짜이든 상상이든 다른 사람들의 저술과 생각에 반대함으로써 심리적으로 자신의 작품이 필요하다는 점을 충족하는, 대화와 논쟁을 통해 형성된 것이었다. 둘째, 지적 재산이라는 유동적 세계가 부각되고 있다.[38] 발라가 현실적이고 집행 가능한 법이 부재한 가운데 애써 법적 용어를 사용하고 있다는 것은 특기할 만하며, 어떤 의미에서는 지금까지 몰랐던 저작권법 계보의 일부일 수도 있다. 즉 자신의 지적 재산을 법정 사건이 아니라 여론의 법정을 통해 주장한 것이다. 이 서문들은 독자와 이런 문제를 소통하는 여러 가지 방법을 보여 준다. 이는 발라가 텍스트를 통해 제기하는 특수하고 개별적인 사항보다는 덜 기술적이지만 그래도 여전히 중요한 역할을 하는 문제들로, 전근대 지적 생활의 소란한 세계에서 자신의 정체성을 주조해 내는 데 일조했다.

동일한 명령법이 제3권 서문에도 나온다. 여기서 발라는 그의 사후 강화되어, 15세기 최고의 문헌학자일 법한 안젤로 폴리치아노(1454~94)의 삶과 저작에서 최종 결실을 맺게 되는 경향, 즉 가장 진실하고 "감독의 위치에 있는" 지식 분야에 대한 탐구를 예시하고 있다. 발라는 후일 폴리치아노가 끝맺게 되는 과정을 시작하는데, 여기서 문학적 휴머니즘의 가장 중요한 대표자들은 자신들이나 자신들이 하는 종류의 작업이 탁월한 "상부적" 지식 분야—그것 없이는 다른 모든 것이 부모가 필요한 고아와 같은 존재로 전락하고 마는 분야—의 대표자라는 지위에 있다고 주장하게 된다. 이 경우 당면한 문제는 법학 분야이며, 발라의 시각에서 볼 때 분명하고 현재적인 위험은 문학적 문화가 부재한 직업을 대

---

38 그 배경에 대해서는 다음을 볼 것. Adrian Johns, *Piracy: The Intellectual Property Wars from Gutenberg to Gates* (Chicago: University of Chicago Press, 2009).

표하는 사람들이다. 그들은 자신들이 하고자 하는 것보다 사안을 따지기 위해 세부 사항에 더 의존하는 "궤변가"인 "레굴레이legulei"가 될 위험이 있다. 스스로의 분야가 자신들과 넓게는 사회에 얼마나 많은 부를 제공하는지 알고 있는 진지한 법률가들, 즉 "유리스콘술티iurisconsulti"가 바로 그들이다.[39]

발라의 주장은 법률가가 라틴어를 깊이 이해하지 못하면 자신들이 공부하는 텍스트의 뉘앙스를 이해할 수 없을 것이고, 그러면 법을 최대한 이용하는 능력이 부족해진다는 것이다. 이런 비난은 언뜻 놀랍게 보일 수도 있다. 공식적인 법학 훈련도 받지 않은 발라가 도대체 어떻게 유럽의 가장 오래고 전문적인 전통 가운데 하나에 무언가 기여할 수 있다고 믿는단 말인가? 대답은 ─ 성서의 경우와 같이 ─ 역사와 관련이 있었다. 발라는 『신약성서 대조』에서, 먼저 사도들이 걸어 다녔던 시대부터 히에로니무스의 시대까지, 이어서 히에로니무스의 시대부터 발라 자신의 시대까지, 시간이 지나간 방식에 주목하고자 했다. 여기서도 그는 성서가 아니라 법을 이야기함으로써 유사한 행보를 보여 준다. 그는 비록 로마법이 기나긴 고대적 전통을 가지고 있기는 하지만, 공식적으로 성문화해 보존된 것은 상대적으로 뒤의 일이라는 점을 부각한다.[40] 그는 "코르푸스 유리스 치빌리스Corpus iuris civilis", 즉 "시민법전"을 언급하는데, 이는 529년에서 534년 사이 유스티니아누스 황제의 명으로 비로소 성문화되었다.[41] 근대적 로마법 연구의 기초가 된(발라의 입장에서는) 것이 바로 이 법전이었다.

그러나 그때쯤에 이르면, 즉 6세기경이 되면, 라틴어의 성격은 구어와 문어 양면에서 이미 변화한 상태였다. 키케로 시대의 로마인들이 종

---

39 Valla, in Garin, *Prosatori*, 606-12.
40 Ibid., 608.
41 다음을 볼 것. Bruce W. Frier, et al., eds., *The Codex of Justinian*, 3 vols. (Cambridge: Cambridge University Press, 2016). "Corpus iuris civilis"는 *Codex*, *Digest* (*Pandects*), *Institutions*, *Novellae*의 네 요소로 구성되었다.

종 그리스어와 라틴어를 뒤섞어 사용한 것처럼 고트인이 로마제국 내에 출몰한 뒤인 유스티니아누스 시대에도 라틴어와 뒤섞인 고트 식 특성이 발견된다. 꼭 이런 식으로 말하지는 않았지만, 발라가 시사한 것은 문제의 깊이를 이해하려면 문학적 고고학자가 되어야 한다는 것이었다. 그는 심지어 물질문화의 영역에서 나온 증거까지 제시하고 있다. "고트어로 쓰인 엄청난 양의 문서들"은 고트어가 라틴어에 영향을 주었다고 말할 수 있는 한 단서라는 것이다.[42] 그가 뜻하는 바는 약간 복잡하지만 살펴볼 가치가 있다.

발라와 그의 당대인들에게는 그들이 관습적으로 "리테레 안티케 litterae anticae"라 불리는 "고대 서체"와 "리테레 롱고바르데litterae Longobardae"("롱고바르도 서체") 혹은 "리테레 고티케litterae gothicae"("고트 서체")로 부르는 것 사이에 커다란 간격이 존재하고 있었다.[43] 사실, "고대 서체"란 샤를마뉴의 개혁을 따라 사용한 서체를 가리켰다. 이는 명료하고 비교적 축약형이 적었으며, 띄어쓰기도 있어 전문집단 간의 차이와는 무관하게 모두가 잘 알아볼 수 있었다. "롱고바르도 서체" 혹은 "고트 서체"는 중세 초 아일랜드 수도원의 둥근 서체부터 11세기 몬테카시노의 매우 아름다운 "베네벤토 식" 서체까지, 나아가 13세기 프랑스에서 완성되었고 종종 대학의 학자들이 사용한, 오늘날 "고딕체"라고 부르는 매우 뾰족하고 축약형이 많은 서체까지도 포함하는 수많은 형태의 서체를 대표했다.[44] 후자에 속하는 형태에는 모두 한 가지 공통점이 있었다. 즉 그것은 "고대" 서체에 비해 읽기가 힘들다는 것이다. 여기서 꼭 언급해야 할 점이 있다면, 휴머니스트들은 무슨 역사적 선언을 한다기

---

42 Valla, in Garin, *Prosatori*, 610.

43 Rizzo, *Lessico*, 114.

44 Berhnard Bischoff, *Latin Palaeography: Antiquity and the Middle Ages*, tr. Dáibhí ó Cróinin and David Ganz (Cambridge: Cambridge University Press, 1990); Albert Derolez, *The Palaeography of Gothic Manuscript Books: From the Twelfth to the Early Sixteenth Century* (Cambridge: Cambridge University Press, 2003).

보다는 그저 미적 측면의 구분을 위해 이런 용어들을 사용했다는 것이다. 특히 발라의 경우, 그는 "고트적"이란 말을 쓰면서 마음속으로 어떤 서체들을 생각하고 있었을 것이다. 하지만 중요한 것은 그가 학문적 집적물로서의 텍스트와 그것을 표현한 물질적 형태 간의 연결을 강조하고 있다는 점이다. 그는 역사(유스티니아누스 시대)를 물질적 증거(이론적으로는 물질적 형태 덕분에 그것이 언제 어디서 작성되었는지 알 수 있는 수서본)와 연결하는 주장을 하고 있는 것이다. 물론, 그는 현대 학자들의 정밀성을 가지고 이를 수행하고 있지는 않다. 그래도 이런 경향이 나타난다는 점은 분명한데, 이는 훨씬 뒤에나 출현할 전문적 측면을 미리 알려 주는 전조처럼 보인다.

『라틴어의 우아함』 제4권 서문에서 발라는 다른 방향으로 나아가는데, 이번에는 특히 히에로니무스에 초점을 맞춘 그리스도교 신앙이라는 좀 더 익숙해 보이는 주제이다.[45] 발라의 출발점은 "이교" 문학 연구에 대한 히에로니무스의 진술이다. "이교" 문헌이란 비그리스도교 문학을 말하지만, 실제로는 휴머니스트들이 관심을 가진 거의 모든 것을 가리킨다. 이 논쟁(이교 문학을 읽는 것이 유익한지 혹은 그것을 허용해야 하는지에 대한)은 살루타티 시대 이후 르네상스 문화의 한 부분이었다. 스스로 헌신적 그리스도교인이라 생각한 그와 여타 휴머니스트들은 신앙을 우아하고 모범적인 고대 문학─그들이 그토록 매료되었고, 사실상 스타일의 모범으로 본─과 양립하는 길을 모색했다. 물론, 1,000년 전 히에로니무스의 세계는 달랐다. 그는 당대의 엘리트 그리스도교인들과 마찬가지로, 고대 이교 문학을 기초로 하는 교육을 받았다. 히에로니무스의 라틴어는 후기 이교 세계의 냄새를 풍기는데, 당시는 이와 다른 방식으로 교육한다는 것을 거의 생각지도 못할 때였다.

특히 히에로니무스는 한 유명한 편지에서 상대방에게 자신이 경험한 열몽熱夢 이야기를 전하고 있다.[46] 그는 죽어 주主 앞에서 심판을 기

---

45 Valla, in Garin, *Prosatori*, 612-22.

다리고 있었다. "신분을 말하라"―그가 누구인지, 무엇을 하는 사람인지―고 하자, 그는 이렇게 답했다. "저는 그리스도교인입니다." 그러자 "주재자가 말했다. '거짓말을 하는구나. 넌 치체로주의자야. 그리스도교인이 아니라.'"⁴⁷ 이 문구는 오늘날 우리가 히에로니무스 판 "인상적인 한마디"라고 부를 만한 것이 되었다. 그리고 사실 발라 역시 이를 인용하고 결국에는 그것을 논박하는 데서―나중에 보게 되듯이―"인상적인 한마디"에 머물고 있다. 그러나 이 진술의 배경은 히에로니무스가 무엇을 했는지 아는 데 매우 중요하다. 그는 그 암흑의 시대에 순결을 지키고 그리스도와 교제하는 삶을 서원한 에우스토키움이라는 한 여인에게 편지를 쓰고 있었다. 어떤 상황이라도 어려울 이런 선택은 히에로니무스의 생각으로는 로마―그녀는 그곳에 살고 있었고, 히에로니무스는 그녀에게 그곳으로부터 빠져나오라고 하는 중이었다―의 분위기로 보아 더 어려워지게 되어 있었다. 그가 그곳을 소돔에 비교하면서 정숙함을 지키기가 얼마나 어려운지 말할 때, 그 도시는 실제만큼이나 대단히 은유적인 함의를 지니고 있었다. 히에로니무스는 그녀에게 이렇게 말한다. "밤의 메뚜기가 되시오. 밤이면 눈물로 침대와 침상을 씻으시오. 철야 기도를 하고 지붕 위에 혼자 앉은 참새처럼 행동하시오."⁴⁸ 잠시 뒤에 히에로니무스는 주제를 결혼으로 바꾸는데, 특히 왜 결혼하지 않는 것이 좋은지 말하고 있다. "나는 혼인을 찬양하고 결혼을 찬양합니다. 하지만 이는 그것이 처녀를 생산해 주기 때문이지요."⁴⁹ 딸이 결혼하지 않을까 봐 걱정하는 어머니에게 에우스토키움이 무슨 말을 해야 할지에 대해, 히에로니무스는 처녀로 있을 여인은 세속적 결혼이 아니라 왕―주主 그리스도―과 결혼하는 것이라고 말한다. 편지는 계속해서 결혼 생활에 반

---

46 Hieronimus, *Ep.* 22, in Jerome, *Select Letters of St. Jerome*, ed. and tr. F. A. Wright (Cambridge, MA: Harvard University Press, 1991), 52-157.
47 Hieronimus, *Ep.* 22, in Jerome, *Select Letters of St. Jerome*, 127.
48 Ibid., 89.
49 Ibid., 95.

대해 주에 헌신하는 독신 생활을 칭송하고, 무엇보다 에우스토키움에게 길을 잃게 할 모든 종류의 오락을 멀리하라고 경고한다.

바로 이 잠재적인 오락의 하나가 문학과 언어의 힘과 관련된다. "지나친 웅변을 추구하거나 시로 자잘한 노래 따위를 만들지 마시오."[50] 이어서 히에로니무스는 에우스토키움에게 이교 문학을 읽는 것에 대해 경고한다. "호라티우스가 시편과, 베르길리우스가 복음과, 키케로가 바울과 무슨 관계가 있습니까?"[51] 그녀는 성서를 지켜야만 했다. 히에로니무스는, 자신이 예루살렘에 있을 때 이제 세속의 고전을 포기하고자 생각했음에도 불구하고, "온갖 노고를 마다하고" 로마에서 모은 "장서를 포기하기가" 얼마나 힘들었는지 이야기하면서 자신의 분투에 대해서도 전하고 있다.[52] 그는 잠시 성서를 들여다보았지만 금세 키케로와 플라우투스를 읽는 것으로 돌아오고 만다. 그 후 다시 성서로 돌아왔지만 그것의 언어가 "귀에 거슬리고 야만적"으로 보이자 수치심을 느꼈다.[53] 이어 병에 걸린 히에로니무스의 일화가 뒤따른다. 그는 열을 일으키는 배회증(徘徊症) 상태로 들어갔고, 신에게서 자신이 그리스도교인이 아니라 키케로주의자라는 비난을 듣는다. 그리고 그는 잘못 생각한 독서 습관 때문에 육체적으로 매를 맞은 것이라는 말을 전한다.[54] 그는 주에게 다시는 세속의 책을 읽지 않겠노라고 약속까지 하면서 자신이 바로 그 순간부터 "이전에 인간의 책을 읽으면서 쏟은 그 어떤 열성보다 더 큰 열성을 가지고 신의 책을 읽었다"는 것을 에우스토키움에게 확신시키려 하고 있다.[55] 꿈에서 깨어났을 때 몸에는 검푸른 멍이 나 있었고, 이는 자신의 꿈이 보통의 꿈과는 아주 다른 것이라는 증거로 보였다는 것이다. 그는 이어 에

---

50 Ibid., 125.
51 Ibid.
52 Ibid.
53 Ibid.
54 Ibid., 127-29.
55 Ibid., 129.

우스토키움에게 돈과 사치스러운 옷에 과도하게 집착하지 말라고 경고하고 있으며, 마지막으로 기도로써 간곡하게 권고하기 전에 "사랑은 어떤 것도 어렵게 만들지 않습니다. 원하기만 하면 어떤 과업도 어렵지 않습니다"라고 썼다. 달리 말해 오직 그리스도만을 사랑하면 당신의 서원誓願을 지탱할 수 있다는 것이다.[56]

히에로니무스의 편지는 진실한 신도의 열렬한 마음으로 한 여인(그녀에게는 라틴어에 대한 전문가적 능력이 필요하지 않다는 생각은 그도 어쩔 수 없었던 당대의 편견이었을 것이다)에 나아갈 길을 촉구하는 것인 동시에, 바로 그 구성과 의도적이고 감정적인 공명을 통해 에우스토키움이 스스로 선택한 어렵지만 보람찬 길을 계속 걸어갈 수 있도록 그녀를 설득하기 위한 것이었다. 독서에 대한 히에로니무스의 말에서 주목해야 할 점은, 그가 천천히 읽으면서 무엇이든 암기하는 그 시대의 전형적 방식으로 이미 엄청난 심화 독서를 한 상태였으며, 그렇게 했던 세계는 발라의 시대보다 입수 가능한 세속적 고전이 훨씬 더 많은 때였다는 것이다.

그래서 특히 우리가 발라에 대해 아는 것을 고려할 때, 이 위대한 성인의 유령 같은 존재가 꼭 성서의 경우처럼 마치 당대의 문화를 고양하려는 발라의 모든 노력 — 필요한 노력 — 을 가리는 그림자라도 되는 양, 그가 이를 느끼고 이에 분개하면서 히에로니무스에게 약간 성이 나 있는 것처럼 보이는 것이 별로 놀랍지 않을 것이다. 그는 『라틴어의 우아함』 제4권 서문을 이렇게 시작하고 있다.

나는 감히 내 계획과 작품이 그리스도교인에게는 무가치한 것처럼 비난하는 몇몇 사람들 — 특히 스스로 매우 경건하고 신앙이 깊다고 여기는 사람들 — 이 있다는 것을 잘 알고 있다. 왜냐하면 내가 사람들에게 세속의 책들을 읽어 보라고 했는데, 히에로니무스의 말로는 이런 책은 신의 법정에서 자신이 그리스도교인이라기보다는 치체로주의자라는 죄목으로

---

56 Ibid., 153.

매를 맞게 한 그런 것이었기 때문이다. 이후 그는 다시는 세속의 책을 읽지 않겠노라고 약속했다. 이런 비난은 나에게나 다른 문필가에게나 우리의 문학 연구와 그로부터 얻는 우리의 학문이 비난받을 수 없는 것처럼 이 작품에 대해서도 결코 적용할 수 없는 것이다.[57]

여기서 "비난"이라고 옮긴 단어는 라틴어로 "크리멘crimen"인데, 이는 사실상 "범죄"와 유사한 뜻이다. 발라가, 사실 히에로니무스 자신부터 자기 스스로 비난할 만한 속성과 가깝다는 점을 주장하면서 자신을 그와 차별화하려 한다는 사실은 다시 한번 히에로니무스에 대한 그의 불안을 드러내고 있다.

발라는 문학에 대한 자신의 헌신을 비판하는 사람들에게 답하고 싶다고 말하는데, 이는 "그들 대부분이 진실로 라틴 문화의 몰락과 좌초에 책임이 있기 때문이다."[58] 암암리에 우리는 발라가 역사와 시간의 흐름과 당대의 모든 문제를 안고 자신이 살아가는 시대를 설명하고 있음을 안다. 그 자신의 시대는 히에로니무스의 시대와 같지 않다. 1,000년 전에 그랬듯이, 아무런 성찰도 없이 그저 세속 문학을 멀리하라는 히에로니무스의 말을 따르는 것만으로는 충분치 않다. 지금은 왜 어떤 분야든 고전 문학에 더 많은 관심을 기울임으로써 유익함을 얻을 수 있는지 그 이유를 논증해야 할 시간이다. 이런 측면에서 그리스도교 자체보다 더 계발할 가치가 있고 중요한 분야는 없다. 그것은 오직 고전 문학에 대한 관심을 증대함으로써 유익함을 얻을 수 있다. 발라는 고전 문학을 포기할 수 있다는 그럴듯한 생각을 조소한 뒤에("말해 보세요 이게 어떤 책인지? 수사학 작가? 역사가? 시인? 철학자? 법학 저술가? 등등"), 고전적인 이분법적 비판을 내놓는다.[59] 그는 이름 모를 비판자들에게 묻는다. 어떻게 당신들은

---

57 Valla, in Garin, *Prosatori*, 612.
58 Ibid.
59 Ibid.

웅변의 책만을 금지할 수 있다고 말할 수 있는가? "당신들은 이 고대의 책들이 오직 웅변의 스타일만을 담고 있다고 생각하는가? 지나간 시대의 기억과 여러 민족의 역사—그것 없이는 그 누구도 어린아이가 아니라고 하지는 못할—도 담고 있다고는 생각지 않는가?"[60] "어린아이" 대 對 어른. 어른은 고전 문학을 다루는 방법을 알고 있다는 것이다.

발라는 이어서 "철학"과 "웅변"이라고 부르는 것의 차이를 흥미롭게 비교하고 있다. 그가 하고자 하는 것을 오해하지 않으려면 그가 말하는 것에 대해 좀 더 살펴보는 것이 필요하다. 그는 이렇게 말한다. "나는 여기서, 이미 많은 사람이 그래 왔듯이, 수사학에 칭송받지 못할 것은 아무것도 없는 반면, 철학은 그리스도교 신앙과 일치하는 면이 거의 없으며, 이단은 모두 철학이라는 근원으로부터 흘러나왔다고 하는 식으로 철학과 웅변을 비교하고 싶지는 않다."[61] 수사학은 발상에 관여하며 올바른 주장을 하게 해 준다. 말하자면 그것은 연설의 골격이자 신경을 제공할 뿐만 아니라 그것에 살과 색깔을 부여함으로써 그것을 장식해 준다. 결국 수사학은 어떤 일을 기억하게 해 주고 적절히 발음하게 해 줌으로써, 연설에 영혼을 부여해 그것을 살아나게 만든다.[62]

이런 "비교"는 수사학자들이 라틴어로 "프레테리티오praeteritio", 즉 간과법看過法이라 부르는 고전적인 경우를 보여 준다. 발라가 말하는 것은 철학과 수사학(그가 사용하는 용어로는 "엘로퀜티아eloquentia", 즉 웅변)을 비교하지 않겠다는 것인데, 이야말로 정확히 그가 수행하고 있는 일이다.

여기서 우리는 발라가 의미하는 바를 피상적 수준에서 받아들여서는 안 된다. 장기 15세기 이탈리아 지성사를 관통하는 한 주제는 철학이라는 말이 지닌 가장 기본적 의미, 즉 "지혜에 대한 사랑"이라는 관점에서

---

60 Ibid., 614.
61 Ibid., 616.
62 Ibid.

생각할 때 어떤 종류의 철학이 가장 진정성이 있는지에 대한 탐색이다. 발라가 여기서 철학을 비판할 때, 그는 결코 철학을 하지 말아야 한다고 주장하기 위해 그렇게 하고 있는 것이 아니다. 그가 말하고자 하는 바는 지금까지 스스로 "철학자"라 주장해 온 사람들이 철학을 잘못된 방식으로 해 왔다는 것이다. 당시의 제도 속에서 실천되고 있는 훈육은 본질적으로 길을 잃고 있었다. 그것은 사람들의 정서를 움직여 그들을 더 나은 사람으로 만들려 하지 않았다. 정확히 이 일을 할 수 있는 것이 수사학이며, 발라가 같은 뜻에서 웅변이라고 부르는 바로 그것이다. 말하자면, 이는 사람들이 어떤 결정을 내리려 할 때, 그들의 마음을 움직이고 그들의 필요에 맞추어 나가는 것이다. 수사학은 의도적으로 언어에 초점을 맞춤으로써(무슨 별스러운 방식을 사용하기보다는 연설의 구성이 그 의미를 만들어 내는 데 어떤 도움을 주는지에 대해 집중하면서), 가장 진정한 의미에서의 철학을 보여 준다는 것이다.[63]

웅변의 힘을 고려할 때, 흔히 종교적 맥락에서 수행되고, 사실상 신에 영광을 돌리는 데 일조하는 다른 기예(회화, 조각, 금석학, 음악과 같은)에 웅변이 더해져야 한다는 것은 말할 나위가 없다. 웅변은 그리스도교인이 피해야 하는 일이 아니라 우리가 공부하고 부지런히 계발해야 하는 일이라는 것이다.[64] 이를 위해서는 웅변에 대한 고대의 비그리스도교적 모범을 공부하는 것 외에 다른 방법이 없다. 다시 한번 오늘날은 히에로니무스의 시대가 아니다. 그는 단지 눈앞의 고전을 흡수함으로써 혼자 힘으로 고전 교육을 한 인물이었다. 하지만 오늘날에는 공부 없이 이런 식의 숙달이 가능치 않다. 게다가 ─ 발라는 계속 이야기한다 ─ 히에로니무스 자신부터가 상당한 수준의 수사학자였으며, 특히 다른 사람과의 논쟁에서 사실상 웅변의 기술이라는 이점을 이용한 바 있다. "히에로니무

---

63 Nancy Struever, *Theory as Practice: Ethical Enquiry in the Renaissance* (Chicago: University of Chicago Press, 1992).

64 Valla, in Garin, *Prosatori*, 616-18.

스보다 더 웅변적인 사람이 있는가? 누가 그보다 더 위대한 연설가란 말인가?"⁶⁵ 다른 위대한 교부들 역시 그러했다. 그들 모두가 "한 학문 분야를 다른 것으로 바꾸지 않고도 웅변이라는 금은金銀 안에 신성한 말씀이라는 보석을 박아 넣었다."⁶⁶ 달리 말해 잘만 하면 웅변의 사용이 그리스도교 신앙을 번성하게 하는 데 도움이 된다는 것이다. 가장 영웅적인 — 말하자면 초기의 — 모범인 교부들도 이를 알고 있었다. 그들은 "멀리 떨어진 들판을 날아다니며 놀라운 기예로 감미로운 꿀과 밀랍을 만들어 내는 꿀벌"과 같았다.⁶⁷ 하지만 오늘날의 신학자들은 이웃에서 훔친 얼마 안 되는 곡물을 은신처에 숨겨 놓는 개미와 같다. 결론적으로 발라 자신은 개미의 왕이 아니라 여왕벌의 신하가 되고 싶다고 말한다. "그리고 나는 양심을 지닌 젊은이들이라면 가망 없는 늙은이들과는 달리 이에 동의하리라 확신한다."⁶⁸

젊은이들이 길을 잃었던가? 그들은 대학에 기반한 자칭 "철학자들"의 영향으로 길을 잃고 무용한 정신 훈련에 시간을 낭비하며, 나아가서는 반종교적 사고방식에 빠져 버렸던가? 발라에게 생기를 불어넣는 데 일조한 이런 의문들은 15세기 중에 점점 더 심화해 갔다. 이는 몇몇 개혁 지향적 사상가들, 특히 피렌체의 플라톤주의자인 마르실리오 피치노(뒤에 가서 좀 더 자세히 살펴볼)가 몰두했던 생각을 잘 보여 주고 있다. 그러나 발라에게는 어떤 일관된 프로그램 — 종교적이든, 철학적이든 혹은 이념적이든 간에 — 보다도 이 모든 영역에서 독립하는 것, 그리고 전투적인 방식으로 그렇게 하는 것이 훨씬 더 중요했다.

이런 경향은 제5권과 제6권 서문에서 나타난다. 발라는 제5권 서문에서 자신이 3년 동안 어쩔 수 없이 『라틴어의 우아함』을 집필하지 못했다는 점을 분명히 하고 있다. 그는 다른 사람이 자신의 작품을 도용할 것이

---

65 Ibid., 618.
66 Ibid., 620.
67 Ibid., 622.
68 Ibid.

라는 우려에서 그것을 하루빨리 끝내야 한다는 심한 압박을 받았다. 발라는 적어도 분별 있는 사람 중에서 문법에 관해 자신이 하듯이 "모든 점을 함께 고려하고자 한 사람은 없었다"고 말한다.[69] 그러므로 그가 책의 나머지 부분에 대해 계획할 시간이 무르익었다. 제5권은 동사, 제6권은 "데 노티스 아욱토룸de notis auctorum", 즉 "작가의 오류에 대한" 것이 될 것이다. 물론, 여기서 작가란 고대 작가를 가리킨다. "오류"에 해당하는 라틴어는 "노티스"이다. 그 기본형은 "노타nota"인데, 이는 많은 함의를 지닌 단어이다. 그러나 발라가 뜻하는 바는 명확하다. 이런 오류란 고대 작가의 글에서 자신이 보기에 적절한 라틴어 용례가 아닌 사례로, 여기에 표시를 해서 독자가 이를 인지할 수 있게 한다는 것이다. 여기서 잠깐 멈추어 이러한 시도가 얼마나 급진적인지 인식하는 것이 중요하다. 발라의 탐구는 매우 창의적이고 특별했기 때문에 많은 점에서 주류로부터 멀리 벗어나 있었고, 그리하여 그는 당대 문화에서 받아들여지기 어려울 수밖에 없었다.

사실상 제6권 서문은 발라가 수행하고 있는 것이 왜 적절한지 그 한 측면을 보여 준다. 그는 고대 작가들도 그 앞의 사람들을 비판했으며, 자신이 수행하고 있는 것은 금을 정제하는 일과 같다고 말한다. 일단 금을 정제하게 되면 그것의 무게와 부피보다는 그것을 얼마나 더 순정하게 만들 수 있는지가 중요해진다. 발라가 "정제하다purify"라는 뜻으로 쓴 라틴어는 "엑스푸르가레expurgare"인데, 이는 영어에서와 마찬가지로 라틴어로도 "제거하는", "깨끗이 하는" 등의 함의를 지닌다. 발라는 자신이 대단히 강력하고 모든 것을 아우르는 힘을 가지고 있기 때문에, 고대 작가—그들은 발라나 그의 당대인과는 달리 라틴어를 모국어로 하는 사람들이었음에도—의 용례를 바로잡을 수 있다고 믿는 무슨 정화 요원 같은 존재로 보고 있다.

결국 발라는 다른 경우와 꼭 마찬가지로, 장기 15세기의 확대된 언어

---

[69] Ibid., 624.

논쟁에서도 국외자였다. 발라는 고대 라틴어가 자연적 언어였는지 혹은 인위적 언어였는지에 대한 의문을 진지하게 논하지 않았다. 하지만 포초에게 가한 수많은 공격을 볼 때, 발라가 생각한 고대 라틴어는 그것을 완벽히 익히려면 학습이 필요한 그런 성격의 언어였다고 추측할 수 있다. 다음에서 우리는 발라가 대화 형식으로 자기 입장을 어떻게 표현하고 있는지 알 수 있다.

로렌초: 그래서 자네는 어린아이가 "문법에 맞게" 말했다고 공언하는가?
포초: 난 그렇게 믿고 있으며, 그렇게 공언하고 있네.
로렌초: 그러면 그들은 왜 아이들을 문법 선생에게 보냈을까?
포초: 그렇게 해서 그들은 자신들이 아는 언어의 이론과 이유(rationes et causas)를 배웠겠지.
로렌초: 또 시작이군. 난 내가 문법의 이유와 이론에 관한 것을 알 필요 없이 문법에 맞게 말하고 싶어! 그러나 이건 인정해야겠군. 이 문제에서 자네가 나보다 훨씬 앞서 있다는 것 말이네. 왜냐하면 자네는 이 기술을 가르치는 것에 대해서는 전혀 생각도 하지 않고 있으니 말이야. 자네는 도대체 뭘 말하고 있는 건가? 문법이 하나의 기술이고, 그래서 유모가 아니라 학식 있는 사람이 전수해 주는 어떤 것이라는 건가, 아니면 그 누구보다도 당신 혼자만 알고 있는 듯한데, 모두가 기술이라고 말하는 것은 기술이 아니라는 건가?[70]

---

70 Valla, *Apologus* II, in Tavoni, 260-73, spec. 270-71: "Laur.: Ergo grammatice locutos fuisse confiteris infantes. Po.: Sentio et confiteor. Laur.: Cur igitur ad preceptorem grammatices mittebantur? Po.: Ut discerent lingue, quam norant, rationes et causas. Laur.: Eodem revolveris. Utinam ego recte grammatice loquerer, nec aliquid causarum ac rationum grammatice nossem! Quanquam in hac tu re longe antecellis, qui nunquam de huius artis preceptis magnopere curasti. Quid ais? Aut ars grammatica est, et ab eruditis, non autem a nutricibus, tradebatur; aut ars non est, quam omnes fatentur esse artem, ut tu unus plus omnibus sapere videare, et ceteros tanquam tardissimo ingenio damnare, qui artem fecerint id quod usu et sua sponte percipi

발라는 포초가 반대 입장을 주장하고 있다고 말한다. 발라의 견해인즉, 포초는 한편으로는 "그람마티카grammatica"(즉 학교에서 가르치는 과목으로서의 라틴어)가 기술("아르스ars")로서 가르치고 배울 수 있고, 또한 그럴 필요가 있는 기본 원칙과 기법을 가지고 있는 기술임을 의미한다는 점을 인정한다. 하지만 그는 다른 한편으로 그렇지 않은 시대가 있었으며, 그때는 "문법이 지금과 같은 식의 '아르티피치움artificium'이 아니라 용례와 관습이었다"[71]고(발라가 등장인물 포초를 통해 말한 바대로) 말하는 것처럼 보인다는 것이다. 사실상 발라는 고대에서 평민들이 쓰던 일상 언어에 대해서는 별 관심이 없었다. 그는 라틴어를 문화의 도구이자 시간의 안과 바깥—관념적이지만—에 모두 존재하는 어떤 것으로 보고 있는 것이다.

역사적 분석과 라틴어 사용에 대한 발라의 입장은 그것이 급진 개혁적 성향을 예시한다는 점에서 더욱 넓은 시야를 보여 준다. 개혁가라는 측면에서 발라는 고대인의 "관습" 혹은 라틴어로는 "콘수에투도consuetudo"가 존중되어야 마땅하다고 믿었다. 그러나 그가 비록 수많은 고대 작가를 아주 순정한 라틴어 구사자의 지위에서 배제했지만, 이때 그가 의존한 자료는 사실 제한되어 있었다. 어떤 고대 용법을 명확히 뒷받침하는 자료를 발견하면 설사 그 용법이 이상적 명증성을 나타낸다고 믿지 않더라도, 그는 용법의 변화를 주장하는 데 개의치 않았다. 발라는 고대인이라 할지라도 오류를 범할 수 있다고 생각한 것이다.

이 점을 입증하는 한 예를 보자.[72] 발라는 『라틴어의 우아함』에서 주격 속격과 목적 속격(발라는 이를 "능동형"과 "수동형"이라 부르고 있다)이 인

---

poterat."
71 Ibid., 270: "Po.: Tu vero pro mea causa loqueris, qui non artificium olim fuisse grammaticam, ut nunc est, sed usum et consuetudinem volo, eoque pueris quoque et infantibus scitu facilem."
72 이에 대해서는 다음의 훌륭한 연구를 볼 것. Lucia Cesarini Martinelli, "Note sulla polemica Poggio-Valla e sulla fortuna delle *Elegantiae*", *Interpres* 3 (1980), 29-79.

칭대명사로 올 때, 이 둘을 서로 구분해야 한다고 주장한다.

모든 속격은 …… 능동적 혹은 수동적 방식으로 이해된다. 여기에 소유적 방식을 더할 수도 있을 텐데, 나는 이를 능동적 방식과 아주 가까운 것으로 이해한다. 능동적 방식의 예는 "프로비덴티아 데이providentia dei"[신의 섭리]나 "보니타스 데이bonitas dei"[신의 선]이다. 수동적 방식의 예는 "티모르 데이timor dei"[신을 두려워함]나 "쿨투스 데이cultus dei"[신을 예배함]이다.[73]

여기서 발라는 구분의 확실성을 주장하는 것으로 보이지만, 사실 고대인들은 이를 명확히 구분하지 않았고 이런 모호함은 고전기 내내 지속되었다.[74] 그러나 발라에 따르면, 소유대명사의 속격 형태, 예컨대 "메이mei", "투이tui", "수이sui"는 한 학자의 말대로 언제나 "목적적 기능"을 가져야 하는 반면, "소유형용사 "메우스meus", "투우스tuus", "수우스suus"는 주어적 기능을 보존한다. "아모르 메우스amor meus"는 누군가에 대한 나의 사랑을 지칭할 것이고, "아모르 메이amor mei"는 나를 향한 누군가의 사랑을 가리킬 것이다."[75] 발라가 고대적 형태인 "미스mis", "티스tis", "시스sis"("메우스", "투우스", "수우스"와 유사한)가 언제나 속격의 주어적 기능을 나타냈다고 말했을 때, 그는 이런 주장에 대해 약간은 제한적이었지만 그래도 증거는 가지고 있었다. 그러나 그런 고대적 형태가 어떻게 사용되었는지에 대한 증거가 많지 않다는 것은 사실이다. 더욱이 설사 발라의 방식이 키케로의 작품에 나타나는 대체적인 경향을 보여

---

73 *Elegantiae*, 2.1, cited in Cesarini Martinelli, 71-72: "Genitivus omnis, ut taceam si qui sint alii modi, aut active aut passive accipitur; adde etiam possessiva, quod pene pro activa accipio. Active, ut 'providentia dei', 'bonitas dei'. Passive, ut 'timor dei', 'cultus dei'. Ibi deus providet et benigne agit, non ipsi providetur et benigne fit; hic timetur et colitur, non timet et colit."
74 Cesarini Martinelli, 72-73.
75 Ibid., 72.

준다고 해도, 바로 그곳에서조차도 예외를 찾을 수 있을 정도였다.[76]

간단히 말해 고대인들에게는 이 현상을 규제하는 불변의 규칙이 없었다. 발라는 자유로이 그런 규칙을 창안해 낸다. 그가 창안한 규칙이 매력적으로 보인 이유는 정확히 그것이 뛰어난 문화 언어로서의 라틴어가 가지고 있어야만 하는 이상적인 내적 논리 — 개혁가인 자신이 공급할 필요가 있는 어떤 논리 — 를 존중하고 있기 때문이다. 발라가 포초와 다른 이유는 정확히 발라가 "오직 고대 작가들의 책과 글만이"(포초가 말했듯이) 적절한 라틴어 용법이라는 건축물을 세우는 데 필요한 진정한 기초라고 생각지 않고 있기 때문이다. 인간 이성과 언어적 관행 — 이는 결코 끝나지 않을 텐데 — 역시 어떤 역할을 하게 마련이다. 라틴어는 적절하고 고대에 연원이 있으며, 역사적으로나 연대적으로나 식별 가능한 자료를 맥락 속에서 입증하고 이해할 수 있다는 의미에서 시간의 내부에 있었다. 그러한 역사적 이해는 인간 이성을 위한 기초로 작용했다. 하지만 또한 라틴어는 그 발전이 곧 문화의 발전을 보여 준다는 의미에서 시간 외부에 존재하기도 했다. 그 자체로서 적절한 라틴어 제국은 결코 끝날 수 없을 텐데, 만약 그것이 끝난다면 진정한 문화 역시 끝날 것이기 때문이다. 발라는 고대적 규범(그것이 언제나 명시적으로 표현되지도 않았고, 심지어는 고대인들에 의해 세심하게 고수되지도 않았지만)을 반영하고 시대에도 적합한, 원래 그대로의 라틴어를 지키겠다는 개혁가로서의 열성을 유감없이 발휘하고 있었다.

15세기의 그 누구도 이런 방식으로, 즉 언어 개혁이 다른 문화 영역의 개혁을 이끌 수 있다는 — 돌이켜 생각하면 비현실적으로 보일 수 있겠지만 — 개혁적이고 이념적인 열정과 신념을 가지고 라틴어에 접근하지는 않았다. 언어 논쟁에서 포초의 입장은 그것을 지지하는 많은 증거 덕분에 규범이 되었다. 고대 세계에서 라틴어는 살아 있는 자연적 언어였다. 오늘날 라틴어를 사용하는 우리는 고대적·고전적 용법을 존중할 필

---

76 Ibid., 73-74.

요가 있으며, 그리하여 그것은 학문과 외교의 언어로 적절히 기능할 수 있다. 기준들이 필요한데, 이런 기준들을 판단하는 규준은 오직 고대 작가들에게서만 발견될 수 있다. 결정권자는 그들이지 우리가 아니다. 이처럼 학문과 문화의 풍부한 교차성에 대한 발라의 견해들은 비록 기준적 입장과는 아주 다르지만 개혁에 대한 그의 요청 또한 주목할 만하므로, 그의 특출한 면모를 십분 이해하려면 그의 사상을 더 깊이 들여다보아야 한다.

10
발라, 라틴어, 그리스도교, 문화

라틴어에는 개혁이 필요했다. 그리스도교에도 개혁이 필요했다. 발라에게는 만사에 개혁이 필요한 것으로 보였다. 그가 쓴 다음의 다섯 개의 글은 우리가 알아야 하는 많은 것을 말해 준다. 즉 1440년의 한 편지, 한 연설, 발라가 재산과 권리에 대한 교회의 믿음 가운데 하나에 반대해 쓴 작품, 어떤 존경받는 중세 철학자를 "칭송"하는 한 연설(그것에 대한 칭송만큼이나 비판도 많은), 끝으로 철학사에서 가장 극적인 — 현재도 계속되고 있지만 여전히 풀리지 않고 있는 — 의문 중 하나, 즉 인간 존재는 세계 속에서 어느 정도로 자유롭게 행동하며, 그들의 행동은 더 큰 세력들에 의해 어느 정도로 제한되는지 논하는 대화편이 그것이다.

논의를 시작하기에 적당한 것은 발라가 발렌시아 출신의 친구 주안 세라에게 보낸 1440년의 편지이다. 세라는 앞서 발라에게 편지를 보냈는데, 여기서 그는 발라가 권위 있는 인물들을 공격하는 나쁜 습관이 있고, 항상 같은 말을 되풀이하는 사람들을 계속 만나게 된다고 말한다. 발라의 답장은 그들에 대한 확장된 응답이자 그의 검투사 스타일을 정당화하는 역할을 한다. 발라는 먼저 이렇게 말한다. "나는 바보 천치들의 악의적이고 모욕적인 잡설에는 단호하게 대처해 왔다네."[1] 발라가 관심을 두는 것은 교육받은 사람들의 칭송이며, 뒤에서 그를 비방하는 사람들은 무지할 뿐만 아니라 비겁한 자들이라는 것이다. "스스로 문법학자라 부르는 사람들이 문법학자에 대한 모욕에 복수하도록 놔두게나. 변증가는 변증법에, 철학자는 철학에 복수하도록 하게나. 또한 법학자는 시민법 해석가의 무죄를 주장하도록 놔두세나. 그런 군중 속에도 단지 무리와 함께 짖어 대는 것이 아니라 나에 반대하는 글을 쓸 만큼 용감한 자가 분명히 한 명쯤은 있을 테니."[2] 자신에 반대해 글 쓰는 것을 무서워하는 사람은 "사람처럼 싸우기보다는 개처럼 으르렁거리며" 시간을 보낸다는 것이다.[3]

발라는 『라틴어의 우아함』에 대해 이야기하면서 자신이 그 어디에서도 베르길리우스, 오비디우스, 루카누스, 키케로, 카이사르, 리비우스를 비롯한 여타 모든 고대 작가를 비판하고 있지 않다고 말한다. 그러나 고대 문법학자들에 대해 "내가 프리스키아누스를 비롯한 문법학자들이 말하는 것에 무언가를 더한다고 해서 그것이 범죄가 되는가?"[4] 발라는 그 사례를 자신이 고대인과 싸우는 것이 아니라 오히려 그들을 옹호하는 것이라고 본다. 물론, 스스로도 인정하듯이, 자신이 때로 프리스키아누스와 몇몇 다른 사람들을 교정하고는 있지만 "내가 실수를 범한 것이 아니라면, 내가 이전 세대에 경의를 표하고 이후 세대를 가르치는 것으로 보이는 것은 오히려 칭송의 이유가 된다네."[5] 그가 뜻하는 것은, 자신이 여기저기서 프리스키아누스와 같은 고대 문법학자들을 교정하는 이유가, 그의 견해로는 그들이 이전 작가들(베르길리우스, 오비디우스, 키케로

---

1 Lorenzo Valla, *Correspondence*, ed. and tr. Brendan Cook (Cambridge, MA: Harvard University Press, 2014), 77.
2 Ibid., 79.
3 Ibid.
4 Ibid., 81-83.
5 Ibid., 83.

등)에게서 나타나는 용법을 고려하지 않는 불완전한 상태의 글을 썼기 때문이라는 것이다.

하지만 다시 한번 발라는 그것이 필요하다고 말한다. 발라는 형편없는 중세 문법학자들, 중세 법학자들, 중세 철학자들, 그리고 같은 부류의 많은 사람을 열거한 후, 이렇게 말할 수밖에 없었다. "내가 그들의 동료가 되느니 차라리 일자무식꾼이 되는 게 낫겠네. 내 생각으로는 그들 누구도 학식과는 거리가 머네. 고대인들이 살아 있다면 그들 역시 똑같은 말을 하리라 믿네."[6]

발라는 계속해 이렇게 말한다. "그러므로 라틴어의 전반적인 오염과 변형이라는 관점에서 언어를 정제하는 방법을 기술할 필요를 인식했을 때, 내가 어떻게 그것의 왜곡에 주요 책임이 있는 자들을 꾸짖지 않을 수 있었겠는가?"[7] 모든 것을 고려할 때, 발라는 자신이 어디에 서 있는지를 알게 된다. "나는, 지난 600년 동안 문법, 수사학, 논리학, 시민법 및 교회법 혹은 말의 의미를 기술한 그 누구보다 내가 언급한 여섯 권으로 된 책 ― 『라틴어의 우아함』을 뜻한다 ― 을 통해 라틴어를 위해 더 많은 것을 했다네."[8]

발라는 과거의 작가들도 필요시에 언제나 이전 사람들을 비판했다고 말한다. 그는 한 걸음 더 나아가 자신의 행위가 어디에서 비롯되고 있으며, 여기서 우리가 다루고 있는 것이 어떤 종류의 성격인지를 보여 준다. "다른 사람의 오류와 누락 혹은 과도함을 통렬히 비판하지 않는다면, 도대체 그 외에 글을 쓰는 다른 이유가 무엇이란 말인가?"[9] 발라는 다른 학문 분야에서는 어떻게 이전 사람들을 비판하는지 그 방법을 세세히 기술한다. 학문으로서의 철학은 서로 논쟁하는 여러 사상 학파로 나뉜다. 연설은, 물론 서로가 서로에게서 빌려 오는 것도 있기는 하겠지만, 다른

---

6 Ibid., 83-85.
7 Ibid., 85.
8 Ibid.
9 Ibid., 87.

사람의 규정에 완전히 만족하지 못한 연설가로 가득하다. 심지어 온건한 성향의 퀸틸리아누스조차 이전 사람들을 비판했다.[10] 역사가와 시인 역시 서로 간에 이견이 심하다. 나아가—여기서 다시 우리는 발라가 자신이 해야 마땅했던 것보다 아마 조금 더 세게 일을 밀어붙이고 있는 것을 본다—그리스도교 권위자들까지도 이전 사람들은 물론 서로 간에도 비판을 주고받았다고 볼 수 있다. 만약 사도 바울이 다른 종교와 함께 이교 철학을 비판했다면, "「사도행전」의 누가는 처음부터 같은 사건을 기술하려는 거의 모든 사람에 반대하고 있지 않은가?"[11]

잠깐 누가에 대해 살펴보자. 누가에 따르면 「사도행전」의 작가는 또한 복음서의 작가이기도 했다. 누가는 복음서를 시작하면서(「사도행전」의 시작 부분이 아니라) 서문 격인 네 편의 시(복음서의 수신자인 테오필로스에게 바치는)를 통해 자신이 "엑스 오르디네ex ordine", 즉 "정연한 방식으로" 혹은 "일어난 순서대로" 그리스도의 탄생, 삶, 죽음을 이야기하고 있음을 시사하고 있다.[12] 그러나 그것은 「사도행전」이 아니라 복음서에 서문 격인 시이다(사실, 발라 외의 다른 사람들은 누가가 복음서와 「사도행전」 모두에 대해 말하고 있다고 생각했지만). 어쨌든 누가가 마치 자신이, 예수의 행적이 어떻게 시작되었는지에 대한 이미 존재하던 수많은 이야기에 한 이야기를 더하는 또 하나의 사람인 양하면서 했던 말은 점잖았고 논쟁적이지 않았다.

다시 발라로 돌아가자. 발라가 히에로니무스를 공격했다고만 생각지는 말자. "(히에로니무스)의 예는 그것만으로 스스로 위안을 받기에 충분하다. 비록 내가 작은 것을 큰 것에 비교하고 있을지는 모르지만."[13] 발라가 이 편지에서 히에로니무스를 어떻게 다루고 있는지 자세히 살펴볼 만한 가치가 있다. 그는 이렇게 말하고 있다.

---

10 Ibid., 87-89.
11 Ibid., 91.
12 「누가복음」 1장 1-5절.
13 Valla, *Correspondence*, 91.

그러나 다른 사람들은 그가 이전 사람들을 어떻게 교정했는지 그 예시를 발견하게 될 것이다. 그들은 그토록 수많은 위인의 족적을 따르고 본질적으로 새로운 종교였던 것을 시작하면서, 히에로니무스가 어떻게 끊임없이 거의 전면적으로 가해졌던 공격에도 불구하고 결국에는 받아들여지고 칭송되었는지를 숙고해야 한다. 사실, 그 누구보다 아우구스티누스야말로 그의 박해자 중 하나였다. …… (히에로니무스)는, 물론 이전 세대가 더 신성하다는 데는 의심의 여지가 없지만, 신이 그들에게는 진리를 가르치는 데 약간 소홀했다는 인상을 주었다. 반면에 나는 단지 신이 만들지도 지지하지도 않은 세속 문학만을 논의하고 있을 뿐이다.[14]

발라는 히에로니무스를 자신이 옳다고 믿는 것에 대한 공공연한 비난도 기꺼이 감수하고, 결국에는 자신의 노력을 공적으로 인정받는 보상을 얻는 용감한 인물로 묘사한다. 발라의 견해로는 자신 또한 이와 같은 일을 수행 중이지만, 그것은—그의 주장에 따르면—성서가 아니라 단지 세속 문학의 영역에 한정될 뿐이다. 그러면 『신약성서 대조』는 어떠한가? 『신약성서 대조』는 비록 발라의 편지에서 언급되고 있지 않지만, 그래도 히에로니무스가 발라의 예시적 존재 가운데 하나로 나타나는 순간, 어렴풋하지만 강력한 존재감을 드러낸다. "경쟁"이라는 말이 지닌, 그리고 발라가 이해하고 있었을 라틴어적 개념("에물라티오 aemulatio")의 가장 진정한 의미, 즉 서로 동등함을 추구하지만 동시에 모범을 뛰어넘으려는 경쟁적 모방이라는 의미에서, 히에로니무스는 모방해야 할 영웅(그가 지닌 용기와 의지에서)이자 경쟁해야 할 동료 비평가였다.[15]

---

14 Ibid.
15 Quintilianus, *Institutio oratoria*, ed. and tr. Donald A. Russell (Cambridge, MA: Harvard University Press, 2002), 10.5.5: "Neque ego paraphrasin esse interpretationem tantum volo, sed circa eosdem sensus certamen atque aemulationem."; McLaughlin, *Literary Imitation*, esp. 243; G. W. Pigman III, "Versions of Imitation in the Renaissance", *Renaissance Quarterly* 33 (1980), 1-32.

수사학적 견지에서 발라가 세라에게 보낸 편지는 사실상 귀중한 정보로 가득 차 있다. 먼저 편지는 발라가 지닌 호전적 성격을 가장 직선적으로 표출—그가 삶을 살아가는 방식에 대한 가장 명백한 정당화—하고 있다. 발라는 교부인 성 아우구스티누스가 다른 많은 사람과 이견을 보이는 부분에 이르러 이렇게 말하고 있다. "그는 예언자, 사도, 복음서 저자를 제외하고, 그가 신봉하는 우리 믿음의 작가 하나하나를 정도의 차이는 있지만 모두 비난했다. 이는 아마도 모든 위대한 사람이 지닌 성품이라 부를 만하다. 즉 많이 배우면 배울수록 다른 사람의 오류를 혹평하는 법이다(그리고 혹평해야만 한다). 훈련된 눈은 훈련받지 못한 눈보다 더 많은 것을 탐지하기 때문이다."[16] 한편으로 이러한 선언은 학문이 어떻게 작동할지에 대한 고전적인 정의처럼 읽힐 수도 있다. 우리는 선대의 작업 위에 우리 것을 쌓아 올린다. 우리는 새로운 증거에 기초해 오류를 교정한다. 그리고 중간중간 멈칫거리기는 하겠지만 그래도 점차 진리에 다가간다. 물론, 궁극적인 의미에서의 진리에는 결코 닿지 못할 수도 있겠지만. 그러나 발라는 사실 협업을 의미하는 "쌓아 올리기"에 대해서는 별로 이야기하지 않는다. 기법으로 보나 어조로 보나 그의 초점은 해체에 맞추어져 있는 것 같다.

한 측면에서, 그리고 다시 한번 발라를 가능한 한 관대하게 독해한다면, 그를 새로운 세대의 관점에서 진술하고 있는 것으로도 읽을 수 있다. 그는 이렇게 말한다. 진짜로 지혜로운 사람은 "분노가 두려워 …… 자신이 해야 할 일에서 물러서서는 안 된다. 그는 상처를 주지도 부끄러워해서도 안 되며—사실 그 누가 죽은 자와 싸우려 하겠는가?—젊은이를 가르치고 가능한 한 다른 사람들이 그들의 감각을 되찾도록 해야 한다."[17] 여기서 다시 발라는 자신을 사실상 자기 세대에서 유일하게 생산적인 견해를 가진 인물로 표현하고 있으며, 이중의 목적을 위해 과거의

---

16 Valla, *Correspondence*, 93.
17 Ibid.

저자들에 동의하지 않으려 한다(어디까지나 그것이 필요하므로). 첫째 목적은 젊은 세대를 훈육하는 것인데, 이는 그들이 실질적인 학문의 진보를 추구하기보다는 그저 평지풍파를 일으키지 않는 데만 관심을 두는 부패한 교육 체계와 문화 패거리로 인해 방황하는 위험에 처해 있기 때문이다. 둘째, 발라는 또한 지혜로운 사람이 필요한 것은 "다른 사람들이 그들의 감각을 되찾도록" 하기 위해서라고 말한다. 여기서 "다른 사람들이 그들의 감각을 되찾는다"로 번역한 동사는 "레포르마레reformare"인데, 발라가 선호하는 성서 텍스트인 바울의 「로마서」에서 정신적 변화라는 의미로 사용된 바 있다. "너희는 이 세상을 본받지 말고 마음을 새롭게 하도록 변하라. 그것으로 신의 선하고 기뻐하고 온전한 뜻이 무엇인지 알게 되리라."[18] 발라는 스스로를 초기 그리스도 신앙의 전설들과 나란히 놓고 성서의 언어를 슬쩍 떠올리게 함으로써 자기 자신을 진지한—아니 거들먹거린다고 말할 수도 있는—태도로 바라보고 있다. 그것은 그리스도교, 라틴어, 어떤 역할을 맡은 문화를 한데 엮은 꾸러미의 한 부분이었다.

라틴어와 그리스도교의 연결은 그 어디에서보다 발라의 『개강 연설』 (*Oratio in principio sui studi*)—당시는 강연이라는 뜻의 "프렐렉티오 praelectio"로 불렸다—에서 두드러진다.[19] 지금은 이런 관행이 흔하지 않지만, 당시는 대학에서 교수가 자신이 강의하려는 과정을 소개하는 공개 강연을 하곤 했다.[20] 1455년 10월, 발라가 수사학 교수로 로마 대학에서 막 학기를 시작했을 때 이루어진 "연설"은 이런 식의 공개 연설이 얼마나 보편적인지를 인지한 발라가 "무언가 새로운 것"을 제시하고자 애

---

18 「로마서」 12장 2절.
19 연설 텍스트는 다음에서 볼 수 있다. Lorenzo Valla, *Orazione per l'inaugurazione dell'anno accademico 1455-1456. Atti di un seminario di filologia umanistica*, a cura di Silvia Rizzo (Roma: Roma nel Rinascimento, 1994), 192-201.
20 Maurizio Campanelli, "L'*Oratio* e il 'genere' delle orazioni inaugurali dell'anno accademico" in Valla, *Orazione*, 25-61.

쓰고 있다는 점을 잘 보여 준다. 그는 먼저 모든 학문 분야가 크게 의존하고 있는 것이 무엇인지를 묻는 것으로 시작한다. 그의 대답은? 그토록 많은 상이한 문화가 합쳐지는 로마 가톨릭교회 속에서도 유독 중심에 있는 것, 즉 라틴어였다.

발라는 고대에서 라틴어가 어떻게 발전했는지 그 윤곽을 제시하고 있다. 위대한 로마 작가 가운데 많은 수가 로마 시민 출신이 아니었지만, 그들은 라틴어 사용을 통해 위대해졌다. 장인은 다른 장인과의 경쟁에서 이익을 얻는다. 마찬가지로 작가 간의 경쟁은 라틴어의 질을 높였다. 더욱이 주화가 상업을 촉진하고 여행을 활성케 하는 것처럼 라틴어 역시 일단 적절한 정도로 발전하게 되면 지적 생활에 똑같이 작용한다. 발라는 이렇게 말한다. "주화가 발명되기 전에는 다른 민족이 만들어 내는 좋은 물건에 대해 아는 사람이 거의 없었고, 사실상 멀리 여행할 수도, 오랫동안 집을 떠나 있을 수도 없었다. 주화의 발명과 함께 상업이 번창하기 시작했고, 훨씬 더 자주 여행하게 되었으며, 사실상 물건들이 넘쳐나기 시작했다."[21] 라틴어는 "각 지방에 자유 학예를 가져다주었을 뿐만 아니라 재능 있는 지방 출신이 학예에 접근하도록 해 주었다."[22] 키케로, 베르길리우스, 세네카, 리비우스, 프리스키아누스를 비롯한 수많은 인물이 로마 출신이 아님에도 불구하고 그곳에서 크게 존경받는 사람들의 귀감으로 회자되고 있다.[23] 그가 보기에 그들의 라틴어 사용은 시민권을 얻는 데 본질적인 요소로 작용했다.

발라가 장인과 상업의 비유를 사용한 점은 특히 강조할 필요가 있다. 문학을 관습적으로 정치 문화와 분리된 것으로 보는 관점을 바꾸고 언어 그 자체가 언제 어디서나 존재한다는 것, 즉 장인의 기술이나 경제적 교환만큼이나 공통적이라는 점을 제시하는 이런 전략이 청중과 독자

---

21 Valla, *Orazione*, sec. 20.

22 Ibid., sec. 20: "sic propagata lingua Latina non solum he artes ad provincias sunt profecte, set etiam provincialium ad istas ingenia accessere."

23 Ibid., sec. 21.

의 신경을 약간 거슬리게 할 수도 있다. 우리는 실제와 지침을 통해 그것을 개선할 수 있으며, 이는 장인이 각자의 다양한 분야에서 그렇게 하는 것과 같다. 또한 통용되는 언어가 없다면 민족 간의 관계도 불가능할 것이다.

로마제국은 세력을 키우면서 서로 밀접한 관계에 있는 권력과 언어를 통해 통합을 이루었다. 그러나 제국이 멸망하자 라틴어에 의존하던 많은 학문 분야 역시 피해를 보았다. 오직 가톨릭교회만이 그것의 완전한 붕괴를 막았다. 왜? "의심할 바 없이, 머리이자 대의로 우뚝 서 있었던 것은 그리스도교 신앙이었다." 그 이유는? "구약과 신약 모두가 그리스어 및 히브리어와 함께 신이 십자가로 성스럽게 만든 바로 그 라틴어로 쓰였기 때문이며", 또한 그리스도교인들은 자신들이 로마의 권력을 거부했을 때조차도 라틴어를 보존했기 때문에, 이 귀중한 도구는 적어도 살아남을 수 있었다.[24] 달리 말해 그리스도교의 발전은 라틴어를 훨씬 더 높은 수준의 성스러움으로 끌어올렸다는 것이다.

그리스도교가 성장함에 따라 교황궁 역시 커졌는데, 그곳에서는 "라틴어 외 다른 언어로 말하는 것이 허용되지 않는다."[25] 그래서 "우리의 종교가 영원하다는 것을 고려할 때, 라틴 문학 역시 영원할 것이다."[26] 발라는 라틴어가 번성하도록 해 주는 교황 역시 그리스도교가 번성하는

---

24 Ibid., sec. 30: "Cuius rei sine dubio caput et causa extitit religio christiana. Cum enim utrunque testamentum extaret scriptum latinis litteris, quas duas in cruce una cum grecis et hebraicis consecravit, cumque tot hominum clarrissimorum ingenia in illis exponendis consumpta essent, nimirum hi qui christiani censebantur nomina, quanquam imperium romanum repudiassent, tamen nefas putaverunt repudiare linguam romanam, ne suam religionem profanarent."

25 Ibid., sec. 33: "Nam cum in curia romana non nisi latine loqui fas sit et ad eam tamquam ad caput cunte christiane nationes privatim publiceque concurrant, fit ut singule operam dent lingue latine discende, et ob id libris omnibus latine scriptis et ut quisque maxime aliquo in genere doctrine excellit, ita cupidissime ad hanc se curiam conferat et velit in hac tamquam in clarissima luce versari."

26 Ibid., sec. 36: "quia religio nostra eterna, etiam latina litteratura eterna fore."

데 도움을 준다고 결론짓는다.²⁷ 발라가 이 연설을 집필하고 있을 당시, 휴머니스트 교황 니콜라우스 5세는 선종한 지 이미 반년이 지난 상태였다. 니콜라우스는 그리스어 텍스트를 라틴어로 옮기는 거대한 기획을 통해 발라를 비롯한 많은 휴머니스트를 끊임없이 후원했고, 그의 부재를 느낀 발라는 새 교황인 칼리스투스 3세가 계속해서 학문을 후원하도록 호소하고 있는 것처럼 보인다. 하지만 이 연설이 그리스도교, 라틴어, 문화가 밀접히 연결되어 있다는 발라의 견해를 놀라울 정도로 잘 보여 주고 있다는 점만은 분명하다.

약간 어조는 다르지만 같은 메시지가 발라의 다른 두 작품에서도 나타나는데, 이들은 각각 나름의 방식으로 그의 사상의 핵을 이루고 있다. 『콘스탄티누스 기진寄進의 허위성에 대한 연설』(*De falso credita et ementita Constantini donatione declamatio*)과 『성聖 토마스 아퀴나스에 대한 찬사』 (*Encomion sancti Thomae Aquinatis*)가 그것이다.²⁸ 오늘날 발라가 알려져 있다면, 이는 틀림없이 『콘스탄티누스 기진의 허위성에 대한 연설』 때문일 것이다.²⁹ 왜냐하면 발라는 바로 이 작품에서 라틴어에 대한 지식을 이용해 "콘스탄티누스 기진장"이 위작임을 밝혀냈기 때문이다. "콘스탄티누스 기진"이 현대 독자에게는 친숙하지 않을 수도 있겠지만, 중세에서

---

27 Ibid., secs. 38-40.
28 Lorenzo Vall, *On the Donation of Constantine*, ed. and tr. Glenn Bowersock (Cambridge, MA: Harvard University Press, 2007). 여기에 수록된 라틴어 텍스트는 다음에 기초하고 있다. Lorenzo Valla. *De falso credita et ementita Constantini donatione*, ed. Wolfram Setz, in the *Monumenta Germaniae historica*, 10 (Weimar: Böhlau, 1976); Valla, *Laurentii Valle Encomion Sancti Thome Aquinatis*, ed. Stefano Cartei (Firenze: Polistampa, 2008). 이 작품의 영역에 대해서는 Valla, "Encomium of St. Thomas", tr. Patrick Baker, in Salvatore I. Camporeale, *Christianity, Latinity, and Culture: Two Studies on Lorenzo Valla*, tr. Patrick Baker, and eds., Patrick Baker and Christopher S. Celenza (Leiden: Brill. 2014), 297-315.
29 Wolfram Setz, *Lorenzo Vallas Schrift gegen die Konstantinische Schenkung* De falso credita et emenita Constantini donatione: *Zur Interpretation und Wirkungsgeschichte*. Bibliothek des Deutschen Historischen Instituts in Rom, 44 (Tübingen: Niemeyer, 1975); Camporeale, *Christianity, Latinity, and Culture*.

는 잘 알려져 있던 논쟁이었다.[30] 310년대의 전통적 문서 판본에 따르면, 최초의 그리스도교도 황제인 콘스탄티누스가 무엇보다 당시 교황이던 실베스테르의 간여와 기도로 나병에서 기적 같이 치유되었다고 한다. 콘스탄티누스는 감사한 나머지 교황에게 서유럽 영토의 많은 부분을 통제하는 권한과 함께 일련의 특권을 주기로 작정했다. 이후 콘스탄티누스는 비잔티움으로 옮겨가 그곳을 "로마" 제국의 수도로 삼았고, 종국에는 자신의 이름을 따서 콘스탄티노폴리스로 불렀다. 그리고 이러한 기진寄進이 있었다는 것을 "증명"하는 문서가 존재한다는 것이었다.

전통적 설명(그것은 대체로 옳다)에 따르면, 발라의 업적은 "콘스티투툼 콘스탄티니Constitutum Constantini"(문서는 당시 이런 이름으로 알려져 있었다), 즉 "콘스탄티누스 기진장"에 사용된 일부 언어가 문서가 작성되었다는 시대가 아닌 후대에서 비롯되었다는 것이었고, 이는 그것이 쓰였다고 알려진 때에 작성될 수가 없었으며, 따라서 후대의 위작이라는 것을 의미했다. 발라의 이름이 서양사 교과서에 나온다면, 이는 그가 언어를 이용해 진실을 밝히는 것이 "과학적" 문헌학의 선구자로 보이게 하는, 말하자면 과거의 문서가 언제 어디서 작성되었는지 기술적으로 해명하는, 그에게 특징적인 언어적·역사적 입증 방법 덕분이다. 하지만 이 작품에 대해서는 말할 것이 훨씬 더 많으므로 우선 그것을 구성하는 부분들을 검토해 보는 것이 필요하다.

그중 첫 번째는 기진장이라는 문서 그 자체이다. "콘스탄티누스의 기진"이라는 것은, 이미 언급했듯이, 콘스탄티누스 황제의 관념적인 증여를 가리킨다. 현대 학자들은, 이 증여가 형식화한(콘스티투툼) 문서는 콘스탄티누스가 증여했다고 추정되는 시기보다 거의 5세기 후인 8세기에 교황궁에서 만들어졌다는 데 동의하고 있다.[31] 그러므로 그것은 종종

---

30 Johannes Fried, *Donation of Constantine and Constitutum Constantini: The Misinterpretation of a Fiction and Its Original Meaning* (Berlin: De Gruyter, 2007).
31 바로 앞에서 인용한 요하네스 프리드는 개념적 측면에서 "기진"을 기진장이란 문서와 분리해 어떤 의미에서는 중세를 통해 각각이 서로 다른 지적·문화적 공동체에

"위작"이라 지칭된다. 물론, 이는 아주 축자적 층위에서는 확실히 그러하며, 그래서 발라는 그런 결정적 방법으로 문서의 정체를 밝힌 최초의 인물로 생각된다. 하지만 발라의 접근을 전체적으로 이해하려면, 전근대 세계에서뿐만 아니라 인쇄술 등장 이전 시기에서 위작이라는 것이 어떤 의미일지 생각해 볼 필요가 있다. 문서가 만들어진 8세기 교황궁이라는 환경에서 콘스탄티누스가 사실상 서쪽 영토에 대한 권리를 교황에게 양도했다는 합의가 나타났다고 가정해 보자. 문서 유실이 극심했던 세계에서 이 기진이라는 것이 실제로 일어났다는 것을 "증명하는" 문서가 과연 얼마나 중요했을까?

중세 고문서는 종종 진짜임을 보증하는 메커니즘을 갖고 있었다.[32] 그러나 중세 기록 문화라는 세계의 불안정성(오늘날 그렇게 보이는 것처럼)을 생각하면, 단지 문서에 대한 것보다는 오히려 증거에 대한 여러 주장이 더 많았을 것으로 보인다.[33] 사실, 이야말로 바로 중세 내내 일어났던 것으로, 치열한 논쟁의 초점은 기진의 적법성(문서의 진위보다는)이었다. 수많은 가능한(그리고 유사한) 예 가운데 두 가지를 제시하자면, 역사가이자 주교였던 오토 프리싱겐시스(1114~58)는 기진을 "콘스티투툼"과 관련해 다루지 않았다. 그는 『연대기』(*Chronica*)에서 콘스탄티누스가 양도했다고 생각하는 바로 그 땅을 콘스탄티누스에 이은 역대 황제가 어떻게 처분할 수 있었는지 의아해했다.[34] 최고의 초기 법학자로 볼로냐 대학(바로 여기서 중세 법학이 재탄생했다)에 있었던 그라티아누스조

서 따로 존재했음을 보여 줌으로써, 이 문제에 대한 중요한 진전을 이루었다. 이 부분과 이어지는 문단은 그의 강조점을 따른다. 다음을 볼 것. Alfred Hiatt, *The Making of Medieval Forgeries: False Documents in Fifteenth-Century England* (Cambridge: Cambridge University Press, 2004), 136-42. 본문의 이어지는 설명 역시 기진에 대한 그의 접근에서 도움을 받았다.

32 Bischoff, *Latin Paleography*, 34-37.
33 예컨대, 다음을 볼 것. Michael Clanchy, *From Memory to Written Record*, 3rd ed. (Oxford: Wiley-Blackwell, 2013), 295-329.
34 Fried, 13.

차도 자신의 『교회법 집성』(Concordia discordantium canonum)에 "콘스티투툼"을 넣지 않았다.[35] 물론, 그 직후의 계승자들이 그 문서를 삽입하기는 했지만, 중세 대부분을 통해 나타난 주장들은 다른 요소에 더 관심을 두고 있었다. 즉 교황 혹은 황제 중 누가 그리스도교 세계의 최고 지도자인가, 기진이라는 것이 법적으로 가능한가(황제에게 문제의 영토를 양도할 권리가 있는가?), 교회의 책임을 진 교황이 과연 적법하게 그런 증여를 받을 수 있는가 등등. 말할 필요도 없이 그 내용을 상이하게 요약한 다양한 판본의 문서가 돌아다녔다.

그래서 발라의 논증 역시 많은 부분이 단지 "콘스티투툼"의 텍스트가 아니라 다른 요소들을 향하고 있다는 것은 결코 놀라운 일이 아니다. 그는 당대의 모든 사람과 같이 그 수서본들이 만든 문화에 참여했으며, 이런 문서들이 얼마나 취약한지 그 누구보다 잘 알고 있었다. 그의 논증은 강력한 힘을 발휘했는데, 그 저변에는 발라의 날카로운 역사의식이 자리하고 있었다.

군사 전문가인 강력한 세속 군주가 자신과 전임자들이 막대한 피와 돈을 소모하며 얻은 대규모의 영토를 그냥 넘겨주었다는 주장이 믿어지지 않는다면, 이는 그것이 믿기 어렵기 때문에 그런 것이다. 발라가 다양한 기법으로 가차 없이 파헤친 것도 바로 그것이 믿기지 않는다는 점이었다. 발라는 직접 익명의 군주에게 이렇게 물으면서 글을 시작한다. "당신들 가운데 그 누가 만약 자신이 콘스탄티누스의 자리에 있었다면, 우아하게 관대함을 베풀어 로마라는 도시를 다른 사람에게 증여할 것이라고 생각하겠는가? …… 나는 어떤 사람도 이렇게 할 것이라고는 믿을 수 없다."[36] 군주는 영토를 얻기 위해 큰 노력을 기울인다. "그러나 영토가 그토록 큰 노력을 들여야 얻어지는 것이라면, 그것을 지키려는 노력 또한 얼마나 클 것인가!" 군주가 힘들게 얻은 영토를 그냥 줘 버린다는 것은

---

35 Ibid., 19.
36 Valla, *On the Donation*, 11.

도저히 믿기 어렵다는 것이다.

　발라가 『신약성서 대조』 서문에서 비판적 논지를 분명히 하고자 했을 때, 그는 의인화라는 수사적 장치를 사용한 바 있다. 그는 여기 기진장에 관한 저술에서도 그와 똑같이 하고 있다. 예컨대, 그는 콘스탄티누스의 아들들을 페르소나로 등장시켜 어떻게 해서 아버지가 당연히 자신들이 물려받을 권리가 있는 재산을 양도할 수 있느냐고 묻도록 한다. "아버지, 지금까지도 아들들을 그렇게 사랑하시는 아버지가 그들의 권리를 빼앗고 상속권을 박탈하며 모른 척 내팽개치시는 겁니까?"[37] 발라는 로마 원로원을 흉내 내며 이렇게 말한다. "황제여, 설사 당신이 자신의 가문에 무관심하다 해도, 로마 원로원과 인민은 결코 그 권리와 명성에 무관심할 수는 없습니다. …… 스스로의 종교가 경멸해 마지않는 제국을 우리가 받아들여도 될까요?"[38] 발라는 복화술로 교황 실베스테르가 이렇게 말하게 한다. "나는 사제이다. …… 나는 내가 스스로 충실하지 않고 내 위치를 망각하며 내 주 예수를 부인하고자 하지 않는 한, 당신에 동의하는 그 어떤 주장에도 따르지 않을 것이다."[39] 발라의 저술 첫 주요 부분, 즉 독자들이 글을 계속 읽게 하도록 주의를 끄는 부분은 그저 상식적이고 그럴듯한 말로 일관하고 있다. 항복한 통치자가 어쩔 수 없이 그렇게 하지 않는 한, 결코 자신의 영토를 양도하지 않는다는 것이다.

　텍스트 자체에 대한 중요한 주장들도 있는데, 발라는 이를 통해 자신이 서로 다른 여러 가지 글쓰기 형식의 전통과 역사와 불안정성에 대한 감식가임을 보여 주고 있다. 그는 묻는다. 만약 그처럼 기념비적인 기진이 실제로 일어났다면, 다양하고 전통적인 공적 글쓰기 형식(명문銘文, 청동 명판 등)에서 통상 표현했을 법한 다른 증언들이 왜 존재하지 않는가? 그는 이렇게 쓰고 있다. "그러나 그토록 놀랍고 전례 없는 이 콘스탄

37　Ibid., 21.
38　Ibid., 23.
39　Ibid., 31-33.

티누스의 기진은 금이든 은이든 청동이든 혹은 대리석이든 그 어디에서도 관련 기록을 찾을 수 없지만, 혹 그 사람(여기서 발라는 그라티아누스의 『교회법 집성』에 '콘스티투툼'을 첨부한 인물을 지칭하고 있다)이 종이나 양피지에 그것에 관해 썼다면 오직 책에서만 그것을 볼 수 있게 된다."[40]

또한 발라는 어원에 관한 논증을 펼친 것으로도 유명하다. 예컨대, 그는 "비잔티움"이 아직 "콘스탄티노폴리스"라는 이름을 갖지 못한 때였음에도 문서에 그런 이름이 나오는 불합리성을 강조하거나 혹은 문서가 만들어졌다는 시기에는 아무 의미도 없었을 말들이 사용되고 있다는 점(예컨대, 당대에는 다른 어떤 증거도 존재하지 않는 "사트랍satrap"—총독을 가리킨다—이라는 용어를 사용한다든지 혹은 "템플룸templum"이 그 경우에 더 적절할 듯한 때에 "교회"—건물을 지칭하는—대신 "에클레시아ecclesia"라는 단어를 사용하는 것 같은)을 보여 주고 있다.[41]

발라의 다양한 비판은 결국 위조된 문서의 "정체 밝히기" 이상의 것으로 귀결한다. 이 모든 것이 합쳐지면서 발라 시대에 보편 그리스도교 세계의 관리인인 동시에 영토를 지닌 정치권력이라는 위치에 있던 교회는 강력한 비판에 직면한다. "교황 스스로 평화로운 민족들과 싸우고 국가와 통치자들에게 불화의 씨를 뿌리고 있다. …… 그리스도는 수많은 빈자貧者 사이에서 기아로 죽어가고 있다."[42] 사실, 발라가 이 글을 썼을 때, 그는 당시 교황 에우제니우스 4세와 불화를 겪고 있던 알폰소 데 아라곤에 고용되어 있었다. 그러나 발라의 비판이 매우 예리하고 그 범위와 양이 상당하다는 점은 이 텍스트가 그저 돈을 받은 수사학자의 산물에 불과하다는 생각이 잘못된 것임을 말해 준다. 텍스트 뒤에는 그리스도교와 라틴어와 문화에 대한 비전이 놓여 있으며, 이는 또한 발라의 『성聖 토마스 아퀴나스에 대한 찬사』에서도 나타나던 것이었다.

---

40 Ibid., 63.
41 Ibid., 75, 67, 79.
42 Ibid., 155-57.

발라는 성 토마스 아퀴나스 축일인 1457년 3월 7일, 로마 도미니쿠스 회가 있던 산타 마리아 소프라 미네르바 교회에서 『찬사』를 연설했다.[43] 결국 이는 그의 마지막 작품이 되었는데, 절제된 ― 발라의 입장에서 는 ― 사유를 담은 조그만 걸작의 위치를 차지하고 있다. 왜냐하면 발라 는 물론 여기서도 비판을 가하고 있기는 하지만, 그것이 독자들에게 평소 익숙한 것보다는 조금 더 미묘하기 때문이다. 그는 토마스를 기리는 기념 행사에서 연설해 달라는 요청을 받았는데, 철학과 신학에 관한 자신의 주요한 가정들을 고려하더라도, 어쨌든 스스로 할 수 있는 한 진지하게 그 책무를 받아들였다. 흔히 있는 일이지만, 그의 비판은 "아욱토리타스auctoritas" ― 이 경우는 토마스 ― 보다는 그런 권위를 무비판적으로 사용하는 사람들을 향하고 있다. 예컨대, 발라는 『모든 변증법 다시 갈기』(=『변증법 논쟁』) 서문에서 아리스토텔레스를 다룰 때와 똑같은 과정을 거치는데, 여기서도 비판의 예봉이 향하는 곳은 아리스토텔레스 자신이 아니라 그를 무 비판적으로 따르는 사람들이다.[44]

토마스는 시간을 거듭하면서 중세 최고의 스콜라 철학자가 되었고, 그의 아리스토텔레스 해석은 거의 하나의 사고방식을 상징하는 정도에까지 이르렀다. 앞서 살펴본 것처럼 그의 문제 지향적 방식은 어떤 논증의 찬반을 제시할 때 많은 이점이 있었고 훌륭한 정신 훈련이 되었으며, 중세 신학에서 가장 지속적이고 중요했던 글쓰기 장르 가운데 하나를 구현했다. 15세기에 토마스의 명성은 그 상징적 의미에서 오늘날만큼 높지는 않았다.[45] 그러나 거기에 근접한 정도는 되었고 어쨌든 그는 도미

---

43 Cf. Camporeale, *Christianity*. 텍스트의 배경에 대해서는 다음의 중요한 연구도 볼 것. John W. O'Malley, "Some Renaissance Panegyrics of Aquinas", *Renaissance Quarterly* 27 (1974), 174-92; O'Malley, "The Feast of Thomas Aquinas in Renaissance Rome: A Neglected Document and Its Import", *Rivista di storia della Chiesa in Italia* 35 (1981), 1-27.

44 Lorenzo Valla, *Dialectical Disputations*, ed. and tr. Copenhaver and Nauta, 2-13.

45 Paul Oskar Kristeller, *Le Thomisme et la pensée italienne de la Renaissance* (Paris: Vrin, 1967); Kristeller, *Medieval Aspects of Renaissance Learning*, ed. and tr. Edward P.

니쿠스회의 지도적 철학자로, 교단 내에서의 명성이라는 측면에서는 최고의 위치를 점하고 있었다.

사실, 발라는 『찬사』 전체를 통해 토마스를 적절한 위치 — 이 표현의 가장 축자적 의미에서 — 에 놓으려는 시도를 보여 주고 있다. 토마스는 어떤 위치를 차지해야 하는가? 왜 그런가? 예컨대, 발라는 신앙 때문에 죽은 "순교자"와 "정숙하고 흠 없는 삶을 살고 신성한 징조와 기적을 동반한" "증성자證聖者"(가톨릭에서 순교자 외의 성인) 간의 차이에 주목한다.[46] 토마스는 "증성자"로서 보통 일컫는 수많은 덕을 지니고 있었다. 하지만 그가 순교자는 아니었고(발라는 청중에게 이를 상기시킨다), 그래서 그는 결코 그런 종류의 숭배에는 부합하지 않는다(순교자 피에트로(1205?~52) 같은 다른 도미니쿠스회 수도사와는 달리). 도미니쿠스회의 창시자 도미니쿠스가 그런 것처럼 토마스의 탄생 역시 계시되었다. 발라는 여기서부터 상관관계 전략이라 부를 만한 것을 통해 토마스를 다른 사람들과 비교 평가하기 시작한다. 이 경우 도미니쿠스는 창시자지만 토마스는 계승자이므로, 생각건대 그를 창시자와 같은 수준으로 볼 수는 없지만 그래도 중요한 인물이다. "도미니쿠스는 설교자의 집을 세웠다. 토마스는 대리석으로 그 바닥을 깔았다. 도미니쿠스는 벽을 만들었다. 토마스는 그것을 아름다운 그림으로 장식했다."[47] 여기서 받는 인상은 창시자는 오직 한 명뿐이지만, 원래의 기초를 꾸미는 역할을 한 사람은 더 많을 수 있다는 것이다. 실제로 토마스는 뒤에 이런 역할을 한 사람 가운데 가장 뛰어난 인물이었지만, 그래도 창시자와 혼동해서는 안 된다는 것이다.

마찬가지로 발라는 조금 더 큰 그리스도교 사상가의 역사, 즉 초기 교부를 크게 부각하는 역사를 염두에 두고 있다. "지금과 같은 주제로 여기

Mahoney (Durham, NC: Duke University Press, 1974), 29-91.
46 Valla, *Encomium of Saint Thomas*, tr. Baker, sec. 2.
47 Ibid., sec. 9.

서 연설한 어떤 사람들이 토마스를 모든 교회 박사 중 제일로 만들었을 뿐만 아니라 그를 그들 모두보다 더 위쪽에 두었다."[48] 더욱이 "그들은 그를 누구보다도 더 위에 둘 수 있는 이유로, 그가 논리학, 형이상학, 그리고 신학을 증명하는 모든 철학, 즉 이전의 박사들이 혀로 거의 맛보지 못한 것으로 보이는 것들을 사용했기 때문이라고 말한다."[49] 발라는 토마스 축일에 로마의 도미니쿠스회 교회 본산에서 그를 비판하는 것처럼 보이는 것이 얼마나 위험한지를 인지하고 있었음에도, 결코 자신이 생각하는 것을 숨길 수는 없다고 말한다. 나아가 그 스스로 자진해 연설하고자 한 것이 아니라 도미니쿠스회 수도사들이 그렇게 해 달라고 부탁한 것이므로 심중에 있는 것을 말하지 않을 수 없다는 것이다.

발라는 이미 개괄적이나마 자신이 염두에 둔 두 가지 관심사를 제시했는데, 첫째는 고대 교부의 모범적이고 권위적인 위치를 옹호할 필요가 있다는 것이며, 둘째는 그에 수반해 신학을 다룰 때 초점을 맞추어야 할 곳은 변증법과 형이상학이 아니라 초기 교회와 초기의 가장 위대한 사상가들이 전하는 메시지라는 것이다. 『찬사』의 나머지 부분은 이 두 주제로 점철되어 있다. 발라는 토마스가 남긴 저술의 방대함에 진실로 찬사를 보내지만, 동시에 그가 말했다고 생각되는 다른 사항에는 놀라움을 표한다. 발라는 이렇게 말한다. "그는 스스로 완전히 이해하지 못할 책은 결코 읽지 않았다."[50] 이에 대해 청중은 어떻게 생각했을까? 발라가 정말로 찬사를 보내고 있다고? 혹은 토마스가 어떤 인간도 도달할 수 없는 전지적 지성을 자랑했다고 그를 슬쩍 조롱하고 있다고? 아니면 청중 각자의 편향에 따라 아이러니를 어느 정도 받아들이든지, 발라의 바로 그 연설에 담긴 우리가 확실히는 알 수 없는 어떤 것을 느끼든지 둘 중 하나로 의견이 갈라졌을까?

---

48 Ibid., sec. 13.
49 Ibid.
50 Ibid., sec. 15.

발라는 곧바로 앞서 언급한 두 가지 주제 가운데 하나로 넘어간다. "그러나 그들이 형이상학이라든지 기의記意 방식 등으로 부르는 것들, 최근 발견되었다는 아홉 번째 구체라든지, 행성의 주전원周轉圓 같이 현대의 신학자들이 경이롭다고 생각하는 것에 나는 아무런 경이도 느끼지 못한다."[51] 발라는 자신이 보고 있는 것을 두고 그것이 중요한 관심사는 무시한 채, 형이상학과 변증법을 과도하게 강조하고 있다고 질타하는 것이다. 이는 그를 교부라는 다른 관심사로 이끈다. "나는 나 자신의 주장보다는(물론, 그렇게 할 수는 있지만) 고대 신학자들 — 키프리아누스, 락탄티우스, 힐라리우스, 암브로시우스, 히에로니무스, 아우구스티누스 — 을 인용해 이를 입증할 텐데, 이들은 각자의 저술에서 그런 문제를 전혀 다룬 바 없으므로 당연히 그것에 대해 입도 벙긋하지 않았던 인물들이다."[52] 교부들이 형이상학과 논리학을 자세히 논하지 않은 것은 다음의 두 가지 이유에서이다. 첫째, 이 과목들이 "신성한 진리들에 대한 지식으로 이어지는 것 같이 보이지" 않기 때문이다.[53] 둘째, 이 두 분야 모두 그리스의 철학적 논의, 궁극적으로 그리스어에 뿌리를 가진 핵심 용어로 이루어지기 때문이다. 설사 후일 만들어진 라틴어 단어가 어떤 그리스적

---

51 Ibid., 16: "기의 방식modes of signifying" = modi significandi. 발라는 서로 다른 단어가 명제와 문장에서 의미를 획득하는 특별한 방식을 연구한 13, 14세기 철학자를 지칭하고 있다. 이런 경향을 연구할 때 아주 흔히 거명되는 인물이 마르티누스 다쿠스와 보에티우스 데 다치아이다. 물론, 굴리엘무스 데 콘키스 같은 12세기 "사변 문법학자 speculative grammarians"의 저술도 그들에게 영향을 끼쳤다("사변 문법학자"라는 용어는 종종 두 집단 모두를 가리키는 데 사용된다). 다음을 볼 것. Constantino Marmo, *Semiotica e linguaggio nella scolastica: Parigi, Bologna, Erfurt, 1270-1330* (Roma: Istituto Storico Italiano per il Medioevo, 1994); Jan Pinborg, "Speculative Grammar" in *The Cambridge History of Later Medieval Philosophy*, eds. Norman Kretzmann, Anthony Kenny, and Jan Pinborg (Cambridge: Cambridge University Press, 1982), 254-69; Pinborg, *Die Entwicklung der Sprachtheorie im Mittelalter* (Münster: Aschendorff, 1967); Irène Rosier, *La grammaire spéculative des Modistes* (Paris: PUF, 1983).

52 Valla, *Encomium of Saint Thomas*, sec. 16.

53 Ibid., sec. 18.

개념(아리스토텔레스의 10개 범주처럼 형이상학과 변증법에서 많이 논의되는 개념)을 반영한다 해도 그것은 결코 라틴어에서 만들어져 나온 것이 아니며, 그러므로 교부들이 소중하게 생각하는 종교에 대한 사유와 사상 같은 것과 자연적으로 연결되어 있지 않다. 라틴 교부들은 "위대한 라틴 작가들이 ······ 사용한 적 없는 말에 두려움을 느꼈다."[54] 다시 한번 우리는 발라가 굳건한 라틴어, 의미 있는 그리스도교, 그리고 인간 문화와 연결되고 있음을 보게 되는데, 그는 이런 가정 아래 교부들과 그들의 모범적 가치를 평가하고 있는 것이다.

앞서 언급한 교부들은 매우 중요하므로 발라는 그들을 이용해 연설을 끝맺고 있다. 토마스가 사실상 교부들이 마땅히 차지할 만한 그런 위치에 있다고 생각한다면, 그를 이해하기 위해서는 옛 라틴 교부를 그리스 교부와 짝을 이루는 방식으로 그리스 교부와 짝지어 봐야 한다는 것이 발라의 주장이다. 그는 토마스가 일련의 중세 신학자들(특히 성 베르나르, 피에르 롱바르, 그라티아누스, 알베르투스 마그누스)보다 우위에 있는 것으로 생각되어야 한다는 점을 시사한 뒤, 바로 다음과 같이 논의를 진행한다. 암브로시우스는 바실레이오스와, 히에로니무스는 그레고리오스 나지안제노스와, 아우구스티누스는 이오안니스 크리소스토모스와, 그레고리우스는 (위僞)디오뉘시오스 아레오파기테스와, 토마스는 이오안니스 다마스키노스와 짝을 이룬다. 발라가 이런 짝짓기에 대해 몇 마디 하고 있지는 않으나, 그렇게 하는 데는 이유가 있다. 암브로시우스는 스스로 자신이 바실레이오스의 "경쟁자"라고 생각했으며, 히에로니무스는 자신이 나지안제노스의 "학생이자 사도"였다고 주장했다. 아우구스티누스는 "종종" 이오안니스 크리소스토모스를 "따랐고" 그를 "모방했다." 대大그레고리우스 교황(재위 490~504)은 디오뉘시오스 아레오파기타에 대해 최초로 언급한 바 있다(발라는 그레고리우스가 "디오뉘시오스에 대해 "언급한 ······ 최초의 라틴인이며, 그리스인들조차 디오뉘시오스를 알지

---

54 Ibid., sec. 19.

못했다고 말한다).[55] 발라는 토마스와 이오안니스 다마스키노스에 대해 이런 짝짓기가 정당한 이유는 "이오안니스가 논리적이고 거의 형이상학에 가까운 작품을 많이 썼기" 때문이라고 말한다.[56]

모든 점을 고려할 때, 우리는 여기서 절제되고 균형 잡힌 발라를 보게 된다. 하지만 발라는 또다시 모호한 어조로 읽힐 수도 있는 말을 덧붙인다. 신성한 작가들은 "신이 보기에 언제나 음악을 하며", 모든 짝은 발라가 윤곽을 잡은 음악 그룹에서 각자가 맡은 역할을 한다. "첫 번째 짝은 바실레이오스와 암브로시우스로 수금竪琴을 연주한다. 둘째, 나지안제노스와 히에로니무스는 키타라를, 셋째, 크리소스토모스와 아우구스티누스는 프살테리를, 넷째, 디오뉘시오스와 그레고리우스는 플루트를 연주한다." 다섯째는? "이오안니스 다마스키노스와 토마스는 심벌즈를 연주하는데", 발라의 말로는 이는 "행복하고 즐겁고 기분 좋은 음악을 만들어 내는 악기"이다.[57] 무슨 칭찬이 이런가? 물론, "행복한", "즐거운", "기분 좋은"은 물론 긍정적 속성을 가지고 있지만, 그 말들이 토마스 축일 행사에 꼭 필요한 진중함과 신성함과 깊이를 함축하고 있는가? 발라는 이런 의문에 대해서는 아무 말도 하지 않은 채 경건하게 연설을 끝맺고 있다.

발라가 이 연설문을 작성하고 실제 연설을 했을 때만 해도 자신이 살 날이 얼마 남지 않았다는 것을 알지 못했다. 언제나 잘 만족하지 못하고 짜증스러워하는 듯한 이 학자가 거의 삶이 끝나가는 자신의 운명을 과연 기꺼이 받아들이려 했는지 여부는 알기 어렵다. 그는 어떻게든 교황

---

55 (위僞)디오뉘시오스 아레오파기테스에 대한 해석의 역사에서 발라가 한 역할에 대해서는 다음을 볼 것. John Monfasani, "Pseudo-Dionysius the Areopagite in Mid-Quattrocento Rome" in *Supplementum Festivum: Studies in Honor of Paul Oskar Kristeller*, eds. J. Hankins, J. Monfasani, and F. Purnell, Jr. (Binghamton, NY: MRTS, 1987), 189-219; repr. with the same pagination as essay IX in J. Monfasani, *Language and Learning in Renaissance Italy* (Aldershot: Ashgate, 1994).

56 Valla, *Encomium of Saint Thomas*, sec. 23.

57 Ibid., sec. 24.

궁 고위직이라는 일생의 꿈을 이루어 보려 했다. 하지만 삶의 대부분은 그것을 비켜 갔고, 포초를 비롯한 교황궁 관리들과의 갈등으로 갖가지 어려움을 겪었다. 휴머니스트 교황인 니콜라우스 5세는 자신의 재위 기간에 중요한 사업이었던 그리스어-라틴어 번역팀에 발라를 고용했다. 그동안 발라는 비교적 고위의 교황궁 공식 문서 작성자인 "스크립토르 scriptor" 자리에 있었다.[58] 이후 알폰소 데 보르자가 교황 칼리스투스 3세가 되자(그가 에스파냐 성직자로 나폴리에서 발라를 오랫동안 고용한 아라곤 가문의 동맹이었다는 사실은 의미심장하다), 발라는 교황 비서가 되어 교황궁에서 가장 높은 위치에까지 올랐다.[59] 껄끄러운 성격, 중요한 그리스도교 관행에 대해 종종 가하는 과격한 공격, 어떤 곳에 가서도 분란을 일으키기 좋아하는 성향 등, 이 모든 것에도 불구하고 그는 최고의 지위를 차지한 것이다.

적어도 오늘날에 와서는 발라가 그 자신이 그토록 강하게 연계되어 있던 바로 그 제도와 불화를 빚은 것으로 읽힐 수도 있다는 사실에 놀란다. 비일관적으로 보이는 이러한 점을 설명하는 데 도움이 될 만한 몇 가지 요소가 있다.

첫째, 대부분의 르네상스 사상가가 그렇듯이, 발라에게도 오늘날 우리가 그 내용을 연구하는 저술들 — 발라의 경우는 『변증법 논쟁』, 『라틴어의 우아함』, 『콘스탄티누스의 기진』, 『아퀴나스 찬사』 등 — 은 모두가 "과외 프로젝트" 같은 것이었다. 그렇다고 해서 그러한 것들이 여가에 쓴, 저자에게는 별 중요치 않은 것이라는 말은 아니다. 발라는 파비아 대학에서 논쟁에 휘말렸던 초기부터 나폴리의 알폰소 데 아라곤 궁에서 가장 오래 일했던 때를 거쳐, 마지막으로는 교황 니콜라우스 5세와 칼리스투스 3세 아래 교황궁에 재직하던 때까지 거의 계속해서 고용되었다.

---

58 Mancini, *Vita*, 237.

59 Walther Alfons Claudius von Hofmann, *Forschungen zur Geschichte der kurialen Behörden vom Schisma bis zur Reformation*, 2 vols. (Roma: Loescher, 1914), 2: 114.

이 모든 시기에 발라는 생계를 위해 강의를 하고, 편지를 쓰고, 후원자의 이익을 옹호하는 등의 일을 했다. 이 모든 책무의 와중에 발라가 일관적이고 비판적인 관점을 발전시키고 지금도 여전히 읽을 가치가 있는 일련의 작품을 생산했다는 것은 우리가 발라라는 인간을 뭐라고 생각하든 아주 멋지고 칭찬할 만하다. 그의 메시지 ─ 비판적으로 사고하는 데 언어의 정확한 사용이 대단히 중요하다는 것, 현 제도의 뿌리가 어디에 있는지 망각하기 쉽다는 것, 사람들은, 특히 학자들은 때때로 권위에 무조건 추종한다는 것 ─ 는 아주 명확하다. 그러나 이러한 메시지를 발전시킨 작품은 그에게 돈이 되지 않았다. 그래서 스스로 아주 대놓고 비판했던 교회에서 그처럼 높은 지위에까지 오를 수 있었다는 것이 외견상 놀랍게 보이겠지만, 이에 대해 교회 당국이 별로 개의치 않았다는 것이 그 이유이다. 그의 작품은 수서본으로 회람되었고 이를 두고 아랫사람들이 옥신각신하는 것도 다반사였는데, 어쨌든 사람들은 그가 제시한 정치학 혹은 신학의 이런저런 점을 두고 계속 논쟁하고 있었다.

둘째, 특히 발라와 연관된 것으로 그는 많은 측면에서 15세기의 국외자로 살았다. 그의 작품 대부분은 수서본 형태로는 그리 많이 유통되지 않았고, 심지어 인쇄라는 새로운 세계(우리가 곧 논의하게 될)에서조차도 그러했다. 의심의 여지가 없는 "시장 점유율"을 기록한 유일한 작품은 『라틴어의 우아함』이었다. 그리고 이 경우에서도 지금 우리의 시선을 끄는 것과 르네상스에 그랬던 것과는 서로 일치하지 않는 것으로 보인다. 언어, 권력, 제국에 대해 서문에서 피력한 발라의 논평이 오늘날 관심을 끌고 있는데, 이는 아주 별나기는 하지만 그 시대가 라틴어에 왜 그렇게 매료되었는지의 문제를 붙잡고 그것을 설명하려는 가장 뛰어난 한 르네상스 지식인을 우리에게 보여 주고 있기 때문이다. 이미 죽은 언어가 지식인들을 그토록 매료시킬 수 있었다는 것이 오늘날에는 거의 상상하기 힘들다. 하지만 그때는 그랬고, 발라의 정서는 그것이 왜 그랬는지에 대한 극단적인 형태를 나타낸다. 즉 우리가 올바른 엘리트 언어에 어느 정도 집중한다면, 권력과 문화와 정치가 연이어 따라온다는 것이다.

그런 생각이 외견상 그리 그럴듯하지 않게 보일 수도 있겠지만, 아주 표면적 수준을 제외하면 모두 사실이다. 이를 이해하기 위해서는 21세기 초의 미디어 혁명이 어떻게 그토록 많은 방식에서 정치 담론을 바꾸어 놓았는지, 그리고 미디어 통제가, 물론 절대적이지는 않지만, 그래도 유의미한 방식으로 메시지를 통제하는 능력을 의미한다는 것이 어떻게 명확해지고 있는지 살펴볼 필요가 있다. 발라의 언어관은 어떤 종류의 언어가 공적으로 사용하기에 적합한가의 문제에 대한 당대 관심의 "강한" 형태를 보여 준다. 고대 로마인들이 어떤 종류의 언어를 말했는가 하는 문제로 씨름한 사람들 대다수는 그처럼 고급하고 광범위한 견해를 갖고 있지는 못했다. 당대인의 관심은(가끔 토론에 참여하는 사람들 외에) 좀 더 이념적 경향의 서문보다는 발라의 텍스트 그 자체에 있었다. 발라는 자기 일을 잘 해냈고 라틴어와 문헌의 역사에 대한 엄청난 지식을 통해, 물론 자신의 주장 전체는 아니겠지만, 그 대부분을 훌륭히 뒷받침할 수 있었으므로 그런 점에서 그의 작품이 교실에서 사용될 수 있었다는 것도 사실이다. 우리는 서문에 나타난 이념적 진술을 무시할 수도 있고, 『라틴어의 우아함』에서 여전히 많은 것을 얻을 수도 있다. 즉 그것은 라틴어 사용법에 대한 스타일에서의 정교하고 정확하며 포괄적인 권고 사항들을 잘 보여 주고 있다는 것이다.

끝으로 우리가 관심을 둘 만한 작품이 하나 더 있다. 물론,『자유 의지에 대하여』(De libero arbitrio)라는 대화편이 발라의 마지막 작품은 아니지만 지금 이에 초점을 맞추는 것이 적절한데, 그것이 미래와 16세기와 프로테스탄트 종교개혁기 동안 그리스도교가 나아갈 길을 사유하고 있기 때문이다.[60] 이 대화편에 주목하는 또 다른 이유는 르네상스 사상가들이 철학을 이야기하고 그것에 관여한 다양한 방식에 대해 주의를 환기하고

---

60 Valla, *De libero arbitrio*, in Garin, *Prosatori*, 524-65; "Dialogue on Free Will", tr. Charles E. Trinkaus, Jr., in *The Renaissance Philosophy of Man*, eds., Ernst Cassirer, Paul Oskar Kristeller, and Charles E. Trinkaus, Jr. (Chicago: University of Chicago Press, 1948), 155-82.

있기 때문이다.

발라 자신의 헌정 서신은 이 후자의 문제에 대해 ─ 외견상으로는 ─ 명백히 밝히고 있는 것처럼 보인다. 발라는 글을 헌정한 한 에스파냐 주교에게 이렇게 쓰고 있다. "오, 가장 학식이 높고 최고의 주교이신 가르시아 님이여, 다른 그리스도교인과 사실상 신학자라 불리는 사람들이 부디 철학을 거의 신학과 동등한 자매(저는 후원자라고 하지는 않습니다)로 만들 정도로, 그것에 그토록 의존하고 그토록 많은 힘을 쏟아붓지 않았으면 합니다."[61] 발라는 자신의 가장 강력한 범례範例인 사도 바울을 소환하고 있는데, 그는 골로새인에게 보낸 편지에서 이렇게 말한 바 있다. "누가 철학과 헛된 속임수로 너희를 사로잡을까 주의하라. 이는 사람의 전통과 세상의 요소들일 따름이요 그리스도를 따름이 아니니라."[62] 물론, 바울은 이교 철학과 그들이 주장하는 것에 대해 말하고 있다. 그러나 그는 또한 숙고할 만한 모든 것이 믿음의 도움을 받기보다는 오직 인간 이성 ─ 감각 인식에 지나치게 의존하는 ─ 을 통해서만 접근 가능함을 시사하는 세상에 대한 사유 방식을 기술하고 있다. 더불어 그는 공허한 수사에 대해서도 이야기한다. 그가 전하는 메시지는 이렇다. 즉 단지 신을 볼 수 없다는 이유로 신이 존재하지 않는다고 생각하지는 말라는 것이다. 그리고 말만 번지르르한 사람들에게 넘어가 그렇지 않다고 생각하지 말라는 것이다. "철학"이야말로 이 공허함을 의미하기에 이르렀다. 반드시 기억해야 할 것은, 그래서 발라가 바울의 방식으로 그 말을 쓰고 있다는 점이다. 그는 순수하고 단순한 철학, 단지 지혜에 대한 사랑과 추구로 이해되는 그런 철학에 반대하고 있는 것이 아니다. 발라에게 지혜란 오직 그리스도교적 경로를 통해 추구될 수 있을 뿐이었다.

하지만 15세기 사상가들에게는 이 그리스도교적 경로란 것이 무엇인지가 성패가 달린 문제였다. 앞으로 차차 살펴보겠지만 이 문제를 두고

---

61 Valla, *De libero arbitrio*, 524; tr. Trinkaus, 155.
62 「골로새서」2장 8절.

씨름한 마지막 인물이 발라만은 아니었다. 그러나 그는 가장 흥미롭고 이 대화편에서 가장 전복적일 만한 주장을 한 사람 가운데 하나이다. 대화편에서 다루는 문제는 "자유 의지" 혹은 라틴어로 "리베룸 아르비트리움liberum arbitrium"이다. 발라는 자기 자신과 친구 안토니오를 등장시켜 인간에게 진정으로 자유 의지가 있는지를 두고 약간은 우호적 분위기에서 대화를 나누고 있다. 또한 발라는 헌정받는 인물에게 자신이 하고자 하는 바는 이 문제에 대해 보에티우스가 옳게 주장하지 못했다는 것을 보여 주는 것이라고 말한다.[63] 자유 의지의 문제는 신과 아주 깊숙이 연결되어 있다. 즉 그것은 우리가 신을 어떻게 인식하는지, 인간이 신과 어떤 유의 관계를 상정하고 있는지, 매일매일의 인간사에서 신이 어떤 유의 행위를 한다고 보는지와 관련이 있는 것이다.

양보할 수 없는 것도 몇 가지 있었다. 신은 전지全知하다는 것, 즉 그는 만사를 다 알고 있다는 것이다. 신은 전능한데, 이는 그가 무제한의 힘을 가지고 있다는 것, 즉 그가 할 수 없는 것은 아무것도 없다는 것을 뜻한다. 신은 성부, 성자, 성령의 삼위일체라는 복수적 성격에도 불구하고 하나이며, 서로 떼어진 존재로 생각할 수 없고 모든 것은 신의 영원한 일자성一者性으로 귀결한다. 끝으로 말 그대로의 의미에서 신은 "선하다"는 것이다. 신은 악한 일을 행하지 않는다. 인간의 자유 의지는 플라톤에게서 유래해 그리스도교가 채택한 어떤 방식의 윤리, 우리 자신 너머에 존재하는 비물질적이고 영원한 세계가 기초하고 있는 그런 윤리의 핵심을 보여 준다. 사람들은 세속을 초월한 그 세계에서 자신이 지상에서 했던 것에 대한 보상을 받게 된다. 선한 삶을 산 사람은—즉 선한 행동을 하며 산 사람은—천국에서 상을 받는다는 것이다. 그렇지 못한 사람은 지옥에 떨어진다. 죄는 범했지만 지옥에 갈 만큼 나쁜 죄가 아니라면 연옥으로 갈 것인데, 죄인은 천국으로 가기 전에 여기서 죄를 씻게 된다.[64] 이

---

63 Valla, *De libero arbitrio*, 526; tr. Trinkaus, 156-57.
64 연옥의 기원이 12세기 말에 있다는 것에 대해서는 다음을 볼 것. Jacques LeGoff, *The*

신성한 사회경제학은 어떤 측면에서 인간의 자유 의지에 달려 있었다. 즉 우리가 한 일에 대한 스스로의 선택이 사후에 어떻게 보상받을지에 대한 기초로 작용한다는 것이다.

하지만 아우구스티누스 시대 이래 은밀한 의심이 싹트고 있었는데, 이는 만약 영원하고 전지한 존재에 비해 보잘것없고 무력한 인간이 자신의 행위를 통해 각자의 구원을 "얻을" 수 있다면, 신의 전능함이라는 것이 제한된다는 것이다. 아우구스티누스는 후일 학자들이 "양립주의자"라고 부르게 되는 주장을 하고자 했는데, 즉 우리는 인간의 자유 의지와 신의 전지전능을 함께 나란히 가질 수 있다는 것이다.[65] 그러나 이는 어려운 일이었고, 특히 아우구스티누스가 구원이란 신이 자유로이 부여하는 신의 은혜와 연결된다는 관념에 깊이 빠져 있었기 때문에 더욱 그랬다. 인간은 자신이 구원된다는 것을 결코 알 수 없으므로 그리스도교인 개개인은 신의 의지에 자신을 맡길 필요가 있었다.[66] 후일 중세에 인간의 자유 의지를 옹호하는 데 관심을 가진 피에르 롱바르와 토마스를 비롯한 여러 신학자가 그리스도교 신학의 분위기 속에서 여기저기 부유하던 관념을 가다듬었는데, 이는 "공동 협력 은혜"로 불리는 것으로, 그들은 이를 "선행先行" 혹은 "작동" 은혜라고 부른 것과 짝을 지웠다. 그 의미는 만약 당신이 구원받는다면 신은 자유로이 은혜를 내릴 것이지만, 당신은 스스로 자유로이 택한 행동을 통해 구원의 과정을 돕기 위해 신과 "함께 일할"—라틴어로는 "코오페라리cooperari"—수 있다는 것이다. 12세기에 피에르 롱바르가 말한 것처럼 "작동 은혜는 선한 의지에 선행해 오는 것이다. 왜냐하면 그것에 의해 인간의 의지는 자유로워지

Birth of Purgatory, tr. Arthur Goldhammer (Chicago: University of Chicago Press, 1984).

65 Augustinus, De civitate Dei, 5.10; De libero arbitrio libri tres, ed. William M. Green, Corpus scriptorum ecclesiasticorum latinorum, vol. 74, sec. 6, part 3 (Wien: Hölder-Pichler-Tempsky, 1956), esp. bk. 3, at 89-154.

66 아우구스티누스의 개종과 은혜의 필요성에 대한 인식은 다음을 볼 것. Augustine, Conf., 8.12.

며 선해지도록, 그리고 효과적으로 선에 의지하도록 준비하게 되기 때문이다. 하지만 선행 은혜는 도움을 제공함으로써 이미 선한 의지를 따른다."[67]

만약 이런 말이 모호하게 들린다면, 그것이 원래 모호하기 때문이다. 사실, 이는 "만약 -이라면, -이다" 식의 문제로 논리적 해결을 충족하지 않는 오랫동안 계속되던 철학적 문제이다. 만약 신이 정말로 모든 것을 안다면, 이는 시간을 가로질러 그가 알지 못하고 보지 못하는 것은 없다는 것을 뜻한다. 과거, 현재, 미래가 마치 영원한 현재이고 시간과 무관하게 모든 것이 그의 앞에 있기라도 하는 것처럼 그는 이 모든 것을 본다(신의 시간을 초월하는 지식에 관한 이런 결론은 정확히 6세기 초에 보에티우스가 『철학의 위안』(De consolatione philosophiae)에서 도달한 지점이었다[68]). 만약 당신이 지금 어떤 일을 한다면, 정확히 그것을 하고자 했을 때, 그리고 정확히 그것을 수행한 방식으로 정확히 당신이 하고자 했던 것을 신은 이미 예견했을 것이다. "전지 — 모든 것을 안다는 것 — 는 정확히 말 그대로를 의미한다. 만약 당신이 신이 예견할 수 없는 것을 할 능력과 힘을 가지고 있다면, 이는 곧 신이 전지하지 않음을 뜻한다. 우리가 사용해 온 정의에 의하면 그는 신이 아니다.

다음으로는 전능 — 모든 것을 할 수 있다는 것 — 과 그것이 선과 맺고 있는 관계가 있다. 우리는 매일 어떤 정상적 정의에 의해서도 선과는 거리가 먼 많은 사건에 둘러싸여 있다. 치명적인 사고, 범죄, 살인. 가족과 이웃의 사랑을 받는 죄 없는 사람들이 사고와 범죄와 우연히 일어나는 것으로 보이는 다른 잡다한 사건으로 나락에 떨어진다. 선하고 전능하다는 신이 어떻게 이런 일이 일어나도록 내버려둘 수 있는가? 다시 한 번 이런 비극적 사건이 일어난다는 바로 그 사실이야말로, 만약 신이 있

---

67 Pierre Lombard, *Sent.*, 2,dist.26,1,2; Cf. Aquinas, *ST*, 1a2ae, q. 111, esp. art. 2 and 3; q. 113, esp. art. 3.
68 Boetius, *Cons.*, 5.3.

다면 적어도 우리가 선함을 기술하는 데 사용하는 일상 언어로는 그를 결코 "선하다"고 기술할 수 없다는 것을 보여 주고 있지 않은가? 또한 전쟁, 홍수, 그 밖에 다른 유사한 재앙도 있다. 신은 어떻게 이 모든 것을 존재하게 내버려둘 수 있다는 말인가? 만약 수많은 해악이 인간의 일상사를 찾아올 수 있다면, 도대체 신이 가졌다는 그 "힘"은 무슨 종류의 힘이란 말인가?

사실, 당신은 우리가 보잘것없는 존재임을 지적할 수도 있다. 유한한 우리는 아는 것이 거의 없으므로 이 무시무시한 비극들이 오직 신만이 무한한 지혜를 통해 그 광범위한 윤곽을 진정으로 이해하는 더 큰 계획의 한 부분이라고도 말할 수 있다. 그렇다. 당신은 그렇게 말할 수도 있다. 그러나 그렇다고 치료법도 모르는 병으로 어린아이를 잃은 어머니를 위로할 수 있는가? 그것이 지진이나 홍수로 파괴된 도시의 시민들에게 무슨 도움이 되는가?

고대 이래 서양의 사상가들은 이 같은 의문에 사로잡혀 있었는데, 점차 그리스도교가 득세하면서 이는 훨씬 더 예민한 문제가 되었다. 왜냐하면 한편으로 그리스도교인들은 자신들의 신을 전지전능하고 선한 존재로 생각했기 때문이다. 다른 한편으로 그리스도교의 신은 또한 인격신이다. 그는 인간 개개인에 관심을 가지는 성격으로 개념화되어 있다. 발라는 이 문제를 "신의 예지豫知가 과연 자유 의지의 방식을 감수하는가"로 압축한다(화자인 안토니오가 말했듯이).[69] 안토니오의 딜레마는 이렇다. "만약 신이 미래를 본다면, 그가 본 것과 다른 것은 일어날 수 없으며", 그 결과 "신이 이를 정의롭다고 칭찬하든지 불의라고 비난하든지 간에, 간단히 말해 전자에게는 상을 주고 후자에게는 벌을 내리는 것은 정의에 반하는 것으로 보이네. 왜냐하면 인간의 행동은 필연적으로 신의 예지를 따르기 때문이라네."[70] 만약 당신이 악한 일을 하는데 신은 이런 일

---

69 Valla, *De libero arbitrio*, 532; tr. Trinkaus, 161.
70 Valla, *De libero arbitrio*, 532-34; tr. Trinkaus, 162.

이 일어날 것을 이미 알고 있었다면, 당신은 사실상 그렇게 할 운명이었다. 그런데 어떻게 당신을 비난할 수 있단 말인가? 어떻게 죽자마자 벌을 받을 수 있는가? 그러면 도대체 신성한 사회경제학의 성격은 무어란 말인가?

발라의 『자유 의지에 대하여』에서는, 신의 예지를 고려할 때 우리가 인간의 자유 의지를 사소하지 않은 방식으로 생각할 수 있는지를 묻는 과정에서 두 번의 결정적인 순간이 등장한다. 첫째는 신의 예지를 인간의 행동 배후에 있는 동기와 분리하는 것과 관계가 있다. 발라는 화자인 로렌초(허구적인 대화체 형식에서 바로 그 자신을 가리킨다)의 입을 빌어 가상적 상황을 제시한다. 고대 로마로 돌아가 당시 많은 사람이 증오하고 비난하던 섹스투스 타르퀴니우스의 경우를 보자. 로마 마지막 왕(오만왕 타르퀴니우스)의 아들이었던 섹스투스는 순정한 루크레티아를 겁탈했는데, 그녀는 자신이 더럽혀졌다고 생각하고 불명예를 안고 살기보다 스스로 목숨을 빼앗는 길을 택했다.[71]

"로렌초"는 계속해서 말한다. 일찍이 섹스투스는 미래를 예언하는 신탁을 받기 위해 아폴론에게 가서 자신의 운명이 어떨지 물었다. 이 경우 "우리는 관습에 따라 신탁이 다음과 같은 운문으로 대답하리라 상상하겠지. '너는 쫓겨나 빈곤 속에 뒹굴다가, / 분노한 도시에 의해 살해되리라.'"[72] 자신의 운명에 대해 들은 섹스투스는 신탁에 분노해 앞날에 놓여 있을 더 나은 운명을 예견해 달라고 요청했을 수도 있다. 이 말(모두 가상적이다)에 대해 신탁은 이렇게 답했을 것이다. "Ego nosco fata, non statuo; ego denunciare fortunam possum, non mutare"—"나는 운명을 알지만 그것을 결정하지는 않는다. 나는 운을 말할 수는 있으나 그것을 바꾸지는 않는다."[73] 사실상 신탁은 나를 비난해서는 안 된다고 말하고

---

71 Livius, *Ab urbe condita*, 1.57-58.
72 Valla, *De libero arbitrio*, 546; tr. Trinkaus, 170.
73 Ibid.

있다. 그러면 섹스투스는 누구를 비난해야 하는가? "그렇게 하고 싶으면 유피테르를 비난하고, 운명의 여신들을 비난하고, 사건을 내리막길로 모는 운의 여신을 비난하라."[74] 가상의 섹스투스는 더 혼란스럽다. 왜 유피테르는 그렇게 부당한가? 신탁은 이렇게 답한다. "그것이야말로 만물이 존재하는 방식이라네, 섹스투스여. 유피테르는 사나운 늑대와 겁많은 토끼와 용맹한 사자를 창조한 것처럼 …… 어떤 사람의 마음은 강인하게, 어떤 사람은 부드럽게 만들었고, 나아가 누구에게는 혁신의 능력을 준 반면에 또 누구는 구제 불능으로 만들었으니."[75] 이상 끝.

그러고는 이 첫 번째의 중요한 부분에서 가장 놀라운 구절이 등장한다. "설사 신의 지혜가 그의 권능 및 의지와 분리될 수는 없다고 해도, 나는 아폴론과 유피테르의 이 장치를 통해 그것들을 분리할 수도 있다고 본다는 것이 내 우화의 요점이었다네. 하나의 신으로 이룰 수 없는 것은 두 신으로는 이룰 수 있다는 거지."[76] 달리 말해 발라는 "두 신"이라는 장치를 써서 그리스도교 신앙의 영역에서 가장 심오한 문제에 해결책을 제시하고 있는 것이다.

하지만 과장은 금물이다. 어쨌든 이는 결국 하나의 문학적 장치일 뿐이다. 둘째, 이 작품은 대화체로 이루어져 있고, 이 문학 장르에서는 어느 정도의 놀이가 허용된다. 발라 자신은 규칙에 따라 말장난과 짤막한 세트피스를 사용하면서 유머러스한 분위기로 대화편을 이끌어 나가고 있다. 다른 한편으로, 그리스도교인이 신학적 문제에 두 신—덧붙이자면 두 이교 신—이 개입하는 해결책을 제시하는 것에는 귀가 번쩍 뜨일 수도 있다. 다른 경우에서도 보았듯이, 중요한 것은 발라의 의도보다는 거기 텍스트에 나와 있는 사실이다. 그러면 우리는 그 텍스트를 어떻게 읽어야 할까?

---

74 Ibid.
75 Valla, *De libero arbitrio*, 550; tr. Trinkaus, 173.
76 Ibid.

화자들은 어쨌든 그 "해결책"이 전혀 해결책이 아니라는 것을 곧 인지하게 되는데, 이는 대화편의 두 번째 중요한 점이 드러나면서 후일 16세기에 들어 더 공공연해질 논쟁에 일종의 전조가 될 법한 순간이다. 사실, 화자들은 신의 예지를 인간의 자유 의지와 분리할 수 있다는 점을 인식하고 있다. 그러나 이는 전혀 만족스러운 해결책이 아닌데, 설사 인간 개개인이 자신은 자유로이 행동하고 있다고 믿는다 해도 신은 여전히 그런 행동이 어떤 결과를 낳을 것인지 정확히 알고 있기 때문이다. 달리 말해 신의 전능은 엄격한 논리적 의미에서 인간의 자유 의지를 파괴한다는 것을 뜻한다. 사실상 이 난제에서 빠져나갈 길은 없다.

화자들에게 이러한 인식이 분명해지자 발라는 바울의 「로마서」를 아주 장황하게 인용하는데, 바울은 여기서 아주 완고하게 신의 전능을 옹호하고 인간의 자유 의지를 제한하고 있다. 발라는 또한 『구약성서』로 돌아가 신의 절대적 권능과 궁극적 불가지성을 확언하는 많은 부분을 인용하고 있다. 다음은 바울에게서 발라가 인용한 부분인데, 바울은 신에 대해 이렇게 말하고 있다.

그러므로 신은 하고자 하는 자를 긍휼히 여기고, 하고자 하는 자를 완악頑惡하게 대하느니라. 혹 네가 내게 말하기를 그러면 신이 어찌하여 허물하느냐 누가 그 뜻을 대적하느냐 하리니. 이 사람아 네가 누구이기에 감히 신에게 반문하느냐 지음을 받은 물건이 지은 자에게 어찌 나를 이 같이 만들었느냐 말하겠느냐. 토기장이가 진흙 한 덩이로 하나는 귀히 쓸 그릇을, 하나는 천히 쓸 그릇을 만들 권한이 없느냐.[77]

바울 서신에서의 이 인용은 냉혹한 관점을 보여 준다. 즉 신은 절대 권능을 가지고 있고 또 무한하다는 것을 생각할 때, 인간이 할 만한 어떤 일이 신의 견해에 영향을 줄 수 있는지 알 수 있는 길은 전혀 없다는 것

---

77 「로마서」 9장 18-21절; cited at Valla, *De libero arbitrio*, 554; tr. Trinkaus, 176.

이다.

우리의 영역은 유한하며, 우리에게는 악한 것으로 보이는 것을 존재하게 하는 것을 포함해 도대체 신이 무슨 일을 하는지 물을 수가 없다. 발라는 이렇게 말한다. "사실, 신이 왜 누구에게는 시련을, 또 누구에게는 자비를 내리는지 가장 그럴 듯한 이유는 이렇다. 즉 신은 가장 지혜롭고 선하기 때문이다. 마치 절대적으로 선한 신이 선하지 않은 일을 할 수 있다고 말하기라도 하는 것처럼 생각한다면 이는 불경한 일이다."[78] 우리가 알아야 하는 것은 이것뿐이다.

『라틴어의 우아함』을 제외하고는 발라의 다른 작품 대부분이 그랬듯이, 『자유 의지에 대하여』는 생애 중에 별 관심을 끌지 못했다. 그러나 이 경우에도 발라는 후일에 도래할 것의 선구자 역할은 할 수 있었다. 즉 이는 갑자기 이 문제를 논하는 저술들이 나타나고, 그가 『자유 의지에 대하여』를 비롯한 여타 작품들에서 말한 것의 많은 부분이 영감을 불러일으키면서 토론을 위한 자료가 되고 논쟁을 유발하는 그런 세계를 선취한 것이다. 발라의 영향을 이해하려면 미래로의 도약이 필요하다.

16세기 초 북유럽에서는 네덜란드 출신 휴머니스트인 로테르담의 에라스무스(1466~1536)와 독일의 개혁가 마르틴 루터(1483~1546)라는 두 명의 걸출한 사상가가 자유 의지에 관한 토론에 뛰어들었다.[79] 둘 다 신앙심이 깊었다. 에라스무스는 수도회에 입회했고 25세에 가톨릭 사제가 되었다. 루터는 가톨릭 교인이자 아우구스티누스회 수도사였고 훈련

---

78 Valla, *De libero arbitrio*, 554; tr. Trinkaus, 176-77.
79 다음에 이어지는 전기적 세부 사항에 대해서는 다음에 의한다. Johann Huizinga, *Erasmus and the Age of Reformation* (Princeton: Princeton University Press, 1984); Erika Rummel, *Desiderius Erasmus* (London: Continuum, 2004); James D. Tracy, *Erasmus of the Law Countries* (Berkeley: University od California Press, 1996); Martin Brecht, *Martin Luther*, 3 vols. (Stuttgart: Calwer, 1981-87); Volker Leppin, *Martin Luther*, 2nd ed. (Darmstadt: Primus, 2010); Heiko Oberman, *Luther: Man Between God and the Devil*, tr. Eileen Wallister-Schwarzbart (New Haven: Yale University Press, 1989).

된 신학자였다. 그는 비교적 삶의 이른 시기에 영적 위기를 겪었다. 비록 루터가 당시 발라의 작품에 대해서는 알지 못했지만, 그의 위기는 정확히 발라가 『자유 의지에 대하여』에서 제기한 문제들과 연결되어 있었다. 루터는 만년에 다음과 같은 일화를 자세히 전한 바 있다. 폭풍에 갇혀 안위를 우려하던 그는 성 안나에게 기도하면서 생명을 구해 준다면 수도승이 되겠다고 서원했다. 그리하여 그는 아우구스티누스 수도회에 들어갔다. 그러나 그는 계속해서 양심의 위기로 괴로워했고, 특히 자신이 마음으로 끊임없이 저지르고 있다고 생각했던 죄들로 인해 고통받았다. 루터는 감독관이었던 요한 폰 슈타우피츠의 지도로 자기 자신의 죄에 대해 끊임없이 성찰하는 데서 구세주인 그리스도에 대해 생각하는 것으로 옮아갈 수 있었다. 이후 슈타우피츠가 비텐베르크 대학 신학부 학장이 되었을 때, 그는 루터를 그곳으로 불렀다. 여기서 루터는 곧 사제가 되었을 뿐만 아니라 학사 학위 두 개를 취득했고 이어 신학 박사 학위도 받았다. 루터는 명망 높은 교수진에 합류해 달라는 요청을 받았다.

하지만 루터의 이러한 성공에도 불구하고 그 안에서는 결코 잊을 수 없는 목소리가 여전히 맴돌고 있었다. 그것은 내내 그에게 신은 너무나 위대해 우리가 그를 만족하게 할 수 있는 일은 아무것도 없다고 말했다. 이와 동시에 루터의 마음은 전통적 가톨릭 신앙에서 점점 더 멀어지고 있었다. 로마 방문도 그에게는 별 영향을 주지 못했다. 그는 그곳에서 사치는 넘치고 복음은 부족한 모습을 보았기 때문이다. "인둘젠티에 indulgentiae", 즉 대사부大赦符를 파는 가톨릭의 관행 역시 거슬렸다. 이 관행을 현대 독자에게 설명하기는 약간 어렵지만, 이는 교회에서 오랜 역사를 지니고 있었다.[80] 고대 말 신학자들은 "공적功績 금고", 즉 그리스도와 성인들이 행한 모든 선행이 들어 있어 선에 대해 일종의 무한정한 신용을 제공하는 천국의 은행이라는 존재를 이론화했다. 초기 그리스도

---

80 Henry Charles Lea, *A History of Auricular Confession and Indulgences in the Latin Church*, 3 vols. (Philadelphia: Lea Bros., 1896).

교 세계에서는 교회로부터 소외된 사람들(이런저런 죄로 인해 주교에 의해 "버려진" 자들을 가리켰다)이 속죄의 시간을 거치면 다시 교회의 품으로 돌아올 수 있었다. 사람들은 그리스도와 성인에게 기도함으로써 금고에 저장한 선행에 닿을 수 있었고, 속죄를 통해 그 일부를 얻어 훨씬 더 신속하게 신자 공동체에 재진입할 수 있었다.

그러나 몇 세기가 흐르고 필연적이겠지만 교회가 영적 존재일 뿐만 아니라 정치적 존재가 되자(교회가 중세에 들어 사회정치적으로 발전했음을 생각하자), 사람들은 공적 금고에 접근하는 좀 더 직접적인 길을 알게 되었다. 대사부는 바로 그 길을 보여 주었다. 대사大赦는 교회가 이미 용서한 죄에 대한 속죄를 감면해 주는 것이었다. 중세에는 성지를 순례하거나 혹은 일련의 칭찬할 만한 선행(예컨대, 자선 행위)을 함으로써 대사를 받을 수 있었다. 대사는 또한 이미 연옥에 가 있는 죽은 자들이 그곳에 있어야 할 시간을 줄여 좀 더 빨리 천국에 가는 데 일조하는 일로도 생각되기 시작했다. 하지만 결국에는 교회에 대한 재정적 기여 역시 선행으로 "계산되기"에 이르렀다.

그래서 루터 시대에 이르면 교회가 대사부를 단지 세입을 올리는 수단으로 팔게 되었다. 루터 자신의 예민한 감성을 고려하면, 한 도미니쿠스회 수도사가 독일을 방문한 일이 그를 매우 화나게 했던 것 같다. 교황은 성 베드로 성당 재건축을 위해 요한 테첼이라는 이름의 도미니쿠스회 수도사를 독일로 보냈다. 테첼은 — 적어도 후일 루터의 설명에 따르자면 — 특히 그가 맡은 일을 위한 용병처럼 보였다. 이 일에 대한 루터의 분노는 "95개조"로 알려지게 되는 것에 기름을 붓는 격이었는데, 이는 중세 후기 신학자들이 하듯이 일련의 신학적 문제를 제기한 것으로, 그 어조는 공공연한 분노를 표시하기보다는 열성적인 관심을 표하는 정도였다.[81] 그러나 강조점은 분명하며, 특히 교회의 권력과 대사부의 관

---

81 라틴어 텍스트는 다음에서 볼 수 있다. Luther, *Werke: Kritische Gesamtausgabe*, 58 vols. (Weimar: Böhlau, 1883-1948), I: 233-38.

행에 이르면 더 그랬다. 루터는 제5조에서 이렇게 썼다. 교황은 "그 자신의 재량이나 교회법에 의하지 않고는 어떤 속죄도 면제할 의지나 권력을 갖고 있지 않다." 루터는 교황을 비롯한 지상의 그 누구도 사후의 사람과 행위를 용서할 수 있다는 관념은 오류임을 다음과 같이 명시했다(제13조). "죽은 자는 죽음으로써 모든 속죄에서 풀려나며, 교회법에 관한 한 그들은 이미 죽은 자이므로 모든 속죄에서 풀려날 권리가 있다." 루터는 95개조 전체를 통해 "진정한 그리스도교인"이 믿는 바가 무엇인지를 보여 주고 있다.

95개조를 쓴 루터는 이후 프로테스탄트 종교개혁으로 알려지게 될 것을 알지 못했고 그것을 의도한 적도 없었지만, 사실상 당시 이미 태동 과정 중에서 최초이자 상징적인 공격을 수행한 이 1517년의 사건으로 그것을 시작한 셈이 되었다.[82] 프로테스탄트 종교개혁이 진행되던 한 곳이 바로 발라의 마음속이었는데, 그는 『콘스탄티누스의 기진』과 『신약성서 대조』와 『자유 의지에 대하여』에서 후일 루터와 그 추종자들이 소중히 여기게 될 많은 것을 선취한 것이다.

발라가 성서의 언어를 바꾸거나 자유 의지에 대한 가톨릭의 신조를 변경함으로써, 가톨릭교회에서 나오거나 그로부터의 분리를 공공연히 옹호하지는 않았다는 점은 분명하다. 그러나 마찬가지로 루터 역시 종교개혁을 시작하고자 하지는 않았다. 그가 불가피하게 분리를 결심하게 된 것은 단지 점증하는 교회의 저항에 부딪혔기 때문이다. 특히 루터는 독일의 동료 개혁가인 울리히 폰 후텐이 발라의 『콘스탄티누스의 기진』을 인쇄·출판한 이후 그를 알게 되었고 좋아하게 되었다.[83] 이 저술의 메시

---

82 Euan Cameron, *The European Reformation*, 2nd ed. (Oxford: Oxford University Press, 2012); Carlos M. N. Eire, *Reformations: The Early Modern World, 1450-1650* (New Haven: Yale University Press, 2016).

83 Brecht, *Martin Luther*, I: 346; David M. Whitford, "The Papal Antichrist: Martin Luther and the Underappreciated Influence of Lorenzo Valla", *Renaissance Quarterly* 61 (2008), 26-52.

지 ― 교황은 초기 그리스도교의 뿌리를 잃었다는 것 ― 는 루터에게 강력한 인상을 주었다. 발라는 『신약성서 대조』에서 부지불식간에 가톨릭 교회의 『신약성서』 공식 역본인 라틴어 불가타 판의 신성한 위치에 의문을 제기했다. 발라가 그 번역을 교체해야 한다고 주장하지는 않았다. 그러나 사실상 『신약성서』의 진리를 라틴어보다는 자국어를 통해 더 효과적으로 표현할 수도 있다고 생각하게 하려면 얼마나 더 나아가야 하는가? 루터가 한 일이 정확히 바로 이것이었고, 그 자신이 독일어로 번역한 『신약성서』는 영어권의 흠정 영역본이 그런 것처럼 독일어권에서 칭송받고 있다.[84]

그러나 자유 의지는 완전히 다른 문제였고, 이 문제에 대한 루터와 로마 가톨릭 간의 중요한 철학적 차이는 그의 점증하는 개혁 운동을 후자에서 분리했다. 1517~20년, 루터는 그리스도교, 개인의 구원, 교회의 구조에 대해 달리 생각하는 방식을 개관한 일련의 작품을 썼는데, 이 모두 발라가 이미 예시했던 것이었다.[85] 루터는 "솔라 그라티아sola gratia"("오직 은혜만으로"), "솔라 피데sola fide"("오직 믿음만으로"), "솔라 스크립투라sola scriptura"("오직 성서만으로")라는 세 라틴어 어구로 요약될 수 있는 일련의 결론에 이르렀다. 진정한 그리스도교인은 오직 자유로이 주어진 신의 은혜를 통해서만 구원될 수 있다. "선행"은 구원에 계산되지 않는데, 이는 모두 이미 발라에게서 본 이유 때문이었다. 즉 신은 너무 위대하지만 우리는 너무 보잘것없으니, 그 차이가 너무나 커서 유의미한 비교는 불가능하다는 것이다. 사람들은 오직 믿음만으로 이를 믿고 알 수 있을 뿐이다(그리고 사실상 오직 믿음만으로 살아야 한다). 사람들은

---

84 Hanz Volz, *Martin Luthers deutsche Bibel: Entstehung und Geschichte der Lutherbibel*, ed. Henning Wendland (Hamburg: Wittig, 1978).

85 이에 대한 루터의 가장 중요한 글들은 다음에서 볼 수 있다. *An den christlichen Adel deutcher Nation*, in Luther, *Werke: Kritische Gesamtausgabe*, 6: 404-69; *De captivitate babylonica ecclesiae praeludium*, in Luther, *Werke: Kritische Gesamtausgabe*, 6: 497-573; *Von der Freiheit eines Christenmenschen*, in Luther, *Werke: Kritische Gesamtausgabe*, 7: 1-38 (라틴어 텍스트는 42-73).

자신들이 보잘것없다는 사실을 받아들여야 하며, 신이 선하고 그가 제시하는 길이 비록 지금은 악하게 보일지라도 궁극적으로는 선한 더 큰 계획의 한 부분이라는 것을 흔들림 없이 믿어야 한다. 끝으로 그리스도교의 신조는 오직 성서를 통해서만 이해하고 오직 그것으로부터만 얻어야 한다. 이는 실천적 측면에서 볼 때, 중세 신학 대부분 — 전부는 아닐지라도 — 이 부적절함을 의미했다. 발라가 중세 신학에서 자신이 발견한 것에 대해 신학적 근거뿐만 아니라 스타일의 측면에서 반대했다면, 루터의 근거는 모두 신학에 있었다. 성서는 우리가 알아야 할 모든 것을 주었다. 그뿐만 아니라 각 그리스도교인은 자신을 위해 성서를 읽고 이해해야 할 책임이 있었다. 이해할 수 없는 언어로 쓰인 성서라는 텍스트를 해석하는 데는 사람들이나 사제 같은 매개적 계층이 필요하지 않았다. 루터에게 그리스도교는 모두가 사제인 신자로 이루어지는 것이었고, 성서는 그들이 어디에 있든 그들 모두에게 닿는 방식으로 번역할 수 있으며 또 번역해야 하는 것이었다. 발라는 자신의 언어학적 강조를 통해 도대체 어떤 유의 판도라 상자를 열었단 말인가?

루터에 따르면, 실천적 측면에서 이 모든 것이 뜻하는 바는 사람이 하는 모든 것을 궁극적으로는 신이 미리 보게 되어 있으므로, 인간의 자유 의지라는 것은 하찮은 주제이며 철학적 의미에서 존재하지도 않는다는 것이었다. 그러므로 "선행"으로는 구원을 얻을 수도, 그것에 일조할 수도 없었다. 루터가 뒤늦게 자신이 로마 가톨릭 신학에서 얼마나 멀리 나갔는지 알아차리고 당황했을 때, 1520년 교황 레오 10세는 「엑스수르제 도미네」(*Exsurge Domine*)("주여, 일어나소서")라는 교서를 반포했다. 이에 루터는 일련의 "논고"로 응답했는데, 그중 하나는 자유 의지의 존재를 강력히 부정하는 것이었다. 이후 교황 레오 10세는 루터를 파문한 교서 「데체트 로마눔 폰티피쳄」(*Decet romanum pontificem*)("그것은 로마 교황에 어울린다")을 반포했다.

에라스무스가 비난한 것은 자유 의지에 관한 주장이었다. 네덜란드 로테르담의 가난한 집안 출신 젊은이였던 에라스무스는 1492년 어머니의 죽음으로 극심한 궁핍을 겪은 후, 교회에서 안식을 찾았다. 그는 탁월한 라틴어 학자가 되었고, 자신의 재능 덕분에 여러 학문 중심지에서 공부하고 가르치면서 널리 여행할 수도 있었다. 에라스무스는 특별한 형태의 그리스도교적 경건을 발전시켰는데, 이는 개인의 영적 훈련과 아울러 교육을 통해 스스로 "그리스도의 철학"이라 부른 것을 전파할 필요성에 초점을 맞추고 있었다. "그리스도의 철학"은 결코 스콜라 철학의 논증을 통해 이루어질 수 없고 그보다는 웅변에 맡겨야 하는 일이라는 것이 그의 신념이었다.

에라스무스는 발라의 작품 일부를 일찍부터 알고 있었다. 그는 『공부 방법에 대하여』(*De ratione studii*)에서 말한 바와 같이, 발라의 『라틴어의 우아함』이 얼마나 중요한 텍스트인지 알아차린 최초의 북유럽인 가운데 하나였으며, 라틴어 문법 문제에 관해서는 학생들에게 "로렌초 발라를 부지런히 읽어야 한다. 그는 라틴어의 우아함에 대해 가장 우아하게 글을 쓴 사람"이라고 말했다.[86] 에라스무스가 1504년 뤼벤 외곽의 한 수도원 도서관에서 스스로 수서본 "사냥"이라 기술한 탐색 끝에 발라의 『신약성서 대조』 수서본을 발견한 것도 중요한 사실이다. 에라스무스는 이에 큰 감명을 받아 이를 인쇄본으로 간행했는데, 자신이 쓴 서문에서 발라는 비록 그의 비판자들이 "문법학자로서는 주제넘은 짓이며 …… 다름 아닌 성서에 대해 건방지게 펜을 휘두른다"고 했지만 그런 비판을 감연히 이겨냈다고 썼다.[87] 에라스무스는 성서를 이해하려면 그리스어와 라틴어가 모두 필요하다는 생각을 옹호했으며, 그런 언어들에 기초한 학문만이 성서의 진정한 의미를 밝혀낼 수 있다고 말했다.

여러모로 루터는 성마르고 내향적이고, 에라스무스는 쾌활하고 사교적이었다. 하지만 사실 그들은 많은 점에서 견해를 같이했다. 예컨대, 둘 다 라틴어 텍스트 그 자체를 신성하다고 믿지 않고 성서를 면밀히 해석

---

86 Erasmus, *De ratione studii*, 3.
87 Cit. and tr. in Rummel, *Desiderius Erasmus*, 75.

하고자 했다. 둘은 또한 스콜라 철학적이기보다는 단순 소박하며, 강압적이기보다는 소통적인 그리스도교 신앙을 공유하고 있었다. 에라스무스는 자신의 『신약성서 대조』를 간행하기까지 했는데, 여기서 그는 발라의 논점을 거의 모두 채택하면서도 자신의 논점 또한 많이 첨가했으며, 스스로 번역한 『신약성서』 라틴어 텍스트까지 덧붙이는 데까지 나아갔다.[88] 그의 의도가 무엇이든 간에, 누군가가 신성하다고 여기는 텍스트의 "새로운" 번역을 내놓는다는 것은 혁명을 잠재한 행동이었다.

그러나 루터와는 달리, 에라스무스는 결코 성서의 속어 번역을 옹호하는 데까지 나아가지는 않았다. 그들 간의 진짜 충돌은 자유 의지 문제에서 발생했다. 평온함을 사랑하는 에라스무스는 처음에는 논쟁에 뛰어들기를 주저했다. 사실, 그는 일찍부터 루터를 칭송했고 가톨릭교회의 도를 넘는 행위를 비판하기까지 했다. 그러나 1520년대 초에 이르자, 그저 신학 논쟁(흔히 있었던)이라 여겼던 것이 훨씬 더 중대한 일로 발전했다. 그래서 에라스무스는 1524년 친구들의 설득과 루터가 준 자극으로 자유 의지를 옹호하는 글을 썼다. 다른 점에서는 발라를 칭송하던 에라스무스가 이 문제에서만은 그에게서 거리를 두었다는 것이 특기할 만하다. 에라스무스는 고대 그리스도교 시대와 중세를 통해 자유 의지를 옹호한 많은 작가를 언급한 뒤, 고대의 이단 마니와 중세의 이단 존 위클리프를 제외하고 그 누구도 자유 의지를 완전히 부정한 경우는 없다고 말한다. "신학자들은 자신들과 거의 견해가 같은 로렌초 발라의 권위를 중시하지 않는다"는 것이다.[89] 에라스무스는 글 후반부에서 자신의 주장을 제시하고는 있지만, 이는 사실 전통적 견해 — 선행이 아무 소용이 없다면, 우리가 선행으로 가득한 성인들의 모범적인 삶을 되새길 필요가 있

---

88 Erasmus, *Novum instrumentum omne, diligenter ab Erasmo Roterodamo recognitum et emendatum* (Basel: Froben, 1516).

89 Erasmus, *On Free Will*, in Erasmus, *Controversies: De libero arbtrio / Hyperaspites* I, ed. and tr. Charles Trinkaus, *Collected Works of Erasmus*, 76 (Toronto: University of Toronto Press, 1997), sec. 2.

을까? ─ 와 다름이 없다. "만약 어떤 공적도 존재하지 않는다면, 우리는 왜 그토록 자주 보상을 이야기하는가? 그러면 어떻게 신의 율법을 따르는 자를 칭송하고 따르지 않는 자는 단죄할 것인가? 공적이 전혀 중요하지 않다면, 성서는 왜 그토록 자주 심판에 대해 말하고 있는가?"[90] 만약 신이 본질적으로 누군가의 단죄를 예정해 놓았다면, 그가 정의롭다고 생각하는 것은 물론 불가능하다. 글 내내 그랬던 것처럼 에라스무스는 말미에 가서도 절제를 촉구하고 있다.

루터는 이에 대한 응답에서 에라스무스의 웅변과 절제하는 점잖은 태도가 얼마나 인상적인지 언급하면서 글을 시작한다. 하지만 루터는 루터였다. 그는 이어 만사를 그리스도교인에게는 믿음이 필요하다는 것, 그리고 신은 무한하고 광대하다는 것에 돌리며 에라스무스를 조목조목 반박한다. 루터는 글 끝머리에 이르러 자신은 오히려 자유 의지가 없어 좋다고 단언한다. 그 이유는? "설사 내가 영원히 살고 일한다 해도 신을 만족시키기 위해서는 얼마나 많은 일을 해야 하는지 내 양심으로는 도저히 확신할 수 없기" 때문이다.[91] 당신은 스스로가 구원받는 것을 알지 못할 수도 있다. 이것이야말로 당신이 신에 복종하고 자신을 그에게 맡기며, 마지막 운명을 알지 못함에도 생을 이어가야 하는 이유이다. 교회에 대한 에라스무스의 회의적 태도가 종국에 가서 자신이 한 역할에 대해 얼마나 후회했든 간에, 수많은 북유럽 사람이 루터의 생각을 받아들이는 토대를 깔아 주었다는 것이 당시의 일반적인 인식이었다. 프로테스탄트 종교개혁의 배후에 있는 많은 문제와 의문과 논쟁이 에라스무스와 루터의 시대에 그 정점에 이르기는 했지만 발라가 한 역할을 했다는 것, 아마 유령 같은 역할이겠지만 그래도 중요한 역할을 했다는 것은 의심의 여지가 없다.

---

90 Ibid., sec. 53.
91 Martin Luther, *De servo arbtrio*, in Martin Luther, *Werke: Kritische Gesamtausgabe*, vol. 18, 551-787, esp. 783.

급속한 종교적 변화를 배경으로 에라스무스와 루터가 수사修辭의 검을 주고받은 그때쯤이면 유럽의 문화 지형은 이미 크게 변한 상태였다. 그래서 지금까지 발라의 사상이 이후에 작용한 하나의 궤적을 살펴보았듯이, 이번에는 다시 시간을 되돌려 1450년대 — 많은 측면에서 결정적인 시기 — 에 어떤 종류의 물질적·문화적·정치적 조건이 작용했는지 살펴보는 것이 좋겠다.

11
변화하는 환경

발라는 1457년 세상을 떠났다. 1450년대는 일종의 버팀대 역할을 했다. 읽고 쓰는 문화, 도서관과 정보 저장고, 아직은 시작에 불과하지만 유럽이라는 것이 존재하면서도 동시에 위협받고 있다는 의식이 점점 증대하는 가운데, 이탈리아 르네상스는 변화의 와중에서 미묘한 균형을 유지하고 있었다. 르네상스 문화가 어디로 향할지 이해하려면 활판 인쇄술로 시작된 세 가지 측면을 자세히 살펴보아야 한다.

이른바 42행 성서(각 쪽 당 행의 수가 42개라는 데서 붙여진 이름)라고 하는, 세 가지 기술을 함께 사용해 활판으로 인쇄한 서양 최초의 책이 나온 것은 바로 1450년대 중반 독일(마인츠에서)에서였다.[1] 이 기술 중 첫 번

---

1 이어지는 내용은 다음에 의거하고 있다. Lucien Fevre and Henri-Jean Martin, *The Coming of Book: The Impact of Printing, 1450-1800*, 3rd ed. (New York: Verso, 2010); Anthony Grafton and Eugene F. Rice, Jr., *The Foundations of Early Modern Europe, 1460-1559* (New York: Norton, 1994), 1-10; Adrian Johns, "The Coming of Print to Europe" in *The Cambridge Companion to the History of the Book*, ed. Leslie Howsam (Cambridge: Cambridge University Press, 2014), 107-24; Andrew Pettegree, *The Book in the Renaissance* (New Haven: Yale University Press, 2010).

째 것은 수 세기 동안 중국 문화에 알려져 있던 목판 인쇄였다. 이는 목판에 좌우를 바꾸어 글자를 새긴 뒤, 잉크를 바르고 각 쪽에 찍어 내는 것이었다. 두 번째 기술은 역시 중국의 발명품인 종이였다. 종이는 피지(동물 가죽을 손질한 것) 가격의 6분의 1 정도로, 13세기 이탈리아에서 나타나 14세기를 거치면서 프랑스와 독일로 건너갔다. 넝마를 방아로 으깬 뒤 물과 섞는다. 이를 특별히 만들어진 망에 쏟아붓는다. 이를 압착하고 걸어 말린 뒤, 크기에 맞추어 자른다. 세 번째 기술은 오랫동안 유럽에 알려져 있던 압착기로, 포도를 찧어 와인을 제조하거나 남유럽에서 올리브를 짜 기름을 만드는 데 사용했던 것이었다. 자료에는 요하네스 구텐베르크, 요하네스 푸스트, 페터 쇠퍼라는 세 사람의 이름이 등장한다. 이 중 구텐베르크가 제일 유명하지만 그들이 협력해 어느 시점에서 누군가가 목판 인쇄의 목판을 떠올려 그 목판을 개별 활자로 대체하고, 물에 불린 넝마를 고정하는 데 쓰는(종이 제조 과정에서) 틀을 좌우를 바꾸어 새긴 활자의 고정에 재사용하며, 틀에 고정된 글자를 평평하게 한 뒤 그것을 종이에 대고 누른다는 기본적 생각을 했을 수도 있다.[2] 42행 성서는 인쇄술 최초의 큰 업적이었다.

돌이켜 보면 활판 인쇄술의 혁명적 성격을 강조하고 싶은 생각이 들게 마련이고, 이 또한 어느 정도 정당한 것이기도 하다.[3] 그러나 회상은 언제나 약간은 자신을 기만하기 마련이다. 사람들은 자신들이 혁명의 와중에서 살고 있다는 것을 거의 인식하지 못한다. 특히 독자들은 매우 보수

---

2 Grafton and Rice, 1-10.
3 Elizabeth Eisenstein, *The Printing Press as an Agent of Change* (Cambridge: Cambridge University Press, 1980); Anthony T. Grafton, "The Importance of Being Printed", *Journal of Interdisciplinary History* 11 (1980), 265-86; Adrian Johns, *The Nature of the Book: Print and Knowledge in the Making* (Chicago: Chicago University Press, 1998); "Forum" in the *American Historical Review* 107 (2002): Anthony Grafton, "How Revolutionary Was the Print Revolution?" 84-87; Elizabeth Eisenstein, "An Unacknowledged Revolution Revisited", 87-105; Adrian Johns, "How to Acknowledge a Revolution", 106-28.

적인(말 그대로의 의미에서) 경향이 있어서 변화보다는 연속성을 더 선호한다. 인쇄된 책은 마치 필사본처럼 보이도록 만들어졌다. 이 책들은 쪽수가 매겨져 있지 않거나, 종종 책명과 저자 같은 세부 사항을 책 끄트머리에 두거나, 때로는 피지에다 인쇄하는 경우까지 있었다. 사실상, 특히 인쇄술이 시작된 첫 50여 년간은 수서본과 초기 인쇄본의 차이를 말하기가 어려울 정도이다. 하지만 사람들은 곧 새로운 인쇄 기술의 엄청난 잠재력을 깨달았다. 1465년까지 인쇄술은 독일의 마인츠를 넘어 남진해 이탈리아에까지 이르렀다. 그때쯤 슈바인하임과 판나르츠라는 두 명의 독일 인쇄업자가 로마 동쪽의 지방 도시인 수비아코로 갔는데, 그곳의 베네딕투스 수도원에는 마침 독일 출신 수도사 몇 명이 있었다. 2년 뒤에 슈바인하임과 판나르츠는 로마로 갔고, 거기서 7년 만에 어느 학자가 추정한 것처럼 "적어도 책 48권 이상"의 판본을 제작한 것으로 보인다.[4]

인쇄술 초기의 열렬한 팬 가운데 하나가 레온 바티스타 알베르티였는데, 그는 1466년쯤에 이에 대한 글을 썼다. 그는 자신이 로마에 가 있었다고 하면서 이렇게 이야기했다.

> 우리는 이즈음 활자를 누르는 인쇄기라는 것을 사용해 세 명 이하의 인원만으로 100일 만에 원본과 같은 책 200권 이상을 만들어 낼 수 있게 한 독일의 발명가를 치하했다. 인쇄기를 단 한 번 내리는 것으로 커다란 종이 한 장에 글씨를 가득 쓸 수 있기 때문이다.[5]

이탈리아의 인쇄 문화에 대한 선도적 학자인 브라이언 리처드슨은 베스파지아노 다 비스티치의 예를 들어 이 모든 것이 얼마나 새롭게 보였을 것인지 설명했다. 베스파지아노의 직업은 글자 그대로 말하자면 "스

---

[4] Brian Richardson, *Printing, Writes, and Readers in Renaissance Italy* (Cambridge: Cambridge University Press, 1999), 4.
[5] Cit. and tr. in Richardson, *Printing, Writes, and Readers in Renaissance Italy*, 3.

타티오나리우스stationarius", 즉 "문구업자"이지만 사실은 "책 제작업자"에 더 가깝다. 한 유명한 이야기가 떠돌았는데 그것은 대략 이랬다. 베스파지아노는 코지모 데 메디치의 요청으로 필경사 45명을 동원해 22개월 만에 200권의 책을 만들어 냈는데, 이는 거의 기적에 가까운 작업이었다. 이제는 모두가 알고 있지만(그리고 알베르티 같은 사람이 경이로워했듯이), 당시 "인공적으로 글 쓰는 기술"이라 불렸던 이 새로운 기술을 사용해 제작 공정을 엄청나게 가속화할 수 있었다. 인쇄술이 베네치아에 들어온 것은 1469년이었는데, 리처드슨의 말처럼 "세기말에 이르면 인쇄술은 거의 80곳의 크고 작은 이탈리아 도시에 자리를 잡았고, 이는 독일이나 프랑스보다 훨씬 많은 숫자였다."[6] 인쇄술의 발명은 다른 곳에서 이루어졌지만 이탈리아에서 번성했다. 그것은 르네상스의 에너지를 먹고 살았고, 성서에서 키케로까지 엄청나게 다양한 텍스트에 접근하고자 하는, 나날이 증가하는 독자 집단의 욕구에서 양분을 얻었다.

서지학자들에게는 인쇄술이 시작된 때부터 1501년까지 간행된 초기 인쇄본을 가리키는 용어가 있는데, "잉쿠나불룸incunabulum"이 바로 그것이다(때로는 영어로 "incunable"이라고 적기도 한다). 이는 라틴어로 "배내옷에" 혹은 "요람에"라는 뜻이다.[7] 추정하기로는 이 요람기 동안 대략 사만 개 판본의 책 약 600만 권이 출판되었다고 하는데, 이는 고대 그리스와 로마 이후 생산된 책 전체보다 많다. 처음에는 인쇄술이 그저 수서본을 제작하는 가속화된 방법쯤으로 보였다. 그러나 15세기 말이 되면 인쇄술이 어떻게 발전하고 있는지 알아차리지 않을 수 없었고, 그리하여 1501년에는 교황 알렉산데르 6세가 다음과 같은 내용의 교서를 반포하기에 이르렀다.

---

6 Ibid., 4.
7 이 말은 17세기부터 사용하기 시작했다. Jacqueline Glomski, "*Incunabula Typographiae: Seventeenth-Century Views on Early Painting*", *Library* 2 (2001), 336-48.

인쇄술이 유용한 동시에 검사도 필한 책의 유통을 증진하는 한, 이는 매우 유익한 기술이다. 하지만 그것이 치명적인 저술의 영향력을 키우도록 한다면 아주 해로운 것이 될 수도 있다. 그러므로 인쇄업자들을 잘 통제해 그들이 가톨릭 신앙에 적대적이거나 신자들에게 문제를 일으킬 수 있는 저술을 제작하지 않도록 미리 방지해야 한다.[8]

교황 알렉산데르 6세의 말은 일리가 있었다. 채 20년도 지나기 전에, 루터의 종교개혁은 만약 인쇄술이 없었다면 예상했을 만한 것보다 훨씬 더 빠르게 확산되지 못했을 것이다. 짤막한 팸플릿뿐만 아니라 한 면에만 글을 인쇄한(포스터처럼) "대자보"가 루터의 메시지를 널리 실어 날랐다.[9] 이는 제작하기가 비교적 쉽고 속도도 빨랐다.

인쇄술이 사람들의 읽고 쓰기를 변화시킨 것처럼 정보를 저장하는 방법에서도 더 장기적인 변화가 일어나고 있었다. 15세기 이탈리아에서는 르네상스 문화사에서 특출한 위치를 점하고 있는 갖가지 "공공" 도서관—장소이기도 하고 혹은 발상이나 열망이기도 한—이 나타났다. "장소"로서의 이탈리아 르네상스 도서관은 고전적이면서 기능적인 최고의 르네상스 건축술을 보여 준다. 15세기 이탈리아 도서관은 근대 초기의 다가올 몇 세기 동안 유럽을 관통해 크게 유행했다. "발상"에 대해 말하자면, 문화적인 부를 모아 놓은 기념비적 장소가 국가의 위신과 연결되어야 마땅하다는 생각은 근대 초 유럽에서 정치적 근간의 한 부분이 되었다. "열망"에 있어서는, "공공" 도서관이라는 생각—많은 르네상스인이 말했듯이, "공공선을 위해" 존재해야 한다는 생각—은 먼 훗

---

8 Alexander VI, Bull "*Inter multiplices*", cit and tr. Grafton and Rice, 10
9 Heinz Dannenbauer, *Luther als religiöser Volksschriftseller, 1517-1520* (Tübingen: Mohr, 1930); Mark Edwards, *Printing, Propaganda, and Martin Luther* (Berkeley: University of California Press, 1994); Britt-Marie Schuster, *Die Verständlichkeit von frühreformatorischen Flugschriften: eine Studie zu kommunikationswirksamen Faktoren der Textgestaltung* (Hildesheim: Olms, 2001).

날이지만 우리의 현대적 개가식 도서관을 시작하게 하는 지적 원동력이 되었다.

우리가 이러한 변화를 이해하려면 페트라르카로 되돌아갈 필요가 있다. 그가 "공공 도서관의 영광"(bibliothecae decus publicae)이라는 어구를 사용했을 때, 그는 무엇을 지칭하고 있던 것일까?[10] 잘 알려진 이야기이지만 그는 지적 활동을 위한 안식처를 찾기 위해 이 후원자에서 저 후원자로, 이 도시에서 저 도시로 옮아 다녔다. 그 과정에서 그는 대략 200권이 넘는 상당한 규모의 책을 모았다. 그는 삶의 한 시점에 이르러 자신이 행복한 몇 년간을 보냈던 베네치아 공화국에 이 책을 기증하고 싶다는 희망을 밝혔다. 이 계획은 결국 이루어지지 못했지만 그가 장차의 유증을 "공공 도서관"으로 만들겠다고 한 사실은 다가올 시간 속에 울려 퍼졌다.[11]

바로 다음의 지적 세대에서 르네상스 휴머니즘이 나타났고, 이는 앞서 이미 살펴본 것처럼 콜루초 살루타티라는 인물을 중심으로 피렌체에서 확고히 뿌리를 내렸다. 그 역시 800권 이상의 아주 많은 책을 모았고, "아르노 강변의 아테나이"로 모여드는 자신의 열렬한 서클 성원들이 이를 마음대로 이용할 수 있게 하는 데서 기쁨을 느꼈다. 살루타티 또한 『운명에 대하여』에서 공공 도서관을 요청한 바 있다. 여기서 그는 "모든 책의 사본을 모아 놓은 공공 도서관을 세우고 학식이 깊은 사람들에게 그곳의 책임을 맡기도록 해야"하며, 그러면 "그들은 부지런히 정보를 수집·분석해 책을 수정할 것이고, 올바른 규정에 따라 그것들(텍스트) 간의 조화되지 않는 차이점을 제거하는 방법을 알게 될 것이다."[12] 살루

---

10 Petrarca, *Epistolae variae*, in Petrarca, *Epistolae de rebus familiaribus et variae*, a cura di G. Fracasetti, 3 voll. (Firenze: Le Monnier, 1859-63), vol. 3, Ep. 43, p. 413.

11 Nereo Vianello, "I libri di Petrarca e la prima idea di una pubblica biblioteca a Venezia" in *Miscellanea marciana di studi bessarionei* (*a coronamento del V Centenario della donazione nicena*) (Padova: Antenore, 1976), 435-51.

12 Coluccio Salutati, *De fato et fortuna*, a cura di Concetta Bianca (Firenze: Olschki, 1985), 49: "ut sicut hactenus aliquando factum fuit, constituantur bibliothecae

타티는 공공 도서관을 문자 자료를 수집하고 그 자료를 완전한 상태로 만들기 위한 중심으로 보았다. 1420년대에서 1470년대에 이르는 다음 두 세대 동안 이런 공공 도서관을 만들기 위한 진지한 계획이 세워졌고, 정말로 실행까지 이루어지게 된다.

이 모든 것 중 가장 두드러진 것은 계획을 뒷받침한 공통 언어이자 공통 문화였다. 교회의 군주(추기경)와 민간 지도자와 학자 개개인 할 것 없이 크든 작든 "공공선을 위해" 책을 모으려는 욕구가 있었다. 토스카나의 도시 피스토이아에서 1423년 쓰인 유언장을 보면, 소초메노 다 피스토이아라는 사람이 산 야코포 교회의 "오페라opera", 즉 건축 위원회에 책을 유증하고 있다. 규정은 이렇다. 이 책들은 "공공의 어떤 장소, 즉 책을 보고 싶어 하는 모든 사람이 그렇게 할 수 있도록 잘 만들어 놓은 곳에" 보관해야 한다. 책을 유증받은 사람들은 이를 다른 사람에게 줄 수 없다. 왜냐하면 자신은 "책이 그것을 공부하고자 하는 사람들에게 공히, 그리고 영원히 사용되도록 하기를 원하기 때문이다. …… 책은 또한 제본해 같은 장소에 모아 정리해 놓아야 한다."[13]

또한 피렌체 휴머니즘의 "배후 인물"인 니콜로 니콜리도 있었다. 그는 1430년 유언장에서 책을 피렌체 카말돌리 수도회가 있던 산타 마리아 델리 안젤리 교회에 유증했다. 그는 "종교적인 책이든 이교도의 책이든, 그리스어 책이든, 라틴어 책이든, '야만인의'(즉 다른 언어로 된) 책이든 간에, 자신이 젊은 시절부터 노고도 비용도 아끼지 않고 어디에서든 힘

---

publicae, in quas omnium librorum copia congeratur praeponanturque viri peritissimi bibliothecis, qui libros diligentissima collatione revideant et omnem varietatum discordiam recte diffinitionis iudicio noverint removere."

13 Cit. Luciano Gargan, "Gli umanisti e la biblioteca pubblica" in *Le biblioteche nel mondo antico e medievale*, a cura di Guglielmo Cavallo (Bari: Laterza, 1988), 163-86, spec. 172: "in quodam loco communi et acto ad studendum in eis (libris) omnibus studere volentibus in illis." "cum vellet ipsos in perpetuum stare ad communem usum volentium in ipsis studere in loco acto et deputato per dictos operarios in civitate Pistorii et in ipso tali loco omnes ligati simul et ordinati."

들게, 부지런히, 정력적으로 모은" 모든 책을 유증하고자 했다. 또한 그는 책이 "신에 봉사하는 수도사를 위해서 뿐만 아니라 학식을 지닌 모든 시민이 사용할 수 있도록" 해야 한다는 점을 분명히 밝혔다.¹⁴ 니콜리의 책을 보존할 곳이 교회 도서관이기는 했지만, 그래도 그는 그 장서가 여전히 공공선에 유익할 것이라고 보았다. 그의 사후 유증을 위한 위원회가 만들어졌고, 결국 코지모 데 메디치가 이를 이끌게 되었다. 종국적으로 이 책들은 피렌체의 도미니쿠스회의 두 개 좌座 가운데 하나인 산 마르코 교회 도서관의 핵심이 되었고 15세기 말에는 학문적 논의의 중심적 역할을 했다.

이런 예는 많다. 1434년 휴머니즘의 주요한 후원자였던 조르다노 오르시니 추기경은 자신이 애호하던 로마의 산 비아초 교회를 베드로 대성당에 통합하고자 하면서, 300권이 훨씬 넘는 책을 작은 교회에 기증해 도서관을 만들려고 했다. 왜? "성 베드로의 앞서 말한 교회와 로마시에 학식이 깊고 식견이 있는 사람의 수가 증가하고 있기" 때문이라는 것이다.¹⁵

이 모든 혁신에는 옛것을 본뜨는 측면도 있었는데, 책을 부조한 사람들이 종종 마치 중세 탁발 수도회의 도서관에서처럼 책을 보고 운용하는 방법을 명시해 놓고 있기 때문이다. 교회에서처럼 긴 의자는 두 줄로 배열하고 중요한 책은 의자에 묶어 놓는 등, 도미니쿠스 및 프란체스코 수도원의 지식 저장소가 이탈리아 르네상스 공공 도서관의 기초 역할을

---

14 Berthold Louis Ullman and Phillip Stadter, eds., *The Public Library of Renaissance Florence: Niccolò Niccoli, Cosimo de' Medici and the Library of San Marco* (Padova: Antenore, 1972), 293: "Ad hec omnes libros suos tam sacros quam gentiles, tam grecos quam latinos aut barbaros, quos undique magna industria diligentia studio ab adulescentia nullum laborem subterfugiendo nullis impensis parcendo coegit, sanctissimo cenobio Sancte Marie de Angelis ······ legavit, cum monachis ibidem Deo servientibus, tum etiam omnibus civibus studiosis usui futuros."

15 Orsini, "Testament," ed. in Christopher S. Celenza, "The Will of Cardinal Giordano Orsini (ob. 1438)", *Traditio* 51 (1996), 257-86, esp. 277-78.

했다.[16] 1444년 이런 종류로는 최초의 도서관이 피렌체에서 문을 열었다. 니콜리가 장서를 산타 마리아 델리 안젤리 교회에 기증하기는 했지만, 그가 세상을 떠난 뒤 일을 마무리한 사람은 유언 집행인이자 피렌체의 유력한 후원자 코지모 데 메디치였다. 코지모는 산 마르코 수도원과 긴밀한 관계에 있었고, 바로 그즈음 그곳은 도미니쿠스회 수도사들의 관장 아래 있었다. 건축가 미켈로초가 아름다운 산 마르코 도서관을 도안한 곳도 바로 그곳이었는데, 이는 소박한 우아미에서 브루넬레스키의 오스페달레 델리 인노첸티에 비교할 만하며, 똑같이 피렌체 문화를 이루는 기본 구조의 일부가 되었다. 사실, 건축 구조상 "르네상스적" 혁신들이 있었고, 그중 가장 특기할 만한 것이 내부에 사용된 고전 양식의 기둥이었다. 하지만 책을 매어 놓는 체인도 있었다. 책의 배열을 보면—정중앙에 중요한 컬렉션을 보관하는 "아르마리움armarium"이라는 이름의 특별한 책장이 줄지어 놓인—이런 정리 방식은 유명한 중세 전통에서 직접적으로 유래했다. 문자 문화인 책 문화는 내적으로 보수적인 성향을 가지고 있었고, 그래서 변화가 느렸으며 심지어 변화의 순간에서조차 옛 전통을 소환할 정도였다.

오르시니는 이를 아주 잘 표현했다. 그가 창조하고자 한 것은 "유리 창문과 쇠 빗장이 있고, 앉아서 책을 놓고 읽기에 충분한 숫자의 긴 의자와 책상을 갖춘 도서관"이었다.[17] 그는 "가능하다면 피렌체나 볼로냐의 탁발 수도원 도서관처럼" 밤낮으로 책을 지키는 두 명의 성직록 관리인이 있어야 한다고 말했다. 그들은 단순한 학인이 아니라 "평판이 좋고 품위 있는 대화를 나눌 수 있으며, 아울러 산 비아조 교구민의 영혼을 보살펴

---

16 Cf. Armando Petrucci, *Writers and Readers in Medieval Italy: Studies in the History of Written Culture* (New Haven: Yale University Press, 1995), 203-20.

17 Orsini, "Testament", 278: "una libraria cum fenestris ferratis et vitratis et cum scannis et tabulis necessariis tam ad sedendum quam ad ponendos libros et fiant cathene necessarie ferree et cum astis ferreis, sicut fieri solitum est in aliis librariis, ubi dicti libri ponantur."

줄 성직자"라야만 했다.¹⁸ 주목해야 할 점은 오르시니가 구체적인 계획을 세웠고 수도원 바깥의 사람들도 책을 사용할 수 있어야 한다고 규정했을 뿐만 아니라(니콜리가 그랬듯이) 중세 탁발 수도원 전통으로 돌아가 그것을 모범으로 삼았다는 것이다. 하지만 그의 도서관은 실현되지 않았고, 이는 유언이 실제의 결과를 보장하지 못하는 많은 예 중 하나가 되었다.

그러나 산 마르코 도서관은 결실을 맺었다. 다음 몇십 년간 많은 곳에서 세부 사항은 조금씩 바뀌었지만 산 마르코의 성취는 도서관 건립의 중심 테마가 되었다. 하지만 기본 구성 요소는 그대로 유지되었다. 공공 도서관이라는 발상, 책은 "공공선을 위해" 혹은 "학식 있는 사람들의 공동 사용을 위해" 쓰여야 한다는 발상은 이탈리아 휴머니즘의 핵심 교리를 반영하고 있었다. 즉 기존의 공동체적 기관(소규모의 전문적 대학 공동체 같은)은 당시의 문화적 필요를 만족시키지 못했고, 그래서 새로운 것이 필요하다는 것이다. 공공 도서관의 외형은 과거 관행과의 연속성을 표현하고 있는 경우에조차도 그런 교리를 실천에 옮긴 것이었다. 기념비적 건축물로서의 도서관은 필연적으로 국가의 위신을 보여 주는 핵심 지표가 되어 15세기 이탈리아 국가들의 힘의 정치에서 한 역할을 담당하게 된다.¹⁹

도서관의 역사는 지적 삶의 역사와 마찬가지로 세 번째 요소인 정치 변동과 엮여 있었다. 도서관이 어떻게 발전해 왔는지 그 이야기를 계속하기 전에, 먼저 이러한 변화 과정을 살펴보는 편이 좋을 듯하다. 1450년대에 르네상스 이탈리아의 정치적 삶에는 여러 가지 변화가 있었

---

18 Ibid., 278: "Volo etiam quod dicti libri ponantur in dicto loco et deputentur per capitulum continuo unus vel duo beneficiati qui habeant et teneantur dictos libros custodire die noctuque, sicut fiet in librariis sitis in locis mendicantium Florentie et Bononie, et melius, si potest …… et quod dicti duo beneficiati sint presbiteri et bone fame et conversationis honeste, qui etiam habeant curam animarum parochianorum dicte ecclesie Sancti Blasii."

19 Petrucci, *Writers and Readers*, 142-43.

는데, 특히 1454년의 로디 화약和約이 그랬다.[20] 코지모 데 메디치와 밀라노의 용병 대장 프란체스코 스포르차가 중개한 이 세력 균형 방식의 조약은 향후 40년간 이탈리아반도에 상대적인(물론, 서로 종종 부딪히기도 했지만) 평화를 가져다주었고, 아울러 밀라노, 베네치아, 피렌체, 교황의 로마, 나폴리 왕국이라는 다섯 개 주요 국가를 만들어 냈다. 이들 국가는 많은 위성 국가 및 동맹과 함께 각각이 힘, 위신, 부에서 타국을 능가하고자 하는 르네상스 정치가의 주고받기 게임으로 완성되었다.

문화적 측면에서도 변화는 진행 중이었다. 오스만 튀르크는 1299년 제국을 세운 이래, 점차 서진하면서 계속해 유럽을 위협하고 있었다.[21] 오늘날 우리는 마누엘 크뤼솔로라스를 훌륭한 그리스인 선생으로 기억한다. 살루타티는 3년 동안 그를 피렌체에 머물게 해서 브루니 같은 전문 학자를 길러낸 바 있다. 그러나 당시 1390년대에 크뤼솔로라스가 이탈리아에 있었던 한 이유는 반反튀르크 동맹을 위한 지지를 얻기 위해서였다. 이후 튀르크는 점점 더 강력해졌고, 그리하여 15세기 중엽에는 여전히 그리스인들이 지키고 있던 콘스탄티노폴리스를 공격하기 시작했다. 1453년 콘스탄티노폴리스는 튀르크인들에게 떨어졌는데, 이 사건은 이탈리아의 여러 국가가 뭉치고 결속하는 계기를 만들었다.[22]

---

20 Felice Fossati, "Francesco Sforza e la pace di Lodi", *Archivio Veneto*, 5ª serie, 60-61 (1957), 15-34; Vincent Ilardi, *Studies in Italian Renaissance Diplomatic History* (Aldershot: Ashgate, 1986); Ilardi, "Lodi, Peace of" in *Encyclopedia of the Renaissance*, ed. Paul F. Grendler, 6 vols. (New York: Scribner's, 1999), 3: 442-43; Randall Lesaffer, "Peace Treaties from Lodi to Westphalia" in *Peace Treaties and International Law in European History: From the Late Middle Ages to World War One*, ed. Randall Lesaffer (Cambridge: Cambridge University Press, 2004), 9-44; Garrett Mattingly, *Renaissance Diplomacy* (Boston: Houghton Mifflin, 1955; Baltimore: Penguin, 1964), 71-86; Giovanni Pillinini, *Il sistema degli stati italiani, 1454-94* (Venezia: Universitaria editrice, 1970); Giovanni Soranzo, *La lega italica (1454-55)* (Milano: Vita e pensiero, 1924).

21 Cf. Colin Imber, *The Ottoman Empire*, 2nd ed. (New York: Palgrave Macmillan, 2009).

22 Steven Runciman, *The Fall of Constantinople* (Cambridge: Cambridge University Press, 1965). 콘스탄티노폴리스 함락에 따른 당대의 반응에 대해서는 다음을 볼 것.

이름이 그리 알려지지 않은 휴머니스트였던 안젤로 데쳄브리오는 도서관과 여타 문화적 문제를 다룬 『문학적 세련에 대하여』를 썼다. 그는 그리스 문학의 기능과 중요성에 대해 이렇게 말했다.

> 사실, 야만적인 이교도들이 콘스탄티노폴리스를 파괴하고 위대한 인물이었던 그곳의 군주를 살육하며, 군주의 아우는 가신들과 함께 그곳에서 도피한 뒤, 우리가 그리스어를 얼마나 많이 배우게 되었는지 거의 믿을 수 없을 정도이다. 마치 그들이 아티카나 아카이아에서 교육받은 것으로 보일 정도이다. 그들은 그리스어 서적을 주의 깊게 공부해 이런 능력을 얻었다.[23]

데쳄브리오가 1453년 이후 그리스어를 공부하려는 경향이 커졌다고 하면서 상호 교환의 증가를 강조했다면, 우리는 한 그리스어 수서본(지금은 영국 국립 도서관에 소장되어 있다)을 주해한 익명의 작가가 표한 감정에서 좀 더 전형적인 예를 볼 수 있다. "사실상 과거든 미래든 이보다 더 최악인 경우는 없었다."[24] 가장 흥미로운 예로, 교회 정치가이자 외교관이었던 에네아 실비오 피콜로미니는 그 사건 직후, 마치 교회가 두 눈 중 하나를 잃은 것 같다고 말했다.[25] 그는 또한 당시의 교황 니콜라우스 5세가 이에 부적절하게 대처한다고 비판하면서 십자군을 요청하고, 그것을 동원하기 위해 반反튀르크 "만국 합의"를 목표로 "총회" 개최를 제의했다.[26]

Agostino Pertusi, a cura di, *La caduta di Costantinopoli*, 2 voll. (Milano: Mondadori, 1997).

23 Angelo Decembrio, *De politia litteraria*, ed. Norbert Witten (München: Saur, 2002), 1.8.9.

24 Annotation on Greek manuscript, MS London, British Library, Add. 34060 f.IV, in Agostino Pertusi, a cura di, *Testi inediti e poco noti sulla caduta di Costantinopoli*, in *Il mondo medievale: Sezione di storia bizantina e slava*, a cura di Antonio Carile, v. 4 (Bologna: Pàtron, 1983), XX, p. 214.

25 Piccolomini, in Pertusi, *La caduta*, 2: 56: "Ex duobus oculis alterum amisisti."

몇 해가 지난 1458년, 피콜로미니는 교황 피우스 2세가 되어 항구 도시 앙코나에서 열병으로 선종한 1464년까지 재위했다. 바로 그해에 그는 자신이 동원한 십자군 전군全軍이 그곳에 집결하는 것을 지켜볼 수 있었다.[27] 그를 비롯한 여러 사람이 반튀르크 십자군을 요청했다. 오스만 튀르크는 이탈리아 남부 도시 오트란토를 빼앗아 거의 1년 동안 점령하고, 이슬람으로 개종하기를 거부하는 수백 명의 사람을 공개적으로 효수梟首하는 등, 계속해서 유럽을 위협하고 있었다.[28] 오스만인들은 결국 이탈리아에서 쫓겨났다. 그러나 이슬람이라는 또 다른 종교적 전통의 위협은 그리스도교 천년의 전통이 공격받고 있다는 생각과 연결되면서 정치 통합에 대한 의식으로 이어졌다. 그뿐만 아니라 정보를 수집하고 그것을 한군데로 모아 사용하려는 새로운 노력도 나타났다. 이 시기를 거치면서 공공 도서관은 이제 국가 도서관이 되었다. 즉 그것은 정치적 기능 — 정보의 저장을 통제하는 데 일조하는 — 의 역할도 맡는, 미와 위엄의 기념비적 장소로 변모한 것이다. 15세기 후반에 세워진 도서관들은 힘의 정치, 종교적 열망, 그리고 활판 인쇄술이 보여 주는 새로운 의사 전달 매체의 발전을 배경으로 출현했다.

그중에서도 가장 뛰어난 것이 바티칸 도서관이다.[29] 역사상 처음으로

---

26 Ibid., 58-60.
27 Emily O'Brien, *The 'Commentaries' of Pope Pius II (1458-1464) and the Crisis of the Fifteenth-Century Papacy* (Toronto: University of Toronto Press, 2015).
28 Margaret Meserve, *Empire of Islam in Renaissance Historical Thought* (Cambridge, MA: Harvard University Press, 2008); James Hankins, *Humanism and Platonism in the Italian Renaissance*, 2 voll. (Roma: Edizioni di Storia e Letteratura, 2003), 1, 293-424.
29 Franco Bonatti e Antonio Manfredi, a cura di, *Niccolò V nel sesto centenario della nascita*, Studi e Testi, 397 (Città del Vaticano: Biblioteca apostolica vaticana, 2000); Leonard Boyle, "Sixtus IV and the Vatican Library" in *Rome: Tradition, Innovation, and Renewal*, eds. C. M. Brown, J. Osborne, and W. Chandler Kirwin (Victoria, BC: University of Victoria Press, 1991), 65-73; Boyle, "The Vatican Library" in *Rome Reborn*, ed. Grafton, xi-xx; Boyle, "Niccolò V fondatore della Bibilioteca Vaticana" in Bonatti e Manfredi, 3-8; Christopher S. Celenza and Bridget Pupillo, "Le grandi biblioteche 'pubbliche' del XV secolo" in *Atlante storico della letteratura italiana*,

교황청은 1450년대부터 고전적인 휴머니스트 색채를 받아들여 다음 세기 내내 이를 유지했다. 막후에서 산 마르코 도서관 건립에 일조한 토마조 파렌투첼리는 코지모 데 메디치에게 "정전正典 목록", 즉 훌륭한 도서관 설립에 필요한 서적 목록을 편지로 써 보냈다.[30] 1447년 파렌투첼리가 교황 니콜라우스 5세가 되자, 휴머니즘과의 상호 작용을 좀 더 장려하려는 무대가 교황궁에 마련되었다. 앞서 살펴본 바와 같이, 니콜라우스는 "쿠리아 로마나curia Romana"에 로렌초 발라와 같은 능숙한 고전학자들을 불러 모아 고대 그리스 역사가 투퀴디데스를 우아한 휴머니스트 라틴어로 번역하기 시작했다. 바티칸 도서관의 건립 계획이 만들어진 것 역시 니콜라우스가 교황으로 있을 때였다. 니콜라우스는 유럽 전역의 희귀본 서적을 구하기 위한 특사와 함께 보낸 1451년의 한 편지에서 이렇게 썼다. "우리가 오래전에 결정한 바대로, 우리는 지금 라틴어 및 그리스어로 된 모든 책을 소장한 도서관, 교황과 로마 가톨릭교회의 위엄에 걸맞은 도서관을 갖추기 위해 성심성의를 다하고 있다."[31] 식스투스 4세가 전통적으로 바티칸 도서관 건립을 위해서라고 알려진 1475년 교서 「전투 교회의 장식을 위해」(*Ad decorem militantis ecclesiae*)에서 유사한 언어를 사용한 것이나 혹은 두 교황의 생각이 당시 표출되고 있던 합의의

---

a cura di S. Luzzatto e G. Pedullà, vol. 1: *Dalle origini al Rinascimento*, a cura di A. De Vincentiis (Torino: Einaudi, 2010), 1, 313-21; Carmela Vircillo Franklin, "'Pro communi doctorum virorum comodo': The Vatican Library and Its Service to Scholarship", *Proceedings of the American Philosophical Society* 146 (2002), 363-84; Anthony Grafton, ed., *Rome Reborn: The Vatican Library and Renaissance Culture* (New Haven: Yale University Press, 1993); Eugene Müntz et Paul Fabre, *La Bibliothèque du Vatican au XVe siècle, d'après des documents unédits* (Paris: Thorin, 1887).

30 Vespasiano da Bisticci, *Le vite*, 1, 46-47: "Et per questo Cosimo de' Medici avendo a ordinare la libreria di Sancto Marco, iscrisse a maestro Tomaso, gli piacessi fargli una nota come aveva a stare una libreria."

31 Cit. in Müntz et Fabre, 47-48: "Jamdiu decrevimus atque id omni studio operam damus ut pro communi doctorum virorum comodo habeamus librorum omnium tum latinorum tum grecorum bibliothecam condecentem pontificis et sedis apostolice dignitati."

일부였다는 것은 결코 놀라운 일이 아니다.[32]

다음으로 "참주" 도서관이라 부를 만한 것이 있었다. 참주정 ─ 15세기 이탈리아 특유의 "시뇨리signori" 혹은 독재자가 통치하는 전제정 ─ 아래의 도서관은 이탈리아 르네상스 도서관의 지형에 새로운 길을 덧붙이면서 다른 이야기를 전해 주고 있다. 우르비노의 도서관은 "콘도티에레condottiere"(용병 대장) 페데리코 다 몬테펠트로의 창조물이었는데, 우리에게 친숙한 그의 굴곡진 코의 옆모습을 그린 피에로 델라 프란체스카의 초상화는 이탈리아 르네상스의 시금석이 될 만한 이미지로 남아있다.[33] 피렌체의 서적상이자 전기 작가였던 베스파지아노 다 비스티치는 페데리코와 그의 도서관에 대해 이렇게 썼다. "그는 홀로 1,000년이 넘도록 아무도 할 수 없었던 일을 하겠다는 기백을 가지고 있었다. 이는 다름 아닌 도서관을 만든 것으로 그때나 지금이나 최고로 가치 있는 일이었다."[34] 우르비노 도서관의 발전은 이상적인 르네상스 도서관의 창조를 보여 준다. 그곳의 소장 도서 가운데 많은 수가 종국에는(수 세기 뒤에) 바티칸 도서관으로 갔다는 사실은, 이탈리아 르네상스 도서관의 중요성을 이해하려면 그것을 단지 책을 모아 놓은 곳이 아니라 통합적이고 문화적인 계기의 일부로, 시간이 지나면서 실천된 발상으로 볼 필요가 있음을 상기시킨다.

또 다른 참주 도서관이 페라라에 있었는데, 이는 15세기에 그곳을 통치한 에스테 가문의 후원으로 만들어졌다.[35] 페라라의 경우가 특기할 만

---

32 1475 Sixtus IV Bull *Ad decorem*, cit, in Boyle, "Sixtus IV and the Vatican Library", 73, n. 17: "Ad decorem militantis ecclesie, fidei catholice augmentum, eruditorum ······ commodum et honorem."

33 Marcello Simonetta, *Federico da Montefeltro and His Library* (Città di Vaticano: Biblioteca apostolica vaticana, 2007).

34 Vespasiano, *Le vite*, 1, 386: "et a lui solo è bastato l'animo di fare quello che non è ignuno che l'abbia condotto da anni mille o più in qua, d'avere fatta fare una libraria, la più degna che sia mai stata fatta da quello tempo in qua."

35 Giulio Bertoni, *La Biblioteca Estense e la cultura ferrarese ai tempi del duca Ercole I*

한 이유는 르네상스 궁정에서 도서관에 대해 어떻게 이야기했는지를 말해 주는 독특한 당대 자료가 있기 때문인데, 데쳄브리오의 『문학적 세련에 대하여』가 바로 그것이다. 화자의 말을 엿들으면서 우리는 친숙하면서도 동시에 낯선 세계로 들어가게 된다. 화자 중 가장 주목할 만한 인물인 레오넬로 데스테 공(대화편의 시기는 그가 통치하던 1440년대이다)은 우리가 기대하는 문제들을 논의한다. 예컨대, 훌륭한 도서관이라면 어떤 책을 넣어야 하는지, 위작은 어떻게 찾아내는지, 라틴 문학보다 속어 문학이 있을 위치는 어딘지 등등이 그런 것이다. 레오넬로 공은 한 대목에서 책을 어떻게 관리해야 하는지 이야기하고 있다.

> 사실, 어떤 사람은 책을 작은 궤나 장藏에 넣어 두고 책을 읽을 때만 한 권씩 꺼냈다가 되돌려 놓는다네. 그들이 책을 공공의, 왕래가 빈번한 장소보다는 "사적" 혹은 "내밀한" 곳에 보관하는 것은 사실이네. 책을 옮길 때는 물론 겉을 싸 놓기는 하지만, 그래도 먼지라는 게 쌓이다 보면 책에 달라붙게 마련 아닌가. 무엇보다 방바닥을 깨끗하게 한 뒤에 옮겨야지. 이런 불편을 방지하려면 사전에 물을 바닥에 좀 뿌려 주어야 하지. 또한 도서관을 열기 전에 책 한 권 한 권을 선반 위에 올려놓고, 예컨대 탁발수도회 도서관에서 하듯이 그것을 체인으로 잘 묶어 두었는지 반드시 확인해야 할 것이네.[36]

다시 우리는 15세기 이탈리아 도서관 문화가 보여 주는 과거와 현재, 회상과 혁신, 개인성과 공공성 간에 진행 중인 대화를 듣게 된다.

또한 우리는 화자들의 놀라운 권고의 목소리도 듣는다. 이용자들의 공부를 유도하는 데 적합한 약초를 도서관에 가져다 놓아야 한다. 쨍쨍거

(1471-1505) (Torino: Loescher, 1903); Domenico Fava, *La Biblioteca Estense nel suo sviluppo storico* (Modena: G. T. Vincenzi e Nipoti di D. Cavalotti, 1925).
36 Angelo Decembrio, *De politia litteraria*, 1.3.

리는 새와 작은 개는 소음으로 방해되지 않도록 내보내 우리에 가두어 둔다. 성 히에로니무스가 공부하는 그림을 두는 것도 좋은데, 이 역시 사람들이 더 열심히 공부하게 할 것이기 때문이다.[37] 페라라의 상상적 도서관은 르네상스 문화의 친숙한 면과 그와는 다른 면을 모두 부각하고 있다.

다음으로는 베네치아가 있었다. 베네치아 공화국은 성직자인 바실레이오스 베사리온(1403~72)의 부조로 득을 보았다. 그는 비잔티움 세계에서 망명해 로마 가톨릭으로 개종했고 로마 교회의 추기경이 되었을 뿐만 아니라 고전에 대한 학식으로도 대단히 존경받은 인물이었다.[38] 로마의 교황궁 학자들에게는 잘 알려져 있던 그의 개인 도서관이 그리스어 작품(그가 1468년 문서에서 말하고 있듯이, 이는 그의 책 수집이 지향하는 목표였다)으로 가득했다는 것은 놀라운 일이 아니다. "물론, 나는 항상 전심전력으로 이 문제를 생각해 왔지만, 그리스를 살육한 자들과 비통을 금할 수 없는 비잔티움의 함락 때문에 훨씬 더 열성적으로 나의 모든 힘과 관심과 노력과 능력과 열정을 기울여 그리스 책을 찾는 데 매진했다."[39] 하지만 역시 우리는 여기서도 도서관 문화가 보여 주는 의고擬古와 혁신의 혼합을 보게 된다. 즉 베사리온이 동료 휴머니스트들의 작품을 수집하는 데는 거의 관심이 없다는 점에서는 의고적이며, 그가 한 선물의 바로 그 규모와 범위가 특기할 만하다는 점에서는 혁신적이었다는 것이다.[40]

---

37 Ibid., 1.5.
38 John Monfasani, *Bessarion Scholasticus: A Study of Cardinal Bessarion's Latin Library* (Turnhout: Brepols, 2011); Lotte Labowsky, *Bessarion's Library and the Biblioteca Marciana: Six Early Inventories* (Roma: Edizione di storia e letteratura, 1979).
39 Ed. in Labowsky, 147: "quamvis autem huic rei toto animo semper incubuerim, ardentiori tamen studio post Graeciae excidium et deflaendam Byzantii captivitatem in perquirendis graecis libris omnes meas vires, omnem curam, omnem operam, facultatem industriamque consumpsi."
40 Monfasani, *Bessarion Scholasticus*, 1-26 *et passim*.

베사리온의 장서가 최종적으로 자리 잡은 베네치아의 산 마르코 도서관은 아마 어떤 이탈리아 르네상스 도서관보다도 더 공공 도서관이라는 발상을 가장 순수한 형태로 보여 주고 있는 것 같다. 베사리온은 원래 개인 장서를 베네치아 영토 내의 한 섬에 있는 산 조르조 수도원에 주기로 약속했다. 그는 결국 "수도원 자체가 배를 타지 않으면 갈 수 없는 섬에 있다는 점을 생각할 때", 장래의 독자들이 산 조르조 수도원의 위치 때문에 방해받을 수도 있다는 말에 마음을 바꾸었다.[41] 그리하여 1468년 베사리온은 "도서관에서 공부하거나 책을 읽거나 혹은 그냥 그곳에 가는 모든 사람이 쉽게 접근할 수 있도록, 그리고 학자들이 그 책들로부터 쉽게 득을 볼 수 있도록" 교황 파울루스 2세의 윤허를 얻어 원래의 유증을 취소했다.[42] 이 경우 또한 그가 원하던 기념물은 오랫동안 결실을 보지 못하다가 거의 한 세기 뒤에 뛰어난 건축가 야코포 산소비노가 산 마르코 도서관을 설계했을 때 비로소 실현되었다. 이 건물은 지금도 여전히 그곳에 서 있다.[43]

이탈리아 르네상스 문화의 다른 많은 측면이 그렇듯이, 15세기에 탄생한 발상이 구체적으로 실현된 것은 뒤의 일이었다. 이야말로 문화가 작동하는 방식이다. 어떤 발상이 나타난다. 이는 오직 회고적으로만 인식할 수 있는 계보의 일부가 된다. 그리고 후일의 실현은 원래의 발상을 지우거나 생략해 버린다. 공공선을 위한 도서관이라는 일관된 발상은 다름 아닌 15세기 르네상스인의 유언 속에 나타난 것이다. 이는 정작 15세기에는 그 일부밖에 실현되지 못했다. 당시는 이탈리아 국가들이 외부로부터의 위협과 씨름하면서 수 세기 동안 지속되어 온 그들 간의 사소한 적의를 과연 극복할 수 있을지, 외부의 위협 앞에서 어떤 종류든 단합을 보여 줄 수 있을지 고심하던 시기였다. 결정적으로 15세기 마지막 10년

---

41 Ed. in Labowsky, 150: "ad illud ex civitate predicta nisi navigio iri non potest."
42 Ibid.
43 Marino Zorzi, *La libreria di San Marco: Libri, lettori, società nella Venezia dei Dogi* (Milano: Mondadori, 1987).

간의 사건들이 증명하듯이 후자의 목표는 실패했다. 우리의 목적을 위해서는 정보를 읽고, 쓰고, 저장하는 새로운 세계에 이르렀을 때, 15세기 후반 이탈리아의 주요 지식인들 각자의 배경이 서로 달랐다는 점을 아는 것으로 충분하겠다. 어떤 일이 일어나고 있었는지 좀 더 잘 이해하고 싶다면, 우리는 다시 피렌체로 돌아가야 한다.

12
피렌체: 마르실리오 피치노 1

1450년대 피렌체에서 한 가지만은 분명했다. 메디치 가가 권력을 장악한 것이다. 최근의 역사 해석은 좀 복잡한데, 메디치 가의 권력이 후대의 찬양 조 이야기가 주는 인상과는 달리 결코 그렇게 보편적이지는 않았다는 점을 강조한다. 상당 부분 이는 사실이다. 그로부터 10년도 채 지나지 않아 파이 한 조각을 원하는 다른 가문들의 음모와 불만과 연합이 분출했다. 마키아벨리는 자신의 역작 『피렌체사』(*Istorie fiorentine*)에서 그 특유의 예리함으로 메디치 리더십의 수많은 결함을 완곡하게 드러낸다. 그의 견해에 따르면, 메디치 가는 한 사람, 한 가문에 너무 많이 의존했다. 그들은 자신들을 더 오래 지속시키는 동시에 피렌체를 번영케 하고 성장시킬 수 있는 제도를 만들지 않았다. 그들은 "공공" 문화를 키우지 않았으며, 오히려 문화를 정치적 지지를 얻기 위한 친구들의 호의를 사는 데 이용했다. 이 모든 것이 사실이라거나 혹은 적어도 그렇게 주장할 수는 있다. 그러나 수정주의 해석 역시 과장한 면이 있을 수 있다.[1]

---

1 마키아벨리에 대해서는 다음을 볼 것. Machiavelli, *Istorie fiorentine*, in Niccolò

1450년대 이후에는 어디를 둘러보든 간에, 메디치 가의 부와 권력이 넘쳐난다는 증거를 발견할 수 있었을 것이다. 먼저 산 로렌초 교회의 이름을 따서 산 로렌초로 알려져 있던 메디치 가의 "콰르티에레quartiere", 즉 지구地區에서 시작해 볼 수 있겠다. 1442년 지구 위원회가 소집되어 코지모 데 메디치의 발언을 청취했는데, 그는(기록한 문서에 따르면),

주主 예배당 건립을 허가해 달라고 요청했다. …… 지금까지 세워진 모든 구조물에 덧붙여 성가대석과 신도석이 …… 자신과 아들들에게 배정되는 조건으로, 그는 신이 허락한 행운에다 자신의 비용을 들이되 자기 가문의 문장紋章과 장식을 부착해 6년 안에 건축을 완료하겠다고 약속했다.[2]

또한 문서에 따르면, 어떤 다른 가문의 문장도 교회의 성가대석과 신도석 — 대략 그곳에서 가장 잘 보이는 공적 공간 — 에 둘 수 없었다.

이 모든 것은 무엇을 뜻하는가? 산 로렌초는 메디치 교회로 알려져야만 한다는 것이다. 여기에는 많은 이유가 있었고, 또 르네상스에는 이런 후원이 별로 새롭지도 않았다. 그러나 보통 황금색 배경에 여섯 개의 붉은 공이 배치된 메디치 가의 그 문장은 피렌체 어디에나 있었다. 코지모는 새 신도석을 설계하기 위해 브루넬레스키 — 두오모의 쿠폴라를 세운 바로 그 건축가 — 를 고용했다. 브루넬레스키는 계획이 실현되기 전

Machiavelli, *Opere*, a cura di Corrado Vivanti, 3 voll. (Torino: Einaudi-Gallimard, 1997-2005), 3: 304-732, esp. bks. 3-8, at 3: 423-732. 피렌체에 대한 최근의 사학사에 대해서는 다음을 볼 것. Riccardo Fubini, *Quattrocento fiorentino: politica, diplomazia, cultura* (Pisa: Pacini, 1996); Fubini, *Politica e pensiero politico nell'Italia del Rinascimento: dalla stato territoriale al Machiavelli* (Firenze: Edifir, 2009); Fubini, *Italia quattrocentesca: politica e diplomazia nell'età di Lorenzo de' Medici il Magnifico* (Milano: FrancoAngeli, 1994); John Najemy, *A History of Florence, 1200-1575* (London: Blackwell, 2008); Nicolai Rubinstein, *The Government of Florence under the Medici (1434-1494)*, 2nd ed. (Oxford: Clarendon, 1998), esp. 278-374.

2 Cit. and tr. in Dale Kent, *Cosimo de' Medici and the Florentine Renaissance: The Patron's Oeuvre* (New Haven: Yale University Press, 2000), 183-84.

에 죽었다. 하지만 그의 발상은 메디치 가를 비롯한 다른 사람들의 생각과 합쳐져 오늘날 우리가 보는 신도석이 만들어졌고, 이는 그 교회가 보여 주는 높은 예술적 전통의 일부가 되었다. 이 전통은 후일 1520년대에 미켈란젤로가 만든 성구聖具 보관실에서 절정에 달하는데, 여기에는 "밤"과 "낮"의 알레고리로 장식한 줄리아노 디 로렌초 데 메디치의 묘실과 "황혼"과 "여명"을 옆에 배치한 로렌초 디 피에로 데 메디치의 묘실이 들어 있다. 다시 이런저런 상황으로 미켈란젤로는 자신의 계획을 완성하지 못했다. 그러나 후일 — 메디치 가가 쫓겨났다가 에스파냐군의 도움으로 공작 작위까지 가지고 보란 듯이 다시 들어온 뒤 — 저명한 미술가이자 전기 작가인 바사리가 미켈란젤로가 계획했던 조상彫像들을 세우는 일에 고용되었고, 이는 전성기 르네상스 조각의 가장 중요하고 지속적인 기념물을 이루고 있다.

코지모의 시대는 이와 달랐다. 당시 피렌체는 공화국이었고, 이는 어떤 왕족도 허용치 않는 공동의 자치 정부에 익숙해 있다는 것을 의미했다. 코지모가 어떤 중요한 계획에 관여할 때마다 "그것이 자신이 아닌 다른 어떤 사람에 의해 시행되는 것처럼 보이게 해서", 앞 장章에서 만났던 "문구업자" 베스파지아노 다 비스티치가 코지모 전기에서 말했듯이, "질시를 피하려 했던" 것도 바로 이 때문이었다.[3] 그러나 15세기 중엽의 이탈리아에서는 변화가 일어나고 있었다. 세습 영주의 수가 증가했고, 그들은 자신들의 도시국가에서 종종 기념비적인 건축 계획(앞서 본 것처럼 도서관 같은)을 통해 자기 존재를 알리려 했다. 코지모는 전략적 방향 수정을 통해(베스파지아노가 언급했듯이) 자신의 지위를 피렌체 시민권 내에서의 "동등자 중 일인자" 정도로 가리려 했지만, 그럼에도 그와 그의 가문은 후원 행위를 포함해 이탈리아 전역의 세습 귀족들이 공공연하게 했던 것 같은 많은 사회 관습과 태도를 만들어 냈다.

코지모는 1464년에 죽었는데, 당시 그는 유럽에서 가장 부유한 사람

---

3 Vespasiano, *Le vite*, 2: 392, cit. and tr. in Kent, *The Patron's Oeuvre*, 185.

가운데 하나였다. 그는 죽기 전, 예술 후원에 덧붙여 지식인들도 많이 지원했다. 이 중 가장 흥미로운 인물 하나가 바로 메디치가 의사의 아들 마르실리오 피치노(1433~99)였다. 일찍부터 코지모의 지원을 받은 피치노는 그리스 철학 연구에 헌신하는 학자가 되었고, 나아가 스스로 예언자적 역할을 한다고 믿는 개혁가에다가 15세기 후반의 가장 주목할 만한 지식인 가운데 하나가 되었다. 그러나 앞으로 살펴보겠지만, 피치노를 높이 평가하는 데 대한 주요 장애물 하나는 언어 및 장르와 관계가 있었다.[4]

피치노와 코지모 데 메디치의 관계는 이미 전설이 되었다. 수많은 전설이 그렇듯이, 여기에도 이야기를 키우기 위한 과장과 윤색과 신화의 창조가 있었다. 그러나 구전으로 전해 오는 이야기의 중심에는 진실의 핵이라는 것 역시 존재하는 법이다.

만년에 전설을 만들어 낸 사람은 다름 아닌 피치노 자신인데, 당시 그는 이미 피렌체에서 유명한 존재가 되어 있었다. 1492년 그는 지역 출판업자를 통해 플로티노스 역본을 내놓았다.[5] 플로티노스(204/5~70)는 로

---

[4] 피치노에 대한 문헌은 방대하다. 다음을 볼 것. Christopher S. Celenza, "Marsilio Ficino" in the *Stanford Encyclopedia of Philosophy*: http//plato.stanford.edu/entries/ficino/. 시금석이 될 만한 연구로는 다음을 볼 것. Michael J. B. Allen, *Synoptic Art: Marsilio Ficino on the History of Platonic Interpretation* (Firenze: Olschki, 1998); Amos Edelheit, *Ficino, Pico, and Savonarola: The Evolution of Humanist Theology 1461/2-1498* (Leiden: Brill, 2008); Arthur Field, *The Origins of the Platonic Academy of Florence* (Princeton: Princeton University Press, 1988); Sebastiano Gentile, "Il ritorno di Platone, dei platonici e del 'corpus' ermetico. Filosofia, teologia e astrologia nell'opera di Marsilio Ficino" in Cesare Vasoli, a cura di, *Le filosofie del Rinascimento* (Milano: Mondadori, 2002), 193-228; James Hankins, *Plato*, esp. 1: 267-366; Hankins, *Humanism and Platonism*, vol. 2, esp. 187-470; Paul Oskar Kristeller, *Il pensiero politico di Marsilio Ficino* (Firenze: Le Lettere, 1988); Kristeller, *The Philosophy of Marsilio Ficino* (New York: Columbia University Press, 1943); Kristeller, *Supplementum;* Raymond Marcel, *Marsile Ficin, 1433-1499* (Paris: Belles Lettres, 1958); Cesare Vasoli, *Quasi sit Deus: studi su Marsilio Ficino* (Lecce: Conte, 1999).

[5] Firenze: Miscomini, 1492. 나는 존스 홉킨스 대학의 개럿 도서관에 있는 사본을 참조

마에서 살았으나 그리스어로 글을 쓴 고대 말의 철학자로, 1480년대에 피치노의 학문적 관심을 끌었던 인물이었다. 그즈음 피치노는 플라톤의 대화편 전편을 그리스어에서 라틴어로 번역하고 그중 많은 작품에 대한 주석서까지 쓰는 등, 서양에서 주요한 플라톤 철학자가 되어 있었다. 플로티노스가 플라톤에게 얼마나 많은 빚을 지고 있는지 인식하기 시작하자, 플로티노스를 향한 그의 열정은 더욱 커졌다. 더욱이 피치노는 플라톤보다 500년 뒤에 살았던 플로티노스가 플라톤이 죽었을 때와 자신이 살고 있던 때 사이에 나타난 다른 수많은 철학적 요소(특히 아리스토텔레스, 스토아주의, 회의주의, 에피쿠로스주의)를 종합한 방법에도 매료되었다. 물론, 당시는 그리스도교 역시 출현해 있었다. 1473년 이래 서품받은 가톨릭 사제였던 피치노는 각별히 이 모든 요소를 철학과 종교에 대한 일종의 거대 단일 이론 속에 함께 버물리는 데 관심이 있었다. 플로티노스 자신은 반그리스도적이었다. 그러나 피치노는 플로티노스를 읽으면 읽을수록 그를 지혜롭게 해석할 필요가 있으며, 종교적 지혜에 대한 하나의 단일한 전통이라 간주하는 것의 한 부분이 될 수 있다는 점을 점점 더 확신하게 되었다. 이 "고대 신학" 혹은 그의 말대로 "프리스카 테올로지아prisca theologia"는 모세의 시대까지 거슬러 올라가며, 플라톤과 그리스도, 플로티노스를 비롯한 많은 사람을 통해 지속되었고, 오직 피치노 자신만이 이를 완성할 수 있는 것이었다.

그러나 이러한 전통을 올바로 제시하고 이해하는 것이 중요할 텐데, 바로 여기서 신화 만들기와 전설이 그 모습을 나타낸다. 피치노는 플로티노스 역본의 서문에서, 그가 생각하는 전체적인 계획 — 플로티노스 역본에서 정점에 달한 — 을 제시하고자 하는 놀라운 시도를 하는데, 코지모의 지도력과 피렌체가 중심이 된 문화적·종교적 역할로까지 이어

했다. 다음을 볼 것. Frederick R. Goff, *Incunabula in American Libraries* (New York: Bibliographical Society of America, 1972), P-815. 이 역본의 서문은 여러 번 재간되었다. 다음을 볼 것. Henri Saffrey, "Florence, 1492: The Reappearance of Plotinus", *Renaissance Quarterly* 49 (1996), 488-508.

지는 존숭할 만한 이력이 바로 그것이다.

피치노는 1439년을 넌지시 언급하며 서두를 뗀다. "정무위원회 법령으로 국부國父가 된 위대한 코지모, 당시는 교황 에우제니우스 4세 아래의 피렌체에서 그리스인과 라틴인 간에 협상을 시도하는 회의가 열리고 있을 때였는데, 게미스토스 플레톤이라는 한 그리스 철학자의 목소리가 자주 들렸고, 그는 마치 또 다른 플라톤처럼 플라톤 신학에 대해 논쟁하고 있었다."[6] 물론, 그 회의가 서쪽의 로마 가톨릭 지회를 동쪽의 그리스 정교회와 합치기 위해 소집된 것은 사실이다.[7] 회의는 페라라에서 시작되었으나 역병이 발발한 후 피렌체로 옮아 왔고, 여기서 많은 재정적 지원을 했던 인물이 코지모였다. 또한 그리스 사절단과 함께 수많은 비잔티움 신학자가 온 것 역시 사실인데, 여기에는 게미스토스 플레톤(1355~1452/4)[8]이라는 매우 흥미로운 인물이 끼어 있었다. 그리고 코지모가 피렌체 정부에 의해 "파테르 파트리에pater patriae", 즉 국부國父라는 칭호를 받은 것은 그가 죽은 뒤였다. 그래서 피치노는 모두가 알고 있고 모두가 동의할 만한 것으로 서문을 시작한다. 그의 이어지는 행보가 흥미로운데, 그는 코지모가 플라톤의 이야기를 들었을 때 어떤 생각을 했는지 이렇게 말한다. "코지모는 플라톤의 열렬한 이야기에 바로 감동하고 마음이 움직여, 바로 그때부터 마음속 깊이 일종의 아카데미아를 생각하게 되었는데, 이는 실로 그 탄생을 알리는 최초이자 시의적절한

---

6   Tr. in Saffrey, "Florence, 1492", 492.

7   Gill, *The Council of Florence*; Paolo Viti, a cura di, *Firenze e il Concilio del 1439*, 2 voll. (Firenze: Olschki, 1994).

8   Wilhelm Blum, *Georgios Gemistos Plethon: Politik, Philosophie und Rhetorik in spätbyzantinischen Reich (1355-1452)* (Stuttgart: Hiersemann, 1988); Vojtech Hladky, *The Philosophy of Gemistos Plethon: Platonism in Late Byzantium, between Hellenism and Orthodoxy* (Aldershot: Ashgate, 2014); François Masai, *Pléthon et le platonisme de Mistra* (Paris: Les Belles Lettres, 1956); Brigitte Tambrun, *Pléthon: Le retour de Platon* (Paris: Vrin, 2006); C. M. Woodhouse, *George Gemistos Plethon: The Last of the Hellenes* (Oxford: Oxford University Press, 1986).

순간이었다."[9] 여기서 우리는 약간 뒤로 물러나 그 맥락이 어떤 것이었는지 살펴볼 필요가 있다.

플레톤은 비잔티움의 다른 지식인처럼 언제나 고대 그리스의 기본적인 철학 및 종교 텍스트와 접하고 있었다. 그런 테스트에 대한 깊은 연구, 자신이 몸담은 종교적 전통에 대한 명상, 그리고 자기만의 독특한 성격이라는 이 모든 것 덕분에 그는 주요 동기로서 예배 가능성이라고 부를 만한 것을 확장함으로써 종교의 급진적 재건이 필요하다고 믿게 되었다. 간단히 말해 플레톤은 그리스도교를 다신교적 종교에 해당하는 것으로 확장하고자 한 것이다. 사실, 동서 그리스도교 양자 모두 언제나 겉보기보다는 약간은 덜 일신교적이었다. 무엇보다 삼위일체의 개념이 있었다. 즉 하나의 신이 세 가지 독특한 본성을 지니고 그 각각에 대해 예배하고 기도하는 것이 적법하다는 것이다. 또한 고대 이래로 성인 숭배가 있었다.[10] 그리스도교 초기에 성인의 수가 증가함에 따라 그들을 기념하는 성일聖日이 전통적인 이교異敎 로마 시대의 축일과 겹치는 일이 종종 있었고, 이는 수많은 로마 신전과 기념물이 그리스도교 교회로 바뀌는 그 순간에도 여전했다. 그리스도교가 이교 로마의 전통적 관습을 흡수하고 변형하며, 그것을 자신의 것으로 채택했다는 것은 결코 놀라운 일이 아니다.

그러나 그리스도교의 공식적 일신교 문제는 항상 존재하고 있었다. 그리스도교를 여러 색깔의 태피스트리로 만든 다양한 입장이 있었지만, 그것은 어디까지나 하나의 태피스트리였다. 그리고 바로 이야말로 피치노가 서문에서 말하고 있는 것 — 코지모가 플레톤의 말에 도취해 "일종의 아카데미아"를 세우기로 했다는 것 — 이, 물론 아주 불가능하지는 않겠지만 적어도 그럴듯하지는 않은 이유이기도 하다. 그보다는 시야를 넓혀

---

9 Tr. in Saffrey, "Florence, 1492", 492.
10 Peter Brown, *The Cult of the Saints: Its Rise and Function in Latin Christianity*, 2nd ed. (Chicago: University of Chicago Press, 2015).

피치노의 "아카데미아"가 무엇을 의미했는지 이해하는 편이 더 나을 듯하다.[11]

이를 위한 제일 좋은 방법은 그의 서문을 따라가면서 우선 피치노가 어떤 식으로 아버지라는 비유를 계속 강조해 나가는지 살펴보는 것이다. 즉 플레톤의 메시지에 충격을 받은 코지모는 "자신이 생각한 위대한 일을 시작하겠다고 마음먹고는 이를 총애하는 의사 피치노(피치노의 아버지 디에티페치 피치노)의 아들인 나에게 맡기도록 정해 두었다. 당시 나는 아직 소년에 불과했지만, 그는 그날부터 바로 이 일을 하도록 나를 인도했다. 더욱이 그는 내가 그리스어로 된 플라톤의 전全 작품뿐만 아니라 플로티노스의 작품까지도 볼 수 있도록 애를 썼다."[12] 우리는 이미 여기서 피치노가 가족의 관점에서 생각하고 있으며, 그 정점에는 강력한 아버지인 코지모가 있고, 지적인 삶의 진보를 가져온 것은 다름 아닌 코지모의 비전이라 생각한다는 것을 알 수 있다. 그는 자신이 선택된 특별한 지위 ― 이 경우에는 플라톤적 전통에 담긴 위대한 진리의 세계를 밝히도록 코지모가 선택한 ― 에 있다고 주장하는 동시에, 이런 책들이 얼마나 중요한지도 알리고 있다. 아주 기초적 층위에서 보자면, 피치노는 코지모가 이 중요한 지적 과업을 수행하는 데 필요한 책을 제공했다고 진술하고 있다. 이는 어느 정도 사실이다. 앞서 살펴보았듯이, 코지모는 사재를 털어 도서관을 건립했고, 플라톤의 텍스트를 비롯한 대단히 중요한 그리스어 서적 구매의 이면에는 사실 메디치 가의 부富가 있었다. 여기서 피치노가 빠뜨리고 있는 것은 코지모가 후원한 그 밖의 부분이었다. 그러나 물론 피치노의 목적은 자신의 플로티노스 역본을 세상에 내놓는 것이었다.

이어서 우리는 처음으로 어느 정도는 입증 가능한 진술에 도달한다.

---

11 Hankins, *Humanism and Platonism*, 2: 187-395.
12 Tr. in Saffrey, "Florence, 1492", 492-93.

그 뒤, 1463년 내가 30세 되던 해에 코지모는 처음에는 세 번이나 위대한 헤르메스를, 다음에는 플라톤을 번역하는 일을 나에게 맡겼다. 나는 헤르메스 번역을 몇 달 내에 끝냈는데, 코지모는 그때까지도 여전히 살아 있었다. 나는 이어 플라톤 번역에 착수했다. 쿠지모는 플로티노스에도 열성적이었지만, 나에게 동시에 너무 큰 짐을 지우려 하지 않게 하려는 듯이, 이를 번역하는 일에 대해서는 아무 말도 하지 않았다.[13]

피치노는 30년 전을 되돌아보며, 자신이 "플라톤적" 지혜라고 믿는 모든 것을 번역하는 계획을 오래전에 죽은 코지모 덕분으로 돌리고자 한다. 피치노에게 "세 번이나 위대한 헤르메스"(그리스어로 "헤르메스 트리스메기스토스Hermes Trismegistos"는 그가 가장 위대한 사제이자 왕이며 철학자로 생각되었기 때문에 붙여진 이름이다)는 핵심적인 어떤 것을 나타낸다. 헤르메스는 고대 현자의 오랜 계보 가운데 하나로 대략 모세와 동시대에 살았던 이집트인으로 생각되어 왔는데, 민족 간, 종교 간 다성적 지혜의 한 요소로서 그것을 이루는 수많은 목소리가 결합해 궁극적으로는 피치노가 애타게 밝혀내고 보여 주며 고취하고자 하는 하나의 단일한 그리스도교적 지혜를 만들어 낸다는 것이다. "헤르메스"가 이런 명성을 얻은 것은 고대 말이었다(이에 대해서는 잠시 뒤에 더 언급하고자 한다). 사실, 지금 이 신비적인 현자의 것으로 보는 텍스트 — "코르푸스 헤르메티쿰 *Corpus Hermeticum*", 즉 "헤르메스 전서全書"로 알려진 — 는 고대 말 그리스어로 쓰였으며, 당시에는 외래의 고색창연한 "이집트적" 지혜를 담고 있다고 생각되었다.[14] 지금으로서는 피치노가 이 텍스트의 가치와 진정성을 철두철미 믿었고, 오래전 "코지모"가 고취한 수많은 텍스트 속에 이를 집어넣고자 했다는 점을 아는 것으로 충분하겠다.

---

13 Tr. in Saffrey, "Florence, 1492", 493.
14 Brian P. Copenhaver, ed. and tr., *Hermetica: The Greek Corpus Hermeticum and the Latin Asclepius in a New English Translation* (Cambridge: Cambridge University Press, 1992).

이어서 피치노는 서문에서 가족 비유를 확장하고, 그의 계획이 물론 전부는 아니겠지만 어쨌든 많은 부분 코지모의 직감 덕분임을 시사하면서 스스로를 그의 가족의 새로운 식구로 소개하고 있다. "코지모는 가족에게 친절했고 모두를 신중하게 대했으므로, 왜 굳이 나에게 플로티노스 번역을 맡기려 했는지 짐작하기는 힘들다. 하지만 코지모 생전에 그의 원願은 한결같았고 하늘에서도 그렇게 말하거나 혹은 그렇게 하라는 영감을 주었다."[15] 코지모의 영혼이 무덤에서 나와 한 일은 피코 델라 미란돌라에게 영감을 주어 피렌체로 오게 한 것이었다. 피치노는 이렇게 말한다.

> 피코는 내가 플라톤 번역을 막 시작한 바로 그해에 태어나 내가 그것을 간행하던 바로 그날 — 거의 같은 시각 — 에 피렌체로 왔고, 내게 인사를 한 뒤 바로 플라톤에 대해 물었다. 나는 그에게 우리의 플라톤은 오늘 막 우리의 문턱을 넘었다고 말했다. 그러자 그는 내게 따뜻한 축하의 말을 건넨 뒤, 즉시 …… 나도 그도 어떻게 그 말이 나왔는지는 모르겠는데 — 이제는 플로티노스를 번역할 때라고, 아니 반드시 그렇게 해야 한다고 말했다.[16]

우리가 보고 있는 것은 처음에는 코지모가 동인動因을 부여하고, 피치노가 지칠 줄 모르는 노력으로 이를 키우며, 이어 그것을 피코라는 젊은 천재에게 넘겨주는 생생한 공동체의 그림이다. 한 가지 덧붙이자면, 피치노가 쓴 플로티노스 역본의 서문은 코지모의 장손인 "대인" 로렌초 데 메디치에게 헌정되었는데, 그는 15세기 말 이탈리아의 가장 유명한 지도자 가운데 하나가 되었다.

적절한 때에 피코와 로렌초와 다른 인물들에 대해 더 언급하겠지만, 피치노가 그리는 황금시대의 인상印象이 당대 피렌체에 대한 것이고 그

---

15 Tr. in Saffrey, "Florence, 1492", 493.
16 Ibid.

것을 기념한 것이라는 점은 강조할 가치가 있다. 그 요소들(기념한 것의)에는 플라톤을 최고로 보는 것과 함께, 피렌체의 지적·문화적 삶에서 플라톤적 지혜라고 인식되는 것(그래서 르네상스에 대한 저술의 옛 전통에서는 그것을 "플라톤의 시대"라고 불렀는데, 이는 중세가 표방하고 있다고 보는 관념적인 "아리스토텔레스의 시대"와 대비하는 의미에서였다), 피치노가 플라톤적 지혜라는 말을 퍼뜨리기 위해 공식적인 "플라톤 아카데미아"를 세웠다는 것, 로렌초 데 메디치는 피치노의 플라톤적 비전을 전적으로 받아들였다는 식으로 정치와 문화를 연결하는 것, 보티첼리의 걸작들이 플라톤적 영감을 받아 만들어졌다는 식으로 기예 간에는 조화가 존재한다는 것 등이 포함되어 있었다. 언제나 그렇듯이 이런 관념에도 일말의 진실은 있겠지만, 어쨌든 이 모든 것이 완전한 설명으로 기능하려면 그것을 실질적으로 입증할 만한 단서가 필요하다.

만약 피치노의 교육에 대해 무언가 짐작해 보려면 그의 초년기, 정확히는 1450년대에서 시작하는 것이 최선이며, 그가 피렌체에서 어떤 존재였는지 알려면 초기의 몇몇 편지로 판단하는 것이 좋다. 그는 스콜라 철학에 초점을 두고 이탈리아 휴머니즘의 신新라틴어에 관한 것은 덜 강조하는, 단단하지만 전통적인 라틴어 교육을 받았다. 결국 그는 1450년대 말이 되면 그리스어 저술을 충분히 번역할 수 있을 만큼 그리스어를 익혔다.[17]

역시 1450년대에 피치노는 친구에게 철학적 편지를 쓴다는, 자신의 전 생애 내내 지속될 습관을 시작했다. 예컨대, 1458년 그는 라틴어로 "네 분파의 철학자에 대하여"라는 편지를 썼다.[18] 여기서 피치노는 철학자의 네 "분파" 혹은 "학파", 즉 플라톤주의, 아리스토텔레스주의, 스토아주의, 에피쿠로스주의에 대해 짤막하고 요약적인 설명을 제시하고 있

---

17 Hankins, *Plato*, 1: 269-78; Field, *The Origins*, 129-74.
18 Marsilio Ficino, "De quattuor sectis philosophorum" in Kristeller, *Supplementum*, 2: 7-11.

다. 비교적 경력 초기인 이 시기에 피치노가 주로 본 자료는 대부분 라틴어 문헌이었다. 따라서 그의 글에서 놀랄 만한 점은 아무것도 없다. 그는 단지 네 학파의 견해에 나타난 주요 차이점을 기술하고 있을 뿐이다. 예컨대, 그는 플라톤과 아리스토텔레스 간에 중요한 차이점이 있다고 말한다. 그들은 모두 신이 제1원인이라는 데는 동의하지만, 아리스토텔레스는 플라톤과 달리 "세계가 지금까지 존재해 왔으며, 앞으로도 영원히 존재하리라 생각한다"는 것이다.[19] 다른 차이점도 있다.

아리스토텔레스는 인간의 영혼이 어떤 단순하고, 이성적이며, 비물질적 본성을 가지며, 그것과 합쳐진 육체를 완전하게 하고 움직이도록 한다고 생각한다. 그러나 그는 영혼이 불멸인지 혹은 죽음을 거스르는지 충분한 설명을 하지 않았다. 그래서 어떤 소요학파 철학자들은, 아리스토텔레스가 뜻한 것은 이런 영혼이 영원하고 신적이라는 것이었다고 생각한다. 하지만 다른 사람들은, 아마 적지 않은 수일 텐데, 스승의 뜻을 다음과 같이 해석한다. 즉 그들의 주장으로는 아리스토텔레스가 영혼이 육체와 함께 죽는다고 생각했다는 것이다.[20]

이 짤막한 구절이 보여 주는 여러 가지 특징은 언급할 가치가 있다.

첫 번째는 그것이 편지에서 나타났다는 사실이다. 르네상스 지식인들이 편지에서 철학적 문제를 진지하게 논하는 일은 전혀 놀랍지 않다. 그래도 피치노의 경우는 특히 강조할 만한데, 이는 편지 쓰기가 자신의 전반적인 철학적 과업에 중요한 도구 역할을 했기 때문이다. 사실, 피치노의 편지 쓰기는 그가 가장 성공적으로 철학하는 방식이었다고까지 말할 수 있다. 그는 삶의 과정을 통해 전 유럽적 범위의 교신망을 창출했다. 피치노는 편지에서 교신자와 함께 "응용 철학"이라 부를 만한 것을 실천

---

19 Ibid., 2: 8.
20 Ibid.

했다. 그가 가장 깊숙이 견지하고 있던 가정은, 사람들이 철학을 실천하고 공유하지 않는다면 그것은 아무 소용이 없다는 것이었다. 여기, 철학자의 "분파"에 대한 이 초기의 주목할 만한 편지조차도 고대 철학 학파 간의 차이점을 설명해 달라는 한 교시자의 요청에 응답해 쓴 것이었다. 이 요청 덕분에 그 주제에 대해 생각할 기회가 생겼고 그 사유가 글로 쓰임으로써, 그것은 비공식적인 대화라는 방식에서 좀 더 공식적인 글의 방식으로 옮아간 것이다.

둘째는 그런 과정에서 나온 결과인데, 이는 아리스토텔레스가 인간 영혼과 사후 그 생존 가능성을 어떻게 생각했는지, 이 골치 아픈 문제에 대한 피치노의 입장을 피력하는 것이다. 우리가 지금까지 만난 휴머니스트들 — 원숙기의 페트라르카에서 브루니까지, 심지어는 발라에게서까지도 — 은 이런 문제로 고민하지 않았다. 페트라르카 자신에게 고통을 안겨 주었던 신앙심에는 전혀 의심의 여지가 없었다. 정식 그리스도교인이었던 그는 인간 영혼이 불사이며, 사후 세계에서 생전에 스스로 한 행위에 따라 상과 벌을 받는다고 믿었다. 브루니의 지적 관점은 모든 점에서 세속적이었다.[21] 물론, 누가 묻는다면 그는 분명히 가톨릭 교리를 긍정했을 것이다. 그러나 그를 포함한 같은 집단의 사람들 — 포초를 포함해서 — 은 이것이 지적 자본을 과도하게 소비해야 할 문제라고 보지는 않았다. 그들에게 사후의 감정이라는 것은 모호한 채로 남아 있었다. 이 세상의 지식인들은 이 세상의 문제에 초점을 맞추어야 한다는 것이다. 그리고 발라는, 음, 그래 발라라면, 당시 자신이 하고 있던 어떤 주장에서라도 약간의 도움이라도 된다면, 아마 신이 나서 아리스토텔레스가 인간 영혼의 불멸을 믿지 않았다고 비난했을 것이다.

그러나 피치노는 달랐다. 물론, 우리는 여전히 1450년대에 있다. 피치노는 상대적으로 젊었고, 우리는 그의 생애 전반을 다 아는 상태에서 바라보는 이점이 있다. 우리는 그가 만년에 무어라 말할 것인지 알고 있다.

---

21 Witt, *In the Footstep*, 393-442.

또한 그가 각각 다른 맥락과 장르를 통해 반복해 인간 사회의 무신앙이라는 주제로 돌아온다는 것도 알고 있다. 이것의 정확한 15세기적 의미는 오늘날의 의미와는 아주 달랐다. 하지만 장기 15세기에 발견된, 때로는 종교적으로 불안정한 엄청난 양의 텍스트가 지식인들에게 영향을 끼쳤다는 데는 의심의 여지가 없다. 피치노는 만년에 이르러서야 비로소 이 모든 것이 의미하는 바를 명시적으로 고구하게 되었다. 그러나 여기, 이 짤막한 편지에서도 미래로 이끌어 줄 단서로서 두 가지 측면이 우리의 눈을 끈다.

첫째는 영혼에 관한 아리스토텔레스의 입장이다. 이 문제에 대한 아리스토텔레스의 가장 강력한 진술은 『영혼에 대하여』(De anima)에 나오는데, 당시 이는 라틴어 번역을 통해 알려져 있었다.[22] 그가 의미한 바가 무엇인지는 너무 모호해 도저히 알 수 없을 정도이다. 아리스토텔레스는 인간의 모든 지식이 근본적으로 감각에 의존하고 있다고 믿었는데, 이는 우리가 아는 모든 것을 아는 이유는 우리의 감각이 어느 지점에서 외부 세계와 접촉하기 때문이라는 의미에서였다. 아리스토텔레스는 『영혼에 대하여』에서 영혼의 "정서", 즉 분노, 두려움 등등의 감정에 대해 논하면서 "어떤 경우에도 영혼이 육체를 수반하지 않고 작동하거나 작동되지는 않는 것 같다"고 말한다.[23] 우리가 두려움을 느끼는 것은 우리의 상상(아리스토텔레스는 이를 거의 물질적인 혹은 육체적인 것으로 보았다)이 당신이 두려워하는 것으로부터 파생되는, 원치 않는 어떤 종류의 물리적 결과에 대한 인상을 마음에 전달하기 때문이다. 아리스토텔레스는 생각하는 것 그 자체는 예외적으로 보인다는 점을 인정하면서도, 여기에서도 "만약 이 역시 상상이거나 혹은 상상 없이는 불가능하다면 그것 역시도

---

22 Aristoteles, *De anima*, ed. David Ross (Oxford: Clarendon, 1961); Eng. tr. in Aristotle, *On the Soul* in Aristotle, *Complete Works of Aristotle: The Revised Oxford Translation*, ed. Jonathan Barnes, 2 vols. (Princeton: Princeton University Press, 1984), 641-92.

23 Aristoteles, *De anima*, 1.1.403a5-7; Aristotle, *Complete Works*, 641.

존재 조건으로 육체를 필요로 한다"고 말한다.[24]

이를 설명하는 다른 방식은 아리스토텔레스가 모든 것을 "질료형상론적" 관점에서 보았다는 것, 즉 존재하는 모든 것은 질료(그리스어로 "휠레 hyle")와 형상("모르페morphe")의 합임을 나타낸다고 말하는 것이다. 인간도 예외가 아니었다. 인간의 영혼과 육체가 서로 분리된 것으로 생각할 수도 있겠지만(개념적으로는 양자를 분리할 수 있다), 둘 중 어느 쪽도 다른 하나 없이는 진짜로 존재하는 것이 아니었다. 이런 접근의 결과는 육체 없이는 영혼 — 인간 각각의 영혼 — 이 자체적으로 존재할 수 없다는 것이다. 육체가 사멸하면 영혼은 …… 글쎄, 영혼에는 어떤 일이 일어날까? 영혼에는 그 물질적 동반자이자 나아가 그것에 의존하는 육체가 결여해 있으므로 그것 역시 죽는 것인가? 아니면 영혼은 어떻게든 변형을 거쳐 어떤 측면에서는 살게 되는가? 이는 아리스토텔레스를 다루는 그리스도교인이라면 누구든 맞닥뜨리지 않을 수 없는 근본적인 의문이었다.

그들은 아리스토텔레스의 다른 진술에서도 훨씬 더 큰 문제에 봉착했는데, 이는 그의 조언자이자 선생이었던 플라톤과의 복잡한 관계로 거슬러 올라간다. 플라톤은 인간 각각의 영혼이 불멸이라는 관념을 강력하게 지지한 인물이다. 대화편 『파이돈』, 『파이드로스』(Phaidros), 『국가』(Politeia)를 비롯한 수많은 다른 저술에서 플라톤은 인간 영혼이 각 개인의 본질을 나타낸다는 관념을 제시했다. 육체는 물질로 이루어지고, 물질은 부패하며 영속적이지 않다. 반면에 영혼은 신적이고 불멸한다. 플라톤에게 영혼이란 다른 많은 비물질적이고 이상적인 범례들이 함께 거주하는, 형상이라는 비물질적 영역에 미리 존재하는 것이었다. 어떤 시점에, 즉 시간이 적절하고 신들이 동의할 때, 개개의 비물질적 영혼은 물질의 영역으로 내려와 인간의 육체와 결합하게 된다는 것이다.[25] 영혼-육체 한 쌍은 땅 위에 존재하며 사람으로 생을 살다가, 사후에는 그 사람

---

24 Aristoteles, *De anima*, 1.1.403a7-10; Aristotle, *Complete Works*, 641.
25 Plato, *Republic*, 10.614-10.621 (에르의 신화).

이 생전에 한 일에 따라 상이나 벌을 받는다. 플라톤이 한 대화편에서 말하고 있듯이, 이 영혼은 또한 이어지는 재병합에서 나귀, 늑대, 꿀벌 혹은 개미(다른 여러 피조물도 가능하겠지만) 같은 좀 더 미약한 형태로 환생할 수도 있다.[26] 그리고 오직 완전하고도 관조적인 삶을 산 사람만이, 사후에 어떤 육체적 고통도 겪지 않고 영원히 관조하면서 아무런 염려 없이 평온하고 비물질적인 형상의 영역에 영원히 거주하게 된다는 것이다.

한편으로 초기 그리스도교가 발전해 나가면서 사상가들은 이러한 플라톤적 체계의 많은 부분을 받아들였다. 아우구스티누스는 큰 영향력과 많은 독자를 가진 『신국론』(*De civitate Dei*)에서 플라톤주의자야말로 "우리와 가장 가까운 사람들"이라고 했는데,[27] 이는 그들이 그리스도교 관념에 가장 가깝다는 뜻이다. 영혼의 불멸, 사후 세계에서의 상과 벌, 물질세계를 관장하는 비물질 영역 등 이 모든 것이 그리스도교 신앙과 조화를 이루는 것이었고, 사실상 마치 하나의 기원 점처럼 그 앞뒤를 둘러싸고 있었다. 다른 한편으로 그리스도교적 관점에서는 영혼의 문제에서 특히 플라톤의 환생 이론이 의심스러웠다. 그리스도교적 견해로는 신이 각각의 인간을 개별적으로 창조했고, 그래서 각 개인은 유일무이하다는 점이 중요했다. 아리스토텔레스의 텍스트가 중세 대학의 고급 교육 과정을 위한 기초가 되었을 때, 질료형상론에 대한 그의 말을—특히 사람의 경우—이해할 수 있었던 것도 바로 이 때문이었다. 간단히 말해 인간 개인은 질료와 형상으로 만들어진 개별자로서 다른 개인과는 다른 유일무이한 존재이며, 그래서 어떤 면에서는 사실상 신이 유일무이한 개개인을 어떻게 창조했으며, 그렇게 하느라고 얼마나 주의를 기울였는지를 보여 주는 완벽한 예였다.

하지만 여전히 영혼의 문제에는 민감한 부분이 있었다. 각 개인이 질료와 형상, 육체와 영혼의 합일이라고 말할 수도 있겠지만, 사후에는 어

---

26 Plato, *Phaedo*, 81e-82b.

27 Augustine, *City of God*, 8.9.

떻게 되는가? 어떤 식이든 각 개인이 지상에서의 육체적 죽음에서 살아남는다는 약속이 없다면, 사후 세계에 어떻게 상벌이 있을 수 있다는 말인가? 아리스토텔레스는 『영혼에 대하여』에서 "지성" 혹은 "누스nous"는 "영혼" 혹은 "프시케psyche"의 "기능"이라고 주장했는데, 이는 지성과 그것이 수행하는 사고는 영혼의 한 부분이며, 영혼과 그 기능에 의존하고 동시에 그 안에 포괄되는 부분이라는 뜻이다. 또한 영혼은 근본적으로 자연적이자 물질적이며, 이미 알고 있듯이, 우리가 감각을 통해 자연 세계로부터 포착하는 느낌과 인상에 의존하는 것이었다.

그러나 아리스토텔레스는 『영혼에 대하여』의 한 당혹스러운 부분에서 근본적으로 물질적인(그리고 전형적으로 전근대적인) 이러한 관념에서 벗어나 "지성" 혹은 "누스"의 어떤 부분 — 이는 그리스어로 "포에티코스poetikos"인데, 축자적으로는 "포에틱poetic"〔시적〕을 뜻하지만 "활동적" 혹은 "창조할 수 있는"으로 번역하는 편이 최선일 수도 있다 — 을 하나의 실재로 받아들인다. 그는 이렇게 이야기하기한다. "누스 포에티코스"는 "본질적으로 활동적이고 분리될 수 있으며, 영향을 받지도 섞이지도 않는다."[28] 바로 뒤이어 아리스토텔레스는 이것은 "불멸이자 영원하다"고 기술한다.[29] 그래서 외견상 이러한 정의는 그리스도교의 관점에 거의 완벽하게 들어맞는 것처럼 보인다. 즉 영혼에는 비물질적이지만 분리될 수 있고 영원한 어떤 부분이 있다는 것이다. 그러나 문제가 있었다. 아리스토텔레스는 "누스 포에티코스"가 인간 개개인에 적절하다고 명시하지 않았다는 것이다. 그는 이를 확정하지 않은 채로 두었다. 그는 불멸과 영원성이라는 두 핵심적 성질이 인간 개개인의 영혼에 적절치 "않다"고 말하지는 않았을 뿐이다. 하지만 우리는 마치 영원하고 불멸하며 완전히 "분리된" 지성이, 생각건대 대략 우주에 존재할 수도 있는 것처

---

28 Aristoteles, *De anima*, 3.5.430a17-18; tr. D. W. Hamlyn, in *A New Aristotle Reader*, ed. J. L. Ackrill (Princeton: Princeton University Press, 1987), 196.

29 Aristoteles, *De anima*, 3.5.430a23; tr. D. W. Hamlyn, 196.

럼 그의 진술을 일종의 보편적이고 총체적인 지성에 관한 것으로 이해할 수도 있다.

중세 사상가들은 이 문제를 논의하면서 이와는 다른 해결책을 제안했다. 이 중 가장 영향력 있는 인물이 당시 무슬림이 지배하던 남부 에스파냐에 살던 이슬람 학자인 이븐 루시드(1126~98) — 라틴어로는 아베로에스로 알려져 있다 — 였다. 중세 이슬람 세계의 유례없이 많은 아리스토텔레스 연구에 힘입은 이븐 루시드를 비롯한 이슬람 학자들은 아리스토텔레스를 거의 신적인, "지금까지 없었던 가장 위대한 철학자"이자 사실상 광범위한 연구와 해설의 가치가 있는 인물로 받아들였다.[30] 이븐 루시드는 서양에 특히 잘 알려져 단테조차 『신곡』 「지옥편」 제4곡에서 그를 "유덕한 이교도"에 넣었는데, 여기에는 철학에 크게 기여하고 윤리적 삶의 모범이 된 비그리스도교 사상가들이 들어가 있었다. 단테가 이븐 루시드를 가리켜 "훌륭한 주석서를 쓴" 사상가로 지목했다는 것은 분명한 사실이다. 그는 아리스토텔레스의 작품 대부분에 대한 광범위한 주석서를 썼으며, 이는 12세기의 학문 부흥기에 아리스토텔레스의 작품들과 나란히 라틴어로 번역되었기 때문이다. 이븐 루시드는 『영혼에 대하여』에 관해 인간 개개인이 죽으면 그들의 영혼은 사실상 보편적·활동적 지성에 포섭된다고 말함으로써 각 영혼의 불멸성에 대한 아리스토텔레스의 모호한 측면들을 해결했다. 그것은 이런 의미이다. 즉 개개의 영혼은 사후 보편 지성에 참여하는데, 이 과정에서 각각의 개별성을 상실한

---

30 "지성의 합일" 이론의 개요에 대해서는 다음을 볼 것. Martin Pine, *Pietro Pomponazzi: Radical Philosopher of the Italian Renaissance* (Padova: Antenore, 1986), 78-86. 이 문제는 다음에서 잘 제시되고 있다. John Marenbon, *Later Medieval Philosophy (1150-1350): An Introduction* (London: Routledge, 1987), 66-82. 다음도 볼 것. Jamal Al-Alawi, "The Philosophy of Ibn Rushd: The Evolution of the Problem of the Intellect in the Woks of Ibn Rushd" in *The Legacy of Muslim Spain*, ed. S. K. Jayyusi, 2 vols. (Leiden: Brill, 1994), 2: 804-29; Herbert Davidson, *Alfarabi, Avicenna, and Ibn Rushd on Intellect: Their Cosmologies, Theories of the Active Intellect and Theories of Human Intellect* (Oxford: Oxford University Press, 1992).

다는 것이다. 하지만 아리스토텔레스의 입장을 설명하고자 애쓰는 가운데 각 영혼의 불멸성은 한쪽으로 밀려나고 말았다. 개별적 영혼의 무언가는 남아 있지만, 이는 원래의 형식적 개별성을 가진 어떤 것이 아니라 다지 그 흔적일 뿐이라는 것이다.

아리스토텔레스의 『영혼에 대하여』에서 나타난 딜레마에 관한 이븐 루시드의 해결책은 아리스토텔레스의 작품을 해석하는 한 방식, 그것에 대한 강력하고도 조리 있는 방식을 보여 주었다. 그러나 그리스도교인이 이를 받아들이기란 어려운 일이었고 사실상 이단이 될 만한 소지가 있었다. 그래서 중세 사상가들이 이 문제를 다루게 되면 다음의 둘 중 하나를 택하는 경향이 있었다. 그 하나는 그것을 모두 거부하는 것으로, 이는 아리스토텔레스를 잘못 해석한 것이며, 아리스토텔레스를 제대로 이해하는 사람이라면 이 위대한 사상가가 "불멸이자 영원하다"고 했을 때, 그것은 다름 아닌 개별자, 즉 인간 영혼을 지칭하고 있다는 것을 알게 될 것이라고 말한다. 다른 하나는 "이중 진리 이론"이라는 것으로 물러나는 것인데, 이에 따르면 철학의 진리, 즉 인간 이성은 믿음의 도움 없이도 개별적 영혼이 사후에 사실상 그 자체로 사멸한다는 것을 가르쳐 준다는 것이다. 그러나 믿음에 따르는 진리, 즉 좋은 그리스도교인이라면 단지 믿어야만 하는 진리는 우리에게 개별적 영혼의 불멸성이 여전히 남아 있으며, 이는 정확히 개별적 영혼의 정체성으로서 결국 사후 세계에서 상과 벌을 받을 뿐만 아니라 더 중요한 것으로 시간이 끝나고 신의 섭리가 명할 때 부활하게 된다는 것이다. 개별적 영혼의 불멸성을 보존하지 않고는 부활은 아예 논외가 될 것이었고 신적인 것의 사회경제학 전체가 날아가 버릴 것이었다.

"두 개의 진리", 즉 철학의 진리와 믿음의 진리를 지지할 수 있다는 관념은 외견상 불합리해 보이며, 아리스토텔레스적 논리학으로 교육받은 자존심 강한 사상가라면 그 누구도 그것을 공공연히 지지하기 힘들었다. 그것은 근본적으로 스테판 탕피에 주교가 13세기 스콜라 철학자들 (파리 대학의 인문학부 구성원들)에 반대해 1270년과 1277년에 공포한 공식적 단죄에서 비롯되었다. 1277년 단죄는 특히 강력했는데, 여기에는 어떤 사람들이 견지했다고 알려진 219개의 입장이 담겨 있었다. 주교는 편지 형식의 서문에서 자신의 관심사가 두 진리가 존재할 수 있다고 주장하는 사상가들이 잔존할 가능성에 있다는 점을 분명히 밝히고 있다.[31] 학자들이 중세 사상가들의 저술을 샅샅이 뒤졌으나 그러한 것을 대놓고 공개적으로 말한 경우는 찾지 못했다.[32] 그러나 그에 근접한 사상가들이 있었고, 그들은 어떤 지식 분야도 자신만의 원리에 따라 기능하며, 그 결과는 절대적 의미의 진리와는 완전히 같지 않을 수도 있다고 말했다. 절대적 진리가 존재하는 곳은, 물론 어떤 수준에서는 알 수도 이해할 수도 없겠지만, 오직 신적 의지뿐이었다.[33] 또 성서가 표피적 의미 아래 수많은 층위의 의미를 숨기고 있으므로, 이것이 다른 비성서적 영역으로 넘어가 특히 학문 세계 바깥의 사람들에게 관심을 불러일으킬 수도 있다는 전통적 생각을 하는 사람들도 있었다.

다시 피치노로 돌아가자면, 그의 시대에 이르러서도 영혼의 개별적 불멸성 문제는 어떤 실질적 종합 혹은 해결에 도달하지 못하고 있었다. 그

---

31 David Piché, ed., *La condemnation parisienne de 1277. Texte latin, traduction, introduction et commentaire* (Paris: Vrin, 1999), 74: "Dicunt enim ea esse vera secundum philosophiam, sed non secundum fidem catholicam, quasi sint duae contrariae veritates."

32 Jan A. Aertsen, Kent Emery Jr., and Andreas Speer, eds., *Nach der Verurteilung von 1277. Philosophie und Theologie an der Universität von Paris im letzten Viertel des 13. Jahrhunderts* (Berlin: De Gruyter, 2001); Luca Bianchi, *Censure et liberté intellectuelle à l'université de Paris (XIIIe-XIVe siècles)* (Paris: Les Belles Lettres, 1999); Richard C. Dales, "The Origins of the Doctrine of Double Truth", *Viator* 15 (1984), 169-79; Alain de Libera, *Penser au Moyen Age* (Paris: Editions du Seuil, 1991); John F. Wippel, "The Condemnation of 1270 and 1277 at Paris", *Journal of Medieval and Renaissance Studies* 7 (1977), 169-201.

33 보에티우스 데 다치아(탕피에 주교가 염두에 둔 인문학부 교수 중 하나)의 예에 대해서는 다음을 볼 것. Boethius de Dacia, *De aeternitate mundi*, in Id., *Opera*, vol. 6: *De aeternitate mundi, De summon bono, De somniis*, in Corpus Philosophorum Danicorum Medii Aevi, 6.2 (Copenhagen: Bagge, 1976), 54.

래서(철학자 학파에 대한 그의 짧은 요약으로 돌아가서) 우리는 피치노의 다음과 같은 말을 상기할 필요가 있다. "아리스토텔레스는 인간 영혼이 어떤 단순하고 이성적이고 비물질적인 본성을 가지며, 그것과 합쳐진 육체를 완전하게 하고 움직이게 만든다고 생각한다."[34] 이쯤이면 괜찮다. 이 진술은 인간 영혼에 대한 아리스토텔레스의 기본 정의를 잘 요약하고 있다. 즉 그것은 육체적 형태를 가지고 있지만, 육체에서 분리되어 있으며 운동의 원리로 작용한다는 것이다. 그다음부터 문제가 복잡해지기 시작하는데, 피치노는 이렇게 말한다. "그러나 영혼이 불멸인지 혹은 죽음을 거스르는지에 대해 그는 충분히 설명하지 않았다."[35] 우리가 지금까지 살펴보았듯이 이 또한 사실이다. 피치노는 이처럼 비교적 나이가 어린 시기에조차 아리스토텔레스의 영혼론 깊숙이 존재하는 모호함을 인식할 만큼 텍스트를 훌륭히 읽어 내는 인물이었다. 피치노는 계속해서 이렇게 말한다. "그래서 어떤 소요학파 철학자들은, 아리스토텔레스가 뜻한 것은 이런 영혼이 영원하고 신적이라는 것이었다고 생각한다. 하지만 다른 사람들은, 아마 적지 않은 수일 텐데, 스승의 뜻을 다음과 같이 해석한다. 즉 그들의 주장으로는, 아리스토텔레스가 영혼이 육체와 함께 죽는다고 생각했다는 것이다."[36]

앞서 개관한 대로 우리는 피치노가 중세의 아리스토텔레스 해석에서 나타난 기본적 분기점을 요약하고 있다는 것을 알 수 있다. 좀 더 주목할 만한 점은 피치노가 아리스토텔레스 자신이 뜻한 바에 관한 암묵적 의문의 의미를 회피하고 있다는 사실이다. 피치노는 한 문장 안에서 권위자인 아리스토텔레스에서 스스로 아리스토텔레스 해석자로 자처하는 소요학파 철학자들의 말로 옮아간다. 이러한 이동이 별다르게 중요해 보이지 않을 수도 있다. 어쨌든 보기에는 그렇지 않다. 그러나 청년 피치노

---

34 Marsilio Ficino, "De quattuor sectis philosophorum" in Kristeller, *Supplementum*, 2: 8.
35 Ibid.
36 Ibid.

는 자신의 의무를 다하고 있으며, 철학자들 간의 차이점에 대한 친구의 물음에 답하고 있다. 하지만 권위자를 방어하는 이러한 전략은 결과적으로 피치노가 자신의 전 경력을 통틀어 수행하던 일이었다. 아리스토텔레스는 이 짤막한 진술에서 신성불가침으로 남았다. 문제가 개별적 불멸성에 이르렀을 때, "그는 충분히 설명하지 않았다." 반면에 그의 해석자들은 다양한 의견을 피력하는 사람들이었다. 우리가 부인할 수 있는 것은 정확히 말해 해석자들이지 권위자가 아니었다. 이 전략은 아리스토텔레스를 방어하고 피치노에게 올바른 해석으로 나아가는 길을 터주는 기능을 한다. 그는 물론 여기, 초기의 이 편지에서는 그렇게 하지 않았다. 그러나 후일 그가 출세 가도를 달리면서 텍스트와 해석에 대한 이러한 접근 방식 — 말하자면 일찍이 1458년의 이 편지 형식 논고에서 암시되고 씨가 뿌려진 — 은 점점 더 발전해 피치노의 지적 특징이 되기에 이른다.

피치노의 이 소小논고에서 다른 작은 문제 하나가 관심을 끈다. 에피쿠로스주의에 대한 요약이 그것이다. 피치노의 경력상 이 단계에서 그가 에피쿠로스 철학에 대해 알고 있던 많은 부분은 고대 라틴 세계에서 그 학파의 가장 유명한 주창자였던 루크레티우스에게서 연유했을 것이다. 루크레티우스는 기원전 1세기의 철학자이자 시인으로, 그에 대해서는 여섯 권으로 구성되고 총 7,000행이 넘는 장시長詩『사물의 본성에 관하여』외에는 거의 아무것도 알려진 바가 없다. 여기서 루크레티우스는 아름다운 6보격 라틴어로 고대 에피쿠로스 철학의 많은 부분을 요약해 놓았다. 이 시는 중세에 축약 형태로 알려져 있었다. 그러나 콘스탄츠 공의회 기간에 포초가 이를 재발견한 뒤, 장기 15세기 동안 다른 논쟁적인 텍스트가 그러했듯이 그에 관한 관심이 고조되었다. 이런 텍스트는 이전에도 기본적 개요는 알려져 있었을 수 있으나, 오직 그것을 온전한 상태로 읽을 수 있을 때라야 그 속에 담긴 견해가 명료하게 나타나는 그런 종류의 것이었다.[37]

---

37 제7장 주4를 볼 것.

루크레티우스의 경우, 이 텍스트가 르네상스 사상가들에게 끼친 영향을 생각할 때 특히 두 가지 요소가 주목된다. 원자론과 신에 대한 개념이 그것이다. 원자론에 따르면, 모든 것은 너무 작아서 더이상 쪼개질 수 없는 입자로 구성된다. 바위든 나무든 혹은 — 바로 여기가 논쟁점인데 — 인간이든 간에, 어떤 것이 더이상 존재하지 않게 되면 그것은 이 입자들로 흩어져 무언가 다른 것으로 재결합할 때까지 허공을 무작위로 돌아다닌다. 여기에는 불멸의 영혼도, 상벌도, 그 외의 다른 어떤 것도 존재할 여지가 없다. 아리스토텔레스가 이 문제에 대해 적어도 어떤 모호함을 가지고 있었던 반면, 에피쿠로스주의의 경우는 명확했다. 당신이 죽는다면 당신은 더이상 존재하지 않는다. 신 — 혹은 "신적인 것" — 의 문제에 대해서도 에피쿠로스주의와 루크레티우스는 역시 명료했다. 즉 신은 존재하지만 인간사에는 어떤 관심도 보이지 않는다는 것이다. 피치노가 이 짤막한 논고에서 말하듯이, 루크레티우스의 신은 "영원하고, 가장 지혜로우며, 최고의 지복을 누리고 있다. 그것은 아무것도 하지 않고, 어떤 의무도 없으며, 아무것도 개의치 않는다."[38] 피치노는 이 논고에서 묘사해 놓은 철학자 4분파 중에서도 상대적으로 에피쿠로스주의에 대해 가장 많은 시간을 쓰고 있다. 그는 아마 생경하지만 조리 있는 이 철학에 매료되기도 하고, 그것이 아주 흥미롭게 보이는 것이 약간 두렵기도 했던 것 같다. 그는 만년에 이르러 젊은 시절 루크레티우스 시기를 거친 적이 있다고 넌지시 말했다.[39] 우리는 아마도 여기서 그 시기의 흔적을 볼 수 있을 것이다. 하지만 아리스토텔레스에 대한 피치노의 초기 사상이 권위적 인물들을 방어하고 자신의 해석 공간을 암묵적으로 확보하려는 일생의 경향이 될 것을 잘 보여 주고 있는 것처럼 에피쿠로스주의에 대한 그의 관심은 피치노의 다른 중요한 궤적을 향한 창문 역할을 할 수 있었다. 지금으로서는 정통 그리스도교의 경계 훨씬 바깥에 있는 듯

---

38 Marsilio Ficino, "De quattuor sectis philosophorum" in Kristeller, *Supplementum*, 2: 9.
39 Hankins, *Plato*, 1: 279-80, 2: 454-59; Marcel, *Marsile Ficin*, 221-27.

한 종교적 영역을 탐구하려는 경향이 바로 그것이다. 이 두 주제가 그의 삶과 저작에서 어떤 식으로 작용했는지 이해하려면 그의 초년기로 되돌아갈 필요가 있다.

피치노가 성년이 되어 초기 교육을 마치게 되었을 때, 그는 그리스어를 번역하기 시작했다. 피치노가 앞서 언급한 플로티노스에 대한 서문에서 해놓은 신화 만들기에도 불구하고, 번역 습관에 대한 그의 말은 딱 맞아떨어졌다. 1460년대 초, 그는 플라톤의 어떤 대화편들을 번역하기 시작했다(이 작업은 중간에 헤르메스 전집을 번역하느라 일시 중단되었다). 이 외의 초기에 수행한 다른 그리스어-라틴어 번역에는 잘 알려지지 않은 후기 플라톤주의자들의 수많은 작품이 들어 있었다(이들의 영향에 대해서는 추후 논의할 예정이다).[40]

또한 피치노는 비교적 어린 나이로는 놀라울 만한 기백으로 자료를 통합하기 시작했다. 이 길을 향한 중요한 발걸음 하나는 1460년대 초 코지모의 실질적인 후원을 받아들인 것이었다. 1463년의 한 고문서에는 코지모가 피치노에게 피렌체에서 몇 마일 북쪽에 있는 카렛지라는 마을의 작은 땅을 선물했다는 기록이 있다. 여기에는 집도 딸려 있었다. 피치노는 자신이 원할 때 그곳에 머물 수 있었고, 그 땅에서 이루어지는 경작의 수입도 얻을 수 있었다.[41] 그보다 1년 전인 1462년의 편지도 있는데, 여기서 피치노는 코지모에게 이렇게 썼다. "저는 당신이 우리를 위해 카렛지에 마련해 준 아카데미아에 전심전력으로 헌신하고 있습니다. 그것은 마치 관조觀照의 사당에 경배 드리는 것과도 같습니다."[42] 우리는 또한 다른 고문서 자료에서 1462년 코지모가 피치노에게 피렌체에 있는 집

---

40 Sebastiano Gentile, "Sulle prime traduzioni dal Greco di Marsilio Ficino", *Rinascimento*, 2ª serie, 30 (1990), 57-104.

41 Firenze, Archivio di Stato, Notarile antecosmiano A 376, 10r-11r; Sebastiano Gentile, S. Niccoli, e Paolo Viti, *Marsilio Ficino e il ritorno di Platone: Mostra di manoscritti, stampe, e documenti* (Firenze: Le Lettere, 1984), 175-76.

42 Ficino in Kristeller, *Supplementum*, 2: 87-88; Gentile, Niccoli, Viti, 176.

한 채를 마련해 주었고, 거기서 나오는 집세도 가지도록 했다는 것도 알고 있다.[43]

토지, 수입, 코지모, 철학. 우리가 이 초기의 그림에서 보는 것은 피치노가 코지모와의 친분을 부지런히 쌓아가고, 이러한 관계들을 알리면서 (공중公衆을 의식한 편지를 통해) 그것을 기념하는 과정을 시작하는 모습이다. 다른 단서들과 함께 피치노가 플로티노스에 대한 후일의 서문에서 "아카데미아"란 말을 쓴 것 때문에, 지금보다 훨씬 더 앞 세대 학자들은 피치노가 규칙적으로 모이는 공식적인 플라톤 "학교"를 시작했다고 믿게 되었다. 이러한 발전이 한때 추측했듯이 공식적으로 이루어진 것 같지는 않지만, 어쨌든 분명한 것은 피치노가 한동안 피렌체의 지적 삶을 위한 중요한 허브 — 넓게 보아 플라톤적이라고 이해할 수 있는 — 역할을 했다는 점이다.

피치노는 철학과 종교 — 이 둘은 피치노의 마음속에서 불가분하게 연결되어 있었다 — 에 대한 자신의 비전을 표현하기 위해 여러 가지 방향을 모색했다. 이는 사실 너무 많은 방향으로 갈라져 있어 피치노 자신도 만년에 들어 일관되지 못했다고 회고할 정도였다. 그 배경을 보면 모두가 이해할 만하다. 첫째, 그의 편지들이 있다. 그는 삶의 전 과정을 통해 쓴 편지를 12권의 책으로 묶었고, 이를 자신이 칭송하는 친구 혹은 후원자에게 헌정했다.[44]

---

43 Firenze, Archivio di Stato, Notarile antecosmiano A 376, 36r-36v; Gentile, Niccoli, e Viti, 176. 이런 선물에 대해서는 당대인도 알고 있었다. 다음을 볼 것. Vespasiano, *Le vite*, 2: 204.

44 피치노의 편지는 다음에 수록되어 있다. Marsilio Ficino, *Opera*, 607-964. 첫 두 권의 비판본은 다음을 볼 것. Marsilio Ficino, *Lettere*, a cura di Sebastiano Gentile, 2 voll. (Firenze: Olschki, 1990-2010). 영역본은 다음을 볼 것. Marsilio Ficino, *Letters*, tr. the Language Department of the School of Economic Science, 10 vols. (London: Shepheard-Walwyn, 1975-2015). 펠리체 필리우치가 번역한 근대 초 토스카나어 판본은 다음에서 볼 수 있다. Ficino, *Le divine lettere del gran Marsilio Ficino*, 2 voll. (Roma: Edizione di storia e letteratura, 2001).

피치노는 우정에 대해, 그리고 우정이 얼마나 철학을 고무하는지에 대해 많이 생각했다. 피치노는 어떤 독일인 교신자에게 보낸 편지에서 친구 목록을 보여 주었다. 그는 이들 가운데 후원자를 제일 우선으로 두었다. 이들은 메디치 가처럼 자신을 지탱해 주는 사람들이었고, 그들 없이는 작업을 계속할 수 없었다. 둘째, 피치노는 "친한 친구들—말하자면 더불어 이야기 나누는 사람들"—의 이름도 열거했다.[45] "더불어 이야기 나누는 사람들"에 해당하는 라틴어 단어는 "콘파불라토레스 confabulatores"인데, 이는 "동료 이야기꾼"에 가까운 것을 의미할 수도 있다. 피치노가 이 단어를 썼다는 것은 철학이 단지 건조한 논증일 뿐이라고 믿지는 않았음을 말해 준다. 철학은 오히려 여러 다른 사상가 사이에서 서로의 입장을 주고받으면서 공유하고 계발하며, 해결해야 하는 것이었다. 그는 "더불어 이야기 나누는 사람들"이 "거의 학생에 가깝지만 그렇다고 진짜 학생은 아닌데, 이는 내가 그들을 가르쳤거나 가르치고 있다는 의미로 받아들여지는 것을 원하지 않으며, 그보다는 소크라테스 식으로 내내 그들에게 묻고 그들을 격려하면서 계속해서 내 친구들의 훌륭한 재능이 깨어나도록 노력합니다." 피치노는 지식에 관한 플라톤의 대화편 『테아이테토스』(*Theaitetos*)에 나오는 비유를 사용하고 있는데, 여기서 소크라테스는 모든 것을 다 아는 선생이 아니라 철학적 "산파", 즉 점잖게 질문을 던짐으로써 스스로 생각하게 하는 역할로 그려진다. 셋째, 피치노는 자신의 "아우디토레스 auditores", 즉 "학생"이라는 말을 쓰고 있다. 여기에는 이제 중요한 사상가나 횃불을 밝히는 인물로 자라나기 시작하는 수많은 사람이 들어간다. 이들의 명단에서 우리는 메디치 가의 여러 성원에서부터 크리스토포로 란디노, 베네데토 아콜티, 조르조 안토니오 베스푸치(유명한 탐험가 아메리고 베스푸치의 친척), 니콜로 발로리, 카를로 마르수피니, 빈다초 데이 리카졸리에 이르기까지 피렌체의 가장 명망 높은 시민들을 보게 되는데, 거기에는 그 외에도 다른 많은 사

---

45 Ficino, *Opera*, 936-37: "consuetudine familiares (ut ita loquor) confabulators."

람이 열거되어 있었다.[46]

피치노가 아카데미아(가장 넓은 의미에서 이 용어를 사용할 때)를 이해하는 한 방식은 친구들이 피렌체에 있든 멀리 떨어져 있든 단지 그들 간의 연결망일 뿐이라는 것이다. 그들은 공식적이고 정규적이지 않은 방식으로 연결되어 있었지, 결코 플라톤적 사랑 — 피치노에게 이는 우주를 하나로 묶고 자연적 과정을 추동하는 힘이었지만 — 으로 결속되어 있지는 않았다. 그의 견해에 따르면, 인간 영혼에 가장 중대한 영향을 끼치는 것은 사랑인데, 그것은 반쯤은 물질적인 어떤 것이었다.[47] 이런 생각이 현대인에게는 당혹스러울 수 있을 텐데, 우리는 "지성"을 그 자체는 비물질적이지만 그것과 연결되어 있지 않은 물질세계에서 여전히 기능할 필요가 있는 어떤 것으로 생각하곤 하기 때문이다. 하지만 피치노의 시대에는 영혼과 물질이 연결되어 있다고 생각했다. 이런 식의 연결에서 핵심 요소 가운데 하나를 "영靈"이라고 불렀는데, 피치노는 이를 다음과 같이 정의했다. "박사들은 영을 혈액의 증기 — 순수하고, 미묘하며, 따뜻하고, 맑은 — 라고 정의했다. 그것은 아주 미묘한 혈액으로부터 심장의 열기에 의해 발생한 뒤 뇌로 올라가는데, 거기서 영혼은 계속해서 외부 감각 활동을 감지하는 데 사용된다."[48] 피치노는 다른 곳에서 이렇게 쓰고 있다. "영은 영혼과 아주 유사하므로, 영혼이 이 영 안으로 들어가 먼저 그 전체로 퍼진 다음, 이어서 영과 함께 몸 전체로 완전히 퍼져 나가는 데는 아무런 어려움이 없다."[49] 그러면 피치노에게 영혼은 물질인

---

46 Ibid., 936-37.
47 이를 개관한 것으로는 다음을 볼 것. Katherine Park and Eckhard Kessler, "The Concept of Psychology", Katherine Park, "The Organic Soul", and Eckhard Kessler, "Intellective Soul", in *The Cambridge History of Renaissance Philosophy*, eds. Charles B. Schmitt and Quentin Skinner (Cambridge: Cambridge University Press, 1988), 455-63, 464-84, and 485-534 respectively.
48 Marsilio Ficino, *De triplici vita*, ed. and tr. Carol Kaske and John R. Clark (Tempe, AZ: MRTS, 1998), 1.2, 11-15.
49 Ficino, *Platonic Theology*, 7.6.1 (vol. 2, 234-35).

가 혹은 비물질인가? 그가 실제로 그런 구분을 하지 않고 있다는 것은 사실이다. 그러나 명확한 것은 영혼과 영이 인간사에서 협력하는 것처럼 양자는 우주의 문제에서도 그렇게 한다는 점이다. "만물을 향한 만물 속에서 사랑이 잉태한다는 것을 그 누가 의심할 것인가?"[50]

이 마지막 문제는 『사랑에 대하여』로 불리는 피치노의 대화편에 나타나는데, 우리는 여기서 그의 학문적 관심과 철학적 관심이 완벽하게 맞물리는 모습을 볼 수 있다.[51] 그는 1469년에 초고를 마무리했는데, 이때는 그가 본격적으로 메디치 가의 후원을 받고 있었고, 아울러 한 차례 플라톤 번역을 마친 바로 그즈음이었다. 대화편은 사랑에 대한 플라톤의 고전적인 대화편 『향연』(*Symposion*)에 기초하고 있다. 여기서 플라톤은 일련의 화자를 등장시키고 있는데, 소크라테스도 물론 그중 한 명이다. 그들이 간 "심포지온"은 모두 남자만 참석하는 만찬을 겸한 음주 파티로, 전통에 따르면 이후 상호 관심사인 어떤 주제에 대해 활기찬 토론이 이루어진다.

그들이 제시한 주제는 사랑이었고, 토론 방법은 각 참석자가 "가능한 한 사랑을 칭송하는 최고의 연설"을 해야 한다는 것이었다.[52] 대화편에는 각 화자가 특별한 사랑의 경우에 대해 논한 모두 일곱 편의 연설이 들어 있다. 한 사람은 사랑이 동료 전사들을 명예롭게 하나로 결속하기 때문에, 그들은 적과 싸우는 동시에 서로를 위해 싸우는 것이라고 말한다.[53] 또 다른 사람은 사랑이 인간과 신을 연결한다고 주장한다.[54] 또 어

---

50 Ficino, *Commentaire/Commentarium*, 3.1, p. 53.
51 Ficino, *Commentaire/Commentarium*; Eng. tr.: Marsilio Ficino, *Commentary of Plato's Symposium on Love*, tr. Sears Jayne (Dallas: Spring, 1985); Paul Richard Blum, "Einleitung", in Ficino, Über die Liebe oder Platons Gastmahl, ed. Paul Richard Blum (Hamburg: Meiner, 1994), XI-XLVII.
52 Platon, *Symposium*, 177d; Eng. tr. in Plato, *The Symposium*, tr. Christopher Gill (London: Penguin, 1999), 9.
53 Platon, *Symposium*, 178d-179b.
54 Ibid., 186a-188e.

떤 사람은(아리스토파네스란 이름의 등장인물) 다음과 같은 신화를 제시한다. 한때 모든 사람은 얼굴과 사지가 서로 반대쪽을 향하고 있는 두 개의 몸을 가지고 있었다.[55] 그들 가운데 어떤 경우는 모두 남성이었고, 어떤 경우는 모두 여성이었으며, 또 어떤 경우는 양성이었다. 그들이 모두 올림포스산으로 올라가 신들과 전쟁을 치르겠다고 하자 제우스는 그들을 모두 반으로 나누어 버렸고, 그리하여 이후 그들은 자신들의 "나머지 반"을 찾아 땅을 헤매게 되었다는 것이다. 아리스토파네스는 바로 이것이야말로 사랑에 빠진 사람들이 스스로 "완전하게" 되었다고 느끼는 주요 이유라고 말한다.

다음에는 소크라테스가 토론에 끼어드는데, 그는 처음에는 자연적이지만(인간의 사랑은 육체적 매력에서 촉발되므로) 결국에는 위로 상승하는 것에서 논의를 시작해야 한다고 말한다. 소크라테스는 자신이 디오티마라는 이름의 만티네이아(그리스 도시) 출신 여인에게서 들었다는 지혜에 대해 말한다. 당신은 육체적으로 아름답게 보이는 사람과 사랑에 빠지지만, 곧 이 사람이 더 큰 어떤 것, 아름다움 그 자체, 무언가 신적이고 영원한 것의 일부분임을 깨닫게 된다. 연인은 스스로 아름다움을 찾을 수 있는 정신적 소양을 가지고 있는 한, 그것은 어디에나 존재한다는 것을 인식할 수 있다. 잘 정비된 인간의 관습과 법에서도. 진리에 대한 앎에서도 제대로 된 정신을 타고난 연인은 이 모든 것에 대한 관조를 계속한 뒤, 아름다움 — 영원한 종류의 — 이란 "그 자체로, 그것만으로 언제나 단일한 형태로" 나타난다는 것을 알게 된다. "다른 모든 아름다운 것도 물론 그 특징을 공유하지만, 그것들이 존재하게 되든 존재하지 않게 되든, 아름다움은 어떤 식으로든 늘어나거나 줄어들지 않으며 어떤 변화도 겪지 않지요."[56] 이런 측면에서 사랑은 인간에게 일종의 원동력으로 작용한다. 우리에게 자연적으로 주어진(모든 것이 사랑을 찾게 되므로) 이 경향

---

55 Ibid., 189a-193d.
56 Platon, *Symposium*, 211b; tr. Gill, 49.

은 계발하고 훈육해 우리 인간의 일상적·물질적 관심사와 경험으로부터 신적인 것을 불러일으키게 할 수 있는 어떤 것이었다.

피치노는 이런 관념을 칭송했고, 그리하여 그것을 자신의 『사랑에 대하여』—특기할 만한 방식으로 주석서와 독창적 작품이라는 장르 사이에 놓여 있는, 좀 이상하게 보일 수도 있지만 영향력이 큰 텍스트—를 위한 기초로 삼았다. 한편으로 보면 칭송하는 작품에 대한 주석서를 쓴다는 것은 별스러운 일이 아니었고, 피치노가 이런 작업을 많이 한 것도 사실이다. 예컨대, 플라톤의 『파이드로스』(Phaidros)(피치노가 애호한 또 하나의 텍스트)에서 수많은 핵심 구절을 발췌해 그것을 설명한 작품도 있다. 저자의 의도를 해설하고자 하는 것이 그 목표였다. 주석자인 당신은 무언가 할 말이 있지만, 설사—피치노의 경우처럼—당신이 그 기회를 철학적 관점을 피력하기 위해 이용한다 해도 작품의 균형추는 저자의 견해 쪽으로 기울게 될 것이다. 다른 한편으로는 스스로 저자라고 생각하는 독창적 작품이 있다. 피치노의 『사랑에 대하여』는 플라톤의 『향연』에 대한 일종의 혼종적이고 오마주 같은 서술로서, 사랑에 대한 플라톤의 이론을 고려하되 이를 피치노 자신의 시대와 공동체에 맞게 문화적으로 번역하고자 한 것이다. 약간 뒤의 당대인이자 아리스토텔레스학 교수였던 아고스티노 니포(1473~1546)는 1529년에 이렇게 썼다. "이제 피치노는 사랑에 대해 플라톤이 넘겨준 것을 일부는 알레고리로 만들고 일부는 첨언하는 식으로 증폭해, 사랑에 관한 많은 것에 대한 결코 학식이 빈약하지 않은 모음집을 만들었다."[57]

형식상으로 피치노의 『사랑에 대하여』는 아홉 명의 철학적 친구들이

---

[57] Agostino Nifo, *De amore*, in Id., *Libri duo, De pulchro primus, De amore secundus* (Leiden, 1549), 90-277, esp. 91. 이 논고는 1529년에 완결되었고 1531년에 처음 간행되었다. 다음을 볼 것. Jill Kraye, "Ficino in the Firing Line" in *Marsilio Ficino: His Theology, His Philosophy, His Legacy*, eds. Michael J. B. Allen and Valery Rees (Leiden: Brill. 2001), 377-97, esp. 382-85; Pierre Laurens, "Introduction" in Ficino, *Commentaire/Commentarium*, IX-LXIX, spec. LXV-LXVI.

함께 보내는 저녁 이야기인데, 그중에는 피치노의 아버지와 자신을 가르친 선생 몇몇과 학생 두 명이 들어 있다.[58] 만찬이 끝나자 두 명은 떠났고, 나머지 일곱 명은 대화를 계속했다. 모든 점을 고려했을 때, 손님 가운데 다섯 명이 연설을 한 것으로 보이는데, 모두가 사랑과 우주에서 그것이 차지하는 위치에 대한 피치노의 비전에 동조하는 것으로 보일 수 있다. 이 비전은 한 화자가 그곳에 모인 사람들에게 한 다음과 같은 촉구의 말에 가장 잘 요약되어 있다. "여러분, 친애하는 친구들이여, 나는 여러분에게 전심전력으로 사랑 — 신적인 것이 분명한 — 을 껴안으라고 촉구하며 애원합니다."[59]

대화가 진행되면서 피치노에게 사랑이란 우주의 중심 요소, 즉 우주에 대한 그의 전반적인 견해 내에서 이해해야 마땅한 것을 나타내고 있다는 것이 분명해진다. 이런 견해는 무엇보다 플라톤까지 거슬러 올라간다. 플라톤은 『향연』에서나 『파이드로스』에서나 후일 플라톤적 사상가들이 명시하게 되는 어떤 것을 암시하고 있다. 즉 아름다움에 대한 우리의 자연적이고 선천적인 욕구는 신적인 존재가 우리에게 심어 주고 또한 적절한 방식으로 훈육한 어떤 이유로 거기에 있다는 것이다. 그 이유는 신적인 것으로 회귀할 필요성과 연관되어 있다. 플라톤에게 우리의 영혼은 한때 그것이 성숙할 때까지는 아무런 방해도 받지 않고 존재했다. 요컨대, 그것은 육체라는 외형 없이 존재했다는 것이다. 플라톤은 육체와 분리된 영혼이 다음 생을 살기 위해 스스로 원하는 종류의 사람을 선택할 수 있는 데서 보듯이, 여기에는 어떤 선택의 능력이 포함되어 있다고 말했다.[60] 그러나 체현 상태로의 회귀는 존재의 등급상 하강하는 것이었다. 우리의 물질성을 벗어나 위로 상승하게 하는 것은 다름 아닌 아름다움에 대한 자연적 욕구였다. 이런 사랑이야말로 선한 종류의 광기

---

58 Laurens, "Les interlocuteurs du *De amore*" in Ficino, *Commentaire/Commentarium*, XCI-XCII.
59 Ficino, *Commentaire/Commentarium*, 2.8, p. 43.
60 Plato, *Republic*, 10.614-10.621.

를 보여 준다. 플라톤이 『파이드로스』에서 말하듯이, "누군가가 여기 이 아래에서 우리가 지닌 아름다움을 보고 진정한 아름다움을 떠올릴 때 그가 보여 주는 것"이 바로 그것이다.[61] 우리 세계의 영역 바깥에 존재하는 영원하고 신적이며 부패하지 않는 어떤 아름다움을 스스로 상기하도록 아름다움을 향한 욕구를 이용하는 이런 성향을 훈련하면 점점 더 신적인 것과의 합일에 가까워질 수 있다. 이 과정은 여러 환생 주기를 통해 일어나는데, 플라톤에 따르면 언젠가는 오직 선택받은 극소수만이 영원히 신들과 함께 살게 되며, 이 세계는 모든 물질 상태에 수반되는 고통과 부패와 퇴락에서 벗어나 있었다.

그리스도교인에게 이런 식의 환생은 명백히 이단적이었다. 신은 개별 존재로서의 인간과 육체와 영혼을 창조했다. 그러나 그리스도교 내에는 여전히 우리 인간은 기도와 명상을 통해 스스로 훈육함으로써 신으로 회귀해야 한다는 플라톤주의의 대단히 강력한 유산이 있었다. 신적인 것으로의 회귀라는 이 관념은 피치노 사상의 중심 요소가 되었다. 이는 후일 그가 플로티노스의 작품을 진지하게 대할 수 있게 되었을 때 비로소 완전히 펼쳐지게 된다. 하지만 『사랑에 대하여』의 시기인 1460년 말, 피치노는 플로티노스만큼이나 잘 알려지지 않은 후기 플라톤주의자들처럼 그저 전해 온 중세 전통에만 기대고 있었다. 예컨대, 단테 알리기에리가 『향연』(*Convivio*) — 훨씬 전에 라틴어가 아닌 속어로 쓴, "심포지온"에서 영감을 받은 작품 — 에서 말했던 것을 보자. 그는 여기서 자신이 쓴 시를 산문체 해설과 섞어 놓고 있는데, 이는 먼 후일까지 영향을 준 일종의 자기 주석서이다. 단테는 "사랑"에 관한 그 작품에서 "사랑이란 영혼이 스스로 사랑하는 것과 영적으로 합일하는 것 외에 다름 아니"며, 인간의 영혼은 신에 의존하므로 "자연히 신을 바라고 신과의 합일을 원한다"고 말한다.[62] 피치노가 『사랑에 대하여』를 쓰기 150여 년 전, 단테

---

61 Platon, *Phaedrus*, 249d; Eng. tr. in Platon, *Phaedrus*, tr. Alexander Nehamas and Paul Woodruff (Indianapolis: Hackett, 1995), 37.

가 뜻했던 바 존재하는 모든 것은 그 안에 심겨 있는 자연적 욕구, 즉 그것과 함께 움직이고 그것을 어떤 것들에 이끌리게 하는 경향을 지니고 있다는 것이었다.

단테에게서 나타나는 모든 정서는 피치노에게도 대단히 친숙했을 법하다. 과연 그가 직접적으로 단테에게 의존하고 있었는지와는 관계없이, 피치노의 사유가 사랑에 대한 단테의 사유와 얼마나 비슷한지는 지적할 만한 가치가 있다.[63] 아울러 지적할 것은 피치노가 단테의 통치론인『왕국론』(De monarchia)을 토스카나 속어로 번역하기로 작정했다는 점이다. 이 작품은 라틴어로 쓰였는데, 교회와 국가의 분리에 대한 초기적 주장을 제시하고 있다.[64] 피치노는 이 번역의 서문에서, 단테는 "자신의 고국에 관한 한 천상의 피렌체인이었고, 출신에 관한 한 직업적으로 시적 철학자"였으며, 비록 그리스어를 읽지는 못했지만 그래도 "자신의 책들을 수많은 플라톤적 정서로 장식해 놓은" 사람이었다고 말한 바 있다.[65] 끝으로 훨씬 더 특기할 만한 것은 — 피치노와 그의『사랑에 대하여』로 되돌아가서 — 그가 그 작품을 라틴어와 속어로 모두 볼 수 있게 하겠다고 마음먹은 것이었다. 지금 우리가 아는 것은, 피치노가 플라톤을 재구성하고 있던 바로 그 당시 — 그때까지 플라톤의『향연』은 서유럽에 알려지지 않고 있었다 — 그는 삶의 이 단계에서 전해 오던 전통에 의존하고 있었다는 것, 피치노는 이러한 메시지가 사회 전반에 너무 중차대해 그것을 단지 라틴어를 읽는 엘리트 층에게만 국한할 수 없다고 믿었다는

---

62 Dante, *Convivio*, 3.2, in Dante, *Tutte le opere*, a cura di Luigi Blasucci (Firenze: Sansoni, 1965), 142.

63 피치노와 단테에 대해서는 다음을 볼 것. Jean Festugières, "Dante et Marsile Ficin", *Bulletin du Jubilé* 5 (1922), 535-43; Kristeller, *Studies*, 41.

64 텍스트에 대해서는 다음을 볼 것. Dante Alighieri, *Monarchia*, Cola di Rienzo, *Commentario*, Marsilio Ficino, *Volgarizzamento*, con intoduzione da Francesco Furlan (Milano: Mondadori, 2004), 3-162. 피치노의 번역에 대해서는 다음을 볼 것. Prue Shaw, "La versione ficiniana della 'Monarchia'", *Studi danteschi* 51 (1978), 289-408.

65 Marsilio Ficino, "Proemium" in Kristeller, *Supplementum*, 2: 184-85, esp. 184.

것, 마지막으로 피치노가 대중적으로 유명해지기 시작할 때부터 그의 사유—바르게 해석한, 사랑에 대한 플라톤의 관념들이 자신이 사는 사회가 길을 찾는 데 도움이 될 것이라는 진지하면서도 거의 절절할 정도로 순진무구한 믿음—가 도시와 그 참여자들을 향해 외부로 방향을 잡고 있었다는 것이다.

13
피치노 2

 피치노가 자신의 도시와 문화의 미래에 대해 두려움을 느낀 주요한 이유 가운데 하나는 무신앙에 대해 그가 인지한 위험한 경향과 관계가 있었다. 그는 1469년에서 1474년 사이 두 작품을 썼는데, 하나는 대작이고 다른 하나는 소품이며, 하나는 라틴어로 다른 하나는 라틴어와 속어로 되어 있었다. 이 중 첫 번째는 『플라톤 신학』(*Theologia platonica*)이며, 두 번째는 『그리스도교에 대하여』(*De religione Christiana*)였다. 이 두 텍스트와 피치노가 한 번역과 편지들은 그의 전반적인 문화 프로젝트 — 잘못될까 봐 염려되는 한 사회를 치유하려는 계획 — 의 성격에 살을 붙이는 역할을 하고 있다.

 피치노의 주요 관심은, 자신이 『플라톤 신학』(그는 이를 당시에는 아직 젊었던 "대인" 로렌초 데 메디치에게 헌정했다) 서문에서 썼듯이, 사람들이 철학과 종교를 분리하려는 경향이었다.[1] 피치노에게 이 둘은 불가분하게 연결되고 통합되어 있어 그 사이를 떼어놓는다는 것이 어리석게 보

---

1 Marsilio Ficino, "Proem" in Ficino, *Platonic Theology*, I: 8-13.

일 지경이었다. 올바르게 해석한 플라톤이 핵심이었다. 왜냐하면 "다루는 주제가 무엇이든 간에, 그는 지극히 경건한 정신으로 그것을 신에 대한 관조와 경배로 돌려놓기 때문이다."[2] 플라톤이 성인 남자와 훨씬 더 어린 소년 간의 동성애를 공공연히 찬양하는 글을 썼고 이교적 다신교도에다가 환생을 주장한 사상가라는 점을 고려하면, 피치노가 그를 지지하는 것처럼 보인다는 것에 놀랄 수도 있다. 중세 초기의 사상가들이 플라톤을 높이 평가한 것은 아우구스티누스가 『신국론』에서 썼듯이 플라톤과 플라톤주의자야말로 그리스도교에 "가장 가깝다"고 생각했기 때문이다.[3] 그들은 영혼이 불멸이라든지, 저 위에 우리를 감독하는 세계가 존재한다든지, 그곳이 바로 비물질적 순수성의 고향이라는 관념 같은, 플라톤이 주장했다는 교리들을 알고 있었다.

그러나 그들은 대체로 피치노처럼 플라톤의 실제 작품과 씨름할 필요가 없었다. 30종이 넘는 플라톤의 잔존 작품 중에, 중세 사상가들이 라틴어로 읽을 수 있는 경우는 극히 적었고 입수 가능한 것도 비교적 논쟁의 여지가 적은 경우였다. 이미 살펴보았듯이, 15세기 초 브루니와 그의 일파는 플라톤의 대화편이 관념상 사회적 동등자 간에 서로 다른 관점을 포함하는 학문적 대화가 어떻게 이루어질 수 있는지 그 모범을 제공한

---

2 Ibid., 1: 9.

3 Augustinus, *City of God*, 8.9. 다음을 볼 것. Eugenio Garin, *Studi sul Platonismo medievale* (Firenze: Le Monnier, 1958); Stephen Gersh, *Middle Platonism and Neoplatonism: The Latin Tradition* (Notre Dame: University of Notre Dame Press, 1986); Tullio Gregory, *Platonismo medievale: studi e ricerche* (Roma: Istituto storico italiano per il medioevo, 1958); Hankins, *Humanism and Platonism*, 2: 7-26; Raymond Klibansky, *The Continuity of Platonic Tradition during the Middle Ages* (London: The Warburg Institute, 1939; repr. with supplement, München: Kraus, 1981); Klibansky, *Plato's Parmenides in the Middle Ages and the Renaissance: A Chapter in the History of Platonic Studies* (Toronto: University of Toronto Press, 2011); Klibansky, ed., *Plato Latinus* (London: The Warburg Institute, 1940); John Marenbon, *Aristotelian Logic, Platonism and the Context of Early Medieval Philosophy in the West* (Aldershot: Ashgate, 2000), esp. studies XII and XV.

다는 점에서 그것이 그와 당대인에게 끼친 영향 덕분에 그를 높이 평가한 바 있다. 하지만 브루니는 특유의 놀라운 실행력을 발휘하며 곧 아리스토텔레스를 자신이 선호하는 철학자로 삼았다. 플라톤이 대중에게는 위험하며, 그래서 성숙하고 교육받은 사람에게 적절하다는 점을 인식하게 되면서부터 시민층 대부분에 적절한 철학자는 다름 아닌 아리스토텔레스라고 생각한 것이다.

그러나 피치노는 자신이 플라톤에 대해 중요하다고 믿는 것을 그리스도교와 통합하는 일에 훨씬 더 관심이 있었다. 그는 탁월한 번역가이자 학자였고 어느 하나 빠뜨리고 넘어가는 법이 없는 사람이었다. 그는 물의를 빚는 구절을 알레고리로 설명했다.[4] 특히 중요한 것은 피치노가 자신의 새롭고 심오한 방식의 그리스도교적 비전—플라톤을 비롯한 고대의 신학적 전통으로 알아낼 수 있을 만한—을 발전시키기 위해서는 사회의 많은 부분에 손을 내밀어야 한다고 믿었다는 점이다. 그의 『플라톤 신학』 집필을 추동한 것도 바로 이러한 생각이었다.

물론, 『플라톤 신학』이 피치노의 가장 중요하고 독립적인 철학적 저술이기는 하지만, 그래도 반드시 언급해야 할 것은 그것이 어떤 철학서 정전 목록에도 들어가지 않는다는 점이다. 이 작품이 이처럼 간과된 것은 일반적으로 이탈리아의 장기 15세기가 지적 영역에서 무시되어 왔다는 점에도 일부 그 이유가 있다. 그러나 사실 피치노의 『플라톤 신학』은 많은 측면에서 난해하거나 혹은 좀 건방지게 들릴 수도 있겠지만 좋아하기가 힘든 그런 작품이다. 한편으로 볼 때, 특히 서문에 피치노가 깊이 느낀 동기를 명확히 밝히는 서정적인 구절들이 있다. 예컨대, 그는 이렇게 쓰고 있다.

얼마 전 내가 전부 번역한 플라톤의 작품들을 매우 주의 깊게 읽는 독자라면, 다른 많은 문제 중에서도 특히 중요한 두 가지를 발견하게 될 것이

---

4 Hankins, *Plato*, 304-59.

다. 경건함과 이해로써 신을 예배하는 것과 영혼의 신성함이 바로 그것이다. 우리의 세계 인식 전체와 우리의 삶을 이끄는 길과 우리의 행복 전부가 여기에 의존하고 있다.[5]

피치노는 미래의 후원자 로렌초 데 메디치에게 그 자신이 부지런하다는 점("전부 번역한")을 알리고 있다. 피치노는 극도의 성실함으로 종교의식과 인간 본성을 강조한다. 종교의식에 대해 피치노는 신을 "경건함과 이해"로써 예배해야 한다고 말한다. 그는 특히 플라톤주의처럼 전통적으로 그리스도교적이라 간주하지 않는 전통 안에 숨겨진 심층이 있다고 확신했다. 그는 이에 대한 사회의 관심을 끌어내 그리스도교의 심오함과 중심성과 필요성이 그것에 걸맞게 빛나도록 할 수 있다고 믿었다. 그는 단호히 모두가 인간 본성을 당연하고도 중요한 문제로 생각할 필요가 있으며, 바로 그 중심에 인간 영혼, 불멸이고 신적인 영혼을 포함하도록 해야 한다고 주장했다.

다른 한편으로 볼 때, 피치노가 이 두 명제를 논증해 나가는 방식이 무계획적이고 비체계적으로 보일 수도 있다. 무계획적으로 보이는 한 가지 이유는 피치노가 위치한 독특하고 문화적인, 르네상스가 발견한 결실을 소화하고 흡수하고 있는 상황에서 찾을 수 있다. 피치노 식 접근을 살펴보기 전에, 일단 신플라톤주의와 그의 관계에 초점을 두고 그러한 발견이 수반하는 것만을 생각해 보기로 하자. 신플라톤주의라는 명칭은 보통 철학자 플로티노스를 그 최초의 위대한 대변자로 삼는 고대 말의 철학 운동을 기술하는 데 사용해 왔다.

많은 추종자를 거느린 헌신적인 스승이었던 플로티노스는 만년에 가르침을 글로 남겨 달라는 요청을 받았다. 이는 『엔네아데스』(*Enneades*)로 알려져 있다. 모두 54장(이는 다시 각 9장씩 여섯 부분으로 나누어진다)으로 이루어진 이 작품은 플라톤적 관념과 사유의 많은 부분을 요약·해설하

---

[5] Ficino, "Proemium" in Ficino, *Platonic Theology*, 1: 9-11.

고 있다.⁶ 기원후 3세기에 살았던 플로티노스의 뒤에는 철학적·종교적 사유의 오랜 전통이 있었다. 사실, 플로티노스의 작품은 물론 그가 아리스토텔레스를 비롯한 다른 철학적 전통에서 유래한 주요 관념으로 보충하고는 있지만, 그것이 플라톤의 수많은 핵심 관념을 한데 묶어 놓은 일종의 모음집임을 보여 주고 있다.

가장 중요한 점은 존재의 구조에 관한 플로티노스의 입장 혹은 우리가 그의 존재론이라 부를 만한 것일 것이다. 그는 존재의 우주(반드시 우리가 관측하는 물리적 우주와 동일 시공간일 필요는 없다)가 그 정점에 자신이 "일자一者"라고 부르는 위대하고 통일적이며, 생성적인 원리를 가지고 있다고 믿었다.⁷ 일자는 우리가 전통적으로 존재라고 여기는 것 위에 거주하며 높은 층위에 있으므로 개념화하기 어렵다. 그것의 주요 과제는 사유하는 것이다. 그러한 사유 과정은 그것을 존재의 더 낮은 다른 층위로 "넘쳐흐르게" 한다. 그다음으로 낮은 층위는 "지성"이며, 이어서 "영혼"이 있다. 그 뒤를 잇는 것은 존재의 네 번째 영역으로 자연이 여기에 포함된다. 자연이란 물론 우리가 감각을 통해 보고, 듣고, 물리적으로 경험하는 것이자, 우리가 인간으로서 자기 자신을 발견하는 존재의 영역이기도 하다.⁸

플로티노스는 플라톤과 플라톤주의자로부터 비물질적인 것이 물질적인 것보다 더 우위에 있다는 기본 관념을 물려받았다. 주위에서 매일 보

---

6 Plotinos, *Enneads*, ed. and tr. A. H. Armstrong, 7 vols. (Cambridge, MA: Harvard University Press, 1966-88); Werner Beierwaltes, *Das wahre Selbst: Studien zu Plotins Begriff des Geistes und des Einen* (Frankfurt am Main: Klostermann, 2001); Lloyd P. Gerson, *Plotinus* (London: Routledge, 1994); Gerson, ed., *The Cambridge Companion to Plotinus* (Cambridge: Cambridge University Press, 1996); Pierre Hadot, *Plotinus, or, the Simplicity of Vision*, tr. Michael Chase (Chicago: University of Chicago Press, 1993); Dominic J. O'Meara, *Plotinus: An Introduction to the Enneads* (Oxford: Oxford University Press, 1993); John Rist, *Plotinus: The Road to Reality* (Cambridge: Cambridge University Press, 1967).

7 Plotinos, *Enneads*, 6.9.

8 Ibid., 5.1 and 5.2.

는 것처럼 물질은 부패하기 때문이다. 사물은 생겨나고 자라나지만, 시간이 지나면 사멸해 없어진다. 완전하고 영원하면서 불멸인 것들이 존재한다고 생각되는 곳은 오직 비물질적 영역뿐일 것이다. 플로티노스에게는 이러한 완전성의 순수한 현시가 바로 일자였다. 인간 개개인, 이전에는 완전하고 비물질적이었던 각각의 영혼은 아래로 내려가 결국 물질, 즉 육체에 도달해 일부는 부패할 수 있고, 물질적이며 필멸인 세계로 들어가게 된다. 그러나 오직 그 일부만 그렇다. 왜냐하면 각 영혼은 신적인 것의 불꽃, 적절히 계발하기만 하면 점점 자라나 위계를 다시 상승시켜 마침내는 일자와의 합일에 도달케 하는 씨앗을 포함하고 있기 때문이다.[9] 이러한 합일은 인간이 상상할 수 있는 어떤 경험보다 황홀할 것이며, 성취하기가 너무도 어려워 극소수의 사람에게만 허용될 것이다. 이들이야말로 명상을 통해 내면을 향함으로써 신적 불꽃을 발견하고 일자로의 위대한 회귀를 가능케 하는, 영적 훈련이라는 어려운 과제를 스스로 이행하는 진정한 철학자이다.[10]

이러한 것이 마치 그리스도교처럼 보인다면 그것이 그리스도교 같기 때문이겠지만, 물론 플로티노스는 그리스도교인으로 알려지지 않았을 뿐만 아니라 새로운 종교에는 오히려 적대적인 인물이었다.[11] "일자" — 그것의 우월성, 합일적 본성, 권력에서 — 는, 물론 똑같다는 것은 아니지만 — 그리스도교의 신 — "나는 스스로 있는 자이니라"[12]고 하며, 자신이 존재와 시공간을 함께한다고 공언한 히브리 성서의 신으로부터 물려받은 — 과 닮았다. 지상에서의 우리의 존재는 우리 인간의 불완전함에 의존하기 때문에 기만적일 수도 있다는 것은 사도 바울에 의해 그리

---

9 Ibid., 4.3, 4.4, 4.7; 3.8.

10 Ibid., 6.9.10.

11 Werner Beierwaltes, *Platonismus im Christentum* (Frankfurt am Main: Klostermann, 1998); John List, "Plotinus and Christian Philosophy" in *The Cambridge Companion to Plotinus*, ed. Gerson, 386-413.

12 「출애굽기」 3장 14절.

스도교의 전형적인 관념이 되었다. 그는 이렇게 썼다. "우리가 지금은 거울로 보는 것처럼 희미하나 그때에는 얼굴을 마주해 볼 것이요. 지금은 내가 부분적으로 아나 그때에는 주께서 나를 아신 것처럼 내가 온전히 알리라."[13] 바울 식의 이러한 정서는 올바로 산다면 언젠가 "얼굴을 마주해" 볼 것이라는 관념을 그 안에 품고 있다. 즉 구원된 영혼은 전지전능한 신과 "얼굴을 마주해" 볼 것이라는 뜻이다. 이는 바울로부터 2세기 뒤에 플로티노스가 일자와의 황홀한 합일로 묘사한 것과 전혀 다르지 않다.

물론, 서로 다른 점도 있었다. 주요한 차이점 하나는 그리스도교의 신이 대략 인간성(인간의 사악함을 속죄하고자 자신의 "아들"을 지상에 보내 죽게 할 정도로)과 개인으로서의 인간에 관심을 가진 인격적인 신이라는 것이었다. 플로티노스의 일자를 그렇게 규정하기는 힘들었다. 우리 인간은 어떤 의미에서 일자로부터 "내려왔다." 비록 존재의 위계 아래로 멀리 떨어져 있기는 하지만, 그래도 우리는 「창세기」가 신의 창조 행위를 묘사한 유명한 말처럼 "자신의 모습과 형상대로 창조"[14]되지는 않았다. 일자는 진정한 의미에서 자신으로부터 아래로 흘러내린 모든 것의 창조자였지만, 정의상 인간 지성으로는 결코 완전히 포착할 수 없는 것이었다.

또 다른 차이점은 우리가 번역 가능성이라 부를 만한 것에 있다. 플로티노스의 시대에 일신교는 지중해를 가로질러 산재해 있던 지식인들에게 꽤 흔한 것이 되어 있었다.[15] 이러한 일신교는 무엇보다도 철학적이었고, 3세기에 이르면 많은 지식인이 모든 것을 지배하는 어떤 종류의 단일한 최고 존재가 있다는 것을 믿고 있었다.[16] 이집트인은 아마 그것

---

13 「고린도전서」13장 12절.
14 「창세기」1장 27절.
15 Polymnia Athanassiadi and Michael Frede, eds., *Pagan Monotheism in Late Antiquity* (Oxford: Oxford University Press, 1999). 특히 편집자 서문 1~20쪽을 볼 것; Polymnia Athanassiadi, *Mutations of Hellenism in Late Antiquity* (Farnham, Surrey: Ashgate, 2015).
16 이어지는 문단에 대해서는 다음을 볼 것. Jan Assman, "Translating Gods: Religion as

을 "아몬 라Amon Ra"로 부를 것이다. 로마인이라면 유피테르로, 그리스인이라면 제우스로 부를 것이다. 등등. 그러나 유대-그리스도교의 신은 형상적으로나 관념적으로나 우월성과 배타성을 고집했다. 계명(「출애굽기」와 「신명기」에 진술된)은 "너는 나 외에 다른 신들을 네게 두지 말라"고 명했고, 그리스도교가 유대교를 흡수한 뒤 다시 그로부터 스스로를 분리했을 때, 바울은 "비록 이른바 신들이 있으나 …… 우리에게는 오직 하나의 신이 있을 뿐이라"고 되풀이해 말한 바 있다.[17] 이교에서 최고 존재의 상대적인 유연함은 많은 그리스도교인에게 짜증을 불러일으켰다. 따라서 이교에 대한 그리스도교의 적개심은 다름 아닌 스스로의 엄격함에서 비롯된 것이었다.

그러나 비슷한 점들도 있는데, 어떤 의미로는 정확히 차이점 덕분에 더욱더 비슷해졌다고도 말할 수 있다. 비록 일자가 우리 인간 존재에 개인적 관심을 가지지 않는다 해도, 자연의 창조자로서의 일자는 적어도 우리에게 씨앗 — 우리가 스스로의 신적 본성으로 회귀하는 수단으로서 인격적·영적 훈련을 통해(그리스어로 "아스케시스askesis"라 불렀던) 계발할 수 있는 — 은 뿌려 놓았다는 것이다. 더욱이 영혼은 불멸이라 믿고 있었고, 더 중요한 점은 단일한 최고 존재(일자와 그리스도교 신 모두)가 최고로 선하다고 생각했다는 것이다. 이는 만약 우리가 우주의 가변성과 시험에 적응하는 법을 배울 수만 있다면, 실제로 우주 그 자체가 선하다는 것을 의미했다.

피치노는 존경심을 가지고 플로티노스를 되돌아보면서 그를 자신의 사유 안에 통합하려 했다. 그러나 플로티노스가 좀 더 인간적으로 보이게 될 때까지는 이를 이룰 수가 없었다. 이 과정을 살펴보기 위해 우리는

---

a Factor of Cultural (Un)Translatability" in *The Translatability of Cultures: Figurations of the Space Between*, eds. Sanford Budick and Wolfgang Iser (Stanford, CA: Stanford University Press, 1996), 25-37; Assman, *Of God and Gods: Egypt, Israel, and the Rise of Monotheism* (Madison: University of Wisconsin Press, 2008).

17 「출애굽기」 20장 3절; 「신명기」 5장 7절; 「고린도전서」 8장 5~6절.

다시 고대 말로 돌아가야 한다. 플로티노스에게는 포르피리오스(234~305)라는 영민한 제자가 있었는데, 그는 스승의 전기 작가이자 편집자 역할을 했다. 포르피리오스는 플로티노스에 대한 자신의 전기에서 그를 위대한 영혼을 가진 타고난 스승으로 그려 놓았다. 그는 저술에 대해서는 거의 신경을 쓰지 않았으므로 사람들이 그의 가르침을 글로 남겨 달라고 설득해야 할 정도였다.[18] 포르피리오스의 플로티노스는 자신이 가르치는 철학에 따라 살면서 가혹하리만큼 내면으로 침잠하는 인물에 초점을 맞추고 있다. 오직 자기 수련을 통해서만 자기 자신을 제어하고 신성한 씨앗을 발견하며, 그리하여 마침내는 일자와의 황홀한 합일을 이룰 수 있다는 것이다. 포르피리오스의 말로는 이러한 합일이 매우 어렵기 때문에, 모두 함께 모여 수련하는 동안 플로티노스 스스로도 그것에 도달한 것은 오직 네 번뿐이었다.[19] 여기서 포르피리오스는 부지불식간에 플로티노스와의 문제, 즉 플라톤 철학과 그리스도교가 나란히 발전해 갈 때 양자를 아우르는 다음과 같은 문제를 알리고 있다. 보통 사람들은 어떻게 해야 하는가? 플로티노스가 신적인 것에 이르기 위해 꼭 필요하다고 했던 일종의 금욕적 자기 수련을 그들이 익힐 수 있으리라고 기대하기는 어려운 일이 아닌가? 이와 함께 사회에서 진정한 철학자가 설 자리는 어디인가? 위대한 플로티노스조차도 신적인 것에 이르기가 그토록 어렵다면 우리에게 무슨 희망이 있다는 말인가? 가능성이 그리 크지 않을 것 같았다.

이처럼 꼬인 상황에서 플라톤적 경향의 이암블리코스(c. 240~325)라는 다른 철학자가 나타났다. 그는 원래 포르피리오스의 제자였으나, 결국에는 그의 적대자로 돌아선 인물이다.[20] 그들 사이를 갈라놓은 것은

---

18 Porphyry, "Life of Plotinus" in Plotinus, *Enneads*, vol. 1, 2-87; secs. 3-5 (저술에 대한 부분).

19 Ibid., sec. 23.

20 뒤이은 일부 주장에 대해서는 다음을 볼 것. Christopher S. Celenza, "Late Antiquity and Florentine Platonism: The 'Post-Protinian' Ficino" in *Marsilio Ficino: His*

방금 제기한 의문들이었다. 플로티노스는 당대의 모든 사람처럼 그들이 우주 안의 "동조同調"라고 부른 것이 존재한다고 믿었다.[21] 이는 사실상 세속적인 것과 신적인 것을 잇는 연결 고리로서, 표면적으로는 감추어져 있지만 존재를 이루는 심오한 구조의 한 부분으로 존재하는 속성이었다. 예컨대, 당신은 식물을 보고 흔히 하듯이 그것이 태양—그 자체가 엄청난 힘을 부여받은 천체이다—과 관계가 있다고 믿을 수도 있다. 연꽃을 보자. 이는 해가 질 때 꽃잎을 접었다가 해가 뜨면 다시 꽃잎을 펼친다. 태양의 경로를 따라 움직이는 듯한 다른 식물도 있다. 어떤 암석은 어떤 천체와 자연적 관계가 있다 등등.[22] 자연이란 세계는 온갖 종류의 물질적 존재로 가득 차 있으며, 그처럼 현시된 존재들은 모두가 지상과 천상으로 연결되어 있다는 것이다. 자연적으로 존재하는 약용 성질을 가진 어떤 식물(예컨대, 목이 아플 때 사용하는 유칼립투스)을 생각해 보자. 오늘날의 우리라면 그런 약효에 대해 자연적 설명을 제시하겠지만, 근대 이전 사람들의 생각은 달랐다. 그들에게는 비록 약용 성질이 자연적이라고 해도, 그 성질의 자연적 위계는 신적인 사회경제학의 한 부분이었다. 약효는 곧 신적인 것과 연결되었다. 세계는 물질적인 것으로 가득 차 있으며, 올바른 의식儀式을 통해 적절히 다가가기만 하면 그러한 사물들을 신적인 것으로 접근하는 통로로 사용할 수 있다고 생각했다. 이교와 그리스도교 양자 모두에서 당시 새로이 나타난 의식에 대한 합의적 접근이

Theology, His Philosophy, His Legacy, eds. M. J. B. Allen and V. R. Rees (Leiden: Brill, 2002), 71-97. 이암블리코스에 대해서는 다음을 볼 것. Henry J. Blumenthal and E. Gillian Clark, eds., *The Divine Iamblichus: Philosopher and Man of the Gods* (Bristol: Bristol Classical Press, 1993); John Dillon, "Iamblichus of Chalcis (circa 240-325 AD)", *Aufstieg und Niedergang der römischen Welt* 36.2 (1988), 862-909; Gregory Shaw, *Theurgy and the Soul: The Neoplatonism of Iamblichus* (University Park: Pennsylvania State University Press, 1995).

21 예컨대, 다음을 볼 것. Plotinus, *Enneads*, 4.3.11.
22 예컨대, 다른 후기 플라톤주의자인 프로클로스를 볼 것. Proclus, *De arte sacrificali* in *Catalogue des manuscrits Alchimiques grecs*, eds. Bidez et al., 8 vols. (Brussels: Lamertin, 1924-32), 6: 139-51.

플로티노스의 접근과 차이를 보이는 것은 바로 여기서였다.

플로티노스에게 신적인 것에 이르는 것은 어디까지나 내면적 과정이었다. 진정한 철학자라면 올바른 성취를 위해 반드시 자신의 힘과 지성을 가지고 스스로 수련해야만 한다. 플로티노스는 이렇게 말한다. 우리가 가야 할 곳으로 가려면, 즉 신적인 것에 도달해 그것과 같은 것이 되려면 "우리가 걸어서 그곳에 갈 수는 없다. 우리의 발은 이곳저곳 어디든 오직 이 세계에서만 우리를 데려다줄 수 있을 뿐이다. 마차나 배를 준비해야 할 필요는 없다. 이 모든 것은 생각할 필요도 볼 필요도 없다. 그저 너의 눈을 감고 모두가 가지고는 있지만 오직 소수만이 사용하는 또 다른 눈으로 돌아가 그것을 깨워라."[23] 플로티노스에게는 자연 속의 어떤 것을 신적인 힘과 연결하는 일종의 자동적인 방식으로 이용하는 것이 의심스럽게 보였다. 플로티노스의 제자이자 전기 작가였던 포르피리오스는 바로 이 지점에서 망설이고 있었다.

그러나 이암블리코스는 방향을 반대로 틀었다. 그는 자신이 그리스어로 "테우르기아theourgia"—영어로는 보통 "theurgy"로 번역한다—라고 부른 어떤 것을 믿었다. 이 그리스어 단어의 어원이 그의 생각을 말해준다. "테이온theion"은 "신의, 신적인"을, "에르곤ergon"은 "일, 작품"을 뜻한다. 그래서 "테우르기아"는 "신적인 일을 하는 것" 혹은 더 나아가 "신적인 것을 작동하는 것"을 뜻할 수 있다. 실제로 이는 신적인 것에 접근하는 방법을 정의하고 만들어 내는 데서 점점 더 의식儀式을 중요시하고 있다는 것을 가리킨다. 하층에 있는 필멸의 인간, 물질 속에 갇혀 있는 인간이 어떻게 불멸의 완전무결한 신들에게 영향을 줄 수도 있다고 생각한다는 말인가? 이암블리코스는 이렇게 말한다.

어떤 특정한 때에 거행되는 테우르기아의 일 중에, 어떤 것은 비밀스럽고 모든 합리적 설명을 뛰어넘는 이유가 있고, 또 어떤 것은 영원히 더 상위

---

23 Plotinus, *Enneads*, 1.6.8.

의 존재에 봉헌된 상징(이는 "비밀번호" 같은 것을 의미할 수도 있다)과 같으며, 또 어떤 것은 자연이 생성의 역할을 하면서 비가시적인 이성-원리를 가시적인 모양으로 각인하는(사물에다) 바로 그 순간에, 어떤 다른 이미지를 보존한다.[24]

신들은 우주의 이러저러한 성질을 내포하고 있으므로, 올바른 종류의 의식을 통해 그들에게 접근하는 것은 우리가 신적인 계획에 참여하고 있다는 것을 뜻한다. 이암블리코스의 공식에 따르면, 테우르기아는 "올바로 수행된 형언 불가의 행위, 모든 이해를 뛰어넘고 오직 신들만 이해할 수 있으며 말로는 옮길 수 없는 상징의 힘으로 수행되는 행위"의 작동을 의미했다.[25] 의식 — 말하자면 올바른 상징을 곁들이면서 신성한 노래를 부른다든지 하는 — 을 행하거나, 동물 희생을 올리거나, 마법적인 말을 포함한 기도문을 읊조리면 그 효과는 자동으로 나타난다. 의식을 올바로 행하고, 올바른 제물祭物을 사용하며, 주변 상황을 잘 지키면, 마음이나 심적 상태가 아니라 의식 자체가 전 과정의 효험을 보장한다. 이암블리코스는 이렇게 말한다. "사실, 우리의 의식적 사고가 아니라 실제의 징표 그 자체가 고유의 기능을 수행하며, 이러한 것을 통해 다가갈 수 있는 신들의 형언할 수 없는 권능은 우리의 지적 활동으로 불러일으키는 것이 아니라 그 자신의 이미지를 저절로 인식하는 것이다."[26] 신들이 그런 종류의 기도에 응답하는 것은 작동을 기다리면서 대기 중인 우주에서의 인과적 연쇄를 창조한 존재가 바로 자신들이기 때문이다.

첫 번째로 주목할 것은 의식에 대한 이러한 입장이 플로티노스의 견해

---

24 Iamblichus, *De mysteriis*, ed. Edouard des Palces (Paris: Les Belles Lettres, 1966), 2.11; 인용한 구절은 다음에 영역되어 있다. John Dillon, "Iamblichus' Defence of Theurgy: Some Reflections", *The International Journal of the Platonic Tradition* 1 (2007), 30-41, esp. 34; Shaw, *Theurgy and the Soul*.

25 Iamblichus, *De mysteriis*, 2.11; Dillon, "Iamblichus' Defence of Theurgy", 37.

26 Ibid., tr. Dillon, "Iamblichus' Defence of Theurgy", 38.

가 추구한 정신에는 전혀 맞지 않는다는 것이다. 플로티노스는 이처럼 숨겨진 동조 현상이 존재한다는 점은 인정했으나, 철학자가 할 일은 단지 승천을 위해 내적으로 향하는 것이었다. 둘째, 이암블리코스의 견해(플로티노스와는 대조적인)는 다원론적이라는 것이다(우리가 철학을 오직 극소수의 엘리트만이 완전히 공유할 수 있고 보통 사람들은 이해할 수 없는 일로 생각지 않는다면). 많은 사람이 관련 관행과 의식 ─ 종교의 혹은 철학을 어떤 삶의 방식을 추구하는 것으로 본다면 그런 철학의 적법한 표현으로 생각되는 ─ 을 통해 혜택을 볼 수 있다. 이 다수의 수혜자 중에는 철학자도 있었지만(사실, 이암블리코스와 그를 따르는 두 제자는 철학자 역시 이러한 의식을 행할 필요가 있다고 믿었다), 그 안에는 훨씬 더 다양한 사람들이 있었다. 따라서 주목해야 할 세 번째 문제는 이러한 것이 그리스도교의 어떤 경향과 어느 정도로 비슷하냐는 것이다. 이암블리코스의 시대에 그리스도교는 이미 많은 추종자를 거느리고 있었다. 그래도 그것은 여전히 고대 지중해 세계에서 이용할 수 있는 수많은 종교적 배출구 가운데 하나에 불과했다.[27] 하지만 4세기 말에 이르러 그리스도교는 훨씬 더 강력한 종교로 발전했다. 그리고 이교도와 그리스도교도는 서로 적대하면서도 동시에 동일한 것들을 두고 논쟁하고 있었다.

의식의 경우, 그리스도교적 접근은 성사聖事 교리에서 나타났다. 아우구스티누스(354~430) 시대 즈음에는 그리스도교에서 성사에 대한 믿음이 확고해진 상태였다. 훨씬 뒤에 그 이름이 지어졌는데, 성사는 "엑스 오페레 오페라토ex opere operato" ─ "지금까지 해 온 일로부터" ─ 로 기능하기 위해 거행되었다는 것이다. 이는 곧 성사에 관한 의식이 올바로 거행되기만 하면 제대로 작동할 것이라는 뜻이다. 아우구스티누스 시대에 제기된 의문은 이런 것이었다. 예컨대, 부패한 사제가 성찬식을 거행한다면 과연 빵과 포도주가 그리스도의 몸과 피로 바뀌어(그렇게 믿고 있

---

[27] Ramsey MacMullen, *Paganism in the Roman Empire* (New Haven: Yale University Press, 1981).

듯이) 그것을 받는 사람을 신적인 것으로 인도하도록 성사가 제대로 기능할 것인가? 혹은 사제의 타락한 인품이 성사를 무효로 만들어 성사가 준다고 믿는 모든 수혜를 참여한 사람들이 받지 못하는 것은 아닌가?

아우구스티누스는 사제의 인품은 성사의 효력과 아무런 관계도 없다는 것을 분명하고도 강력하게 주장함으로써 이 문제에 단호히 대응했다.[28] 성사는 신의 은총이 내려지고 그것을 가지게 되는 가시적 신호이다. 그것은 신성에 자동 접근하는 길을 보여 준다. 아우구스티누스 뒤에는 플라톤주의자들 간의 온갖 논쟁이 숨어 있었다. 역사를 쓸 때 기원의 오류라고 부를 만한 것에 솔깃할 수도 있다. 즉 학자들이 누가 그것을 처음 말했느냐, 누가 그것을 처음 했느냐는 식으로 기원의 탐구로 일관하는 것이다. 이보다 훨씬 더 중요한 것은 대화의 질감을 파악하는 것이다. 이 경우도 예외가 아니다. 플라톤주의자들이 이 모든 것을 했고 아우구스티누스는 그들의 교리만 채택한 것이 아니며, 반대로 플라톤주의자들이 그저 그리스도교적 관념에 반응했던 것만도 아니었다. 그것은 차라리 종교에 대해 다른 견해를 지니고는 있지만 같은 문제들을 두고 다투는(종종 독설이 난무하는 논쟁에서 나타나곤 하는) 각 지지자 간의 공통적인 대화였다. 종교나 철학은 오직 소수만을 위한 것인가? 아니면 그것은 모두가 공유할 수 있고 또 그래야만 하는 것인가? 이 세상에서의 우리 인간 행위가 어떻게든 신적인 것과 함께 할 수 있는가? 아니면 신적인 것은 너무 멀리 떨어져 있어 우리의 세속적 행위가 그것의 관심을 끈다고 생각조차 할 수 없을 정도인가?

이런저런 의문에 분명한 답이 나온 적은 없었다. 이런 의문들은 철학의 역사와 그리스도교를 포함하는 종교의 역사를 통해 끊임없이 제기되었다. 피치노가 고대 말 그리스의 이교 텍스트를 발견하고 그것을 번역

---

28 Augustinus, *Traité anti-Donatistes*, 5 vols. (Bruges: DeBrouwer, 1963-65), esp. 2, *De baptismo libri VIII*, ed. G. Bavard, at VI.4-5 (pp. 412-14). 이교와 그리스도교 간의 연결점에 대해서는 다음을 볼 것. Gregory Shaw, "Theurgy: Rituals of Unification in the Neoplatonism of Iamblichus", *Traditio* 41 (1985), 1-28.

하기 시작했을 때, 가장자리의 끝은 그것을 지나쳐야만 식별할 수 있는 것처럼 바로 그때가 막 신학적으로 받아들여질 수 있는 순간이기라도 한 것처럼 수많은 가능성이 폭발적으로 분출했고, 이것이 바로 피치노가 그렇게 한 이유이다. 1460년대에 피치노가 가장 일찍 그리스어에서 라틴어로 번역한 텍스트는 사실 후기 플라톤주의자, 특히 이암블리코스의 작품이었고 이는 지금도 바티칸 도서관이 소장한 두 수서본에 피치노의 초기본 형태로 보존되어 있다.[29] 피치노가 거기서 발견한 것은 자신이 이전에 조우했던 여느 것과도 달랐다. 플로티노스, 포르피리오스, 이암블리코스(특히 뒤의 두 인물)는 피타고라스에 대한 사유에서 특별한 위치를 차지하고 있었다.[30] 이 신비한 고대 사상가는 플라톤과 소크라테스에 앞서 살았는데, 수數가 우주를 지배하는 으뜸 원리라 생각했으며 나름의 종교적 독자성을 확립했을 뿐만 아니라 종종 그 자신과 관련된 합리주의적 입장들—수학의 피타고라스 정리(삼각형 빗변의 제곱은 다른 두 변의 제곱의 합과 같다)가 특히 주목할 만하다—을 공언하기도 했다.[31] 그러나 피타고라스는 의도적으로 일절 글을 쓰지 않았다.

피타고라스 사후 몇 세기가 지나자, 그는 누구나 자신의 열정과 애정과 이론을 각인할 수도 있는 매력적인 빈 석판 같은 존재가 되었다. 위대한 고대 말의 플라톤주의자 세 명 가운데 피타고라스를 최대한 활용한 인물은 이암블리코스였다. 그는 피타고라스와 피타고라스주의에 대해 10권에 이르는 작품을 썼고, 이 중 4권이 피치노의 시대까지 남아 있었

---

29 Gentile, "Sulle prime traduzioni." 이 수서본들은 다음에서 찾을 수 있다. MSS Città di Vaticano, Biblioteca Apostolica Vaticana, Vat. Lat. 5953; 4530.

30 Mark J. Edwards, "Two Images of Pythagoras: Iamblichus and Porphyry" in Blumenthal and Clark, *The Divine Iamblichus*, 159-72; Dominic J. O'Meara, *Pythagoras Revived: Mathematics and Philosophy in the Late Antiquity* (Oxford: Oxford University Press, 1989).

31 피치노와 피타고라스에 대해서는 다음을 볼 것. Christopher S. Celenza, "Pythagoras in the Renaissance: The Case of Marsilio Ficino", *Renaissance Quarterly* 52 (1999), 667-711.

다.³² 1463년 피치노는 이 작품들을 번역하거나 풀어썼다.³³ 특기할 만한 점은 이때 그는 아직 30세도 안 된 나이였고, 그 앞에는 여전히 플라톤의 대화편이라는 대업이 놓여 있었을 뿐만 아니라 플로티노스에 대한 작업에는 아직 손도 대지 않은 상태였다는 것이다. 그래서 이암블리코스의 이 작품들이 피치노의 특별한 관심을 끌었으며, 그것들을 통해 플라톤과 플로티노스를 비롯한 여러 사상가가 의미했던 것에 대한 자신의 견해를 채색하고 굴절시켰다고 가정하는 것이 합리적이다.

가장 중요한 것은 이암블리코스가 피타고라스에 대한 두 가지 관념에 집착하면서 그것을 표출하려 했다는 점인데, 즉 피타고라스는 신성하며, 인류를 구하고자 신들이 내려보낸 인물이라는 것이다. 이암블리코스가 말한 바처럼 그는 "형언할 수 없고 거의 상상조차 할 수 없을 만큼 신들과 유사했기 때문에, 그의 청력과 지성은 우주를 관통하는 천상의 조화에 몰두하고 있었다."³⁴ 피타고라스는 행위의 기준을 확립했고 제자들을 잘 교육했으며, 친구 사이에는 모든 것을 공유해야 한다고 믿었다. 피치노는 후자에서 플라톤의 『국가』의, 특별히 「사도행전」에서의 정서를 느꼈을 법하다.³⁵

일찍부터 후기 플라톤주의에 노출된 이 모든 것의 결과는 여러 가지로 나타났다. 첫째, 피치노는 반그리스도교로 알려진 이암블리코스가 테우르기아처럼 그리스도교의 알려진 관습(이 경우에는 성사)과 아주 흡사한 교리를 포용했다는 것 — 나아가 이론화하기까지 했다는 것 — 을 알

---

32 그 네 권은 다음과 같다. Iamblichus, *Protrepticus*, ed. Ermenegildo Pistelli (Stuttgart: Teubner, 1888); *De communi mathematica scientia*, ed. Nicola Festa (Stuttgart: Teubner, 1891); *In Nicomachi Arithmeticam introductionem*, Ermenegildo Pistelli (Stuttgart: Teubner, 1894); *De vita pythagorica*, L. Deubner (Leipzig: Teubner, 1937). 마지막 작품의 영역은 다음을 볼 것. Iamblichus, *On the Pythagorean Life*, tr. with notes and an intro. Gillian Clark (Liverpool: Liverpool University Press, 1989).

33 Gentile, "Sulle prime traduzioni."

34 Iamblichus, *De vita pythagorica*, sec. 15; tr. Clark, 27.

35 Platon, Republic, 5.462b-d; 「사도행전」 4장 32절.

게 되었을 것이다. 더욱이 피치노는 구원적 인물에 대한 관념이 그 시대에 알려지고 이해되고 있었던 것과는 달리, 단지 그리스도교만의 자산이 아니며, 많은 사상가가 많은 상이한 배경에서 인류에게 제시하려 했던 오랜 전통의 일부라는 것을 불현듯 인식하게 된 것 같다. 물론, 그리스도는 인류를 구하기 위해 "신"이 보낸 것이었다. 그러나 피타고라스 역시 (그리스도보다 앞선 전통이 가리키는 듯한 것처럼) 그랬다. 「사도행전」은 그리스도교도라면 모든 것을 완전히 공유해야 한다는 것을 보여 주었다. 그러나 바로 그 관념 자체가 고대적 혈통을 가지고 있으며, 그 연원은 피타고라스와 그가 만든 이상 공동체로서 이는 플라톤의 작품에서도 나타나는 것이었다. 피치노가 로마 가톨릭교회에 의해 서품받은 사제였다는 것을 기억하자. 만약 당신의 종교에만 성스럽고 고유하다고 생각하는 믿음이 비그리스도교도, 아니 반그리스도교도 — 그들 중 일부는 섭리에 따른 그리스도 탄생 전에 이미 이 땅을 활보하고 있었다 — 의 사유에서도 이어져 내려왔다는 것을 알게 된다면, 당신은 어떻게 해야 할까?

  피치노의 대답은 다면적이었다. 하지만 그 모든 것이 하나의 중심적 가정을 공유하고 있었다. 그리스도교가 스스로 진리를 감싸 안았다는 것이 바로 그것이다. 놀랍지만 많은 점에서 생소하기도 한 문화를 되돌아보는 우리에게 더 흥미로운 문제는 그리스도교의 성격이 도대체 무엇이냐는 것이다. 이러한 의문 — 아마 피치노의 삶과 경력을 이끌었을 — 이 동기가 되어 그는 『그리스도교에 대하여』를 쓰게 되었다. 피치노는 이 텍스트를 대단히 중시해 라틴어와 속어 두 판본으로 발간했다(『사랑에 대하여』가 그랬듯이). 1474년에서 1475년 사이에 이 작품을 썼을 때는 그의 경력에서 주목할 만한 시기였다. 1473년 그의 사제 서품이 완료되었고, 아직 인쇄본으로 간행되지는 않았지만 『플라톤 신학』(1474) 집필을 끝마친 상태였다. 『그리스도교에 대하여』는 피치노가 처음으로 간행한 작품이었다. 그는 처음에는 속어 판을 내놓았고, 이를 친구인 베르나르도 델 네로에게 증정했다. 곧이어 라틴어 판이 나왔고, 이는 로렌초 데 메디치에게 헌정되었다.[36] 피치노는 델 네로에게 바친 서문에서 이렇게 말하고 있다. "종교란 우리 모두에게 공히 속하는 선물이자 덕이기 때문에, 이 책을 라틴어뿐만 아니라 토스카나어로도 집필해 보편 진리를 다루는 이 책을 모두가 공용共用하게 하는 것이 나에게는 좋은 생각으로 보였다."[37]

피치노는 작품 앞부분에서 종교와 인간성이 서로 연결되어 있으며, 종교성은 인간 본성의 일부라는 것을 강력히 주장하고 있다. "살아 있는 모든 피조물 가운데 가장 완전한 인간은 무엇보다 다음과 같은 점에서 단연 눈에 띄며 하위의 존재와 구별된다. 즉 인간은 자신이 지닌 속성 덕분에 훨씬 더 완전한 존재들, 말하자면 신적인 존재들에 합류할 수 있다는 것이다."[38] 짐승은 예배하고 신적인 것에 이르려는 이런 속성을 가지고 있지 않다. 더욱이 "만약 종교가 헛된 것이라면, 인간은 모든 동물 가운데서 가장 불완전한 존재가 되고, 이로 인해 극히 비정상적이고 비참한 상태에 빠지고 말 것이다."[39] 인간은 예배하고 신을 향하며, 가끔은 스스로가 사물임을 부정하기까지 한다(예컨대, 금식하는 것에서처럼). 이 모든 것을 고려하건대, 종교가 진실하지 않고 불필요하며 효과도 없다고 말하는 것이 얼마나 어리석은 일인지 알 수 있다.[40]

종교의 자연스러움은 피치노가 『그리스도교에 대하여』에서 강조한 주요 사항 중 하나였다. 그는 이를 확고히 믿었고 그것을 자신의 생애 내내 견지했다. 또 하나의 강력한 확신은 젊은이의 중요성이었다. 피치노

---

36 Cesare Vasoli, "Il *De christiana religione* di Marsilio Ficino", *Bruniana et Campanelliana* 13 (2007), 403-28; Kristeller, *Supplementum*, 1: LVIII-LX. 속어 판 서문은 다음에 편집되어 있다. Kristeller, *Supplementum*, 1: 10-12.
37 Ficino, "Preface" in Kristeller, *Supplementum*, 1: 11.
38 다음에서 인용함. Marsilio Ficino, *Libro di Marsilio Ficino della Christiana Religione* (Firenze: Niccolò di Lorenzo, undated but before March 25, 1475; Hain-Copinger, 7071), un-paginated, chap. 1; Ficino, *De christiana religione*, in Marsilio Ficino, *Opere*, 1-77, spec. 2. 속어 판과 라틴어 판은 서로 약간의 차이가 있다. 다음을 볼 것. Kristeller, *Supplementum*, 1: 7-8.
39 Ficino, *Libro*, chap. 1; *Opere*, 2.
40 Ibid.

에 따르면, 어린이는 자연적으로 종교를 공경하면서 태어난다. 그러나 이후 성숙해져 이성의 시기에 이르면, 교육이 때로 그들을 종교에서 멀어지게 할 수도 있다. 그들이 "열성적으로 사물의 원인"을 공부하기 시작할 즈음에는 "오직 어떤 것의 주요 원인을 공부함으로써 무언가를 확신할 수 있다고 믿게 된다." 그 결과 "곧 그들은 대부분 법과 상위자의 분별을 신뢰하지 않게 되면서 종교에서 멀어진다."[41] 피치노는 사회의 미래가 아직 덜 자란 젊은이의 어깨에 달려 있다는 이런 생각에서 벗어난 적이 없었을 뿐만 아니라 사실 시간이 지나면서 그러한 믿음은 더 확고해졌다. 그는 자신이 하는 모든 일이 사실상 여러 구성원을 가르치는 데 기여한다고 믿게 되었다. 젊은이보다 더 중요한 구성원은 없으며, 그들이 올바른 교육을 받지 않으면 길을 잃기 쉽다는 것이 피치노의 생각이었다.

하지만 『그리스도교에 대하여』에는 세 번째 요소도 있다. 모든 일신교는 그에 내재한 선한 어떤 것을 가지고 있다는 생각이 그것이다.

> 신의 섭리는 세상의 어떤 시기, 어떤 지역도 종교 없이 두지는 않는다. 물론, 신은 서로 다른 장소와 시간에 서로 다른 예배 의식(modi d'adoratione / ritus adorationis)이 존재하는 것은 허용한다. 사실, 우주의 경이로운 아름다움을 만들어 내는 것은 다름 아닌 바로 이러한 다양성 — 신이 통제하는 — 일 것이다.[42]

신에게는 자신을 예배하고 숭배하는 것이 중요하지, 그것을 어떻게 행하는지는 별로 중요하지 않다. 요컨대, 형식이 아니라 내용이 중요하다는 것이다.

실제로 이러한 신념이 뜻하는 것은 피치노가 일생을 통해 별날 정도로

---

41 Ficino, *Libro*, chap. 3; *Opere*, 3.
42 Ficino, *Libro*, chap. 4; *Opere*, 4.

관용과 편협성의 혼합 상태를 보여 주었다는 것이다. 그는 무엇보다 유대교와 이슬람을 비롯한 비그리스도교의 종교적 관습이 진리의 핵심을 공유하고 있다는(이미 살펴본 바와 같이, 후기 플라톤주의의 좀 더 저돌적인 접근이 그랬던 것처럼) 생각을 품어 안고자 하는 의미에서 관용적이었다. 또한 이 모든 진리를 포괄하고 나타내는 것은 결국 그리스도교일 것 — 만약 이를 올바른 인도 아래, 무엇보다 자신이 제공할 준비가 되어 있는 그러한 인도에 따라 올바로 이해하고 만들어 가기만 한다면 — 이라는 점을 확신한 데서 그는 여전히 편협했다.

이 모든 경향이 맺은 결실이 바로 가장 광범위한 철학적 종합을 이룬 피치노의 『플라톤 신학』이었다. 바로 여기서 그는 그리스도교적 플라톤주의에 대한 최고 수위의, 그리고 가장 기술적인 수준의 주장들을 집대성해 놓았다. 그의 표현을 빌리자면, 사회의 모든 상이한 구성원을 종교에 대한 올바른 믿음으로 이끌고자 "씨앗"을 뿌린 것도 바로 여기서였다. 끝으로 모든 것을 고려할 때 자신이 가장 중요한 믿음이라 생각한 것, 즉 인간 영혼은 불멸이라는 것을 논증한 것도 다름 아닌 바로 여기서였다.[43]

피치노는 1469년에서 1474년에 걸쳐 『플라톤 신학』— 여기에는 "영혼의 불멸성에 대하여"라는 강렬한 부제가 달려 있었다 — 집필에 매달렸는데, 실질적으로는 이미 완성된 상태였다. 그는 이 작품을 1482년까지 인쇄본으로 간행하지 않았다.[44] 그는 이를 로렌초 데 메디치에게 헌정했다. 피치노는 그가 이전에 코지모가 그랬던 것처럼 계속해서 자신

---

43 『플라톤 신학』에 대해서는 다음을 볼 것. Kristeller, *Il pensiero*; Ardis Collins, *The Secular Is Sacred: Platonism and Thomism in Ficino's Platonic Theology* (The Hague: Nijhoff, 1974). "씨앗"에 대해서는 다음을 볼 것. Hiroshi Hirai, "Concepts of Seeds and Nature in the Work of Marsilio Ficino" in *Marsilio Ficino*, eds. Allen and Rees, 257-84.

44 Marsilio Ficino, *Theologia platonica de immortalitate animae* (Firenze: Antonio Miscomini, 1482), Hain-Copinger 7075. 다음을 볼 것. Kristeller, *Supplementum*, 1: LX.

을 지원해 주기를 바랐다. 피치노의 목표는 그리스도교를 단호히 부인하는 사람들(물론, 지극히 소수의 집단이겠지만)을 설득하는 것이 아니었다. 그는 오히려 자신이 "인제니오시ingeniosi" 혹은 "아쿠타 인제니아acuta ingenia"—"예민한 심성"—라 부르는 사람들, 정확히 말해 앞서 개관한 방식으로 교육받은 사람들 혹은 사실상 그때까지 알려지지 않았지만 아마도 위험한 텍스트일 법한 것에도 편견을 갖지 않는 르네상스의 새로운 문화에 동참함으로써 믿음이 흔들릴 수도 있는 사람들의 마음을 굳건히 다지는 것이었다. 피치노의 말을 빌리자면, 그들을 믿음으로 "꾀어내기" 위한 "미끼"가 필요했고 그 미끼는 철학적이어야 했다.[45]

따라서 피치노는 『플라톤 신학』에서 당대에 독자가 될 만한 여러 유형의 사람을 끌어들이려 했다. 피치노는 고전 문학을 애호하고 칭송하는 르네상스의 열광적인 지지자들을 위해 수많은 고전 작가를 인용했다. 피치노 자신은 많은 사람이 그랬듯이 아리스토텔레스적 사유에 깊이 뿌리박고 있었다. 그러므로 그는 『플라톤 신학』 내내 아리스토텔레스적 개념을 사용하고 있는데, 중세의 대학 문화에서 아리스토텔레스에 기울인 관심을 고려할 때 그중 많은 것이 철학하는 과제와 엮였을 것이다. 또한 피치노는 성서를 무수히 인용하고 참조했다. 여기서 염두에 둔 독자는 반동적 성향의, 아마 새롭게 고전 작가에 대해 열광하는 모든 것을 목격하면서도 그것을 받아들이려 하지 않는 사람들, 그리스도교에 대한 자신의 이처럼 새로운 비전 역시도 여전히 그리스도교임을 안심시키고 납득케 하려는 사람들이었다. 요컨대, 피치노는 사실상 모든 사람에게 호소하고자 한 것이다.

---

45 Michael J. B. Allen, *Synoptic Art: Marsilio Ficino on the History of Platonic Interpretation* (Firenze: Olschki, 1998), esp. 1-49. 피치노는 자신의 플로티노스 역본 서문에서 "acuta ingenia"라는 말을 쓰고 있다: "Non est profecto putandum acuta et quodammodo philosophica hominum ingenia unquam alia quadam esca praeterquam philosophica ad perfectam religionem allici posse paulatim atque perduci. Acuta enim ingenia plerumque soli se rationi committunt, cumque a religioso quodam philosopho hanc accipiunt religionem subito commune libenter admittunt."

이 모든 목표는 고귀한 것이었고 그처럼 광범위한 과제를 향한 야망은 실로 칭송하지 않을 수 없었다. 그러나 피치노의 『플라톤 신학』이 완벽히 성공했다고 혹은 적어도 성공은 했다고 말하기는 어려울 것이다. 왜 그것이 불만스러웠는지는 장르 문제와 일부 관련이 있다. 예컨대, 피치노는 스콜라 철학적 개념들을 다루고 있다. 그러나 그는 텍스트에서 암시적 방식을 사용함으로써 "문제"와 "주석" 장르의 포용과 함께 스콜라 철학적 사유를 떠받쳤던 명증성과 정확성을 무시해 버렸다. 또한 그는 플라톤적 작품들도 다루고 있다. 그러나 그는 플라톤의 대화편 형식을 사용하지 않음으로써 그러한 작품들이 보여 준 문학적·감정적 호소가 결여해 있었다. 끝으로 물론 그가 유행을 따라 휴머니스트적·고전적 작품을 인용하기는 했지만, 그의 라틴어는 휴머니스트 대부분이 당시 모범으로 여기던 고양되고 유려하며, 고전적인 관용어법으로 쓰이지 않았다. 그는 여러 계층의 사회 구성원들에게 다가가려 했으나 그 누구에게도 그들이 충분히 관심을 가질 만한 방식으로 말을 걸지 못했다.

『플라톤 신학』 마지막 권인 제18권의 한 부분, 즉 피치노가 영혼의 불멸성이라는 골치 아픈 문제를 해결하고자 한 부분을 예로 들어 보자.[46] 피치노는 책을 아주 친근한 어조로, 즉 자신의 관용적 방식으로 시작하고 있는데, 여기서 그는 유대교, 그리스도교, 이슬람교 모두가 엄연한 창조에 대한 어떤 근본 가정을 공유하고 있다는 점을 논증하고 있다.[47] 이러한 가정 가운데 하나는 육체와 영혼 간의 연결성, 정확히 말해 물리적 사멸의 뒤 혹은 그 너머로 육체는 어떻게 되는지와 관련이 있었다. 가톨릭 교리는 시간이 종말에 이르고 신이 그것을 선포하면 인간 영혼은 부활하며, 그 과정에서 물질적인 진짜 육체 — 비유적 혹은 상상적인 것이 아니라 말 그대로 사실의 문제로서 — 에 합쳐진다는 것이었다(이 문제에서는 지금도 그렇다).[48]

---

46 Ficino, *Platonic Philosophy*, 18, v. 6, 64-219.
47 Ibid., 18.1, v. 6, 64-65.

피치노는 이 과정을 이렇게 말하고 있다. "세 가지 법 — 유대교, 그리스도교, 이슬람교를 뜻한다 — 은 무엇보다 신의 권위를 불러냄으로써 부활을 확인한다. 왜냐하면 그들은 신이 종종 예언자와 사도를 통해 여러 시대에 걸쳐 수많은 사람을 죽음에서 일으켜 세우리리 계시했으며, 더욱이 성인들은 그 생이 다한 뒤에도 계속 기적을 행했을 뿐만 아니라 그것도 매일 같이 그렇게 했다고 말하고 있기 때문이다."[49] 이것의 첫 번째 함의는 육체의 죽음이 절멸을 의미하지는 않는다는 것이다. 육체에 남아있는 어떤 것은 어떤 경우에는 세상에 경이로운 일을 일으킬 정도로 매우 강력할 수 있는데, 이러한 경이는 외견상 상궤를 벗어나는 것으로 보이지만 신의 섭리와 권능으로 인해 이런 일이 없다면 생명을 잃을 육체를 관통해 흘러간다는 것이다. 이런 측면에서 보면 죽음은 죽음이 아니다.

피치노는 먼 과거로부터 현재로 옮아온다. "분명히 우리 시대, 즉 1477년 12월과 1월에, 볼테라시市에서 발견된 사도 베드로의 유골이 12가지 기적을 일으켰다고 알려졌는데, 이는 엄청난 기적이었고 많은 사람에게 알려졌다."[50] 이 예가 특정 장소에서 최근에 발생한 일이라는 것은 기적이 진짜라는 것을 증명하는 효과가 있다. 그것이 상당수의 사람에게 알려졌다는 사실 역시 같은 효과가 있다. 피치노는 계속해서 이렇게 말한다. "이러저러한 사실은 부활에 대한 최고의 증거이므로, 그래서 이븐 시나*는 『치유서의 형이상학』(Ilahiyyat)에서 신적 권위가 부활을 천명할 때는 그 권위를 믿어야만 한다고 주장한다."[51] 여기서 현대의

---

48 부활 개념의 역사에 대해서는 다음을 볼 것. Fernando Vidal, "Brains, Bodies, Selves, and Science: Anthropologies of Identity and the Resurrection of the body", *Critical Inquiry* 28 (2002), 930-74; Caroline Walker Bynum, *The Resurrection of the Body in Western Christianity, 200-1336* (New York: Columbia University Press, 1995).
49 Ficino, *Platonic Theology*, 18.9, v. 6, 169-71.
50 Ibid., 171. * 유럽에서는 아비켄나(Avicenna) — 당시 발음으로는 "아비첸나"였을 것이다 — 로 알려져 있었다.

독자는 약간 어리둥절하게 된다. 이븐 시나가 누구인가? 왜 그가 관련되는가? 중세 이슬람 철학자인 이븐 시나(c. 980~1037)는 의학서뿐만 아니라 어떤 표준적인(때로는 역설적으로 아리스토텔레스적인) 텍스트에 대한 느슨한 플라톤적 해석으로 유명했다.[52] 여기서 피치노는 서로 다른, 심지어는 비그리스도교 전통의 사상가에게도 무언가 유익한 것이 있을 수 있다는 믿음뿐만 아니라 자신의 독서가 얼마나 폭이 넓은지도 알리고 있다.

피치노는 이어서 자신이 "라티오ratio"라 부르는 것, 즉 여기서는 "증거"를 뜻하는 라틴어 단어의 네 가지 예를 제시한다.[53] 첫 번째 예를 통해 우리는 『플라톤 신학』에 나타나는 혼란스러운 장르 감각뿐만 아니라 피치노의 어조까지도 충분히 이해할 수 있을 것이다. 이는 전부 인용할 만한 가치가 있다.

첫 번째 증거. 하나의 자연 복합체는 영혼과 인간의 육체로 만들어지며, 영혼은 자연적 본능에 의해 육체에 영향을 주기 때문에 보편 질서뿐만 아니라 바로 그 자신의 본성적 질서로 인해 영혼이 육체에 매여 있다는 점은 명백하다. 그러므로 영혼이 육체와 분리된 채로 남아 있다면, 이는 우주와 그 자신의 본성 모두를 거스르는 것이다. 그러나 육체가 사멸한 뒤에도 영혼은 영속하기는 하지만 동시에 자연을 거스르는 것이 영속할 수는 없는 법이므로, 결과적으로 어떤 시점에 영혼은 원래의 육체로 다시 돌아가게 될 것이다.[54]

---

51 Ibid.
52 Louis Gradet, *La pensée religieuse d'Avicenne* (Paris: Vrin, 1951); Lenn Goodman, *Avicenna* (London: Routledge, 1992); Dimitri Gutas, *Avicenna and the Aristotelian Tradition* (Leiden: Brill, 1988).
53 Ficino, *Platonic Theology*, 18.9, v. 6, 171-73.
54 Ibid., 171.

피치노는 먼저 본성과 자연적 질서의 힘을 강조하고자 한다. 그는 인간 영혼이 육체에 매여 있을 때가 가장 자연적인 상태라고 말한다. 이런 생각은 피치노가 질료형상 합일의 본성에 대한 고전적이고 아리스토텔레스적인 가르침 — 사물은 그것의 형상과 질료가 합쳐질 때 비로소 진정한 사물이 된다는 관념 — 과 완전히 일맥상통한다. 영혼은 인간의 형상이며, 육체는 그 질료이다. 그러므로 "영혼이 육체와 분리된 채로 남아 있다면, 이는 우주와 그 자신의 본성 모두를 거스르는" 것이다. 하지만 피치노는 사멸 — 지상에서 사람이 가지고 있는 물질적인 몸의 죽음 — 을 인식하면서 그 이후에도 영혼은 "영속한다"고 말한다. 그러나 그는 이미 영혼이 육체에 대한 자연적 본능을 가지고 있다고 말한 바 있다. 이러한 본능, 이러한 결합은 본성의 일부이며 "자연을 거스르는 것이 영속할 수는 없는 법"이어서 어떤 시점에 영혼과 육체는 다시 결합할 수밖에 없으므로, 우리는 부활에 대한 첫 번째 "증거"를 가지게 된다.

  이러한 논증은 뒤따르는 다른 세 논증과 함께 논쟁의 여지가 없어 보이는 방식으로 배열한 논리적 전제들에 대한 유효성에 근거한다. 즉 믿음을 위해 논리를 사용하는 것이다. 사실, 그의 논증이 만약 "퀘스티오 quaestio" 형식으로 쓰였더라면 더 효과적이었을 것이다. "퀘스티오"란 명제를 정하고 그에 대한 찬반 논증을 열거하며, 끝으로 해결책을 제시하는 중세 철학의 표준적 언어이다. 말할 필요도 없이, 인간 육체의 부활을 어떤 식으로 논증하든 간에, 그에 대한 믿음은 아직은 미결정 상태이지만 인간과 세속의 시간이 결국에는 종말에 도달하게 된다는 믿음에 달려 있다. 신은 이 세상이 이미 충분할 정도로 지속해 왔다고 생각하게 될 것이다. 그러면 그는 "레크레아티오recreatio", "새로운" 혹은 "두 번째" 창조를 하게 될 것이고, 영겁의 운동이 있은 뒤에 모든 것은 평온해질 것이다.[55] 결국 "부활의 작용인作用因은 다름 아닌 신의 가늠할 수 없는 힘이다. 그래서 사자死者를 일으켜 세우는 생명의 무한함은 영

---

55 Ibid., 174-75.

원한 죽음에서 벗어난 사자를 보존하는 무한함과 같다고 보는 것이 가장 적절하다."[56] 알다시피 지상에서의 삶은 이제 다음에 올 삶과는 다르다. "지금 지상에서 신으로부터 분리된 영혼은 그 요소의 본성을 거스르는 육체와 합쳐져 이를 지탱하고 북돋우지만, 후일 천상의 가장 높은 곳에 있는 신과 다시 결합해 스스로와 함께 육체를 지고한 에테르의 영역 안에 일으켜 세울 수 있다."[57] "에테르aether." 피치노는 지상계(우리의 감각으로 알 수 있는 영역) 위에 흙, 공기, 물, 불이라는 친숙한 네 요소 너머 "정수精髓"인 다섯 번째 요소가 존재한다는 플라톤적 관념을 받아들였다.[58] 그는 우주가 동심원을 가진 다수의 구체로 배열해 있다고 믿었다. 가장 안쪽 층위는 지상계(즉 달 아래의 모든 것)의 거처이다. 바깥 층위에는 가시적인 천체(행성과 일부의 별)가 있는데, 이는 밀도를 지니지 않는 요소인 "에테르"로 둘러싸인 우주를 관통해 움직인다. 피치노는 부활한 자들이 거주할 곳은 바로 거기라고 말한다. 그들은 신에 점점 더 가까워지면서 더욱 신을 닮아 가게 될 것이다. 그리하여 피치노는 "호모이오시스 테오homoiôsis theô", 즉 "신과 닮아" 간다는 플라톤적 관념의 그리스도교적 변형을 제시한다. 피치노는 여기서 이런 과정을 통해 신처럼 된다는 플로티노스 철학이 지향하는 총체적 목표의 방향을 바꾸어 그것을 그리스도교 신학의 정언 명령에 맞추려 하고 있다.[59] 하지만 피치노가 자신의 논의에 혼합한 모든 것을 고려해도 명증성과 정확성의 결여

---

56 Ibid., 177.
57 Ibid., 179.
58 Michael J. Crowe, *Theories of the World from Antiquity to the Copernican Revolution* (New York: Dover, 1990); Owen Gingrich, *The Eye of Heaven: Ptolemy, Copernicus, Kepler* (New York: American Institute of Physics, 1993).
59 "호모이오시스 테오"에 대해서는 다음을 볼 것. Platon, *Theatetus*, 176a. 6세기에 살았던 다마스키오스는 "테오시스theôsis"라는 용어를 사용하고 있다. Id., *De principiis*, ed. C. A. Ruelle (Paris, 1889), 100. 좀 더 최근의 판본으로는 다음이 있다. Damascios, *Traité des premiers principes*, ed. and tr. Leendert G. Westerink and Joseph Combés, 3 vols. (Paris: Les Belles Lettres, 1986).

로 인해 마지막 요점이 던지는 파장은 여전히 기대에 미치지 못하는 측면이 있다.

만약 피치노의 『플라톤 신학』이 좀 더 설득력 있고 일관적으로 쓰였다면, 이는 그의 가장 중요한 작품으로 생각될 수 있었을 것이다. 하지만 보는 그대로, 그 자신 및 뒤이은 세대에 가장 큰 영향을 준 것은 한편으로는 번역과 주석서, 다른 한편으로는 편지였다.

번역에 대한 피치노의 가장 큰 기여는 『플라톤 전집』(*Opera*)이었는데, 초고는 1469년에 완성되었다.[60] 고대 이래 플라톤의 작품은 각 네 권짜리 9개 부분(각 부분은 "4부작"이라 불렀다)으로 나뉘어 구성되었는데, 이는 플라톤 사후 3세기가 훨씬 지난 1세기 초에 제작된 영향력 있는 판본이 낳은 결과이다.[61] 그사이에 원래 플라톤의 작품으로 간주했던 것 안으로 다른 작품들이 슬쩍 끼어들었는데, 오늘날 학자들은 그중 일부가 진짜가 아니라고 생각한다. 하지만 피치노는 전통적인 36개 텍스트(35개 대화편과 플라톤이 썼다는 편지들)가 진짜라는 데에 아무런 의문도 갖지 않았다. 피치노는 번역 과제를 수행하면서 4부작을 한 부분으로 보는 작품 배열을 따르지 않았다. 간행된 역본에서 그는 전통적인 배열이 아니라 자기 자신의 방식을 사용했다.[62]

플라톤을 번역하고 그의 작품을 당대인에게 보이는 것이야말로 피치노의 기획 전체의 핵심 요소였다. 그가 오랜 시간이 흐른 후에야 그 결과물을 인쇄본으로 간행했다는 것이 당혹스럽게 보일 수도 있다. 그가 택한 시기는 1484년이었는데, 그것은 피치노의 눈에 자신의 학문적 업적이 점성학상 중요하다고 보이는 때였다.[63] 이 사실은 피치노가 전근대

---

60 Hankins, *Plato*, 1: 300-18; Kristeller, *Supplementum*, 1: CXLVII-CLVII.
61 Diogenes Laertios, 3: 56-61, in Id., *Lives of Eminent Philosophers*, ed. and tr. R. D. Hicks, 2 vols. (Cambridge, MA: Harvard University Press, 2000-05), 326-31.
62 하지만 피치노의 주요 그리스어 수서본은 플라톤의 작품을 각 4부작 한 묶음으로 나누는 전통적인 트라쉴로스 식 배열을 따랐다. MS Firenze, Biblioteca laurenziana, Plut. 85.9. 피치노의 배열에 대해서는 다음을 볼 것. Kristeller, *Supplementum*, 1: CLI-CLII.
63 Hankins, *Plato*, 1: 302-04.

세계에 살고 있었다는 점을 상기하게 해 준다(상기할 필요가 있다면). 사실, 피치노는 "플라톤의 생애"—원래는 친구에게 보내는 편지로 작성되었다가 뒤에 자신의 『플라톤 전집』에 들어간— 서두에서, 플라톤이 태어났을 때의 행성 위치를 기술하느라 애를 쓰고 있다.[64]

그러나 이 모든 것을 관통하고 있는 것은 플라톤이 어떻게든 일상적 인간성을 훨씬 넘어서는 발전의 지점을 보여 주고 있다는 피치노의 확신이었다. 플라톤의 스타일은 거의 신적으로 느껴질 정도였다. "말하건대, 그의 스타일은 인간의 웅변보다는 신탁에 더 가깝다. 우르릉거리며 굉음을 내는가 하면 꿀처럼 달콤하게 흘러가기도 한다. 하지만 항상 은밀한 천상의 비밀을 감싸 안는다."[65] 전반적으로 피치노는 여기저기서 어떤 기획에서든 그 속에 담긴 진리의 핵심을 끌어내야 한다는 것을 현대의 해석자에게 보여 주고 있다.

이 경우의 기획은 플라톤이며, 해석자는 피치노 자신이다. 진리의 핵심이라는 것은 무엇인가? 플라톤의 경우라면, 우리는 피치노의 번역 과제로부터 그의 『플라톤 신학』으로 되돌아갈 수 있다. 여기서 피치노는 자신의 의도가 "플라톤의 초상을 가능한 한 그리스도교적 진리에 가깝게 그리는 것"이라고 썼다.[66] 해석자가 지닌 임무의 기본적 한도와 의도는 매우 능동적이다. 즉 그의 임무는 연구하는 저자의 의도를 발견하는 것이 아니라 그 저자로부터 진리—심지어는 저자가 스스로 드러내고 있다는 것을 알지 못할 수도 있는 진리—를 끌어내는 것이었다. 피치노가 한 플라톤 번역의 경우, 앞선 15세기 번역(예컨대, 레오나르도 브루니)과는 달리, 부적절하게 보이는 플라톤의 구절들을 삭제하지 않았다는 것은 흥미로운 사실이다.[67] 이미 언급했다시피, 플라톤의 작품 여기저기에는 성인 남성과 소년 간의 동성애적 행위에 대한 공공연한 이야기가 들

---

64 Ficino, *Opere*, 769; *Letters*, 3: 33.
65 Ficino, *Opere*, 1129; cit. and tr. in Hankins, *Plato*, 1: 316.
66 Ficino, *Platonic Theology*, Preface, v. 1, 10-11.
67 Hankins, *Plato*, 1: 312-14.

어 있다.

플라톤의 『파이드로스』가 바로 그런 대화편인데, 피치노의 접근이 지닌 이점과 한계를 알기 위해서는 이를 검토하고 그에 대한 피치노의 반응을 보는 것이 좋겠다. 『파이드로스』에서 화자인 소크라테스와 파이드로스는 사랑의 본성 및 웅변의 힘과 함께 뒤에 가서는 글쓰기의 성격까지도 논하고 있다. 대화편 내내 둘은 약간의 신경전을 벌이고 있는데, 이는 파이드로스가 리쉬아스(내켜 하지 않는 소년에게 성적 관계를 갖도록 설득하는 방법을 연설한 웅변가로, 이는 이 대화편의 사랑에 대한 논의에서 출발점 역할을 한다)에게 푹 빠져 있고, 소크라테스는 다른 젊은이에게 홀딱 반했다는 함의를 담고 있다. 피치노는 플라톤 주석서에서 이런저런 구절을 설명하면서 축자적 해석보다는 알레고리를 사용하거나, 대화편의 다른 부분에 초점을 맞추거나 혹은 대화의 중요한 메시지로 보이는 것을 끄집어내고 있다.

플라톤의 『파이드로스』를 이루는 구조는 다음과 같다. 두 화자가 만나 이야기를 나눈다. 파이드로스는 소크라테스에게 리쉬아스가 "사랑"에 대해 놀라울 정도로 마음을 사로잡는 연설문을 썼다고 말한다. 파이드로스가 자신이 소유하고 있다고 밝힌 그 연설은, 소년을 억누르고 숨 막히게 할 정도로 푹 빠진 것은 아니어서 그저 섹스만을 원할 뿐인 장래의 나이 많은 파트너를 따라야 한다(즉 성적 호의를 허용해야 한다)고 주장한다.[68] 그러자 소크라테스는 그 연설을 비판하면서 자신이 더 나은 연설을 할 수 있다고 말한다.[69] 소크라테스는 자신이 목적을 이루는 데 더 낫다고 믿는 언어 구조와 배열, 즉 설득을 사용해 같은 주제로 연설을 한다.[70]

그러나 소크라테스는 강한 양심의 가책을 느끼게 된다.[71] 그래서 그

---

68 Platon, *Phaedrus*, in Plato, *Euthyphro, Apology, Crito, Phaedo, Phaedrus*, ed. and tr. Harold N. Fowler (Cambridge, MA: Harvard University Press, 2014), 227c-234e.
69 Ibid., 235c.
70 Ibid., 237a-241d.
71 Ibid., 242c.

는 다른 연설을 하지 않을 수 없다고 생각하는데, 이는 사랑을 단지 육체적 욕구를 만족시키는 저급한 경향으로 보지 않고 신성한 것으로 기리는 것이다.[72] 소크라테스는 육체적 사랑과 육체적 아름다움을 찾고, 만나고, 가지려는 성향이 신들에 의해 우리에게 심어진 것이라고 주장한다. 이 선물의 진정한 잠재력을 인식하려면, 육체적 사랑이 사실은 영구적이고 불변하는 영원하고 비육체적이며 신적인 아름다움의 상징을 표현한다는 점을 깨달아야 한다. 그래서 진정한 "연인"이라면 소년과 육체적으로도 관계할 것이다. 그러나 이후 그는 그 소년을 돌보고, 그가 교육받고 성공해 어른이 되도록 도와주게 될 것이다.

소크라테스는 모든 사람의 영혼이 천상의 마차 같다고 말한다. 즉 마차를 모는 사람은 서로 반대 방향으로 가려는 말 두 필을 제어하고자 애를 쓰고 있다는 것이다. 한 마리는 언제나 위로만 올라가려 하고, 다른 한 마리는 제멋대로 항상 아래로만 향한다. 마부의 책임은 두 말의 균형을 맞추어 모두가 각자 적절한 목표에 도달하도록 하는 것이다. 인간의 영혼도 이와 같다. 그것은 선악이라는 상충적 경향을 지니고 있으며, 훈육을 잘 받고 성품이 좋은 사람(마부)이라면 사랑을 포함해 그 어떤 경우든 그러한 경향을 제어할 수 있을 것이다. 화자들은 이어 수사학—설득의 기술—을 이야기한 뒤 글쓰기에 대한 논의로 끝을 맺는데, 후자는 지금 하는 말과 서로 주고받는 반응을 "고정하는" 방식 때문에 활기찬 탐구를 약화할 수도 있는 기술이다.[73]

피치노는 자신의 고대적 모범처럼 플라톤의 대화편 각각이 고대에는 "스코포스skopos"—"목표" 혹은 "주요 목적"—라고 불렀던 것을 가지고 있다고 믿었다. 각 작품이 각각 제시하고자 하는 주요 논점을 보여 주는 식으로 쓰인 것도 바로 이런 이유에서다.[74] 그래서 피치노는 플라톤

---

72 Ibid., 244a-257a.
73 Ibid., 258c-279c.
74 Michael J. B. Allen, "Introduction" to Marsilio Ficino, *Commentaries on Plato*, ed. and tr. Michael J. B. Allen (Cambridge, MA: Harvard University Press, 2008), esp. xvi-

의 『향연』에 대해서라면 이미 언급한 바 있다고 말하면서(앞서 보았듯이 『사랑에 대하여』에서) 이를 『파이드로스』의 경우와 다르게 보았다. 피치노는 이렇게 쓰고 있다. "『향연』은 주로 사랑과 아름다움을 어떤 결과로 다루고 있지만 『파이드로스』는 아름다움을 위한 사랑을 논하고 있다."[75] 이어서 피치노는 동성애에 대한 공공연한 언급은 대략 건너뛰어 버린다. "소크라테스적 사랑의 겸손함에 주목하자. 소크라테스가 머리부터 가리는 것은 자신이 이제 말하려는 것이 별로 명예롭지 않은 것임을 알기 때문이다."[76] 피치노는 소크라테스의 첫 번째 연설을 이런 식으로 언급하는데, 소크라테스는 즉각 그것을 후회하면서 사랑의 진정한 성격에 대한 두 번째 연설로 넘어가고 있다.

피치노는 이렇게 말한다.

> 소크라테스는 저급한 사랑을 이성에 반해 일어나는 어떤 격정이나 욕망으로 정의한다. 이는 옳은 일을 하고자 하는 견해를 압도하며, 단지 외양이 주는 쾌락으로 이성을 사로잡으려 할 뿐이다. 소크라테스는 자신의 정의를 좇아 우리에게 두 지도자를 할당한다. 하나는 우리의 타고난 쾌락에 대한 욕망이고, 다른 하나는 우리가 배움을 통해 점차 획득해 가며 우리를 명예로운 것으로 인도하는 정당한 견해이다.[77]

피치노는 말 두 마리를 우리가 지닌 의식의 서로 다른 부분에 대한 대역으로 삼아 플라톤의 마부 신화를 설명하기 시작한다. 하나는 아름다움을 지향하지만 부패하기 쉽고, 다른 하나는 우리를 천상으로 인도하는 잠재력을 가지고 있지만 훈육이 필요하다는 것이다.[78]

---

xvii.
75 Ficino, *Commentaries on Plato*, ed. and tr. Allen, 39.
76 Ibid., 41.
77 Ibid.

이는 피치노로부터 인용할 수 있는 수천 가지 예 가운데 하나일 뿐이다. 플라톤을 설명하기 위해 알레고리와 해설을 사용하는 것은 피치노가 자신 있게 할 수 있는 일이었다. 그는 플라톤에게서 음란하거나 추문을 일으킬 만한 부분을 빼야겠다고 생각지 않고 그것을 해석상의 도전 같은 것으로 보았다. 하지만 피치노는 다른 주석서들과 『플라톤 신학』에서 그랬듯이, 이 주석서에서도 방금 인용한 것과 같이 뜻이 명백한 모든 구절을 빈번히 추상적이고 조밀한 설명 — 후기 플라톤 텍스트와 성서의 구절과 중세의 철학 전통에 대한 박식을 함께 짜 놓은 — 과 합쳐 놓고 있다. 다시금 우리는 텍스트에 대한 표준적 접근 방식에 맞지 않는 혼성 장르, 일종의 막다른 길을 보게 된다.

모든 것을 고려할 때, 피치노의 편지야말로 그가 당대인에게 어떤 영향을 끼쳤는지 알 수 있는 최상의 길을 보여 준다는 것은 바로 이런 이유에서이다. 그의 편지는 방대하고 다면적인데, 지금 그것에 대해 충분히 설명할 시간은 없다. 하지만 이 편지들이 어떻게 해서 피치노 사회경제학의 일부이며, 그 사회경제학이 어떤 모습일지를 검토하는 발판 같은 역할을 하는지 잠깐이라도 이에 대해 살펴보는 것이 좋겠다.

피치노의 편지는 때때로 친구들에게 자신이 무엇을 하는지 알게 하려는 것이었다. 예컨대, 피치노가 베네치아 외교관이자 친구인 베르나르도 뱀보에게 자신이 하는 최근의 작업 과정을 알리는 1477년의 한 편지가 그렇다. "나는 신의 섭리와 인간 의지의 자유에 관한 책을 쓰고 있네. 여기서 나는 최선을 다해 섭리와 자유를 제거하려는 점성술사들의 언설을 논박하려 한다네."[79] 여기서 우리는 피치노가 친구에게 자신이 당대의 가장 성가신 문제 가운데 하나, 또다시 전근대와 근대, 미신과 과학 간의

---

78 이 주제에 대해서는 다음의 고전적 연구를 볼 것. Michael J. B. Allen, *Marsilio Ficino and the Phaedran Charioteer: Introduction, Texts, Translations* (Berkeley: University of California Press, 1981); Allen, *The Platonism of Marsilio Ficino: A Study of His Phaedrus Commentary, Its Sources and Genesis* (Berkeley: University of California Press, 1984).

79 Ficino, *Opere*, 771; *Letters*, 3: 48.

구멍이 숭숭 뚫린 경계를 다루고 있다는 것을 알게 된다.

이미 살펴본 바와 같이, 천계가 지상의 문제에 영향을 끼친다는 것은 모두가 믿고 있었다. 중력이 작용함으로써 달의 위치가 조수에 영향을 끼친다는 점을 고려하면, 이는 분명히 잘못된 생각만은 아니었다. 하지만 피치노의 시대와 그에 앞선 사실상 중세 내내, 문제는 그 정도에 있었다. 천체—별, 행성, 혜성 등—는 도대체 어느 정도로 인간의 삶에 영향을 끼치는가? 그처럼 강력하고 그처럼 모든 것을 아우른다는 보편적인 힘들의 그물이 과연 본질적으로 인간의 행동을 제어하고 있는 것인가? 앞선 많은 사람처럼 피치노 역시, 만약 후자의 명제가 사실이라면 인간의 자유 의지는 사라질 위험이 있다고 생각했다. 그렇게 되면 사후에 상과 벌을 받는다는 신의 정치경제학 전체가 이해할 수 없는 것이 되고 말 것이다. 여기 이 편지에서 우리는 피치노의 견해(결단코 인간의 자유 의지에 찬성한다는)와 아울러 전근대의 "출판"이 어떤 식으로 작동하는지를 슬쩍 들여다볼 수 있다. 당신은 친구에게 자신의 작업이 어떻게 되어가고 있는지 알려 이에 대한 욕구를 채워 준다. 당신의 작품이 완성되면 이번에는 그 친구들이 자신들의 친구와 지적 화자 연결망을 통해 그것을 유통하고 확산하는 데 일조할 것이다. 이 경우, 우리가 이미 아는 바와 같이, 피치노는 사실상 이 작품을 썼으나 결코 인쇄본으로 출판하지도, 널리 유통하지도 않았다.[80] 그러나 우리는 편지를 통해 그가 이 문제에 관심이 있으며 그것에 상당 시간을 쏟았다는 것을 알게 된다.

피치노의 편지 대부분은 반세기 이상이 지난 지금에도 우리에게 그의 인간성에 대한 통찰을 제공한다. 그는 부드러운 유머 감각을 지녔고 연결망을 유지하는 데 언제나 열심이었으며, 항상 자신의 메시지를 정하는 데 진력했다. 플라톤의 전기를 담은 편지의 결론은 이를 매우 압축적으로 보여 준다. 피치노는 2세기에 살았던 한 플라톤주의자를 인용하면서 이렇게 말한다. "마다우루스 출신의 아풀레이우스와 함께 우리 모두 자

---

80 Kristeller, *Supplementum*, 2: 11-76.

유롭게 천명하자. '우리 플라톤 가문은 밝게 빛나는 것, 즐거운 것, 천상의 것, 지고의 것 외에는 아무것도 모른다'고."[81] 같은 편지 더 앞쪽에서 우리는 1470년대가 끝나갈 무렵 피치노의 — 그리고 피렌체의 — 지적 분위기에 대한 흥미로운 힌트를 얻게 된다.

시인이 될 자격도 없으면서 그 자신만을 위해 그 이름을 이용하는 일부 천박한 엉터리 시인이 있다. 그들은 질시로 인한 악의만큼이나 행동의 차이 때문에 분기奮起해 부끄러운 줄도 모르고 뛰어난 인물을 조롱한다. 특히 우리 시대를 돌아볼 때, 이들에게는 마치 악인이 아니라 선인을 욕해도 된다는 어떤 최고 허가증이라도 주어진 것 같다.[82]

피치노가 이 편지의 최종본을 검토할 때 불편해 했던 것으로 보이는 이 "엉터리 시인", 이 익명의 시인은 도대체 누구였을까?

앞으로 살펴보겠지만, 피치노는 로렌초 시대 —"대인" 로렌초 데 메디치(1449~92)가 피렌체의 주요 시민으로 활동했고, 뒤에 미화된 시대 — 에 피렌체의 선도적 지식인이었고, 이후로도 그랬다. 하지만 1470년대 말이 되면 다른 목소리들이 나타나고 있었고, 그들 모두가 르네상스의 문화적 삶에서 가장 중요하게 통용된 명성이라는 것을 나누어 가지기 위해 서로 경쟁하고 있었다.

---

81 Ficino, *Opere*, 770; *Letters*, 3: 48.
82 Ficino, *Opere*, 770; *Letters*, 3: 47.

14
15세기 후반 피렌체 문화의 목소리

하늘이 바라는 건 기적이 아니라네
수많은 전조가 그 순간에 내려오지.
하늘의 태양은 떠오르자마자 희미해지네 ……

다음 날 아침 마르실리오 왕은,
크게 동요하고 불안에 휩싸여
톨레도의 현자들을 부르러 사람을 보냈네 ……

그 모든 현자가 사라고사로 왔다네
이 문제를 의논하기 위해
마술사, 점성술사, 주술사,
예언가, 점술사, 수없이 많은
이 모두가 유명하고 뛰어난 사람들이었다네.[1]

---

1 Luigi Pulci, *Morgante*, a cura di Giuliano Dego, 2 voll. (Milano: Rizzoli, 1992),

이 시행은 바로 피치노가 언급하고 있는 골칫거리 "엉터리 시인" 루이지 풀치(1432~84)가 토스카나어로 쓴, 28개 노래로 이루어진 긴 서사시에서 나온 것이다.² 풀치의 『모르간테』(*Morgante*)는 우리가 "반反서사시"라고도 부를 만한 것, 즉 서사시 전통의 일부를 반영하면서도 그것을 중세 로망스의 등장인물 및 플롯 장치와 뒤섞고 거기다가 진짜로 독특한 어떤 것을 보여 주는 저속한 풍자 ― 그중 많은 부분은 15세기 피렌체의 거리에서 회자하던 야한 구비 시가에서 끌어온 것이다 ― 를 듬뿍 가미한 시였다.

1470년대 피렌체에서 풀치는 피치노의 경쟁자였다. 그래서 피치노는 플라톤 전기가 된 편지에서 풀치에 대해 에둘러 말했을 뿐만 아니라 앞으로 살펴보겠지만 다른 편지들에서는 그에 대해 직접적으로 로렌초 데 메디치와 정면으로 부딪치는 데까지 나아갔다. 이 때문에 풀치는 피렌체에서 쫓겨나기까지 했다. 외면상 피치노와 풀치 두 사람은 당시 존재하던 몇몇 문화적 경향 가운데 두 가지를 대변하고 있었다. 그 하나는 엄격하고, 학문적 연구와 플라톤적 지혜를 지향하며, 사적인 것이었고, 다른 하나는 매우 속어적이고, 저속하며, 우스꽝스럽고, 아주 대중적이었다. 이런 대략적 구분에도 어느 정도의 진실은 있다. 그러나 겉모습 아래에는 쉽게 상상하기 어려운 양자 간의 유사점도 내재해 있었다.

첫째, 주의 깊은 독자라면 이미 짐작했겠지만, 앞서 인용한 구절은 무언가를 드러내 보이고 있다. 즉 풀치는 피치노를 풍자하고 있는 것이다. 『모르간테』의 사건과 논리는 중세 황제 샤를마뉴(742~814)의 세계에 맞추어져 있다. 샤를마뉴는 적극적인 그리스도교 개혁 프로그램으

---

cant. 25: 73, 81, 82; tr. in Luigi Pulci, *Morgante: The Epic Adventures of Orlando and His Giant Friend Morgante*, tr. Joseph Tusiani, intro. and notes Edoardo A. Lèbano (Bloomington: University of Indiana Press, 1998), 590-92.

2 Constance Jordan, *Pulci's* Morgante: *Poetry and History in Fifteenth-Century Florence* (Washington, D.C.: The Folger Shakespeare Library, 1986); James Coleman and Andrea Moudarres, eds., *Luigi Pulci in Renaissance Florence and Beyond: New Perspectives on His Poetry and Influence* (Turnhout: Brepols, 2017).

로 유럽을 통합해 오늘날 우리가 아는 몇몇 방식으로 그 모습을 만든 인물이었다. 그의 업적은 중세에 시작詩作의 주제가 되었고, 그중 가장 유명한 것이 최초로 프랑스 속어로 쓴 대작 서사시 『롤랑의 노래』(Chanson de Roland)이다. 사건은 남서쪽 에스파냐에 맞추어져 있는데, 그곳에서는 샤를마뉴가 신임하는 롤랑 휘하의 그리스도교 군대가 무슬림과 싸우고 있었다. 이후 이야기는 점차 살이 붙으면서 중세의 여러 언어와 배경을 통해 되풀이되었다. 이탈리아에서는 "롤랑"이 "오를란도"가 되었는데, 풀치는 바로 이 신화와 시 연작에서 작품 내용 일부를 끌어왔다. 그는 원래 무슬림 군주 마르실라였던 등장인물을 "마르실리오"로 바꾸었고, 앞의 인용을 비롯한 여러 곳에서는 피치노와 관련지어 놓은 일종의 이질성과 수상쩍음이 나타나도록 해 놓았다. 예컨대, "마르실리오 왕"은 "마술사, 점성술사, 주술사"와 연관되는데, 이들은 피치노가 스스로 멀리하려 했으나, 특히 그가 점점 더 후기 플라톤 전통의 심오한 부분을 해석하는 쪽으로 가게 되면서 좋든 나쁘든 자신의 명성을 지켜준 기술과 방법을 수행하는 사람들이었다.

사실, 풀치는 『모르간테』를 쓰기 전에 이미 피치노를 공격하는 일련의 소네트에서 그를 시야에 넣고 있었다. 풀치는 이렇게 말한다.

> 영혼이 어디서 들어오고 어디서 나가는지
> 혹은 복숭아에서 씨를 어떻게 찾아내는지
> 그것에 대해 그렇게 큰 목소리로 떠드는 사람들은
> 커다란 늙은 멜론을 연구했지.
> 그들은 아리스토텔레스와 플라톤을 인용하고,
> 영혼이 소리와 노래 사이에서
> 안식을 누리길 바라네. 춤을 너무 많이 추다 보니
> 머리가 뒤죽박죽되어 버렸지만.[3]

---

3 Luigi Pulci, *Libro dei sonetti*, excerpted in *Poesia del Quattrocento e del Cinquecento*,

또 다른 곳에서도,

마르실리오, 당신의 이 철학을 / 진짜로 느끼는 사람은 아무도 없다네.⁴

그리고,

이 짐승아, 넌 마레마(투박하기로 이름난 토스카나 남서쪽 지역)에서 이리로 도망쳐 왔지.⁵

이는 오늘날 유명 인사들이 트위터로 주고받는 말다툼과 비슷하다. 하지만 그것은 아무리 잘 봐주어도 불완전한 비교일 것이다. 트위터는 공간이 부재하고 아주 짧은 시간 동안만 창문 역할을 하는 한시적 영역에 존재한다. 매일 쏟아지는 방대한 양의 정보 속에서 하루의 논쟁은 다음 날이 되면 대부분 잊히기 마련이다.

하지만 1470년대 피렌체에서는 사정이 달랐다. 이 같은 다툼은 장차 문화가 나아갈 길에 대한 실질적인 함의를 내포하고 있었다. 만약 문화적 풍경 속에서 굳이 자신의 위치를 옹호하려 하지 않는다면, 아무런 후원 없이도—즉 활동에 대한 재정적 지원 없이도—스스로 깨달음을 얻을 수 있을 것이다. 피치노는 풀치가 사용하고 있던 속어로 운을 맞추는 대단한 재능을 지니고 있지 않았으므로, 라틴어로 편지 쓰는 일밖에는 할 수가 없었다.

루이지 풀치의 동생 베르나르도에게 보낸 편지가 한 예이다. 피치노는 편지를 이렇게 시작한다. "나는 당신 형이 당신에게 크나큰 수치라는 것

---

a cura di Carlo Muscetta e Daniele Ponchiroli (Torino: Einaudi, 1959), 177; Salvatore Nigro, *Pulci e la cultura medicea* (Roma: Laterza, 1978), 65-66.

4 Cit. in Arnaldo della Torre, *Storia dell'Accademia platonica di Firenze* (Firenze: Carnesecchi, 1902), 822.

5 Ibid.

을 알고 있습니다. 모두가 그를 오락가락하는 거짓말쟁이라고 생각하기 때문에."[6] 피치노는 베르나르도에게 자신만의 괜찮은 덕성을 유지하고, 형의 악습이 스스로의 좋은 성품을 가리지나 않을까 염려하지 말라고 충고한다.

또한 피치노는 혼인을 통해 풀치와 연결된 다른 사람에게도 편지를 썼다. 그는 피렌체에서 가장 명망 높은 한 가문의 일원이자 지도적 시민인 베르나르도 루첼라이로, 최근에 대인 로렌초의 여동생과 결혼한 바 있었다. 피치노는 편지에서 풀치를 짖어 대는 개로 묘사하고 있다. 그는 "자신의 천성과 습관 때문에 짖어 댄다"는 것이다.[7] 피치노는 풀치가 자신에게 가한 모욕에 대해 "나는 사실 그 자체가 아니라 차라리 한 부당한 자의 말에 의해 비난받았다고 해야 할 것 같습니다"라고 썼다.[8] 그는 "다른 사람을 깎아내리는 것은 무엇보다 자기 자신을 깎아내리는 것"이라고 말한다.[9] 그는, 풀치가 가고 있고 장차 가려 하는 것 같은 저급한 길을 자신의 고급한 길 — 즉 명성의 관리 — 과 대비하면서 한동안 계속해서 같은 기조를 유지한다.

그러나 이어 두 가지 흥미로운 진술이 나타나는데, 우리는 여기서 이 순간에 대해, 그리고 피치노가 사회에 관해 진짜로 우려하는 바를 깊숙이 들여다볼 수 있다. 첫째, 피치노는 베르나르도에게 다음과 같이 쓰고 있다.

지금 당신은 길 잃은 영혼인 그 대단한 풀치를 바로잡으려고 애쓰고 있지만 다 헛된 일이니, 미친 자는 이성의 소리를 들을 수도 없고 듣지도 않을 것이기 때문입니다. 그 사악한 자는 결코 선한 사람을 아끼지 않을 겁니다. 그는 신을 존숭한 적이 없기 때문이지요. 신을 미워하는 미친 자가 어

---

6 Ficino, *Opere*, 661; Della Torre, *Accademia*, 823.
7 Ficino, *Opere*, 661; *Letters*, 1: 169.
8 Ibid.
9 Ibid.

떻게 신의 모습을 가진 사람을 사랑할 수 있겠습니까? 당신이 나에게 바로잡아 달라고 요청한 그 소인배보다 더 무도하게, 더 어리석게 신성함을 공격한 자는 없습니다.[10]

우리는 무엇보다 피치노가 풀치의 정신을 차리게 해 줄 수도 있을 것이라는 바람에서 루첼라이가 그에게 편지를 썼다는 사실을 알고 있다. 우리는 또한 피치노가 풀치에 대해 불경할 뿐만 아니라 불경의 악명을 갖고 있는 것처럼 말한다는 것도 안다.

둘째, 피치노는 편지 약간 더 뒤에 가서 이렇게 쓰고 있다. "베르나르도, 나는 우리 현세대에 대해 어떤 것도 비난할 생각이 없습니다. 이 보잘것없지만 사악한 전조前兆를 낳은 것만 제외한다면 말이죠."[11] 이는 물론 풀치를 뜻하는 것이었다. 이 말은 앞에서 언급했듯이, 피치노의 명성 관리의 한 부분이다. 그러나 이는 또한 피치노에게는 위험한 경향―다름 아닌 풀치에게서 나타나는―이 진행 중인 것으로 보이는 당시 신앙 상태에 대한 그의 더 광범위한 견해들과도 들어맞는다.

비슷한 시기인 1470년대 중엽, 피치노와의 갈등이 시작되기 직전에 풀치는 또 다른 논쟁에 휘말렸다. 이번에는 마테오 프랑코(1448~94)라는 피렌체의 사제를 향한 것이었다. 프랑코는 후일의 학자뿐만 아니라 당대인에 의해서도 다양하게 묘사된 인물이었다. 그는 좀 지나치게 세속적이어서 영혼의 구제보다는 자신의 신분을 뽐내고 사치를 더 좋아하는 사람이라거나 혹은 언제나 시비 걸 데가 없나 찾아다니는 풀치를 도발하는 우를 범한 것일 뿐이라는 것 등이다.[12]

10　Ficino, *Opere*, 661; *Letters*, 1: 170.
11　Ibid.
12　Stefano Carrai, *Le muse dei Pulci: Studi su Luca e Luigi Pulci* (Napoli: Guida, 1985), 78-84; Edoardo A. Lèbano, "Introduction" to Pulci, *Morgante: The Epic Adventures*, xi-xxxiii, esp. xvi-xvii; Guglielmo Volpi, "Un cortigiano di Lorenzo il Magnifico ed alcune sue lettere", *Giornale storico della letteratura italiana* 17 (1891), 229-76.

어떻든, 우리 입장에서 중요한 점은 프랑코와의 논쟁과 관련된 일련의 소네트에서 풀치가 하는 말을 부각해 보는 것이다. 한 소네트에서 그는 베드로가 물 위를 걷다가 스스로 의심해 물에 빠지게 되는 이야기(「마태복음」 14장 29-30절)와 죽은 자를 일으키는 라자로의 기적(「누가복음」 7장 12-17절)이라는 단 두 가지 예를 들면서 성서에 나오는 기적을 의심하고 있다. 후자는 풀치가 소네트에서 성서가 "짖는다"("dunque la Bibbia abbaja")고 언급한 바로 그 대목이다.[13] 또 다른 곳에서 풀치는 성소를 여행하면 성령이 은혜를 나누어 줄 것이라고 믿은 중세 말의 독실한 그리스도교 순례자들을 비웃었다. 사태가 정점으로 치달아 풀치의 노골적인 불경不敬이 사람들의 입에 오르내리자, 1473년 로렌초 데 메디치의 여동생(루첼라이의 아내이기도 한)은 풀치의 습관을 고치고 그리스도교 신앙을 굳건히 하도록 그를 설득하려 했다.[14] 사제인 마테오 프랑코와의 논쟁이 벌어진 것은 바로 그즈음이었다.

프랑코는 풀치 스스로가 금지된 마법을 하고 있거나, 아니면 그가 적어도 집안에 이런 일이 있다는 것을 알고 있다는 혐의를 제기했다.[15] 다른 곳에서도 프랑코는 풀치가 "혀와 펜으로 신과 싸우는" 자라고 비난했다.[16] 프랑코는 또 다른 시에서 풀치가 "작은 무함마드"로 "부끄러운 삶"을 사는, "올바른 크기가 아닌 창槍"을 가지고 있다고도 질책했다.[17] 기타 등등. 그들 간의 시적 전쟁은 운을 맞추고 암시를 넣고 말재주를 부린 시구를 서로에게 던지는 식으로 전개되었다. 풀치는 프랑코가 신실한 사제가 아니며, 사랑에 지나친 흥미를 느낀 나머지 영혼 구제에는 소홀하다면서 자신이 받은 만큼 갚아 주었다.

---

13 *Sonetti di Matteo Franco e di Luigi Pulci*, a cura di Filippo de Rossi (Lucca, 1759), sonetto CXLVI, 146-47, spec. 147.

14 Lèbano, "Introduction", xvii.

15 *Sonetti di Matteo Franco e di Luigi Pulci*, 15.

16 Ibid., 39: "E con lingua, e con penna a Dio fa guera (sic)."

17 Ibid., 43 ("la lancia tua non è a misura"), 45 ("vita scelerata"), 46 ("Maumetezzo").

풀치의 소네트와 서사시는 사람들이 암송하고 들을 수 있게 만들어졌다. 풀치를 공격한 마테오 프랑코의 작품도 그랬지만, 그것은 문자로 쓰여 있으나 아주 구어적이었다. 프랑코와 풀치가 주고받은 논쟁은 르네상스 이탈리아의 흥미로운 한 측면을 보여 주고 있지만, 아직 이를 깊이 연구한 적은 없다. 즉 글로 쓴 것은 어떤 식으로든 사람들에게 알려질 때까지는, 그리고 알려지지 않는 한 완결되지 못한다는 수행적인 면이 바로 그것이다.

이러한 점에서 피치노의 편지 — 잘 알려지지 않고 신중하며, 라틴어로 쓴 — 는 바로 그와 같은 세계의 한 부분을 형성하고 있었다. 당신은 왜 자신의 편지를 모으려 하는가? 지금의 상황에서 더 중요하고 적절한 질문은 왜 다양한 모습으로 다양한 수신자 — 풀치와 같은 — 에게 편지를 쓰는 시간을 가지려 하는가이다. 왜 그런 데에 관심을 두는가?

이런 행위를 하는 이유를 통해 우리는 풀치와 프랑코(거리의 선동가이자 시인)뿐만 아니라 피치노(어떤 점에서는 더 고매하지만 그 방향성에서는 못지않게 "대중적"인)와 같은 사람들의 일상 환경에 대한 실마리를 얻을 수 있다. 오늘날의 학자들도 연구비 신청을 위해 지원서를 쓰기는 하지만, 그 누구도 자신들에게는 전혀 생소한, 이런 식으로 경쟁하는 세계는 알지 못할 것이다. 하지만 우리가 각별히 15세기 말 피렌체가 보여 주는 다성적 문화에 접근하고자 한다면, 그때와 지금은 많은 차이점이 있다는 점을 강조할 필요가 있다. 특히 대중적이고 지역적인 측면은 매우 중요한 요소이다. 오늘날처럼 서로 분리되어 온라인상으로 교류하는 삶을 사는 우리로서는 풀치와 프랑코와 피치노를 둘러싼 환경으로 돌아가 생각하는 것이 거의 불가능에 가깝다. 그러나 다방면에 걸친 그들의 작업을 이해하려면 그것이 유일한 길이기 때문에 그렇게 해 볼 필요가 있다.

다시 풀치와 대립하던 피치노의 편지로 돌아가 보자. 피치노가 저명한 피렌체인이자 풀치의 결혼으로 친척이 된 베르나르도 루첼라이와 접촉했다는 점은 이미 언급한 바 있다. 피치노는 또한 대인 로렌초와 그가 아끼던 동생 줄리아노(그가 곧 맞게 될 비극적 운명에 대해서는 차후 살펴보겠다)에게 보낸 편지에서 메디치 가에 관심이 있다는 점을 확실히 해 두었다. 예컨대, 피치노는 로렌초에게 풀치에 대한 편지를 썼다. "오래전 악마가 그리스도를 물어뜯도록 놔둔 것처럼 그 작은 악마가 불경함으로 당신의 그리스도교 사제들을 물어뜯게 그냥 놔두십시오."[18] 피치노는 후일의 편지에서 철학을 통해 풀치 같은 사람들의 하찮은 모욕쯤은 무시하고 맑은 마음을 유지할 수는 있지만, 그래도 바로 그 철학이 로렌초에게 다음 하나만은 말하게 한다고도 했다. "당신의 의무를 이행하는 바로 그 방법을 알려드리지요. …… 즉 머리를 아주 살짝 끄덕여만 주면 무엇보다 신을 불쾌하게 만드는 것에 당신 역시도 불쾌해한다는 것을 보여줄 수 있습니다."[19] 피치노는 로렌초를 머리만 한번 끄덕여도 주위의 경쟁적인 지식인과 문화적 인물들의 소우주를 제어할 수 있을 만큼 강력한 결정권자로 만들고 있다. 또한 피치노는 로렌초의 동생 줄리아노에게도 이렇게 말한다.

> 그 개가 계속 나에게 으르렁댄다 해도 별로 놀랍지 않습니다. 왜냐하면 영혼과 신을 향해 으르렁대는 것이 그의 습관인 것처럼 선한 사람과 학식 있는 사람에게 으르렁대는 것도 그의 습관이기 때문이지요. …… 그가 으르렁대는 것이 메디치 가에 아무런 즐거움도 주지 않는다는 것을 공공연히 드러내는〔palam〕한, 대인이든 소인이든 누구와 어울리는 모임에서든 그렇게 하도록 놔둡시다.[20]

명성과 문화와 후원, 이 모두가 미묘하고도 불안정한 균형 상태에 있었고, 그 균형을 유지하려면 투쟁적이고 공개적인 논쟁이 필요했다.

풀치 역시 로렌초를 향한 소네트와 편지를 썼다. 그 의도는 로렌초를

---

18 Ficino, *Opere*, 725; *Letters*, 2: 12.
19 Ibid.
20 Ficino, *Opere*, 725; *Letters*, 2: 13.

공격하는 난잡한 생산물이 아니라 그의 지원을 강화하고자 하는 것이었다. 이 작품들은 그의 소네트가 으레 그렇듯이 똑같은 식의 말장난과 농담과 속류 재담을 담고 있었다. 하지만 그는 이러한 저속함으로 다른 사람을 겨냥하기도 하고, 짐작건대 로렌초를 웃기기 위한 것이기도 했겠지만 어쨌든 그것이 그의 소네트 특유의 성격이라는 점은 확실하다.[21]

풀치 역시 로렌초 데 메디치와의 관계 구축에 나선 것은 예외적인 일이 아니었다. 사실 15세기 말, 특히 1470년대와 1480년대 피렌체를 하나의 조직으로 생각한다면, 로렌초는 그 허브와 같은 존재였다. 많은 사람이 이 허브에 연결하려고 애썼다. 이들 중에는 풀치 못지않게 그가 대변하는 모든 것, 즉 일상과 속류 유머와 외설스러운 시를 쓰는 사람들도 있었다. 이와 같은 것들에는 우리가 지금 볼 수 있는 문어적 형태만큼이나 구어적 형태(대중적으로 그것을 공연하고 부르며, 듣는 방식들)도 중요하지만, 우리는 아쉽게도 그것의 실재적이고 원형적이며 진정한 맥락에서 격리된 상태로 연구하는 처지에 있다.

로렌초 자신부터가 속어 시인으로서 피렌체 문화의 속어 문학에서 스스로 역할을 담당했으며, 르네상스의 가장 상징적인 시적 노래 가운데 하나인 "바코(바쿠스)의 노래"를 남겼다. 이는 카니발—모든 전통적 관습이 온통 뒤죽박죽되는 전前 사순절 기간으로, 곧 이어지는 참회의 40일간을 준비하는 축제—을 배경으로 한 합창곡이다. 그는 이때의 분위기를 잘 포착하고 있다.

>
> Quant' è bella giovinezza
> Che si fugge tuttavia
> Chi vuol essere lieto, sia
> Di doman non c'è certezza

---

21 Jordan, *Pulci's* Morgante, 27-42.

젊음이란 얼마나 아름다운가
그것이 아무리 덧없다 해도
하고 싶은 대로 즐기라
내일이면 아무것도 확실치 않으리니.²²

이 노래는 내내 신화적 요소로 장식되어 있는데, 특히 신화에서 신부로 나오는 아리아드네와 함께 바쿠스(포도주의 신)의 힘이 강조되고 있다. "시간은 쏜살같고, 사기꾼이기 때문에," 그들은 "언제나 함께해서 행복하다"는 것이다. 사티로스와 요정을 비롯한 여타 신화적 페르소나도 등장한다. 로렌초의 여느 시가 그렇듯이, 이 시 역시 고대 신화의 자극적인 향기로 가득하다. 끝으로 이 시는 토스카나어가 고급 문학 언어로 더없이 편하게 쓰일 수 있다는 것도 알려 준다.

로렌초는 자신의 소네트에 주석을 단『나의 소네트에 대한 주석』(*Comento de' miei sonetti*)(이는 그가 1492년 세상을 떠나면서 미완성으로 남겨졌다) 서문에서 토스카나어 사용에 찬성한다고 주장함으로써 속어 사용을 명시적으로 밝혔다.²³ 그는 진실로 칭송할 만한 언어라면 무엇보다 "세세하고도 풍부하며, 마음이 개념적으로 이해하고 표현한 것을 잘 표출할 수 있어야 한다"고 썼다.²⁴ 그것은 또한 어떤 "감미로움과 조화로움"을 필요로 하며, "무엇이든 뉘앙스가 있고 진지하며, 인간의 삶에 필요한 [언어로] 쓴 것"을 가진 역사가 있어야 한다.²⁵ 마지막으로 이는 또 다른 속성을 요구한다. 즉 로마제국기에 라틴어가 그랬던 것처럼 "자연적으로 한 도시 혹은 한 지방에만 고유했던 것이 점차 보편적으로 변해

---

22 Lorenzo de4.3 Medici, "Canzona di Bacco" in *Poesia del Quattrocento e del Cinquecento*, a cura di Muscetta e Ponchiroli, 194-96, spec. 194.
23 Lorenzo de' Medici, *Comento de' miei sonetti*, in Lorenzo de' Medici, *Opere*, a cura di Tiziano Zanato (Torino: Einaudi, 1992), 565-773, spec. 565-88. 다음도 볼 것. Tiziano Zanato, *Saggi sul* Comento *di Lorenzo de' Medici* (Firenze: Olschki, 1979), 11-44.
24 Lorenzo de' Medici, *Comento de' miei sonetti*, 578.
25 Ibid., 578-79.

서 모두에게 거의 공통적인 것이 된다"는 것이다.[26] 로렌초는 토스카나어가 이 마지막 속성을 가지고 있지는 않지만, 그래도 "우리 피렌체 시인"인 단테, 페트라르카, 보카초의 작품이 보여 주듯이, 앞의 세 가지 속성은 지니고 있다고 말한다.[27] 그래서 "특히 히브리어, 그리스어, 라틴어가 모두 그 민족의 시대에는 자연스러운 모국어였다는 점을 생각하면, 내가 태어나고 자라면서 배운 언어로 글을 쓴다고 해서 나를 비난할 수 있는 사람은 아무도 없다"는 것이다.[28]

로렌초가 쓴 서문의 어조는 자신에 차 있으며, 피렌체 속어에 대한 평가가 그의 시대에 이르러 새로운 성숙기에 도달했음을 보여 주고 있다. 앞으로 살펴보겠지만, 이를 명백히 이론화하는 데는 또 다른 세대가 필요할 것이다. 그러나 로렌초의 시대에는 고대 라틴어가 한때 토착 언어였으나 이제는 더이상 살아 있는 언어가 아니라는 것, 토스카나어는 고급한 문화적 의미를 담은 문학에도 사용할 수 있고 또 사용해야 한다는 것, 그리고 토스카나어의 잠재력을 최대한 인식하게 하는 적절한 방법은 무엇이 라틴어를 그토록 성공하게 했는지 — 포초와 알베르티가 각각 나름의 방식으로 결정적 기여를 한 — 이해하는 것임을 의심하지 않았다.

로렌초 시대의 피렌체 문화에는 많은 구성 요소가 있었다고 말하는 학자도 있다. 그 한 요소가 피렌체 대학이었다. 중세에 대학으로 유명한 유럽 도시(우선 볼로냐, 나폴리, 파리, 옥스퍼드가 머리에 떠오를 것이다)에 간다면 각 도시에서 대학의 풍부한 유산인 "대학 구역"을 만나게 된다. 피렌체에 간다면 "비아 델로 스투디오via dello Studio", 즉 "대학로"를 만날 것이다. 이는 작고 별로 인상적이지도 않은 거리였는데, 이런 협소함은 전통적으로 피렌체에서 대학이 지니고 있던 위치를 말해 준다. 이처럼 상

---

26 Ibid, 580.
27 Ibld., 581.
28 Ibid., 584-85.

대적으로 대학의 위상이 빈약했다는 사실은 피렌체에서 르네상스 휴머니즘을 받아들인 시기가 콜루초 살루타티의 시대로 거슬러 올라가는 이유를 설명하는 데 도움이 된다. 즉 피렌체의 지적·문화적 엘리트는 당당하고 생래적으로 보수적인 지적 전통(종종 대학에서 볼 수 있었던 것 같은)이 없었기 때문에, 그런 전통이 있던 곳에 비해 오히려 새로운 문화적 가능성을 포용하기가 더 쉬웠다는 것이다.

얼마나 다양한 지적 관심이 있었는지를 이해하는 최선의 길은 크리스토포로 란디노라는 한 사상가 — 오랫동안 피렌체 대학에서 가르쳤고 다수의 흥미로운 작품을 썼지만, 아직도 연구가 거의 되지 않은 인물 — 가 로렌초와 그의 문화 후원에 대해 했던 말을 경청하는 것이다. "최고 최상의 학문적 지성을 지닌 대규모 집단이 각 주제에 대해 많은 다양한 의견을 제시하면서 절묘하게 논쟁했기 때문에, 당신은 위용에 찬 그곳에서 아테나이의 아카데메이아와 리케이온과 주랑柱廊은 물론이고, 파리의 모든 학파까지도 옮아온 것이 아닌가 생각했을 것이다."[29] 란디노가 "아카데메이아"라고 한 것은 플라톤 철학을, 리케이온은 아리스토텔레스 철학을, "주랑"은 스토아 철학을 뜻했다. 그리고 "파리의 모든 학파"란 말도 나오는데, 이는 피렌체가 다양한 스콜라 신학을 함양하고 있음을 의미했다.

로렌초의 후원은 이러한 발전에 대단히 중요한 것이었다. 그의 관심사는 어떤 철학 유파 혹은 사상의 스타일보다 훨씬 더 넓었다. 아니 그보다는 그의 관심사가 문화에 끌리는 정치가와 문화의 후원자에게 기대할 만한 것과 나란히 가고 있었다고 하는 편이 낫겠다. 즉 주변의 모든 것을 대단히 다양하고 최상의 재능을 가진 사람들을 통해 최고의 수준으로 만들어 보겠다는 것이다.[30] 이런 측면에서 피렌체 대학에 대해 로렌초가

---

29 Cristoforo Landino, *De vera nobilitate*, a cura di Maria Teresa Liaci (Firenze: Olschki, 1970), 26; cit. and tr. in Hankins, *Humanism and Platonism*, 2: 285.

30 Hankins, *Humanism and Platonism*, 2: 273-316; Francis William Kent, *Lorenzo de' Medici and the Art of Magnificence* (Baltimore: Johns Hopkins University Press, 2004).

한 일은 아마도 그의 가장 주목할 만한 업적이 될 것이다. 그는 대학을 개혁해 피렌체에는 비교적 소규모의 전초 거점만 유지하고, 더 큰 부분은 피렌체에 종속된 도시이자 바다로 가는 관문(그리하여 피렌체를 베네치아—그 대학도 역시 종속 도시인 파도바에 있었다—같은 다른 이탈리아 도시와 긴밀히 연결되도록 해 준)인 피사에 두도록 했다.[31] 당시 많은 사람이 2급 내지는 3급 수준으로 보았던 대학이 선도적 기관으로 바뀐 것은 다름 아닌 그의 끊임없는 원조와 재정 지원과 때로는 행정적 개입도 주저하지 않는 노력 덕분이었다.

로렌초는 학생을 가르치기 위해 고용한 사상가와 학자를 통해 이 목표를 이루었는데, 주요 고용 조건은 저명하고 중요한 인물이라야 한다는 것이었다. 1473년 로렌초의 한 친척은 대학에는 "유명하고 뛰어난 재능을 지닌 사람"이 필요한데, 이는 "그들이 대학에 명예와 명성을 안겨 줄 뿐만 아니라 많은 학생을 불러 모으기 때문"이라고 썼다.[32] 학생 수가 많으면 수입도 늘 것이기 때문에 최소한의 재원은 마련할 수 있을 것이었다. 이 학자들의 명성 또한 문화 자본이라는 다른 형태의 재원을 더해 줄 것인데, 그 자체는 그들의 명성에서 생겨나지만, 곧 그들을 고용할 만큼 충분한 부를 가진 대학의 명성으로 전이되고 아울러 그 대학이 있는 도시에도 도움이 되는 것이다. 로렌초는 최고의 스콜라 철학자들을 모집하는 데도 일조했는데, 그들의 주요 관심은 아리스토텔레스의 저술을 가르치고 연구하는 데 있었다.

로렌초는 또한 크리스토포로 란디노의 경력도 키워 주었는데, 그는 최

---

31 1473년까지의 역사에 대해서는 다음을 볼 것. Jonathan Davies, *Florence and Its University during the Early Renaissance* (Leiden: Brill, 1998). 1473~1503년에 대해서는 다음을 볼 것. Armando Verde, *Lo studio fiorentino, 1473-1503*, 5 voll. (Firenze: Olschki, 1973-94).

32 필리포 데 메디치가 로렌초에게 보낸 1473년 2월 16일자 편지. Armando Verde, "Domenico di Fiandra: intransigente tomista non gradito nello studio fiorentino", *Memorie domenicane* 7 (1976), 304-21, spec. 313; Hankins, *Humanism and Platonism*, 2: 286-87, n. 29.

근의 속어 고전과 단테의 『코메디아』와 페트라르카의 연애시 모음집인 『칸초니에레』를 가르치고 고양하는 것을 책임지고 있었다. 사실, 란디노의 대학 활동과 그로부터 생산된 문자 텍스트를 보면, 로렌초 자신이 후일 실제로 고급 언어로서 토스카나어의 적합성과 탁월함을 당연한 것으로 여길 수 있었던 한 이유 — 주장컨대, 핵심적 이유 — 를 알 수 있다.[33]

첫째, 란디노는 1473년 개혁 이전에도 대학에서 페트라르카의 시를 가르치고자 했고, 그리하여 페트라르카의 속어 작품을 공식적으로 대학 세계의 궤도 안으로 들여왔다.[34] 우리는 란디노가 그 강좌 서두 연설에서 한 말을 알고 있다. 그러나 그가 속어의 발전을 라틴 식의 "스투디아 후마니타티스"와 연결했다는 점 역시 다시 한번 강조할 필요가 있다. 그는 훌륭한 언어라면 "아르테arte"("기술")와 "도트리나dottrina"("학문")가 필요하다고 말한 바 있다. 이 둘은 "베리 스투디 두마니타(디 우마니타)veri studi d'umanità"("진정한 인문학")에서 나온다. 이는 그동안 라틴어로 표현되어 왔다. 그래서 "훌륭한 토스카나인이 되려면 누구나 먼저 훌륭한 라틴인이 되어야 한다."[35] 란디노의 작업은 내용과 형식이 서로 연결된다는 일련의 가정을 제시하는 데 기여했다. 철저한 교육을 받으려 한다면, 고대에서 연유한 문제들을 이해할 필요가 있다. 그것은 삶에 좋은 교훈을 제공할 뿐만 아니라 라틴어로 표현하는 법도 알려 주기 때문이다. 그가 이 모든 것을 토스카나어라는 속어로 쓰인 시를 공부하는 강좌 서두에서 말하고 있으며, 그리하여 견고하고 중요한 연결점을 만들고 있다는 점에도 주목하자. 만약 토스카나어가 필요한 만큼의 지속성과 견고함을 가진 문학 언어가 되고자 한다면, 그때까지 라틴어로 진행된 토론과 이론과 조사 연구를 통해 도움을 받을 필요가 있다. 이런 점에서 보면, 라틴어로 이루어지는 휴머니스트 훈련은 필수적이었다.

---

33 이 점에 대해서는 다음의 연구가 결정적이다. Simon Gilson, *Dante and Renaissance Florence* (Cambridge: Cambridge University Press, 2005).

34 Ibid., 135-38.

35 Cardini, *La critica del Landino*, 349-50.

하지만 란디노는 페트라르카의 속어 시를 가르치는 것 이상의 일을 했다. 그는 또한 단테의 『코메디아』도 가르쳤고, 그러고도 힘이 넘쳐 1480년에서 1481년 사이에는 그 위대한 작품에 대한 주석서까지 썼다. 앞으로 살펴보겠지만, 이 시기는 피렌체에 애국적 문화 정치가 필요한 때였다.[36] 란디노의 주석서 서문은 그의 저술 의도와 함께 속어와 고전 라틴어의 연결을 통해 그의 작업이 가져온 결과를 잘 보여 준다. 두 가지 측면이 특히 주목할 만하다. 첫째, 란디노는 단테를 고전의 반열에 올려 놓고 있다.

나는 베르길리우스의 『아이네이스』에 담긴 알레고리적 의미에 대해 최근 라틴어로 해제하고 주석을 달았는데, 이제 — 내가 지닌 학식과 성실함이 어느 정도이든 간에 — 이와 비슷하게 피렌체 시인 단테 알리기에리의 『코메디아』에 감추어진 비밀과 신비, 그리고 그 가장 신성한 의미를 살펴 본다면, 나의 시민들은 그것을 결코 무익하지도 달갑지도 않다고는 생각지 않을 것이다. 또한 나는 라틴 시인에 대해서는 라틴어로 썼기 때문에, 토스카나 시인은 토스카나어로 해석하고자 한다.[37]

피렌체적 측면이 명료하지 않을 것에 대비해 란디노는 단테에 대해 주석을 단 사람들을 쭉 열거한 뒤 이렇게 말한다. "이것만은 단언코자 한다. 즉 나는 그동안 수많은 주석가가 사용한 야만스러운 외래 어법으로 인해 부패 상태에 있었던 우리의 시민을 해방했다는 것이다."[38] 란디노

---

36 Cristoforo Landino, *Comento sopra la* Comedia, a cura di Paolo Procaccioli, 4 voll. (Roma: Salerno, 2001); Gilson, 163-238.

37 Landino, *Comento*, 1: 219-20: "Ora perché havevo novellamente interpretato, et alle latine lettere mandato l'allegorico senso della virgiliana *Eneide*, giudicai non dovere essere inutile a' miei cittadini, né ingiocondo, se con quanto potessi maggiore studio et industria, similmente investigassi gl'arcani et occulti, ma al tutto divinissimi sensi della *Comedia* del fiorentino poeta Danthe Alighieri; et chome el latino poeta in latina lingua haveveo expresso, chosí et toscano in toscana interpretassi."

가 이 진술에서 뜻한 것은 그때까지 다른 비非토스카나 속어 방언으로 쓴 단테의 주석서가 많았다는 것이다. 이제 단테를 그가 속한 곳(피렌체)에서 해석하는 과제에 착수해 그가 엘리트 작가 집단 — 베르길리우스 같은 라틴어 고전과 나란히 언급할 수 있는 — 의 일원임을 알릴 때가 왔다는 것이다.

둘째, 우리는 란디노의 과제를 상징적으로 축복한 사람이 다름 아닌 피치노였다는 점에 주목해야 한다. 란디노는 앞의 바로 그 서문에 자신의 전全 과제를 지지하는 피치노의 편지를 그의 흔쾌한 허락 아래 끼워 넣고 있다. 피치노의 어조는 마치 감사히 선택받은 사람에게 신성한 미스터리라도 드러나고 있는 것처럼 열광적이다. "그토록 오랫동안 슬픔에 빠져 있었으나 마침내 행복을 찾은 피렌체는 극상의 기쁨으로 가득 차 있다. 본향本鄕의 시인 단테가 이제 두 세기 만에 부활해 고향으로 돌아와 마침내 왕위에 앉았기 때문이다."[39] 피치노는 단테 자신에 대해서도 이렇게 말하고 있다. "그대가 이 도시 성벽 안으로 들어올 때, 축복받은 은혜가 그대의 손을 잡네. …… 사랑스러운 요정들은 그대의 이마에 입을 맞추네."[40] 란디노는 마치 고전적 궤적이 속어적 궤적과 합쳐지고 있는 것처럼 피치노의 편지 라틴어본을 먼저 쓴 뒤 이어서 그것의 토스카나어 번역을 제시해 놓고 있다.

피렌체, 문화, 고전주의, 그리고 속어. 이 모든 것이 피렌체와 그 대학과 문화적 삶에 의미하는 바는 안젤로 폴리치아노(1454~94)의 삶과 경력에서 극명하게 나타나 있다. 폴리치아노는 몬테풀치아노(라틴명은 "몽

---

38 Ibid., 1: 221: "Questo solo affermo, havere liberato el nostro cittadino dalla barbarie di molti externi idiomi, ne' quali da' comentatori era stato corropto."

39 Ficino, "Lettere sopra Dante", in Landino, *Comento*, 1: 268-70, spec. 268 (라틴어), 269 (토스카나어). 나는 토스카나어에서 번역했다. 이 편지는 다음에 수록된 피치노의 서한집 제6권 마지막에도 들어 있다. Ficino, *Opere*, 1: 840. 이 편지에 대해서는 다음을 볼 것. Sebastiano Gentile, "Intorno a *Proemio XIII*" in Landino, *Comento*, 1: 114-18.

40 Ficino, "Lettere sopra Dante", in Landino, *Comento*, 1: 268 (라틴어), 270 (토스카나어).

스 폴리티아누스Mons politianus")로 알려진 토스카나 영토에서 안젤로 암브로지니라는 이름으로 태어났다. 그는 가문 내의 경쟁으로 아버지가 살해되는 힘든 유년 시절을 보냈다. 그는 어려서부터 장래가 촉망되는 학생이었으므로 피렌체로 갔고, 거기서 로렌초 데 메디치의 눈에 들었다. 로렌초는 어린 폴리치아노를 메디치 가 안에 들였다. 로렌초는 고대 언어에 대한 폴리치아노의 재능을 키워 주었다.[41]

폴리치아노가 아직 10대일 때 그에게 주어진 첫 문학적·학문적 과제 가운데 하나는 위대하고 기본적인 전쟁 서사시, 즉 호메로스의 『일리아스』(Ilias) 일부를 운문 번역하는 것이었는데, 그는 훨씬 뒤 향수에 흠뻑 젖은 채 이 작품을 되돌아본 바 있다.[42] 이 과제를 맡은 1472년 즈음은 시간상으로 더할 나위 없이 적절했는데, 왜냐하면 피렌체가 종속 도시 볼테라 땅에 있는 명반明礬 광산에 관여하는 것을 감히 볼테라 시민들이 막았다는 이유로 로렌초가 이 도시에 전쟁을 선포한 것이 바로 그때쯤이었기 때문이다.[43] 피렌체 전쟁에는 두 가지 목표가 있었다. 하나는 피렌체에 종속된 영토에서 국익을 보호·증진하는 것이었고, 다른 하나는

---

41 폴리치아노의 어린 시절에 대해서는 다음을 볼 것. Ida Maïer, *Ange Politien: La formation d'un poète humaniste (1469-1480)* (Geneva: Droz, 1966).

42 Angelo Poliziano, *Miscellanea*, in Poliziano, *Opere* 〔어린 시절의 공부에 대해 이야기하면서〕, K ii(v)-K iii(r): "Etenim ego, tenera adhuc aetate, sub duobus excellentissimis hominibus Marsilio Ficino Florentino, cuius longe felicior quam Thracensis Orphei cithara veram (ni fallor) Eurydicen, hoc est amplissimi iudicii Platonicam sapientiam revocavit ab inferis, et Argyropylo Byzantio Peripateticorum sui temporis longe clarissimo, dabam quidem philosophiae utrique operam, sed non admodum assiduam, videlicet ad Homeri poetae blandimenta natura et aetate proclivior, quem tum latine quoque miro ut adolescens ardore, miro studio versibus interpretabar. Postea vero rebus aliis negotiisque prementibus, sic ego nonnunquam de philosophia, quasi de Nilo canes, bibi fugique, donec reversus est in hanc urbem maxime Laurenti Medicis cum benivolentia, tum virtutis et ingenii similitudine allectus princeps hic nobilissimus Ioannes Picus Mirandula."

43 Francesco Bausi, "Introduzione", ad Angelo Poliziano, *Due poemetti latini*, a cura di Francesco Bausi (Roma: Salerno, 2003), XI-LVI, spec. XII-XIII.

로렌초가 아직 젊기는 하지만 전쟁을 치를 배포 정도는 가지고 있다는 것을 피렌체 모든 사람에게 상기시키는 것이었다. 폴리치아노는 이미 어린 나이에 아버지의 죽음이라는 거의 상상할 수 없는 폭력을 겪은 바 있다. 그런데 이제는 로렌초의 가정으로 들어가 전쟁시를 번역한다는 것이 그의 첫 성취가 되었다.

1478년 피렌체는 커다란 폭력 사건을 겪었다. 파치 음모로 알려진 이 사건은 한 경쟁 가문이 로렌초와 동생 줄리아노를 살해하려 한 것이었다.[44] 폴리치아노는 마침 자신의 『파치 음모에 대하여』(*Della congiura dei Pazzi*)에서 거의 목격담에 가까운 서술을 하고 있다.[45] 왜 자랑스러운 "공화국" 피렌체에서 한 가문의 정치 목표를 충족할 수 있는 유일한 길이 다른 가문의 주요 일원을 죽이는 것이라고 생각했을까? 폭정적 권위로부터의 자치와 자유가 최우선인 공화국에서라면 이런 일이 일어나지 않는다. 답은 피렌체가 어떤 공화국이라고 생각하는지, 그리고 그것의 정치 — 상징적 정치뿐만 아니라 공식적이고 "기록되어 있는" 정치 둘 다에서 — 가 어떻게 작동하는지에 달려 있다. 젊은 폴리치아노의 『파치 음모에 대하여』는 특히 상징적 정치에 대해 많은 것을 알려 주고 있는데, 이 부분은 잠시 후 살펴보겠다. 그러나 왜 파치 음모와 같은 분출이 가능하고 또한 불가피했는지 이해하려면 공식적 정치에 대해서도 언급하는 편이 좋겠다.

피렌체의 공화국으로서의 지위는 특히 15세기 초라면 스스로도 자랑

---

[44] Lauro Martines, *April Blood: Florence and the Conspiracy against the Medici* (Oxford: Oxford University Press, 2003); Marcello Simonetta, *The Montefeltro Conspiracy: A Renaissance Mystery Decoded* (New York: Doubleday, 2008).

[45] Angelo Poliziano, *Della congiura dei Pazzi: Coniurationis commentarium*, a cura di Alessandro Perosa (Padova: Antenore, 1958); Poliziano, *Coniurationis commentarium/ Commentario della congiura dei Pazzi*, a cura di Leandro Perini (Firenze: Firenze University Press, 2012); Eng. tr. Elizabeth B. Welles, in *The Earthly Republic*, eds. Benjamin Kohl and Ronald G. Witt (Philadelphia: University of Pennsylvania Press, 1978), 305-22.

스러워하는 것 중 하나였다.⁴⁶ 브루니를 비롯한 여러 사상가는 자신들의 집단적인 정치적 삶을 규정하는 특징 가운데 하나로 반복해 "플로렌티나 리베르타스Florentina libertas", 즉 "피렌체의 자유"를 지향했다. 여기서 그것이 뜻하는 바는 무엇보다도 외부의 통제로부터의 자유였다. 피렌체는 다른 강국의 보호를 받는 국가가 아니며, 또 그럴 의도도 없다는 것이었다. 오늘날 국제적 정치 공동체가 "주권" — 각 국민국가는 자신만의 경계를 가지며, 이 경계 안에서는 스스로의 원과 바람에 따라 정치를 할 권리가 있다는 개념 — 을 하나의 규범으로 인정하는 경향이 있음을 생각하면, 이런 개념이 이해하기 어려울 수도 있다. 이런 개념은 15세기 이탈리아에서는 아직 확고하게 존재하지 않았다. 작지만 매우 독립적인 이탈리아의 도시국가들은 종종 다른 외부의 강국과 연합하지 않을 수 없었다. 이런 강국 중에는 때로 프랑스나 독일 및 오스트리아를 중심으로 삼는 신성로마제국 같은 북유럽 국가가 들어 있었다. 이탈리아반도 내의 다른 국가들이 이런 연합에 들어가는 일도 빈번했다. 특히 15세기 말경에는 이탈리아 국가들이 심지어 오스만 튀르크와 연합하는 경우까지도 있었다. 다른 때라면 "신앙심 없는 자"로 낙인을 찍는 무슬림을 어떤 적당한 계기가 되면 이탈리아의 다른 경쟁 도시에 대항하는 유용한 파트너로 생각하기도 한 것이다.⁴⁷ 문제는 이런 외교 정책의 전개가 항상 불안정하다는 것이었다.

이런 불안정은 피렌체를 비롯한 이탈리아 도시국가 내에도 반영되었

---

46 시민적 휴머니즘에 대한 최근 문헌에 대해서는 다음을 볼 것. Nicholas S. Baker and Brian Maxon, eds., *After Civic Humanism: Learning and Politics in Renaissance Italy, 1300-1600* (Toronto: Center for Reformation and Renaissance Studies, 2015); James Hankins, ed., *Renaissance Civic Humanism: Reappraisals and Reflections* (Cambridge: Cambridge University Press, 2000). 피렌체의 공화정 구조에 대해서는 다음을 볼 것. Nicolai Rubinstein, *The Government of Florence under the Medici (1434-1494)*, 2nd ed. (Oxford: Clarendon Press, 1998).

47 Anthony D'Elia, *A Sudden Terror: The Plot to Murder the Pope in Renaissance Rome* (Cambridge, MA: Harvard University Press, 2009).

다. 여기, 도시 성벽 안에서 나타나는 갈등은, 도시의 각 구역에는 각각 자신만의, 그리고 종종 상호 연결된 영향력의 망이 있었으므로 가문 및 친족과 관련이 있을 수밖에 없었다. 부도 중요했지만 과시적인 부를 통해 얻는 주요 통화通貨는 바로 명성이었다. 피렌체 내에서 부지인 사람은 자신의 명성을 조심스럽게 관리해야만 했다. 로렌초의 할아버지인 코지모 데 메디치는 공화국 피렌체에서 정치에 대한 완벽한 재주를 타고 난 사람으로 보였다.[48] 1464년 그가 죽자, 시 정부는 이후 그에게 "파테르 파트리에pater patriae", 즉 "조국의 아버지"라는 존칭을 부여했다. 그러나 그가 그런 칭호를 얻은 것은 생전에 특별한 정치 관직을 가져서가 아니었다. 그는 다른 사람과 같이 언제나 한 시민으로 살았다. 하지만 그는 지역 정치 문제에서 저울에 슬쩍 손가락을 갖다 대는 기막힌 방법을 알고 있었다. 피렌체는 "프리오리priori"라 불리는 9명의 선출 위원 체제로 통치했는데, 그들은 도시의 각 직역職域 길드에서 뽑힌 사람들이었다.[49] 이들은 적어도 30세 이상이고 길드 성원이며, 채무가 없어야 했다. 그러면 이들의 이름이 자루에 들어갈 자격이 주어진다. 그리고 그중에서 추첨으로 뽑힌 사람이 관직을 갖게 된다. 9명의 위원은 한 그룹으로 시뇨리아 궁이라 불리는 피렌체의 주요 정부 청사로 들어가게 되는데, 그들은 12개월의 임기 동안 이곳에 살면서 도시를 통치한다. 이후 새로운 9인 정무위원이 선출된다. 그러나 "투표 참관인"으로 불리는 특별 관직이 있었는데, 그의 책임에는 자루에 들어가는 사람들의 자격을 감시하는 일도 들어 있었다. 실제로 이것이 의미하는 바는 "우호적으로" 보이는 후보로 자루를 채울 수도 있다는 것이었다. 메디치 가는 바로 이 절차를 이용해 정부를 통제할 수 있었다.

하지만 코지모는 자신을 보통 시민처럼 보이게 하거나 혹은 보통 시민

---

[48] Frances Ames-Lewis, *Cosimo 'il Vecchio' de' Medici, 1389-1464* (Oxford: Oxford University Press, 1992); Dale Kent, *The Patron's Oeuvre*; Kent, *The Rise of the Medici: Faction in Florence, 1426-1434* (Oxford: Oxford University Press, 1978).

[49] 다음을 볼 것. Rubinstein, *The Government of Florence under the Medici (1434-1494)*.

들이 그가 마치 부자인 것처럼 믿도록 행동하는 데 숙달한 인물이었다. 그는 옷을 잘 차려입었으나 호화롭게 보이지는 않았다. 그는 교회 관련 사업을 후원했다. 그는 방문 중인 고관에게 자기 집(크고 잘 지어졌지만 아주 호화롭지는 않은)을 내주었다. 그와 그의 가족을 좋아하는 사람들 — 결혼, 사업, 무역 혹은 다른 형태의 후원을 통해 메디치 가와 연결된 사람들을 포함한 많은 사람 — 에게 메디치 가는 무척 인기가 있었다.

그러나 15세기 피렌체에는 이와는 다른 사람들 — 다른 가문, 다른 은행가, 다른 상인, 간단히 말해 파이 조각을 원하는 다른 사람들 — 도 있었다. 코지모가 피렌체의 "주요 시민"인 동안의 메디치 가는 이런 갈등쯤은 충분히 저지할 만큼 강력한 지도력을 발휘했다. 하지만 1469년 로렌초가 그 역할을 맡게 되자(코지모의 아들이자 로렌초의 아버지인 피에로의 죽음으로), 사정은 불확실해졌다. 첫째, 당시 로렌초는 20세도 채 되지 않았다. 피렌체의 일부 노련한 인물들의 눈에는 그가 애송이에다 쉬운 먹잇감쯤으로 보였다. 둘째, 이탈리아반도를 관통하는 정치 "스타일"(더 나은 말이 없어서 씀) 역시 변하고 있었다. 이전까지 이탈리아에서 군사 지도자는 언제나 "콘도티에레condottiere" — 도시가 전쟁을 위해 고용한 군사 전문가 — 로서의 역할을 하고 있었다. 그들은 종종 그들이 고용한 사람들의 목표를 이루는 만큼이나 통치도 잘 수행할 수 있었다. 어쨌든 콘도티에레는 군사력을 가지고 있었고, 그래서 무력을 효과적으로 독점했기 때문이다. 아울러 수많은 이탈리아 도시에서 세습 왕조가 출현했다. 통치 강화를 향한 이런 경향과 함께 사회적 신호도 나타났다. 기사 축제, 보통 시민과는 차별되는 다른 의상의 형태를 통한 호화로운 사회적 구별, 그리고 특히 귀족에 동반되는 작위 등이 그런 것이었다.

로렌초가 성년이 될 즈음, 피렌체에서 감지되는 두려움은 메디치 가가 바로 그런 방향으로 갈 수도 있다는 것이었다. 코지모는 보통 시민의 역할을 연기할 정도로 조심스러웠지만, 로렌초는 대조적으로 화려함을 과시하며 폭정의 전조를 보이는 사회적 관습을 쌓아가기 시작했다. 물론, 로렌초가 스스로 어떤 칭호를 주장한 것은 아니었다. 그러나 다른 모든 신호가 거기에 있었다. 예컨대, 1475년 그는 고전 신화를 주제로 한 호화로운 마상 창 시합을 마련했는데, 동생 줄리아노가 그 주요 참가자였다. 폴리치아노도 그곳에 있었다. 그는 이 경기를 기념하고자 토스카나어로 일련의 시를 썼는데, 이는 후일 "스탄체 페르 라 조스트라Stanze per la giostra", 즉 "마상 창 시합을 위한 스탄자"라는 이름을 얻게 된다.[50]

마상 창 시합은 중세에 다채로운 역사를 가진 "토르네이망torneiement"식 경기였다. 격식을 갖춘 이 경기는 기사끼리 서로 겨루는 것이었다. 그들은 무기를 지니고 말에 탄 채 곧바로 상대에게 달려가 타격을 가해 말에서 떨어지게 할 수 있었다. 때로는 부상을 당하기도 했는데, 가장 놀랄 만한 경우는 후일 16세기 프랑스에서 일어난 사건일 것이다. 1559년 프랑스 왕 앙리 2세가 상대방의 창 조각이 눈에 박혀 목숨을 잃었다.[51] 하지만 보통 마상 창 시합은 의례화한 기념 행사였다(앙리의 시합 역시 딸의 결혼을 축하하기 위해 열렸다). 이는 대부분 위험하지 않았다. 하지만 이 행사는 귀족과 궁정이란 관념과 아주 긴밀히 연결되어 있었다. 특히 두 가지 강조점이 있는데, 전투 기량(설사 그것이 격식화해 있고 무대에 올린 것 같기는 해도)과 이상화한 궁정적 사랑 — 기사들이 서로 경쟁적으로 어떤 여인(보통은 손에 넣을 수 없는), 순수함과 아름다움으로 기사들을 최고의 영광을 향해 불태우도록 하는 여인의 사랑을 구하려 하는 — 이 바로 그것이다.

귀족, 궁정, 궁정적 관습. 피렌체는 스스로 귀족을 가지지 않으며 모든 시민은 법 앞에 평등하다는 바로 그런 관념에 자긍심을 느끼고 있었다. 그래서 메디치 가가 이런 행사를 마련했다는 사실 자체가 관심을 촉

---

50 Angelo Poliziano, *Stanze*, in Angelo Poliziano, *Stanze, Fabula di Orfeo*, a cura di Stefano Carrai (Milano: Mursia, 1988), 35-135; Eng. tr. in Angelo Poliziano, *The Stanze of Angelo Poliziano*, tr. David Quint (University Park: Pennsylvania State University Press, 1993).

51 Frederic J. Baumgartner, *Henry II, King of France, 1547-1559* (Durham, NC: Duke University Press, 1998).

발했다. 로렌초의 동생 줄리아노가 주목의 대상이 되었고, 폴리치아노의 이야기에 따르면 그가 이 시합의 승자였다. 불만을 가진 사람들에게는 로렌초 스스로가 1469년 이와 비슷한 시합을 개최해 그 비용을 지불했으며, 그 자신이 "승리했다"는 것이 사태를 더 악화시켰다.

폴리치아노(『스탄차』를 썼을 때의 나이가 20대 초에 불과했다는 점을 기억해야 한다)는 자신의 시를 통해 일찍부터 언어의 서로 다른 사용역에 지속적인 관심이 있음을 보여 주었다. 그는 토스카나어(라틴어가 아닌)로 시를 썼을 뿐만 아니라 "오타바 리마ottava rima"―보카초가 애호한 운율 형식으로, 14세기까지 거슬러 올라가 "서사시적"인 주제에 적용된―를 사용했다. 폴리치아노는 의도적으로 고전 형식에 나타나는 정서와 공명하도록 시를 썼는데, 그것은 이런 식으로 시작한다.

> 도시의 눈부신 행렬과 용감한 경기를 보라
> 위엄 있는 토스카나 사람들의 마음을 뒤흔들어 놓네
> 세 번째 천상을 장식하는 여신의 잔혹한 왕국이여
> 영예로운 일에 주어지는 상이여.
> 내 마음은 감연히 칭송하라 하네
> 위대한 이름과 뛰어난 업적을 앗아갈 수 없도록
> 운과 죽음과 시간조차도.[52]

토스카나인, 말하자면 피렌체인은 시가 노래하는 업적을 쌓은 다른 민족과 나란히 할 만큼 고상하고 고명하며, 강력하다. 물론, "세 번째 천상을 장식하는 여신"―사랑의 여신 베누스―이 있는데, 폴리치아노의 시적 구성은 그녀의 잔혹한 왕국이란 또 하나의 극점 주위를 돌고 있다. 끝으로 "영예로운 일에 주어지는 상"은 영광―세속적 영광, 무언가 사랑받을 만한 일을 하여 시민들로부터 칭송을 받을 때 얻는 그런 영광―을

---

52 Poliziano, *Stanze*, 1.1; tr. Quint, 3.

뜻한다. 이런 시적 기념의 목표는 "운과 죽음과 시간조차도 앗아갈 수 없는 위대한 이름과 뛰어난 업적"이다. 그 목표는 바로 여기, 지상에서 기억되는 것이다.

이 모두가 너무 과한 것일까? 20세의 이 시인이 그처럼 높은 목표를 마음에 품고 있었다는 말인가? 결국 이 시적 이야기는 우리가 후일에야 이해하게 되는 이유로 완결되지 못한 채 남아 있었다. 그러나 폴리치아노의 첫 스탄차 근저의 정서에는 그가 산 시대의 이상하면서도 주목할 만한 특징을 상기시키는 일체화된 어떤 것이 있었는데, 중세("행렬"), "르네상스"(베누스와 고대의 신들), 근대(세속적 업적과 시민적 영광은 그 자체로 기념하고 보존할 가치가 있다)가 바로 그것이다. 우리는 여기, 주장컨대 절정에 달한 "르네상스" 피렌체에서 어떤 문화적 교체나 본질적 계기가 있어 중세가 르네상스에 자리를 넘겨 준 것이 아님을 알게 된다. 그 대신, 젊은 폴리치아노의 『스탄차』에는 서로 다른 전통과 관행과 이념이 절묘하게 얽혀 있었다.

앞의 인용구 바로 다음에서 그는 직설적으로 사랑(전통에 따라 신으로 표현된)을 읊고 있다. "오 아름다운 신이여, 당신은 눈으로 감미롭지만 쓰디쓴 욕망을 가슴속에 불어넣고, 눈물과 한숨을 먹고 살면서 감미로운 독액으로 영혼을 부양하며, 당신이 바라는 것은 무엇이든 고귀하게 만드는구려 …… 사랑은 …… 이제 당신의 손을 저 아래 내 마음에 빌려주노니."[53] 사랑은 폴리치아노의 인도자이자 영감이 될 것이다. 바로 그다음 구절에서 그는 로렌초에게 『스탄차』의 주안점 가운데 하나를 직설적으로 말하고 있다. "그대의 영광스러운 동생을 노래합시다. 그는 새 트로피와 두 번째 가지로 고명한 가문을 기쁘게 했으니."[54] 여기서 "두 번째 가지"란 월계수를 뜻하는데, 이는 군사적 승리뿐만 아니라 시적 승리의 상징이었다. 이 경우 폴리치아노는, 1469년 로렌초가 마상 창 시합에서 이

---

53 Ibid., 1.2; tr. Quint, 3.
54 Ibid., 1.6; tr. Quint, 5.

겼듯이 줄리아노 역시 승리했음을 의미하고 있다. 반복되는 승리로 가문의 영광이 쌓여가고 있다는 것이다. 그러고는 시의 주제가 나타난다. "푸르른 나이 사랑스러운 시간, 아름다운 줄리오〔줄리아노 데 메디치를 뜻함〕 그의 얼굴에는 이제 막 처음으로 꽃이 폈네. 아직은 사랑이 건네는 달콤 쌉쌀한 보살핌을 겪지 않은 채, 평화롭고 자유롭게 만족스런 삶을 살고 있네."⁵⁵ 폴리치아노의 우아한 시구 내내 줄리아노의 승리 이야기가 등장하며, 그 과정에는 신화에서 끌어온, 피렌체 문화를 사방으로 밝혀 주는 문제들이 있다.

그 한 경우가 사랑의 여신 베누스의 탄생 이야기를 조각한 문에 대한 "엑프라시스ekphrasis" — 마치 진짜 일어난 사건 혹은 실제로 존재하는 대상인 것처럼 생생하게 묘사하는 것 — 에서 나타난다. 폴리치아노는 고대 그리스 작가 헤시오도스에 나오는 신화를 끌어온다. 헤시오도스가 쓴 『신들의 계보』(*Theogonia*)는 고대 신들의 근원을 이야기하고 있는데, 이는 호메로스의 경우처럼 젊은 폴리치아노가 번역가로서 어릴 때부터 익혀 왔던 또 하나의 그리스어 텍스트였다. 그 내용에서 신의 탄생은 언제나 폭력을 동반한다는 것으로 상기된다.

폭풍우가 몰아치는 에게해에서, 이리저리 선회하는 행성들 바로 아래, 하얀 거품에 싸여 파도 사이로 떠돌던 생식기가 테티스〔바다의 여신〕의 무릎에 닿는 광경을 본다. 그 안에서 사랑스럽고 행복한 모습으로 태어난, 인간 같지 않은 얼굴의 젊은 여인이 미풍의 장난으로 해변으로 부유하는 조개껍질에 올라서 있다. 이는 마치 하늘이 그녀의 탄생을 기뻐하는 것처럼 보인다.⁵⁶

이 신화에는 거인족이자 제우스의 아버지인 크로노스〔신화 속 황금시대

55　Ibid., 1.8; tr. Quint, 5.
56　Ibid., 1.99; tr. Quint, 51.

를 다스린 원초적 신들 가운데 하나)가 연루되어 있는데, 그는 폭력적 방법으로 자신의 아버지인 하늘의 신 우라노스를 살해하고 거세한 뒤 그의 자리를 차지했다.[57] 우라노스의 절단된 부위는 바다에 떨어졌고 그것의 생식력은 베누스의 탄생으로 현현했다. 후일 제우스 역시 공격적 방법으로 크로노스를 무너뜨리고 신들의 정권을 엎으로써 투쟁의 패러다임을 확인하게 된다. 폴리치아노에게 폭력(그 존재와 그것이 지닌 신들의 정치와의 근접성)은 자명한 것이었고, 앞으로 살펴보겠지만 그는 아주 가까운 곳에서 폭력을 바라볼 기회를 얻게 된다. 그러나 "엑프라시스"의 경우, 서양 세계에서 가장 유명한 그림 가운데 하나인 보티첼리의 「베누스의 탄생」을 떠올리지 않을 수 없는데, 이는 폴리치아노가 이 시를 쓴 지 약 10년 뒤에 그려졌다. 그림 속 거의 모든 부분이 폴리치아노의 『스탄차』에 묘사되어 있으며, 그래서 그 출처는 『스탄차』로 보인다. 여기서 우리는 폴리치아노 수준의 학자들이 추구한 고전화 과정에 속어가 얼마나 중요한 매개체가 되었는지 명확히 알 수 있다.[58]

또한 『스탄차』는 폴리치아노에게 메디치 가를 기념하고 자신을 문화적 풍경 속에 통합할 기회를 제공했다. 제2권 서두에서 폴리치아노는 "줄리오, 우리 월계관의 아우"(월계관을 뜻하는 "Lauro"는 로렌초를 가리킨다. 월계관 자체가 고대부터 군사적·시적 성공의 상징이기 때문에, 이와 유사한 형태인 그의 라틴어 이름 "라우렌티우스Laurentius"는 이를 상징화하는 편리한 방법이었다)란 표현을 다시 내놓은 뒤에, 메디치 가를 기념하는 시구를 써 나간다.[59]

폴리치아노는 15세기 메디치 가의 계승에 대한 짤막한 역사를 제시

---

57 Hesiodos, *Theogonia*, in Hesiod, *Theogony. Works and Days. Testimonia*, ed. and tr. Glenn Most (Cambridge, MA: Harvard University Press, 2007), II, 167-206.
58 보티첼리의 「봄」에 대해서는 다음을 볼 것. Charles Dempsey, *The Portrayal of Love: Botticelli's Primavera and Humanist Culture at the Time of Lorenzo the Magnificent* (Princeton: Princeton University Press, 1992).
59 Poliziano, *Stanze*, 2.2; tr. Quint, 69.

한다. "그 누가 메디치 가와 이탈리아의 광휘인 위대한 코지모의 유구한 영광과 고명한 영예를 모르겠는가? 조국이 스스로 그의 딸이라 칭하지 않았던가? 피에로(코지모의 아들이자 로렌초와 줄리아노의 아버지)는 놀라운 방법으로 사악한 자들과 참혹한 불화를 조국에서 몰아내 아버지의 진가를 드높이지 않았는가?"[60] 폴리치아노는 메디치 가 사람들이 평화와 화합이라는 가장 얻기 힘든 것을 확보하려고 얼마나 고군분투했는지 역설함으로써 부계父系로 이어지는 그들의 힘을 강조한다. 그러고는 이렇게 말한다. "피에로와 고귀한 루크레치아(루크레치아 토르나부오니) 사이에서 줄리오가 태어났고, 그에 앞서 라우로(로렌초)가 탄생했는데, 그는 지금도 아름다운 루크레치아를 그리워한다."[61] 이 뒤의 루크레치아는 1469년 로렌초가 마상 창 시합에 나갔을 때 이상화한 사랑의 대상이었다. 이제는 줄리아노(줄리오)가 궁정적 사랑의 역할과 명예의 추구라는 목표를 향해 나아간다. 쿠피도는 줄리오에 대해 이렇게 말한다(그 자신의 어머니인 사랑의 신 베누스를 향해). "그가 우리를 위해 새로이 승리할 때까지는 그에게 어떤 연민도 보여 주지 않을 거야. 아름다운 시모네타의 눈으로부터 그의 심장에 화살을 꽂았으니까."[62] 당시 피렌체의 전설적인 미인이었던 시모네타는 줄리아노에게 이상적 사랑의 대상이 되고 있다. 비극이지만, 사실 그녀는 그 시합이 있은 지 1년 뒤에 죽는다. 그러나 당분간 그녀는 폴리치아노의 마음속 극장에서 줄리오가 갈망하고 영감을 받는 완벽한 미인으로 남게 된다.

『스탄차』의 신들은 계속해서 자신들의 의견, 즉 예언을 말하고 목소리를 내며, 명령을 내린다. 베누스는 여전히 피렌체인과 그들의 세속사에, 그리고 이제는 누구보다 줄리오에 관심을 두면서 쿠피도에게 이렇게 대답한다.

---

60 Ibid., 2.3; Quint, 69.
61 Ibid., 2.4; tr. Quint, 69.
62 Ibid., 2.10; tr. Quint, 73.

하지만 먼저 줄리오가 무기를 들어야 한다네
그러면 세상을 우리의 명성으로 가득 채울 수 있겠지
이제 사람들은 강력한 아킬레우스의 무기를 노래하네
그리고 그의 방식으로 옛 시대를 되살리지
우리 노래를 직조하는 사람들은 사랑을 노래하네
영광이 있는 곳에서, 오 아름다운 아들이여
별 위를 날아오를 테니.[63]

신이 보기에 줄리아노는 지금까지 로렌초가 이끌어 온 강력한 메디치 가의 새 가지였다. 그리고 "이제 …… 강력한 아킬레우스의 무기를 노래"하는 사람들도 있다. 그리고 그들 가운데는 바로 폴리치아노 자신과 그가 일부 번역한 『일리아스』가 있다. 그는 스스로 피렌체 문화 일선에 서서 문화란 어떤 것이어야 하는지를 ─ 물론, 모호하고 가변적이기는 하겠지만 ─ 정의하고 있다. 베누스는 폴리치아노가 "rinnuova in suo stil gli antichi tempi"라고 말한다. 문자 그대로 옮기자면 "그의 스타일로 고대를 갱신한다"는 뜻이다.

이 세 가지 개념 ─ 갱신, 스타일, 고대 ─ 은 폴리치아노에게 어떤 의미였을까? 결국 그 셋을 연결하는 것은 페트라르카 시대 이래 르네상스의 정언 명령 같은 것이었다. 폴리치아노에게 특징적인 것은 무엇인가? 이런 의문에 답하려면 1470년대 말과 1480년대의 피렌체 역사와 문화로 돌아가 그 과정을 구체적으로 살펴볼 필요가 있다.

첫째, 메디치 가家 문제가 있다. 폴리치아노의 『스탄차』는 미완이었고, 앞서 전한 구절 뒤로 얼마 가지 않아 끝난다. 한 가지 이유는 피렌체의 새로운 뮤즈이자 줄리아노의 이상적 사랑의 대상이던 아름다운 시모네타가 1476년 아직 어린 나이로 죽었다는 것이다. 로렌초는 『나의 소네트에 대한 주석』에서 그녀에 대해 이렇게 말했다. "그렇게 많은 사람이

---

[63] Ibid., 2.15; tr. Quint, 75.

서로 질투하지 않고 그녀를 사랑했고, 그토록 많은 여인이 시샘 없이 그녀를 칭송했다는 것은 정말 믿기 힘들다."⁶⁴ 마상 창 시합의 뮤즈가 죽은 것이 폴리치아노의 『스탄차』가 미완으로 남은 한 요인이었다면, 다른 요인은 분명히 훨씬 더 중요한 죽음으로 폴리치아노는 이에 대해 목격담 수준의 관측을 제공한 바 있다.

이 사건은 1478년에 일어났다. 그즈음 로렌초는 분명히 피렌체의 주요 시민이었고, 메디치 가는 계속해서 시정市政을 장악하고 있었다(물론, 장악의 정도가 아직은 미약하게 보일 수도 있겠지만). 폴리치아노는 『스탄차』에서 로렌초 지도 아래의 피렌체에 대해 도시는 "평화 속에서 즐거움을 누리고 있다Fiorenza lieta in pace si riposa"라고 말했다.⁶⁵ 어떤 관점에서는 이런 정서가 분명히 사실이었다. 로렌초는 1469년 아버지인 피에로가 죽은 뒤 피렌체의 주요 시민이라는 역할을 맡았고, 이탈리아의 불안정한 세력 균형 속에서도 피렌체의 위치는 여전히 강력했다. 1470년대 초 그와 그의 협력자들은 친메디치파 투표 참관인에게 정무 위원이 될 가능성이 있는 인물을 점검하도록 했다.⁶⁶ 그런데 언제나처럼 도시 내에는 메디치 가가 지닌 존경과 명망을 자신들도 누릴 자격이 있다고 믿는 다른 가문들이 있었다.

이 가운데 하나가 바로 경쟁자인 파치 가家로, 메디치 가처럼 은행가 가문이었다. 그들은 당시의 교황 식스투스 4세(프란체스코 델라 로베레)를 설득해 로마 메디치 은행에 있던 그의 엄청난 계좌를 해지하고 그것을 파치 가로 넘기도록 했다.⁶⁷ 또한 교황과 메디치 가 모두에게 이몰라는 전략적 중요성을 가진 곳이었다. 이 도시는 로마냐 지방의 서쪽 경계

---

64 Lorenzo de' Medici, *Comento*, "Argumento" al primo sonetto, 589-93, spec. 592-93; cit. and tr. Quint, x.

65 Poliziano, *Stanze*, 1.4.

66 Martines, *April Blood*, 88-110; André Rochon, *La jeunesse de Laurent de Medicis (1449-1478)* (Paris: Les Belles Lettres, 1963); Rubinstein, *The Government*.

67 Martines, *April Blood*, 98-99.

에 있었고, 아드리아해에 비교적 가까워서 무역의 관문 역할을 했다. 로마냐 지방은 전통적으로 교황령 국가의 일부였고, 교황은 그곳의 대주교로 프란체스코 살비아티라는 충성스러운 인물을 앉히려 했다. 그러나 공교롭게도 이몰라는 토스카나에 있었고, 피렌체의 통제를 받았다. 이몰라는 작은 도시였지만 이탈리아 도시국가 간의 힘의 정치에서 크게 부각되었고, 사실 이 경우 그 정도가 아주 컸기 때문에 로렌초는 토스카나 땅에서의 어떤 대주교 임명도 반드시 피렌체의 허가를 거쳐야 한다는 규칙을 내세우며 살비아티의 취임을 피하려 했다.[68] 모든 구성 요소가 폭발적 상황을 예비하고 있었던 셈이다.

  사실, 상황이 극한에 이르자, 모의자들—어떤 점에서는 이들이야말로 정확히 음모를 꾸민 집단인데, 1478년 초에 가면 몇몇 사람이 이에 더 가세한다—은 공격을 준비하기 위해 직업 군인인 몬테제코라는 용병 대장을 고용하게 된다. 교황은 그들 가운데 몇몇에게 이렇게 말했다 (몬테제코가 뒤에 자백한 바로). "이제 나는 어쨌든 그 누구도 죽기를 원치 않는다. 누구의 죽음에 동의하는 것은 우리가 진 책임의 영역에 속하지 않기 때문이다. 사실, 로렌초는 막돼먹은 놈이고 우리를 홀대하고 있다. 그래도 나는 누구의 죽음도 원치 않을 것이다. 하지만 상황이 변한다면 그렇게 하라."[69] 이는 무슨 뜻일까? 통치상의 변화가 일어나는 데 필요한 일을 하라는 것이다. 모의자들은 교황의 뜻을 잘 이해했고 계획을 그대로 밀고 나갔다. 두 가지 안(그 하나는 성대한 만찬을 열고 거기서 암살하자는 것이었다)이 나왔지만 결국 하나로 통일되었는데, 이는 지금에 와서 보아도 충격적이다. 즉 이는 교회에서 죽이자는 것으로, 그렇게 해서 고른 곳이 다른 교회도 아니고 피렌체의 유명한 두오모인 산타 마리아 델 피오레였다. 돈을 주고 고용한 암살자인 몬테제코조차 이를 미친 짓이라

---

68 Ibid., 152.
69 다음에 나오는 몬테제코의 "Confessione"를 볼 것. Gino Capponi, *Storia della reppublica di Firenze*, 2 voll. (Firenze: Barbéra, 1876), 509-20, spec. 514. 다음의 분석도 볼 것. Mratines, *April Blood*, 150-73.

생각하고 뒤로 빠져 버렸다. 그러나 모의자들은 그래도 이를 계속 밀고 나갔고, 그래서 1478년 4월 26일에 사건 — 말하자면 로렌초와 줄리아노의 암살 사건 — 이 터졌다.

모든 것을 고려할 때, 폴리치아노의 『파치 음모에 대하여』는 무슨 일이 일어났는지 설명하려는 노력의 일환으로 이 지저분한 일화의 전모를 이야기하고자 한 것이다. 미사 중에 어떤 일이 일어났는지 폴리치아노가 기술하는 바를 따라가 보자.

신부의 성찬식이 끝나고 신호가 떨어지자마자, 베르나르도 반디니와 프란체스코 파치를 비롯한 여타 모의자들이 줄리아노를 둘러쌌다. 먼저 베르나르도가 그 청년의 가슴에 칼을 꽂으며 그를 타격했다. 줄리아노는 죽어가면서도 몇 걸음 도망쳤고 그들이 뒤를 따랐다. 숨을 헐떡이던 청년은 바닥에 쓰러졌다. 프란체스코는 단검으로 그를 찌르고 또 찔렀다. 그리하여 이 강직한 청년은 살해되었다.[70]

끔찍한 음모가 남긴 최초의 결과는, 폴리치아노가 『스탄차』에서 활력이 넘치는 피렌체 청년의 꽃이라 그렸던 청년 줄리아노가 더이상 이 세상 사람이 아니라는 것이었다. 『파치 음모에 대하여』에서 알 수 있듯이, 모의자들은 로렌초의 목숨도 빼앗으려고 목을 칼로 그었으나, 로렌초는 "칼집에서 칼을 뽑아 조심스럽게 자신을 방어하면서 살인자들을 상대했다."[71]

로렌초는 재빨리 신도석을 벗어나 성구 보관실로 향했다. 폴리치아노는 이렇게 말한다. "그때 나는 다른 사람들과 함께 같은 곳으로 물러나 청동문을 닫았다."[72] 이 순간이 중요한데, 폴리치아노가 독자들에게 자

---

70 Angelo Poliziano, *Coniurationis Commentarium*, a cura di Perini, 16; tr. Welles, 312.
71 Ibid.
72 Ibid., 18; tr. Welles, 313.

신이 목격자임을 확실히 하는 장면이기 때문이다. 그는 바로 그곳에 있었고, 그래서 그의 이야기는 좀 더 내적 가치를 지니게 된다. 그는 로렌초의 친구들이 교회에서 나와 그를 둘러싸고 메디치궁으로 호위해 갔으며, 그래서 로렌초는 살해된 동생의 시신을 보지 못했을 수도 있다고 말했다. 이어 폴리치아노는 이렇게 전한다. "나는 지름길로 해서 바로 집으로 갔는데, 거기서 많은 상처에서 나온 피로 얼룩진 채 처참한 모습으로 누워 있는 줄리아노의 시신과 맞닥뜨렸다."[73] 그러나 폴리치아노는 친구들의 도움으로 메디치궁 안으로 들어갔다. 이어서 여러 방식으로 해석할 수 있는 그 인상적인 대목이 등장한다.

> 집 전체가 무장한 사람들과 메디치 가를 옹호하는 고함으로 가득 차 있었고, 웅웅대는 소리가 온 천장을 울릴 정도였다. 이때 놀랄 만한 광경이 눈에 들어왔는데, 소년이며 노인, 젊은이, 신부나 속인 할 것 없이 모두가 메디치 가의 방어를 위해 무기를 들고 있었다. 마치 이렇게 하는 것이 공공의 안전을 위한 길이라 생각하는 것 같았다.[74]

이 구절은 폴리치아노가 의도한 바를 정확히 보여 준다. 즉 피렌체 내의 수많은 메디치 협력자가 필요시에는 메디치 가를 중심으로 뭉친다는 것이다. 또한 폴리치아노는 피렌체 사람들이 마음속으로 메디치궁을 한 개인의 집 이상으로 생각하고 있다는 것을 알게 모르게 암시하고 있다. 그들은 그것을 이제 도시국가 그 자체와 동일시하게 되었다는 것이다. 이야말로 적이 그들의 점증하는 권력에 반대한 여러 이유 가운데 하나이다.

소규모 모의자들이 피렌체의 실제 정부 청사인 시뇨리아궁을 장악하려 했으나 이마저도 실패함으로써, 음모는 결국 성공하지 못했다. 다시

---

73 Ibid., 18; tr. Welles, 314.
74 Ibid.

힘을 얻은 로렌초는 이 음모를 자신이 원하는 대로 이해했다는 것을 분명히 했다. 즉 그에게 그것은 비열하고 배신적인 행위였고, 그 결과 과연 누가 피렌체의 수장인지에 대해 어떤 의심도 할 수 없게 되었다는 것이다. 폴리치아노의 『파치 음모에 대하여』는 이런 캠페인 — 음모의 요소와 결과에 대한 설명을 영구히 남기는 방식 — 의 일환이었다. 그는 이 작품을 라틴어로 썼다. 이는 살루스티우스를 상기시키는데, 폴리치아노는 살루스티우스의 『카틸리나의 음모』(Bellum Catilinae)를 적어도 일부분 그 모범으로 삼았다. 폴리치아노는 음모의 결과를 박력 있게 설명하고 있다.

음모 그 자체(교회에서 공공연히 유혈의 백병전을 벌이겠다는)도 현대인의 눈으로는 놀랍게 보이겠지만 그에 대한 응징은 훨씬 더 기괴했다. 일단 메디치 지지자들이 시뇨리아궁을 확고히 통제하자, 이런 장면이 펼쳐졌다.

> 그들은 야코포 디 포치(모의자 중 한 명)를 창밖으로 매달았다. 그들은 포로로 잡힌 추기경(이는 라파엘레 리아리오로, 추가로 모의에 참여한 사람 중 하나)을 대규모 경비를 붙여 궁으로 데려왔는데, 사람들의 공격으로부터 그를 방어하느라 큰 어려움을 겪었다. 군중은 그를 따르던 사람 대부분을 죽였고 그들의 시신을 갈가리 찢고 잔인하게 짓이겼다. 누군가가 로렌초의 집 대문 앞에 창에 꿰인 머리를 갖다 놓는가 하면, 이어서 어깨 부위도 갖다 놓았다.[75]

대단한 것은 못되지만 "정의"라는 것이, 마치 미국의 재건 시대에 린치를 가하던 무리처럼 광란에 휩싸여 감정을 주체하지 못하고 유혈이 낭자한 채 본능적으로 행동하는 군중의 반응과 행위로 나타났다. 문화적으로 르네상스가 꽃피운 때든 혹은 18세기 말 19세기 초 미국의 경제 호황과 산

---

75 Ibid., 20; tr. Welles, 315-16.

업화 시기든 간에, 최고의 시기에조차 최악의 인간성이 드러난 셈이다.

현대의 우리가 린치라는 말을 들으면 충격을 받을 것이고, 또 충분히 그럴 만하다. 이는 우리가 생명과 자유와 재산을 보호하고 획득하려는 자연권 — 18세기 계몽주의 시대에 하나의 원리로 도입되어 이후 서양 사회의 이상으로 추구되었으나, 노예제와 그 무시무시한 결과 때문에 그러한 이상의 극단적 실패를 맛보기도 한 권리 — 으로 상정해 온 모든 것에 반한다. 하지만 15세기 말의 피렌체에서 우리는 그런 권리가 거의 존재하지도 않았다는 점을 기억해야만 한다. 휴머니스트 운동에서 폴리치아노를 앞서간 사람들은 사실 재산권과 법 앞의 평등 개념과 같은 생각을 분명히 피력한 바 있다.[76] 그러나 이런 관념들은 오늘날 우리가 생각하는 방식대로 보편적 함의를 가진 "권리"로 간주되지 않았다. 그런 것들은 오직 피렌체 시민에게만 해당하는 말이었다. 게다가 여전히, 여기 파치 음모의 경우에서 보듯이, 거리의 정의가 어떤 고귀한 이상보다도 앞설 수 있었다.[77] 그렇다고 해서 브루니 같은 시민적 휴머니스트의 기여를 낮추어 보려는 것은 아니다. 이런 문제에 대한 그의 사유는 서양 인권론의 오랜 지적 계보에서 매우 중요하지만 여전히 충분히 인식하지 못하고 있는 부분이다. 간단히 말해 폴리치아노의 세계는 아직도 우리가 때때로 인식하는 것 이상으로 "얼굴을 마주하는" 전근대 사회에 훨씬 더 가깝다는 것이다. 이 음모에 대한 폴리치아노의 설명은 내내 이런 식으로 전개된다. 거기에는 수많은 공개적 폭력과 응징과 로렌초의 반응이 나오는데, 이 모두가 볼테라와의 전쟁에서처럼 메디치 가를 우습게 보아서는 안 된다는 것을 보여 주려는 것이었다.

음모와 이에 대한 폴리치아노의 설명은 로렌초와 이제는 죽고 없는 줄리아노라는 아름다운 청년에 대한 일종의 구두점 역할을 하고 있다. 폴

---

76 William Connell, "The Republican Idea" in Hankins, ed., *Renaissance Civic Humanism: Reappraisals and Reflections*, 14-29.

77 Lauro Martines, *Strong Words: Writing and Social Strain in the Italian Renaissance* (Baltimore: Johns Hopkins University Press, 2001).

리치아노는 다른 주요 속어 시 작품 『오르페우스』(*Orfeo*)에서 오르페우스와 에우리디케의 신화를 이야기한다. 이 신화는 나름의 비극적 함축을 지니고 있다. 오르페우스의 아내 에우리디케는 색정에 미친 반은 인간이고 반은 염소인 사티로스에게서 도망가던 중, 굴에 빠져 뱀에 물리는 바람에 생명을 잃는다.[78] 오르페우스(그는 뛰어난 음악적 재능을 가지고 있었다)가 아주 슬피 노래를 부르는 바람에 모든 신과 요정이 그를 가엾게 여겼다. 조언에 따라 그는 지하 세계로 내려가 아내를 찾아보고자 했다. 지하 세계의 신들은 그가 에우리디케를 데리고 나가도록 허락해 주었다. 단 조건이 하나 있었는데, 그가 그녀를 뒤돌아보지 않아야 한다는 것이다. 하지만 아차 하는 순간에 그는 뒤를 돌아보았고, 그리하여 에우리디케를 영원히 잃어버리게 되었다.

『오르페우스』의 한 대목에서 오르페우스는 지하 세계 최고 신인 플루톤에게 간절한 마음을 담아 이런 연설을 한다. "결국 모든 것은 당신에게로 돌아갑니다. 필멸하는 모든 것이 당신에게로 돌아갑니다. 회전하는 달 아래 어떤 것이든 자연적으로 당신의 영역에 닿습니다. …… 필멸의 생명은 모두 다시금 당신에게로 물러납니다. 회전하는 달 아래 그 어떤 것도 마침내는 당신의 영역으로 돌아가야 합니다. 모든 것이 결국에는 이 길을 가지 않을 수 없습니다."[79] 이런 감정은 로렌초가 읊은 "하고 싶은 대로 즐기라"는 정서와는 확연히 달라 보인다. 로렌초의 이 "디스티코distico", 즉 2행 연구聯句의 마지막 행—"내일이면 아무것도 확실치 않으리니"—은 알게 모르게 15세기를 끝막음하는 20년의 상상할 수 없는 일련의 변화를 알리는 전조였다. 폴리치아노는 1480년대에 들면서 아주 원숙해졌고, 그의 작품과 삶과 사상은 피렌체 지적 공동체의 새 중요 일원인 피코 델라 미란돌라가 등장함으로써 큰 자극을 받게 된다.

---

78 Angelo Poliziano, *Fabula di Orfeo*, in Poliziano, *Stanze. Fabula di Orfeo*, 139-64.

79 Poliziano, *Fabula di Orfeo*, ll. 205-8; Julia Cotton Hill, "Death and Politian", *Durham University Journal* 46 (1953-54), 96-105.

15
"거의 숨도 못 쉴 지경이다"
폴리치아노, 피코, 피치노, 피렌체 르네상스 종말의 시작

"나와 우리의 폴리치아노는 바로 우리에게 온 것이든 다른 사람에게 보낸 것이든 간에, 종종 자네에게서 받은 편지를 읽곤 한다네. 편지가 도착하면 우린 언제나 앞서 그랬던 것처럼 그것을 두고 씨름하고, 편지를 읽는 중에 새로운 즐거움이 치솟아 오르면 항상 찬성!이라고 외치느라 거의 숨도 못 쉴 지경이라네."[1] 이 말은 1480년대 중엽에서 말 사이에, 조반니 피코 델라 미란돌라가 베네치아의 지식인 에르몰라오 바르바로에게 쓴 편지에 나타나는데, 피코와 폴리치아노는 그와 편지를 주고받는 친밀한 사이였다. 이는 열광적인 분위기 속에서 세 사상가가 자신들의 작업을 공동 작업으로 간주했다는 점을 보여 준다. 또한 그들 간의 편지 교환은 그 나름으로 폴리치아노의 가장 흥미로운 작품 중 하나인 『라미아』(*Lamia*) 집필로 이어졌는데, 이는 그 자체로 르네상스 이탈리아에

---

1 Garin, *Prosatori*, 806: "Legimus saepe ego et noster Politianus quascumque habemus tuas aut ad alios, aut ad nos epistolas; ita semper prioribus certant sequentia et novae fertiliter inter legendum efflorescunt veneres, ut perpetua quadam acclamatione interspirandi locum non habeamus."

서 철학의 성격에 대해 성찰한 최고의 업적이다. 이 모든 것을 이해하려면 먼저 피코 델라 미란돌라를 소개해야 한다.

보통 피코로 알려진 미란돌라 백작 조반니 피코(1463~94)는 북부 이탈리아 모데나 인근의 작은 독립 도시 미란돌라를 통치하는 귀족 가문의 자손이었다.[2] 진짜 영재였던 그는 10세 때에 이미 그리스어와 라틴어에 대해 광범위한 경험을 쌓았다. 그는 13세가 되자 이탈리아에서 선도적인 법학 학교인 볼로냐 대학으로 갔다. 앞서 많은 휴머니스트가 그랬듯이, 부모의 구속이 느슨해지자(이 경우는 어머니의 죽음 때문에) 그는 법학을 떠나 자유로이 휴머니즘의 주제에 매진했는데, 많은 재산 덕분에 하고 싶은 대로 할 수 있었다. 철학에 열정을 가진 그는 다시금 페라라 대학으로 갔다. 그는 공부 범위를 넓히고 싶은 욕심으로 1470년대에 잠깐 피렌체에 머물렀는데, 여기서 피렌체의 많은 지식인 중 특히 폴리치아노를 만나게 된다.

그 후 피코는 스콜라 철학의 온상인 파도바 대학에서 공부했다. 그는 또한 관례적인 라틴어와 그리스어 문헌에서 히브리어와 아랍어를 비롯한 다른 언어로 쓰인 문헌으로 범위를 확대하기 시작했다. 그는 유대인 개종자이자 영향력 있는 지식인이었던 엘리아 델 메디고와 함께 연구했

---

2 다음의 책이 여전히 최상의 전기이다. Eugenio Garin, *Giovanni Pico della Mirandola: Vita e dottrina* (Firenze: Le Monnier, 1937). 다음도 볼 것. Pier Cesare Bori, "The Historical and Biographical Background of the *Oration*" in Pico della Mirandola, *Oration on the Dignity of Man: A New Translation and Commentary*, eds. Francesco Borghesi, Michael Papio, and Massimo Riva (Cambridge: Cambridge University Press, 2012), 10-36; William G. Craven, *Giovanni Pico della Mirandola, Symbol of His Age* (Geneva: Droz, 1981); M. V. Dougherty, *Pico della Mirandola: New Essays* (Cambridge: Cambridge University Press, 2008); Gian Carlo Garfagnini, a cura di, *Convegno internazionale di studi*, 2 voll. (Firenze: Olschki, 1997); Engelbert Monnerjahn, *Giovanni Pico della Mirandola: Ein Beitrag zur philosophischen Theologie des italienischen Humanismus* (Wiesbaden: Franz Steiner, 1960); Louis Valcke and Roland Galibois, *Le périple intellectuel de Jean Pic de la Mirandole* (Québec: Les Presses de l'Université Laval, 1994); Paolo Viti, a cura di, *Pico, Poliziano e l'umanesimo di fine Quattrocento* (Firenze: Olschki, 1994).

다. 가장 선진적인 철학 지식을 추구하고자 하는 피코의 여정은 계속되었다. 그는 잠시 파리 대학에도 머물렀는데, 유럽의 신학 중심지라는 이곳의 명성은 여전히 식지 않고 있었다. 20대 초쯤 피코는 어떤 대담한 계획을 구상한 것처럼 보인다. 즉 인간 지식의 모든 영역에 걸친 일련의 900개 명제—궁극적으로는 공개 토론과 변호가 되기를 바란—가 바로 그것이다.[3] 이 계획을 마음에 품은 그는, 1484년 이번에는 좀 더 오래 머물 예정으로 피렌체로 갔다.

그곳에 도착했을 때, 피코는 문화사에서 일어나곤 하는 마법적인 순간—필요한 시간에 필요한 사람들이 가까이 있고, 더욱이 서로 공감하는 사이인—과 맞닥뜨렸다. 그곳에는 피코보다 약 열 살 많은 폴리치아노가 있었고, 그 역시 젊은 백작처럼 영재였다. 그들은 서로의 다른 배경에도 불구하고 1470년대에 잠깐 만났을 때도 금세 의견 일치를 본 바 있었다. 둘은 모두 고대 세계는 물론이고 그것의 잘 알려지지 않은 부분에까지 몰두해 있었다. 피코에게 그것은 미개척된 여러 다른 철학 전통이었고, 폴리치아노에게는 다른 사람들은 부차적이라 여기지만 자신은 스스로의 문화적 계기에 어울리는 내적 가치를 가지고 있다고 보는 라틴어와 그리스어 문학이었다.

게다가 그곳에는 피치노가 있었다. 그때, 1484년의 피치노는 더 나이를 먹었고 대단히 존경받는 인물이었다. 그는 파치 음모라는 격동의 시간을 거쳤고, 비록 자신이 로렌초의 할아버지인 코지모에게서 누린 만큼 대인 로렌초와 가깝지는 못했지만, 그래도 여전히 메디치 후원—지적으로 다방면에 걸친 로렌초의 지원 아래 확대된—의 우산 아래 잘 지내고 있었다. 1480년대 즈음에 다른 목소리가 나오기 시작했지만, 그래도 피치노는 여전히 선도적 인물이었다. 후일 피치노는 피코와의 만남을 점성술에서 길조의 합습이 도운, 거의 신적 사건으로 기념하기까지 했

---

3 Stephen A. Farmer, *Syncretism in the West: Pico's 900 Theses* (*1486*): *The Evolution of Traditional Religious and Philosophical Systems* (Tempe: MRTS, 1998).

다.⁴ 오늘날에 와서 "별들"과 그것들이 자리 잡은 위치가 당시의 일부 지식인에게 얼마나 중요한 것이었는지 상상하기란 쉽지 않다. 하지만 피치노에게—그리고 이 문제에서는 피코에게도—이는 결코 사소한 문제가 아니었다. 피치노가 『플라톤 전집』을 인쇄본으로 간행하기로 한 때가 1484년 바로 그 해였다. 그 작업은 몇 년 전 이미 완결되었으나, 그는 점성술의 바로 이 합 때문에 그때까지 간행을 미룬 것이었다.⁵ 그래서 그는 같은 해 피코가 피렌체에 온 것을 하늘이 도운 기회로 보았다.

1484년에서 1486년 사이에 피치노, 피코, 폴리치아노 3인조는 함께 붙어서 신나게 일했다. 다음해에 들면서 우정과 지적 작업 간의 균형이 약간 바뀌었다. 편지에서 언제나 활달한 성격과 우정 어린 분위기를 보이는 피치노는 1480년대 즈음 플라톤주의에서 좀 더 비전祕傳의 영역을 건드리기 시작했다. 피코 역시 같은 종류의 텍스트를 보고 있었는데, 그의 경우는 피치노가 읽지 못하는 히브리어와 아랍어 텍스트까지 볼 정도로 피치노의 역량을 뛰어넘고 있었다(젊고 활력이 넘치는 초보자가 흔히 그런 것처럼).

1486년이 되자 피코의 삶에서 가장 이상한 일련의 사건 가운데 하나가 일어났는데, 이는 그와 당대인이 살던 전근대 세계에 대해 많은 것을 상기시키고 있다. 폴리치아노가 살던 시대의 가문 간 폭력이란 배경 없이 그를 이해할 수 없는 것처럼 피코 역시 그가 산 현실, 오늘날에는 상상키 어려운 모호한 추정으로 가득한 현실을 고려해 보아야만 한다.

피코는 로마로 가려 했는데, 거기서 자신이 계획한 대규모 토론의 기초 작업을 할 예정이었다.⁶ 하지만 가는 길에 토스카나에 있는 아레초에 잠깐 멈추었다. 전통 속에 잠긴 그 도시는 브루니라는 명사를 배출한 곳이기도 했다. 그러나 피코가 휴머니스트 계보를 칭송하기 위해 그곳에

---

4 그의 플로티노스 번역 서문: f. a. ii (r).
5 Hankins, *Plato*, 1: 302-03.
6 이어지는 설명은 주로 다음에 의한다. Bori, "The Historical and Biographical Background."

간 것은 아니었다. 그는 20명의 무장한 사람들을 거느리고 마르게리타라는 이름의 한 아름다운 과부 — 다름 아닌 메디치 가의 한 사람(명망 높은 피렌체 가계가 아닌 다른 가계 출신의 줄리아노 디 마리오토 데 메디치)과 재혼한 바 있는 — 를 납치한 것이다. 우리는 당시 무슨 일이 일어났는지에 대한 탄탄한 기록을 가지고 있는데, 어떻게 이 대단한 지식인인 피코가 운이 좋아 겨우 목숨을 건진 그런 충격적인 행동을 했는지 이 사건을 한번 자세히 캐 볼 필요가 있다.

먼저 피렌체 주재 사절 알도브란디노 귀도니의 전언이다. 그는 자신을 고용한 페라라와 만토바 영주인 에스테 귀족 가문을 대변해 토스카나에 와 있었다. 귀도니에 따르면, 피코는

> 이 도시〔피렌체〕에서 매우 명성이 높았습니다. …… 사실, 그의 박식함과 지식은 생각하는 것 이상인 듯합니다. …… 그 가엾은 백작(여기서 "가엾다"는 말은 문자 그대로의 뜻이 아니라 이어지는 일련의 암울한 사건을 가리키는 것이 분명하다)은 당시 로마로 갈 의향이었던 것 같습니다. 그는 자신의 짐을 모두 싣고 그것을 페루자로 보낸 것으로 보입니다. 그러고는 모든 하인과 함께 그 뒤를 따랐습니다. 말에 타거나 도보로 가는 사람이 20명이었습니다. 기마 궁수도 두 명 있었습니다. 그들은 그의 지극히 아름다운 연인이 있는 아레초로 갔습니다.[7]

우리는 무엇보다 피코와 같은 신분의 사람이 여행할 때는 무장 수행원을 거느린다는 것을 알고 있다. 그러나 정상적이라면 그가 다음과 같은 일을 벌이지는 않았을 것이다(다음은 그 여인의 남편인 줄리아노가 피렌체의 대인 로렌초에게 보낸 아레초 발發 편지에 나오는 증언이다).

---

7 Tr. Bori, in "The Historical and Biographical Background", 11. 관련 자료는 다음에 수록되어 있다. Marcello Del Piazzo, "Nuovi documenti sull'incidente Aretino del Pico della Mirandola", *Rassegna degli Archivi di Stato* 23 (1963), 271-90.

어제 아침, 저의 숙녀 마르게리타가 산책 삼아 하인과 함께 아레초 외곽의 옛 두오모에 갔다가 강제로 미란돌라 백작의 수하에게 붙잡혔습니다. 그들은 그녀를 말에 태우고는 앞서 말한 백작의 수하 몇몇과 함께 그의 무리로 데려갔습니다. 백작은 이런 목적으로, 이미 전날 저녁 그녀에게 해를 가하고자 20명의 기마 병사와 궁수들과 같이 아레초에서 유숙했습니다. 그들은 그녀를 빼돌려 최대한 빨리 도망쳤습니다.[8]

어떤 요청을 담거나 혹은 알아야 할 소식을 전하는 등의 편지를 받는 것은 로렌초에게 결코 특이한 일이 아니었다. 그러나 이번 경우는 확실히 특이한 것처럼 보였을 것이다. 그것은 마르게리타를 억지로 잡아갔다는 것을 아레초 정부가 피렌체 정부에 편지로 알린 것이므로, 작지만 외교적인 사건이 되었다. 하지만 또한 다른 목소리도 있었는데, 이는 마르게리타가 피코에 홀딱 빠져 그를 따라갔다는 것이었다. 다른 친척에게 보낸 편지에서 피코의 누이가 바로 이런 주장을 한 바 있다.

어쨌든 납치라는 뻔뻔스러운 행동으로 보이는 것에 아레초 사람들이 즐거워할 리는 없었다. "포데스타podestà"(사실상 경찰 수장)는 도시 중앙의 종을 울려 200명의 사람을 소집해 피코와 납치범 일당의 뒤를 쫓았다. 한 당대인의 편지에 따르면, 피코 수하 18명이 살해되었고 "영주(피코)께서도 큰 부상을 입었습니다. 만약 그가 좋은 말을 타지 않았다면, 죽은 18명의 무리 속에 있었을 테지요."[9] 우리는 지식인이 내성적인 성격을 가지고 있다고 생각한다. 그러나 피코 역시 파치 음모에서 자신을 공격한 자들에 맞서 날랜 검술을 발휘해 스스로를 방어했던 친구 대인 로렌초처럼 귀족이었다. 르네상스 이탈리아에서 귀족으로 자란다는 것은 책뿐만 아니라 칼과도 함께 자란다는 것을 뜻했다.

피코는 감옥에 갇혔고 그의 운명은 험난할 것 같았다. 그러나 로렌초

---

8   Tr. Bori, in "The Historical and Biographical Background", 12.
9   Ibid., 13.

가 비밀리에 개입해 아레초인들에게 "줄리아노(피해를 입은 남편)에 가해진 불의"에 대해 유감과 동정을 표한 덕분에, 피코는 상당한 액수의 벌금을 문 뒤 풀려났다. 앞서 말한 페라라 사절 귀도니는 고용주인 에스테가의 에르콜레 1세에게 피코가 한때 받던 존경을 더이상 누리지 못하고 있다고 썼다. "도시 전체가 비통해하고 있습니다. 조반니 백작은 이 도시에서 오랫동안 지극히 학식 있는 사람이라는 평판을 얻고 있었으니까요. 그는 마치 성인처럼 여겨졌습니다. 이제 그는 선망과 명성을 모두 잃고 말았습니다."[10] 귀도니는 이탈리아 방언으로 "우노 상토uno sancto", 즉 "성인聖人"이라고 말했다. 어떤 의미에서 이는 귀도니가 그냥 툭 내뱉은 말 정도로 볼 수도 있다. 그는 아레초인들이 피코를 고매한 지혜와 선의를 지닌 인물로 보았다는 말을 하고 있는 것이다. 하지만 이 일이 아니라면 거의 알려지지 않았을 사절의 말은 우리에게 피코의 성품과 그가 자신을 어떻게 보는지 알려 준다. 피치노의 경우와 마찬가지로, 그 역시 어떤 중대한 변화—그 자신이 연구와 조사를 통해 그렇게 되는 데 일조한—가 진행 중이라는 것을 보여 주었다.

피코는 결국 피렌체로 무사히 돌아왔다. 피치노와의 우정은 더 깊어졌고 마침내는 서로 경쟁자 같은 사이가 되었다. 피코가 피치노에게 처음으로 보낸 편지는 그의 사상적 기조를 잘 보여 준다. "친애하는 마르실리오여, 이는 나의 열정이며 나와 함께 타오르는 불꽃입니다. 나에게는 가능성과 함께 즐거움이란 선물이 있습니다. 이는 결코 순간적이고 덧없는 것이 아니라 안정된 것입니다. 그것은 우리가 펼칠 미래의 영광에 대한 진정한 이미지입니다."[11] 당대의 많은 사상가가 그랬듯이, 피코도 현재의 불안정을 강하게 느꼈고, 이에 대해 무언가를 하고자 하고 있었다. 얼마 후 마키아벨리가 그런 것처럼 누구에게는 그것이 그저 추측에만 기대는 철학이나 종교와 관련된 그 어떤 것과도 결별한, 필수 불가결한 정

---

10 Ibid., 14.
11 Pico, *Opere*, 1: 367-68; tr. Bori in "The Historical and Biographical Background", 17.

치 개혁일 수도 있었다.¹² 그러나 피코에게는 오직 지적 돌파구를 통한 변화만이 가능한 것으로 보였다. 바로 앞서 인용한 구절은 사도 바울의 「로마서」를 상기시키는데, 여기서 바울은 아직 도래하지 않은 미래의 영광을 이야기하면서 그것은 보잘것없는 현재를 뛰어넘는 엄청난 크기의 탑 같은 것이라고 말했다.¹³ 피코 역시 커다란 변화가 몰려올 것이며, 더욱이 그가 할 역할 — 자신이 계획한 로마에서의 대논쟁으로 시작될 — 이 있다는 생각으로 가득 차 있었다.

피코는 그 당혹스러운 납치 사건으로 인한 잘못을 어느 정도 깨닫고 있었다. 그는 한 당대인에게 보낸 편지에서 자신이 교훈을 얻었다고 말한다. "처음 난파한 사람은 넵투누스를 향해 울부짖을 수도 있겠지요. 하지만 또다시 같은 암초에 부딪혀 침몰한다면 아무도 손을 내밀거나 동정하지 않을 것입니다."¹⁴ 하지만 그는 사랑(이제는 육체적인 것이 아닌 신적인)이야말로 자신이 하는 모든 일에 동기를 부여하는 요인이라는 확고한 입장을 견지했다. 그는 다른 작품에서, 가장 강력한 것은 천상의 사랑인데, 이 고귀한 형태의 사랑을 가장 순수하고도 강력하게 표현하는 것은 다름 아닌 남자 간의 사랑(남자와 여자 간의 사랑보다는)이라는 흥미로운 주장을 했다.

예컨대, 피코는 토스카나어로 『베니비에니의 사랑의 시에 대한 주석』 (*Commento alla Canzone di Amore del Benivieni*)(지롤라모 베니비에니는 "천상과 신의 사랑에 대한 시"를 쓴 당시 피렌체인 친구로, 피코는 바로 이 시에 대한 주석을 쓴 것이다)이라는 제목의 작품을 썼다.¹⁵ 피코는 여기서 특별히 "천상의 사랑"을 언급하고 있는데, 이는

---

12 마키아벨리와 불안정성에 대해서는 다음을 볼 것. Christopher S. Celenza, *Machiavelli: A Portrait* (Cambridge, MA: Harvard University Press, 2015).

13 「로마서」 8장 18-19절. 다음에서 인용. Bori in "The Historical and Biographical Background", 17, n. 25.

14 Pico, *Opere*, 1: 378-79; tr. Bori in "The Historical and Biographical Background", 21.

15 Pico della Mirandola, *Commento alla canzone di amore*, in Pico, a cura di Garin, 443-581.

성적 교합의 위험이 없으며 전적으로 영혼의 영적 아름다움을 지향한다. 이 영적 아름다움은 다른 속성이 모두 그런 것처럼 여성보다는 남성에게서 훨씬 더 완전하다. 천상의 사랑에 감화된 남성 대부분이 나약해져 매춘부 무리를 좇기보다는 유덕한 성품의 젊은이를 사랑하는 이유도 바로 이 때문이다(육체가 아름다울수록 덕은 더 매력적이다). 매춘부는 남성을 전혀 영적 완전성으로 이끌지 못할 뿐만 아니라 키르케처럼 그를 완전히 짐승으로 바꾸어 놓을 뿐이다.[16]

피코는 아레초에서 일어난 최근의 불운을 생각하고 있었을까? 그는 이제 여성과의 우정을 버린 것일까? 그는 새로운 성적 정체성을 선언하고 있는 것일까? 이런 의문에 대한 결정적 대답은 없다. 우리가 말할 수 있는 것은 그가 마음으로 대토론을 준비하고 지력을 모으면서, 새로운 단계의 성숙함에 도달하고자 애쓰고 있었다는 점이다.

그는 대토론 문제에서 계획의 범위가 너무 넓은 데다가, 아직 어린 나이에도 불구하고 그런 식으로 자신을 내보이는 것이 뻔뻔스럽다는 반대가 있을 수도 있다는 점을 알고 있었다. 1486년 12월, 피코는 토론 준비로 로마에서 900개 명제를 인쇄하는 데까지 나아갔고, 아울러 토론을 위한 여비를 마련할 수 없는 학자들에게는 자신의 사비로 경비를 대겠다는 말도 덧붙였다.

이 계획이 유래한 중세 전통과 비교해 보면, 그것이 얼마나 대단한지를 알 수 있다. "디스푸타티오네스disputationes", 즉 "논쟁"은 중세 대학의 정규적이고 중요한 부분이었다. 이러한 논쟁 가운데 한 가지는 "퀘스티오네스 쿼들리베탈레스quaestiones quodlibetales", 즉 "무제한 문제"라 부르는 것에 대한 논쟁이었다. 이 용어는 "무엇이든 좋을 대로"라는 뜻의 라틴어 "쿼들리베트quodlibet"에서 유래했는데, 이틀까지 계속될 수도 있는 이 논쟁에서는 최대 20개에서 25개 문제가 토론되었다. 또 다른

---

16 Ibid., 537-38; tr. Bori, 26.

것은 "퀘스티오네스 디스푸타테quaestiones disputatae", 즉 "논쟁적 문제"로 알려진 것이었는데, 이 경우에는 무제한 논쟁에 비해 미리 정한 논제로 토론했다. 피코의 의도는 그동안 양쪽 모두의 방식으로 해석되어왔다.[17] 어느 쪽이든 피코의 시대 상황과 배경을 고려하면, 피코의 계획은 분명히 통상적인 것과는 거리가 멀며 아마 그 자신의 비범한 감각을 따랐을 것이다.

피코는 그의 명제들을 여러 범주로 나누었는데, 그가 하려던 것의 기조를 이해하기 위해서는 그중 몇 가지를 살펴보는 것이 좋겠다.[18] 예컨대, 후기 플라톤주의자이자 플로티노스의 제자이며 전기 작가였던 "포르피리오스에 따른" 일련의 "최종 판단"(이는 그가 명제의 뜻으로 사용한 용어였다)을 보자.

> 플라톤에 나오는 아버지라는 말은 그 자체에서 모든 결과가 산출되는 원인으로 이해해야 한다. 제작자는 다른 데서 질료를 받는다.
> 세계의 데미우르고스(형성자)는 세상 위의 영혼이다.
> 그 모범은 데미우르고스의 영혼이 지닌 지성과 다르지 않다.[19]

지금까지 우리가 본 일련의 진술은 현대인에게는 물론 매우 이상하게 들리겠지만, 논란을 불러일으킬 정도는 아니다.

피코는 단지 포르피리오스에서 끌어낸 세계에 대한 관념들을 해석하고 있을 뿐이다(좀 더 정확히 말하자면 간접적으로 그렇게 했다고 해야 할 텐데, 피코의 진술은 포르피리오스의 논증을 개괄한 후기 플라톤주의자 프로클로

---

17 "무제한 논쟁"이라는 해석으로는 다음을 볼 것. Farmer, 6. 반면에 피코가 제안한 논쟁이 중세 "논쟁적 문제"의 전통에 속한다는 견해도 있다. M. V. Dougherty, "Three Precursors to Pico della Mirandola's Roman Disputation and the Question of Human Nature" in Dougherty, *Pico della Mirandola: New Essays*, 114-51.
18 900개 명제는 다음에 편집·번역되어 있다. Farmer, *Syncretism*, 209-553.
19 Pico, "900 Theses", 22.1-22.3, in Farmer, *Syncretism*, 306-7.

스에게서 가져온 것이기 때문이다).[20] 이는 원래 플라톤이 『티마이오스』에서 제시한 창조 신화에 근거한 것으로, 후기 플라톤주의자 모두가 나름의 견해를 밝힌 바 있었다. 여기서 "아버지"라는 것은 플라톤을 읽고 그것을 설명한 후기 플라톤주의자들이 "일자一者"라고 부른 존재로, 우주의 근원이 되는 지고의 독립체를 의미한다. "데미우르고스demiurgos"는 세계를 창조한 존재이다. 피코는 이 존재를 "세상 위의 영혼"과 동일시하는데, 이는 우리의 세계 위, 저 너머에 존재하는 다양한 영혼을 뜻한다. "모범"은 후기 플라톤주의적 위계의 또 다른 부분을 차지한다. 이는 난해하지만 그렇다고 특이하지는 않다. 그것은 플라톤 철학을 해석하는 방식의 일부로, 플라톤이 쓴 원原 텍스트를 후일의 해석자들이 그것을 이해하는 방식과 연결하고 있다.

그러나 바로 이어서 다음과 같은 진술이 따라온다.

> 화산처럼 분출하는 지성에 참여하는 모든 영혼은 달에서 파종된다.
>> 앞의 판단으로부터 나는 모든 게르만인의 몸이 크고 피부색은 희다는 것을 추론한다.
>> 같은 판단으로부터 나는 사도좌의 모든 게르만인을 가장 숭앙해야 한다는 것을 추론한다.
>> 아폴론이 태양의 지성인 것처럼 아스클레피오스는 달의 지성이다.
>> 앞의 판단으로부터 나는 떠오르는 달이 탄생에 건강을 준다고 추론한다.[21]

이제 우리는 한 걸음 더 나아가 이 진술에 내재한 정확한 일련의 점성술적 의미를 그려 볼 수 있다. 사실, 이런 유의 점성술 관념은 피코의 시대

---

20 이는 플라톤의 『티마이오스』에 대한 프로클로스의 주석서에서 끌어온 것이다. Farmer, 307, n. to 22.1-3.
21 Pico, "900 Theses", 22.4-22.8, in Farmer, *Syncretism*, 306-7.

에 진지하게 여겨졌을 뿐만 아니라 인생을 인도하는 길로 이용되기도 했다. 당신은 전쟁을 시작하는 길일吉日을 찾으려는 지도자일 수도 있고 혹은 자신의 걸작을 출판할 최적의 시간이 정확히 언제인지를 알고자 하는 바로 그 피치노일 수도 있다(이미 살펴보았듯이, 그는 『플라톤 전집』을 간행할 때를 점성술에서 길년吉年으로 보는 1484년으로 골랐다). 사실, 우리 시간을 좀 더 낫게 쓸 방법이 있다. 이 명제들에 대해 사유하는 좀 더 유익한 방법은 피코가 살았던 전근대 세계를 다시 상기하는 것이다.

하지만 교회가 의심스럽게 본 다른 명제들—피코가 자신의 견해를 제시해 놓은—이 있었다. 특히 당시의 교황 인노첸치우스 8세는 피코가 계획한 논쟁의 범위를 듣고 그것을 취소했을 뿐만 아니라 사실상 피코의 작업을 비난하고 나섰다. 특히 그는 모든 명제가 "자연철학으로 가장하고 있지만 가톨릭 신앙과 인류에 해를 끼치고 가톨릭 학자들의 규준과 교리에 지극히 반하는 어떤 기예들"을 고무하고 있다고 규탄했다. 교황은 "읽고, 필사하고, 인쇄하거나, 혹은 읽고 필사하고 인쇄했거나. 혹은 어떤 식으로든 다른 사람이 읽는 것을 들으려 하는" 자에게는 모두 파문이 기다리고 있다고 말했다.[22] 피코는 신경이 곤두섰을 것이다. 그런데 그가 쓰려고 한 것이 어떻게 해서, 그리고 왜 로마 교황궁의 심기를 그토록 긁어 놓았을까?

그 하나가 피코에게는 적절하게 보였을지 몰라도 이미 구닥다리로 생각되는 그의 수사법이었다. 명제 인쇄본의 첫 쪽에서 그가 말하고 있는 것을 보자.

콩코르디아 백작 조반니 피코 델라 미란돌라는 그 자신과 지혜로운 칼데아인, 아랍인, 히브리인, 그리스인, 이집트인, 라틴인의 견해를 비롯해 다음 900개의 변증법적·도덕적·물리적·수학적·형이상학적·신학적·마술적·카발라적 견해들에 대해 공개적으로 논쟁할 것이다.[23]

---

22 Cit. and tr. Farmer, *Syncretism*, 16.

먼저 피코는 철학의 모든 전통적 영역("변증법적"인 것에서 "형이상학적"인 것까지)을 다룬다고 주장한다. 그는 이어 신학으로, 그리고 마술과 히브리인의 카발라로 넘어간다. 이뿐만이 아니다. 피코는 또한 세계를 모두 다루겠다고도 한다. 칼데아이(이는 바빌론 남동부 지역에 사는 사람을 가리키지만, 동시에 그리스와 라틴 텍스트뿐만 아니라 아주 오랜, 모세와 동시대로 생각되는 일련의 신비적 텍스트들도 포함한다), 아랍인, 히브리인, 이집트인까지도 아우른다는 것이다. 그의 첫 번째 주장은 광범위하고 다양한 언어로 지금까지 그 누구도 익힐 생각을 품지 못한 지식을 다루겠다는 것이었다.

피코는 다시 한번 자신을 타인과 구별한다. "이러한 견해를 설명하는 데서 그(나)는 로마 언어의 광휘가 아니라 가장 고명한 파리 논쟁자들의 말하는 스타일을 모방했다. 우리 시대 거의 모든 철학자가 이를 사용하고 있기 때문이다."[24] 피코가 말하는 바는 이런 것이다. 즉 나는 우리 시대의 휴머니스트들이 애호하는 스타일(키케로주의적이고 고전적인)로 라틴어 쓰는 방법을 잘 알고 있다. 하지만 이번 일을 위해서는 스타일을 스콜라 철학의 관례, 즉 스콜라 철학적 라틴어를 포함한 관례에 맞추겠다는 것이다. 피코는 다양한 언어와 스스로 주장하는 지식의 범위에서 자신을 특출한 존재로 표현하고 있다. 교회 당국자에게 거슬리는 것 가운데 일부가 바로 이런 주장이었다. 앞서 인용한 인노첸치우스 8세의 칙령 역시 피코가 900개 명제에서 "이교 철학자의 오류"를 개조하고 "유대인의 기만"을 적극적으로 부추기는 경향이 있다고 비난한다.[25]

"이교도"에 대한 문제는 피코가 예컨대 "신들"과 같은 것에 대해 말하고 있다는 것이다. 그는 마치 이러한 개념이 그리스도교 세계에서 아무 문제도 없는 것처럼 이야기하는데, 설사 그리스도교도들이 성인을 중

---

23 Pico, "900 Theses", First Preface, in Farmer, *Syncretism*, 211.
24 Ibid.
25 Cit. and tr. Farmer, *Syncretism*, 15.

재자로 보고 일상적으로 그들에게 기도를 드리기는 하지만 오직 하나의 신만이 존재한다는 것이 기본 관념이었다. 이런 경향은 5세기의 후기 플라톤주의자인 "프로클로스에 따른 판단"에서도 드러나는데, 그는 앞선 수많은 플라톤주의자의 주장을 종합한 바 있다. 그 판단은 이러했다. "레아가 생식력이 넘치는 생명을 통해 양극의 아버지 신인 사투르누스와 유피테르 사이를 중재하는 것은 불가피한 일이다."[26] 프로클로스는 『플라톤 신학』(피치노와 피코를 비롯한 여러 사람이 매우 애호한 텍스트)에서, 서로 계서적 관계에 있는 행성의 신들 이름으로 표현한 일련의 7개 "순서"를 설명했다. 사투르누스, 유피테르, 레아는 서로 가까운 관계로, 이들은 순서의 앞쪽 셋을 구성한다.[27]

피코가 이 "신들"에 대한 예배를 옹호하고 있다는 것은 사실이 아니며, 마찬가지로 그가 실제로 기존의 그리스도교적 틀을 깨거나 비판하고 있는 것도 아니다. 그러나 그가 이 진술을 하는 방식에는 사실상 문제를 일으킬 수도 있는 점이 있었다. 우선 첫째로, 중요한 위치를 차지하는 세 행성 신이 마치 삼위일체처럼 보인다는 것이다. 이는 피코의 직설적이고 사실적으로 들리는 진술에서 이 "신들"이 존재한다는 것을 뜻한다. 등등. 사실, 피코는 이 명제와 나머지 899개 명제가 어디까지나 토론을 위한 것이라고 생각했다. 하지만 이로써 만약 누군가의 믿음이 흔들리게 된다면? 그리고 그 누군가의 믿음이 흔들리는 것이 프로클로스처럼 새로이 발견한 후기 플라톤주의자의 텍스트를 읽었기 때문이라면? 물론, 고대 말 반그리스도교도들이 이 텍스트를 쓰기는 했지만, 적어도 그리스도교 교리와 친족 유사성을 가지고 있는(삼위일체와 유사한 프로클로스의 이론처럼) 이론과 교의를 제기하고 있는 것처럼 보인다면? 특히 새로 도입된 인쇄술이 수서본 시대에는 불가능했던 것을 널리 전파할 가능성을

---

26 Pico, "900 Theses", 24.12, in Farmer, *Syncretism*, 318-19.
27 Proclus, *Theologia platonica*, ed. and tr. Henri D. Saffrey and Leendert Westerink, 6 vols. (Paris: Les Belles Lettres, 1968-97), 5.3, pp. 16-17. Cf. Farmer, 319, n. to 24.12.

열었기 때문에, 이런 두려움이 생기는 것도 당연했다.

혹은 "이집트인 메르쿠리우스 트리스메기스투스("헤르메스 트리스메기스토스"라고도 하는데, 고대 이집트 지혜의 원천으로 모세와 거의 동시대에 살았다고 전해지는 사상가이다)의 고대적 교의에 따른" 다음의 두 최종 판단을 보자.

> 세상의 그 어느 것도 생명이 없는 것은 없다.
>> 우주의 그 어느 것도 죽음이나 파괴를 겪을 수 없다.
>>> 필연적 결과: 생명은 어디에나 있고, 섭리도 어디에나 있으며, 불멸도 어디에나 있다.[28]

이 명제 역시 매우 위험해 보일 수 있다. 물론, 피코가 "범신론"을 옹호하고 있는 것은 아니다. 이 관념은 우주 — 물리적·감각적 현현(우리가 보고, 듣고, 만지는 것)을 포함한 — 가 신과 동일시되며 그 역도 그러하다는 것이다. 그러나 이는 사람들의 의심을 사기에 충분했다. 전능한 신은 창조된 세계와는 분리되어 있으며 그 자신이 사실상 창조주임을 주장하는 것이 오랜 유대-그리스도교 전통인데, 만약 누군가가 이를 의심할 수도 있다면? 존재하는 모든 것이 물리적 세계뿐이라면? 올바른 방식으로 의식을 치르고 자연의 올바른 부분을 활성화하면 인간도 신처럼 강력해질 수 있다(이런 관점에서는 "자연"도 경건하게 보일 수 있다)는 말인가? 적어도 여기서 피코는 이런 것을 옹호하고 있지는 않았다. 그러나 호기심 많은 독자, 믿음이 흔들리는 독자라면 잘못된 방향으로 갈 수도 있었다.

교황의 칙서에는 "유대인의 기만"이라는 말도 있었다. 여기서 논점은 피코가 카발라의 열광적 신봉자였다는 사실과 관련이 있다. "카발라"란 히브리어로 "전통" 혹은 "물려주는 것"을 뜻하며, 성시와 성서적 전통에 대한 모든 것 — 바로 그 말씀 한 자 한 자까지 — 이 신성하다고 보는 일

---

28 Pico, "900 Theses", 27.5-27.6, in Farmer, *Syncretism*, 340-41.

련의 해석적 관습을 가리켰다.²⁹ 후기 플라톤주의에서와 마찬가지로 이 전통에 속하는 사람들은 전능하고 거의 인지 불가능한 신(플라톤주의자에게는 일자)이 우주에 이르는 여러 단계를 창조했다는 생각을 고집하고 있었다. 카발라 전통에는 히브리어로 "세피로트sefirot"로 알려진 10가지 ─ 10개의 속성을 뜻하는 ─ "명수법命數法"이 있었다.

이 문제에 대해 피코는 이렇게 말하고 있다. "'법' 전체를 통틀어 그것에 쓰인 어떤 글자도 그 형식, 접속, 분리, 변형, 연속, 결합, 과도, 과소, 과대, 대관戴冠, 종결, 솔직함, 순서에서 10가지 명수법의 비밀을 드러내지 않는 것은 없다."³⁰ 1단계로 피코가 말하는 것은 텍스트 해석에서 ─ 여기서는 법(히브리 성서) ─ 모든 요소가 중요하다는 것이다. 그러나 한 걸음 더 나아가, 여기서 피코가 생각하는 것처럼 글자 모양조차도 그 안에 힘이 가득 차 있어 올바른 해석 방법을 사용해 그 힘을 끄집어내면, 사실상 세계에 현상적 결과를 가져올 수 있다고 주장한 카발라주의자도 있었다. 그리스도교도 역시 어느 정도는 이런 작동 방식에 친숙해 있었을 것이다. 미사를 치를 때마다 중요한 성체 성사가 거행되기 때문이다. 사제의 말은 시적인 힘과 연결되어 빵을 그리스도의 몸으로 바꾸고, 회중은 그것을 먹음으로써 가능한 한 가장 친밀한 방식으로 신성과 합일하는 것이다. 그러나 다시 한번 피코는 여기서 한 걸음 더 나아간다. 그

---

29 Giulio Busi, "Who Does Not Wonder at This Chameleon? The Kabbalistic Library of Giovanni Pico della Mirandola" in *Hebrew to Latin, Latin to Hebrew: The Mirroring of Two Cultures in the Age of Humanism*, a cura di, Giulio Busi (Torino: Aragno, 2006), 167-96; Busi, "Toward a New Evaluation of Pico's Kabbalistic Sources", *Rinascimento* 48 (2009), 165-83; Brian P. Copenhaver, "Maimonides, Abulafia and Pico: A Secret Aristotle for the Renaissance", *Rinascimento* 47 (2007), 23-51; Copenhaver, "The Secret of Pico's *Oration*: Cabala and Renaissance Philosophy", *Midwest Studies in Philosophy* 26 (2002), 56-81; Fabrizio Lelli, a cura di, *Pico e la cabbalà* (Mirandola: Centro internazionale di cultura, 2014); Moshe Idel, *La Cabbalà in Italia* (Firenze: Giuntina, 2007); Chaim Wirszubski, *Pico della Mirandola's Encounter with Jewish Mysticism* (Cambridge, MA: Harvard University Press, 1989).
30 Pico, "900 Theses", 28.33, in Farmer, *Syncretism*, 358-59.

는 이미 그리스도교가 대체했다고 생각되는 유대교 전통에 기대어, 존중하기에는 좀 멀리 떨어져 있는 그 전통을 논하고 그것을 지지하기까지 하고 있다.[31]

물론, 피코나 여타 사람들은 그가 비그리스도교적 종교 관념을 넓게 포용함으로써, 그리스도교의 진정한 성격을 연구하고 찾기를 바랄 뿐이라고 말할 수도 있다. 이 견해에 따르면 그리스도교는 지금까지 허용된 것보다 훨씬 더 폭이 넓어져야 한다.[32] 그러나 교회로서는 이 모든 것이 사치로 보일 따름이었다. 피코가 제안한 논쟁은 취소되었고, 1487년 3월에는 교황의 명으로 성직자 위원회가 열렸다.[33] 일이 이런 식으로 전개된 것이 불쾌했던 피코는 그의 작업을 정당화하는 글을 출판했는데, 위원회는 이것 역시 좋게 보지 않았다.[34] 여름이 되자 피코는 이 문제에 대해 교회 당국에 공식적으로 제출하는 진술에 서명치 않을 수 없게 되었다. 바로 그때 자신에 대한 체포 영장까지 발부되었다는 사실을 당시에는 그도 모르고 있었다. 뒤늦게 그 소식을 들은 피코는 로마를 빠져나왔다. 그는 교황의 첩자에 의해 리옹 근처에서 잡혀 파리로 끌려왔다. 하지만 프랑스 왕 샤를 7세(로렌초 데 메디치의 친구)가 그를 보호해 주었다. 왕은 안전을 위해 그를 왕성王城에 가두어 놓았다.[35] 그는 왕의 보호 아래

---

31 대체신학(supersessionism)은 사도 바울로 거슬러 올라간다. 「갈라디아서」 3장 28절: "유대 사람이나 그리스 사람, 종이나 자유인, 남자와 여자 없이 모두가 그리스도 예수 안에서 하나이기 때문이니라." 「히브리서」 10장도 볼 것.

32 그리스도적 카발라주의에 대해서는 다음을 볼 것. Joseph Dan, ed., *The Christian Kabbalah: Jewish Mystical Books and Their Christian Interpreters* (Cambridge, MA: Houghton Library of the Harvard College Library, 1998).

33 Alberto Biondi, "La doppia inchiesta sulle *Conclusiones* e le traversie romane di Pico nel 1487" in *Giovanni Pico della Mirandola: Convegno*, a cura di Garfanigni, 197-212; Paul Richard Blum, "Pico, Theology, and the Church" in *Pico della Mirandola: New Essays*, ed. Dougherty, 37-60; Francesco Borghesi, "Chronology" in Pico, *Oration*, 37-51; Garin, *La vita*, 31-36.

34 피코의 "Apologia"에 대해서는 다음을 볼 것. Amos Edelheit, *Ficino, Pico, and Savonarola: The Evolution of Humanist Theology 1461/2-1498* (Leiden: Brill, 2008), 286-348.

35 Léon Dorez et Louis Thuasne, *Pic de la Mirandole en France (1485-1488)* (Paris:

피렌체로 돌아갈 수 있었지만, 이제 그의 저술 기조는 완전히 바뀌게 된다. 이에 대해서는 추후 살펴보겠다.

그러나 흥미로운 것은 피코의 생애에서 미간행으로 남아 있던 작품이 그를 가장 유명하게 만들었다는 점이다. 피코는 이 작품에 단지 『연설』(Oratio)이라는 이름을 붙였을 뿐이지만, 오늘날 이는 『인간 존엄성에 대한 연설』로 알려져 있다. 이는 원래 피코가 토론회를 여는 공식 연설로 생각한 것이었다. 이 작품을 둘러싼 상당히 많은 연구가 있으며, 그것이 저술된 이래 다양한 해석이 있었다.[36] 이 작품의 학문적 연구에 대해서는 잠시 제쳐두고 분명하지만 종종 간과하는 점을 지적할 필요가 있다. 즉 피코의 『연설』은 그것이 얻고 있는 명성에 합당할 만큼 놀랍고 매력적인 작품이라는 것이다.

『연설』은 인간 본성에 대한 열광적인 진술로 시작하는데, 이는 피코의 저술 방향과 지향점을 알려 준다.

> 존경하는 사제님 제위, 저는 사라센인 아브달라흐가, 말하자면 이 세계의 단계에서 가장 경이롭게 보이는 것이 무엇이냐는 질문을 받았을 때 인간보다 더 경이로운 존재는 없다고 대답한 것을 고대 텍스트에서 읽었습니다.[37]

오늘날의 학자들조차 피코가 여기서 언급한 "사라센인 아브달라흐"가 누구인지 잘 모른다는 점이야말로 그가 취한 일종의 전략이다. 물론, 다른 해석도 제시되곤 했는데, 모두가 중세 이슬람의 오랜 전통에 기댄 것

Leroux, 1897).

36 Francesco Borghesi, "Interpretations" in Pico della Mirandola, *Oration on the Dignity of Man: A New Translation and Commentary*, 52-65; M. V. Dougherty, "Introduction" in *Pico della Mirandola: New Essays*, ed. Dougherty, 1-12, esp. 1-6.

37 Pico della Mirandola, *Oration*, ed. and tr. in Pico della Mirandola, *Oration on the Dignity of Man: A New Translation and Commentary*, 108-277.

이다.[38] 하지만 더욱 의미 있는 것은 이 같은 말에는, 물론 개최되지는 못 했지만, 논쟁 중인 피코의 청중에게 어떤 영향을 끼칠 의도가 들어 있었 다는 점이다. 이는 마치 피코가, 이제 국제적 그리스도교 세계의 중심지 로마에 왔군요, 자, 여러분—대부분은 저명한 성직자들이다—에게 제 가 얼마나 많이 알고 또한 정통 교리의 경계를 모색하려고 얼마나 애를 썼는지 보여드리기 위해 아마 여러분이 들어 본 적도 없고 꼭 읽을 필요 까지도 없는 어떤 사상가를 인용하면서 토론을 시작하겠습니다라고 말 하는 듯하다.

피코는 이어 자신의 새로움을 강조하면서 고전적이고 수사적으로 연 설을 시작한다.[39] 그는 "인간"(남성형으로 되어 있지만 인류 전체를 대변하 는 것이 분명)이 왜 그토록 유일무이하고 경이로운 존재인지 그에 대한 고전적 견해를 자신이 모두 훑어보았다고 말한다. 누군가는 말하기를, "인간은 더 높은 존재의 동반자이자 자신보다 하위에 있는 것의 왕으로 피조물들의 중재자"라고 했다.[40] 또 누군가는, 인간은 자연과 신적인 것 사이에 있으며, "다윗이 단언하고 있듯이, 단지 천사보다 약간 하위에 있 을 뿐"이라고 말했다.[41] 피코는 이 모든 이유가 매우 인상적임을 인정한 다. 하지만(바로 여기서 피코는 전통에서 벗어나 특이하고 독특하게 보이는 입 장을 취한다) 그런 이유가 "인간이 스스로 최고의 찬사를 받을 특권이 있 음을 올바르게 주장할 주요 근거가 되지는 않는다."[42] 피코는 생각을 거 듭하다가 결국 무엇이 인간을 유일무이하게 만들고, "짐승은 물론 이 세 계 위에 거주하는 별과 지성까지도 질시하는 환경"에서 살아가게 하는

---

38 다른 해석에 대해서는 다음을 볼 것. Pico, *Oration*, 109, n. 3.
39 철학사에서의 이러한 태도에 대해서는 다음을 볼 것. Stephen Menn, "The *Discourse on the Method* and the Tradition of Intellectual Autobiography" in *Hellenistic and Early Modern Philosophy*, eds., Jon Miller and Brad Inwood (Cambridge: Cambridge University Press, 2003), 141-91.
40 Pico, *Oration*, 111.
41 Ibid.
42 Ibid.

지 정확히 알게 된다.[43]

그것은 바로 이런 것이다. 신은 하늘과 땅에 있는 만물, 모든 별과 천체, 모든 바다와 산과 동물과 지상의 사물을 창조했다. 그러나 신(피코는 이를 "아르티펙스artifex"라는 라틴어로 지칭하는데, 이는 "장인"을 뜻하지만 "만드는 사람", "건축가", "설계자"라는 함의도 가지고 있으며, 『티마이오스』에 나오는 플라톤적 "데미우르고스"를 가리키기도 한다)은 결국 이에 만족하지 않았다. 왜? 신은 "그처럼 장대한 업적의 의미를 숙고하고 그 아름다움을 사랑하며, 그 거대함에 경이를 표할 누군가를 여전히 갈구했기" 때문이다.[44] 하지만 신에게는 또 하나의 장애가 있었다.

신의 전형典型에는 새로운 자손을 주조할 만한 것이 없었고, 창고에는 새 아들에게 유산으로 줄 만한 것이 없었으며, 세계 어느 곳에도 우주에 대한 이런 생각에 알맞은 장소가 없었다. 모든 곳이 이미 다 차 있었다. 만물에는 이미 상, 중, 하의 순서가 주어져 있었다.[45]

우리는 피코가 어디로 향하는지 알고 있다. 즉 인간은 유일무이해서 고정적인 틀에 맞지 않는다는 것이다.

마침내 신은 인간이 다른 것과 구별되는 한 가지 특징을 가져야 한다고 결심했다. 인간은 자신과 "다른 존재에 속하는 것이라면 그것이 무엇이든 함께 나눠 가져야 한다"는 것이다.[46] 바로 이 특징이 인간을 인간으로 구별토록 할 것이다. 인류는 그들이 인간인 한, 만물과 구별되면서 동시에 어느 정도 그것들과 통합되는 존재이다. 피코는 이렇게 말한다.

그(신)는 쉽게 가늠키 어려운 인간이라는 이 피조물을 택해 그를 세계의

---

43 Ibid., 113.
44 Ibid.
45 Ibid.,115.
46 Ibid.

중간에 놓아두고는 이렇게 말했다. "아담이여, 우리는 너에게 너만의 고정된 자리나 형상도, 너만의 특유한 재능도 주지 않았다. 우리가 이렇게 하는 것은, 네가 어떤 자리와 형상과 재능이 바람직하다고 판단하든, 네가 원하고 판단하는 바에 따라 그와 같은 것을 가지고 또한 소유하게 하기 위함이니라."[47]

이러한 진술은 그 자체만으로도 대단히 특별하다. 인간은 가소성可塑性이 있고 자기 자신을 주조할 수 있으며, 자신의 이익에 자유로이 따를 수 있다는 것이다. 뒤를 잇는 말은 훨씬 더 중요한데, 신은 계속해서 이렇게 말한다. "다른 모든 존재의 본성은 일단 규정한 뒤에는 그들을 위해 '우리'가 제정한 법의 제약을 받는다. 하지만 어떤 제약도 없는 너는, 우리가 너의 손에 쥐여 준 너 자신의 자유 의지에 따라 스스로 본성을 결정할 수 있을 것이다."[48] 그리하여 신은 인간에게 심오한 자유를 부여했고, 더불어 그 자유에 따르는 일종의 고독과 나아가서는 위험까지도 주었다. "네가 야수와 같은 저급한 삶으로 떨어지는 것도 네게 달렸다. 하지만 너는 네 영혼의 판단에 따라 신적인 더 상위의 존재로 다시 태어날 수도 있다."[49]

한편에는 우리에게 친숙한 것들이 있다. 즉 사람의 한 부분으로서의 인간 영혼에 초점을 맞추고 있다는 것이다. 정신 수련으로 영혼을 단련하면 저급하고 세속적인 욕심과 욕망으로 기울지 않고 신적인 것으로 상향하는 힘을 기를 수 있다. 다른 한편으로 우리는 피코의 비전에 나오는 고독—비록 암시적이기는 하지만—을 과소평가해서도 안 된다. 『연설』의 명백한 어조는 최고조의 낙관주의로 보인다. 인간의 자유는 선하고 관대한 신 덕분이며, 신이 그것을 주었기 때문에 그러한 자유를 구

---

47 Ibid., 117.
48 Ibid.
49 Ibid.

분하고 이해하는 것이야말로 신을 찬양하는 한 방법이다. 피코는 이렇게 말한다. "오 성부이신 신의 지고한 관대함이여, 자신이 원하는 바를 얻고 자신이 하고자 하는 대로 됨을 허락받은 인간의 경이로운 지복이여!"[50]

그러나 기억하자. 피코는 비록 개최되지는 못했지만 논쟁의 시작을 위해 『연설』을 썼다는 것을. 더욱이 그렇게 한 시기가 삶에서(당시 그의 나이는 20대 초에 지나지 않았다) 지적으로나 다른 측면에서나(납치 미수 사건이 증명하듯이) 광기의 단계였다는 것도. 이는 마치 피코 자신이 다양하고 무제한적인 인간 능력의 대역을 맡은 것 같이 보인다. 이는 또한 피코가 자신의 삶에서나 당시의 그 순간에서나, 무엇보다 자기 자신이 인류를 새로운 시대로 이끌어 갈 수 있는 장본인이라 생각한 것 같기도 하다. 새로운 시대가 도래했을 때, 그에 맞는 올바른 틀을 가지기만 하면 누구나 신이 부여한 이 잠재력을 인식할 수 있게 된다. 피코는 인간에 대해 이렇게 말한다. "만약 그—다른 피조물에 주어진 운명에 만족하지 않는—가 스스로를 합일의 중심에 놓는다면, 그래서 성부의 고독한 어둠 속에서 신과 단일한 영靈이 된다면, 만물의 위에 위치하던 그는 만물보다 더 우월해질 것이다."[51] 인간을 더 상위의 존재로 만드는 과정은 어렵다. 우리는 이 우월한 위치에 도달하기 전에 "고독한 어둠" 속에서 신과 합일해야 한다는 것이다.

『연설』의 나머지 상당 부분은 익숙지 않은 이름과 현상과 전통을 언급하는 데 할애되고 있다. 천사론, 히브리 신비주의, 그리고 플라톤적 전통에서 잘 알려지지 않은 많은 측면이 나타난다. 그러나 비록 익숙지 않은 언어의 외피를 두르고는 있지만, 피코가 청중에게 실제적 정보를 제공하는 대목이 있다. 피코는 "케루빔Cherubim"(최고 서열의 천사 가운데서 "세라핌Seraphim" 바로 아래로 생각되는 천사)을 논한 부분에서 이렇게 말한다.

---

50 Ibid.
51 Ibid., 121.

그래서 우리는 또한 지상에서 케루빔의 삶을 모방하고, 도덕에 대한 지식을 통해 정념의 욕구를 제어하며, 변증법을 통해 이성의 어둠을 흩어 버림으로써(불결한 무지와 악습을 씻어 버리듯이) 우리의 영혼을 정화할 수 있을 것이다. 그렇게 하지 않으면, 우리의 정념은 폭주하거나 우리의 이성은 어느 때건 무분별하게 길을 벗어날 것이다. 그러면 우리는 정화되고 잘 준비된 영혼을 자연철학이라는 빛으로 가득 채우게 될 것이며, 그리하여 이후 우리는 신적인 것에 대한 지식으로 그것을 완전하게 만들 수 있을 것이다.[52]

요컨대, 피코는 철학적 훈육 과정을 제시하고 있다. 첫째는 "도덕에 대한 지식"인데, 이는 윤리학이나 도덕철학을 뜻한다. 사람의 품성과 그것의 기본적 훈육이 먼저라는 것이다. 다음에는 "변증법" 혹은 논리학이 따르는데, 이는 선한 인품의 젊은이들이 무지를 제거하고 정념에 휘둘림을 정화하기 위해 사용하는 것이다. 다음에는 "자연철학"인데, 이는 자연이 어떻게 작동하는지 앎으로써 가장 중요한 신학에 도달하기 위한 것이다. 신학을 통해 자신이 공부하고 관측하는 자연 현상이 진실로 어디에, 어떻게 들어맞는지 이해하는 단 하나의 적절한 틀을 찾게 된다는 것이다.

물론, 피코는 실제적 교육 개혁을 옹호하고 있지는 않았고, 그가 제시한 분야들이 고대와 중세 전통에서 나온 것이라는 점을 생각하면 특별히 독창적인 것도 아니었다. 그러나 이 일련의 학문 분야가 『연설』의 열광적이고 난해한 언어 속에 파묻혀 있다고 해도, 이에 주목하는 이유는 피치노 또한 비슷한 관심사를 가지고 우리의 젊은이들을 어떻게 교육해야 하는지에 대한 중요한 질문을 하고 있기 때문이다. 도덕철학을 먼저 내세운 피코의 처리 방식은 피치노 역시 경험한 바 있는 전반적인 불안 상태를 보여 준다. 즉 점점 더 당대 사회가 무언가 크게 잘못되어가고 있다는 느낌이 든다는 것이다. 젊은이를 올바른 도덕적 품성으로 충

---

52 Ibid., 143.

만케 하는 것을 포함한 철저한 개혁 — 그들이 다른 교육 경험을 하기 전에 — 이 최우선이라는 것이다.

하지만 피치노로 돌아가기 전에, 무산된 논쟁 후 이어지는 피코의 행적이 눈에 띈다. 이는 가슴 아픈 이야기이고 여기에는 어떤 미스터리도 없다. 교회 고위 성직자들에 의해 논쟁이 취소된 뒤, 피코는 누그러진 성품으로 바뀌어 피렌체에 돌아왔다. 물론, 그의 작업 윤리는 전혀 약해지지 않았고, 1488년에 그랬던 것만큼이나 그가 죽은 1494년까지 그는 가장 생산적인 시기를 보냈다.[53] 그러나 그의 성향은 놀라울 만큼 크게 바뀌었다. 그는 사색적이고 내향적으로 변했으며, 친구이자 마음이 통하는 폴리치아노와도 더 가까워졌다.

피코는 이 시기에 몇몇 중요한 작품을 썼는데, 그중에서도 가장 눈에 띄는 것이 『존재자와 일자』(De ente et uno)이다.[54] 이 작품이 다루는 문제 — "일자"가 "존재자"보다 상위에 있는가 — 는 오늘날에 볼 때 생각보다 별 중요하지 않게 보인다. 하지만 피코와 그의 지지자들에게 그것은 신의 본성은 물론, 이차적으로는 우주의 구조에 대한 견해들을 성찰하는 중요한 관심사였다. 피코의 『존재자와 일자』는 본질적으로 외견상 조화롭지 못한 여러 철학적 입장 — 특히 플라톤과 아리스토텔레스 철학 — 을 서로 조화시키려는 시도를 보여 준다.

플라톤에게, 더욱이 피치노와 여타 플라톤주의자들이 플라톤을 해석한 방식에서, 일자 — 즉 합일 — 는 존재자보다 상위에 있었다.[55] 실제적 의미에서 이것이 뜻하는 바는 현상적 우주를 창조한 신이 피치노와 다른 많은 사람(이 점에서는 피코도 여기에 포함된다)이 "씨앗"이라고 부

---

53 Francesco Borghesi, "A Life in Works" in *Pico della Mirandola: New Essays*, ed. Dougherty, 202-19, esp. 216-19.

54 Pico della Mirandola, *De ente et uno*, a cura di Raphael Ebgi e Franco Bacchelli (Milano: Bompiani, 2010); Stéphane Toussaint, *L'esprit du Quattrocento: Pic de la Mirandole: Le De ente et uno et Réponses à Antonio Cittadini* (Paris: Honoré Champion, 1995).

55 제13장을 볼 것. 다음도 볼 것. Platon, *Parmenides*, 137c-147a; *Sophist*, 238d-240a.

른 것을 땅과 사람에게 심었다는 것이다. 이 씨앗은 올바르게 계발하기만 하면 점점 더 자라나, 인간이 신적인 것에 더 가까이 갈 수 있게 해 준다. 예컨대, 당신 안에 신성한 씨앗이 있다고 하자. 하지만 그 씨앗에 대해 명상하고, 말하자면 그것을 "발견하지" 않고는 어떤 결실을 이룰 만큼 그것을 계발할 수 없을 것이다. 예컨대, 당신이 외형적인, 성욕과 여타 욕망에 찌든 세계에 살고 있다면, 올바른 단련을 통해 신적인 것으로 상승하는 것이 불가능할 것이다. 그러나 분명한 사실은 일자의 그리스도교적 형태인 "신"이 인식 가능한 모든 존재 위에 있다는 것이었다. 유추적인 표현이지만, 이 씨앗을 비롯한 여러 다른 기제를 적절히 계발하면 영혼이 신처럼 되는 데 도움이 된다는 것이다.

아리스토텔레스 쪽에서는 "일자"와 "존재자"가 공존하는 것으로 생각했다. 그리스도교적 맥락(13세기 토마스 아퀴나스가 가장 잘 표현한)에서 볼 때, 이것이 의미하는 바는, 물론 신을 자연적으로 확립된 위계의 정점으로 볼 여지가 있기는 하지만, 그래도 신은 근본적으로 존재자와 분리되기보다는 존재자 — 지상에 존재하는 것 — 와 직접 연결되어 있다고 보아야 한다는 것이다. 신은 상위적 — 사실상 상위의 존재자 — 이지만, 존재자의 영역 안에 있는 것으로 인식된다. 피코가 『존재자와 일자』에서 옹호한 바는 후자의 입장이었다. 그의 주장에 따르면 우리는 신을 비롯한 모든 존재자를 알 수는 없는데, 이는 우리와 우리 각각의 상상력이 유한하기 때문이다. 동시에 신이 존재자 그 자체로서 저 너머에 혹은 존재자의 영역 바깥에 있다는 것 역시 사실이 아니다.

피코는 『존재자와 일자』를 미완으로 남겼다. 그것은 내적 화합을 설명할 훨씬 더 큰 작품을 쓰려는 계획의 일단이었다. 그는 이러한 화합이 모든 철학 분파 사이에 존재한다고 믿었으며, 충분하고 올바른 방식으로 탐색하기만 한다면 그것을 발견할 수 있다고 생각했다. 피코는 "존재자와 일자"에 대해 쓴 것을 폴리치아노에게 헌정했는데, 이는 화합에 대한 피코의 사유뿐만 아니라 1480년 말 1490년대 초 피렌체에 존재한 지적 공동체의 성격으로 들어가는 입구 같은 역할을 할 수 있었다. 좀 길지만 이에 관한 아래의 인용문을 보자. 피코는 폴리치아노에게 쓴 편지를 이렇게 시작한다.

자네는 최근 "존재자"와 "일자," 그리고 플라톤주의자의 논증에 기초한 로렌초 데 메디치의 입장이 아리스토텔레스(자네는 올해 그의 『윤리학』을 가르칠 예정이지)와 어떻게 다른지에 그와 나눈 대화를 언급한 바 있지 않나. 나는 누구보다 로렌초를 칭송한다네(그의 지성은 매우 깊고 다재다능해 만사에 잘 적응하는 듯이 보이네). 계속 공사다망한데도 그는 항상 학문에 관한 문제를 토론하거나 생각하고 있기 때문이지. 마치 다른 어떤 것에도 관심이 없다는 듯이 말이네.[56]

여기서 우리가 첫 번째로 알게 되는 것은 다시 한번 르네상스 사상가가 대화의 장에서 사유를 펼치고 있다는 점이다. 아울러 더욱 주목할 만한 것은 로렌초 데 메디치가 바쁜 국사에도 불구하고, 참여도가 어느 정도인지는 모르지만 어쨌든 대화에 참여하고 있다는 점이다.

이어서 피코는 이렇게 말한다.

아리스토텔레스가 플라톤과 이견이 있다고 믿는 사람들은 그들의 철학에 서로 이견이 없다고 생각하는 나에게도 동의하지 않을 것이므로, 자네는 이 문제에 대해 내가 어떻게 아리스토텔레스를 변호할 것인지, 그리고 그는 스승인 플라톤과 어떻게 부합하는지 물으려 했겠지. 그때 나는 내 마음에 떠오르는 대로, 새로운 것을 덧붙이기보다는 로렌초와의 토론 중에 자네가 그에게 했던 말을 되새기는 정도로 그쳤지. …… 하지만 자네에게는 이것만으로는 충분치 않았을 것 같네.[57]

---

56 Pico della Mirandola, *De ente et uno*, "Proem", 202.
57 Ibid.

이어서 피코는 플라톤과 아리스토텔레스의 화합에 관한 자신의 계획을 폴리치아노가 더 알고 싶어 한다고 말한다.

비록 작품에 대한 피코의 꿈이 독특하기도 하고 결국 실현되지도 못했지만, 그가 피력하고 있는 화합에 대한 정서는 사실 흔했을 뿐만 아니라 그동안 학자들이 말한 것보다 훨씬 더 그랬다.[58] 르네상스에서 들을 수 있는 고대의 수많은 반향 가운데는 분열보다는 화합을 강조하는 철학의 비전이 있다. 암묵적으로 과거의 사상가들이 경쟁 속에서 서로 반목하고 있던 것처럼 간주하면서 그들을 분류하고 분리하며, 범주화하는 것이 오늘날 종종 볼 수 있는 경향이다. 물론, 르네상스와 사실상 서양 철학사 전반에 걸쳐 그런 측면이 없었던 것은 아니지만, 그들 간의 상호 경쟁과 반목이 언제 어디서나 오늘날만큼 강하거나 자명하지는 않았다. 피코에게, 그리고 그 문제에서는 피치노에게도 고대 말 철학적 사유의 어떤 한 측면, 정확히 말해 화합에 관한 문제는 근본적인 것이 되었다.

이러한 심적 태도를 이해하는 가장 쉬운 방법은 관련 텍스트를 고구考究하는 것이다. 오늘날에는 잘 모르지만 당대에는 플라톤 철학을 대변하는 중요한 사상가였던 올림피오도로스를 예로 들어 보자. 그는 6세기에 활동했던 알렉산드리아의 플라톤주의자로, 수사학을 다룬 플라톤의 유명한 대화편 『고르기아스』(*Gorgias*)의 주석서를 썼다. 올림피오도로스는 아리스토텔레스와 플라톤의 관계를 이렇게 설명했다. "아리스토텔레스에 관해 우리는 첫째로 그가 겉보기와는 달리 플라톤과 전혀 이견이 없다는 점을 지적하지 않을 수 없다. 둘째, 설사 그가 이견이 있었다고 해도, 이는 그가 플라톤으로부터 득을 보았기 때문이다."[59] 역시 주석서를

---

58 르네상스에서 이 주제에 관한 연구로는 다음을 볼 것. Frederick Purnell, "The Theme of Philosophic Concord and the Sources of Ficino's Platonism" in *Marsilio Ficino e il ritorno di Platone*, a cura di Garfagnini, 2: 397-415.

59 Olympiadoros, *Commentary on Plato's Gorgias*, tr. Robin Jackson, Kimon Lycos, and Harold Tarrant (Leiden: Brill, 1998), 41.9, p. 267; Cit. in Lloyd P. Gerson, "What Is Platonism?", *Journal of the History of Philosophy* 43 (2005), 253-76, esp. 259, n. 24. 고대 말 화합을 지향하는 경향에 대해서는 다음의 연구도 볼 것. Gerson, *Aristotle and*

쓴 또 다른 고대 말 사상가 심플리키오스(대략 올륌피오도로스와 동시대인)는 플라톤과 아리스토텔레스가 "오노마onoma"("이름"을 뜻하는 그리스어)에서는 사실 이견이 있었지만, "프라그마pragma"(중심적인 문제 혹은 근원적 메시지)에서는 의견이 같았다"고 말했다.[60] 이 두 예는 극히 일부에 불과하다. 그러한 진술 아래 놓여 있는 가정은 이렇다. 철학은 지혜를 찾는 것이고, 지혜는 어떤 사유를 진리에 연결하는 것을 수반한다. 저 아래 기저의, 근본적으로 중요하고 핵심적인 문제에 이르면 오직 하나의 진리밖에 없다. 그래서 플라톤과 아리스토텔레스처럼 각각의 말(글)이 명백히 다른 경우에는, 아래에 숨어 있으나 그들이 말하는 것의 기저를 이루는 더 심오한 진리를 찾아야 한다는 것이다.

물론, 고대 철학자들이 그리스어로는 "디아도코이diadochoi", 라틴어로는 "수케소레스successores"라 부르는 추종자 분파로 나뉘어 있었다는 점을 부인하는 것은 아니다.[61] 현대 학자들이 철학사에 초점을 맞출 때, 그들 대부분은 철학자들의 서로 다른 언어적 논증에 모든 관심을 집중한다. 논증이 어떤 식으로 조직되어 있는가? "체계" 내의 내적 일관성을 어떻게 제시하고 있는가? 철학자들의 논증을 비교할 때 각각은 서로 얼마나 다른가?[62] 그러나 올륌피오도로스가 몸담았던 고대 말 전통에서는 차이점에만 초점을 맞추기보다는 그런 차이점의 기저를 이룰 만한 숨은 진리를 끄집어내는 것이 더 중요했다. 이렇게 하면 할수록 당신을 더욱

Other Platonists (Ithaca: Cornell University Press, 2005).

60 Simplicos, *Commentary on Aristotle's Physics*, 1249.12-13, cited and tr. in Gerson, "What Is Platonism?", 259, n. 25.

61 Diogenes Laertios, *Lives of the Philosophers*.

62 Leo Catana, "The Concept 'System of Philosophy': The Case of Jacob Brucker's Historiography of Philosophy", *History and Theory* 44 (2005), 72-90; Catana, *The Historiographical Concept "System of Philosophy': Its Origin, Nature, Influence, and Legitimacy"* (Leiden: Brill. 2008); Christopher S. Celenza, "What Counted as Philosophy in the Italian Renaissance? The History of Philosophy, the History of Science, and Styles of Life", *Critical Inquiry* 39 (2013), 367-401.

더 철학자로 볼 것이고, 더욱이 "추종자들"도 더 많이 얻을 것이다. 여기에는 일부는 구어적, 일부는 문어적 세계가 개입되어 있는데, 이는 전근대 지적 세계의 불명료한 요소이기 때문에 기록 자료에만 집중하는 경향이 있는 우리로서는 그 중요성을 놓치기 쉽다.

피코와 피치노는 그러한 전통에 딱 들어맞는다. 예컨대, 피코는 작품을 쓸 때 언제나 그것이 각 지역에서 어떻게 받아들여지고 논의되는지를 고려했고, 그것을 인쇄해 영구히 기억하는 것보다 더 중요하게 생각했다. 그는 900개의 "최종 판단"을 인쇄본으로 간행했지만, 이는 반드시 그 주제에 대한 자신의 최종적 견해를 제시하고자 해서가 아니라 그 명제들을 말로 토론하고 논쟁한다는 뉴스를 널리 퍼뜨리려 했기 때문일 것이다. 그는 편지나 다른 작품들을 인쇄한 적이 전혀 없는데, 이는 다음 세대(특히 그의 조카)에 이르러서야 취합, 편집, 인쇄되었다. 그가 더 관심을 쏟은 것은 편지로든 말로든 친구나 친구 같은 경쟁자들과 현장에서 대화를 나누는 것이었다. 예컨대, 앞서 살펴본 대로 『존재자와 일자』를 폴리치아노에게 헌정한 것 역시 대화의 물꼬를 트기 위한 것이었다. 나아가 그것은 무언가 대화의 느낌을 주는데, 이는 마치 앞서 중단한 논의를 그저 계속해서 글을 통해 해 나가고 있는 것처럼 보이기도 한다.

이 장 서두에서 보았던 에르몰라오 바르바로와의 편지 교환을 예로 들어 보자. 이를 통해 우리는 저술 작업이 어떻게 어떤 의미에서 집단으로 이루어질 수 있는지, 피코의 세계에서 지적 공동체라는 것이 얼마나 중요했는지 알 수 있다. 그는 1480년대 말 바르바로에게 보낸 편지를 이렇게 시작한다. "나와 우리의 폴리치아노는 바로 우리에게 온 것이든 다른 사람에게 보낸 것이든, 종종 자네에게서 받은 편지를 읽곤 한다네. 편지가 도착하면 우린 언제나 앞서 그랬던 것처럼 그것을 두고 씨름하고, 편지를 읽는 중에 새로운 즐거움이 치솟아 오르면 항상 찬성!이라고 외치느라 거의 숨도 못 쉴 지경이라네."[63] 이 편지 교환이 르네상스를 연구하

---

63 Garin, *Prosatori*, 806.

는 학자들에게 비교적 잘 알려진 주요한 이유는 피코와 바르바로가 철학의 성격과 수사학 간의 관계를 논하고 있기 때문이다.[64] 그러나 여기서 무엇보다 먼저 호출되고 있는 것은 논평을 위한 공동체적 감성이다. 우리는 이런 광경을 상상해 볼 수 있다. 피코는 편지가 도착한 즉시 폴리치아노와 함께 그것을 읽는다. 그러고는 경애하는 친구의 생각을 그들 자신에 대한 자극으로 받아들인다는 것이다. 앞으로 살펴보겠지만 편지 교환은 폴리치아노의 가장 중요한 작품으로 이어지게 된다.

바르바로는 편지에서 대학에 있는 철학자들에 대해 불평을 늘어놓았는데, 휴머니스트들이 으레 그렇듯이 그들의 소양이 충분치 않으며 라틴어의 정교함도 떨어진다고 주장했다. 하지만 더 놀라운 것은 앞선 인용문이 담긴 바로 그 편지에서 나타난 피코의 반응이었다. 여기서 피코는 중세 철학자들을 옹호했을 뿐만 아니라 나아가 마치 자신이 스콜라 철학자인 양, 수사학과 웅변을 철학 아래 두어야 한다고 주장했다. 피코는 "뮤즈는 우리 입술이 아니라 마음에 두는 편이" 더 좋다고 말했다. 더욱이 그는 모든 것을 고려할 때 언어는 임의적이라고까지 주장한다. 즉 아랍인, 이집트인 등등 모두가 동일한 것을 말할 수도 있지만, 그들이 라틴어로 그렇게 하지는 않을 것이다.[65] 루크레티우스를 보라. 그는 미려한 라틴어로 글을 썼지만 부끄러운 것들을 말하지 않았는가.

하지만 편지 끝머리에서 피코는 자신이 철학을 내세워 웅변(수사학을 뜻한다)을 낮추었을 뿐이며, 그래야 바르바로가 웅변을 칭송하는 말을 들을 수 있을 것이라고 장난스럽게 말한다. 또다시 우리는 대화가 연구와 성찰을 추진하는 모습을 보게 된다. 피코는 바르바로를 칭송하는 말로 편지를 끝맺는다. 바르바로는 "철학자 가운데 가장 웅변이 뛰어난 사람이며, 연설가 가운데 가장 철학적인 사람"이라는 것이다.[66]

---

64 Francesco Bausi, *Nec rhetor neque philosophus: Fonti, lingua e stile nelle prime opere latine di Giovanni Pico della Mirandola (1484-87)* (Firenze: Olschki, 1996).
65 Garin, *Prosatori*, 814, 818.
66 Ibid., 822.

바르바로의 답장은 그가 발휘하는 웅변에서나 주장의 정교함에서나 피코의 편지에 상응한다. 바르바로는 즉시 피코의 편지에 담긴 요점을 짚고는, 자신은 피코에게서 편지를 기대했는데 대신 "책"이 왔다고 말한다. 그는 피코가 우아한 라틴어에 능숙하지 못한 사람들을 변호하고는 있지만, 정작 그 자신은 아름답고 우아한 라틴어로 글을 썼다고 말한다. 바르바로는, 피코가 그렇게 함으로써 부지불식간에 우아한 라틴어를 구사하지 못하는 사람들이 자기 자신을 변호할 수 없음을 보여 주었다고 단언했다. 바르바로에 따르면, 그들은 "노예와 같고, 여자와 같고, 짐승과 같다."[67] 물론, 당시 재미있게 보이던 것이 지금은 무섭게 보인다. 그러나 그 시대의 편견 너머로, 우리는 바르바로가 이미 그의 편지에서 언어적 우아함에 대한 필요와 철학적 정밀성 간에 균형이 필요하다는 입장을 피력하려 했음을 알 수 있다.

이어서 독자의 관심사는 아니겠지만 그래도 강조할 만한 가치가 있는 흥미로운 구절이 나온다. 바르바로는 파도바 대학의 철학자 하나가 피코에 관한 한 일화를 이렇게 전하고 있다. "파도바 대학의 일원 가운데 뻔뻔스럽고 안하무인인 누군가(피코, 나는 아무것도 지어내지 않았다네. 실로 바보 같기는 하지만 진짜로 있었던 이야기를 전할 뿐이라네), 되지도 않게 인문학 강좌를 담당하는 그런 유의 한 인물이 이렇게 말했다네. '피코란 자가 누구든, 생각건대 이 문법학자는 제 발보다 터무니없이 큰 신발을 신었구먼.'"[68] 여기서 알 수 있는 것은, 첫째 바로 이러한 것이 "뉴스"가 퍼지는 방식이라는 점이다. 이탈리아에서 대학에 기반한 스콜라 철학의 주요 장소 중 하나에 귀를 기울이고 있던 바르바로는 그곳 철학자에게서 피코에 대한 소문을 들었고, 자신이 들은 것을 피코에게 알려 주었다.

하지만 뒤이은 대목은 좀 길지만 인용할 가치가 있다. 바르바로는 계속해서 이 익명의 철학자가 피코에 대해 말한 것을 전하고 있는데, 그 내

---

67 Ibid., 844.
68 Ibid., 846.

용은 이렇다.

"그러나 내가 듣기로는 그(피코)가 모범과 역사와 우화와 시인들의 증언을 사용하고 있다는군. 나 자신은 그가 우리를 위해 아무것도 쓰지 않았다는 것을 알고 있지. 그의 말이 모두 사실이라면, 그래 그렇다고 치세, 그러면 우린 도대체 얼마나 끔찍한 지경까지 간 건가? 상황이 정말 이렇게 되면, 우리의 권위를 이야기와 우화로 묶어 놓기라도 해야 하나? 그러면 가설과 귀납법과 생략 추리법은 어디에서 다루나? 왜 아니겠어? 난 철학자이고 철학적 논증을 원한단 말일세! 나머진 연설가에게 남기지. 물론, 자넨 모든 것이 논증으로 알 수 있는 것은 아니라고 말하겠지. 그리고 때로는 개연적인 주장도 필요하다고 말일세. 그러나 이 경우의 문제는 주사위 놀이와 같다네. 개연적인 어떤 것들이 유리하게 작동할 때도 있겠지만, 별로 그렇지 못한 것도 있다네."[69]

이 짤막한 구절에는 많은 것이 담겨 있다. 먼저 우리가 상기해야 할 점은 이것이 피코가 하는 그런 종류의 계획을 두고 대학에 있던 한 철학자가 했다는 말을 바르바로가 간접적으로 전하고 있다는 사실이다(물론, 강조를 위해 분명히 약간 손질은 했을 테지만). 이 익명의 철학자가 말하는 모든 것 — 그가 사용하는 모든 기교, 그가 내비치고 있는 모든 전략 — 은 사실상 이제 표준적인 철학사에서는 사라져 버린, 피코와 그의 지지자들이 철학적으로 정당하다고 여기는 것들을 보여 주고 있다.

피코가 작품에서 "모범과 역사와 우화와 시인들의 증언을 사용하고 있다"는 첫 번째 비난을 보자. "모범"에 대해 바르바로의 철학자가 쓴 말은 "엑셈플라exempla"("모범")이다. 이 용어와 그 연계어가 오늘날에는 상대적으로 익숙지 않겠지만, "모범"이란 말의 사용은 고대 세계에서부터 르네상스를 훨씬 지난 시기에 이르기까지 삶의 과정과 그것을 향상

---

[69] Ibid., 848.

시키는 방법에 대해 사유하는 핵심적 방식을 나타내고 있다. 오늘날 학자들은 이런 식의 실천과 생각을 "모범성"이라는 말 아래 분류하고 있다.[70] 그 핵심은 간단하다. 어떤 행위를 해야 하고 어떤 행위를 피해야 할지 알기 위해서는 역사와 함께 현재의 모범적인 행위를 살펴야 한다는 것이다. 역사라는 분야의 사용(바르바로의 철학자가 두 번째로 비난한 것) 역시 이런 측면에서 소중하다고 보았다. 이미 르네상스 훨씬 전에 리비우스는 이렇게 말한 바 있다. "특히 건전하고 유익한 것이 바로 역사를 공부하는 것이다. 즉 이를 통해 우리는 온갖 행위의 실례를 보게 된다. 이러한 기록으로부터 우리 스스로와 우리나라가 무엇을 모방할 것인지 선택할 수도 있고, 두고두고 부끄러운 것을 피할 수도 있는 것이다."[71] 이는 르네상스의 많은 사람이 흔쾌히 동의했을 법한 정서였다.

모범, 역사. 문제는 이러했다. 이러한 것이 철학의 일부인가? 파도바 대학에 있던 바르바로의 동료에게 그 대답은 단호히 "아니"라는 것이었다. 하지만 피코를 비롯해 그와 같은 많은 사람에게 이에 대한 대답은 훨씬 더 복잡했다. 제한적이고 기술적인 어떤 의미에서는 "철학"이란 전적으로 아리스토텔레스를 가르치는 대학 교수들이 구축하는 분야였다. 그러나 사상가 대부분에게 그것은 좀 더 나은 삶을 살 수 있게 하는 광범위한 노력이었다.[72] 이러한 과제에서 "모범"과 "역사"("우화"와 "시인들의 증언" 역시)는 더할 나위 없이 적절한 구성 요소 역할을 한다. 사실, 바르바로의 철학자가 한 불평은 자신의 분야에 울타리를 치고 그 안에는 자신과 똑같이 사고하는 사람들만 넣어 놓으려는, 제도에 몸담은 모든 사상가의 불평이었다. 피코는 틀에 맞지 않는 인물이었다.

70　Matthew Roller, "The Exemplary Past in Roma Historiography and Culture" in *The Cambridge Companion to the Roman Historian*, ed. Andrew Feldherr (Cambridge: Cambridge University Press, 2009), 214-30; Roller, "Exemplarity in Roman Culture: The Case of Horatius Cocles and Cloelia", *Classical Philology* 99 (2004), 1-56.

71　Livius, *Ab Urbe Condita*, 1.10.

72　이 문제에 대해서는 다음을 볼 것. Celenza, "What Counted as Philosophy in the Italian Renaissance?"

파도바 철학자는 이렇게 말한다. 피코는 "우리를 위해" 아무것도 쓰지 않았다고. 이야기와 우화가 설 자리는 없다. "그러면 가설과 귀납법과 생략 추리법은 어디에서 다루나?" 이런 것들은 물론 당시 대학의 철학 강좌에서 대단히 활발했던 논리학 연구 전통의 구성 요였였다. 그러나 철학자는 질색한다. "난 철학자고, 철학적 논증을 원한단 말일세!" 그는 철학적 논증의 지고지순한 형태인 "논증" 혹은 "아포데익시스apodeixis"를 원한다. 이는 아리스토텔레스가 『분석론 후서』(*Analytica Posteriora*)에서 자세히 설명한 바 있고 중세를 통해 주석과 논쟁의 주제가 되었다. 논증을 이해하는 가장 기본적 방법은 이해할 수 있고 그 의미가 명백한 원리들로부터 어떤 지식을 산출하게 하는 것은 다름 아닌 삼단논법이라고 말하는 것이다. "모든 사람은 죽는다. 소크라테스는 사람이다. 그러므로"—우리는 다음을 논증할 수 있다—"소크라테스도 죽는다." 그러나 이 기본적 문제에는 많은 변형이 있었고, 논증의 방식을 써서 어떻게 신의 존재를 증명할 수 있는지 수많은 논쟁이 일어났다. 이런 유의 논리학은 철학적 추론에서 핵심 도구의 역할을 했고, 피코의 시대에도 커다란 가치를 지니고 있었다.[73] 하지만 종종 그렇듯이, 학문 울타리 안에 있던 사람들은 그래야 하는 것 이상으로 자기 분야를 더 중시했고, 그리하여 논리학을 넓은 개념의 철학의 요체라고 보았다.

마지막으로 철학자는 다음과 같은 강력한 반론을 제기한다. "자넨 모든 것이 논증으로 알 수 있는 것은 아니라고 말하겠지. 그리고 때로는 개연적인 주장도 필요하다고 말일세. 그러나 이 경우의 문제는 주사위 놀이와 같다네." "정확히"라고 피코를 비롯한 여타 사람들은 말할 수도 있었을 것이다. 삼단논법을 통한 증명은 논리적 입증에서 확실성에 도달하

---

[73] Owen Bennett, *The Nature of Demonstrative Proof According to the Principles of Aristotle and St. Thomas Aquinas* (Washington, DC: Catholic University of America Press, 1943); Eileen F. Serene, "Demonstrative Science" in *The Cambridge History of Later Medieval Philosophy*, eds. Norman Kretzmann, Anthony Kenny, and Jan Pinborg (Cambridge: Cambridge University Press, 1982), 496-517.

는 하나의 방법이자 최상의 방법이다. 하지만 철학은 순수하게 언어적 논증이라기보다는 그보다 훨씬 더 깊고 넓은 것이었고, 또 앞으로도 언제나 그럴 것이다. 폭넓은 철학에 대한 이러한 인식은 단지 현대에만 국한되지 않는다.[74] 이는 고대 그리스와 로마로까지 소급하며, 제도권 학문이 스스로를 지지하는 사고방식에 도전하려는 사상가와 충돌할 때마다 서양 사상사 여기저기서 튀어나오곤 했다.

이탈리아 르네상스 휴머니즘에서 가장 중요한 많은 부분은 바로 이러한 인식과 관계가 있었다. 물론, 휴머니스트 대부분이 그것을 이런 식으로 표현하지는 않았다. 하지만 페트라르카에서 피코에 이르기까지, 그리고 그 너머의 시기에 내재한 유의미하고 근원적인 갈등 가운데 하나는 제도 및 지적 독점과 관련이 있었다. 누가 거기에 속했는가? 가장 진정성 있고 지적인 학문 분야는 무엇이었는가? 사상가들은 과거와 미래에 대해 어떤 입장을 가져야만 했는가? 바로 이런 중요한 질문들이 장기 15세기의 매우 흥미로우면서도 저평가되어온 한 철학 작품(공교롭게도 피코와 바르바로의 편지 교환이 촉발한)에 나타나고 있는데, 이제 그쪽으로 가보기로 하자.

---

74 Pierre P. Hadot, *Philosophy as a Way of Life*, ed. Arnold I. Davidson, tr. M. Chase (Oxford: Blackwell, 1995); Hadot, *What Is Ancient Philosophy?* tr. M. Chase (Cambridge, MA: Harvard University Press, 2002).

16
콘텍스트 안에서 본 안젤로 폴리치아노의 『라미아』

1480년대 피렌체의 열광적인 환경에서 피코와 폴리치아노(1454~94)는 친밀한 친구이자 지적 동료가 되었다. 그들의 관계는 각자의 삶에서 가질 수 있는 가장 가까운 우정으로 발전했다. 지금까지 살펴보았듯이, 피코는 스스로를 증명했고 폴리치아노는 바르바로와의 편지 교환에서 거의 하나가 되어 그의 편지가 도착하면 둘은 열광한 나머지 "거의 숨도 쉬지 못할 지경"이었다. 또한 그 편지들은 당시에는 그냥 지나쳤을 수도 있겠지만 사실 중대한 결과를 가져온 한 가지 사실을 담고 있었다. 어떤 파도바 대학 동료가 피코를 가리켜 자신에게 너무 큰 신발을 신은 "문법학자" 나부랭이에 불과하다고 말했다는 것을 바르바로가 피코에게 알려준 순간이 바로 그것이다. 여기서 사용된 "문법학자"라는 말은 라틴어로 "그람마티쿠스grammaticus"였다. 어떤 의미에서 폴리치아노의 "라미아"에 내재한 모든 지적 에너지와 동요가 바로 이 말 주위를 소용돌이치고 있다.

폴리치아노가 어떻게, 왜 『라미아』(*Lamia*)를 썼는지 이해하려면, 1478년 파치 음모—그는 이에 대해 기억할 만한 이야기를 한 바 있다—이후 그의 경력으로 돌아갈 필요가 있다. 그 사건이 지나가자, 대인 로렌초는 폴리치아노를 아이들의 가정 교사로 고용했다.[1] 하지만 폴리치아노는 곧 로렌초의 아내인 로마 출신 클라리체 오르시니와 충돌했다. 어떤 사람들은 그녀를 속물로 치부하고 있었다. 폴리치아노는 잠시 피렌체를 떠나 만토바에서 시간을 보냈다. 당시 그곳은 에스테 가家의 에르콜레 1세가 통치하고 있었고 화가 만테냐의 존재가 빛을 더하고 있었다. 그러나 폴리치아노는 곧 메디치 가와의 관계를 되돌려 피렌체로 돌아왔다. 그는 1480년 피렌체 대학에서 고대 문학을 가르치기 시작했다. 그는 무엇보다 시에 초점을 두었으나, 언제나 그렇듯이 그것을 넘어 여러 다른 분야를 넘나들었다.[2] 사실, 폴리치아노는 일찍이 1480년에 피렌체 산타 마리아 노벨라 교회에 있던 프란체스코 디 토마조라는 잘 알려지지 않은 도미니쿠스회 수도사—그는 그 교회를 기념하는, 거의 알려지지 않은 대화편을 썼다—와 아리스토텔레스 논리학에 관해 일련의 철학적 대화를 나눈 적이 있었다.[3] 또한 우리는 폴리치아노가 훨씬 더 나이가 어렸을 때, 한동안 피치노와 함께 공부한 것도 안다. 폴리치아노는 근년에 세상을 떠난 휴머니스트 바르톨로메오 폰치오를 위한 애가哀歌를 썼는데, 그중 거의 30행 가까이를 피치노에게 헌정했다. 폴리치아노는 당시 크게 유행 중이던 이단적 에피쿠로스주의자 루크레티우스를 논박한 것으로 피치노를 묘사해 놓았다. 아직 어린 폴리치아노에게 피치노는 "아폴론의 시를 나누는 새로운 오르페우스"로 보였다.[4] 만년에 이른 폴리치아노는 자신이 일찍이 철학 연구에 관심을 쏟은 것을 평가절하하면서, 그는 그 나이에 호메로스를 가장 좋아했다고 주장했다. 그러

---

1 Maier, *Ange Politien*, 351-57.
2 Lucia Cesarini Martinelli, "Poliziano professore allo studio fiorentino" in AA.VV., *La Toscana al tempo di Lorenzo il Magnifico*, 3 voll. (Pisa: Pacini, 1996), 2: 463-81.
3 Jonathan Hunt, *Politian and Scholastic Logic: An Unknown Dialogue by a Dominican Friar* (Leiden: Brill, 1995).
4 Poliziano, *Ad Bartholomeum Fontium*, in Id., *Due poemetti latini*, a cura di F. Bausi (Roma: Salerno, 2003), 2-45, spec. v. 183.

나 전반적으로 우리가 받는 인상은 그가 제도에 매몰된 학문에는 결코 만족하지 못하는 지극히 다재다능한 지성의 젊은이라는 것이다.

폴리치아노가 피렌체 대학에서 강의를 시작했을 때, 그는 거의 틀림없이 비정통적 방식으로 갈 것처럼 보였다. 그는 첫 강의 주제로 수사학 교육 설명서를 쓴 1세기의 저자 퀸틸리아누스와 역시 1세기에 살았으며 『실바이』(Silvae) — "숲"을 뜻하기도 하고 모든 종류의 "질료"를 뜻하기도 한다 — 라는 이름의 시적 텍스트를 쓴 스타티우스를 골랐다. 퀸틸리아누스는 산문 작가였고 스타티우스는 시인이었으므로, 폴리치아노가 고른 작가들은 일종의 균형을 맞춘 것으로 볼 수 있다. 그러나 후기 라틴 작가였던 그들은 키케로나 베르길리우스처럼 사람들이 염두에 둘 만한 일급 작가, 이른바 "블록버스터"가 아니었다.[5] 폴리치아노는 개강 연설에서 이런 선택을 옹호했는데, 특히 타키투스의 한 구절을 인용했다. "다르다고 해서 그것이 곧 나쁘다고 말해서는 안 된다."[6] 그 의미는 폭넓게 독서하는 습관을 함양해야 하며, 어느 한 시대, 한 스타일에 갇혀서는 안 된다는 것이었다. 차이를 통해 탁월성을 추구해야 한다는 것은 강의 경력 내내 그의 특징으로 남아 있었다.

폴리치아노가 대학 개강 연설문을 쓰고 그것을 연설한 방식을 보자. 오늘날에는 이러한 관습을 거의 볼 수 없겠지만, 폴리치아노의 시대에는(로렌초 발라도 그랬던 것처럼) 교수가 라틴어로 자신의 강의 — "프렐렉티오praelectio"라 부르는 — 개강 연설문을 작성하고 그것을 연설하는 것이 관례였다. 보통 "프렐렉티오"의 내용은 별로 놀랄 것이 없었다. 앞으로 할 강의의 전반적인 내용을 제시하고 그 중요성을 설명하며, 특정 자료의 중요성을 약간 강조하는 정도였다.[7] 시를 가르치는 경우, 보통은

---

5 Cesarini Martinelli, "Poliziano professore allo studio fiorentino."
6 Tacitus, *Dialogus de oratoribus*, 2.18, in Poliziano, "Oratio super Fabio Quintiliano et Statii Sylvis", in Garin, *Prosatori*, 870-85, esp. 878; cit. and tr. in Fantazzi, "Introduction" to Poliziano, *Silvae*, vii-xx, spec. ix.
7 "프라일렉티오"의 예에 대해서는 다음을 볼 것. Karl Müllner, ed. *Reden und Briefen*

강의에서 다룰 시인 혹은 시인들의 스타일을 모방하고 그런 유의 시를 복제해 시처럼 운율을 가진 "프렐렉티오"를 작성하지는 않는다. 그러나 폴리치아노는 강의 경력 초기 단계에서 바로 이런 방식을 택했다.

1482년, 그는 베르길리우스 강의를 소개하는 방법으로 시적인 "프렐렉티오"를 작성했다. 폴리치아노는 『만토』(Manto)(한 고대 여성 예언자의 이름)라는 제목의 "프렐렉티오"에서 전통적 접근법에 맞추면서도 동시에 혁신적인 방식으로 그것을 확장했다.[8] 그는 베르길리우스가 어디서 어떤 환경에서 태어났는지, 어떤 종류의 작품을 썼는지 이야기했는데, 이 모든 것이 전근대의 전기적 전통에서는 흔한 것이었다. 그러나 그는 운율을 넣어 이런 작업을 했으며, 일류가 아닌 시인들로부터의 인용과 그들에 대한 암시를 시적 묘사 안에 엮어 넣었다.

폴리치아노는 그만의 방식으로 베르길리우스의 삶과 저술을 거의 신비적인 것으로 만들어 놓았다. 폴리치아노는 『만토』의 한 대목에서 베르길리우스에게 직접 이런 말을 건넨다.

당신이 태어나자, 마로(베르길리우스 가문의 라틴어 이름 중 일부) 칼리오페는 자매인 뮤즈들과 서둘러 합류해 파르나소스 산정을 떠났습니다. 그녀는 당신을 부드러운 팔 안에 감싸 안고는 어루만지며 세 번 입맞춤했지요. 그녀는 예언을 읊조리고는 당신의 관자놀이를 월계수로 세 번 쓰다듬었습니다. 다른 뮤즈들 역시 당신의 요람에 서로 경쟁하듯이 조그만 선물을 바쳤습니다.[9]

"칼리오페." 그녀는 서사시의 뮤즈였다. 운명적인 어린 베르길리우스에

---

italienischer Humanisten (München: Fink, 1970), 3-197; Cf. Cardini, *La critica del Ladino*, 287-382 (크리스토포로 란디노의 다른 개강 연설이 들어 있다); Campanelli, "*L'oratio* e il 'genere' delle orazioni inaugurali dell'anno accademico."

8 Poliziano, "Manto", in *Silvae*, 2-29.
9 Ibid., 9, tr. Fantazzi.

대해 감동한 그녀를 따라 다른 뮤즈들도 선물을 바치며 아직 어린 그 시인을 축복했다. 베르길리우스는 여기서 다른 사람과는 완전히 구별되는 존재로, 그리고 서사시의 형식을 빌려 로마 이야기를 할 능력을 지니게 될 인물로 그려지고 있다.

또 다른 여러 시적 "프렐렉티오"에도 이런 유의 독특성이 나타나고 있다. 폴리치아노는 이것들을 모은 작품에 "실베"라는 제목을 붙였는데, 이는 스타티우스의 작품을 떠올리게 하는 강력한 힘을 가지고 있다. 폴리치아노는 이 단어가 자신이 라틴어로 "인디제스타 마테리아indigesta materia"라고 명명한 것을 의미한다고 보았다.[10] 그것은 시는 물론, 사실상 창조적인 모든 해석을 연결하는 문화에 대한 모든 접근을 가리키고 있었다. 스타티우스 자신은 『실바이』 제1권 서문을 통해 친구인 루키우스 아룬티우스 스텔라에게 이 작품을 바치는 데 따른 걱정을 유머러스하게 표현했다. "나는 오랫동안 많이 망설였다네, 우리가 선택한 성취의 영역에서 자네처럼 고명한 나의 뛰어난 스텔라여, 내가 기쁨이 넘치는 어떤 순간의 열기 속에서 나의 펜이 서둘러 흘려 낸, 하나하나 모두 내 가슴속에서 나온 이 작은 조각들을 모아 자네에게 보내야 할지 말지를 두고 말일세."[11] 스타티우스는 그곳에 담긴 모든 작품이 아주 서둘러 쓴 것이라고 말한다. 그러나 그는 그 시들이 비록 형식적 통일성은 부족하지만, 그래도 함께 묶어 낼 만하다는 것을 암시한다. 폴리치아노는 대인 로렌초에게 바친 『만토』의 서문에서 이렇게 쓰고 있다.

> 로렌초, 당신은 내가 아직 윤을 내지 않고 수정도 안 된 시를 출판하라고 닦달했지요. 그것을 공개적으로 낭송하는 것은 너무 뻔뻔스러울 것 같은데도 말입니다. 아주 단명한 벌레들 사이에나 있을 법한 불완전한 피조물

---

10 Poliziano, *Commento inedito alle Selve di Stazio*, a cura di Lucia Cesarini Martinelli (Firenze: Sansoni, 1978), Prefazione; Fantazzi, "Introduction", xi.

11 Statius, *Silvae*, ed. and tr. D. R. Shackleton Bailey, with corrections by Christopher A. Parrott (Cambridge, MA: Harvard University Press, 2015), 26-27.

이 바로 이것이니, 단지 하루만 살아도 충분합니다.[12]

물론, 이런 정서는 흔한 것이었다. 보통 작가는 후원자나 친구에 대해 겸손해 — 좀 과장하는 태도로 — 하며, 독자에게도 이런 겸손을 글에 표현하곤 했다(서문에 그런 태도를 표현하는 방식으로).

하지만 그 자신의 탁월성과 함께, 자신과(그리고 그의 시대와) 스타티우스의 세계 간에 그가 느끼는 유사한 측면에 대한 폴리치아노의 감정은 설명을 요한다. 퀸틸리아누스와 마찬가지로 스타티우스 역시 학자들이 전통적으로 라틴 문학의 은銀시대라고 부르는 시기에 작품을 썼다.[13] 황금시대는 1세기에 이미 고전이 된 더 이전의 작가들에 속했다. 키케로와 베르길리우스가 이 시대의 전면에 서 있었다. 키케로는 로마 공화국의 옹호자이자 그리스의 철학 관념들을 로마의 사정에 맞추어 번역한 문화 번역가였다. 아우구스투스 후원 아래 베르길리우스는 로마의 기원과 그것의 위대한 운명을 강렬한 운율로 읊었다. 반면에 은시대 작가들은, 아마 칼리굴라와 네로처럼 불안정한 황제의 변덕스러운 통치가 계속된 때문일 텐데, 기술적 의미에서든 통상적 의미에서든 덜 "서사시"적인 시를 썼다. 그 결과 은시대에는 풍자를 위한 환경이 성숙했는데, 유베날리우스가 그 모범이었다. 또한 세네카의 스토아주의는 세상의 덧없는 성격과 인간 행동의 제한성을 강조함으로써 자신을 자살로 이끈 그 시대의 모

---

12 Poliziano, "Manto", in *Silvae*, 3, tr. Fantazzi.
13 이에 대한 고전적 예로는 다음을 볼 것. J. Wight Duff, *A Literary History of Rome in Silver Age* (London: Unwin, 1927); Richard Jenkyns, "Silver Latin Poetry and the Latin Novel", in *The Oxford History of the Classical World*, eds. John Boardman, Jasper Griffin, and Oswyn Murray (Oxford: Oxford University Press, 1986), 677-97; Gordon W. Williams, *Change and Decline: Roman Literature in the Early Empire* (Berkeley: University of California Press, 1978); 좀 더 최근의 관점에 대해서는 다음을 볼 것. Gian Biagio Conte, *Latin Literature: A History*, tr. Joseph B. Sodolow, rev. Don Fowler and Glenn Most (Baltimore: Johns Hopkins University Press, 1999), 401-591 ("제국 초기").

범적인 예가 되었다.

"은시대"는 근년에, 투박한 학문적 용어로 말하자면 "문제시된" 용어로, 학자들은 그 시대가 문학적 환경이 풍부할 뿐만 아니라 수많은 훌륭한 작품이 나타났다고 말한다. 그러나 거리를 두고 바라보면 분위기의 변화가 감지되는데, 말하자면 문학과 철학이 성취할 수 있는 비전이 좀 더 제한적이라는 것이다. 로마 공화국이 저 멀리 희미해지고 사람들이 제국이라는 현실에 익숙해 가는 가운데 출현한 새로운 방식의 정치와 무슨 연관성이 있었을까? 물론, 간단히 일대일로 대응하는 식의 입증은 불가능하다. 그러나 변화는 있었다.

따라서 폴리치아노가 은시대 작가들과 유사한 측면이 있다는 것을 인지한 이상, 변화하는 정치 환경을 고려하는 것이 합리적으로 보인다. 예컨대, 앞선 세대의 학자들은 메디치 권력이 증대하면서 브루니 세대의 좀 더 행동 지향적이고 매우 정치적인 "시민적" 휴머니즘이 피치노의 관조적 플라톤주의에 자리를 내주었다고 주장했다.[14] 이러한 해석 아래, 메디치 가는 지식인들이 기대하던 후원의 책무는 다했으나, 이는 어디까지나 피렌체의 공화적·시민적 전통의 성가신 옹호자들을 옆으로 밀어내는—침묵시키는 정도까지는 아니었다고 해도—식이었다는 것이다. 되돌아보면 이런 해석은 과장적으로 보이는데, 메디치 가는 수많은 방식의 지적 노력을 지원했기 때문이다. 하지만 지식인들은 일반적으로 정치권력의 작동 방식과 행로를 따르는 경향이 있다. 피치노의 경우, 그의 약간은 비세속적 스타일을 새로운, 좀 더 절대주의적인 당시의 피렌체 정치와 연결할 만한 설명이 어느 정도(단지 어느 정도만)는 가능할 수도 있다.

---

14 이런 입장은 에우제니오 가린과 연관되어 있었다. 다음을 볼 것. Eugenio Garin, *Rinascite e rivoluzioni: movimenti culturali dal XIV al XVIII secolo* (Bari: Laterza, 2007), esp. chap. 3, 89-129; *La cultura filosofia del Rinascimento italiano* (Firenze: Sansoni, 1961), 102-08. 이 문제를 검토한 것으로는 다음을 볼 것. Arthur Field, *The Origins*, 3-51.

그러나 폴리치아노의 경우는 사정이 다른데, 이런 차이는 다시 피치노의 경우에도 해명의 여지를 준다. 폴리치아노의 정치는 그 자체로 메디치 가와 긴밀히 연결되어 있었다. 그의 『스탄차』는 피렌체 통치를 선도할 운명인 두 명의 젊은 메디치 시민의 페르소나를 전혀 미안한 기색도 없이 당당하게 축하하고 있다(물론, 파치 음모로 줄리아노의 삶은 단명하게 끝나고 말았지만). 이미 살펴보았듯이, 폴리치아노의 『파치 음모에 대하여』는 음모의 여운이 가라앉으면서 선전전에서 승리하려는 메디치 측 노력의 일환이었다. 폴리치아노의 정치는 비교적 직설적이다. 즉 정권을 지지하는 것이다.

하지만 폴리치아노의 작품 형식과 그 속에서 볼 수 있는 저변의 불안은 무언가 더 깊고, 사실상 라틴 문학의 "은시대"에 작동하던 동일한 요소들과 관련되어 있음(비록 미약하지만 그곳에 존재하던)을 보여 준다. 요컨대, 문제는 정전正典과 관계가 있다. 은시대의 인물들을 떠올리는 것은, 한 세기를 넘는 시간 동안 이미 "고전"이라고 간주하는 작가들, 학인들이 진정한 배움에 본질적이고 필수적이라는 합의를 이룬 작가들이 존재하고 있었다는 생각 때문이다. 예컨대, 베르길리우스는 일찍부터 엘리트 교육의 일환이었고, 그래서 1세기 중후반에 자란 사람들은 『아이네이스』 대부분을 암송했으며, 상황에 맞추어 즉시 내보일 수 있도록 항상 그 구절들을 마음에 되새겼을 것이다.[15] 주요 작가들이 지적 공간 안에서 그런 식으로 넓은 영역을 차지하고 있다면, 사실상 무언가 진짜 새로운 것을 하거나 무언가를 덧붙일 수 있다고 생각하기는 어려울 것이다.

폴리치아노와 그의 세대 사람들은 은시대의 경우와 아주 닮은 문제를 인지하고 있었다. 그러나 그 문제는 닮기는 했지만 서로 다른 양상도 있었다. 폴리치아노가 성숙기에 도달했을 때는 재발견의 커다란 파도가 휩쓸고 간 끝물이었다. 그 이후 몇 세기 동안 엘리트 교육의 주요 부분은

---

15 Stanley Bonner, *Education in Ancient Rome: From the Elder Cato to the Younger Pliny* (London: Routledge, 2012), esp. 212-26.

다시 한번 어떤 고전 고대 작가들에 기초하게 되며, 그들이 배우는 글쓰기는 키케로의 산문을 모범으로 삼게 된다. 만약 우리가 폴리치아노의 성숙기 한 세기 전으로 "되돌아"간다면, 이제 키케로의 어떤 텍스트는 아직 알려지지 않았고, 루크레티우스는 단지 불완전한 사본으로만 알려져 있었으며, 플라톤 대부분은 간접적인 텍스트를 통해서만 알려진 세계를 발견하게 된다. 그러나 폴리치아노의 시대에 이르러, 우리가 지금 가지고 있고 다시금 엘리트 교육의 기초로 인정할 만한 거의 모든 그리스 로마 문학과 철학의 고전이 재발견되었다. 그의 시대에는 물음이 바뀌게 된다. 물음은 이제 더이상 "우리는 다른 것을 발견할 수 있는가?"가 아니라 "우리는 지금 무엇을 하나?"가 되었다.

우리는 폴리치아노의 경우에서 은시대와 고대 말의 초기 단계에 낯설지 않았던 일련의 어떤 접근 방법을 본다. 폴리치아노의 『잡문집』(Miscellanea)보다 이런 경향이 더 두드러지는 것은 없다. 이 작품을 이해하려면 폴리치아노의 접근 배후에 있는 작가 가운데 하나인 아울루스 겔리우스를 이해할 필요가 있다. 겔리우스는 2세기에 살았던 작가로 그의 『아티카의 밤』(Noctes Atticae)은, 서문에서 독자에게 말하고 있듯이, 자신이 겨울에 아티카에서 긴 밤을 보내는 동안 나눈 대화에서 나온 이야기를 담고 있다.[16] 20권으로 나누어진(이 중 8권은 색인만 남아 있다) 이 텍스트는 문학, 역사, 철학, 지리를 비롯한 많은 주제에 관한 짧지만 주목할 만한 질문과 대답을 기록해 놓고 있다. 그래서 『아티카의 밤』은 내용의 순서가 분명치 않은 잡문집이다. 하지만 이 작품 곳곳에는 지적 기교를 보여 주는 대목들이 있는데, 이는 전반적으로 지적 정돈이 잘 이루어

---

16 아울루스 겔리우스에 대해서는 다음을 볼 것. Leofranc Holford-Strevens, *Aulus Gellius: An Antonine Scholar and His Achievement* (Oxford: Oxford University Press, 2003); Leofranc Holford-Strevens and Amiel Vardi, eds., *The World of Aulus Gellius* (Oxford: Oxford University Press, 2004). 여기서 사용한 텍스트와 번역에 대해서는 다음을 볼 것. Aulus Gellius, *The Attic Nights of Aulus Gellius*, ed. and tr. John C. Rolfe, 3 vols. (Cambridge, MA: Harvard University Press, 1927-28).

지지 않았다는 바로 그 이유로 인해 더욱 강렬하다. 이런 종류의 학문적 글쓰기 장르는 다양한 문화 환경을 가로질러 서로 다른 기능을 한다. 가장 특출한 예 중 하나는, 그런 식의 글을 쓰는 작가가 기존의 "고전주의"에 대한 감성을 이런 장르를 통해 성찰하는 방식이다. 그들은 앞서 나타난 고전으로 형성된 스스로의 지적 정체성을 규정하고자 외견상 이런 식의 무無기교 형식을 사용한다. 즉 자신들은 오직 거인의 어깨 위에 설 수 있을 뿐이라는 것이다.[17]

아우구스티누스도, 12세기의 학자들도, 페트라르카도 모두 겔리우스를 알고 있었다.[18] 그러나 15세기에 겔리우스의 서문이 재발견되었고, 이는 행운의 시간이었다. 1420년대와 1430년대에는 학자들이 당시 기하급수적으로 늘어나고 있던 정보량을 제어하고 마음대로 이용하기 위한 중요한 수단으로 발췌문 공책을 만들곤 했다.[19] 겔리우스가 자신의 방법을 기술해 놓은 서문은 15세기 초의 사상가들에게 그들이 들을 준비가 되어 있는 말을 들려주었다.

그러나 나는 자료 정리를 위해 내가 이전에 그것을 수집하는 데 사용했던 것과 똑같이 무작위적인 순서를 유지했다. 왜냐하면 그리스어나 라틴어 서적을 입수할 때마다 혹은 어떤 것이 기억할 만하다는 말을 들을 때마다 나는 어떤 명확한 계획이나 순서 없이 어떤 종류의 것이든 그저 끌리는 대로 글을 긁적거리곤 했다. 나는 이런 메모를 마치 일종의 문헌 창고처럼 내 기억에 대한 보조물로 따로 놓아두었다가 순간적으로 잊어먹은 말이나 주제를 떠올려야 할 때, 그리고 가까이 있지 않은 책이 필요할 때, 그것

---

17 Anthony Grafton, "Conflict and Harmony in the *Collegium Gellianum*" in *The World of Aulus Gellius*, 318-42. "고전주의"에 대해서는 다음을 볼 것. James I. Porter, "What Is 'Classical' about Classical Antiquity?" in *The Classical Tradition of Greece and Rome*, ed. James I. Porter (Princeton: Princeton University Press, 2006), 1-65.
18 Grafton, "Conflict and Harmony", 320-22. 다음에 이어지는 부분은 주로 그래프턴에 의존하고 있다.
19 Grafton, "Conflict and Harmony", 324.

을 쉽게 찾아낼 수 있었다.[20]

겔리우스는 문학적 취향이 좋은 사람이라면 서로 다른 여러 학문 분야를 알아야 한다고 말했다. 그는 『아티카의 밤』에서 "인문학에 대한 일종의 맛보기"를 제시하면서 "이를 들은 적도 본 적도 없다는 것은, 물론 아주 해로운 정도는 아니겠지만, 적어도 보통의 교육이라도 받은 사람에게는 부적절하다"고 이야기하고 있다.[21]

이 짤막한 서문은 휴머니스트들 역시 칭송하고 만들어 갔던 삶의 방식에 대한 성명서 같은 것으로 볼 수 있다. 숭배하는 고대 자료를 끝없이 읽고 그 자료들에 대한 의문을 제기하며, 물론 성취가 쉽지는 않겠지만 시민적 대화의 맥락에서 종종 이런 의문의 해결을 목표로 삼는 것을 이상으로 삼는 삶의 방식이 바로 그것이다. 폴리치아노의 시대에는 이러한 의문들이 훨씬 더 활성화되어 있었다. 폴리치아노는 그런 식으로 의문을 제기하는 위치에 있었다. 그는 『잡문집』에서 기교가 넘치는 방식으로 그렇게 했다. 그는 자신의 생애 동안 이런 메모들로 이루어진 한 "첸투리아 centuria" 혹은 "100개 항"을 완결했고, 미완의 두 번째 100개 항은 뒤에 남겨 두었는데 이는 20세기가 되어서야 간행되었다.[22]

폴리치아노는 의식적으로 라틴 문학에서는 특히 겔리우스를 가리켜 영감을 주는 사람이라고 주장한다(그리스 문학에서는 클라우디오스 아일리아노스). 폴리치아노는 바로 첫 번째 메모에서 훨씬 더 광범위한 논의를 시작하기 위해 키케로의 『투스쿨룸 대화』(*Tusculanae Disputationes*)에 나오는, 외견상 소소하게 보이는 문제를 이용한다.[23] 대단한 사랑을 받은 키

---

20 Aulus Gellius, *The Attic Nights*, Pref.

21 Ibid.

22 첫 "첸투리아"는 여전히 다음에서 가장 잘 읽을 수 있다(쪽수가 매겨져 있지 않음). Poliziano, *Opera Omnia* (Venezia: Aldus Manutius, 1498). 두 번째 "첸투리아"는 다음을 볼 것. Poliziano, *Miscellaneorum centuria secunda*, a cura di Vittore Branca e Manlio Pastore Stocchi (Firenze: Olschki, 1978).

23 *Misc.* 1, in Poliziano, *Opera Omnia*, B ii(v)-B v(v). 다음을 볼 것. Eugenio Garin,

케로의 『투스쿨룸 대화』는 다섯 권으로 구성된 대화편으로, 스토아 철학의 어떤 관념들이 불운에 휩쓸린 삶의 성취에 도움을 줄 수 있는지 설명하고자 한 것이다. 죽음에 대한 두려움에 어떻게 대처할 것인가, 고통과 인생의 불가피한 부침을 어떻게 견딜 것인가, 우리의 감정을 어떻게 제어할 것인가 등등. 이는 다루는 범위가 넓고 우아하면서도 고전적인 키케로적 텍스트로, 여기서 저자는 그리스 철학에서 끌어온 종종 매우 복잡하고 기술적인 철학 개념들을 사용하고 있다. 이 개념들은 그가 로마 독자를 위해 그리스 원原 개념에서 핵심만을 추출해 문화적으로 번역한 것으로, 철학을 적절한 관용어와 사용역을 통해 제시하고 있다.

첫째 권은 영혼에 관한 대화이다. 키케로는 어떤 대목에서 영혼에 대한 다양한 입장을 적시하며, 아리스토텔레스의 경우 영혼을 "엔델레케이아endelecheia"란 그리스 용어 — "항속적 운동의 원천"을 뜻하는 — 로 기술할 수 있다고 말한다.[24] 폴리치아노가 『잡문집』에서 관심을 가진 것이 바로 이 논의였는데, 그것이 인간 영혼이 어떻게 작동하며 어떻게 구성되어 있는지에 대해 서로 다른 관념들을 보여 주기 때문이다. 이 대목은 또한 피렌체에서도 관심을 끌었다. 사실, 폴리치아노는 이오안니스 아르귀로풀로스 — 피렌체 대학 교수였고 자신과 함께 공부했던 비잔티움의 존경받는 사상가 — 를 언급하며 논의를 시작하고 있다.[25]

폴리치아노에 따르면, 아르귀로풀로스는 키케로가 아리스토텔레스의 용어 "엔텔레케이아entelecheia"("d" 대신에 "t")라는 것을 이해하지 못해 이를 "엔델레케이아"로 잘못 사용한 것이라고 말하곤 했다는 것이다.

"*Endelecheia* e *Entelecheia* nelle discussioni umanistiche", *Atene e Roma* 5 (1937), 177-87; Jill Kraye, "Cicero, Stoicism, and Textual Criticism: Poliziano on *katorthoma*", *Rinascimento*, 2ª serie, 23 (1983), 79-110, esp. 83-84.

24 Cicero, *Tusculan Disputations*, ed. and tr. J. E. King (Cambridge, MA: Harvard University Press, 1945), 1.10.22, p. 28.

25 아르귀로풀로스의 강의는 다음을 볼 것. Arthur Field, *The Origins of the Platonic Academy of Florence* (Princeton: Princeton University Press, 1988), 107-26; Hankins, *Plato*, 1: 350.

"엔텔레케이아"는 "목적" 혹은 "목표"를 뜻하는 그리스어 "텔로스telos"의 의미를 포함하고 있다. 그러므로 "엔텔레케이아"는 전통적인 아리스토텔레스적 입장을 지칭한다. 사실, 아리스토텔레스 자신이 실현의 단계 — 인성人性의 "형상" — 이 경우에는 인성이 나타내는 영육靈[肉] 독립체("질료" 혹은 그리스어로 "휠레hyle"와 "모르페morphe", 즉 "형상"의 합일)의 실현을 나타내는 형태 — 에 이른 영혼을 묘사하기 위해 사용한 말도 바로 이것이다. 반면에 키케로의 용어는 플라톤이 그랬듯이 영혼이 운동의 원리임을 시사한다. 폴리치아노의 옛 스승인 아르귀로풀로스는 키케로가 그리스어와 철학에 무지했다고 말하는 버릇이 있었는데, 이 때문에 폴리치아노는 키케로를 지지하는 어떤 방법을 모색하지 않을 수 없었다. 폴리치아노가 원한 것은 단지 "영혼"의 의미가 실제로 어떠했는지를 논하는 것뿐이었다. 그리고 이 모든 것이 글자 하나("d" 혹은 "t")에 달려 있었다.

폴리치아노는 아주 유용하면서도 폭넓은 논의를 시작하기 위해 이 같은 텍스트상의 난점을 이용한다. 그는 자신의 짤막한 텍스트를 "키케로 옹호", 좀 더 넓게는 그리스인에 대한 라틴인의 옹호로 규정하면서 글을 가볍게, 사실상 거의 장난스럽게 시작한다. 하지만 그는 15세기의 상투적인 생각 너머로 나아간다. 폴리치아노는 키케로의 광범위한 철학 지식과 그리스어 능력을 칭송하는 일련의 고대 권위자들을 열거한다. 그는 심지어 플루타르코스의 「키케로의 생애」에 나오는 일화까지도 끌어오는데, 키케로와 동시대에 살았던 그리스인 아폴로니오스 몰론이 키케로의 그리스어를 듣고는 그의 능력에 놀라움을 표하면서 그리스인이 웅변에 대한 자신만의 유일무이한 소유물이라 생각한 것이 이제는 로마인에게로 넘어갔다고 한탄했다는 것이다.[26] 폴리치아노는 텍스트 내내 키케로의 능력을 강조하는 것을 넘어 당대인, 특히 스스로 철학자라 생각하던 사람들이 거의 알지 못하는 텍스트를 가져옴으로써 다시 한번 자신

---

26 Poliziano, *Misc.* 1, in *Opera Omnia*, B iv(r).

과 작품의 탁월성을 추구하고 있다.

이 경우(그리고 앞으로 살펴보겠지만 그의 작품 다른 곳에서도 그런 것처럼) 폴리치아노는, 당시에는 여전히 잘 알려지지 않고 있었지만 자신은 이제 막 완전히 이해하게 된 일련의 사상가의 작품을 고려 대상으로 삼고 있다. 이들은 고대 말의 아리스토텔레스 주석가로 알렉산드로스 아프로디시아스, 포르피리오스(아리스토텔레스의 『범주론』(Katēgoriai) 주석서에서), 테미스티오스(아리스토텔레스의 『영혼에 대하여』(Peri Psyches) 제2권에 대한 해설에서), 심플리키오스 같은 사상가였다. 폴리치아노의 논의에는 특히 이들이 모두 언급되고 있다.[27] 이들 모두가 고대 말에 살았던 사람으로, 아리스토텔레스의 텍스트를 여러 관점에서 주해하는 데 힘을 쏟았다. 바로 여기서 폴리치아노의 관심사와 고대 말은 물론, 은시대까지도 포괄하는 장기적인 후기 고전주의 시대 간의 유사한 측면들이 나타난다.

폴리치아노의 주장은 두 가지이다. 그 하나는 르네상스 사상가들에게는 표준적인 것으로 모든 것을 손으로 전사할 때는 수서본 전승을 내재적으로 신뢰할 수 없다는 것이다. 'd'와 't'라는 한 글자의 차이 정도는 놀랄 것도 없다. 키케로가 고대 말의 주석가들보다 시기상 아리스토텔레스에 더 가깝다는 점을 고려하면, 비록 후기의 독해가 달랐다고 해도 그가 옳았을 수도 있다. 키케로는 지금은 유실되었지만 당시에는 볼 수 있었던 작품을 볼 수 있었는지도 모른다. 여기서는 플라톤의 『파이드로스』처럼 영혼을 항속적 운동으로 보는 개념이 더 중요했을 수도 있다는 것이다.[28]

폴리치아노가 제시한 또 하나의 주장은, 앞서 살펴본 바와 같이, 고대 말에 기원했고 피코와 피치노가 각기 다른 방식으로 공유한 이론이라는 점에서 훨씬 더 흥미롭다. 즉 플라톤과 아리스토텔레스가 근본적으로 조

---

27 Ibid.
28 Ibid., B iv(v)-B v(r). 폴리치아노가 말하는 영혼의 정의는 플라톤의 『파이드로스』 245c에 나온다.

화 가능하다는 생각이 바로 그것이다.[29] 폴리치아노에게 용어상의 차이가 보여 주는 사실은 용어가 다르고 나아가 기본 개념이 다르다고 해서, 그것이 철학자 간의 근본적 차이를 반영하는 것은 아니라는 것이다. 폴리치아노는 친구인 피코 델라 미란돌라 — 그로부터 영감을 받았다고 스스로 말하고 있는 — 처럼 다수의 고대 말 주석가를 따라 플라톤과 아리스토텔레스가 어떤 근본적 문제들에 대해 의견이 같았으며, 철학의 과제는 너무 방대하므로 반드시 분업이 필요하다고 생각했다. 만약 영혼이 사실상 육체의 종국적 현실태("엔텔레케이아")일 수 있다면, 이는 또한 "생기를 주는 힘" 혹은 운동의 원리("엔델레케이아")일 여지도 있다. 개개인이 항상 철학적 관념들을 충분히 포괄할 만한 지성을 지닐 수는 없을 것이고 또 철학의 범위라는 것이 방대하므로, 중요한 주제에 대해 서로 다르게 보이지만 궁극적으로는 서로 비교 가능한 견해들이 있을 여지가 있다는 것이다.

폴리치아노, 피코, 광의의 철학 개념. 이 셋으로부터 우리는 파도바 대학의 한 스콜라 철학자가 피코를 단지 "문법학자"로 불렀다는 사실을 상기할 수 있다. 이제 그러한 비난이 낳은 결과와 이에 대한 피코의 대응을 살펴볼 때이다. 이를 위해서는 다시 한번 피렌체 대학에서 폴리치아노가 했던 강의를 살펴볼 필요가 있다.

1480년대 전반기를 대학에서 문학을 가르치며 보낸 폴리치아노는 강의가 끝날 무렵 문학적 휴머니스트와 문헌학자로서는 놀랍게 보일 수도 있는 한 작가에 끌리게 되었는데, 그는 다름 아닌 아리스토텔레스였다. 그 시기 동안 폴리치아노는 또한 높은 지위도 얻게 되었다. 당시 대학은 "우피찰리 델로 스투디오Ufficiali dello Studio"(글자 그대로 옮기자면 "대학 담당자들")로 불리는 집단이 운영했는데, 이는 실제로 현대의 이사회와 유사한 것이었다.[30] 다른 의무 사항 가운데는 "우피찰리"가 매년 직

29　Lloyd P. Gerson, "What Is Platonism?", *Journal of the History of Philosophy* 43 (2005), 253-76; Gerson, *Aristotle and Other Platonists* (Ithaca: Cornell University Press, 2005).

접 교수들과 계약하는 것도 들어 있었다. 1480년대가 지나가는 중에 폴리치아노가 맺은 교수 계약 내용에 따르면, 그는 원할 때 언제나 강의할 수 있는 거의 완전한 자유를 누리게 되었으며, 지위도 상승해 피렌체 대학의 문학 교수 중 가장 돈을 많이 받게 되었다는 것을 알 수 있다.[31]

폴리치아노가 아리스토텔레스라는 고대 그리스 사상가에게 끌린 데는 몇 가지 이유가 있었다. 첫째, 그는 이미 살펴보았듯이 일찍이 어린 나이부터 철학에 관심이 있었다. 둘째, 폴리치아노는 그리스어와 그리스 작가에 대해 강의한다는 생각, 그리고 특히 지난 두 세기에 걸쳐 대학에서 정전의 지위에 올랐지만 그리스 원전이 아니라 라틴어 번역이라는 특정 방식으로 정전이 된 그리스 작가를 가르친다는 생각에 매료되었다. 나아가 폴리치아노의 감성은 가능한 한 원래의 언어로 텍스트에 접근하는 쪽으로까지 확대되었다. 셋째, 앞서의 『잡문집』에서와 같이 그는 또한 고대 말의 아리스토텔레스 주석가들에게도 관심이 있었는데, 그 대부분은 중세 말의 사상가들에게는 거의 완전히 미지의 인물들이었다.

사실, 아리스토텔레스는 중세 말의 대학에서 라틴어 번역을 통해 정전正典이 되었다. 또한 모든 해석적 전통이 아리스토텔레스의 작품에 대해 밀도 높은 주석서를 쓴 주요 스콜라 철학자들과 함께 출현했다는 것 역시 사실이었다. 이것이 의미하는 바는, 특히 폴리치아노 시대에는 아리스토텔레스를 자신들과 자신들이 이해하는 바의 철학 분야에 "속한 것"으로 보는, 자신들의 학문적 "영역"에 대해 대단히 방어적인 대학 사상가들이 있었다는 것이다. 아울러 폴리치아노가 피코와 우정을 나누는 친구 사이였고, 나쁜 의미에서 "문법학자"로 불렸다는 사실도 있었다. 그래서 폴리치아노는 『라미아』에서 문법학자가 성취할 수 있는 것이 무엇

---

30 Jonathan Davies, *Florence and Its University during the Renaissance* (Leiden: Brill, 1998); Armando Verde, *Lo studio fiorentino, 1473-1503. Ricerche e documenti*, 5 voll. (Firenze: Olschki, 1973-94).

31 Christopher S. Celenza, "Poliziano's *Lamia* in Context", in Celenza, *Poliziano's* Lamia, 1-46, esp. 4-10.

인지에 대한 정의를 제시하는 대담함을 보여 주고 있다. 여기서 폴리치아노는 문법학자란 결국 더 진정한 철학자이거나 혹은 지혜의 애호가라고 말하면서 주장을 마무리한다. 그가 이런 주장을 피력해 나가는 것을 보는 것은 놀라움 그 자체이다.

『라미아』는 무엇보다 또 하나의 "프렐렉티오"(개강 연설) — 이 경우 운문은 아니지만 탁월하고 또다시 비범하다 — 였다. 1492년에 폴리치아노가 연 강좌는 아리스토텔레스의 『분석론 전서』(*Analytika Protera*)에 대한 것이었다. 이는 논리와 언어에 대한 여섯 권의 기본 저작 가운데 하나로, 중세와 르네상스 학문의 주요 요소였다. 『분석론 전서』는 삼단논법이 추론을 가르치고 배우는 방법을 구성하며, 그래서 어렵기는 하지만 그것의 중요한 부분임을 보여 주는 연역적 추론과 다양한 형태에 초점을 맞추고 있다. 사실, 폴리치아노는 『라미아』 말미에서 『분석론 전서』 두 권을 강의하기 위해 각별한 준비를 했음에도 "좀 골치가 아프다"고 말하고 있다.[32]

그러나 『라미아』의 분위기를 결정하는 것은 그가 그것을 시작하는 방식이었다. "여러분이 괜찮다면 잠시 몇 가지 이야기를 하되, 호라티우스의 말처럼 그것을 좀 요긴하게 써 봅시다. 설사 어리석은 노파의 말처럼 보이는 이야기로도 철학의 첫 운韻을 뗄 수 있습니다. 이뿐만 아니라 이야기는 또한 — 그리고 종종 — 철학의 도구가 되기도 합니다."[33] 결국 폴리치아노 자신이 강의할 텍스트는 치밀한 논리학 저술인 아리스토텔레스의 『분석론 전서』임을 기억하자. 폴리치아노는 문제의 작품에 대한 몇 가지 진술 혹은 확인하는 과정을 거치지 않고 대뜸 "파벨레fabellae" — 여기서 "이야기"로 번역한 라틴어 단어 — 의 힘을 강조하면서 글을 시작하고 있다. 폴리치아노는 『라미아』 서두에서 다음과 같은 방식으로 메시지를 보낸다. 첫째, 진정성과 우선성("철학의 첫 운")에 호소한다. 아

---

32 Poliziano, *Lamia*, in Celenza, *Poliziano's* Lamia, 191-253, esp. sec. 71.
33 Ibid., sec. 1.

울러 서두에서 아리스토텔레스적인 것에 대한 무언가를 비틀고 있다. 폴리치아노는 "도구" 혹은 라틴어로 "인스트루멘툼instrumentum"이라는 말을 쓸 때, 아리스토텔레스의 논리학에 대한 여섯 권의 기본 저술(『분석론 전서』는 그 일부이다) 제목인 "오르가논organon"이라는 그리스어를 쓰고 있는데, 이를 라틴어로 옮긴 것이 "인스트루멘툼"이다. 그는 서두에서 대단히 다른 관념들 ― 설화, 우화, 이야기 ― 을 문자 장르의 측면에서 전통적으로 아주 다르게 표현해 온 철학 형태와 연결하고 있다.

물론, "라미아Lamia"라는 피조물 그 자체도 있다. 이는 영혼을 빨아들이는 흡혈귀(보통은 여성) 같은 괴물로 고대 문헌에서 호명되었고, 중세 말과 르네상스 이탈리아의 속어 문화에서도 여전히 살아 있었다.[34] 따라서 우화 영역에 대한 폴리치아노의 첫 외도는 아주 특별한 것이었다. 그는 유년 시절부터 들어온 라미아 이야기를 들려주는데, 할머니는 "우는 아이를 잡아먹는" 이 피조물 이야기를 하면서 그에게 겁을 주려 했다는 것이다.[35] 폴리치아노는 유년 시절에 이 괴물을 제일 무서워했다면서, 라미아가 나타내는 것을 학문적이면서도 동시에 이야기 식 분위기를 잃지 않고 풀어낸다. 폴리치아노는 라미아가 "떼어낼 수 있는 눈"을 가졌다고 말한 플루타르코스(c. 50~c. 120)를 인용한다. 그의 묘사는 이렇다. "즉 그녀는 언제든지 떼어냈다가 원할 때 다시 붙일 수 있는 눈을 가지고 있습니다. …… 그래서 집 밖으로 나갈 때면 항상 눈을 붙이고는 주변을 배회하며, …… 공공장소도 빠짐없이 들를 뿐만 아니라 지나치는 모든 것을 봅니다. …… 아무리 숨기려 해도 그 어떤 것도 그녀의 눈을 피하지 못합니다." 하지만 "집에 돌아오면 그녀는 바로 현관에서 눈을 뽑아 작은 함에 넣어 놓습니다. 그래서 그녀는 집에서는 항상 눈이 보이지 않으며, 오직 공공장소에서만 무언가를 볼 수 있습니다."[36] 이것이 바로 이 특

---

34 Celenza, "Poliziano's *Lamia* in Context", 20.
35 Poliziano, *Lamia*, sec. 2.
36 Ibid., secs. 3-4.

별한 괴물의 본성이다. 즉 그것은 오직 밖을 돌아다닐 때만 볼 수 있으며, 집에서 혼자 있을 때는 시력을 잃는다는 것이다. 폴리치아노는 왜, 아리스토텔레스의 『분석론 전서』에 대한 대학 강의를 시작하면서 이 기괴한 피조물을 설명하려 했을까? 피렌체가 라미아로 가득 차 있기 때문이다. "피렌체 사람들이여 묻노니, 여러분은 자신과 자신의 일에 대해서는 아무것도 모르면서 다른 사람과 그들의 일에는 눈을 부릅뜨는 이 같은 라미아를 본 적이 없습니까?"[37]

그리고 폴리치아노는 한 떼의 라미아를 만난 일을 이렇게 전하고 있다.

> 내가 여기저기를 배회하고 있던 어느 날, 하루는 우연히 다수의 라미아가 나를 보았습니다. 그들은 나를 에워싸고는, 물건을 사는 사람들이 꼭 그렇듯이 나를 이리저리 훑어보며 내가 누구인지 알아보려는 것 같았지요. 그들은 곧 머리를 아래로 꺾더니 함께 쑥쑥거리는 소리를 냈습니다. "그는 폴리치아노야, 진짜로. 자신을 그렇게 쉽게 철학자라고 부른 그 빈들거리는 자 말이야." 그들은 그렇게 말하고는 마치 침을 찌른 말벌처럼 어디론가 사라져 버렸습니다.[38]

가십, 모욕, 공개적인 망신을 주려는 것. 이런 것이야말로 즉각적인 의미에서 『라미아』의 집필을 이끈 요소들이었다.

이어서 폴리치아노는 서둘러 이름과 이름 붙이기의 문제로 돌아간다.

> 이제 그들이 나를 두고 "자신을 그렇게 쉽게 철학자라고 부른" 인물이라고 한 사실을 보자면, 나는 정말로 무엇이 그들을 그토록 성가시게 했는지 모르겠습니다. 내가 철학자든 아니든 ─ 물론, 나는 아주 확실한 철학자는

---

37 Ibid., sec. 5.
38 Ibid., sec. 6.

아니지만—혹은 내가 철학자와는 거리가 멀다는 사실에도 불구하고 철학자처럼 "보이기를" 원하든 어쨌든 말입니다.[39]

가십을 좋아하는 그 피렌체 학인들이 격분해 마지않은 "철학자"라는 말이 도대체 어떻단 말인가?

이 의문은 분명히 탐구할 필요가 있었고, 이에 대해 폴리치아노가 제시하고자 한 것은 정확히 이런 것이었다.

그래서 우선 사람들이 "철학자"라고 부르는 이 동물이 어떤 것인지 우리는 왜 알지 못하는가. 희망컨대, 여러분은 내가 철학자가 아니라는 것을 쉽게 알 것입니다. 하지만 나는 내가 "당신이" 그렇게 믿는다는 것을 믿기 때문이 아니라 그 누구도 그것을 믿은 적이 없을 수도 있기 때문에 그렇게 말하는 것입니다. 내가 부끄럽게 여기는 것은 "철학자"라는 이름이 아닙니다(내가 실제로 그 이름에 부끄럽지 않았으면 좋겠는데!). 나는 오히려 다른 사람에게 속하는 칭호로부터 거리를 둘 수 있다면 행복할 것입니다. 먼저 우리는 "철학자란 무엇인가"와 철학자가 되는 것은 비열하거나 나쁜 일인가 하는 문제를 다룰 것입니다. 사실은 그렇지 않다는 것을 보인 다음, 우리는 우리 자신과 우리의 이 특별한 직업에 대해 소략하게 말해보고자 합니다.[40]

그리하여 폴리치아노는 웅변을 어떻게 볼 수 있는지 상세히 설명한다. 그러고는 곧이어 아주 비체계적인 방식으로 피타고라스란 인물을 논의함으로써, 일종의 대안적 철학사를 제시하는 쪽으로 방향을 잡는다. 그의 말에는 유머와 조롱이 가득하다.

첫 단계는 거의 알려지지 않았다가 최근에야 되살아난 피타고라스 전

---

39 Ibid.
40 Ibid., sec. 7.

통의 어떤 면을 전하는 것이다. 이른바 피타고라스의 격언이 그것이다. 피타고라스는 그를 이은 소크라테스처럼 스스로는 글을 쓰지 않았다고 생각되었다. 그러나 그는 주위에 일종의 컬트적 추종자들 혹은 "학파"를 만들었고, 어떤 사람들에 따르면 그들은 그가 말한 가르침을 보존하여 그것을 세대에서 세대로 전했으며, 결국 그 전통에 관심을 가진 후대의 사상가들이 그것을 글로 남기게 되었다는 것이다.[41] 문제는 우리에게 남겨진 가르침이 아주 불가사의해 표면상 쉽게 의미를 이해할 수 있는 것이 거의 없다는 것이다. 피타고라스의 가르침은 원래의 맥락에서 완전히 벗어나 있으므로 약간 우스꽝스럽게 보일 수도 있다.

그래서 폴리치아노는 그에 맞춰 피타고라스의 이름을 언급하지 않고 (그리고 피타고라스학파의 후기 성원들 스스로 피타고라스의 이름을 부르지 않고 그를 단지 "그 자신"으로 부른 사실을 상기하면서) 그를 언급하는 방식을 취하고 있다. "나는 한때 사모스 출신으로, 젊은이의 선생이던 어떤 사람이 있었다는 말을 분명히 들었습니다. …… 그러나 그가 학생 가운데 하나를 품에 거두자, 전광석화처럼 그가 선생의 웅변술을 빼앗아 버렸다는 겁니다."[42] 여기서 폴리치아노는 피타고라스 전통에 대해, 이 학파에는 "듣는 사람"(그리스어로 "아쿠스마티코이akousmatikoi")과 "배운 사람"(그리스어로 "마테마티코이mathematikoi")이라는 두 범주의 학생이 있었다고 말한다.[43] 폴리치아노가 잘 아는 어떤 고대 문헌들에 의하면, 학생들은 첫째 범주(듣기만 하고 말하지는 못하는)에서 5년을 보낸 후에야 둘째 범주로 옮길 수 있었다. 우리는 곧 폴리치아노가 "라미아"를 이용해 때로는 과도하고 근시안적으로 보일 수 있는 교수들의 관점을 조롱하고 있음을

---

41 Walter Burkert, *Lore and Science in Ancient Pythagoreanism*, tr. Edwin L. Minar (Cambridge, MA: Harvard University Press, 1972). 이 르네상스 전통에 대해서는 다음을 볼 것. Christopher S. Celenza, *Piety and Pythagoras in Renaissance Florence: The Symbolum Nesianum* (Leiden: Brill: 2001); Florence Vuilleimier Laurens, *La raison des figures symboliques à la Renaissance et à l'âge classique* (Geneva: Droz, 2000).

42 Poliziano, *Lamia*, sec. 8.

43 Burkert, *Lore and Science in Ancient Pythagoreanism*.

알게 된다.

이어 폴리치아노는 피타고라스의 가르침으로 가서("이제 여러분이 '그 자신'의 계율을 듣게 된다면 웃음을 터뜨리겠지요.") 단독 공연 코미디언의 어조로 이렇게 말한다. "어쨌든 여러분에게 말은 해 드리지요."[44] 그는 피타고라스의 가르침을 이렇게 읊기 시작한다.

그는 이렇게 말하곤 했습니다. "칼로 불을 베지 말라." "저울을 뛰어넘지 말라." "너의 뇌를 먹지 말라." "너의 심장을 먹지 말라." "여섯 번째에 앉지 말라."[45] "아욱을 옮기되 먹지는 말라." "해에 대고 말하지 말라." "왕도를 거부하고 큰길로 여행하라." "침대에서 일어나면 침대보를 반듯하게 접고, 몸이 누웠던 흔적을 없애라." "반지를 끼지 말라." "또한 재 속의 냄비 자국을 지워라." "집에 제비를 들이지 말라." "해에 대고 소변을 보지 말라." "등불에 거울을 보지 말라." "오른발부터 내딛으면서 걷고, 왼발부터 씻어라." "손톱 발톱과 머리카락 깎은 것을 더럽히지 말되, 그것에 침을 뱉어라."[46]

아무런 설명 없이 이 같은 계율을 들었을 때, 우리는 청중이 어떤 반응을 했을지 상상할 수 있다.

사실, 이러한 가르침 배후의 요점은 항상 약간씩 모호했다. 피타고라스 시대에는 그의 가르침을 아마 매우 의례적으로 이해했을 것이다. 즉 이런 것들은 피타고라스 "학파"의 성원이라면 모두가 따라야 할 행동이자 관습이었다는 것이다.[47] 이후 세월이 흐르고 계율 목록이 계속 전해 내려오면서, 그것에 대한 약간 해석적인 전통이 생겨나 그 속에 혹시 숨

---

44 Poliziano, *Lamia*, secs. 8-9.
45 즉 고대 도량형의 여섯 번째 부분을 말한다.
46 Poliziano, *Lamia*, sec. 9.
47 Burkert, *Lore and Science in Ancient Pythagoreanism*.

겨져 있을지도 모르는 내밀한 의미를 이해하고자 했다.[48] 폴리치아노 시대에 이 계율을 이해해 보려 한 사상가 가운데 하나가 다름 아닌 피치노였다.[49] 그리하여 우리는 피타고라스에 대한 폴리치아노의 코믹한 조롱에서 어떤 유사한 비웃음이 피치노를 겨냥하고 있음을 알 수 있다. 또한 바로 그 점에서 폴리치아노의 절친한 친구 피코 역시 앞서 피치노와 맺었던 밀접한 동맹 관계에서 멀어졌다는 것을 알 수 있다. 피타고라스에 대한 폴리치아노의 짓궂은 말에서, 우리는 1490년대 초에 이르면 앞서 피치노, 폴리치아노, 피코가 결성한 삼자 동맹(피치노가 그렇게도 기렸던)이 더이상 예전 같지 않다는 것을 느끼게 된다. 그리고 우리는 다시 한 번, 이미 브루니(살루타티와 관련해)와 알베르티(브루니 및 포초와 관련해)의 경우에서 보았듯이, 막 나타나고 있던 자기 세대의 위치를 규정하려는 르네상스 사상가들에 주목하게 된다.

폴리치아노는 피타고라스의 가르침을 열거한 뒤, 피타고라스가 동물들과 맺은 관계에 대해 고대에 떠돌아다니던 이야기 두 편을 조명한다.[50] 이 두 이야기는 피타고라스 및 그에게서 인지되는 경이로운 매력과 관련이 있다. 여기서 피타고라스는 자신의 권능을 사용해 동물의 본성적 행동을 바꾸어 놓는다. 의미심장한 점은 두 이야기 모두가 후기 플라톤주의자인 이암블리코스가 쓴 그리스어 텍스트에 나타난다는 것인데, 이는 피치노가 그토록 애호했을 뿐만 아니라 사실상 피치노가 일찍이 한 바로 그 플라톤 번역 이후 가장 먼저 접했던 그리스어 저작이었다. 한 이

---

48 고대 말과 중세의 접근 방법에 대해서는 다음을 볼 것. Celenza, *Piety and Pythagoras*.

49 이암블리코스에 대한 피치노의 주석(MS Vatican City, Vat. Lat. 4530, f.43v-48r)과 피타고라스의 금언에 대한 그의 "Commentariolus" (MS Vatican City, Vat. Lat. 5953, f.316v-318v)를 볼 것. 다음도 볼 것. Kristeller, *Supplementum* 2: 93-103; Cf. Christopher S. Celenza, "Pythagoras in the Renaissance: The Case of Marsilio Ficino", *Renaissance Quarterly* 52 (1999), 667-711, esp. 691-93; Celenza, *Piety and Pythagoras*, 21-26.

50 이 이야기와 뒤이은 인용은 다음을 볼 것. Poliziano, *Lamia*, secs. 11-12. 이 일화들은 다음에 나온다. Iamblichos, *De vita Pyth.*, 13.60-1; Porphyrios, *Vita Pyth.*, 23-24.

야기는 곰에 대한 것인데, 이 동물은 "무시무시할 정도로 흉포했고, 소와 사람에게는 지독한 역병과 같았다"는 것이다. 피타고라스는 곰에 애정을 가지고 빵과 사과를 먹였으며, 어떻게든 곰이 차후 다른 동물에게 해를 끼치지 않겠다는 서약을 하게 했다는 것이다. 다른 하나는 피타고라스가 황소와 어떻게 교감했는지에 대한 것이다. 폴리치아노는 이에 대해 다시 한번 클럽 코미디 감각을 살려("황소 이야기를 듣고 싶지 않습니까?") 이야기하고 있는데, 이는 어느 정도 온전히 살펴볼 가치가 있다.

그는 언젠가 목초지에서 우연히 타란토스의 황소를 보았습니다. 그것은 콩밭의 푸른 콩잎을 우적우적 먹어 치우고 있었지요. 그는 목동을 불러 황소가 작물을 먹지 못하게 하라고 일렀습니다. 그러자 목동이 이렇게 말했지요. "하지만 나는 황소에게 말을 하지 못하는데요. 만약 당신이 그렇게 한다면 임무를 완수하는 셈이겠네요." '그 자신'은 곧바로 황소에게로 가서 귀에 대고 잠깐 말을 했습니다. 그는 황소에게 지금뿐만 아니라 이후에도 영원히 콩과 같은 음식은 먹지 말 것을 명했지요. 그리고 타란토스의 황소는 헤라의 사원에서 살았답니다. 이 황소는 영물로 여겨졌고 행복한 군중이 준 사람의 음식을 먹고 자랐습니다.

두 경우 모두 피타고라스 "교수"가 서로 다른 유인책을 써서 동물들이 본성적인 행동을 전혀 하지 못하도록 했다―곰의 경우는 동물을 먹는 것이고, 황소의 경우는 인근 콩밭에서 풀을 뜯는 것―는 점에 주목하자.

마치 피타고라스의 행위와 학생을 대하는 교수의 전형적인 방식 간에 어떤 유일무이한 함축 관계라도 있는 양, 폴리치아노는 다음 행에서 피타고라스를 가리켜 "역겨운 종류의 '지혜'를 가진 교수이자, 아니 실제로는 판매원"이라고 말한다.[51] 이어 폴리치아노는 피타고라스가 "철학

---

51 Poliziano, *Lamia*, sec. 13.

자"라는 말을 발명했다는 전통적인 이야기를 들려준다. 다른 대부분의 르네상스 기술記述에서는 이 이야기를 피타고라스의 겸손함을 부각하는 쪽으로 사용하고 있지만(발라의 경우에서 보았듯이), 계속해서 이야기를 해 나가는 중에 폴리치아노의 어조는 조롱조에서 철학의 임무에 대한 존경으로 약간씩 바뀌고 있다.

폴리치아노가 이어 나가는 이야기는 이렇다. 고대 그리스 도시 플리우스의 참주는 많은 주제를 지혜롭게 논구한 뒤, 피타고라스에게 당신은 무엇으로 생계를 잇느냐고 물었다. 피타고라스는 자신이 특별한 직업은 없고 다만 "필로소포스philosophos", 즉 "지혜를 사랑하는 사람"이라고 말했다. 왕은 여전히 그 말을 이해하지 못하고는 피타고라스에게 좀 더 설명해 달라고 부탁했다. 피타고라스는 답하기를(폴리치아노의 이야기에 따르면), "인생은 그리스 전역에 두루 알려진 대로 화려한 팡파르가 울려 퍼지고 속속 경기가 열리는 축제와 같다"는 것이다.[52] 이 축제에서는 갖가지 사람들이 등장한다. 누군가는 물건을 팔러 오고, 누군가는 탄탄한 기량을 겨루고자 온다. 또한 "줄타기 곡예사는 아슬아슬한 곡예를 하고 공중제비로 이리저리 뛰어오르는가 하면, 눈속임으로 마술을 하고 입으로 불을 들였다 뱉았다 하며, 성인聖人인 체하는 자는 환각에 빠지고, 덕 있는 학생은 하찮은 짓을 하며, 시인은 거짓말을 읊어 댄다."[53] 높은 신분의 사람들 역시 축제에 오는데, "이곳저곳을 둘러보면서 지극히 고귀한 장인의 작품은 물론, 잘 알려지지 않은 사람들과 기술과 재능도 보게 된다." 또한 이와는 다른 이유로 오는 사람들도 있는데, 돈이나 사치를 위한 욕망이 아니라 통치로 이어질 수 있는 일종의 대중적 명성을 얻고자 하거나 혹은 육체적 즐거움을 만끽하고자 한다.[54]

하지만 한 유형, 사실상 최고의 유형의 사람이 더 있다. 그들은 "탁월

---

52 Ibid.
53 Ibid., sec. 14.
54 Ibid. secs. 14-15.

하고도 가장 명예로운 유의 사람으로, 이 하늘과 해와 달과 별들의 합창을 응시하면서 가장 아름다운 것들을 살펴보는 데 열중한다."⁵⁵ 여기서 언급한 천체의 군집은 "각각의 참여 덕분에 아름다움을 가지게 되는데, 이야말로 최초의 인식 가능한 것으로 '그 자신'이 수數와 사리事理의 본성으로 이해한 바로 그것이다."⁵⁶ 폴리치아노는 진지하게 이야기하고 있지만(피타고라스는 수가 만물의 중심 원리이며, 세계는 합리적으로 구성되어 있다는 믿음을 가진 것으로 전해졌다), 동시에 다시 한번 피타고라스를 "그 자신"으로 지칭함으로써 약간은 조롱하는 듯한 냄새를 풍긴다. 그러나 그는 만물을 관통하는 중요 본성(피타고라스에게는 수)을 언급하고, "이러한 것들에 대한 특별한 유형의 지식은 '소피아sophia'로 불리는데, 라틴어로 번역하자면 '사피엔티아sapientia', 즉 '지혜'가 된다. 그리고 이 '소피아'를 공부하는 사람은 이제 자신을 '필로소포스', 즉 '철학자'라 부르게 되었다"고 말함으로써 피타고라스에 대한 여담을 진지하게 끝맺고 있다. 말하자면 우리는 "철학자"라는 말에 대한 원천적 이야기를 듣고 있는 것이다. 이 말이 피타고라스와 결부되어 있는 만큼(대부분은 키케로의 『투스쿨룸 대화』에 나온다) 폴리치아노는 그것을 때때로 유머러스한 방식으로 비꼬기도 한다.⁵⁷ 하지만 그 어조는 사실상 존경의 염을 담고 있으며, 마치 진정한 지혜의 추구가 진지한 문제라는 것을 말하는 것 같다.

그래서 문제가 되는 것은 "지혜란 어디에 있는가"이다. 여기서 다시 한번 구불구불한 길을 따르는 폴리치아노의 접근법은 놀라움을 안겨 준다. 그는, 한때 아주 먼 고대에는 "기계적 기술"을 행하는 사람―즉 장인匠人―조차도 지혜롭다고 할 수 있었다. 그러나 이어 다른 유의 사상가가 출현했는데, 그는 피타고라스처럼 엄청난 존재감을 지녔고 역시 피

---

55 Ibid., sec. 16.
56 Ibid.
57 Cicero, *Tusculan Disputations*, 5.3.8-9, pp. 430-32.

타고라스처럼 이름이 없는 사람이었다. 그는 "어떤 옛 아테나이 사람으로, 사람들은 그를 어깨가 높은 사람이라 불렀다"고 말한다.[58] 이 사람에 대한 폴리치아노의 묘사를 따라가 보면, 어깨가 높은 이 신사가 바로 플라톤이며, 또한 플라톤이 지혜롭다는 것, 지혜를 추구한다는 것, 요컨대 철학자라는 것의 의미를 재정의했다는 점도 알게 된다. 우선 기계적 직업은 배제되었다. 『라미아』에는 폴리치아노가 플라톤이 장인을 격하한 것에 대해 어떻게 생각했는지 외견상 분명하게 나타나지 않는다.

플라톤은 어떤 일에 대한 진짜 지식을 얻기 위해서는 그 일을 성공적으로 수행할 수 있느냐와 함께 그것을 "설명" — 그것이 왜 존재하는지에 대한 서로 연결된 일련의 이유를 말하는 것 — 할 수 있어야 한다고 주장했다. 만약 무언가 하는 방법을 아는 것뿐이라면(대장장이처럼), 이는 플라톤이 "재주" — 그리스어로는 "엠페이리아empeiria" — 라고 명명한 것을 가지고 있는 것으로, 이는 분명히 기술이지만 지혜로 이르게 하는 그런 종류의 진정한 지식은 아니라는 것이다.[59] 폴리치아노는 이 플라톤적 편애를 암묵적으로 인정하고 있다. 비록 어조상으로만 나타날 뿐이지만 그가 탐탁지 않아 하는 것이 있다면 그것은 고대의 잃어버린 시대에 대한 일종의 아쉬움 같은 것인데, 그때는 지혜롭다고 볼 수 있는 것의 범위가 더 넓었고, 그래서 암묵적으로 철학자로 볼 수 있는 사람도 더 많았다는 것이다.

폴리치아노는 플라톤이 주장한 다른 입장들도 설명한다. 즉 변증법("진실과 거짓을 구별하는 기술")을 알아야 하고 공허한 수사는 피해야 한다는 것, 그리고 철학자라면 결국 우리에게 보이는 세계 반대편에 있는 것, 더 정확히 말해 "언제나 존재하며 사멸과 생성의 영향 아래 유동하지 않는 본성이 있다는 것"을 이해해야 한다는 것이다.[60] 폴리치아노가 재

---

58 *Lamia*, sec. 17.
59 Platon, *Gorgias*, 461b-465c.
60 Poliziano, *Lamia*, secs. 20-21.

차 설명하는 바에 따르면, 플라톤은 진정한 철학자라면 좋은 가문 출신일 필요가 있으며, 사냥할 때 사냥꾼이 여러 명이면 사냥감을 더 좇기 쉽듯이 철학도 여러 명이 추구하는 편이 좋다고 말했다. 이런 모형에서 철학의 "사냥감"은 "진실을 좇는 사냥"이 된다.[61] 진정한 철학자는 돈을 사랑해서는 안 되며, 가십거리를 피하고, 다른 사람의 일에는 전혀 개의치 말아야 한다. "그러한 것이야말로 옛 아테나이 사람이 우리에게 그려 보여 준 진정하고 적법한 철학자의 상像"이라는 것이다.[62]

이러한 진술에서 분명한 점은 철학자 — 여기서 암시된 바의 진짜이자 진정한 철학자 — 는 실제의 삶에서는 필시 매우 희귀한 존재라는 것이다. 폴리치아노는 이런 유의 철학자란 "흰 까마귀만큼이나 드물다"고 단언하면서, 그것은 이상화한 인물에서나 볼 수 있을 뿐이라고 말한다.[63] 지금까지의 논의로 보아 우리는 두 가지 점을 추론할 수 있다. 첫째, 그라미아들 — 폴리치아노가 말하듯이, 철학을 가르칠 만한 자격이 없다고 판단되는, 아리스토텔레스를 가르치는 교사들 — 은 폴리치아노가 익명의 플라톤을 통해 윤곽을 제시한 이상적 철학자 이미지에 부응하지 않다는 것이다. 둘째, 하지만 철학자의 암묵적인 절대적 완벽성(그는 돈에 개의치 않으며, 자기 일 외에는 아무런 관심을 두지 않는다)은 실제로 불가능하다는 점을 보여 준다는 것이다.

폴리치아노는 이 후자의 측면에서 스토아적 관점을 피력하고 있는데, 그는 이를 자신이 그리스어에서 라틴어로 옮긴 고대 스토아 철학자 에픽테토스의 『엥케이리디온』(*Encheiridion*)("편람"이라는 뜻)을 비롯한 수많은 문헌에서 뽑아낼 수 있었을 것이다. 에픽테토스는 이 작품에

---

61 Ibid., sec. 23.
62 Ibid., sec. 28.
63 Ibid. "흰 까마귀"의 이미지에 대해서는 다음을 볼 것. Juvenalis, *Satires*, 7.202, in *Juvenal and Persius*, ed. and tr. Susanna Morton Braund (Cambridge, MA: Harvard University Press, 2004), 314; Ari Wesseling, "Commentary", in Angelo Poliziano, *Lamia: Praelectio in priora Aristotelis analytica*, ed. Ari Wesseling (Leiden: Brill, 1986), 21-115, esp. 62.

서 유사하게 이상화한 인물, 즉 "지혜로운 사람"(혹은 그리스어로 "소포스sophos"), 즉 그의 행위가 완벽한 만큼 실제의 세계에서 행동하는 법에 대한 본보기가 아니라 사실상 모방과 염원의 원천의 역할을 할 수 있는 인물을 그리고 있다. 폴리치아노는 일찍이 당대의 어떤 사람에게 보낸 1479년의 한 편지에서 에픽테토스를 옹호한 바 있다.[64] 그래서 우리는 즉시 폴리치아노가 이상理想을 사실로 받아들이고 있다는 것을 알게 된다.

이제 살펴보아야 할 것은 그러한 노선을 따라 철학자가 되는 것이 과연 좋은 일인가 혹은 나쁜 일인가 하는 것이다. 그는 이를 위해 우선 철학자의 분위기가 거의 보이지 않는 여러 저명한 지도자를 열거하고 있다. 소크라테스는 독약을 먹는 형벌을 받았고, 로마 황제 도미티아누스는 철학자들을 도시 밖으로 내쫓았다.[65] 물론, 철학에 대한 이런 적대자들(각각 아테나이의 "데모스demos"와 도미티아누스)은 악습으로 가득 차 있었고 학식도 없었다. 폴리치아노의 말에 따르면, 더 놀라운 것은 선량하고 학식 있는 사람들조차 철학에 반대했다는 점이었다. 예컨대, 잘 알려지지 않은 인물인 디온 크뤼소스토모스(현재는 튀르크인 제국의 한 지방에서 태어났고 무엇보다 폴리치아노가 애호하던 은시대 작가들과 시기적으로 같이 활동한 인물)는 철학을 비판하는 준열한 연설문을 썼다. 호르텐시우스란 인물은 철학에 반대하고 나섰다. 이런 사실에도 불구하고 위대한 키케로는 거의 알려지지 않은, 그래서 자칫 잊혀질 뻔한 이 사상가에게 대화편을 헌정했다. 이 대화편은 우리에게 전해지지 않지만 아우구스티누스가 애호하던 것이었다. 고대 희극 작가 아리스토파네스는 왜 그렇게도 철학자를 풍자했을까? 그는 특히 『구름』(Nephelai)에서 소크라테스를 놀림감으로 만들어 놓았다.[66] 하지만 폴리치아노는 이런저런 예를 질시 때

---

64 바르톨로메오 스칼라에게 보낸 그의 편지는 다음에서 볼 수 있다. Garin, *Prosatori*, 912-25. 폴리치아노의 번역에 대해서는 다음을 볼 것. Maïer, *Ange Politien*, 374-80.
65 Poliziano, *Lamia*, secs. 29-30.
66 Ibid., secs. 31-32.

문이거나 혹은 때로 그런 것처럼 철학이 너무 과한 상태인 탓으로 돌린다. 이는 마치 달콤한 과자처럼 적절한 정도로 먹을 때는 좋지만 과하면 나쁜 것과 마찬가지라는 것이다.[67] 폴리치아노는 일부러 일종의 절벽 위에 위태하게 서서 독자들에게 잘해 나가 보자고 말한다. 그는 철학이 추구하는 최고의 목표에 존숭의 염을 가지면서도 동시에 전통적으로 이해되듯이 그것의 한계를 솔직히 인정하기도 하는 식으로 오락가락하고 있다.

하지만 폴리치아노가 반反철학적인 장광설을 펼치고 있지는 않은가 의심이 들 무렵, 그는 다음과 같이 말한다(철학이란 아무 필요도 없거나 이익이 되지도 않는다고 생각하는 사람들에게).

> 그러나 철학적으로 살 필요가 없다는 것은 영혼의 덕에 따라 살 필요가 없다는 뜻입니다. 우리는 영혼의 도움으로 살고 영혼의 덕으로 잘 삽니다. 마찬가지로 우리는 눈을 통해 보고 눈의 덕으로 잘 봅니다. 그러므로 잘 살고 싶지 않은 사람은 철학적으로 살지 않아도 될 것이고, 저열하게 살고 싶은 사람은 철학을 따르지 않아도 됩니다.[68]

영혼은 우리 삶의 도구를 나타낸다. 이는 사람의 본질적 부분으로 우리의 육체적 욕구, 우리가 일상적으로 부러워하는 보잘것없는 것들, 우리의 믿을 수 없는 감각을 벗겨 내고 남는 것이다. 만약 영혼이 우리 삶의 도구라면, 철학은 영혼의 도구라 할 수 있다.

이어서 그는 철학에 대한 진심 어린 찬사와 그것으로 무엇을 할 수 있는지를 논하고 있다. 그 누구도 철학 없이는 진실로 행복할 수 없는데, 이는 철학을 잘 행하는 것이 곧 삶을 제어하는 최상의 길이기 때문이다. 영혼은 이성, 격정, 욕구란 세 부분으로 나뉘는데, "첫 번째 것은 신적이

---

67 Ibid., sec. 33.
68 Ibid., sec. 34.

고 후자의 둘은 야수적이니, 우리는 과연 욕구 그 자체(다수의 머리를 가진 야수)를 허용하고 또한 그것을 넘어 격정(격노한 사자)을 자라나게 하면서 욕구를 제어하는 데 미약한 모습을 보일 것인가?"[69] 영혼을 세 부분으로 나누는 것은 플라톤의 『국가』로 소급된다.[70] "이성"(사고가 감정의 압박 없이 일어나는 식별의 능력), "정신"이라고도 부를 수 있는 "격정"(병사가 전장에 나갈 때나 사람들이 논쟁에 휩싸일 때 불붙는 영혼의 활력적 부분), 그리고 "욕구"(이성에 종속되지 않고, 욕정의 경우처럼 오직 가능한 한 빨리 채워지기만 바라는 영혼의 부분)라는 서로 분리된 이 부분들은 물론 모두 한 사람 안에 합쳐져 있다. 폴리치아노의 요점(독창적이지는 않지만)은 올바른 종류의 철학이라면 인간의 이러한 내적 성향이 서로 올바른 관계를 갖도록 하고, 모두가 어떤 부분에서 실수를 범할 수밖에 없는 자연적 경향을 바로잡음으로써 그것들을 완화하도록 도움을 줄 수 있다는 것이다. 철학은, 그것이 진정한 철학이라면, 폴리치아노가 앞서 언급한 영혼을 보살펴 줄 것이다. 즉 "약으로 몸을 돌보는 것처럼 철학 역시 영혼을 돌보는 것이다."[71]

철학은 다른 무수한 이점도 가지고 있다. 우선 첫째로, 사회 속에서 사람들이 살아가는 모습 — 시민적 삶 — 을 보면 기술을 다루는 직업부터 통치에 이르기까지 많은 고귀한 기예가 존재한다. 여기서 다시, 우리는 철학을 별로 상찬하지 않을 듯한 다른 견해에 고개를 돌리는 모습을 본다. 폴리치아노가 시민적 삶에서 기능하는 기예들과 그것이 철학과 맺는 관계를 기술할 때, 우리는 말하자면 한 번 더 벼랑 끝에 서게 된다.

선善 자체를 주로 발견하는 경우는, 이러한 기예들이 고귀함을 유지하는

---

69 Ibid., sec. 38.
70 Platon, *Republic*, 4.435-39. 여기서 폴리치아노의 단어 선택은 키케로가 『투스쿨룸 대화』에서 플라톤의 영혼론을 기술한 대목(1.10.20)에 가깝게 보인다. 다음을 볼 것. Wesseling, "Commentary", 71.
71 Poliziano, *Lamia*, sec. 37.

한 바로 그 가운데서가 아닙니까? 그러나 그 기예〔철학〕는 이성 자체를 사용하고 선 전체를 조망하면서 단지 똑바른 것과 좁은 것만을 판단할 뿐입니다. 즉 그 기예는 자신의 바로 그 본성 덕분에 모든 것을 이용하거나 통할할 수 있습니다. 모든 것을 고려할 때, 그와 같은 것은 철학 외에는 없습니다. 그런데 왜 철학자가 되는 것을 부끄러워한단 말입니까?[72]

이런 유형의 진술은 어떤 다양한 종류의 철학을 행하는 사람들이 철학을 "규제력을 지닌" 훈육 과정으로 보아야 한다고 주장하는 하나의 전통적 방식을 보여 준다. 즉 철학이란 진리와 허위를 판단한다는 것, 그리고 그 자체로서 그것을 행하는 사람은 순수하게 오직 진리만을 신봉하지 않고 다른 기득旣得의 관심을 가지는 기예(정치학 같은) 위에 있다는 것이다.

하지만 이런 개념이 실제적인가? 더욱이 그것이 중요한 것인가, 아니 그 지지자들이 상상하는 것만큼 중요한 것인가? 폴리치아노는 철학을 통해 풍요로운 지적 즐거움과 평화를 누릴 수 있다고 말한다. 그렇지 않으면 왜 그토록 많은 사상가가 "오티움otium", 즉 "여가"— 여기서는 "순수하게 지적 추구에 바치는 자유로운 시간"으로, 그것의 가장 바람직한 상태를 종종 철학이라 여기는 — 에 자기 자신을 바쳤겠는가?[73]

그러나 이어 폴리치아노의 어조는 칙칙하게 바뀐다. 철학이 얼마나 유익한 즐거움일 수 있는가에서 철학이 왜 필요한가로 이행하는 대목에서, 우리는 다시 한번 진정한 철학은 드물며, 그런 철학자도 거의 없을 뿐만 아니라 어쨌든 그것이 즐거움만큼이나 괴로움을 가지고 있으며, 우려하는 것 이상의 문제를 내포한 어떤 사회 경제의 일부라는 점을 느끼게 된다. 요컨대, 우리는 아무것도 아니며, 대개는 단지 문제의 표피만을 다룰 뿐이기 때문이다. 한 아름다운 인물을 보자. 외면상으로는 그 혹은 그녀

---

72 Ibid., sec. 39.
73 Ibid., sec. 41.

의 모습이 보여 주는 대칭성과 조화가 눈을 즐겁게 한다. 그러나 만약 그 혹은 그녀의 내면을 들여다볼 수 있다면, "그 모습이 추잡하고 구역질 나며 뒤틀려 보이기까지 할 것"이다.[74] 이런 폴리치아노가 섹스에 대해 말할 때는 더 말할 나위가 없다. "내가 그 음란한 쾌락까지도 이야기해야 할까? 언제나 후회를 안겨 주는 데도?" 전체적으로 볼 때, 그가 던지는 진정한 의문은 바로 이런 것이다. "자, 우리의 모든 일 가운데서 굳건하고 영속적인 것은 과연 무엇일까?"[75]

폴리치아노는 그 대답이 사실 별 게 아님을 넌지시 알려 준다. 때로 우리 생각이 달라지는 것은 다름 아닌 우리 자신의 본성 때문이라는 것이다. 아래의 구절은 각별하기 때문에 길지만 인용할 가치가 있다.

때로 우리가 어떤 것이 남아 있다든지 혹은 지속된다고 생각하게 되는 것은 우리 삶의 허약함과 짧음 때문입니다. 바로 이런 이유로 어떤 고대인들은 마치 감옥에 갇힌 것처럼 우리 몸에 들어온 우리 영혼이 큰 죄에 대한 벌을 받고 있다는 견해를 가지고 있었습니다. 이는 물론 전적으로 사실이 아니지만, 보기에 터무니없는 정도는 아닙니다. 왜냐하면 우리 영혼은 우리 몸과 합쳐져 있고 불가분으로 연결되어 있을 뿐만 아니라 몸의 모든 부분과 모든 감각 통로를 통해 넓혀지고 펼쳐져 있으므로, 내 생각으로는 베르길리우스에 나오는 인물인 메첸티우스가 그의 가련한 시민들을 벌하는 것과 다르지 않은 형벌로 고통받고 있는 듯하기 때문입니다. 이에 대해 우리의 시인은 이렇게 묘사하고 있습니다. "그는 시신을 살아 있는 사람들과 합쳐 각각의 손과 손, 입과 입을 붙여 놓는 야만적인 고문을 가했으며, 선혈이 넘쳐흐르는 속에 그들을 그런 식으로, 그처럼 가련하게 포옹한 채로 천천히 죽도록 만들었다."[76]

---

74 Ibid., sec. 47.
75 Ibid.
76 Ibid., sec. 48; Vergilius, *Aeneis*, 8.485-89.

사실, 사람의 정수인 영혼이 믿을 수 없는 감각을 가지고 부패할 수밖에 없는 몸이라는 감옥에 갇혀 있다는 관념은 새로운 것이 아니었다. 그러나 앞의 인용문은 어둡고 우울한 색조의 우아함을 발휘하면서 베르길리우스로부터의 적절한 인용이 주는 지지 속에서, 본질적이고도 대단히 집중적인 방식으로 앞으로 다가올 것 같은 인간 조건을 아주 냉혹하게 묘사하고 있다.

이상적인 의미에서 중요한 것은 오직 영혼뿐이다. "그러므로 인간사에서 그것을 넘어 공부하거나 관심을 가질 만한 것은 아무것도 없습니다. 호라티우스는 즐거이 그것을 일러, 이 정신없는 일들의 회오리 속에서도 인간의 삶을 안전하게 해 주는 '신의 숨결이 깃든 작은 조각'이라고 하지 않았던가요."[77] 그러고는 마침내 기쁜 마음을 드러내며, 그리고 약간은 언어도단적으로(너무 빨리 지나가기 때문에 눈에 잘 띄지 않을 수도 있지만) 이렇게 말한다. "왜냐하면 신이 곧 우리 영혼이며 사실상 신이기 때문에. 그것을 처음 입에 담은 사람이 에우리피데스든 헤르모티모스든 혹은 아낙사고라스든 간에."[78] 사실, 영혼은 전통적으로 신적인 것으로 여겨져 왔다. 또한 그리스도교 이전의 오랜 의식 구조에서 인간 영혼의 신성神性을 강조했다는 것도 사실이다. 그러나 폴리치아노가 표출한 이 마지막 감정이 두 가지 다른 준거틀을 생략하고 있다는 사실은 주목할 만하다.

앞의 인용 구절에서 맨 앞에 나오는 단어(번역에서나 폴리치아노의 라틴어 원문에서나)인 "신"은 독자의 마음속에서는 자신들의 신, 자신들에게 가장 가까운 신, 즉 그리스도교 신을 떠올리게 할 것이다. 마치 강조를 위해 조調를 바꾸는 작곡가처럼 폴리치아노는 이교도 그리스인들, 극작가 에우리피데스와 소크라테스 이전 철학자인 헤르모티모스와 아낙사고라스로 되돌아가는데, 이 셋 모두가 인간 영혼을 신적인 것과 연결

---

77 Poliziano, *Lamia*, sec. 49.
78 Ibid.

하는 말을 한 바 있다. 물론, 여기에서 명확히 이단적인 부분은 전혀 없다. 다만 놀라운 것은 폴리치아노가 스스로 이런 세계(친구인 피코나 우정 어린 경쟁자인 피치노와는 미묘하게나마 대조가 되는), 이런 종류의 것을 정당화할 필요도 없고 더우이 개념적으로 이교와 그리스도교의 관점을 분리하거나 혹은 양자 간에 실제로 어떤 근본적인, 하지만 궁극적으로는 그리스도교적인 조화가 존재한다는 것을 입증할 이유도 없는 세계에 산다고 믿고 있다는 점이다. 폴리치아노는 단지 그것에 별로 개의치 않고 있는 것으로 보이는데, 이는 그의 인간 존재에 대한 암울한 견해, 인간의 한계에 대한 의식, 오랫동안 고대를 공부한 데서 잉태한 상실감과 완벽하게 조화를 이루는 입장이며 태도이다. 폴리치아노는 텍스트를 발견하거나, 단편의 빈 곳을 채우거나 혹은 새로운 해석을 제시할 때마다 어떤 상실감을 느꼈다. 그는 새로운 텍스트를 발견할 때면 언제나 과거로부터 비록 수천은 아닐지라도 적어도 수백의 텍스트가 영원히 사라져 버렸음을 깨닫곤 했던 것이다.[79]

그래서 『라미아』의 왔다갔다 하는 변증법적 경향은 놀랍지 않으며, 폴리치아노가 철학자는 어떤 사람 같으며 그는 어떤 삶을 사는지에 대한 고찰로 나아가는 중에도 이런 경향은 사실상 지속되고 있다. 폴리치아노는 상상 속의 독자에게 이렇게 말한다. "그러나 당신은 철학자에게는 어떤 금전적 보상도 없지 않느냐고 말한다."[80] 그는 대답한다. 사실, 우리가 극장에 갈 때도 보상은 없다. 우리가 즐기자고 하는 것이니까. 그런데 철학자에게는 왜 보상이 있어야만 하는가? 사실, "철학은 아무런 일도 '하지' 않는다. 그것은 단지 우리가 사유할 수 있도록 자유롭게 해 줄 따름

---

79 이 주제에 대해서는 다음을 볼 것. Francesco Caruso, *Philology as Thanatology: A Study on Angelo Poliziano's Intellectual Biography*, unpublished PhD dissertation, Johns Hopkins University, 2013. 안나 데 파체는 폴리치아노의 다소 암울한 관점이 일부는 회의주의와 연관해 있음을 올바로 지적했다(카루소가 언급했듯이). Anna de Pace, *La scepsi, il sapere, e l'anima: Dissonanze nella cerchia laurenziana* (Milano: LED, 2002).
80 Poliziano, *Lamia*, sec. 50.

이다."⁸¹ 폴리치아노는 그것이 시각視覺과도 같다고 말한다. 시각은 어떤 일을 적극적으로 하지는 않지만, 우리에게 길을 보여 주기 때문이다.

폴리치아노는 철학자의 경향을 지닌 그런 종류의 사람이 있다고 말한다.

> 자, 철학자는 복잡하지 않은 사람입니다. 그는 실제로 행동 지향적이 아닙니다. 그는 심지어 사람들이 광장에 갈 때 지나곤 하는 그 길, 정무 위원회가 열리는 곳, 사람들이 모이는 곳, 혹은 법적 분쟁을 해결하는 곳도 알지 못합니다. 그는 도시의 법과 법령과 칙서도 알지 못합니다. 그는 선거를 위한 정치 연단이나 집회나 성찬이나 통음痛飮을 아예 꿈꾸지조차 않습니다.⁸²

폴리치아노는 어떤 "유형"을 그리고 있다. 그것은 딴 데 정신이 팔려있고, 일부러 세속사를 피하며, 엉뚱한 생각으로 가득 찬 지식인의 유형이다. 이런 인물은 쉽게 볼 수 있다. 하지만 명목상으로는 아직은 공화국인, 그래서 모든 시민이 적어도 이론상으로는 통치에 참여할 자격이 있는 피렌체의 시민적 문화라는 더 넓은 배경에서 볼 때, 폴리치아노의 이러한 묘사는 여분의 가치를 가지고 있다. 이러한 진술이, 마치 그가 딴 데 정신이 팔려 있는 인물을 그림으로써 행동적 삶에 반대되는 마음의 삶을 비판하고 있기라도 하는 것처럼 어떤 감추어진 공화주의를 나타내고 있다고 말한다면 이는 과장이 될 것이다. 그러나 이러한 묘사에서 독자가 보기에 따라서는 무언가를 떠올릴 수도 있다고 할 만한 개연성이 아주 없는 것은 아니다.

이런 선상에 있는 것이 더 있다. 철학자는 이웃이 누구인지도 알지 못한다. 그는 사람들 앞에 나서는 데 서툴다. "그래서 만약 당신이 이 사람

---

81 Ibid., sec. 51.
82 Ibid., sec. 52.

을 법정이나, 집정관이나 혹은 또다시 공공 집회에 데리고 와서 지금 논의 중인 것, 자신의 눈앞에 자신의 손안에 있는 것을 이야기해 보라고 하면, 그는 어쩔 줄 몰라 할 것이다."[83] 요컨대, 철학자는 본성상 혹은 성향상 공공의 시민적 삶에는 맞지 않다는 것이다.

그러나 이러한 탈속적 면모가 그리 나쁜 것만은 아닐 것이다. 철학자는 타인의 일을 캐묻지 않으며 상층의 사람들과도 친하지 않다. 사실, "그는 매사에 무지하므로 때로는 자신이 무지하다는 것조차 모릅니다!"[84] 철학자는 지상 저 너머로 높이 부유하므로, 무언가 필요를 구하기 위한 자질구레하고 일상적인 현상적 측면은 거들떠보지 않고 오직 위대한 순간만을 살핀다. 그리고 철학자에게는 혈통이란 것이 별로 대단한 것이 아니라는 대목에 이르면, 이 문제에서도 역시 기본적으로 그가 옳다는 것을 알게 된다.

> 결국 철학자는 어떤 사람이라도 그의 혈통이나 가계도에는 거의 셀 수도 없을 만큼 많은 노예며 야만인이며 거지가 있다는 것, 그리고 노예 출신이 아닌 왕도 없고 조상 중에 왕이 없는 노예도 없다는 것을 압니다. 긴 시간이 흐르면 흩어져 있는 모든 것이 뒤섞이게 되는 것입니다.[85]

자수성가한 학자이자 후원과 교수직과 저술상의 명성을 확보하게 된 이후, 전 생애를 자신의 천재天才에 의존해 살아간 폴리치아노는 특히 이런 식의 삶에 관심을 기울였던 것으로 보인다. 철학자가 보여 주는 "유형"(이상적·형식적·유머러스한)에 대한 긴 묘사가 끝나자, 폴리치아노는 『라미아』에서 가장 흥미롭고 중요한 부분, 즉 그 자신이 행하는 직업은 어떤 종류이고 그것이 왜 중요하며, 또한 그것이 지혜의 추구에서 왜 더 진정

83　Ibid., sec. 53.
84　Ibid., sec. 56.
85　Ibid., sec. 57.

한 형태인지를 정의하고 옹호하는 데로 넘어간다.

하지만 폴리치아노는 그렇게 하기 전에, 이상하게 보일 수도 있는 막간을 두고 있는데, 이는 사실 전혀 이상한 것이 아니라 다시 한번(한 세부사항 덕분에) 『라미아』가 작동하는 다른 층위를 강조하는 역할을 하고 있다. 폴리치아노는 독자들에게 동굴의 신화를 들려주고자 한다. 만약 그 신화가 친숙하게 들린다면 이는 그것이 플라톤의 유명한 『국가』 제7권에 나오며, 우리가 어떻게 그리고 왜 직접 대면하는 주변의 세계에만 초점을 맞추게 되면 말하자면 나무는 보되 숲은 보지 못할 수도 있는지에 대한 가장 중요한 기술 가운데 하나이기 때문이다.[86]

신화는 다음과 같이 진행된다. 안에 사람들이 있는 동굴을 상상해 보자. 동굴의 한쪽 끝은 뚫려 있고 그곳으로 빛이 들어올 수 있다. 다른 한쪽은 벽으로 막혀 있다. 동굴 안의 사람들은 벽을 바라본 채 사슬에 묶여 있어 그들이 보는 바깥의 이미지는 사실상 벽에 비치는 그림자뿐이다. 그들 중 하나가 어찌해서 속박에서 풀려나 바깥의 실제 세계로 나가게 되면, 이전에는 상상할 수 없었던 명징함과 정확성으로 빛과 자연과 지상에 있는 모든 것을 살펴볼 수 있을 것이다. 그가 동굴로 되돌아오게 되면, 우선 어둠 때문에 잘 보지 못하고 한때는 익숙했던 이 환경에 적응하는 데 애를 먹을 것이다. 얼마 후 어둠에 적응해 여전히 사슬에 묶여 있는 동포들에게 바깥 세계 — 실제의 세계 — 의 이야기를 들려주면, 그들은 그가 하는 말을 믿으려 하지 않고, 그가 모든 것을 만들어 낸 것처럼 진실을 이야기하는 그를 오히려 비웃을 것이다. 그는 동굴 거주자들의 관습 모두가 왠지 유효하지 않다는 것을 알게 될 것이고, 이후로는 그들과 합류하려 하지 않을 것이다.

폴리치아노는 이 신화를 다음과 같이 끝맺고 있다.

이제 나는, 비록 위대한 지성과 웅변을 지닌 피렌체인 여러분을 앞에 두고

---

86 Platon, *Republic*, 514a-517c.

이야기하고 있지는 않지만, 이러한 이미지에 대한 생각을 해석해 볼까 합니다. 나는 무엇보다 이렇게 말하고 싶습니다. 어둠에 속박되어 있는 사람이란 군중과 배우지 못한 자와 다르지 않고, 사슬에서 풀려나 햇빛 속에 있는 자유인은 우리가 잠깐 이야기했던 바로 그 철학자라는 것입니다. 내가 그런 사람이기를! 왜냐하면 나는 그 이름이 초래할 수도 있는 질시와 중상모략을 두려워하지 않으며 혹은 적어도 그런 것이 있다고 해서 철학자가 되고 싶어 하지 않을 정도는 아니기 때문입니다.[87]

여기서 두 가지가 주목할 만하다. 첫 번째 것은 분명할뿐더러 놀랍지도 않다. 즉 폴리치아노는 다시 한번 이상적 철학자를 진정으로 칭송하고 있는 것이다. 하지만 두 번째는 문제에 약간 다른 빛을 던지고 있다. 그 이유는 폴리치아노가 당시에도 비교적 잘 알려져 있던 플라톤의 신화를 말해 주고는 있지만, 자신의 이야기를 이렇게 시작했기 때문이다. "이제 나는, 고대 그리스인들이 한결같이 '가장 신적인 인물'로 부르곤 했던 그 플라톤주의자 이암블리코스의 가장 우아한 이미지를 여러분에게 보여 주려 한다."[88] 폴리치아노는 어떤 이유로, 이 유명한 신화를 플라톤의 『국가』라는 원래의 잘 알려진 문헌으로부터가 아니라 플라톤 철학을 권고하는 고대 후기 플라톤주의자의 요약집인 이암블리코스의 『프로트렙티코스』(Protrepticos) 판본(모든 의도와 목적은 플라톤과 같은)에 근거해 이야기하고자 했기 때문이다.[89] 이는 마치 폴리치아노가 잘 알려지지 않은 고대의, 하지만 "고전적"이지는 않은 문헌을 통해 신화를 해석하고자 한 것처럼 보인다.

폴리치아노의 선택은 어떤 측면에서 피치노와 관련이 있는데, 그는 이암블리코스 애호자로 알려져 있었고, 특히 이암블리코스를 종교에 중요

---

87 Poliziano, *Lamia*, sec. 67.
88 Ibid., sec. 57.
89 Iamblichos, *Protrepticos*, chap. 15.

한 인물로 보았다(폴리치아노가 설명하고 있듯이). 또한 폴리치아노는 이처럼 간접적인 방식을 통해 플라톤의 이름을 언급하지 않고도 플라톤의 신화를 전할 수 있었다. 끝으로 폴리치아노의 이런 방식은 그가 라미아를 다시 무대로 올릴 때 연설의 다음 주요 부분으로 쉽게 옮아가도록 하는 효과도 있었다.

여기서 폴리치아노는 실제의 자신과 가상의 적을 맡은 배역에게 말할 기회를 주고 있다.

그들의 말은 이렇습니다. "폴리치아노, 당신이 철학자가 아니라는 것을 두고 아무리 싸우고 독자들에게 열변을 토한다 해도 아무 소용이 없소. 당신이 걱정할 건 아무것도 없소. 그 누구도 당신이 그렇다는 것을 믿게 할 만큼 어리석지는 않다고! 우리가 당신이 '자신을 그렇게 쉽게 철학자라고 불렀다'(이 말이 당신을 진짜로 분통 터지게 만들고 있지만)고 하는 것은 당신이 사실상 철학자라는 것을 우리가 믿지 않는다는 것을 말하는 거요. 아니, 우리의 화를 돋우는 것은 이런 것이오. 당신은 이전에는 철학에 아무 관심도 표하지 않다가 지금은 3년간이나 자신을 철학자라고 부르고 있으니, 이게 주제넘은 짓이 아니고 뭐겠소(더 격앙된 말은 쓰지 않겠소). 이게 바로 우리가 또한 당신을 '빈들거리는 자'라고 부른 이유지. 한동안 당신은 자신이 알지도 못하고 배운 적도 없는 것을 가르치고 있었으니 말이야."[90]

분명한 것은 그의 비판자들이 "철학자"라는 용어를 주로 직업적 명칭으로 사용하고 있으면서도 동시에 별다른 말 없이, 미묘한 어조 속에서 그 말에 들어 있는 존경의 의미, 즉 "지혜에 대한 사랑"을 뜻하는 의미를 슬쩍 채 가고 있다는 것이다.

폴리치아노는 이렇게 대답한다.

---

90 Poliziano, *Lamia*, sec. 68.

그래서 이제 나는 당신들이 좋은 라미아라고 말하는 것, 의미하는 것을 진짜로 듣고 이해하게 되었습니다. 그러나 시간을 낼 수 있다면 잠깐이라도 내 말을 들어 보세요. 고백건대, 나는 아리스토텔레스 해석가입니다. 내가 그것을 얼마나 잘하는지는 중요치 않습니다만, 네, 나는 철학자가 아니라 아리스토텔레스 해석가임을 고백합니다. 내 말의 의미는, 내가 설사 왕을 해석하는 사람이라고 해도, 그런 이유로 나 자신을 왕이라 생각하지는 않는다는 것입니다.[91]

이러한 진술은 직업적 의미에서, 자신이 그렇다고 스스로 믿는 것이 어떤 것인지를 설명하는 폴리치아노의 구성적 논증의 진정한 시작을 보여주고 있다.

그는 자신의 직업을 "그람마티쿠스grammaticus"라고 부르기까지 하는데, 이는 "문헌학자philologist"로 번역하는 것이 가장 좋겠다(여기, 이 맥락에서는). 피코와 그의 친구 바르바로가 주고받은 편지에서 "그람마티쿠스"라는 용어가 폴리치아노의 절친한 친구인 피코를 조롱하는 의미로 사용되었던 것을 상기하자. 바르바로는 파도바 대학의 자칭 철학자가 피코를 이런 식으로, 즉 그가 철학의 세계로 들어가려 했을 때, 자신에게는 너무 큰 신발을 신은 "그람마티쿠스"로 묘사했음을 전한 바 있다. 폴리치아노에게도 똑같은 말을 하고 있다. 이름과 학문 분야와 직업적 정체성이라는 이 모두에 대한 의문이 점점 고조되어 가는 중에, 폴리치아노는 결국 여기 『라미아』에서 해결을 시도하고 있는 것이다.

폴리치아노의 첫 단계는 고대에서 그가 하는 작업의 선례를 찾는 것이다. "예컨대, 이제 도나투스와 세르비우스 같은 우리 라틴인 혹은 아리스타르코스와 제노도토스 같은 그리스인 가운데서 예를 들어 봅시다. 그들은 자신들이 단지 시인을 해석하는 사람이라는 이유로, 스스로를 계속

---

91 Ibid., sec. 69.

해서 시인이라 칭하지는 않습니다."[92] 폴리치아노는 시를 해석하고 주석을 다는 고대 문헌학자를 특히 중시한다. 도나투스와 세르비우스 둘 다 베르길리우스에 대한 주석서를 썼고(그에 대한 서론 격 전기와 함께), 이를 통해 학문적 문제들을 설명했을 뿐만 아니라 베르길리우스를 정전正典 작가로 확립하는 데 일조했다.[93] 제노도토스와 아리스타르코스(폴리치아노는 그들의 생존 연대를 바꿔 놓고 있다) 역시 호메로스에 대해 비슷한 작업을 했다.[94]

폴리치아노는 고대 문헌학 전통에 속하는 다른 학자들도 거명하고 있는데, 그 누구도 명시적으로 자신들이 해설하는 분야의 작가로 볼 수 없다는 점을 애써 지적하고 있다. 폴리치아노는 이를 다음과 같이 잘 요약하고 있다. "사실, 문헌학자의 기능은 모든 범주의 저술가들 — 시인, 역사가, 연설가, 철학자, 의사, 법학자 — 을 자세히 검토하고 설명하는 것이다. 우리 시대는 고대에 대해 잘 모르기 때문에 문헌학자를 울타리 안의 매우 협소한 공간에 가두어 놓고 있습니다."[95]

일찍이 폴리치아노는 이상적 철학자의 이미지를 그린 바 있다. 그는 비세속적이고 타인의 일에는 전혀 관심을 두지 않으며, 특히 주변 세계에 어떤 영향도 끼치려 하지 않는 인물이다. 이처럼 이상적인 인물에 대한 폴리치아노의 진정 어린 찬사를 보고 있노라면, 이론적이지만 마치 완전히 내향적이고 명상적인 삶이 최선이라는 듯한 — 어디까지나 이론상일 뿐이지만 — 아주 작지만 그래도 약간의 불편함을 느끼지 않을 수 없다. 게다가 자칭 철학자라는 사람들은 왜 그리도 그러한 이상에서 멀리 떨어져 있다는 말인가?

---

92 Ibid.

93 Sabine MacCormack, *The Shadows of Poetry: Virgil in the Mind of Augustine* (Berkeley: University of California Press, 1998), 3.

94 L. G. Reynolds and N. G. Wilson, *Scribes and Scholars: A Guide to the Transmission of Greek and Latin Literature*, 4th ed. (Oxford: Oxford University Press, 2013).

95 Poliziano, *Lamia*, sec. 71.

여기서 우리는 폴리치아노가 두 가지 일을 하고 있다는 것을 알게 된다. 첫째, 그는 당시 사용하던 철학자라는 말의 쓰임새를 무시하고 그것을 원래의 의미로 되돌림으로써, 철학자라면 당연히 그래야 할 새롭고 좀 더 실천적인 이상을 제시하고 있다. 둘째, 그는 자신이 생계를 위해 하는 일이 실제로는 가장 높고 가장 중요한 학문적 훈육을 보여 준다고 주장함으로써, 고상한 방식의 대학 정치라는 일종의 게임을 하고 있다. 즉 규제력을 지닌 것으로 생각되는 훈육 과정은 철학이 아니라 문헌학이라는 것이다.

학문 분야의 다양성 —"시인, 역사가, 연설가, 철학자, 의사, 법학자"—을 생각해 보자. 각 분야가 이런저런 전문성을 지닌 영역이라고 생각하는 것은 합리적이다. 그러나 폴리치아노는 "그람마티쿠스"야말로 그 모든 것을 능가한다고 본다. 오직 그만이 스스로 어떤 한 분야의 벽 안에 갇히지 않고 모든 분야의 문헌을 읽을 수 있기 때문이다. 결국 학문 분야라는 것은 인위적이며, 어떤 정도에서는 임의적인 것으로 진정으로 연관성이 있어서라기보다는 단지 제도적 관련의 결과물일 뿐이다. "우리 시대는 고대에 대해 잘 모르기 때문에 문헌학자를 울타리 안의 매우 협소한 공간에 가두어 놓았습니다. 그러나 한때 고대인에게는 문헌학 분야의 사람들이 커다란 권위를 가지고 있었기 때문에, 오직 그들만이 모든 작가에 대한 검열관이자 비평가가 될 수 있었습니다." 폴리치아노는 암묵적으로 고대 알렉산드리아의 문헌학자들, 아리스타르코스—그는 후세를 위해 호메로스의 텍스트를 편집했다—같은 비평가들이 활동하던 영웅적 시대를 소환하고 있다.

또다시 이름을 붙이는 문제가 떠오른다. "왜냐하면 그리스어로 '그람마티코스grammatikos'(문헌학자)는 라틴어로 '리테라투스litteratus'에 다름 아니기 때문"이라는 것이다.[96] 폴리치아노는 아이들에게 문법을 가르치는 사람을 지금은 "그람마티쿠스"로 부른다는 사실을 성토한다.

---

96 Ibid., sec. 72.

고대 그리스인들에게는 이 직업에 대한 적절한 이름이 "그람마티스타 grammatista"였고, 오늘날이라 해도 이는 라틴어로 "리테라토르literator"라고 해야 마땅하다는 것이다. 폴리치아노가 하려는 것은 두 가지이다. 그는 어떤 직업을 위한 이름이 어떠해야 하는지를 식별하고자 하고 있으며, 아울러 그 자신, 그리고 그가 "그람마티쿠스"―여기서 번역하기로는 "문헌학자"―라는 이름에서 보여 주는 바를 되찾고자 한다. 결국 폴리치아노는 고대인은 이해했으나 근대인은 그러지 못하는 문헌학의 진정한 의미가 그동안 상실되었다고 생각하는 것이다.

이 문제에 대한 일반적 관점을 표명한 폴리치아노는 이제 좀 더 개인적인 방향으로 넘어간다. "그러나 다른 시간을 위해 문헌학자를 구해 봅시다. 나는 나 자신에게로 돌아갑니다."[97] 이어지는 대목에서의 그의 의도는 이름 붙이기 문제를 해결하고 자신이 해 온 것을 개관하고자 하는 것이다. "철학자"에 관해 폴리치아노는 자신이 법과 의학 텍스트에 대해 논평하는 것과 똑같이 철학자에 대해 논평하고 있다고 말한다. 후자의 두 분야에 속하는 그 누구도 그를 법률가나 의사로 혼동하지 않는데, 왜 유독 철학의 경우에만 이런 혼동이 일어나야 하는가? 그러나 바로 그때 라미아들이 이번에는 다른 비난거리를 들고 무대에 나타난다. 그들은 말한다. 그래, 좋아. 당신은 철학자가 아니야. "가르침을 받은 선생도 없고, 이런 종류의 책이라고는 펼쳐 보지도 않았는데, 당신이 어떻게 철학자가 될 수 있단 말인가?"[98]

여기서 문제가 되는 것은 족보이다. 자수성가한(그리고 그것에 자부심이 있는) 폴리치아노는 그런 족보를 가지지 못할 것이다. 중요한 것은 족보(누구와 공부했으며 어디 출신인지)가 아니라 당신이 하는 일이며, 학자의 경우라면 무엇을 읽고, 무엇을 논평하며, 무엇을 쓰는가이다. 폴리치아노는 독서의 범위에 대해 직접 이름을 거명치는 않은 채 자신이 고대

---

97 Ibid., sec. 73.
98 Ibid.

후기 그리스 주석가들에 대해 잘 알고 있음을 넌지시 비친다. "나는 또한 지붕 꼭대기까지 올라간 내 서가에 대해 언급하지는 않겠다. 그곳은 고대 주석서들, 특히 그리스 주석서들이 가득한데, 보통은 가장 탁월한 학자들의 저술로 간주하는 것이다."[99] 그는 자신을 비난하는 사람들에게 미묘하지만 분명한 어조로 이렇게 말한다. 나는 그리스어를 읽지만 당신들은 못 읽잖아. 나는 새로 발견한 아리스토텔레스 주석서들을 잘 알고 있는데, 이는 그리스어로 되어 있는 데다가 당신들은 전혀 모르는 뭐 그런 것들이라네.

폴리치아노는 믿건대(올바로), 원문으로 된 문헌을 다루는 데는 자신이 더 낫다는 점을 강조하고 있다. 그는 또한 대부분 완전히 유실된 오랜 전통의 아리스토텔레스 해석이 있었다는 사실도 내비친다. 그가 이 텍스트들을 가지고 작업한 것은 이 전통의 일부를 되찾으려는 입장에서 그랬던 것이고, 또 그렇게 했다는 것이다.

또한 우리는 폴리치아노에게서 자신과 같은 집단에 속한 많은 사람이 그렇듯이, 읽고, 쓰고, 공개적으로 해설하는 것이 연결되는 방식에 무언가 기만적인 면이 존재한다고 생각하는 점을 관측할 수 있다. 폴리치아노는 앞서 인용한 부분에 바로 이어 최근 자신이 한 일을 이야기하고 싶어 한다.

> 오래전에 나는 아리스토텔레스의 『윤리학』을 공개 강의한 바 있고, 최근에는 포르피리오스의 『입문』(*Eisagōgē*), 질베르 드 라 포레의 『6원리』(*Liber sex principiorum*)와 함께 아리스토텔레스 자신이 『범주론』(*Katēgoriai*), 『해석론』(*Peri Hermeneias*)이라 부르는 아리스토텔레스의 소책자, 그리고 (보통의 경우와는 달리) 다른 사람들이 손대지 않고 있으며 거의 불가해에 가까운 『소피스트적 논박』(*Sophistikoi Elenchor*)을 강의했습니다.[100]

---

99 Ibid., sec. 75.
100 Ibid., sec. 78; Celenza, "Poliziano's *Lamia* in Context", 42-43.

폴리치아노는 자신의 명성을 유지하고자 애쓰고 있다. 자신의 강의를 글로 간행할 수도 있고 그렇지 않을 수도 있겠지만(그가 언급하는 강의 일부는 그에 상응하는 "프렐렉티오네스praelectiones"를 통해 볼 수 있다), 그에게는 앞서 언급한 작품들을 가르쳤다는 점 역시 중요했다. 그는 우리가 전통적으로 문자 출판하는 것을 고려하는 것만큼이나 공개적으로 강의하는 것도 "중요하다"고 생각했다. 또한 그는 자신이 가는 길이 독창적이며, 상대적으로 말하자면 다른 사람들이 가본 적 없는 길이라고 주장했다.

그가 이제 『분석론 후서』 강의를 준비하게 된 것도 자신의 이런 독특한 입장 덕분이었다(잊어버릴 수도 있겠지만, 『라미아』의 진정한 목적은 아리스토텔레스의 작품에 대한 자신의 강의를 소개하기 위함이었다). "이 모든 것 때문에 『분석론 전서』라 부르는 두 권짜리 논리학 저술이 이제 나를 부르고 있습니다. …… 나는 더욱더 기꺼이 열심히, 힘차게 그것에 매진하려 합니다. 왜냐하면 이 저술의 쓰임새가 적어서가 아니라 그것을 읽기가 대단히 어렵다는 이유로 어떤 학교에서든 철학자들에 의해 거의 무시되고 있기 때문입니다."[101] 여기서 폴리치아노는 사실상 자신의 독창성을 약간 과장하고 있는데, 우리는 아리스토텔레스의 논리학 작품을 그가 말하는 맥락에서 가르쳤던 사람들이 있다는 것을 알고 있기 때문이다.[102] 그러나 그것을 고대 후기 그리스의 주석서 전통에 비추어 가르친 사람은 보기 힘들었다는 점에서는 확실히 그가 옳았다. 그래서 그는 "철학자"란 칭호를 기꺼이 포기하겠다고 말한다. "내가 만약 지극히 난해한 이 작품들을 해석하는 일에 착수하지만 "철학자"란 칭호는 다른 사람들에게 돌린다면, 그 누가 나를 정당하게 비난할 수 있을까요? 나를 '문헌학자'로 부르든지, 당신이 좋다면 '호사가'라고 부르든지, 이것도 아니면 아예 아무것도 아니라고 부르시오."[103]

---

101 Poliziano, *Lamia*, secs. 78-79.
102 Wesseling, "Commentary", 110-11.
103 Poliziano, *Lamia*, sec. 79.

요컨대, 폴리치아노는 모든 것을 바꾸어 놓고 있다. 즉 자신의 맥락에서 전통적으로 "철학자"란 칭호를 주장해 온 사람들은 지혜에 대한 진정한 탐색을 잊고 있었을 뿐만 아니라 사실상 이상적 철학자가 지녀야 할 품성들을 알지도 못했다는 것이나. 폴리치아노가 그런 일련의 이상적 품성은 이생에서는 도달하기 불가능하겠지만, 그래도 여전히 모범으로 마음에 새겨야 할 이상이었다.

하지만 바로 그 불가능성이야말로 철학(지혜에 대한 사랑으로 이해되는)을 불확실하게 만들었다. 그것은 어디에 있는가? 폴리치아노는 이 맥락에서 그것이 정확히 자신이 이해하는 방식의 문헌학과 관련 있다고 생각했다. 즉 문헌학이란 일종의 지적 잡식성의 학문으로, 문헌학자는 광범위한 독서를 하고 이런저런 학문 전통 바깥에 있는 작업을 마다하지 않는다. 그는 암묵적이기는 하지만 제도화한 기관들을 경계한다. 그들은 종종 사회적 재생산을 지향하고 기존의 교과 과정을 반복하는 데만 관심을 두며, 그래서 특정한 학문 전통 바깥에 놓인 문제를 무시하게 되는, 바로 그런 방식을 경계해야 한다는 것이다.

폴리치아노는 이 후자의 논점을 그런 식으로 명백히 피력하지는 않고 있다. 하지만 그가 명시적으로 말하지는 않지만 합리적으로 추론할 수는 있는 것들이 있다. 폴리치아노는 이야기와 우화의 역할을 칭송하는 것으로 시작한 『라미아』를 한 가지 다른 이야기로 끝맺고 있다. 그것은 새와 관련이 있는데, 대학에 있는 지식인들에 대한 그렇게 알쏭달쏭할 정도는 아닌 풍자를 하고 있다는 점에서 이전에 피타고라스가 동물을 길들이던 우화와도 닮았다. 이는 전문을 읽어 볼 가치가 있다.

언젠가 새들 모두가 올빼미에게 가서는 이제부터 집에 있는 구멍에 둥지를 틀지 말고, 잎이 난 나뭇가지에 둥지를 만들지 않겠느냐고 물었습니다. 그쪽이 즐겁게 놀기가 더 좋다는 겁니다. 그러면서 새들은 올빼미에게 새로 나서 작고 연약한 오크 나무를 보여 주었습니다. 새들은 올빼미가 그 안에서 잠시 편안하게 머물다가 둥지를 만들 수 있다고 주장했지요. 그러나 올빼미는 그렇게 하지 않겠다고 말했답니다. 오히려 새들에게 어린나무를 믿지 말라고 일러주기까지 했습니다. 왜냐하면 그 나무가 새들에게는 독이 되는 수액을 만들 시기가 올 것이기 때문이라는 겁니다. 하지만 새들은 가벼운 데다 변덕도 심한 부류이기 때문에 올빼미의 말에 콧방귀도 뀌지 않았답니다. 시간이 흘러 오크가 자라 가지를 뻗어 나갔고 잎도 무성해졌지요. 일은 바로 거기서 벌어졌습니다. 새들이 모두 한데 모여 까불고 놀고 지저귀면서 가지 여기저기를 날아다녔습니다. 그사이 오크는 수액을 만들었고 사람들이 이를 알게 되었지요. 순식간에 이 작고 가엾은 새들은 모두 덫에 걸렸고, 올빼미가 일러준 유익한 조언을 무시한 데 대해 뒤늦게 후회해도 아무 소용이 없었습니다. 사람들은 말하기를, 새들이 올빼미를 보면 언제나 환영하면서 마치 호위하듯이 그것을 따라가고 에워싸며, 주위를 맴도는 것도 바로 이런 이유에서라는 겁니다. 사실, 올빼미가 일러준 말을 마음에 새긴 새들은 올빼미의 지혜를 칭송하면서 그 주변을 빽빽이 둘러쌉니다. 언젠가 올빼미에게서 무언가를 배우겠다는 분명한 목적에서 말입니다. 하지만 나는 새들이 헛된 짓을 한다는 생각이 듭니다. 사실, 새들이 하는 짓이 때로는 오히려 자신들에게 아주 해로울 수도 있다고 생각합니다. 고대의 그 올빼미는 정말로 지혜로웠기 때문이지요. 오늘날에는 수많은 올빼미가 있습니다. 모두가 분명히 깃털과 눈과 횃대를 가지고 있지요. 그러나 이 올빼미들은 지혜를 가지고 있지는 않습니다.[104]

폴리치아노가 오크의 이미지에서 대학 문화를 생각하고 있지 않았다고 보기는 어렵다. 한때 그곳은 새롭고 매력적이었고, 거기서 일을 시작하고 자신의 작은 둥지를 즐길 수 있었다. 고대의 올빼미는 나무가 "수액을 만들어 낼" 것이라는 점을 인지하고 그것을 피할 만큼 지혜로웠다. 하지만 다른 새들은 그 말을 듣지 않았고 알지 못하는 사이에 덫에 걸려 버렸

104　Ibid., sec. 81.

다. 그러나 이 우화에는 약간 바뀐 부분이 있는데, 그것은 관점이 변했다는 점이다. 오늘날 수많은 올빼미(교수)가 깃털과 횃대(교수직)를 가지고 있고 그 주위로는 다른 새들(학생, 조수)이 날갯짓을 하고 있으나, 그저 전통적으로 그렇게 하고 있을 뿐 왜 그러는지는 잊어버리고 있다는 것이다.

폴리치아노는 이 짧은 우화를 통해 중세 대학의 역사를 개괄하고 있는 것처럼 보인다. 그의 말을 듣노라면, 마치 아벨라르 같은 위대한 중세 학자의 시대로 되돌아가는 듯한 생각이 들 수도 있다. 그 역시 주위에 자신을 따르는 일단의 학생이 있었는데, 이는 당시 그가 새롭고 흥미로우며 차별성 있는 무언가를 제공했기 때문이다. 그가 있는 곳, 그가 고안한 것이 곧 교실이며 교과 과정이었다. 그러나 후일의 계승자들은 학생을 확실히 더 모을 수 있는 어떤 고정된 장소에 작업실을 만들었고, 바로 여기서 전통이 시작되어 그런 방식이 반복되면서 전통이 강화되었다. 그리고 여기서 여러 사상 학파가 발전했고 특정 교과 과정이 나타났다. 요컨대, 대학 생활에 관련한 모든 의례와 관습이 존재하게 된 것이다. 이런 일이 일어난 곳은 아마 파리였을 것이다(이는 사실상 아벨라르의 발자취를 따라 일어났다). 그러나 폴리치아노의 짤막한 이야기는 중세 말 대학의 숫자에 담긴 의미를 말해 주고 있다. 대학이 제도적 실체로서 출현한 지 대략 250년 정도 지난 폴리치아노의 시대에 그 수는 몇 배로 늘어났다(1300년에서 1500년 사이, 유럽 대학의 수는 18개에서 60개로 늘어났다).[105] 그것은 새롭고 흥미롭게 출발했으나, 이제는 낡고 지루하게 되고 만 것이다.

이는 물론 폴리치아노의 이야기지만, 다른 많은 휴머니스트도 마찬가지였다. 외부자의 입장은 페트라르카까지 소급하는, 그 시작부터 휴머니

---

105 Jacques Verger, "Patterns" in *A History of the University in Europe*, ed. H. De Ridder-Symoens, 2 vols. (Cambridge: Cambridge University Press, 1992-96), 1: 35-67, esp. 55-65. 대학의 형성에 대해서는 다음을 볼 것. Marsha Colish, *Medieval Foundations of the Western Intellectual Tradition* (New Haven: Yale University Press, 1997), 265-73.

스트 운동의 일부였다. 휴머니스트 대부분이 중세 말 대학과 상당히 관련되어 있다는 점은 역설적이다. 그들 거의 모두가 대학에서 공부했고, 폴리치아노를 비롯한 많은 휴머니스트 역시 대학에서 학생을 가르쳤다. 한편으로 외부자 입장은 유익했고 자신을 탁월하고 독창적으로 만들어 주었다. 그런 측면에서 자신의 이미지를 외부자로 만드는 것은 지적인 만큼이나 사회적인 메커니즘으로 볼 수 있다. 이런 식의 자기 이미지를 만드는 것에도 분명히 일리가 있었다. 교육 제도가 때로 그 초기만큼 활력적인 교과 과정이나 전통으로 발전하지 못하는 것은 어쩔 수 없는 일이기 때문이다. 그 본성이 그런 것이다.

다른 한편으로 이런 외부자 입장을 지닌 사람은, 그들이 과거의 휴머니스트든 혹은 고등 교육의 상대적 보수성과 관료 조직에 혁신을 맡기는 것을 비판하는 당대인이든, 많은 것을 놓치게 된다. 그들은 학생들에게 유익한 과목을 훈련하는 방식을 놓친다. 그들은 배우고 가르치는 많은 과목이 전통을 통해 긴 안목에서 계발되어야 한다는 긍정적 측면을 놓친다. 대학을 다니는 학생 대부분은 지금도 그렇지만 르네상스에도 전문 학자나 전위적 지식인이 되고자 하지는 않았다. 대학 교육은 학생들에게 기술과 배경과 사회 자본을 부여하며, 이 모든 것 덕분에 그들은 사회에서 어떤 기능을 담당할 수 있는 것이다.

하지만 르네상스에서조차 폴리치아노의 작업 수준은 드문 것이었고, 그의 학문적 범위 대부분이 당대인보다 훨씬 더 앞서 있었다는 것도 사실이다. 그러나 지적 잡식성 덕분에 폴리치아노의 학문은 여러 갈래로 나뉘게 되었다. 그래서 그는 어떤 측면에서 우리와 비슷하게 보인다는 이유만으로 오늘날 종종 흥미를 끄는 그런 종류의 학문적 작업으로 나아갈 수 있었다. 작가들을 그들이 처한 역사적 배경에서 바라보고, 아리스토텔레스와 같은 작가를 해석하는 데 매우 다양한 문헌을 사용하며, 어떤 말의 의미를 생각할 때 텍스트가 어떻게 전파되었는지를 파고드는 전략들은 많은 면에서 현대 학자의 경우와 닮았다. 개인적 탁월성의 추구 덕분에, 그는 "독창적"인 것과 "정체성"을 갖는 것이 아주 중요하게 보이는 우리 시대의 애호를 받고 있다.

또 다른 시각에서 볼 때, 폴리치아노의 독창성에는 알베르티와 발라에게서도 보이는 어떤 한계가 있다. 알베르티는 당대인이 아직 준비가 안 된 상태에서 피렌체 속어의 형성을 밀어붙임으로써, 그야말로 황야에 울려 퍼진 목소리가 되었다. 그는 언어 문제에서도 아마 예언자였겠지만, 동시에 홀로 외친 예언자였다. 발라 역시 16세기에 들어 더욱 강력해지는 논쟁과 관심의 전조가 되었는데, 그의 경우는 그리스도교의 성격 및 그 제도적 표현과 관련이 있었다. 하지만 발라 또한 많은 점에서 비통합적이었다. 즉 그는 제도와 불화한 제도적 인물이었다. 발라가 그랬듯이, 폴리치아노도 고대 로마인이 어떤 종류의 언어를 사용했는지에 대한 논쟁에서 직접적인 입장을 피했다. 그러나 그가 한 기여는 그 자체만으로도 그러한 논쟁에 어떤 식의 종결을 가져오는 역할을 했다. 이제 그에게로 돌아가 보자.

17
결말, 그리고 새로운 시작
언어 논쟁

폴리치아노의 『라미아』는 기회에서나 의도에서나 그의 작품 활동에서 일종의 정점을 보여 준다. 1492년에 쓰고 강연한 이 작품은 가장 넓은 의미에서의 철학의 임무에서 스스로 중요하다고 믿는 것을 요약하고 있다. 그는 2년 뒤인 1494년 9월 24일, 겨우 40세의 나이로 세상을 떠났다. 우연이겠지만 그의 절친한 친구 피코도 그로부터 채 두 달도 되지 않아 죽었다.[1] 어떤 의미에서 둘의 공동 작업은 그와 함께 끝났다. 『라미아』는 또한 진정한 철학에 대한 폴리치아노의 접근을 의도적으로 강력히 표출하고 있다. 그러한 접근에 따르면, 철학의 정수精髓는 두 가지였다. 첫째는 자기 자신 앞에 언제나 비세속적인 철학자의 모범적 이상을 두는 것이고, 둘째는 왜 광범위한 독서를 해야 하는지, 그리고 전통적인 학문 분야 주변과 그 너머를 탐색해야 하는지 묻는 데 주저하지 않도록 삶을 이끄는 것이다. 폴리치아노의 『잡문집』은 『라미아』에 비추어 볼 때 훨씬 더 잘 이해할 수 있다. 이 작품의 각 장 — 첫 번째 "첸투리아"(혹은

---

1 Garin, *Giovanni Pico*, 47.

100개의 짤막한 장)와 미발간된 두 번째 첸투리아 모두 — 은 역사적·문헌학적·철학적 문제로 깊이 들어가 그러한 연구가 이끄는 대로 어디든지 가고자 하는 폴리치아노의 끊임없는 탐구심을 보여 준다. 이는 단순한 문헌학적 메모 이상이다. 그것은 삶의 방식을 나타내고 있다.

하지만 그러한 독창성의 추구에는 또 다른 면이 있었는데, 그것은 매우 의미심장할 뿐만 아니라 맥락상으로 볼 때 언어 논쟁에 끼어들어 이후 전개될 두 가지 방향을 제시하는 역할을 한다. 포초 브라촐리니가 훨씬 더 일찍이 1450년경에 한 진술, 즉 적절한 라틴어 용법은 "오직 고대 작가들의 책과 글에서만" 발견된다고 한 말은 사실상 라틴어가 사어死語이며, 그것을 올바로 사용하려면 고대 작가를 모범으로 삼아야 한다는 것을 뜻했다. 그다음의 의문은 이러했다. 어떤 종류의 모범을 사용해야 하는가? 여전히 교육을 위한 언어이자 교회의 언어이며, 어느 정도는 외교의 언어였던 라틴어를 어떻게 표현하는 것이 옳은가? 이러한 의문은 1485년에서 1491년 사이에 폴리치아노가 때때로 파올로 코르테지(1465~1510)와 주고받은 편지상의 논쟁에서 더욱 가열되었다.[2]

이 논쟁이 르네상스 라틴어를 연구하는 학자들에게 잘 알려져 있는 데는 그만한 이유가 있다. 이는 그것에 몇 가지 흥미로운 요소가 있기 때문인데, 그 스타일과 지적 입장을 피력하는 소통적이고 개인적인 방식, 그리고 지식인들이 서로를 인정하고자 하는 태도가 바로 그것이다. 코르테지는 20대 초에 열 살 정도 연상인 폴리치아노에게 자신의 편지를 엮은 책을 보냈으며, 그것을 출판하고 싶어 했다. 코르테지가 존경받는 동

---

2 논쟁에 대해서는 다음을 볼 것. Peter Godman, *From Poliziano to Machiavelli: Florentine Humanism in the High Renaissance* (Princeton: Princeton University Press, 1998), 45-51; McLaughlin, *Literary Imitation*, 202-06; Silvia Rizzo, "Il Latino di Poliziano", in *Agnolo Poliziano: Poeta, scrittore, filologo*, a cura di Vincenzo Fera e Mario Martelli (Firenze: Le Lettere, 1998), 83-125, spec. 102-04; Roberto Ricciardi, "Cortesi, Paolo", in *Dizionario biografico degli italiani* 29 (1983), 766-70. Texts in Garin, 902-11. 논쟁이 일어난 시기에 대해서는 다음을 볼 것. McLaughlin, *Literary Imitation*, 202; Rizzo, 102-03, n. 45; Ricciardi, "Cortesi, Paolo", 767.

료에게 작품을 보내 그의 판단을 구하려 한 것은 휴머니스트에게는 친숙한 관습이었다.³ 폴리치아노가 코르테지에게 어떤 식으로 편지를 보냈는지는 특기할 만하다. 그는 코르테지의 편지가 자신의 마음에 들지 않았다면서, 지나치게 키케로를 모방한 냄새가 난다고 말했다. "당신이 열심히 모은 편지를 돌려보냅니다. 솔직히 말하자면, 나의 좋은 시간을 그렇게 형편없이 보내게 되어 유감입니다."⁴ 코르테지가 능력 미달이었나?

> 내가 이해하는 바로는, 당신은 치체로의 특징이 나타나지 않는 스타일의 글을 쓰는 데 익숙하지 않은 것 같군요. …… 그저 모방으로 글을 쓰는 사람들은 자신이 이해하지 못하는 말을 내뱉는 앵무새와 같지요. 이런 사람들이 쓰는 것은 힘과 생명, 활력과 감정과 내적 특징이 부족합니다. 그들은 누워서 잠을 자고 코를 골지요. 거기에는 진실과 견고함이 없고, 물론 아무런 효과도 없습니다. 누군가는 이렇게 말할지도 모르겠네요. 치체로처럼 글을 쓰지 말라고. 그럼 어떻게 하라는 거냐고요? 나는 치체로가 아닙니다. 하지만 믿건대, 나는 나 자신을 표현합니다.⁵

코르테지의 답장 역시 인상적인 말로 이렇게 시작한다. "당신이 내 서간집을 그냥 돌려주리라고는 상상조차 하지 못했습니다."⁶

---

3 이러한 관습에 대해서는 다음을 볼 것. Anthony Grafton, *Leon Battista Alberti: Master Builder of the Italian Renaissance* (New York: Hill and Wang, 2000), 53-58.
4 Garin, *Prosatori*, 902: "Remitto epistolas diligentia tua collectas, in quibus legendis, ut libere dicam, pudet bonas horas male collocasse."
5 Ibid.: "Non enim probare soles, ut accepi, nisi qui lineamenta Ciceronis effingat …… Mihi certe quicumque tentum componunt ex imitatione, similes esse vel psittaco vel picae videntur, proferentibus quae nec intelligunt. Carent enim quae scribunt isti viribus et vita; carent actu, carent affectu, carent indole; iacent, dormiunt, stertunt. Nihil ibi verum, nihil solidum, nihil efficax. Non exprimis, inquit aliquis, Ciceronem. Quid tum? Non enim sum Cicero; me tamen, ut opinor, exprimo." * 르네상스의 신라틴어(Neo-Latin) 발음으로는 "치체로"가 된다.

이어서 코르테지는 르네상스에 볼 수 있는 유연한 키케로주의를 극히 단순하고 현실적으로, 또한 매우 조리 있게 변호하고 있다.[7] 이탈리아에서 이런 식의 생각은 하나의 시작일 뿐만 아니라 썩 신통한 것은 아니지만 어쨌든 하나의 결말을 의미했다. 라틴어 논쟁은 많은 면에서 코르테지와 함께 끝났다. 물론, 차후에 검토하겠지만 결국 그의 입장이 주류가 되었다. 이탈리아 산문에서는 고전적 기준을 널리 채택하기 시작했는데, 그것의 주요 특징은 이제 막 지속적 연구 주제로 떠오르고 있었다.

폴리치아노와 코르테지로 돌아가 볼 때, 우리는 각각이 몸담은 사회적·문화적 환경에 주목할 필요가 있다. 지금까지 살펴보았듯이, 폴리치아노는 개인적 기예와 재능으로 명성을 얻었고, 그리하여 1480년에는 피렌체 대학의 교수직을 얻었다. 그는 비교적 변변치 않은 환경에서 자랐고, 그에게 작품을 쓴다는 것은 언제나 학문적·사회적 명성의 추구와 결부되어 있었다. 폴리치아노는 문헌학적 잡식성을 지향하는 쪽으로 나아갔는데, 정보를 탐식하는 그의 태도는 개인적 성취를 통해 명성을 추구하려는 욕구와 밀접하게 연결되어 있었다.

파올로 코르테지는 이와 완전히 달랐다. 그는 교황궁과 가까운 집안 출신이었다. 그의 아버지 안토니오(1474년 사망)는 마르치누스 5세(1417~31년 재위)부터 식스투스 4세(1471~84년 재위)에 이르기까지 교황궁의 여러 관직에 있었다.[8] 코르테지 자신은 생애와 경력 초기인 1481년에 이미 "스크립토르scriptor"라는 이름으로 교황궁의 일원이 되었다.[9] 그것만으로도 그는 직업적으로 매우 다른 라틴어를 쓰고 있었다.

---

6 Cortesi, in Garin, 904: "Nihil unquam mihi tam praeter opinionem meam accidit, quam redditus a te liber epistolarum nostrarum."

7 키케로주의 연구 문헌에 대해서는 다음을 볼 것. John Monfasani, "The Ciceronian Controversy", in *The Cambridge History of Literary Criticism*, vol. 3: *The Renaissance*, ed. Glyn P. Norton (Cambridge: Cambridge University Press, 1999), 395-401.

8 Gianni Ballistreri, "Cortesi, Antonio", in *Dizionario biografico degli italiani* 29 (1983), 754-56.

9 Cf. Ricciardi, "Cortesi, Paolo."

교황궁은 1450년대와 니콜라우스 5세(1447~55년 재위) 이래, 점점 더 라틴어에 휴머니스트 규범을 적용하는 중이었다. 하지만 교황궁 재직자는 또한 실제적일 수밖에 없었다. 그들은 학문적 업적과 우아한 라틴어 문장에만 익숙한 것이 아니었다. 또한 그들은 직책상의 요구 때문에 고전적 규범뿐만 아니라 교황궁의 다양하고 국제적인 수많은 성원이 적절히 소통할 수 있을 만큼 충분히 표준화한 언어를 계발할 필요가 있었다.[10] 그 결과는? 폴리치아노에게는 개인적이면서도 고전에 기초한 스타일로 표현하는, 면밀한 연구와 독해의 문제 정도로 보일 수도 있던 것이 교황궁 성원에게는 지나치게 절충적이고 비실제적으로 생각될 여지가 있었다.

코르테지는 폴리치아노에 대한 답장에서 유명해진 고전적 스타일로 이처럼 명료한 소통의 필요성을 피력했다. 15세기 말에 이르면 휴머니스트 대부분은 고대 라틴어가, 물론 세련미에서는 분명히 수준상 차이가 있겠지만, 그래도 어느 정도까지는 나면서 배운 자연 언어였다고 믿고 있었다. 코르테지는 이러한 통찰에서 논리적 결론을 끌어냈다. 그는 오늘날 라틴어(문화와 외교에서 국제적 언어로서의 중심 역할을 상정할 때)를 사용하는 사람들은 안내자가 필요한 낯선 땅의 이방인과 같다고 주장한다. 코르테지의 논증은 그 자체로도 르네상스에 진행된 라틴어 문제의 역사에서 기념비적이기는 하지만, 그가 그 지점에 도달하는 방식 역시 휴머니스트 논쟁이 일어난 사회적 환경에 대해 많은 것을 보여 준다. 코르테지가 편지에서 피력한 진짜 대답은 자신이 오직 키케로를 모방하기만 하면 된다고 주장한 적이 없다고 말할 때 시작된다. 그는 이어서 "그러나 물론, 당신의 말이 해를 끼치기보다는 특별히 설득하려는 것임을 인지하고는 있지만, 어쨌든 나를 이 논쟁에 소환했기 때문에 내 입장을

---

10 Cf. John D'Amico, *Renaissance Humanism in Papal Rome: Humanists and Churchmen on the Eve of the Reformation* (Baltimore: Johns Hopkins University Press, 1983), chap. 5; D'Amico, "The Progress of Renaissance Latin Prose: The Case of Apuleianism", *Renaissance Quarterly* 37 (1984), 351-92.

변호하면서 의견을 제시하는 것도 결코 시간 낭비는 아닐 것 같군요."[11]

여기서 사용한 "디스푸타티오disputatio"라는 말은 앞서 살펴본 대로 풍부한 함의를 지니고 있는데, 물론 장기 15세기의 휴머니즘 문화에 대해 독특한 어떤 것을 강조하고는 있지만 동시에 중세 대학 생활의 역사와 관습으로까지 소급한다. 이 시기의 휴머니스트들은 공공의, 그래서 대화의 뿌리를 가진 사고와 글쓰기 스타일을 한창 함양해 나가던 중이었다. 이러한 지적 경향이 편지라는 영역으로 옮아오게 될 때, 특히 폴리치아노의 경우처럼 도전적인 편지는 그에 대한 반응을 요구받게 마련이었다. 이상적인 견지에서 볼 때, 그런 반응은 당사자 간에 뜻은 크게 안 맞지만 그래도 좋은 사이를 유지할 수는 있도록 예의와 세련성이라는 문화 속에서 순화되어야 마땅했다. 실제로 폴리치아노와 코르테지가 그랬다.

서로 다른 입장을 뒷받침하는 주장들이 중요한데, 여기서 코르테지는 출생과 성장과 죽음이라는 은유를 함께 엮음으로써 자신의 요점을 분명히 밝히고 있다. 코르테지에 따르면, "웅변 연구studia eloquentiae"의 상태를 고려할 때, 우리 시대 사람들은 "타고난 목소리를 거의 잃어버렸다 et quasi nativam quandam vocem deesse"고 상정할 수 있다. 코르테지는 이런 심각한 상황에서는 자신의 목소리를 잃은 사람들이 "스스로 누군가를 모방하지 않는"다면, "우리 시대에는 어떤 것도 아름답고 다기 다양한 방식으로 말할 수가 없게 된다"고 주장한다. "왜냐하면 안내인이 없는 순례자는 낯선 땅을 제대로 여행하지 못하며, 한 살배기 어린아이는 마차에 타든지 유모가 도와주지 않으면 걸어 다닐 수 없기 때문이다."[12]

---

11 Cortesi in Garin, *Prosatori*, 906: "Sed quoniam me in hanc disputationem vocas, non erit fortasse alienum tempus purgandi iudicii nostri et tuendi mei, cum plane cognoscam verba tua esse suasoris, non lacessentis."

12 Cortesi, in Garin, *Prosatori*, 906: "Et primum de iudicio libenter fatebor, cum viderem eloquentiae studia tamdiu deserta iacuisse, et sublatum usum forensem, et quasi nativam quandam vocem deesse hominibus nostris, me saepe palam affirmasse nihil his temporibus ornate varieque dici posse, nisi ab iis qui aliquem sibi praeponerent ad

좋은 라틴어란 곧 자양분이라는 특별한 종류의 도움과도 같다. 건강하고 질이 좋은 음식을 기피하고 형편없는 음식만을 선호하는 것은 위에 탈이 났다는 신호이다. 코르테지는 계속해서 이렇게 말한다. "나는 지금도 감히 말하고자 합니다. 몇 번이라도 좋습니다. 치체로 이후 그가 기우고 기른 사람들을 제외하고는 그 누구도 글쓰기에서 그런 칭송을 받지 못했습니다. 그는 마치 우유의 자양분 같다고나 할까요."[13] 코르테지는 원숭이가 인간을 흉내 내는 것처럼 키케로를 모방하라는 것이 아니라 아들이 아버지를 따라 하는 것처럼 그렇게 하라고 말한다.

왜냐하면 원숭이는 흉내로 사람들을 웃기는 자처럼 단지 몸을 찌부러뜨리고 우스꽝스럽게 만들 뿐이기 때문입니다. 반면에 아들은 얼굴, 걸음걸이, 자세, 움직이는 방식, 외양, 목소리, 신체의 모양이 모두 〔아버지와〕 비슷한데, 이런 유사함 속에서도 선천적이면서도 약간씩 다른 자기만의 것을 가지고 있지요. 이쪽저쪽을 비교해 보면 비로소 다른 점을 알게 되는 그런 정도로요.[14]

코르테지는 신체상의 비유를 계속 이어 나간다. 이 주장을 따라가노라면, 어떤 의미에서는 인간적 비례라는 관점에서 키케로를 고전으로 보아야 한다는 그의 생각을 알 수 있다. 키케로의 풍부함(copiam)은 명백하

---

imitandum, cum et peregrini expertes sermonis alienas regiones male possint sine duce peragrare, et anniculi infantes non nisi in curriculo aut nutrice praeeunte inambulent."

13 Ibid: "Ausim nunc etiam affirmare idem quod saepe: neminem post Marcum Tullium in scribendo laudem consecutum praeter unum aut alterum, qui non sit ab eo eductus et tamquam lactis nutrimento educatus."

14 자식이 아버지를 닮는다는 비유는 세네카에 나온다. Seneca, *Ep. Mor.*, 84.8: "Etiam si cuius in te comparebit similitudo quem admiratio tibi altius fixerit, similem esse te volo quomodo filium, non quomodo imaginem: imago res mortua est." 원숭이와 모방에 대해서는 다음을 볼 것. Kenneth Gouwens, "Erasmus, 'Apes of Cicero', and Conceptual Blending", *Journal of the History of Ideas* 71.4 (2010), 523-45.

고도 명료(dilucidam)하므로, 물론 종국에는 언제나 이상에 못 미치기는 하겠지만, 그래도 키케로를 모방하고 싶어 한다는 것이다.[15] 키케로 자신은 『연설가에 대하여』에서 완벽한 연설가의 모범적 기능을 이렇게 말한 바 있다. "결과적으로 완벽한 연설가의 상을 묘사하는 데서, 나는 아마 지금까지 결코 존재한 적이 없는 것을 그리게 될 것이다."[16] 코르테지는 키케로를 모범의 수준에 도달한 인물로 보았다. 그의 견해에 따르면, 문제는 당대인이 이 사실을 충분히 인지하지 못하고 있다는 것이다. 사람들이 웅변에 끌리는 것은 당연하지만, 그들은 능력을 사용해 이 염원을 이루는 방법을 모른다. 그들은 키케로의 유려한 표현, 곧 그의 "파칠리타스facilitas"를 모방하고자 하면서도 정작 그의 힘과 날카로움, 그의 "네르보스 에트 아쿨레오스nervos et aculeos"는 간과한다. 그들은 "치체로에서 아주 멀리" 가 버린다. 좋은 표현이라고 해도 지나치게 많은 종류의 작품에서 뽑은 것을 엮으려 하는 것은 무익한 짓이다. 그렇게 하면 결국 "생경한 어떤 것, 조화되지 않는 팔다리를 한데 묶어 놓은 것 같은 것"이 나올 뿐이다.[17] 리비우스에서 락탄티우스에 이르기까지 고대의 많은 위대한 저술가가 키케로 식의 경향을 지니고 있지만, 이런 사실에도 불구하고 모두 그만의 개별성을 유지하고 있다. 다시 한번 키케로는 거의 자연 질서 밖에 있는 사람으로 보인다. "우리는 치체로를 경이로운 인물(hominem mirabilem)로 바라보면서 모방의 문제를 아주 진지하게 생각해야 합니다." 왜냐하면 "그가 마치 영원의 샘이기라도 한 듯이, 바로 그로

---

15 Cortesi, in Garin, *Prosatori*, 906: "Dicam idem iterum: habere hoc dilucidam illam divini hominis in dicendo copiam, ut existimanti se imitabilem praebeat, experienti spem imitationis eripiat."

16 Cicero, *Orator*, in Cicero, *Brutus. Orator*, ed. and tr. G. L. Hendrickson and H. M. Hubbell (Cambridge, MA: Harvard University Press, 1930), 306-509, esp. 311, sec. 7: "Atque ego in summo oratore fingendo talem informabo qualis fortasse nemo fuit."

17 Cortesi, in Garin, *Prosatori*, 908: "Itaque dum abundantiam sermonis et, ut ipsi aiunt, facilitatem imitantur, nervos et aculeos deserunt, et tum a Cicerone absunt longissime …… Fit enim nescio quid monstruosum, cum membra cohaerentia male dissipantur."

부터 그처럼 많은, 서로 다른 지성이 흘러나왔기 때문입니다."[18]

최고의 작가들 — 키케로는 그중에서도 최고인데 — 은 그들을 읽는 사람들의 정신에 "씨앗을 뿌려 놓았으며", 그 씨앗들은 후일 저절로 자라났다.[19] 누군가를 모방하지 않고 작품에 대한 찬사를 받으려는 우둔한 작가들에게서는 형편없는 수준의 글만 나올 뿐이다. "때로 그들은 저급하고 세련되지 못한(sordid et inculti) 것처럼 또한 때로는 호화롭고 찬란한(splendidi et florentes) 것처럼 보입니다." 이런 글 전체의 스타일을 보면, 그것은 마치 "서로에게 극히 해로운 수많은 씨앗이 한밭에 뿌려진" 것 같다.[20] 문학이란 기획은 계속해서 생산을 추구하는 의고擬古이자 진전이다. 진정한 진보는 오직 다양함을 지닌 풍부함으로, 마치 보물과도 같은 유기적 일관성을 지닌 모범을 제시하는 과거의 전통을 재가공함으로써만 가능하게 된다.

이 보물은 바르게 쓰기만 하면 당연히 따라오는 즐거움과 함께 배움을 제공하지만, 부적절한 글은 보기에 거슬려 아무런 즐거움도 줄 수 없다. "지나치게 다양한 의미를 가진 어휘, 완곡한 단어, 토막토막 끊어지는 구절, 엉성한 배열, 너무 직설적인 의도의 비유 혹은 고의로 차단한 리듬으로 얻을 수 있는 즐거움이 도대체 무어란 말입니까?"[21] 더욱이 누구도 모

---

18 Ibid.: "Ex quo intelligitur, maxime et cum iudicio ponderandam esse imitationem, et eum ipsum hominem mirabilem fuisse, ex quo tam diversa ingenia tamquam ex perenni quodam fonte defluxerint."

19 Ibid., 910: "Relinquunt enim in animis semina, quae in posterum per seipsa coalescunt."

20 Ibid.: "Qui autem neminem imitari et sine cuiusquam similitudine laudem consequi videri volunt, nihil, mihi crede, roboris aut virium in scribendo prae se ferunt, et illi ipsi, qui se niti dicunt ingenii sui praesidiis et viribus, facere non possunt quin ex aliorum scriptis eruant sensus et inferciant suis, ex quo nascitur maxime vitiosum scribendi genus, cum modo sordidi et inculti, modo splendidi et florentes appareant, et sic in toto genere tamquam in unum agrum plura inter se inimicissima sparsa semina."

21 Ibid.: "Quid enim voluptatis afferre possunt ambiguae vocabulorum significationes, verba transversa, abruptae sententiae, structura salebrosa, audax translatio nec felix, ac intercisi de industria numeri?"

방하지 않고 글을 쓰게 되면 목표를 잃고 방황하게 되지만, 의지할 수 있는 안내자는 글쓴이를 똑바른 길로 인도한다.

> 믿건대, 아무도 모방하지 않는 사람과 의지할 수 있는 지도자를 따르는 사람 사이에는 큰 차이가 있으며, 이는 여기저기 아무렇게나 돌아다니는 사람과 똑바른 길을 가는 사람의 차이와 같습니다. 전자는 길을 벗어나 배회함으로써 난관에 빠지지만, 후자는 자신이 가야 할 곳으로 향하는 길을 아무런 실수도 문제도 없이 갈 수 있습니다.[22]

말과 글의 저자가 "똑바른 길"을 가야 할 필요성과 결합해 있는 이 즐거움이라는 관념은 좀 더 살펴볼 가치가 있다.

여기서도 코르테지는 15세기 말에 이르러서야 문제의 유전遺傳 구조를 이룬 언어 논쟁의 어떤 특징들을 요약하고자 하는 것처럼 보인다. 휴머니스트 대부분에게는 친숙한 이 부분의 구절들은 키케로의 『연설가에 대하여』에서 그 반향을 들을 수 있는데, 여기서 키케로는 연설할 때 말(더 일반적으로는 글로 쓴 연설문까지도 지칭하는 "오라티오oratio")을 적절히 쓰는 방법을 논하고 있다. 그에 따르면, "시에서처럼 운율을 넣어서 (numerosa ut poema)"도, "일상적인 말처럼(혹은 보통 사람들의 말처럼) 운율의 영역 밖으로(extra numerum, ut sermo vulgi est)" 완전히 나가서도 안 된다.[23] 키케로는 계속해서 이렇게 말한다. "앞의 방식은 너무 운율이 넘쳐 일부러 그런 것처럼 보이고, 뒤의 방식은 너무 끊겨 그저 평범하게 보인다. 그러므로 전자에는 즐거움이 없고 후자에는 싫증을 느끼게 된다."[24]

---

22 Ibid.: "Ego autem tantum interesse puto inter eum qui neminem imitatur et qui certum ducem consectatur, quantum inter eum qui temere vagetur et qui recta proficiscatur. Ille devius inter spinas volutatur, hic autem ex proposito itinere ad constitutum locum sine lapsu et molestia contendit."
23 Cicero, *Orator*, sec. 195.
24 Ibid.: "alterum nimis est vinctum, ut de industria factum appareat, alterum nimis dissolutum, ut pervagatum ac vulgare videatur; ut ab altero non delectere, alterum

코르테지의 진술로 돌아가서, 키케로주의의 반향은 "바제투르vagetur"(코르테지)와 "페루아가툼pervagatum"(키케로)이라는 단어 사이의 느슨한 유사성에서뿐만 아니라 즐거움의 언어("퀴드 에님 볼룹타티스quid enim voluptatis"와 키케로의 "델렉테레delectere")에서도 나타난다. 후자의 경우, 키케로가 "페루아가툼"이란 단어를 "울가레vulgare"와 결합해 사용한 것은 글이 운율에서 완전히 벗어나면 "평범"해진다는 것, 즉 일상적인 말로 전락한다는 생각에서 나온 것이다. 하지만 기본적인 점에서 문제가 된다 해도 단어들의 뿌리는 유사하다. 즉 글에서 쓰는 언어는 말하는 사람의 성격을 반영한다는 것이다. 실제로 듣는 사람과 읽는 사람에게 모두 효과적인 글을 쓰려면 자기 조절과 노력이 필요한데, 이는 글쓴이를 똑바른 길에 머물게 하고 목표 없이 배회하지 않는 삶의 방식을 의미한다.[25]

끝으로 코르테지는 이렇게 지적한다. "친애하는 폴리치아노여, 어떤 식으로든 모방하지 않고 웅변에 대한 찬사를 받는 사람은 아무도 없습니다. 그리스인 가운데 연설가인 데모스테네스, 휘페리데스, 뤼쿠르고스, 아이스키네스, 데이나르코스뿐만 아니라 덕의 대가大家인 철학자들도 누군가를 모방한 사람들이었습니다."[26] 코르테지의 함의는 문화

---

oderis." "vinctum"의 의미에 대해서는 다음을 볼 것. Cicero, *De oratore*, 3.49.184-90; Quintilian, 11.2.47, 9.4.19. "dissolutum"의 의미에 대해서는 다음을 볼 것. Quintilian, 2.11.7, 8.6.62.

25 "글쓰기 실제"에 대해서는 다음을 볼 것. Cicero, *De oratore*, 3.190: "Hanc igitur, Crassus inquit, ad legem cum exercitatione tum stylo, qui et alia et hoc maxime ornat ac limat, formanda nobis oratio est." "studia humanitatis", 특히 수사학 지향의 도덕철학이 "목표 없는" 방황이 아니라 똑바른 길로 인도할 여러 가능성은 15세기 휴머니스트 사유의 토포스를 보여 주고 있다. 이는 레오나르도 브루니의 『입문』(*Isagogicon*)에서 나타나고 있다. 다음을 볼 것. G. Griffiths, J. Hankins, and D. Thomson, *The Humanism of Leonardo Bruni*, 267-82, esp. 267: "언제나 그렇듯이, 우리는 보통 이미 다져진 길을 따라 안전하고 자신 있게 가지 않고, 샛길 앞에서 어둠 속을 헤매는 눈먼 사람처럼 정해진 목적 없이 살아가는 실수를 범한다."

26 Cortesi, in Garin, *Prosatori*, 910: "Praeterea, Politiane, sic habe neminem eloquentiae laudem consecutum, qui non sit in aliquo imitationis generis versatus. Apud Graecos non modo oratores Demosthenes, Hyperides, Lycurgus, Aeschines et Deinarchus, sed

란 지적 비옥함을 품은 이러한 의고라는, 이러한 과정 없이는 불가능하다는 것이며, 그는 또한 철학에 관한 목표에서도 옳은 견해를 갖고 있었다. 18세기 말 이전에는 그를 비롯한 많은 사람이 철학을 "디아도코이 diadochoi", 즉 "계승자들"—각각의 개별적인 철학 학파가 수장을 인정하는—의 틀에서 바라보았다. 후기 성원들은 학파 최초 철학자의 핵심 개념이라고 믿는 것을 정교하게 발전시켰는데, 그렇게 하는 적절하고도 가능한 유일한 방식이 바로 주해와 모방이었다.[27]

만족스러운 라틴어와 철학의 제휴는 코르테지가 시간을 두고 계속해서 숙고한 것이었다. 이에 대해 잠깐 들여다보자면, 코르테지의 이러한 결합은 후일 1504년에 쓴 피에르 롱바르의 『명제집 제4권』(Sententiae in quatuor IV libris)에 대한 주석에서 나타난다.[28] 롱바르의 『명제집』은 성서와 교부들과 여타 문헌에서 발췌한 것을 모은 것이었다.[29] 이 모음집은 "레스res"(사물 그 자체)—예컨대, 신—와 성사와 같은 "시냐signa"(기호)에 관한 신학적 문제를 다루기 위해 계획한 것이었다. 『명제집』은 12세기 이래 중세 신학적 사유의 핵심을 이루었고, 1215년 인노첸치우스 3세 치하의 제4차 라테라노 공의회에서 지지를 받았다. 중세 성기와 후기의 주요 스콜라 사상가 대부분이 이에 대한 주석을 시도할 정도였다.[30]

코르테지는 점점 훨씬 전문적인 사유를 위한 도구가 된 과제에 웅변을

---

etalm illi philosophi, virtutum magistri, alicuius imitatores esse voluerunt."
27 Celenza, "What Counted as Philosophy"; Hadot, *Philosophy as a Way of Life*, 71-77.
28 Cf. Ann Moss, *Renaissance Truth and the Latin Language Turn* (Oxford: Oxford University Press, 2003), 64-68.
29 Pierre Lombard, *Sententiae in IV libris distinctae*, ed Victorin Doucet, 2 vols. (Grottaferrata: Collegium S. Bonaventurae ad Claras Aquas, 1971-81); Marsha Colish, *Peter Lombard*, 2 vols. (Leiden: Brill, 1994).
30 Cf. Friedrich Stegmüller, *Repertorium commentariorum in Sententias Petri Lombardi*, 2 vols. (Würzburg: Schöning, 1947); Victorin Doucet, *Supplément au Répertoire de M. Frédéric Stegmüller* (Firenze: Collegium S. Bonaventure ad Claras Aquas, 1954).

더하기 위해 『명제집』에 관해 저술할 기회를 얻었다. 그가 서문에서 한 말은 그것이 진정한 철학에 대한 태도를 보여 준다는 측면에서 매우 흥미롭다.[31] 그는 작품을 새로 선출한 교황 율리우스 2세에게 헌정하면서 이렇게 쓰고 있다. "위대한 교황이시여, 지금까지 꽤 오랫동안 사람들은 철학자가 자신의 연구에 구어 라틴어의 우아한 스타일을 사용해야 하는지를 두고 큰 논쟁을 해 왔습니다."[32] 코르테지는 여러 해결책이 제시되었다고 말한다. 어떤 철학자들은 마음대로 말을 창안해 내는 것이 자신들의 소임이며, 선택의 제약에 너무 얽매이지 말고 고대인만큼의 자유를 가져야 한다고 믿었다.[33] 코르테지는 계속해서 이렇게 말한다. "하지만 또 어떤 사람들은",

철학이 일종의 대리석 건물 같아 아름다운 얼굴이 내뿜는 광휘를 화장으로 더럽히는 것은 옳지 않다고 믿습니다. 마찬가지로 벽토로 겉으로만 돋보이게 건물 외벽을 바르는 것 또한 옳지 않다고 생각합니다(cf. Cicero, *Orator*, sec. 78). 훨씬 더 가혹한 판단을 하는 사람들은 오히려 좀 모호하면서도 엄중한 철학이 만족스럽게 보인다고도 하지만, 이는 그것에 다가가는 사람을 맞이하지도 못할뿐더러, 그것이 지닌 풍부함을 대중에게 선물로 주기도 어렵습니다.[34]

---

31 Cf. Giovanni Farris, *Eloquenza e teologia nel 'Proemium in librum primum sententiarum' di Paolo Cortese*, Quaderni di civiltà letteraria (Savona: Sabatelli, 1972). 저자는 여기서 Paolo Cortesi, *In quattuor libris sententiarum* (Basel, 1540)에 나오는 "서문*proemium*"의 한 판본을 제시하고 있는데, 나의 인용은 이에 근거한다.

32 Cortesi, "Proemium", ed. Farris, 22: "Diu Pont. Max. summa est hominum contentione certatum, Philosophorum ne esset studiis latini sermonis adhibendus nitor ……."

33 Ibid.: "Sunt enim multi philosophi qui cum facultatem verborum faciendorum voluntariam esse opinentur nihiloque minus eis in pariendo licere quam priscis illis licitum fuerit arbitrentur; negant quicquam esse causae cur verborum pariendorum licentiam priscorum angustiis praefiniri velint."

34 Ibid.: "Nonnulli autem cum philosophiam quasi marmoream quandam aedem constituant, nullo modo ei tectorium induci debere censent, nec fas esse putant

코르테지에 따르면 철학이란 대단히 중요한 것이기 때문에, 우리가 무기를 들어야 하는 상대는 바로 이런 부류의 사고를 하는 사람들이라는 것이다.[35]

코르테지의 성찰은 무언가 중요한 점을 알려 준다. 즉 라틴어 산문의 적절한 스타일에 관해 폴리치아노와 코르테지가 보인 의견상의 차이를 과장해서도 안 되겠지만, 둘 사이에 어떤 근본적인 메시지의 차이가 있다고 생각해서도 안 된다는 것이다. 폴리치아노는 많은 측면에서 핵심 원리에 대해 완전히 동의하고 있다. 즉 창조성이란 과거와의 단절이 아니라 그러한 과거에서 유용하고 최상인 것에 대한 개인적 표현이라는 것이다. 그와 코르테지는 진정한 철학자라면 과거를 이용하는 이 창조 과정에 참여해야 한다는 데 동의했고, 지혜의 추구가 인류에 중요하므로 그 메시지들을 당대 사회에 명백하고 적절한 방식으로 전달할 필요가 있다고 주장했다. 폴리치아노는 『라미아』에서 바로 이런 생각에 찬성한 바 있다(앞서 이 편지 교환을 통해 코르테지에게 피력한 반론의 근저에 우려가 깔려 있기는 하지만).[36] 폴리치아노가 걱정한 것은 모방 그 자체보다는 지적 무익성이었다. 폴리치아노의 주된 관심사는 일단 전통에 편승하면 성찰을 멈추게 되는 지식인들의 경향이었다. 전통적 관례를 반복함으로써 그 기본 가정에 지나치게 갇혀 버린다는 것이다. 이처럼 제도적으로 재생산되는 전통은 종종 역사에 제대로 대응하지 못하는 결과를 가져온다. 즉 지식인들이 변화하는 환경에 잘 적응하지 못하게 된다는 것이다. 이 점에서는 두 사상가의 의견이 같았다.

하지만 그들의 논쟁은 두 가지 점에서 주목할 만하다. 첫째, 결국 이긴

---

pulcherrimi vultus candori illiniri fucum. Quibusdam etiam severioribus, philosophiam squallidiorem et horridiorem esse placet, quae nec aspectu invitet adeuntes, nec opes vulgo largiendo effundat."

35 Ibid.: "In quo quidem cum permagna res agatur utilitatis hominum, causa est contra eos arma capiendi."

36 제16장을 볼 것.

쪽은 코르테지의 입장이었다는 것이다. 이후 라틴어 산문은 사실상 제도적으로 가르쳐지고 이용되었다. 즉 완화된 키케로 식 라틴어 스타일이 학교와 대학과 학자들 사이에서 가르쳐지고 이용되었다는 것이다.[37] 완화된 스타일이라는 것은 사용자가 필요시 신조어를 사용할 수 있어, 고대 작가 중 꼭 키케로의 어휘만을 모범으로 생각하지는 않는다는 뜻이다. 그러나 키케로 식 문장의 기본적이고 주기적인 구조와 단어 순서는 학교에서 모범이 되었고, 따라서 비교적 현대에 이르기까지 신구 세계에서 엘리트를 위한 라틴어의 모범이 되었다.[38]

둘째, 폴리치아노의 창조성 개념 — 여기서는 아주 간략하게 그것과 직접 연관된 문제들을 별로 고려하지 않은 채 제시한 — 그 자체는 계속 살아남았는데, 이는 휴머니스트 지식인들의 약 다섯 세대에 걸친 노력의 결과였다. 이 개념으로 보면 사상가는 언제나 자신들이 물려받은 전통과 관념들이 단지 존경하는 스승이 가르쳐 주었다는 이유만으로 반복하기만 하는 고정적 관념이 아니라는 관점에서, 부단히 소크라테스적 자기검증 과정에 참여해야 한다. 하지만 이탈리아 휴머니즘의 세계에서 이러한 지적 태도가 발현한 것은 폴리치아노 이후 세대에서였고, 라틴어보다는 속어를 통해서였다.

폴리치아노와 코르테지의 차이는 이후 르네상스 신라틴어가 밟아 갈 두 궤적을 상징한다. 한편으로는 유행에 따라 고전적이고(그래서 새로운 르네상스 식 규범과 요구에 따르는) 재생산할 수 있는 라틴어가 필요했다. 라틴어는 많은 공적 용도로 사용되었다. 예컨대, 당신이 유럽에서 가장 국제적인 장소 가운데 하나인 교황궁에 있다고 한다면, 장례 연설을 하거나 혹은 궁을 방문한 사절단에 대한 환영 연설을 할 수도 있다. 이런

---

37 Monfasani, "The Ciceronian Controversy."
38 라틴어의 변천에 대해서는 다음을 볼 것. Jürgen Leonhardt, *Latin: Story of a World Language*, tr. Kenneth Kronenberg (Cambridge, MA: Harvard University Press, 2013); François Wacquet, *Latin: Or, the Empire of a Sign*, tr. John Howe (London: Verso, 2001).

행사(여타 많은 유사한 행사처럼)는 대략 절충적으로 이루어지지 않았다. 라틴어에는 의례적 기능이 있었으므로 그때그때 시기에 맞게 고전적 방식으로 사용할 필요가 있었다. 일찍이 1471년에 아고스티노 다티가 인식했듯이, 바로 키케로가 그 올바른 모범이었다.

다른 한편에서 보면 라틴어, 좀 더 구체적으로 말해 라틴어 스타일은 자기 만들기를 위한 도구였다. 이 점에서 폴리치아노는(그와 같은 다른 사람들을 포함해) 사실상 여러 고전적 모범을 사용하지만 이를 서로 결합하거나 혹은 때에 따라 서로 다른 고대 작가의 스타일을 사용함으로써, 절충적 방식의 글쓰기를 선호한 것 같다. 예컨대, 폴리치아노는 1478년 파치 가家의 반反메디치 음모를 기술하는 데 고대 작가 살루스티우스의 스타일에 의존한 바 있다.

절충적이지만 여전히 고전적이라고 인정할 만한 글쓰기에는 이런 측면에서 많은 기능이 있다. 무엇보다 자기 만들기의 기능이 있는데, 라틴어 용법을 달리함으로써 개인적 구별을 성취할 수 있다는 것이다(폴리치아노가 코르테지에게 "나는 치체로가 아닙니다. 나는 나 자신을 표현할 뿐이지요"라고 썼던 것을 상기하자). 라틴어를 절충적으로 사용하는 것은 또한 무언가를 포함하고 배제하는 수단이 될 수 있다. 예컨대, 만약 고대에 오직 한두 번만 나타나거나 혹은 거의 읽히지 않지만 흥미로운 작가가 사용한 단어나 구절을 사용한다면, 그 인용처를 알아차린 사람들은 즉각 한 패가 될 것이며, 그렇지 못한 사람들은 바로 그 사실 때문에 배제될 것이다.[39] 예컨대, 폴리치아노가 이야기와 우화가 철학의 "시작"이자 철학의 "수단"이라고 한 『라미아』의 서두를 보자. 여기서 폴리치아노는 은시대 작가 아풀레이우스(124~70)의 말, 특히 비교적 희귀한 그의 작품 『플로리다』(*Florida*)를 상기시키고 있다.[40] 그처럼 작고 거의 눈에도 띄지 않는 제스처는, 폴리치아노의 청자와 독자에게 그가 아풀레이우스의 이 작은

---

39 D'Amico, "The Progress of Renaissance Latin Prose: The Case of Apuleianism."
40 Apuleius, *Florida*, 15.24.

작품을 인용 가능한 방대한 고대 라틴어 창고의 일부로 생각한다는 점을 알려 주었다. 당시 폴리치아노의 독자든 청자든 혹은 그렇지 않다 해도 어쨌든 이를 눈치챘을 수 있다. 어느 쪽이든 간에, 폴리치아노에게 그것은 자신이 쌓아올리고 있는, 결국 미완으로 남을 건물을 이루는 또 한 개의 작은 벽돌이었다.

일관성 있고 가르칠 수 있으며, 공적 문화에 유용한 도구인 라틴어 대對 창조적인 자기표현 수단인 라틴어. 이것이 바로 폴리치아노와 코르테지의 논쟁이 끝났을 때 나타난 양 극점이었다. 일찍이 15세기의 포초가 그랬듯이("오직 책에서만"), 사정을 다 알고 난 뒤에 보면 길이 어디서 갈라졌는지 쉽게 알 수 있을 것이다. 키케로와 모범으로서의 그의 지위에 대한 논쟁이 폴리치아노와 코르테지의 설전으로 종료된 것은 아니다.[41] 사실, 수많은 사람이 두 갈래 길에 발을 걸치거나 라틴어 글쓰기를 거의 우스꽝스러울 정도의 극단으로 몰아가기도 했다.

위대한 북유럽의 휴머니스트 에라스무스(1466~1536) — 앞서 보았듯이 로렌초 발라의 팬이었던 — 는 『치체로니아누스』(*Ciceronianus*) — "키케로주의자"라는 뜻 — 라는 풍자적 대화편을 썼는데, 여기서 그는 오직 키케로만 라틴어 모범으로 삼는 사람들(그는 특히 이탈리아인들을 염두에 두고 있었다)을 조롱하고 있다. 한 화자는 키케로가 쓰지 않은 책이라면 모두 눈앞에서 치워 버려야 한다고 주장한다. "나는 그[키케로]의 근사한 초상화도 갖고 있어요. 개인 예배당과 서재는 물론이고 문이란 문에도 다 붙여 놓았답니다. 난 이 초상화를 보석에 새겨 가지고 다니기 때문에 언제나 내 마음속에 있지요. 꿈속에서도 치체로 외엔 아무것도 나타나지 않는다니까요."[42] 문제의 화자는 키케로의 말은 모두 외웠다고 주장한다. 또한 그는 키케로의 산문 작품에서 운율이 사용되는 모든 곳을

---

41 JoAnn DellaNeva, ed., *Ciceronian Controversies*, tr. Brian Duvick (Cambridge, MA: Harvard University Press, 2007).

42 Erasmus, *Ciceronianus*, tr. Betty I. Knott, in *Collected Works of Erasmus* (Toronto: University of Toronto Press, 1974), v. 27, 337-448, esp. 346.

한데 모으고 세분했으며, 가장 중요한 것은 키케로가 쓰지 않은 단어, 구절, 동사형은 반드시 피해야 한다고 주장한다. 키케로에게서 동사형 "아마무스amamus"("우리는 사랑한다"라는 뜻)을 찾지 못하자 그는 그 동사형을 사용하지 않겠다고 하는데, 자신이 쓴 라틴어에서 "우리는 사랑한다"고 말할 수 없는 어리석음에도 별로 동요하지 않는 듯이 보인다.[43] 이 밖에 화자의 무조건적인 모방 때문에 『치체로니아누스』식으로 썼을 때 오히려 터무니없이 보이는 다른 수많은 경우도 많이 나온다. 대화는 물론 웃기지만(어느 정도는 이런 일이 일어나는 약간 부자연스러운 방식으로 인해), 이렇게만 보면 여러 면에서 요점을 놓치게 된다. 그동안 개인주의에 집착해 온 방식 때문에, 이는 오늘날에도 호소력이 있어 무조건 모방만 하는 사람을 조롱하기는 쉬울지 모르겠다. 그러나 사실상 당시의 사람들 대부분은 글을 잘 쓰기 위한—그리고 잘 살기 위한—모범이 필요하다고 믿고 있었다.

잘 사는 것은 철학의 영역이었다. 이때의 철학은 학문으로 하는 철학으로 교실에서 가르치는 좁은 종류가 아니라 성취감을 주고 생산적인 삶을 사는 데 필요한 것들을 탐구하는 넓은 영역의 지적 노력이었다.

글쓰기의 경우에는 이 같은 모범의 추구가 이탈리아에서 "언어 문제"가 어떻게 해결되는지 그 핵심을 보여 주었다. "언어 문제"란 말(이탈리아어로는 "퀘스티오네 델라 링과questione della lingua")은 전통적으로 단테의 『속어 웅변론』(De vulgari eloquentia)으로 소급되는 일련의 논쟁을 가리키는데, 이는 결국 이탈리아 지식인들이 토스카나어를 문학적 이탈리아어의 기초로 널리 받아들임으로써 그 정점에 이르렀다.[44] 이런 입장을 굳히는 데 크게 기여한 인물은 베네치아 출신—이탈리아의 강한 지역주

---

43 Ibid., 348.

44 Robert A. Hall, *The Italian 'Questione della lingua': An Interpretative Essay* (Chapel Hill: University of North California Press, 1942); Bruno Migliorini, *Storia della lingua italiana* (Milano: Bompiani, 1998), 281-388; Maurizio Vitale, *La questione della lingua* (Palermo: Palumbo, 1964).

의를 생각하면 놀라운 일이지만 — 피에트로 벰보(1470~1547)이다.[45] 그러나 벰보에게는 명망 있는 외교관 가문의 일원이라는 이점이 있었고 가문이 경험한 긴 여정 덕분에, 그는 광범위한 문화적 배경을 접하게 되었다. 그의 아버지 베르나르도 벰보(1433~1519)는 여러모로 베네치아에 봉직했으며, 특히 대사의 임무도 수행했다. 어린 피에트로는 운 좋게 아버지를 따라 많은 외교 여정을 함께했고, 피렌체에서도 장기간 체류했다. 그는 여기서, 토스카나어에는 그것을 올바로 사용하기만 하면 고대 그리스어나 라틴어처럼 감정을 움직이는 힘이 있다고 생각하고, 이후 이 언어를 변함없이 사랑하게 되었다. 그러나 피에트로 벰보가 지지를 보낸 토스카나어는 15세기 말 16세기 초에 썼던 토스카나어가 아니었다. 그는 이 언어가 페트라르카와 보카초의 작품에서 정점에 도달했다고 보았다.

언어 이론가가 굳이 당대에 앞서 150년간이나 함양해 온 다양한 방언을 선택하려 했다면 그 이유는 무엇일까? 벰보의 경우에는 세 가지 대답이 있다. 그가 몸담은 문화, 라틴어와 그리스어의 예, 새로운 시대의 문화적 명령이 바로 그것이다. 그가 몸담은 문화는 주로 외교 문화였다. 교황궁과 밀접한 가문에서 자란 코르테지와 흡사하게 피에트로 벰보 역시 대사인 아버지를 따라다니며 얻은 경험 가운데 하나로 언어에 관한 지식을 습득했다. 사람들과 명확히 소통하고자 해도 시공간적 제약이 있는 방식으로 글을 쓰거나 말을 해서는 그것이 불가능하다. 선택한 언어가 오직 어떤 한 지역에서만 온전히 이해할 수 있다거나 지금 살고 있는 시대에서만 사용하는 방언적 표현으로 가득하다면, 필연코 특정 독자나 청중이라는 제한 속에 갇힐 것이다. 벰보가 페트라르카와 보카초에 초점을 맞추어 그들이 쓴 토스카나어를 선택한 것은 다음의 두 가지 가정으로

---

45 벰보에 대해서는 다음을 볼 것. Carlo Dionisotti, *Scritti sul Bembo*, a cura di Claudio Vela (Torino: Einaudi, 2002), esp. 143-67; Carol Kidwell, *Pietro Bembo: Lover, Linguist, Cardinal* (Montreal: McGill-Queen's University Press, 2004).

뒷받침되었다. 첫째, 일정한 균일성이 필요했다. 둘째, 이 균일한 언어는 어떤 형식으로든 여전히 본래의 방식으로 말해져야 하며, 포초가 라틴어에 관해 말한 것과는 달리 "오직 책에만" 담겨서는 안 되었다.

하지만 라틴어와 그리스어의 모범적 기능이 벰보의 마음속에서 사라진 것은 물론 아니었다. 그는 정말로 탁월한 라틴어 학자였고, 1513년에 시작한 메디치 교황 레오 10세 치하에서 교황 비서로 뽑힌 많은 이유 가운데 하나가 바로 그의 뛰어난 라틴어 실력이었다.[46] 벰보의 시대에 이르면, 그와 그에 공명하는 사람들은 15세기 라틴어 논쟁을 흡수해 고대 라틴어가 한때 살아 있는 자연 언어였고, 지금은 사멸했으나 어떤 의미에서는 지속성과 규칙 준수의 측면 덕분에 지난 수많은 세기를 살아남아 더욱 칭송받고 있다는 점을 인식하게 되었다. 다른 사람과 같이 벰보 역시도 전통적으로 라틴어가 지니고 있던 지속성과 문화적 위신을 살아 있는 언어의 활력을 이용할 수 있는 새로운 언어 영역으로 옮겨 놓고자 열심히 노력했다.

벰보는 당대 최상의 사유에 발맞추어 라틴어의 경우 산문(서사시라면 베르길리우스)을 쓸 때 따라야 할 모범은 키케로라고 생각했는데, 이는 모방을 주제로 1512년 피코 델라 미란돌라의 조카인 잔프란체스코 피코에게 보낸 편지에서 나타난다.[47] 그리스어의 경우, 벰보는 비잔티움에서 가장 저명한 학자이자 문헌학자 가운데 하나인 이아노스 라스카리스(1445~1534) 아래에서 2년간 언어를 공부한 바 있다. 라스카리스의 그리스어 『문법』은 알두스 마누티우스 출판사에서 간행되어 엄청난 성공을 거두었고, 무수한 서양인들에게 그리스어 입문서 역할을 했다.[48] 사

---

46 Dionisotti, *Scritti sul Bembo*, 155.

47 Giorgio Santangelo, a cura di, *De imitatione: Le epistole "De imitatione" di Giovanfrancesco Pico della Mirandola e di Pietro Bembo* (Firenze: Olschki, 1954). 다음에 수록된 편지도 볼 것. JoAnn DellaNeva, ed., *Ciceronian Controversies*, 16-125.

48 Paul Botley, *Learning Greek in Western Europe, 1396-1529: Grammars, Lexica, and Classroom Text* (Philadelphia: American Philosophical Society, 2010).

실, 곧 전설이 될 출판업자 알두스에게 라스카리스의 문법서를 소개한 사람이 바로 벰보였다.[49]

1453년 콘스탄티노폴리스 약탈에서 몸을 피한 라스카리스는 당시 학식 있는 그리스인들처럼 서쪽으로 와서 열성적인 학생들에게 자신의 모국어를 가르쳤다.[50] 라스카리스는 시칠리아의 메시나에 정착했는데, 벰보가 그 아래에서 수학한 곳도 바로 이곳이었다. 폴리치아노와 피코는 수서본 탐색과 교정 작업을 위해 베네치아로 간 적이 있는데, 벰보가 이 둘을 만난 직후인 1492년 메시나로 갔다는 것은 흥미롭고도 주목할 만한 사실이다. 말하자면 메시나로 가서 "책을 쓴" 사람 밑에서 공부한 벰보는 그리스어를 아주 높은 수준까지 배웠을 뿐만 아니라 시(특히 그리스 시)가 사람의 감정을 움직인다는 생각을 받아들였다. 벰보에게는 이 정서적인 기운이 언어를 생각할 때도 아주 중요하다고 보았다.[51] 벰보는 여정 내내 페트라르카의 14세기 시가 토스카나어로 쓰였음에도 불구하고, 이탈리아반도 어디서든 알려져 있으면서 실제로 사람들의 마음을 움직이는 것을 보았다.

또한 새로운 시대의 사정과 욕망과 명령이라는 것도 있었다. 활판 인쇄술이 이탈리아에 들어온 것은 1460년대였다. 도입 초기의 인쇄업자들은 책을 일부러 수서본─손으로 쓴 책─처럼 보이게 만들었는데, 이는 독자에게 갑작스러운 충격을 주지 않고 책도 잘 팔릴 수 있게 하려는 것이었다. 처음에는 "인위적으로 글을 쓰는 기술"로 알려졌던 것이 이제

---

49 Daniel S. Houston, *The Aldine Lascaris: A Greek Textbook in the Italian Renaissance*, unpublished PhD dissertaion, Johns Hopkins University, 2015.

50 Massimo Ceresa, "Lascaris, Giano", in *Dizionario biografico degli italiani* 63 (2004), 785-91. 좀 더 넓은 맥락에 대해서는 다음을 볼 것. John Monfasani, *Byzantine Scholars in Renaissance Italy: Cardinal Bessarion and Other Emigrés* (Aldershot: Ashgate, 1995); Monfasani, *Greeks and Latins in Renaissance Italy* (Aldershot: Ashgate, 2004).

51 Horatius, *Ars Poetica*, in Horace, *Satires, Epistles, and Ars Poetica*, ed. and tr. H. Rushton Fairclough (Cambridge, MA: Harvard University Press, 1991), ll. 343-44: "omne tulit punctum qui miscuit utile dulci, lectorem delectando pariterque monendo."

는 앞서 사라져 버린 책을 생산하는 가속적 방법처럼 보였다. 그것은 혁명이라기보다는 발전 같았다.[52] 하지만 15세기 말이 되면서 인쇄술은 문화적인 힘으로 인정받기에 이른다. 새로운 산업에서 처음에는 멈칫거리던 발걸음이 책의 대량 생산, 확장된 독자층, 사람들에 다가가는 새로운 방법이 출현하는 현실로 바뀌었다(후자의 경우, 특히 팸플릿은 생산 비용이 비교적 저렴한 덕분에 1517년 이래 프로테스탄트 종교개혁의 메시지를 확산시키는 핵심적인 방법이 되었다).

1490년대에 베네치아에도 알두스 마누티우스 출판사가 들어섰는데, 이는 어느새 유럽의 선도적 인쇄업자가 되어 있었다.[53] 알두스는 젊은 시절 저명한 휴머니스트인 구아리노 다 베로나에게 배웠고, 피코 델라 미란돌라의 가까운 친구였으며, 이후 피코의 도움으로 카르피의 왕족 알베르토와 레오넬로의 가정 교사로도 발탁되었다. 알베르토 공은 후일 알두스가 인쇄업자로 새로운 삶을 시작하기에 충분한 재정 지원을 해 주었고, 덕분에 알두스는 열성적으로 일할 수 있었다. 알두스가 베네치아에 정착해 이룬 업적 가운데는 처음으로 아리스토텔레스의 그리스어 전집을 간행한 것(이를 위해 특별히 새로운 폰트를 만들어야 했던 점을 고려하면 더욱 인상적이다)과 일련의 그리스-라틴 "고전"을 작은 판형으로 찍어낸 것이 있었다.[54] 요컨대, 그는 인쇄술을 변화시켜 이 기술을 서책 생산의 표준으로 만든 것이다.

---

52 제11장을 볼 것.

53 Martin Davies, *Aldus Manutius: Printer and Publisher of Renaissance Venice* (Tempe: MRTS, 1999); Carlo Dionisotti, *Aldo Manuzio: umanista e editore* (Milano: Polifilo, 1995); Martin Lowry, *The World of Aldus Manutius* (Ithaca: Cornell University Press, 1979).

54 Ralph Hexter, "Aldus, Greek, and the Shape of the Classical Corpus", in *Aldus Manutius and Renaissance Culture*, ed. David S. Zeidberg (Firenze: Olschki, 1998), 143-60; Giovanni Orlandi, a cura di e traduz., *Aldo Manuzio editore: dediche, prefazioni, note ai testi* (Milano: Polifilo, 1975); Brian Richardson, *Printing, Writers, and Readers in Renaissance Italy*, 126-28.

벰보는 알두스 출판사의 긴밀한 협력자로서, 1501년 페트라르카의 시집 인쇄본 제작을 감독했다.[55] 새로운 인쇄 기술을 속어와 결합했다는 점, 그리고 페트라르카의 이탈리아어 시를 베르길리우스와 함께 알두스가 간행하는 고전 시리즈에 넣었다는 사실은 대단히 의미 있는 일이었다. 다른 사람들과 마찬가지로 벰보 역시 인쇄술을 통한 보급으로 힘을 얻게 될 것임을 알고 있었다. 바로 이런 이유만으로도 언어 문제는 더욱 중요했다.

벰보는 일찍이 시험 삼아 아솔로(베네치아 부근)라는 도시 이름을 딴 『아솔로 사람들』(*Asolani*)이라는 토스카나어 산문을 썼는데, 여기서 그는 그곳에서 일어나는 사랑의 대화를 대화 형식을 빌려 기발하게 되살려내고 있다.[56] 벰보는 사랑이라는 주제를 플라톤 식으로 풀어냄으로써, 스스로 사랑에 관한 피치노의 이론에 영향받았다는 것을 보여 주었다. 그리하여 사랑은 제대로 하기만 한다면 사랑하는 사람과 사랑받는 사람 모두를 고양한다는 것이다. 세 권으로 구성된 『아솔로 사람들』의 화자들은 사랑에 대한 찬반 토론으로 시작해 결국 피치노의 플라톤적 주장으로 끝을 맺는다. 이 대화편이 중요한 데는 여러 이유가 있지만, 언어 문제와 관련한 주요 의미는 벰보가 이를 15세기의 마지막 몇 년간에 썼으며, 1505년에 인쇄본으로 간행했다는 점이다. 심각한(물론, 정중하고 재미도 있지만) 주장을 담은 속어 작품으로는 이른 시기에 나온 셈이다. 이는 벰보가 그즈음 막 펼치고 있었던 언어에 관한 이론들을 말하자면 "시험 주행"하는 한 방식이었다.

더욱이 그것은 새롭고도 더 큰 현실의 한 부분이기도 했다. 활판 인쇄술은 벰보와 같이 새로운 문화의 일원이라면 고대 그리스 로마 문화에서 최상의 것을 모방하고 취해야 할 뿐만 아니라 나아가 그 문화를 넘어

---

55 Cecil Clough, "Pietro Bembo's Edition of Petrarch and His Association with the Aldine Press", in *Aldus Manutius and Renaissance Culture*, 47-81.

56 Pietro Bembo, *Gli Asolani*, in Bembo, *Prose e rime*, a cura di Carlo Dionisotti (Torino: UTET, 1966), 311-504.

현재에 적절한 자기표현의 의미를 발견함으로써 무언가 새로운 것을 해내야 한다는 하나의 신호였다. 벰보는 잔프란체스코 피코에게 보낸 "모방에 관한 편지"에서 이렇게 썼다.

> 피코여, 그래서 이는 이런 종류의 모든 일에 대한 우리의 규칙이 될 수 있다네. 즉 먼저 모방을 위해 최상의 모범을 설정하고, 다음으로 그와 같아진다는 목표 아래 그 사람을 모방하며, 끝으로 우리가 동등시했던 그 사람을 능가하도록 노력하는 것일세.[57]

언어가 표현되는 물질적 형태―책―만큼이나 언어 역시 대단히 중요하다는 것은 당연한 일이었다.

벰보의 편지 여기저기에 산재한 메모로 보아 그가 걸작이 틀림없는 『속어 산문』(*Prose della volgar lingua*)을 일찍부터 쓰고 있었음을 알 수 있다.[58] 그러나 그것은 1525년이 되어서야 완본으로 인쇄되었다. 벰보는 여기서 또다시 세 "권"으로 이루어진 구성에다 자신이 애호하는 대화편 형식을 사용했다. 당시 추기경이던 벰보는 책을 줄리오 데 메디치 추기경(그는 곧 교황 클레멘스 7세가 된다)에게 헌정했다. 벰보의 화자는 네 명인데, 모두가 역사적 인물이었다. 『속어 산문』 전편에 걸쳐 고대는 화자들이 되풀이해 돌아가는 모범이 되고 있다.

예컨대, 일찌감치 제1권에서부터 화자인 카를로 벰보(저자의 실제 동생)는 현대의 이탈리아인들이 고대 로마인을 닮아야 한다고 말한다. 그의 주장으로는 고대 로마인에게는 라틴어가 훨씬 더 가까운 언어였는데, "그들은 라틴어를 들으면서 태어나 유모의 젖과 함께 그것을 마셨지만", 반면에 "그리스어는 보통 훨씬 뒤 어른이 되고 나서 배웠고 그것을 사용

---

57 Bembo to Pico, in DellaNeva, *Ciceronian Controversies*, 81 (tr. Duvick).
58 Pietro Bembo, *Prose della volgar lingua*, in Bembo, *Prose e rime*, 71-309. 편지에 대해서는 다음을 볼 것. Bembo, *Lettere*, a cura di Ernesto Travi, 4 voll. (Bologna: Commisione per i testi di lingua, 1987); Kidwell, *Pietro Bembo*, 223.

하는 일도 드물었으며, 사실상 사람들 대부분은 그리스어를 사용한 적도 배운 적도 없기" 때문이다.[59] 오늘날의 이탈리아인에게도 사정은 비슷하지만, 문제의 두 언어인 라틴어와 이탈리아어에 있어 현재 이탈리아인의 라틴어에 대한 관계는 고대 로마인의 그리스어에 대한 관계와 같다. "라틴어로 오면 똑같은 일이 일어난다. 우리는(전부는 아니고 소수에 국한되지만) 라틴어를 유모로부터 요람 속에서 배우는 것이 아니라 학교에서 선생님으로부터 배운다. 또한 그것을 배운다 해도 항상 사용하지는 않는다. 아니, 거의 사용하지 않거나 때로는 전혀 사용하지 않기도 한다."[60]

고대는 당연히 준거틀이며, 논증은 그것을 염두에 두고 진행된다. 다른 화자가 문제를 좀 더 간결하게 요약한다.

> 로마인은 두 가지 언어를 갖고 있었는데, 하나는 자신들의 것이자 자연적인 것(라틴어)이며, 다른 하나는 외국의 것(그리스어)이다. 마찬가지로 우리에게도 말을 하는 두 가지 방식이 있는데, 하나는 우리의 것이자 자연적이며 가정에서 쓰는 속어이며, 다른 하나는 외국의 것으로 자연적이 아닌 라틴어이다.[61]

이 초기의 주장들에는 벰보의 사고를 인도하는 몇몇 핵심적 관심사가 담겨 있다.

첫째는 집에서 자연히 배우는 언어와 학교에서 배우는 언어가 있다는 엄연하고도 간단명료한 인식이다. 현재의 이탈리아인에게 라틴어는 후자의 범주에 속한다. 둘째는 첫 번째와는 약간 다른데, 일체성, 복수성, 사용역에 관해 근본적이고 해결되지 않는 미결 문제가 존재한다는 것이다. 오직 하나의 문학 언어가 있는가 혹은 있어야 하는가? 만약 그렇다

---

59 Bembo, *Prose*, 1.3, p. 80.
60 Ibid.
61 Ibid.

면, 그 언어를 가르치고 유지하기 위한 학교와 여타 제도가 꼭 있어야 할 정도로 그것을 갈고 닦을 필요가 있는가?

바로 이런 의문들이 계속해서 화자들을 사로잡고 있다. 예컨대, 속어는 자연적이고 라틴어는 그렇지 않다는 것은 인정할 수 있다. 그러나 도대체 무엇이 속어란 말인가? "이탈리아"는 프랑스나 잉글랜드처럼 하나의, 큰, 비교적 통일된 나라가 아니었음을 상기하자. 뒤의 두 나라는 파리나 런던처럼 중심적인 대도시를 가지고 있었으며, 그곳의 언어적 취향과 열망은 적어도 이상적으로는 그 나라들을 이루는 더 큰 전체 사람들의 모범이 될 수도 있었다. 하지만 이탈리아는 종종 서로 전쟁을 치르던 작은 도시국가로 이루어져 있었다. 그들은 때로 불안정한 동맹 관계에 있었지만, 당시 출현 중이던 민족적 실체와 같은 어떤 것, 프랑스와 영국이 구현한 새로운 주권국가 같은 것과는 거리가 멀었다. 이탈리아의 각 도시국가에는 달라도 많이 다른 자신들만의 방언이 있었는데, 이는 같은 것에 대해 다른 단어를 쓸 뿐만 아니라 발음 역시 너무 달라 다른 도시국가에서 온 사람들, 특히 교육받지 못한 사람들은 서로의 말을 이해할 수 없을 정도였다. 이는 그저 악센트가 약간 다르다는 정도의 문제가 아니었다.

따라서 한 화자(줄리아노 데 메디치)가, 이탈리아의 문학 언어는 현재 쓰고 있는 피렌체 속어라야 한다고 주장하면서("옷이나 무기가 그렇듯이, 글도 그 시대의 용법을 받아들여 그것에 적응해야 하기 때문입니다") 토론은 신속하게 진행되었다.[62] 진짜 이유는 다시 한번 모범의 중요성과 함께 문어와 일상어의 내적 차이점에 있었다.

화자인 카를로 벰보는 이 주장에 대해, 문자 문화는 거리에서 쓰는 일상어와는 언제나 다른 법이라고 대답한다. 그렇지 않았다면 "베르길리우스는 광장에서 일상어를 쓰는 수많은 사람보다 더 칭송받지 못했을 것입니다."[63] 카를로는 여기에 진실이 있다고 말한다. "친애하는 줄리아

---

62 Ibid., 1.17, pp. 115-17.

노여, 문어文語는 일반 사람들의 언어와 같아서는 안 됩니다." 그렇게 되면 심각하고도 엄청난 손해를 본다는 것이다. 카를로는 계속해서 이렇게 말한다. "이런 일이 일어나는 이유는 작가가 글을 쓰는 것이 결코 현재 사는 사람들의 즐거움만을 위해서가 아니라 사실은 글을 쓴 훨씬 더 뒤에 살아갈 사람들을 위한 것이기 때문입니다."[64] 카를로는 단언하기를, 바로 이 미래 지향적인 열망 때문에 작가는 작품이 짧은 시간 동안만이 아니라 영원히 지속될 명성을 누리고자 한다는 것이다. 또한(다시 한번 고대의 존경하는 예로 돌아가) 바로 언어의 이러한 "영속화"야말로 베르길리우스와 키케로가 라틴어로, 호메로스와 데모스테네스가 그리스어로 이룬 업적이었다는 것이다.[65]

두 명의 시인과 두 명의 연설가. 시와 산문. 이런 것들이 주된 관심사였다. 그리하여 카를로는 자신의(그리고 독자의) 관심을 페트라르카와 보카초에 맞추는데, 이야말로 『속어 산문』이 이탈리아어의 역사에 크게 기여한 점이었다. "만약 페트라르카가 당시의 일상어로 시를 썼다면, 그 시가 그렇게 우아하고 아름다우며 고귀할 수 있었다고 생각합니까? 만약 그렇게 생각한다면, 당신은 완전히 틀린 겁니다."[66] 카를로에 따르면, 보카초의 경우 이야기 일부에서 수사학적 이유로 일상어에 가까운 부분이 있는 것은 사실이지만, 그래도 그 역시 문어와 일상적 구어 사이에 똑같은 정도의 거리를 유지하고 있다는 것이다.

어떤 종류의 문학도 결국에는 고급 독자를 위해 존재하므로 모범이 필요하다는 것이 결론이었다. 베르길리우스도 목동과 농부에 대해 썼지만(『농경시』(*Georgica*)에서 그랬듯이), 어떤 농부도 그를 충분히 이해할 수 없었다. 사실, 베르길리우스는 만약 상상 속의 독자가 학식이 없고 문학을 잘 알지 못한다면, 도시 출신의 그 누구도 그를 잘 그리고 완전하게 이해

---

63 Ibid., 1.18, p. 118.
64 Ibid.
65 Ibid., pp. 118-19.
66 Ibid., p. 119.

할 수 없었을 방식으로 시를 썼다.[67] 주제가 무엇이든 언어가 어떤 것이든 간에, 이해의 수준은 다양할 것이다. 그래서 모범이 필수적이지만 그 방법은 모순적으로 보일 수도 있다. 대화가 진행되면서 화자인 카를로(저자인 피에트로 벰보의 목소리를 대신하는)는 특기할 만한 주장을 한다. 고대에 키케로와 베르길리우스가 자신들을 앞서간 과거의 작가들을 고려했듯이(카를로는 초기 라틴 작가 엔니우스를 언급한다), 페트라르카와 보카초 역시 앞의 다른 이탈리아 속어 작가들과 함께 단테를 고려해야 했다는 것이다.

역사적으로 볼 때, 자신에 앞선 최고의 작품을 모범으로 삼지 않은 작가들은 좋은 평가를 받지 못했다. 벰보는 세네카, 수에토니우스, 루카누스, 클라우디아누스 같은 후기 라틴 작가들 모두가 "만약 자신들의 스타일보다는 그 고대인들(베르길리우스와 키케로를 뜻한다)의 스타일을 따랐더라면, 산문과 시 양자에서 더 칭송받을 만한 방식으로 글을 썼을 것"이라고 말한다.[68] 우리는 여기서 당대의 주류 의견이 자신 있게 개진되고 있는 모습을 보고 있다. 폴리치아노 같은 엘리트 학자는 은시대 작가들이야말로 연구할 만한 가치가 충분하다고 주장하고 있다면, 벰보는 더 명백한 것을 말하고 있다. 세네카, 수에토니우스, 루카누스, 클라우디아누스 같은 작가들이 가치 있는 것은 사실이지만, 그들의 작품은 키케로나 베르길리우스와 비교하기는 힘들다. 왜냐하면 시든 산문이든, 그 두 고전적 작가의 스타일은 완벽함을 보여 주고 있기 때문이다.

요점 — 아울러 긴장 관계도 — 은 이런 것이다. 키케로가 "만약 완벽한 연설가를 기술해야 한다면, 나는 아마도 결코 존재한 적이 없는 그런 인물을 그릴 것이다"라고 천명했듯이(『연설가에 대하여』에서), 그리고 코르테지가 키케로를 어떤 측면에서는 시간을 초월한 모범으로 보았듯이, 벰보 역시 모범과 역사에 대한 기본적이고 어쩌면 적대적일 수도 있는

---

67 Ibid., p. 120.
68 Ibid., 1.19, p. 122.

가정들을 가지고 있는 것이다.

한편으로는 휴머니즘(만약 그것이 이전 다섯 세대의 사상가들에게 무언가를 가르쳤다면) 덕분에 지식인들은 누구나 역사와 콘텍스트라는 현실을 예민하게 의식하게 되었다. 아리스토텔레스에 대한 발라의 견해가 새롭고 흥미로우며 중요한 것은 그가 아리스토텔레스를 시간을 초월한 특이하고 변치 않는 권위로서가 아니라 중요하다고 생각될 만한 저술을 남겼지만 역사 속의 한 특정 시기에 살았던 수많은 고대 위인 가운데 하나로 보았기 때문이다. 이러한 관점 배후의 함의 — 다른 휴머니스트들도 암묵적으로든 명시적으로든 공유하고 있었던 — 는, 말하자면 "우리를 위한" 공간이 있다는 것이었고, 이는 우리가 고대인을 연구해야 한다는 것을 알지만 고대의 모범에 갇히는 것이 아니라 어디까지나 우리가 살고 있는 세계 속에서 작업해야 한다는 것을 의미했다. 혹은 알베르티가 『회화론』에서 한 말을 되새길 수도 있다. 즉 여러분 모두가 해야 할 것은 주위를 둘러보면서 우리 최고의 당대 미술가가 위대함을 두고 고대인과 경쟁할 수 있는 작품을 만들어 내고 있는 것을 보는 것이다. 그 작품이 더욱 의미 있는 이유는 그것이 바로 지금, 오늘날, 우리의 생애와 우리의 세계 속에서 일어나고 있기 때문이라는 것이다. 알베르티가 일찍이 『그람마티케타』에서 피렌체 속어의 완전성에 대해 분노에 찬, 설득력 있는 주장을 한 것도 놀랍지 않다.

다른 한편으로 알베르티의 패기가 그의 시대에는 거의 성공하지 못했다는 것 또한 놀라운 일이 아니다. 휴머니스트가 하는 많은 일 주변에는 항상 또 다른 가정이 맴돌고 있었는데, 그것은 제도권 안에서든 밖에서든 가리지 않고 작업할 수 있다는 것이었다. 그것은 이런 식이었다. 문화를 가지려면 제도가 필요하다. 제도를 가지려면 전통이 필요하다. 전통을 가지려면 모범이 필요하다. 이런 식의 추정이 그토록 강력한 추동력을 가질 수 있었던 것은, 내부자 관점에 갇힌 채 중세 말과 르네상스의 오랜 제도들에 너무 오래 지속적으로 노출되었기 때문이다. 예컨대, 포초 브라촐리니를 보라. 그는 "오직 책과 고대인의 글에서만" 적절한 용법을 배울 수 있다고 하지 않았던가. 포초는 농담 잘하고 친밀감 넘치는 사람이었지만 근본적으로는 제도권 인물이었고, 교황궁에서 오래 봉직함으로써 제도가 사회에 불가피한 부분임을 거듭 확신하게 되었다.

파올로 코르테지도 마찬가지인데, 그는 로마의 가장 영향력 있는 교황 가문 출신에다 교황궁의 존경받는 일원이었다. 코르테지가 키케로를 "그가 마치 영원의 샘이라도 되는 듯이, 바로 그로부터 그처럼 많은, 서로 다른 지성이 흘러나온 …… 경이로운 인물"로 간주했다는 점을 상기하자. 많은 점에서 바로 이런 종류의 이상화야말로 종종 이탈리아 휴머니즘에 본질적이라고 보는 것, 즉 어떤 인물을 그가 몸담은 시대 속에서 바라보는 것(발라가 아리스토텔레스를 바라본 바와 같이)과는 정반대의 것을 보여 준다. 코르테지는 다섯 세대 앞서 페트라르카를 충격에 빠뜨린 것, 즉 키케로도 인간적 욕구를 지닌 정치가이며, 결점과 약점이 우아한 스타일과 나란히 존재한다는 것을 충분히 인지할 만큼 지성적이었다. 그러나 코르테지는 또한 자신이 몸담은 현실을 직시하고 있었을 뿐만 아니라 당연히 15세기 언어 논쟁의 계승자이기도 했다. 라틴어는 많은 방식으로 "살아" 있었고(교육과 종교와 외교의 언어로), 그래서 그것을 "죽은" 언어라고 말하는 것은 별 의미가 없었다. 하지만 그는 누구나 그랬듯이, 라틴어가 속어처럼 집에서 부모와 유모로부터 흡수한 자연 언어로서 "살아" 있지는 않다는 것을 알았다. 키케로가 "경이로운" 것은 바로 코르테지가 주장한 그 방식에서였다. 즉 그는 영향력을 가진 사람으로서, 그의 산문은 라틴어 글쓰기 최고의 규준이었을 뿐만 아니라 15세기 말에 널리 알려지고 연구되었고, 그리하여 글을 쓸 때 마치 그처럼 보이도록 하는(아고스티노 다티의 『엘레간티올레』가 보여 주듯이) 기술을 가르치고 배우는 여러 속성 과정이 발전하기에 이르렀다.

코르테지는 물론 휴머니스트 지식인이기도 했지만, 동시에 정치와 외교의 세계에도 책임 있는 인물이었다. 그는 비교적 표준적이면서도 여전히 고전적인 라틴어, 즉 대규모의 관료제가 경쟁적으로 발전하고 있던 유럽을 가로질러 소통 가능한 국제적 언어가 필요하다는 점을 알고 있었다. 그가 폴리치아노와 부딪친 사건만큼 당시 진행 중이던 언어 문제의 운명을 더 상징적으로 보여 준 것은 없었다. 학자들은 절충적이고 개별화한 라틴어를 주장하고 있었지만, 그들을 제외한 교양인 사회에는 키케로적 라틴어가 필요했다.

아주 똑같은 가정들(모범과 키케로의 지위와 엘리트의 존재)이 벰보의 『속어 산문』을 관통하고 있다. 코르테지는 "최고 작가" 일반과 더 각별히는 키케로에 대해 그들이 후세의 지성에 "씨앗을 남겼다"고 말했다. 또한 그는 한밭에 너무 많은 씨앗을 뿌리지 않는 것이 중요하다고도 말한 바 있다. 벰보가 『속어 산문』에서 페트라르카와 보카초에게 모범이 될 만한 역량이 있다고 했을 때도 똑같은 생각들이 나타난다. 이 두 위대한 작가 모두 앞서 살았던 훌륭한 작가들과 대면하고 그들을 받아들였지만(키케로와 베르길리우스가 엔니우스를 비롯한 여타 초기 작가에 대해 그랬던 것처럼), 스스로 알지 못했을 수도 있는 발전 과정이 완결되면서 완벽한 지점에 이르게 되었다. 세네카와 루카누스처럼 존경받기는 해도 어쩔 수 없이 2급으로 밀려난 작가들이 키케로와 베르길리우스의 모범에 더욱 집착했을 법한 것과 같이, "우리"(우리 앞의 오랜 역사가 주는 이점을 가진 "우리") 역시도 보카초의 산문과 페트라르카의 시가 똑같은 종류의 모방할 만한 완벽한 모범을 제공하고 있음을 인식해야 한다. 결국 시에서든 산문에서든 "토스카나어의 위대한 발전은 페트라르카와 보카초와 함께 마지막 지점에 도달했으며, 바로 그 지점으로부터 그것을 넘는 것은 고사하고 거기에 이르렀던 사람조차도 찾을 수 없었다는 것을 알 수 있다."[69]

이 직전의 인용문은 『속어 산문』 제2권(총 3권 중) 서두의 화자들이 당면한 주요 문제에 기본적으로 합의한 대목에 나온다. 그 문제란 이런 것이었다. 진지한 문학 작품에는 어떤 종류의 언어가 사용되어야 하는가? 이에 대한 대답은 14세기에 파생한 토스카나어라는 것이었다. 주요 테

---

69 Bembo, *Prose*, 2.2, p. 131.

제를 제시하며, 그것을 지지하고 옹호한 제1권을 실질적으로 끝낸 때가 1512년이라는 점은 주목할 가치가 있다(물론, 작품 전체는 1525년에 가서야 간행되었다). 이것이 의미하는 바는 뱀보의 주요 논증과 이론이 비교적 초기에 형성되었다는 것이다. 그가 제2권에서 운율과 수사, 그리고 제3권(『속어 산문』에서 가장 긴 부분) 전체를 통해 적절한 토스카나어 문법 같은 아주 기술적인 문제를 어느 정도 대화체로 논할 수 있었다는 것은 각별히 뱀보의 천재성 덕분이다.

훨씬 더 의미 있는 점은 뱀보의 생각이 주류를 차지했다는 것이다. 그는 나름 근대 이탈리아어의 아버지로 불릴 수 있을 정도의 인물이다. 물론, 그것이 하룻밤 사이에 일어나지는 않았다. 이는 전례 없는 장기적 현상이었다. 이탈리아어를 통일하겠다는 뱀보의 바람은 결코 그에게만 특유한 것이 아니었다. 그것은 단테와 그의 『속어 웅변론』까지 거슬러 올라가는 꿈이었다. 그러나 뱀보는 그때보다 훨씬 더 많은 사람이 비슷한 바람을 피력하던 시기에 살았다. 나폴리인 베네데토 디 팔코를 예로 들어 보자. 그는 1535년 『압운 사전』(*Rimario*)(시인을 위한 운자韻字 안내서)에서 이렇게 썼다.

> 가능하기만 하다면 …… 오늘날의 베네치아 법정과 같은 어떤 로마 법정〔여기서는 강력한 국가 혹은 정권을 의미〕이 학자들의 조언을 얻어 이탈리아어를 혁신함으로써, 한때 하나의 라틴어가 전 세계에서 통용되었던 것처럼 모두에게 공통적인 하나의 언어가 존재하게 하고, 그리하여 아무런 문제 없이 모두가 그것을 사용하도록 해야 한다.[70]

디 팔코는 나폴리인이었지만 그가 칭송한 것은 토스카나어였는데, 당시까지 대단히 많은 기본 문헌이 바로 이 이탈리아 방언으로 쓰였기 때문이다(물론, 당대의 다른 사람들처럼 디 팔코 역시 모방 가능한 작가 집단을 확

---

70 Benedetto di Falco, *Rimario* (Napoli, 1535), 1.3.r-v.

장하려고는 했지만).⁷¹

어떻게 하면 문학적 언어를 만들어 낼 수 있느냐에 대한 많은 이론이 있었다. 발다사레 카스틸리오네의 훌륭한 작품 『정신론廷臣論』(Il cortegiano)에서 화자들은 벰보가 명료하게 주장했던 기존의 지혜를 받아들인다(벰보 자신이 이 작품의 화자로 나오는 것은 우연이 아니다). 즉 고대인에게 라틴어는 오늘날의 속어만큼 자연적이었다는 것이다. 그들은 또한 토스카나어, 특히 14세기 토스카나어가 속어 가운데 최고라는 점에도 동의한다. 그러나 동시에 그들은 거의 2세기 전 형식의 언어를 현재 언어의 모범으로 삼는 것 역시 현명치 못하다고 주장한다. 만약 누군가가 오늘날의 피렌체로 가서(한 화자가 제의하듯이) 피렌체 정무 위원회 앞에서 심각한 외교 문제에 대해 발언한다면, 아니 설사 그 문제를 두고 친구와 농담조로 이야기한다고 해도, 그는 결코 "그 옛날의 토스카나 말"을 사용하지는 않을 것이다. "만약 그렇게 한다면, 그 스스로 바보가 되는 것은 물론, 그의 말을 듣는 사람들도 크게 짜증을 내고 말 것입니다."⁷²

으레 대화편에서는 다양한 의견이 표출되기는 하지만, 결국 카스틸리오네의 견해는 동일 화자에 의해 개진되고 있다. 그는 말을 하고 글을 쓰는 것은 서로 연결되어 있으므로, 잘 쓰고 잘 말하고자 한다면 "토스카나를 비롯한 이탈리아 여타 지역에서 사용되고, 발음에 어떤 매력이 있는" 말과 표현을 사용해야 한다.⁷³ 다른 사람들도 공유한 이러한 입장은 종종 "링과 코르티자나lingua cortigiana", 즉 "궁정어"로 지칭되는 것에 대한 선호를 보여 준다. 이는 세계시민주의와 우아함과 교육을 통해, 말하자면 그 시대 최상의 용법을 추출해 다가올 시대의 문학으로 평가받을 만하고 동시에 현재 이탈리아 궁정에서 사용하기에 적당한 언어를 만들

---

71 Hermann Haller, *The Other Italy: The Literary Canon in Dialect* (Toronto: University of Toronto Press, 1999).

72 Baldassarre Castiglione, *Il libro del cortegiano*, a cura di Ettore Bonora (Milano: Mursia, 1972), 1.29, p. 66.

73 Ibid., 67.

어 낸다는 생각이었다.

이런 생각이 모호하고 불가능하게 보인다면 그것은 실제로 그랬기 때문이다. 지역적 편협성을 둘러싼 토론과 해명이 모두 끝난 16세기 말까지 라틴어에 대한 벰보의 생각은 널리 받아들여졌을 뿐만 아니라 언어 규제를 위해 16세기에 발전한 새롭고 전문적인 기구들에 의해 더 강화되기까지 했다.

15세기에 여러 이탈리아 국가가 도서관을 국가 그 자체의 일부(불가피하게 느슨한 의미의 "공적" 소유물로, 그리고 "공공선"의 일부로)로 보게 된 것처럼 16세기에도 똑같은 생각이 훨씬 더 많은 문화 영역을 지배하게 되었다. 훌륭하고 번창하는 국가에는 군사력, 작동 가능한 정치 질서, 자체의 규모와 영향력에 어울리는 국제 관계, 그리고 가치 있어 보이면서도 국가에 "속하는" 문화 기구가 필요했다.

16세기에 일어났고, 문화를 포함한 이 모든 영역에서 국가에 압력을 행사한 발전 과정 전부를 충분히 설명하기는 어렵지만, 적어도 세 가지 점은 지적할 수 있겠다. 1494년에 시작해 1559년 카토-캉브레지 화약으로 끝난 "이탈리아 전쟁"은 새로운 질서를 남겼다. 이탈리아의 주요 국가는 이제 대규모 유럽 열강의 보호 아래 놓였다. 밀라노와 나폴리는 에스파냐로 넘어갔고, 피렌체 역시 때때로 프랑스와 부자연스러운 결속 관계를 유지하기는 했지만 결국에는 역시 에스파냐의 지배를 받게 되었다.

둘째, 1517년에 시작해 통일 "그리스도 세계"라는 옛꿈이 끝나기 시작했음을 알린 프로테스탄트 종교개혁으로 인해 유럽 전역은 크고 작은 도전에 처하게 되었다.[74] 루터나 칼뱅 혹은 당시의 다른 새로운 형식의 그리스도교 교리를 따르는 몇몇 북유럽 국가의 재편이 이루어졌다. 끝으로 남부의 가톨릭 국가에서는 전통적으로 반종교개혁으로 알려져

---

74 Euan Cameron, *The European Reformation*, 2nd ed. (Oxford: Oxford University Press, 2012); Carlos M. N. Eire, *Reformation: The Early Modern World, 1450-1650* (New Haven: Yale University Press, 2016).

온 가톨릭 종교개혁이 기세를 얻었고, 1545년에 시작한 트렌토 공의회에서 절정에 달했다.[75] 많은 회기를 거듭한 끝에 1563년 공의회가 끝나자 교회는 공의회가 가톨릭 신학에 관여하는 것을 확정했는데, 결과적으로 13세기의 위대한 스콜라주의 사상가 토마스 아퀴나스의 해석에 크게 의존하게 되었다. 또한 라틴어 불가타 판 성서의 새로운 비판본 텍스트를 확립했고(속어로 번역한 성서에 대한 루터와 여타 프로테스탄트 개혁가의 여망과는 반대로), 금서 목록을 만들어 어떤 책을 간행하거나 공개적으로 연구하지 못하게 했다.

이러한 도전들이 만들어낸 것은, 대략적이지만 정확히 말하자면 질서의 추구였다. 언어는 점점 더 국제화하는 상황 속에서 질서를 구하고자 하는 영역 가운데 하나였다. 예컨대, 1539년 발루아 가문 최초의 프랑스 왕이자 이탈리아 미술가에 대한 대단한 후원자(레오나르도 다 빈치도 그 수혜자였다)였던 프랑수아 1세(1494~1547)는 빌레-코트레 법령("Ordonnance de Villers-Cotterêts")을 반포했는데, 그것의 192개 조는 프랑스인의 삶 많은 곳에 지대한 영향을 끼쳤다.[76]

교회에 관한 문제에서 법학적 문제에 이르는 모든 것과 관련한 조항 가운데서도, 특히 두 개 조항(제110조와 제111조)이 두드러졌다. 이 두 조항 모두 공식 계약은 물론이고 프랑스 왕실과 하급 법원 및 여타 기관이 발하는 모든 공식 법령과 포고는 반드시 프랑스어로 공표해야 한다고 선언해 놓았다. 라틴어 단어의 이해("l'intelligence des mots latins")에서 너무 많은 오해가 발생하기 때문이라는 것이다.[77] 이 조항들은 큰 변화를

---

75 John W. O'Malley, *Trent: What Happened at the Council* (Cambridge, MA: Harvard University Press, 2013); O'Malley, *Trent and All That: Renaming Catholicism in the Early Modern Era* (Cambridge, MA: Harvard University Press, 2002).

76 Gilles Boulard, "L'Ordonnance de Villers-Cotterêts: le temps de la claret et la stratégie du temps (1539-1992)", *Revue Historique* 301 (1999), 45-100; Piero Fiorelli, "Pour l'interprétation de l'ordonnance de Villers-Cotterêts", *Le Français moderne* 18 (1950), 277-88.

77 "Ordonnance de Villers-Cotterêts", in *Recueil general des anciennes lois françaises*, 29

초래했다. 이는 프랑스에 지대한 영향을 끼쳤을 뿐만 아니라 파리에서 사용하는 프랑스어를 프랑스 국어로 굳히는 데 일조함으로써, 아직 발전 중이었지만 프랑스 민족 정체성이라 불러도 오해의 여지가 없을 감정을 강화했다.

대략 한 세기 뒤인 1635년, 루이 13세의 재상인 리슐리외 추기경이 프랑스 아카데미를 승인함으로써 사실상의 설립이 이루어졌다. 설립 조항에 따르면, 그 주요 목적은 "가능한 열과 성을 다해 우리 언어에 정확한 규칙을 제공함으로써, 그것을 순수하고 우아하며, 기예와 과학을 다룰 수 있도록 하는 것"이었다.[78] 아카데미의 이러한 목적을 위해 사전과 문법서 및 수사학과 시학 사용서를 만들었고 표준적인 프랑스어 철자법에도 공을 들였다.

아카데미 설립을 위해 프랑스인들이 염두에 둔 모범 가운데 하나가 1583년 피렌체에 설립된 "아카데미아 델라 크루스카Accademia della Crusca"라는 학회였다("크루스카테cruscate"는 격식에 얽매이지 않은 농담조의 문학적·철학적 담화라는 뜻을 함축하고 있다).[79] 이런 종류의 것들이 으레 그렇듯이, 그것은 1570년대에 서로 지면이 있는 일단의 사람들이 한 비공식 토론들에서 생겨났다.[80] 1582년 이들은 리오나르도 살비아티라는 중요한 인물의 주도 아래 모였고, 그가 리더를 맡았다.[81] 크루스카 학

---

vols. (Paris: Belin-Le-Priers, 1821-33), vol. 12, part 2.

78 *Statuts et règlements de l'Académie Françoise*, at www.academie-francaise.fr/sites/academie-francaise.fr/files/statuts_af_o.pdf, accessed August 17, 2016, article 24, p. 19.

79 아카데미 웹사이트를 볼 것. www.accademiadellacrusca.it/it/laccademia/storia; Severina Parodi, *Quattro secoli di Crusca: 1583-1983* (Firenze: Accademia della Crusca, 1983); *La Crusca nella tradizione letteraria e linguistica italiana: Atti del Congresso internazionale per il IV centenario dell'Accademia della Crusca* (Firenze: Accademia della Crusca, 1985).

80 David S. Chambers and Francois Quiviger, eds., *Italian Academies of the Sixteenth Century* (London: Warburg Institute, 1995); Marianne Pade, a cura di, *On Renaissance Academies* (Roma: Quasar, 2011).

81 Peter M. Brown, *Lionardo Salviati: A Critical Biography* (Oxford: Oxford University

회는 약간 장난기가 담긴 이름을 채택함으로써, 좀 따분하게 보이는 다른 기관들과 차별을 꾀했다. 살비아티는 "크루스카crusca"("겨")라는 단어의 근본 의미를 강조했고, 그래서 학회명은 또한 체로 치는 것을 뜻했다. 즉 형편없고 촌스러운 일상어라는 왕겨를 체로 걸러 적절한 어법이라는 밀을 골라낸다는 것이다.

살비아티는 1589년에 세상을 떠났으나 실질적인 유산을 남겼다. 절차와 체제를 갖춘 학회는 이후 사전 발간에 전력을 기울였고, 그 결과는 1612년에 간행되어 즉각 획기적인 업적으로 인정받은 『크루스카 학회 사전』(Vocabolario degli accademici della crusca)이었다. 편집자 서문은 그들이 어디쯤 서 있는지를 명확히 보여 준다. 토스카나어가 어떻게 번성해 사실상의 모범으로 인정받았는지 그 개요를 기술한 뒤, 그들은 존경하는 권위자들에 대해 논하고 있다.

현 『사전』 편찬에 있어(고명하신 벰보 추기경, 1573년의 보카초 수정본을 낸 위원회, 끝으로 기사騎士 리오나르도 살비아티의 판단을 마음에 새기면서), 우리는 이 언어(피렌체 식 토스카나어)가 최고로 번성했을 때, 즉 단테의 시대 혹은 그보다 약간 더 이른 시기부터 보카초가 죽은 얼마 뒤까지 살았던 작가들의 권위에 호소하는 것이 필요하다고 생각했다. 모두 합쳐 온전히 한 세기가 되는 이 시기는 대략 주후主後 1300년에서 1400년에 이른다고 할 수 있다. 그 이유인즉 ― 살비아티가 훌륭히 논파했듯이 ― 1300년 이전에 활동했던 작가들의 언어는 많은 부분 지나치게 구식으로 보일 수 있으며, 반면에 1400년 이후 작가들은 그 놀라운 세기가 지니고 있던 언어의 순수함을 적지 않게 변질시켰기 때문이다.[82]

Press, 1974); Lionardo Salviati, *Regole della Toscana favella*, a cura di Anna Antonini Renieri (Firenze: Accademia della Crusca, 1991).

82 *Vocabolario degli accademici della Crusca* (Venezia: G. Alberti, 1612), "A' lettori." 나는 제2판을 참조했다 (Venezia: Iacopo Sarzino, 1623), *.3v; online at http://vocabolario.sns.it/html/_s_index2.html.

이 문단은 많은 것을 함축하고 있다.

첫 번째는 벰보의 승리이다. 토스카나어에 대한 이 베네치아인의 이론과 편애는 1525년 그가 『속어 산문』을 간행한 지 한 세기 안에 언어가 어떻게 사용되어야 하며, 규범상 누가 진정한 권위자인지에 대한 공통 견해가 되었다. 물론, 보카초는 그러한 작가 중 하나였고, 게다가 피렌체시가 임명한 편집자 그룹("위원회")의 1573년 판본에 대한 언급은 이 사실에 단서를 제공한다. 즉 보카초의 작품은 피렌체 "공식" 문화의 초석으로 국가 문화 기구, 즉 훌륭한 건축물이나 예술 작품으로 보존 가치가 있는 유산의 한 부분이 될 정도까지 이르게 된 것이다.

또한 편집자들이 1400년 이후의 작가들을 가리켜 단테, 페트라르카, 보카초가 이룩한 순수함을 "변질시켰다"고 한 말은 이탈리아 15세기에 대한, 훨씬 뒤에 나타날 비판의 씨앗을 품고 있었다. 20세기 초의 이탈리아 비평가이자 철학자인 베네데토 크로체는 훨씬 뒤에 이탈리아 15세기를 "세콜로 센차 포에지아secolo senza poesia", 즉 "시 없는 세기"라고 불렀다. 그는 이를 통해 15세기를 고대 세계에 경도되어 당대의 환경을 간과한 고전풍이자 라틴풍 현학이라고 본, 앞선 19세기 비판의 파도에 몸을 실었다.[83] 크루스카 학회의 학자들은 서문에서, 15세기에는 나름의 업적이 있지만 동시에 일종의 쇠퇴 같은 것도 존재하고 있었다는 생각을 예시豫示한 것으로도 보인다.

그러나 물론, 많은 점에서 『사전』을 함께 편찬하고 서문을 쓴 아카데미의 학자들은 15세기의 후예들이었다. 특히 그들은 휴머니스트들이 다섯 세대에 걸쳐 진행한 라틴어 논쟁이 밝혀낸 것, 즉 언어는 역사를 가지고 발전하며 탄생한다는 것, 그리고 보존하지 않으면 사멸할 수도 있다

---

83 Christopher S. Celenza, *The Lost Italian Renaissance: Humanists, Historians, and Latin's Legacy* (Baltimore: Johns Hopkins University Press, 2004); Rocco Rubini, *The Other Renaissance: Italian Humanism between Hegel and Heidegger* (Chicago: University of Chicago Press, 2014). 크로체에 대해서는 다음을 볼 것. Benedetto Croce, "Il secolo senza poesia", *La critica* 30 (1932), 161–84.

는 생각을 물려받았다. 생물학적 비유(탄생, 성장, 쇠퇴)는 키케로 이래 언어 논쟁의 일부였다. 그러나 그것에 대해 무언가를 한다는 것에 대한 의식은, 코르테지(그는 합의를 대변하고 있었다)가 언어 보존의 한 방법은 그것을 규범으로 만드는 것이고, 언어 규범화의 한 방법은 모범을 설정하는 것이라고 주장했을 때 정점에 달했다. 라틴어의 모범은 키케로일 것이다(앞서 보았듯이 벰보도 동의한). 이탈리아어의 경우, 벰보는 산문에는 보카초가, 시에는 페트라르카가 모범이라고 말한 바 있다.

『사전』 서문의 저자들은 좀 더 나아간다. 그들은 사전에서 제시한 언어가 순수하다는 것을 확실히 하기 위해, 자신들이 선택한 저자들 "전부다는 아니지만, 적어도 그 대부분은 피렌체 작가이거나 작품에서 그 국가의 말과 용법을 채택한 작가"라고 말한다.[84] 그들은 거듭 자신들이 가능한 한 빈틈없이 노력했음을 알리고 있다. 그러고는 좀 장황하지만 중요한 문장을 통해 이름들을 거명하기 시작한다.

> 작품이 간행된 덕분에 그 자체로서 모두가 알고 있는 가장 유명한 작가들, 일류라고 간주하는 작가들 ─ 단테, 보카초, 페트라르카, 조반니 빌라니[14세기 피렌체 역사가]를 비롯해 그들과 같은 사람들 ─ 로부터 그들이 쓴 말을 모음에 있어, 우리는 아무런 구별 없이 그들의 말 모두를 취했으며, 대부분 그들의 작품에서 뽑은 것을 각 항목의 예시로 사용했다.[85]

사전은 태어나는 것이라고도 말할 수 있다. 14세기 피렌체 작가들은 토대의 역할을 할 것이고, 사전의 항목에는 그 단어가 맥락상 어떻게 사용되는지를 보여 주기 위해 높이 평가되는 텍스트에서 뽑은 인용이 예시例示될 것이며, 그리하여 최종 생산물은 이미 위대한 이 언어 전통에 상응할 만한 것이 될 것이다.

---

84 *Vocabolario degli accademici della Crusca*, *.3v.
85 Ibid.

"아카데미아 델라 크루스카"는 앞서 언급했듯이, 후일 프랑스 아카데미가 모범으로 삼은 기구 가운데 하나였다. 이 학회들은 새로운 현상 — 언어를 조직적으로 편성하고 규제하려는 시도, 인쇄술의 이용, 그 작업을 특정 지역의 위신, 권력, 문화적 응집과 연결하는 것 — 의 예시가 되었다. 프랑스의 예는 무언가 중요한 점을 알려 주었다. 즉 규모가 크고 다양한 주민을 지닌 그 나라가 통일된 언어를 수단으로 삼아 함께 합칠 수도 있다는 것이었다.

반면에 크루스카 학회의 경우는 사정이 좀 더 복잡하다. 그것은 서양 세계에서 가장 오래된 언어 학회였다. 즉 모범적인 경우라는 것이다. 하지만 그것이 계속 존재했고 또한 수많은 전문가가 오랜 세월에 걸쳐 학회 활동에 참여했음에도 불구하고, 그것은 어떤 측면에서 그저 한 방식의 이중 언어주의를 다른 방식으로 대체하는 데 그치고 말았다. 15세기 라틴어(그것도 고전풍 라틴어)를 내구성 있고 영속적이며 깊이 있는 문학 언어로 간주하기는 했지만, 벰보와 그 이후의 시대에 그 역할을 떠맡은 것은 다름 아닌 토스카나어였다. 그러나 그런 양식의 토스카나어는 여전히 교육받은 계층의 전유물이었다. 20세기에 들어와 아직 라디오나 텔레비전을 통해 비교적 표준적 형식의 구어를 들을 수 있게 되기 이전, 이탈리아인 대부분은 단지 자신들의 지역에서 쓰는 방언에만 익숙했고 문맹률 또한 높았다.[86] 상기하자면 벰보의 가정은 비록 페트라르카가 "모국"어로 글을 썼지만 "당시의 일상어로 시를" 쓰지는 않았다는 것이었다. 벰보는 이 점에서 문학은 언제나 엘리트와 함께 해야 한다는 일종의 엘리트주의를 예시하고 있다. 결국 이탈리아의 뿌리 깊은 지역주의를 감안할 때, 피렌체라는 한 도시국가만의 언어를 중심으로 반도를 통일한다는 것은 적어도 르네상스에는 도저히 일어날 것 같지 않은 일이었다.

---

86 Giulio Lepschy, *Mother Tongues and Other Reflections on the Italian Language* (Toronto: University of Toronto Press, 2002); Tullio De Mauro, *Storia linguistica dell'Italia unita* (Roma: Laterza, 2005), 118-26.

그래도 벰보의 접근과 그것이 작동한 방식은 이탈리아어를 만들어 냈다. 물론, 문이 모든 사람에게 열린 것은 아니었지만 적어도 운동장이 유의미하게 확장된 것은 사실이었다. 예를 들어 16세기가 되면 여성 작가들이 눈에 띄게 늘어나는데, 그들은 사실상 여전히 라틴어 사용자가 갈 수 있는 종류의 공적 문화―정치, 교회 외교, 대학 생활 (대부분의 경우)―에서는 배제되었겠지만 르네상스 이탈리아 문학이라는 새롭고 재생적인 문화에는 열정적으로 참여했던 사람들이었다.[87] 이탈리아 휴머니스트들(대부분 남자이고 라틴어를 쓰는)이 열어젖힌 세계는 다양한 주역에 의해 여러 분야에서 다양한 문화 공동체를 넘어 확산하고 채택되며 전용되었다.

---

87 Virginia Cox, *Women's Writing in Italy, 1400 -1650* (Baltimore: Johns Hopkins University Press, 2008); Cox, *The Prodigious Muse: Women's Writing in Counter-Reformation Italy* (Baltimore: Johns Hopkins University Press, 2011); Cox, *Lyric Poetry by Women of the Italian Renaissance* (Baltimore: Johns Hopkins University Press, 2013); Diana Robin, *Publishing Women: Salons, the Presses, and the Counter-Reformation in Sixteenth-Century Italy* (Chicago: University of Chicago Press, 2007).

에필로그

그는 아마도 철학이 『일리아스』나 『광란의 오를란도』처럼 공상을 담은 책, 그 안에 쓰인 것의 사실 여부가 별로 중요치 않은 그런 책쯤으로 믿고 있을 것입니다. 사르시씨, 지금의 문제는 이와 같지 않습니다. 철학은 우리 눈앞에 언제나 열려 있는 이 거대한 책(우주를 뜻합니다) 안에 쓰여 있습니다. 그러나 이는, 먼저 그것이 쓰인 언어를 이해하고 그 특징을 알지 못하면 이해할 수 없습니다. 그것은 수학적 언어로 쓰여 있으며, 그 특징은 삼각형, 원, 그리고 그 밖의 기하학적 도형입니다. 이 같은 수단 없이, 인간이 쓰는 말로는 그것을 한 단어도 이해할 수 없습니다. 그저 어두운 미로를 헛되이 헤맬 뿐이지요.[1]

1623년 갈릴레오가 쓴 이 글은 예수회 신부인 오라치오 그라시(그는 사르시라는 필명을 사용했다)에 대한 응답이었다. 그라시는 앞서 간행한 작품들에서 갈릴레오를 거명치 않고 그의 작품 일부를 사용했으며, 혜성에 대한 갈릴레오의 이론을 반박했다. 유쾌하고 웃기며 생동감 넘치는 『시

---

1 Galileo Galilei, *Il saggiatore*, a cura di Ottavio Besomi e Mario Helbing (Roma: Antenore, 2005), 6.34-36, p. 119.

금자試金者』(*Saggiatore*) — 앞의 인용문은 여기서 나온 것인데 — 는 그것을 읽은 교황을 기쁘게 했고 갈릴레오 자신의 입장을 열렬히 표현하고 있는데, 결국 과학혁명에 관한 문헌에서 고전의 자리에 오르게 된다.[2]

오늘날 독자의 관심을 끄는 것 두 가지가 즉각 머리에 떠오른다. 첫째, 우주를 "책"이란 틀에 넣은 것이고, 둘째, 자연과학을 책을 읽고 그 안에 담긴 진리를 드러내려는 노력으로 본 것이다. 우리에게 무엇보다 눈에 띄는 것은 갈릴레오가 『시금자』를 이탈리아어, 특히 토스카나어로 썼다는 사실이다. 왜 그랬는지 일단의 이유를 제시할 수 있다. 속어를 읽고 듣는 편이 더 편안한 그 책이 목표로 삼는 독자와 소통할 필요, 그의 후원망을 확보해야 한다는 당면한 요구, 자신을 라틴어 사용에 익숙한 교황궁 내의 사람들과 차별할 수 있도록 하는 것 등등.

이유가 무엇이든 간에, 갈릴레오가 라틴어를 쓰지 않는 쪽을 택했다는 점은 주목할 만하다. 그는 물론 이전에는 라틴어로 학문적인 글을 썼다. 자신이 망원경으로 본 것을 알린 『천체의 사절使節』(*Sidereus nuncius*)은 1610년 라틴어로 나왔다. 이는 국제적 학문 언어인 라틴어로 쓰였기 때문에, 즉시 국제적으로 유포된 것이 놀라운 일은 아니었다. 그러나 1613년 태양 흑점에 대한 자신의 견해를 지역의 중요 독자에게 전하고자 했을 때, 그는 『태양 흑점에 관한 역사와 증거』(*Istoria e dimostrazioni intorno alle macchie solari*)를 토스카나어로 썼다.

이 모든 것이 뜻하는 바는 갈릴레오가 당시 이미 규범이 된 토스카나어를 마음대로 사용했으며, 크루스카 학회의 『사전』은 그런 지위에 대한 최초의 형식적 표현이었다는 것이다. 이 순간의 배후 — 달리 말해 토스카나어가 규범이 되기 이전 — 에는 14세기에 시작해 1525년에 실제로 종결되는 이야기가 있다. 그 이야기는 이탈리아 지식인과 고대 라틴어에 대한 그들의 성찰과 관련되어 있다. 즉 고대인이 말했던 언어는 집에서

---

[2] 이 작품의 집필을 둘러싼 정황, 텍스트의 역사, 그것의 수용에 대해서는 다음을 볼 것. Ottavio Besomi e Mario Helbing, "Introduzione", in Galileo, *Il Saggiatore*, 11-68.

배운 자연적인 것, 요컨대 "모국어"였는지의 여부 혹은 고대인은 별개의 속어를 가지고 있어 라틴어를 학교에서 따로 배워야만 했는지(세대를 거듭한 이 논쟁에 참여한 이탈리아 지식인들이 그랬던 것처럼)의 여부가 그것이다. 오직 라틴어에 관한 논쟁이 끝났을 때, 그리고 이탈리아 학자들이 그 뒤의 역사를 발굴하고 주요한 입장들의 윤곽을 그려 냈을 때, 비로소 사상가들은 피렌체 속어를 "규범화"하는 쪽으로 방향을 돌릴 수 있었다. 비록 파편적이기는 하지만 이것이 바로 이 책을 관통하는 하나의 이야기이다.

갈릴레오가 "철학"이란 말을 사용한 것 역시 주목할 가치가 있다. 앞의 인용문에서 그는 이를 "자연철학"이란 의미로 사용하고 있는데, 이는 물리적 우주가 어떻게 작동하며 관측 가능한 자료에 상응하는 설명을 어떻게 제공할 수 있는지(관념적으로)를 다루는 철학의 한 분파였다. 갈릴레오에게는 관측 가능한 자료에 맞추어 설명하는 것이 중요했다. 이는 과학이 수행하는 것에 대한 근대 이론의 중요 부분이었기 때문에, 때로는 "철학" — 일련의 훈육 과정으로서, 계속 발전하는 한 분야로서, 그리고 논쟁의 한 장으로서 — 의 뒷이야기를 모호하게 만드는 경향도 있었다. 후자의 측면에서, 철학의 한도가 대개 오늘날 우리가 서로 다른 철학 분파로 간주하는 것에 묶여 있지는 않았다는 점을 강조할 필요가 있다. 이 책이 부각하고자 하는 시기에는 그보다는 제도(종종 대학이 그런 것이었다)와 권위자의 견해가 두 극점을 이루고 있었다. 당신은 자신을 제도의 한 부분으로 보았는가? 혹은 국외자로 보았는가? 지식인으로서 당신이 하는 일이 권위 위에 세워져야 한다고 믿었는가? 아니면 그 권위라는 것이 단지 발판일 뿐이며, 필요시에는 그것을 버림으로써 그것을 뛰어넘어야 한다고 생각했는가?

이 에필로그 서두의 인용문 바로 앞의 구절에서 갈릴레오는 그 답의 입구를 이렇게 제시한다. "나는 사르시에게서 철학을 하려면 어떤 유명한 저자의 견해를 따라야 한다는 확고한 믿음 같은 것을 느꼈다. 이는 마치 우리의 지성이 너무 척박해 다른 지성과 결합하지 않으면 결실을 보지 못하는 것처럼 보인다."³ 이 진술 역시 오늘날에는 아주 큰 호소력이 있다. 즉 갈릴레오는 대담한 사상가로서 권위에 대한 존숭을 유도하는 완고한 제약에서 벗어나 관측하고 실험하며 귀납적으로 추론함으로써, 자신의 과학과 세계관의 기초를 만든 인물이라는 것이다. 이러한 견해는 갈릴레오의 입장에서는 아주 매력적이다. 하지만 그 뒤에는 언어의 경우 보다 훨씬 더 복잡한 이야기가 숨어 있다. 갈릴레오의 반권위적·반제도적 태도(그는 한동안 아리스토텔레스 사상의 온상인 파도바 대학에서 가르친 바 있다)는 후원이라는 환경에서 자라났다. 후원이 현시되는 한 방식이 바로 반제도적 제도라고 부를 수도 있는 것이었다.

갈릴레오는 1603년 세워진 "아카데미아 데이 린체이Accademia dei lincei", 즉 "스라소니 눈目 학회" 혹은 "예리한 시각 학회"(스라소니는 예리한 시각을 가지고 있다고 생각되었다)의 수혜 회원이었다.⁴ 다른 르네상스 및 근대 초 학회와 마찬가지로, 그 목적은 다른 기관에서 수행되지 않는 종류의 작업을 촉진하는 것이었다. 이 경우, 창립자인 페데리코 체시는 식물 연구에 열광적인 인물이었다. 그러나 린체이 학회는 갈릴레오와 그의 업적을 포용했고, 1611년 그를 회원으로 받아들여 『시금자』의 후원자 역할을 했다. 갈릴레오는 일련의 기관을 거쳐 또 하나의 기관에 합류한 것이다(그는 파도바 대학뿐만 아니라 피자 대학에서도 가르친 바 있다). 첫째, 궁정들이 있었다. 그는 만토바에서 후원자를 구하려 했으나 성공하지 못했다. 하지만 1610년 피렌체에서 후원을 받아 메디치 가의 최고 수학자가 되었다. 이어 그는 피렌체와의 유대 관계를 계속 유지하면서 로마의 "아카데미아 데이 린체이"에 입회해 전통적이고 제도적인 방법, 지극히 사회적이고 인물에 기초한 방법에 매이지 않고 자신만의 새로운 방식으로 문제를 설정할 수 있게 되었다.

---

3 Galileo, *Il saggiatore*, 6.34, p. 119.
4 David Freedberg, *The Eye of the Lynx: Galileo, His Friends, and the Beginnings of Modern Natural History* (Chicago: University of Chicago Press, 2002).

이러한 긴장 관계 — 나름의 리듬, 반복되는 시간표, 지배적 인물 대(對) 지식을 창출하고 보존할 새로운 사회적 공간을 찾아야 할 필요성 간에 존재하는 — 는 또한 이미 살펴본 바와 같이, 이탈리아 장기 15세기에 깊은 배경을 가지고 있었다. 그 핵심을 말하자면, 이는 오늘날 우리가 규정하는 식의 훈육 과정이 아니라 철학의 가장 기초적인 의미, 즉 지혜에 대한 사랑에 관한 가장 기본적인 가정들과 관련 있었다. 지혜에 대한 추구를 꼭 기존의 제도를 통해 수행해야 하는가? 아니면 그러한 제도에 내재한 보수주의가 너무 구속적이라서(고의든 아니든) 어느 정도 거리를 둘 필요가 있는가? 어떤 사람의 사유를 공식적 논문으로 출판하는 것이 지혜를 추구하는 최상의 혹은 유일한 수단인가? 혹은 — 특히 인쇄술의 도래 이전과 그 초기에 적절한 것으로 — 사회적 요소라는 것이 중요한가? 달리 말하자면, 대화나 그것을 글로 표현한 편지 쓰기를 통해 당신과 소통하는 사람들이 당신의 주요 청중인가? 이탈리아 르네상스의 지적인 삶을 관통하는 한 가지 관심사가 언어와 관련이 있었다면, 또 다른 관심사(둘은 서로 연결되어 있었다)는 정확히 철학에 관한 이 문제들과 관련이 있었다.

갈릴레오가 쓴 다른 위대한 속어 작품 『세계의 두 주요 체계에 관한 대화』(*Dialogo sopra i due massimi sistemi del mondo*)가 사실상 철학에 대해 똑같이 모호한 점들을 다루고 있으며, 누군가에게는 불쾌한 입장을 주장했다는 것은 결코 우연이 아니다. 그것은 프톨레마이오스의 관점이 아니라 코페르니쿠스의 관점으로 지구가 아니라 태양 주위로 다른 천체들이 회전한다는 것이었다. 하지만 그 뒤에는 브루니의 『피에르 파올로 베르제리오에게 바치는 대화』 같은 여러 작품이 있었고, 이는 새로운 세대의 관심사를 온건하지만 명료하게 표현하게 해 주었다. 물론, 발라의 다면적이고 항상 대화 지향적인 작품들 모두가 형식상 대화편은 아니기는 하지만, 논쟁을 일으키고 인기가 없는 의견을 제시하며, 바로 그 존재만으로 반응을 유발하고 대화를 지속하게 하는 표본 같은 것이었다. 끝으로 폴리치아노의 『라미아』가 있는데, 이는 갈릴레오 자신이 반대했던 것과 똑같은 유형의 제도 정치(권위와 통 바뀔 것 같지 않은 교과 과정, 세계를 새롭게 사유하려 하지 않는 교수에 대한 과도한 집착)에 반대하는 입장이었다. 갈릴레오가 거대한 물리적 세계를 조망하고 있을 때, 그는 앞서간 이탈리아 사상가들의 정신적 습관의 계승자였다. 페트라르카에서 폴리치아노를 거쳐 그 너머에 이르기까지, 그들은 책 속의 내용을 면밀히 살펴 그것을 해부하고 해석했다. 이러한 습관은 지속되고 변화하면서 거의 무한한 표현 방식으로 나타났는데, 갈릴레오의 작품도 그 가운데 하나였다. 만약 우리가 이탈리아 장기 15세기와, 때로는 감추어져 있는 지적인 삶에 대한 그것의 기여를 완전히 이해하게 된다면, 얼마나 더 많은 근대 초 사상가들을 조금은 더 잘, 조금은 더 깊게 이해할 수 있을 것인가?

참고문헌

수서본

MS Florence, Biblioteca Laurenziana, Plut. 85.9
MS Florence, Biblioteca Nazionale Centrale, Magl. 1.6.30
MS Florence, Biblioteca Riccardiana, Ricc. 991
MS Vatican City, Biblioteca Aopstolica Vaticana, Reg. Lat. 1370
MS Vatican City, Biblioteca Aopstolica Vaticana, Vat. Lat. 3196
MS Vatican City, Biblioteca Aopstolica Vaticana, Vat. Lat. 4530
MS Vatican City, Biblioteca Aopstolica Vaticana, Vat. Lat. 5953
MS London, British Library, Add. 34060

인용 문헌

Accademia della Crusca (a cura di), *La Crusca nella tradizione letteraria e linguistica italiana: Atti del Congresso internazionale per il IV centenario dell'Accademia della Crusca* (Firenze: Accademia della Crusca, 1985).

_____ (a cura di), *Vocabolario degli accademici della Crusca*, 2ª stampa (Venezia: Iacopo Sarzino, 1623).

_____ (a cura di), *Vocabolario degli accademici della Crusca* (Venezia: G. Alberti, 1612).

Aertsen, Jan, *Medieval Philosophy as Transcendental Thought: From Phillip the Chancellor (ca. 1225) to Francisco Suárez* (Leiden: Brill, 2012).

Aertsen, Jan, Kent Emery, Jr., and Andreas Speer, eds., *Nach der Verurteilung von 1277. Philosophie und Theologie an der Universität von Paris im letzten Viertel des 13. Jahrhunderts* (Berlin: De Gruyter, 2001).

Al-Alawi, Jamal, "The Philosophy of Ibn Rushd: The Evolution of the Problem of the Intellect in the Works of Ibn Rushd", in *The Legacy of Muslim Spain*, ed. S. K. Jayyusi, 2 vols. (Leiden: Brill, 1994), 2: 804-29.

Alberti, Leon Battista, *De pictura* (redazione volgare), a cura di Lucia Bertolini (Firenze: Polistampa, 2011).

_____, *On Painting: A New Translation and Critical Edition*, tr. Rocco Sinisgalli (Cambridge: Cambridge University Press, 2011).

_____, *Grammatichetta e altri scritti sul volgare*, a cura di Giuseppe Patota (Roma: Salerno Editrice, 1996).

_____, *I libri della famiglia*, a cura di Ruggiero Romano e Alberto Tenenti, a cura nuova di Francesco Furlan (Torino: Einaudi, 1994).

_____, *La prima grammatica della lingua volgare: La grammatichetta vaticana*, Collezione di opere inedito o rare, v. 125, a cura di Cecil Grayson (Bologna: Commissione per i testi di lingua, 1964).

Alighieri, Dante, *Autobiografia e altre opere latine*, a cura di Loredana Chines e Andrea Severi (Milano: Rizzoli, 2012).

_____, *Monarchia*, con Cola di Rienzo, *Commentario*, Marsilio Ficino, *Volgarizzamento*, con introduzione di Francesco Furlan (Milano: Mondadori, 2004).

_____, *De vulgari eloquenti*, ed. and tr. Steven Botterill (Cambridge: Cambridge University Press, 1996).

_____, *Convivio*, a cura di Franca Brambilla Agena, 2 voll. (Firenze: Le Lettere, 1995).

_____, *Monarchia*, ed. and tr. Prue Shaw (Cambridge: Cambridge University Press, 1995).

_____, *Inferno*, tr. Mark Musa (New York: Penguin, 1984).

_____, *Opere minori*, a cura di Domenico de Robertis, Gianfranco Contini, e Pier Vincenzo Mengaldo, 2 voll. (Milano: Ricciardi, 1979).

_____, *The Divine Comedy*, Italian text and translation, with a commentary by Charles S. Singleton, 3 vols. (Princeton: Princeton University Press, 1970-75).

_____, *Tutte le opere*, a cura di Luigi Blasucci (Firenze: Sansoni, 1965).

Allen, Michael J. B., *Synoptic Art: Marsilio Ficino on the History of Platonic Interpretation* (Firenze: Olschki, 1998).

_____, *The Platonism of Marsilio Ficino: A Study of His Phaedrus Commentary*,

Its Sources and Genesis (Berkeley: University of California Press, 1984).

_____, *Marsilio Ficino and the Phaedran Charioteer: Introduction, Texts, Translations* (Berkeley: University of California Press, 1981).

Allen, Michael J. B. and V. R. Rees, eds., *Marsilio Ficino: His Theology, His Philosophy, His Legacy* (Leiden: Brill, 2002).

Ames-Lewis, Frances, *Cosimo 'il Vecchio' de' Medici, 1389-1464* (Oxford: Oxford University Press, 1992).

Aquinas, Thomas, *The Summa Theologica of St. Thomas Aquinas*, 2nd ed., 22 vols. (London: Burns, Oates, and Washbourne, 1913-42).

Aristoteles, *Ethica Eudemia*, ed. R. R. Walzer (Oxford: Clarendon, 1991).

_____, *A New Aristotle Reader*, ed. and tr. J. L. Ackrill (Princeton: Princeton University Press, 1989).

_____, *Complete Works of Aristotle: The Revised Oxford Translation*, ed. Jonathan Barnes, 2 vols. (Princeton: Princeton University Press, 1984).

_____, *Categoriarum supplementa*, Aristoteles latinus, 1,6-7, eds. Lorenzo Minio-Paluello and Bernard G. Dod (Bruges: Desclée de Brouwer, 1966).

_____, *Categoriae vel praedicamenta*, Aristoteles latinus, 1,1-5, eds. Lorenzo Minio-Paluello and Bernard G. Dod (Bruges: Desclée de Brouwer, 1961).

_____, *De anima*, ed. David Ross (Oxford: Clarendon, 1961).

_____, *Nicomachean Ethics*, tr. Horace Rackham (Cambridge, MA: Harvard University Press, 1934).

_____, *Metaphysics*, 2 vols. ed. and tr. Hugh Tredennick (Cambridge, MA: Harvard University Press, 1933).

_____, *Metaphysics*, ed. W. D. Ross (Oxford: Clarendon, 1924).

_____, *Ethica Nicomachea*, ed. I. Bywater (Oxford: Clarendon, 1920).

Ascoli, Albert Russell and Unn Falkeid, eds. *The Cambridge Companion to Petrarch* (Cambridge: Cambridge University Press, 2015).

Assman, Jan, *Of God and Gods: Egypt, Israel, and the Rise of Monotheism* (Madison: University of Wisconsin Press, 2008).

_____, "Translating Gods: Religion as a Factor of Cultural (Un)Translatability" in *The Translatability of Cultures: Figurations of the Space Between*, eds. Sanford Budick and Wolfgang Iser (Stanford, CA: Stanford University Press, 1996), 25-37.

Athanassiadi, Polymnia, *Mutations of Hellenism in Late Antiquity* (Farnham, Surrey: Ashgate, 2015).

Athanassiadi, Polymnia and Michael Frede, eds., *Pagan Monotheism in Late Antiquity* (Oxford: Oxford University Press, 1999).

Augustine (St., of Hippo), *Traité anti-Donatistes*, 5 vols. (Bruges: De Brouwer, 1963-65).

―――――, *De libero arbitrio libri tres*, ed. William M. Green, *Corpus scriptorum ecclesiasticorum latinorum*, vol. 74, sect. 6, part 3 (Vienna: Hoelder-Pichler-Tempsky, 1956).

―――――, *De civitate Dei*, ed. Bernhard Dombert (Leipzig: Teubner, 1909).

Baker, Nicholas S. and Brian Maxson, eds., *After Civic Humanism: Learning and Politics in Renaissance Italy, 1300-1600* (Toronto: Center for Reformation and Renaissance Studies, 2015).

Baker, Patrick, *Italian Renaissance Humanism in the Mirror* (Cambridge: Cambridge University Press, 2015).

Ballistreri, Gianni, "Cortesi, Antonio", *Dizionario biografico degli italiani*, 29 (1983), 754-56.

Barchiesi, Alessandro, "Roman Perspectives on the Greeks" in *The Oxford Handbook of Hellenic Studies*, eds. George Boys-Stones, Barbara Graziosi, and Phiroze Vasunia (Oxford: Oxford University Press, 2009), 98-113.

Barnes, Jonathan, "Roman Aristotle" in *Philosophia Togata II*, eds. Jonathan Barnes and Miriam Griffin (Oxford: Clarendon, 1999), 1-69.

Baron, Hans, *In Search of Florentine Civic Humanism: Essays on the Transition from Medieval to Modern Thought*, 2 vols. (Princeton: Princeton University Press, 1988).

Basil (St., of Caesarea), *The Letters*, 4 vols., ed. and tr. Roy J. Deferrari (Cambridge MA: Harvard University Press, 1926-34).

Baudoux, Bernardus, "Philosophia 'Ancilla Theologiae'", *Antonianum* 12 (1937), 292-326.

Baumgartner, Frederic J., *Henry II, King of France, 1547-1559* (Durham, NC: Duke University Press, 1998).

Bausi, Francesco, "La *mutatio vitae* di Poggio Bracciolini. Ricerche sul *De avaritia*", *Interpres* 28 (2009), 7-69.

―――――, *Nec rhetor neque philosophus: Fonti, lingua e stile nelle prime opere latine di Giovanni Pico della Mirandola (1484-87)* (Firenze: Olschki, 1996).

―――――, "Introduzione" in Poliziano, *Due poemetti latini*, XI-LVI.

Beierwaltes, Werner, *Das wahre Selbst: Studien zu Plotins Begriff des Geistes und des Einen* (Frankfurt am Main: Klostermann, 2001).

―――――, *Platonismus im Christentum* (Frankfurt am Main: Klostermann, 1998).

Bembo, Pietro, *Prose e rime*, a cura di Carlo Dionisotti (Torino: UTET, 1966).

―――――, *Lettere*, 4 voll., a cura di Ernesto Travi (Bologna: Commissione per i testi di lingua, 1987).

Bennett, Owen, *The Nature of Demonstrative Proof According to the Principles of Aristotle and St. Thomas Aquinas* (Washington, DC: Catholic University of American Press, 1943).

Bertolini, Lucia (a cura di), *De vera amicitia: I testi del primo Certame coronario* (Modena: Franco Cosimo Panini, 1993).

Bertoni, Giulio, *La Biblioteca Estense e la cultura ferrarese ai tempi del duca Ercole I (1471-1505)* (Torino: Loescher, 1903).

Besomi, Ottavio e Mario Helbing, "Introduzione" in Galileo, *Il saggiatore*, 11-68.

Bianchi, Luca, *Censure et liberté intellectuelle à l'université de Paris (XIIIe-XIVe siècles)* (Paris: Les Belles Lettres, 1999).

Biondi, Alberto, "La doppia inchiesta sulle Conclusiones e le traversie romane di Pico nel 1487" in *Giovanni Pico della Mirandola: Convegno*, a cura di Garfagnini, 197-212.

Birkenmajer, Alexander, *Vermischte Untersuchungen zur Geschchte der mittelalterlichen Philosophie* (Münster: Verlag der Aschendorffschen Verlagsbuchhandlung, 1922).

Bischoff, Bernhard, *Latin Palaeography: Antiquity and the Middle Ages*, tr. Dáibhi ó Cróinin and David Ganz (Cambridge: Cambridge University Press, 1990).

Bisticci, Vespasiano da', *Le vite*, a cura di Aulo Greco, 2 voll. (Firenze: Istituto Nazionale di Studi sul Rinascimento, 1970-76).

Black, Robert, *Humanism and Education in Medieval and Renaissance Italy: Tradition and Innovation in Latin Schools from the Twelfth to the Fifteenth Century* (Cambridge: Cambridge University Press, 2001).

_____, *Benedetto Accolti and the Florentine Renaissance* (Cambridge: Cambridge University Press, 1985).

Blum, Paul Richard, *Philosophieren in der Renaissance* (Stuttgart: Kohlhammer, 2004).

_____, "Einleitung" in Ficino, *Über die Liebe oder Platons Gastmahl*, XI-XLVII.

_____, "Pico, Theology, and the Church" in *Pico della Mirandola: New Essays*, ed. Dougherty, 37-60.

Blum, Wilhelm, *Georgios Gemistos Plethon: Politik, Philosophie und Rhetorik in spätbyzantinischen Reich (1355-1452)* (Stuttgart: Hiersemann, 1988).

Blumenthal, Henry J. and E. Gillian Clark, eds., *The Divine Iamblichus: Philosopher and Man of the Gods* (Bristol: Bristol Classical Press, 1993).

Boardman, John, Jasper Griffin, and Oswyn Murray, *The Oxford History of the Classical World* (Oxford: Oxford University Press, 1986).

Boccaccio, Giovanni, *Decameron*, tr. Wayne Rebhorn (New York: Norton, 2013).

———, *Boccaccio's Expositions on Dante's* Comedy, tr. with introductions and notes by Michael Papio (Toronto: University of Toronto Press, 2009).

———, *Esposizioni sopra la Comedia di Dante*, a cura di Giorgio Padoan (Milano: Mondadori, 1965).

———, *Il comento alla Divina Commedia*, a cura di D. Guerri, Scrittori d'Italia, voll. 84-86 (Bari, 1918).

———, *Genealogia deorum gentilium* (Basel, 1532).

Boethius of Dacia, *De aeternitate mundi, De summon bono, De somniis*, Corpus Philosophorum Danicorum Medii Aevi, 6 (Cepenhagen: Bagge, 1976).

Böhmer, Johann Friedrich, *Regesta Imperii*, XI: *Die Urkunden Kaiser Sigmunds, 1410-1437*, 2 vols. (Innsbruck: Verlag der Wagner'schen Universitäts-Buchhandlung, 1896-1900; repr. Hildesheim: Georg Olms, 1968).

Bonatti, Franco e Antonio Manfredi (a cura di), *Niccolò V nel sesto centenario della nascita*, Studi e Testi, 397 (Vatican City: Biblioteca apostolica vaticana, 2000).

Bonner, Stanley, *Education in Ancient Rome: From the Elder Cato to the Younger Pliny* (London: Routledge, 2012).

Borghesi, Francesco, "Chronology" in Pico della Mirandola, *Oration on the Dignity of Man*, 37-51.

———, "Interpretations", in Pico della Mirandola, *Oration on the Dignity of Man*, 52-65.

———, "A Life in Works" in *Pico della Mirandola: New Essays*, ed. Dougherty, 202-19.

Bori, Pier Cesare, "The Historical and Biographical Background of the *Oration*" in Pico della Mirandola, *Oration on the Dignity of Man*, 10-36.

Botley, Paul, *Learning Greek in Western Europe, 1396-1529: Grammars, Lexica, and Classroom Texts* (Philadelphia: American Philosophical Society, 2010).

Boulard, Gilles, "L'Ordonnance de Villers-Cotterêts: le temps de la claret et la stratégie du temps (1539-1992)", *Revue Historique* 301 (1999), 45-100.

Boyle, Leonard, "Sixtus IV and the Vatican Library" in *Rome: Tradition, Innovation, and Renewal*, eds. Clifford M. Brown, John Osborne, and W. Chandler Kirwin (Victoria, BC: University of Victoria, 1991), 65-73.

———, "The Vatican Library" in *Rome Reborn*, ed. Grafton, xi-xx.

———, "Niccolò V fondatore della Biblioteca Vaticana" in *Niccolò V nel sesto centenario*, a cura di Bonatti e Manfredi, 3-8.

Bracciolini, Poggio, *La vera nobilitate*, a cura di Davide Canfora (Roma: Salerno, 1999).

_____, *Dialogus contra avaritiam (De avaritia)* (Livorno: Belforte, 1994).
_____, *Lettere*, a cura di Helene Harth, 3 voll. (Firenze: Olschki, 1984-87).
_____, *Opera Omnia*, a cura di Riccardo Fubini, 4 voll. (Torino: Bottega d'Erasmo, 1964-69).
Brandmüller, Walter, *Das Konzil von Konstanz, 1414-1418*, 2 vols. (Padeborn: Schöningh, 1991-97).
Brecht, Martin, *Martin Luther*, 3 vols. (Stuttgart: Calwer, 1981-87).
Brongrani, Paolo, "Nuovi contribute per la grammatica di L. B. Alberti", *Studi di filologia italiana* 40 (1982), 65-106.
Brown, Alison, *The Return of Lucretius to Renaissance Florence* (Cambridge, MA: Harvard University Press, 2010).
Brown, Peter, *The Ransom of the Soul: Afterlife and Wealth in Early Western Christianity* (Cambridge, MA: Harvard University Press, 2015).
_____, *The Cult of the Saints: Its Rise and Function in Latin Christianity*, 2nd ed. (Chicago: University of Chicago Press, 2015).
Brown, Peter M., *Lionardo Salviati: A Critical Biography* (Oxford: Oxford University Press, 1974).
Brucker, Gene, *Giovanni and Lusanna: Love and Marriage in Renaissance Florence* (Berkeley: University of California Press, 1986).
_____, *Renaissance Florence* (Berkeley: University of California Press, 1969).
Bruni, Leonardo, *Epistolarum libri VIII*, a cura di Lorenzo Mehus, 2 voll. (Firenze, 1741; ristampato con introduz. di James Hankins, Roma: Edizioni di Storia e letteratura, 2007).
_____, *Sulla perfetta traduzione*, a cura di Paolo Viti (Napoli: Liguori, 2004).
_____, *History of the Florentine People*, 3 vols., ed. and tr. James Hankins (Cambridge, MA: Harvard University Press, 2001-07).
_____, *Opere letterarie e politiche*, a cura di Paolo Viti (Torino: UTET, 1996).
_____, *The Humanism of Leonardo Bruni: Selected Texts*, ed. and tr. Gordon Griffiths, James Hankins, and David Thompson (Binghamton, NY: MRTS, 1987).
_____, *Humanistisch-philosophische Schriften mit einer Chronologie seiner Werke und Briefe*, ed. Hans Baron, Quellen zur Geistesgeschichte des Mittelalters und der Renaissance, I (Leipzig: Teubner, 1928; reprint, Wiesbaden: Sändig, 1969).
_____, *Commentarius rerum suo tempore gestarum*, a cura di Carmine Di Pierro, *Rerum italicarum scriptores*, 19.3 (Bologna, 1926).
Burkert, Walter, *Lore and Science in Ancient Pythagoreanism*, tr. Edwin L. Minar

(Cambridge, MA: Harvard University Press, 1972).

Busi, Giulio, "Who does not Wonder at this Chameleon? The Kabbalistic Library of Giovanni Pico della Mirandola" in *Hebrew to Latin, Latin to Hebrew*, ed. Busi, 167-96.

———, "Toward a New Evaluation of Pico's Kabbalistic Sources", *Rinascimento* 48 (2009), 165-83.

———, ed., *Hebrew to Latin, Latin to Hebrew: The Mirroring of Two Cultures in the Age of Humanism* (Torino: Aragno, 2006).

Bynum, Caroline Walker, *The Resurrection of the Body in Western Christianity, 200-1336* (New York: Columbia University Press, 1995).

Cameron, Euan, *The European Reformation*, 2nd ed. (Oxford: Oxford University Press, 2012).

Campanelli, Maurizio, "L'Oratio e il 'genere' delle orazioni inaugurali dell'anno accademico" in Valla, *Orazione*, 25-61.

———, "Languages" in *The Cambridge Companion to the Italian Renaissance*, ed. Wyatt, 139-63.

Camporeale, Salvatore, I., *Lorenzo Valla: Umanesimo, riforma, e controriforma; studi e testi* (Roma: Edizioni di Storia e Letteratura, 2002).

———, *Christianity, Latinity, and Culture: Two Studies on Lorenzo Valla*, tr. Patrick Baker, and eds. Patrick Baker and Christopher S. Celenza (Leiden: Brill, 2014).

Cannata Salamone, Nadia, "Il dibattito sulla lingua e la cultura letteraria e artistica del primo Rinascimento romano. Uno studio del ms Reg. lat. 1370", *Critica del testo* 8 (2005), 901-51.

Capponi, Gino, *Storia della reppublica di Firenze*, 2 voll. (Firenze: Barbéra, 1876).

Cardini, Roberto, *La critica del Landino* (Firenze: Sansoni, 1973).

Carrai, Stefano, *Le muse dei Pulci: Studi su Luca e Luigi Pulci* (Napoli: Guida, 1985).

Caruso, Francesco, *Philology as Thanatology: A Study on Angelo Poliziano's Intellectual Biography*, unpublished PhD. dissertation, Johns Hopkins University, 2013.

Casamassima, Emanuele, "L'autografo della seconda lettera del Petrarca a Urbino V (*Senile* IX 1)", *Quaderni petrarcheschi* 3 (1985-86), 103-34.

Castiglione, Baldassarre, *Il libro del cortegiano*, a cura di Ettore Bonora (Milano: Mursia, 1972).

Catana, Leo, *The Historiographical Concept "System of Philosophy": Its Origin, Nature, Influence and Legitimacy* (Leiden: Brill, 2008).

_____, "The Concept 'System of Philosophy': The Case of Jacob Brucker's Historiography of Philosophy", *History and Theory* 44 (2005), 72-90.

Cavallo, Guglielmo (a cura di), *Le biblioteche nel mondo antico e medievale* (Roma: Laterza, 1988).

Celenza, Christopher S., *Petrarch: Everywhere a Wanderer* (London: Reaktion, 2017).

_____, "What Did It Mean to Live in the Long Fifteenth Century?" in *Before Copernicus: The Cultures and Contexts of Scientific Learning in the Fifteenth Century*, eds. Rivka Feldhay and F. Jamil Ragep (Montreal: McGill-Queen's University Press, 2017).

_____, *Machiavelli: A Portrait* (Cambridge, MA: Harvard University Press, 2015).

_____, "Coluccio Salutati's View of the History of the Latin Language", in *Cicero Refused to Die: Ciceronian Influence through the Centuries*, ed. N. van Deusen (Leiden: Brill, 2013), 5-20.

_____, "What Counted as Philosophy in the Italian Renaissance? The History of Philosophy, the History of Science, and Styles of Life", *Critical Inquiry* 39 (2013), 367-401.

_____, "Lorenzo Valla's Radical Philosophy: The "Preface" to the *Annotations to the New Testament* in Context", *Journal of Medieval and Early Modern Studies* 42 (2012), 365-94.

_____, ed., *Angelo Poliziano's* Lamia *in Context: Text, Translation, and Introductory Studies* (Leiden: Brill, 2010).

_____, *The Lost Italian Renaissance* (Baltimore: Johns Hopkins University Press, 2004).

_____, *Piety and Pythagoras in Renaissance Florence: The Symbolum Nesianum* (Leiden: Brill, 2001).

_____, "Pythagoras in the Renaissance: The Case of Marsilio Ficino", *Renaissance Quarterly* 52 (1999), 667-711.

_____, *Renaissance Humanism and the Papal Curia: Lapo da Castiglionchio the Younger's De curiae commodis* (Ann Arbor: University of Michigan Press, 1999).

_____, "'Parallel lives': Plutarch's *Lives*, Lapo da Castiglionchio the Younger (1405-1438) and the Art of Italian Renaissance Translation", *Illinois Classical Studies* 22 (1997), 121-55.

_____, "The Will of Cardinal Giordano Orsini (ob. 1438)", *Traditio* 51 (1996), 257-86.

_____, "Marsilio Ficino", in the *Stanford Encyclopedia of Philosophy*: http://

plato.stanford.edu/entries/ficino/.

_____, "The Platonic Revival" in *The Cambridge Companion to Renaissance Philosophy*, ed. Hankins, 72-96.

_____, "Late Antiquity and Florentine Platonism: The 'Post-Plotinian' Ficino" in *Marsilio Ficino: His Theology, His Philosophy, His Legacy*, eds. Allen and Rees, 71-97.

_____, "Hellenism in the Renaissance" in *The Oxford Handbook of Hellenic Studies*, eds. Boys-Stones, Graziosi, and Vasunia, 150-65.

Celenza, Christopher S. and Kenneth Gouwens, eds., *Humanism and Creativity: Essays in Honor of Ronald G. Witt* (Leiden: Brill, 2006).

Celenza, Christopher S. and Bridget Pupillo, "Le grandi biblioteche 'pubbliche' del XV secolo" in *Atlante storico della letteratura italiana*, a cura di S. Luzzatto e G. Pedullà, vol. 1, *Dalle origini al Rinascimento*, a cura di A. De Vincentiis (Torino: Einaudi, 2010), 313-21.

Celenza, Christopher S. and Bridget Pupillo, "La rinascita del dialogo" in *Atlante storico della letteratura italiana*, a cura di S. Luzzatto e G. Pedullà, vol. 1, *Dalle origini al Rinascimento*, a cura di A. De Vincentiis (Torino: Einaudi, 2010), 341-47.

Ceresa, Massimo, "Lascaris, Giano", *Dizionario biografico degli italiani* 63 (2004), 785-91.

Cesarini Martinelli, Lucia, "Poliziano professore allo studio fiorentino", AA.VV., *La Toscana al tempo di Lorenzo il Magnifico*, 3 voll. (Pisa: Pacini, 1996), 2: 463-81.

_____, "Note sulla polemica Poggio-Valla e sulla fortuna delle *Elegantiae*", *Interpres* 3 (1980), 29-79.

Chambers, David S. and Francois Quiviger, eds., *Italian Academies of the Sixteenth Century* (London: Warburg Institute, 1995).

Chroust, Anton Hermann and Robert J. Affeldt, "The Problem of Private Property According to St. Thoams Aquinas", *Marquette Law Review* 34 (1950-51), 151-82.

Ciccolella, Federica, *Donati Graeci: Learning Greek in the Renaissance* (Leiden: Brill, 2009).

Cicero, *Letters to Atticus*, ed. and tr. D. R. Shackleton Bailey, 4 vols. (Cambridge, MA: Harvard University Press, 2014).

_____, *Letters to Quintus and Brutus*, ed. and tr. D. R. Shackleton Bailey (Cambridge, MA: Harvard University Press, 2002).

_____, *Cicero's Letters to Atticus*, with translation and commentary by D. R.

Shackleton Bailey, 7 vols. (Cambridge: Cambridge University Press, 1965-70)
_____, *Brutus, Orator*, ed. and tr. G. L. Hendrickson and H. M. Hubbell (Cambridge, MA: Harvard University Press, 1962).
_____, *De natura deorum. Academica*, ed. and tr. Horace Rackham (Cambridge, MA: Harvard University Press, 1951).
_____, *De oratore*, eds. and tr. E. W. Sutton and H. Rackham (Cambridge, MA: Harvard University Press, 1948).
_____, *Tusculan Disputations*, ed. and tr. J. E. King (Cambridge, MA: Harvard University Press, 1945).
_____, *Pro lege manilia. Pro Caecina. Pro Rabirio Perduellionis*, ed. and tr. H. Grose Hodge (Cambridge, MA: Harvard University Press, 1927).
_____, *De senectute, De amicitia, De divinatione*, tr. William A. Falconer (Cambridge, MA: Harvard University Press, 1923).
Clanchy, Micahel, *From Memory to Written Record*, 3rd ed. (Oxford: Wiley-Blackwell, 2013).
_____, *Abelard: A Medieval Life* (Oxford: Blackwell, 1999).
Clough, Cecil, "Pietro Bembo's Edition of Petrarch and His Association with the Aldine Press" in *Aldus Manutius and Renaissance Culture*, ed. Zeidberg, 47-81.
Colish, Marsha, *Medieval Foundations of the Western Intellectual Tradition* (New Haven: Yale University Press, 1997).
_____, *Peter Lombard*, 2 vols. (Leiden: Brill, 1994).
Coleman, James and Andrea Moudarres, eds., *Luigi Pulci in Renaissance Florence and Beyond: New Perspectives on His Poerty and Influence* (Turnhout: Brepols, 2017).
Collins, Ardis, *The Secular Is Sacred: Platonism and Thomism in Ficino's Platonic Theology* (The Hague: Nijhoff, 1974).
Connell, William, "The Republican Idea" in *Renaissance Civic Humanism*, ed. Hankins, 14-29.
Conte, Gian Biagio, *Latin Literature: A History*, tr. Joseph B. Sodolow, rev. by Don Fowler and Glenn Most (Baltimore: Johns Hopkins University Press, 1999).
Copenhaver, Brian, P., "Toward a New Evaluation of Pico's Kabbalistic Sources", *Rinascimento* 48 (2009), 165-83.
_____, "Maimonides, Abulafia and Pico: A Secret Aristotle for the Renaissance", *Rinascimento* 47 (2007), 23-51.
_____, "The Secret of Pico's *Oration*: Cabala and Renaissance Philosophy", *Midwest Studies in Philosophy* 26 (2002), 56-81.
_____, ed. and tr. *Hermetica: The Greek Corpus Hermeticum and the Latin*

Asclepius in a New English Translation (Cambridge: Cambridge University Press, 1992).

Cortesi, Mariarosa, "Umanesimo greco" in *Lo spazio letterario del medioevo*, a cura di Guglielmo Cavallo, vol. 3 (Roma, 1995), 457–507.

Cortesi, Paolo, *In quattuor libris sententiarum* (Basel, 1540).

Cotrugli, Benedetto, *Della mercatura* (Brescia, 1602).

Cox, Virginia, *Lyric Poetry by Women of the Italian Renaissance* (Baltimore: Johns Hopkins University Press, 2013).

_____, *The Prodigious Muse: Women's Writing in Counter-Reformation Italy* (Baltimore: Johns Hopkins University Press, 2011).

_____, *Women's Writing in Italy, 1400–1650* (Baltimore: Johns Hopkins University Press, 2008).

_____, *The Renaissance Dialogue: Literary Dialogue in Its Social and Political Contexts, Castiglione to Galileo* (Cambridge: Cambridge University Press, 1992).

Craven, William G., *Giovanni Pico della Mirandola, Symbol of His Age* (Geneva: Droz, 1981).

Croce, Benedetto, "Il secolo senza poesia", *La critica* 30 (1932), 161–84.

Crowe, Michael J., *Theories of the World from Antiquity to the Copernican Revolution* (New York: Dover, 1990).

Dales, Richard C., "The Origin of the Doctrine of Double Truth", *Viator* 15 (1984), 169–79.

Damascius, *Traité des premiers principes*, eds. and tr. Leendert G. Westerink and Joseph Combès, 3 vols. (Paris: Belles Lettres, 1986).

_____, *De principiis*, ed. C. A. Ruelle (Paris, 1889).

D'Amico, John, "The Progress of Renaissance Latin Prose: The Case of Apuleianism", *Renaissance Quarterly* 37 (1984), 351–92.

_____, *Renaissance Humanism in Papal Rome: Humanists and Churchmen on the Eve of the Reformation* (Baltimore: Johns Hopkins University Press, 1983).

Dan, Joseph, ed., *The Christian Kabbalah: Jewish Mystical Books and Their Christian Interpreters* (Cambridge, MA: Houghton Library of the Harvard College Library, 1998).

Dannenbauer, Heinz, *Luther als religiöser Volksschriftsteller, 1517–1520* (Tübingen: Mohr, 1930).

Dati, Agostino, *Elegantiolae* (Venezia: Johannes Baptista de Sessa, 1491).

Davidson, Herbert, *Alfarabi, Avicenna, and Ibn Rushd, on Intellect: Their Cosmologies, Theories of the Active Intellect and Theories of Human Intellect* (Oxford: Oxford University Press, 1992).

Davies, Jonathan, *Florence and Its University During the Early Renaissance* (Leiden: Brill, 1998).

Davies, Martin, *Aldus Manitius: Printer and Publisher of Renaissance Venice* (Tempe: MRTS, 1999).

_____, "An Emperor without Clothes? Niccolò Niccoli under Attack", *Italia medioevale e umanistica* 30 (1987), 95-148.

Decembrio, Angelo, *De politia litteraria*, ed. Norbert Witten (München: Saur, 2002).

De la Mare, Albinia C., *The Handwriting of Italian Humanists* (Oxford: Oxford University Press, 1973).

D'Elia, Anthony, *A Sudden Terror: The Plot to Murder the Pope in Renaissance Rome* (Cambridge, MA: Harvard University Press, 2009).

DellaNeva, JoAnn, ed., *Ciceronian Controversies*, tr. Brian Duvick (Cambridge, MA: Harvard University Press, 2007).

De Pace, Anna, *La scepsi, il sapere, e l'anima: Dissonanze nella cerchia laurenziana* (Milano: LED, 2002).

Del Piazzo, Marcello, "Nuovi documenti sull'incidente Aretino del Pico della Mirandola", *Rassegna degli Archivi di Stato* 23 (1963), 271-90.

Dempsey, Charles, *The Portrayal of Love: Botticelli's* Primavera *and Humanist Culture at the Time of Lorenzo the Magnificent* (Princeton: Princeton University Press, 1992).

Derolez, Albert, *The Palaeography of Gothic Manuscript Books: From the Twelfth to the Early Sixteenth Century* (Cambridge: Cambridge University Press, 2003).

DeRoover, Raymond, *The Rise and Decline of the Medici Bank, 1397-1494* (Cambridge, MA: Harvard University Press, 1963).

Dillon, John, "'Iamblichus' Defence of Theurgy: Some Reflections", *The International Journal of the Platonic Tradition* 1 (2007), 30-41.

_____, "Iamblichus of Chalcis (circa 240-325AD)", *Aufstieg und Niedergang der römischen Welt*, 36.2 (1988), 862-909.

Dionisotti, Carlo, *Scritti sul Bembo*, a cura di Claudio Vela (Torino: Einaudi, 2002)

_____, *Aldo Manuzio: umanista e editore* (Milano: Polifilo, 1995).

Dorez, Léon and Louis Thuasne, *Pic de la Mirandole en France (1485-1488)* (Paris: Leroux, 1897).

Doucet, Victorin, *Supplément au Répertoire de M. Frédéric Stegmüller* (Firenze: Collegium S. Bonaventurae ad Claras Aquas, 1954).

Dougherty, M. V., "Introduction", in *Pico della Mirandola: New Essays*, ed.

Dougherty, 1-12.

―――, ed., *Pico della Mirandola: New Essays* (Cambridge: Cambridge University Press, 2008).

Duff, J. Wight, *A Literary History of Rome in the Silver Age* (London: Unwin, 1927).

Duffy, Eamon, *Saints and Sinners: A History of the Popes* (New Haven: Yale University Press, 1997).

Edelheit, Amos, *Ficino, Pico, and Savonarola: The Evolution of Humanist Theology 1461/2-1498* (Leiden: Brill, 2008).

Edwards, Mark, *Printing, Propaganda, and Martin Luther* (Berkeley: University of California Press, 1994).

Edwards, Mark J., "Two Images of Pythagoras: Iamblichus and Porphyry", in *The Divine Iamblichus*, eds. Blumenthal and Clark, 159-72.

Eire, Carlos M. N., *Reformations: The Early Modern World, 1450-1650* (New Haven: Yale University Press, 2016).

Eisenstein, Elizabeth, "An Unacknowledged Revolution Revisited", *American Historical Review* 107 (2002), 87-105.

―――, *The Printing Press as an Agent of Change* (Cambridge: Cambridge University Press, 1980).

Eisner, Martin, "In the Labyrinth of the Library: Petrarch's Cicero, Dante's Virgil, and the Historiography of the Renaissance", *Renaissance Quarterly* 67 (2014), 755-90.

―――, *Boccaccio and the Invention of Italian Literature: Petrarch, Cavalcanti, and the Authority of the Vernacular* (Cambridge: Cambridge University Press, 2013).

Erasmus, *On Free Will*, in *Controversies:* De libero arbitrio/Hyperaspites 1, ed. and tr. Charles Trinkaus, *Collected Works of Erasmus* 76 (Toronto: University of Toronto Press, 1997).

―――, *Ciceronianus*, tr. Betty I. Knott, in *Collected Works of Erasmus* (Toronto: University of Toronto Press, 1974), v. 27, pp. 337-448.

―――, *Opus epistolarum Des. Erasmi Roterodami*, ed. P. S. Allen (Oxford: Clarendon, 1906-58).

―――, *Novum instrumentum omne, diligenter ab Erasmo Roterodamo recognitum et emendatum* (Basel: Froben, 1516).

Faithfull, R. Glynn, "The Concept of 'Living Language' in Cinquecento Vernacular Philology", *Modern Language Review* 48 (1953), 278-92.

Falco, Benedetto di, *Rimario* (Napoli, 1535).

Farmer, Stephen A., *Syncretism in the West: Pico's 900 Theses (1486): The Evolution of Traditional Religious and Philosophical Systems* (Tempe: MRTS, 1998).

Farris, Giovanni, *Eloquenza e teologia nel "Proemium in librum primum sententiarum" di Paolo Cortese,* Quaderni di civiltà letteraria (Savona: Sabatelli, 1972).

Fava, Domenico, *La Biblioteca Estense nel suo sviluppo storico* (Modena: G.T. Vincenzi e Nipoti di D. Cavalotti, 1925).

Febvre, Lucien and Henri-Jean Martin, *The Coming of the Book: The Impact of Printing, 1450-1800*, 3rd ed. (New York: Verso, 2010).

Fera, Vincenzo and Mario Martelli (a cura di), *Agnolo Poliziano: Poeta, scrittore, filologo* (Firenze: Le Lettere, 1998).

Festugières, Jean, "Dante et Marsile Ficin", *Bulletin du Jubilé* 5 (1922), 535-43.

Ficino, Marsilio, *Commentaries on Plato*, ed. and tr. Michael J. B. Allen (Cambridge, MA: Harvard University Press, 2008).

_____, *Commentaire/Commentarium* = Marsilio Ficino, *Commentaire sur le Banquet de Platon, De l'amour/Commentarium in convivium Platonis, De amore*, ed. and tr. P. Laurens (Paris: Belles Lettres, 2002).

_____, *Le divine lettere del gran Marsilio Ficino*, a cura di Felice Figliucci, 2 voll. (Roma: Edizioni di Storia e Letteratura, 2001).

_____, *Platonic Theology*, eds. and tr. Michael J. B. Allen and James Hankins, 6 vols. (Cambridge, MA: Harvard University Press, 2001-06).

_____, *De triplici vita*, eds. and tr. Carol Kaske and John R. Clark (Tempe: MRTS, 1998).

_____, *Über die Liebe oder Platons Gastmahl*, ed. Paul Richard Blum (Hamburg: Meiner, 1994).

_____, *Letters*, tr. by the Language Department of the School of Economic Science, 10 vols. (London: Shepheard-Walwyn, 1975-2015).

_____, *Opera Omnia* (Basel, 1576).

_____, *Theologia platonica de immortalitate animae* (Firenze: Antonio Miscomini, 1482).

_____, *Libro di Marsilio Ficino della Cristiana Religione* (Firenze: Niccolò di Lorenzo, n.d. ma prima del 25 marzo, 1475).

Field, Arthur, *The Origins of the Platonic Academy of Florence* (Princeton: Princeton University Press, 1988).

Fiorelli, Piero, "Pour l'interprétation de l'ordonnance de Villers-Cotterêts", *Le Français moderne* 18 (1950), 277-88.

Flavio, Biondo, *Italy Illuminated*, ed. and tr. J. White (Cambridge, MA: Harvard

University Press, 2005).

———, *Historiarum ab inclinatione Romanorum imperii decades* (Venezia, 1483).

Fossati, Felice, "Francesco Sforza e la pace de Lodi", *Archivio Veneto*, 5ª serie, 60-61 (1957), 15-34.

Franklin, Carmela Vircillo, "'Pro communi doctorum virorum comodo': The Vatican Library and Its Service to Scholarship", *Preceedings of the American Philosophical Society* 146 (2002), 363-84.

Freedberg, David, *The Eye of the Lynx: Galileo, His Friends, and the Beginnings of Modern Natural History* (Chicago: University of Chicago Press, 2002).

Fried, Johannes, *Donation of Constantine and Constitutum Constantini: The Misinterpretation of a Fiction and Its Original Meaning* (Berlin: De Gruyter, 2007).

Frier, Bruce W., general editor, *The Codex of Justinian*, 3 vols. (Cambridge: Cambridge University Press, 2016).

Fubini, Riccardo, *Politica e pensiero politico nell'Italia del Rinascimento: dallo stato territoriale al Machiavelli* (Firenze: Edifir, 2009).

———, "Contributo per l'interpretazione della *Dialectica* di Lorenzo Valla" in *Filosofia e scienza classica, arabo-latina medievale e l'età moderna*, a cura di Graziella F. Vescovini (Louvain-la-Neuve: Fédération Internationale des Instituts d'Études Médiévales, 1999).

———, *Quattrocento fiorentino: politica, diplomazia, cultura* (Pisa: Pacini, 1996).

———, *Italia quattrocentesca: politica e diplomazia nell'età di Lorenzo il Magnifico* (Milano: FrancoAngeli, 1994).

———, "All'uscita della scolastica medievale: Salutati, Bruni, e i *Dialogi ad Petrum Histrum*", *Archivio storico italiano* 150 (1992), 1065-103.

———, *Umanesimo e secolarizzazzione da Petrarca a Valla* (Roma: Bulzoni, 1990).

———, "Biondo Flavio", in *Dizionario biografico degli italiani* 10 (Roma, 1968), 548-51.

Galilei, Galileo, *Il saggiatore*, a cura di Ottavio Besomi e Mario Helbing (Roma: Antenore, 2005).

Gardet, Louis, *La pensée religieuse d'Avicenne* (Paris: Vrin, 1951).

Garfagnini, Gian Carlo (a cura di), *Convegno internazionale di studi*, 2 voll. (Firenze: Olschki, 1997).

Gargan, Luciano, "Gli umanisti e la biblioteca pubblica" in *Le biblioteche nel mondo antico e medievale*, a cura di Cavallo, 163-86.

Garin, Eugenio, *Rinascite e rivoluzioni: movimenti culturali dal XIV al XVIII secolo* (Roma: Laterza, 2007).

_____, *La cultura filosofica del Rinascimento italiano* (Firenze: Sansoni, 1961).

_____, *Studi sul Platonismo medievale* (Firenze: Le Monnier, 1958).

___ (a cura di), *Prosatori latini del Quattrocento* (Milano: Ricciardi, 1952).

_____, "*Endelecheia* e *Entelecheia* nelle discussioni umanistiche", *Atene e roma* 5 (1937), 177-87.

_____, *Giovanni Pico della Miraldola: Vita e dottrina* (Firenze: Le Monnier, 1937).

Gee, Emma, "Cicero's Poetry" in *The Cambridge Companion to Cicero*, ed. Catherine Steel (Cambridge: Cambridge University Press, 2012), 88-106.

Gellius, Aulus, *The Attic Nights*, ed. and tr. John C. Rolfe (Cambridge, MA: Harvard University Press, 1947).

Gentile, Sebastiano, "Il ritorno di Platone, dei platonici e del 'corpus' ermetico. Filosofia, teologia e astrologia nell'opera di Marsilio Ficino" in *Le filosofie del Rinascimento*, a cura di C. Vasoli (Milano: Mondadori, 2002), 193-228.

_____, "Sulle prime traduzioni dal Greco di Marsilio Ficino", *Rinascimento*, 2ᵃ serie, 30 (1990), 57-104.

_____, "Intorno a Proemio XIII" in Landino, *Comento*, 114-18.

Gentile, Sebastiano, S. Niccoli e Paolo Viti, *Marsilio Ficino e il ritorno di Platone: Mostra di manoscritti, stampe, a documenti* (Firenze: Le Lettere, 1984).

Gerl, Hanna-Barbara, *Rhetorik als Philosophie: Lorenzo Valla* (München: Fink, 1974).

Gersh, Stephen, *Middle Platonism and Neoplatonism: The Latin Tradition* (Notre Dame: University of Notre Dame Press, 1986).

Gerson, Lloyd, P., *Aristotle and Other Platonists* (Ithaca: Cornell University Press, 2005).

_____, "What Is Platonism?", *Journal of the History of Philosophy* 43 (2005), 253-76.

_____, ed., *The Cambridge Companion to Plotinus* (Cambridge: Cambridge University Press, 1996).

_____, *Plotinus* (London: Routledge, 1994).

Gigante, Marcello, "Ambrogio Traversari interprete di Diogene Laerzio" in *Ambrogio Traversari nel VI centenario della nascita*, a cura di Gian Carlo Garfagnini (Firenze: Olschki, 1988), 367-459.

Gill, Joseph, *The Council of Florence* (Cambridge: Cambridge University Press, 1959)

⟶⟶⟶⟶, *Personalities of the Council of Florence* (Oxford: Oxford University Press, 1964).

Gilson, Simon, *Dante and Renaissance Florence* (Cambridge: Cambridge University Press, 2005).

Gingerich, Owen, *The Eye of Heaven: Ptolemy, Copernicus, Kepler* (New York: American Institute of Physics, 1993).

Glomski, Jacqueline, "*Incunabula Typographiae*: Seventeenth-Century Views on Early Printing", *Library* 2 (2001), 336-48.

Godman, Peter, *From Poliziano to Machiavelli: Florentine Humanism in the High Renaissance* (Princeton: Princeton University Press, 1998).

Goodman, Lenn, *Avicenna* (London: Routledge, 1992).

Goldthwaite, Richard, *The Economy of Renaissance Florence* (Baltimore: Johns Hopkins University Press, 2009).

Gordan, Phyllis, W. G., *Two Renaissance Book Hunters* (New York: Columbia University Press, 1991).

Gorni, Guglielmo, "Storia del Certame coronario", *Rinascimento*, n.s. 12 (1972), 135-81.

Gouwens, Kenneth, "Erasmus, 'Apes of Cicero', and Conceptual Blending", *Journal of the History of Ideas* 71 (2010), 523-45.

Gracia, Jorge, "The Transcendentals in the Middle Ages: An Introduction", *Topoi* 11 (1992), 113-20.

Grafton, Anthony, "How Revolutionary Was the Print Revolution?", *American Historical Review* 107 (2002), 84-87.

⟶⟶⟶⟶, *Leon Battista Alberti: Master Builder of the Italian Renaissance* (New York: Hill and Wang, 2000).

⟶⟶⟶⟶, ed., *Rome Reborn: The Vatican Library and Renaissance Culture* (New Haven: Yale University Press, 1993).

⟶⟶⟶⟶, "The Importance of Being Printed", *Journal of Interdisciplinary History* 11 (1980), 265-86.

⟶⟶⟶⟶, "Conflict and Harmony in the Collegium Gellianum", in *The Worlds of Aulus Gellius*, 318-42.

Grafton, Anthony and Eugene F. Rice Jr., *The Foundations of Early Modern Europe, 1460-1559* (New York: Norton, 1994).

Gregory, Tullio, *Platonismo medievale: Studi e ricerche* (Roma: Istituto storico italiano per il medioevo, 1958).

Greenblat, Stephen, *The Swerve: How the World Became Modern* (New York: Norton, 2012).

Grendler, Paul F., *Schooling in Renaissance Italy: Literacy and Learning, 1300-1600* (Baltimore: Johns Hopkins University Press, 1989).

Gutas, Dimitri, *Avicenna and the Aristotelian Tradition* (Leiden: Brill, 1988).

Hadot, Pierre, *What Is Ancient Philosophy?* (Cambridge, MA: Harvard University Press, 2004).

_____, *Philosophy as a Way of Life*, ed. Arnold I. Davidson, tr. M. Chase (Oxford: Blackwell, 1995).

_____, *Plotinus, or, the Simplicity of Vision*, tr. Michael Chase (Chicago: University of Chicago Press, 1993).

Hall, Robert A., *The Italian Questione della lingua: An Interpretive Essay* (Chapel Hill: University of North Carolina Press, 1942).

Haller, Hermann, *The Other Italy: The Literary Canon in Dialect* (Toronto: University of Toronto Press, 1999).

Hankins, James, "The Virtue Politics of the Italian Humanists" in *Beyond Reception: Renaissance Humanism and the Transformation of Classical Antiquity*, eds. Patrick Baker, Johannes Helmrath, and Craig Kallendorf (Berlin: De Gruyter, 2019).

_____, "Teaching Civil Prudence in Leonardo Bruni's *History of the Florentine People*" in *Ethik-Wissenschaft oder Lebenskunst? Modelle der Normenbegründung von der Antike bis zur frühen Neuzeit*, eds. Sabrina Ebbersmeyer and Eckhard Kessler (Berlin, 2007), 143-57.

_____, ed., *The Cambridge Companion to Renaissance Philosophy* (Cambridge: Cambridge University Press, 2007).

_____, *Humanism and Platonism in the Italian Renaissance*, 2 vols. (Roma: Edizioni di storia e letteratura, 2003).

_____, ed., *Renaissance Civic Humanism: Reappraisals and Reflections* (Cambridge: Cambridge University Press, 2000).

_____, *Repertorium Brunianum: A Critical Guide to the Writings of Leonardo Bruni* (Roma: Edizioni di storia e letteratura, 1997).

_____, *Plato in the Italian Renaissance*, 2 vols. (Leiden: Brill, 1990).

Harkness, Deborah, *The Jewel House: Elizabethan London and the Scientific Revolution* (New Haven: Yale University Press, 2007).

Hay, Denys, *Flavio Biondo and the Italian Middle Age* (Oxford: Oxford University Press, 1959).

Helmrath, Johannes, "Streitkultur. Die 'Invektive' bei den italienischen Humanisten" in *Die Kunst des Streitens. Inszenierung, Formen und Funktionen öffentlichen Streits in historischer Perspektive*, ed. Marc Laureys (Göttingen,

2010), 259–93.

———, *Das Basler Konzil, 1431–1449: Forschungsstand und Probleme* (Cologne: Böhlau, 1987).

Hesiod, *Theogony. Works and Days. Testimonia*, ed. and tr. Glenn Most (Cambridge, MA: Harvard University Press, 2007).

Hexter, Ralph, "Aldus, Greek, and the Shape of the Classical Corpus" in *Aldus Manutius and Renaissance Culture*, ed. Zeidberg, 143–60.

Hiatt, Alfred, *The Making of Medieval Forgeries: False Documents in Fifteenth-Century England* (Cambridge: Cambridge University Press, 2004).

Hill, Julia Cotton, "Death and Politian", *Durham University Journal* 46 (1953–54), 96–105.

Hirai, Hiroshi, "Concepts of Seeds and Nature in the Work of Marsilio Ficino" in *Marsilio Ficino*, eds. Allen and Rees, 257–84.

Hladky, Vojtech, *The Philosophy of Gemistos Plethon: Platonism in Late Byzantium, between Hellenism and Orthodoxy* (Aldershot: Ashgate, 2014).

Hobbins, Daniel, *Authoship and Publicity before Print: Jean Gerson and the Transformation of Late Medieval Learning* (Philadelphia: University of Pennsylvania Press, 2009).

———, "The Schoolman as Public Intellectual: Jean Gerson and the Late Medieval Tract", *American Historical Review* 108 (2003), 1308–37.

Hoffmann, Walther von, *Forchungen zur Geschichte der Kurialen Behörden*, 2 vols. (Roma: Loescher, 1914).

Holford-Strevens, Leofranc, *Aulus Gellius: An Antonine Scholar and His Achievement* (Oxford: Oxford University Press, 2003).

Holford-Strevens, Leofranc and Amiel Vardi, eds., *The Worlds of Aulus Gellius* (Oxford: Oxford University Press, 2004).

Holmes, George, *The Florentine Enlightenment, 1400–50* (London: Weidenfeld and Nicolson, 1969).

Horace, *Satires, Epistles and Ars Poetica*, ed. and tr. H. Rushton Fairclough (Cambridge, MA: Harvard University Press, 1991).

Houston, Daniel S., *The Aldine Lascaris: A Greek Textbook in the Italian Renaissance*, unpublished PhD. dissertation, Johns Hopkins University, 2015.

Huizinga, Johann, *Erasmus and the Age of Reformation* (Princeton: Princeton University Press, 1984).

Hunt, Jonathan, *Politian and Scholastic Logic: An Unknown Dialogue by a Dominican Friar* (Leiden: Brill, 1995).

Iamblichos, *On the Pythagorean Life*, tr. with notes and an introduction by Gillian

Clark (Liverpool: Liverpool University Press, 1989)

_____, *De mysteriis*, ed. Edouard des Places (Paris: Les Belles Lettres, 1966)

_____, *De vita phthagorica*, ed. L. Deubner (Leipzig: Teubner, 1937).

_____, *In Nicomachi Arithmeticam introductionem*, ed. Ermenegildo Pistelli (Stuttgart: Teubner, 1894).

_____, *De communi mathematica scientia*, ed. Nicola Festa (Stuttgart: Teubner, 1891).

_____, *Protrepticus*, ed. Ermenegildo Pistelli (Stuttgart: Teubner, 1888).

Idel, Moshe, *La Cabbalà in Italia* (Firenze: Giuntina, 2007).

Ilardi, Vincent, *Studies in Italian Renaissance Diplomatic History* (Aldershot: Ashgate, 1986).

Imber, Colin, *The Ottoman Empire*, 2nd ed. (New York: Palgrave Macmillan, 2009).

Institut d'Études Médiévales, ed., *Les genres littéraires dans les sources théologique et philosophiques médiévales: définition, critique, et exploitation* (Louvain-la-Neuve: Université catholique de Louvain, 1982).

Isidore of Seville, *Etymologiae*, 2 vols., ed. W. M. Lindsay (Oxford: Oxford University Press, 1911, reprinted 1971).

Jenkyns, Richard, "Silver Latin Poetry and the Latin Novel" in John Boardman, Jasper Griffin, and Oswyn Murray, *The Oxford History of the Classical World* (Oxford: Oxford University Press, 1986), 677-97.

Jerome, Saint, "Praefatio in Evangelio", in *Biblia sacra iuxta vulgatam versionem*, eds. Robertus Weber and Roger Gryson (Stuttgart: Deutsche Bibelgesellschaft, 1994), 1515-16.

_____, *Select Letters of St. Jerome*, ed. and tr. F. A. Wright (Cambridge, MA: Harvard University Press, 1991).

_____, *De optimo genere interpretandi (Epistula 57)*, ed. G. J. M. Bartelink (Leiden: Brill, 1980).

Johns, Adrian, *Piracy: The Intellectual Property Wars from Gutenberg to Gates* (Chicago: University of Chicago Press, 2009).

_____, *The Nature of the Book: Print and Knowledge in the Making* (Chicago: University of Chicago Press, 1998).

_____, "The Coming of Print to Europe" in *The Cambridge Companion to the History of the Book*, ed. Leslie Howsam (Cambridge: Cambridge University Press, 2014), 107-24.

_____, "How to Acknowledge a Revolution", *American Historical Review* 107 (2002), 106-28.

Jolivet, Jean, *Abélard en son temps* (Paris: Les Belles Lettres, 1981).

Jones, Philip, *The Italian City-State: From Commune to Signoria* (Oxford: Clarendon, 1997).

Jonge, H. J. de, "Novum testamentum a nobis versum", *Journal of Theological Studies* 35 (1984), 394-413.

Jordan, Constance, *Pulci's* Morgante: *Poety and History in the Fifteenth-Century* Florence (Washington, DC: The Folger Shakespeare Library, 1986).

Kent, Dale, *Cosimo de' Medici and the Florentine Renaissance: The Patron's Oeuvre* (New Haven: Yale University Press, 2000).

_____, *The Rise of the Medici: Faction in Florence 1426-1434* (Oxford: Oxford University Press, 1978).

Kent, William Francis, *Lorenzo de' Medici and the Art of Magnificence* (Baltimore: Johns Hopkins University Press, 2004).

Kessler, Eckhard, "Die Transformation des aristotelischen Organon durch Lorenzo Valla" in *Aristotelismus und Renaissance*, ed. Kessler, 53-74.

_____, "The Intellective Soul" in *The Cambridge History of Renaissance Philosophy*, eds. Schmitt and Skinner, 485-534.

_____, ed., *Aristotelismus und Renaissance: In memoriam Charles B. Schmitt* (Wiesbaden: Harrasowitz, 1988).

Kidwell, Carol, *Pietro Bembo: Lover, Linguist, Cardinal* (Montreal: McGill-Queen's University Press, 2004).

Kircher, Timothy, "Landino, Alberti, and the Invention of the Neo-Vernacular", *Albertiana* 19 (2016), 29-48.

_____, *Living Well in Renaissance Italy: The Virtues of Humanism and the Irony of Leon Battista Alberti* (Tempe: MRTS, 2012).

Klibansky, Raymond, *Plato's* Parmenides *in the Middle Ages and the Renaissance: A Chapter in the History of Platonic Studies* (Toronto: University of Toronto Libraries, 2011).

_____, ed., *Plato Latinus* (London: The Warburg Institute, 1940).

_____, *The Continuity of the Platonic Tradition during the Middle Ages, together with Plato's Parmenides in the Middle Ages and the Renaissance* (London: The Warburg Institute, 1939).

Kirkham, Victoria, "Le tre corone e l'iconografia di Boccaccio" in *Boccaccio letterato*, a cura di Michelangiola Marchiaro and Stefano Zamponi (Firenze: Accadimia della Crusca, 2015), 453-84

Kohl, Benjamin J., "The Changing Concept of the *Studia Humanitatis* in the Early Renaissance", *Renaissance Studies* 6 (1992), 185-209.

Kohl, Benjamin J. and Ronald G. Witt, eds., *The Earthly Republic* (Philadelphia: University of Pennsylvania Press, 1978).

Kraye, Jill, "Lorenzo Valla and Changing Perceptions of Renaissance Humanism", *Comparative Criticism* 23 (2001), 37-55.

_____, "Ficino in the Firing Line" in *Marsilio Ficino: His Theology, His Philosophy, His Legacy*, eds. Michael J. B. Allen and Valery Rees (Leiden: Brill, 2001), 377-97.

_____, "Cicero, Stoicism, and Textual Criticism: Poliziano on *katorthoma*", *Rinascimento*, 2ª serie, 23 (1983), 79-110.

Kretzmann, Norman, Anthony Kenny, and Jan Pinborg, eds., *The Cambridge History of Later Medieval Philosophy* (Cambridge: Cambridge University Press, 1982).

Kristeller, Paul Oskar, *Il pensiero filosofico di Marsilio Ficino* (Firenze: Le Lettere, 1988).

_____, *Renaissance Thought and Its Sources* (New York: Columbia University Press, 1979).

_____, *Medieval Aspects of Renaissance Learning*, ed. and tr. Edward P. Mahoney (Durham, NC: Duke University Press, 1974).

_____, *Le Thomisme et la pensée italienne de la Renaissance* (Paris: Vrin, 1967)

_____, *Studies in Renaissance Thought and Letters*, 4 voll. (Roma: Edizioni di storia e letteratura, 1956-96).

_____, *The Philosophy of Marsilio Ficino* (New York: Columbia University Press, 1943).

_____, *Supplementum ficinianum*, 2 voll. (Firenze: Olschki, 1938).

Labowsky, Lotte, *Bessarion's Library and the Biblioteca Marciana: Six Early Inventories* (Roma: Edizioni di storia e letteratura, 1979).

Laertius, Diogenes, *Lives of Eminent Philosophers*, 2 vols. ed. and tr. R. D. Hicks (Cambridge, MA: Harvard University Press, 2000-05).

Laffranchi, Marco, *Dialettica e filosofia in Lorenzo Valla* (Milano: Vita e Pensiero, 1999).

Landino, Cristoforo, *Comento sopra la Comedia*, a cura di Paolo Procaccioli, 4 voll. (Roma: Salerno, 2001).

_____, *De vera nobilitate*, a cura di Maria Teresa Liaci (Firenze: Olschki, 1970).

_____, "Orazione fatta per Cristofano da Pratovecchio quando cominciò a leggere i sonetti di messere Francesco Petrarca in istudio (1467-70)" in Cardini, *La critica del Landino*, 342-54.

Laurens, Florence Vuilleimier, *La raison des figures symboliques à la Renaissance et à l'âge classique* (Geneva: Droz, 2000).

Laurens, Pierre, "Introduction" in Ficino, *Commentaire/Commentarium*, IX-LXIX.

Lea, Henry Charles, *A History of Auricular Confession and Indulgences in the Latin Church*, 3 vols. (Philadelphia: Lea Bros., 1896).

Lèbano, Edoardo A., "Introduction" in Pulci, *Morgante: The Epic Adventures*, xi-xxxiii.

LeGoff, Jacques, *The Birth of Purgatory* (Chicago: University of Chicago Press, 1984).

Lelli, Fabrizio (a cura di), *Pico e la cabbalà* (Mirandola: Centro internazionale di cultura, 2014).

Leonhardt, Jürgen, *Latin: Story of a World Language*, tr. Kenneth Kronenberg (Cambridge, MA: Harvard University Press, 2013).

Leppin, Volker, *Martin Luther*, 2nd ed. (Darmstadt: Primus, 2010).

Lepschy, Giulio, *Mother Tongues and Other Reflections on the Italian Language* (Toronto: University of Toronto Press, 2002).

Les genres littéraires dans les sources théologiques et philosophiques médiévales: définition, critique, et exploitation (see Institut d'Études Médiévales).

Lesaffer, Randall, "Peace Treaties from Lodi to Westphalia" in *Peace Treaties and International Law in European History: From the Late Middle Ages to World War One*, ed. Randall Lesaffer (Cambridge: Cambridge University Press, 2004), 9-44.

Libera, Alain de, *Penser au Moyen Age* (Paris: Editions du Seuil, 1991).

Liebeschütz, Hans, *Medieval Humanism in the Life and Writings of John of Salisbury* (London: University of London, 1950).

Lines, David, "Beyond Latin in Renaissance Philosophy: A Plea for New Critical Perspectives", *Intellectual History Review* 25 (2015), 373-89.

―――, "Aristotle's *Ethics* in the Renaissance" in *The Reception of Aristotle's "Ethics"*, ed. Jon Miller (Cambridge: Cambridge University Press, 2012), 171-93.

―――, "Humanism and the Italian Universities" in *Humanism and Creativity: Essays in Honor of Ronald G. Witt*, eds. Celenza and Gouwens, 323-42.

Lloyd, G. E. R., *Aristotle: The Growth and Structure of His Thought* (Cambridge: Cambridge University Press, 1968).

Lombard, Peter, *Sententiae in IV libris distinctae*, ed. Victorin Doucet, 2 vols. (Grottaferrata: Collegium S. Bonaventurae ad Claras Aquas, 1971-81).

Long. A. A., *Hellenistic Philosophy: Stoics, Epicureans, Sceptics*, 2nd ed. (Berkeley:

University of California Press, 1986).

Long, Pamela, *Openness, Secrecy, Authorship: Technical Arts and the Culture of Knowledge from Antiquity to the Renaissance* (Baltimore: Johns Hopkins University Press, 2001).

Lowry, Martin, *The World of Aldus Manutius* (Ithaca: Cornell University Press, 1979).

Luiso, Francesco Paolo, *Studi su l'Epistolario di Leonardo Bruni*, a cura di Lucia Gualdo Rosa (Roma: Istituto storico per il medioevo, 1980).

Luther, Martin, *Werke. Kritische Gesamtausgabe*, part 4, *Briefwechsel*, vol. 2, ed. Johannes Ficker (Weimar: H. Böhlaus Nachfolger, 1931).

_____, *Werke. Kritische Gesamtausgabe*, 58 vols. (Weimar: Böhlau, 1883-1948)

_____, *De servo arbitrio*, in Luther, *Werke. Kritische Gesamtausgabe*, vol. 18, 551-787.

Maccarrone, Michele, *Vicarius Christi: Storia del titolo papale* (Roma: Facultas Theologica Pontificii Athenaei Lateranensis, 1952).

Machiavelli, Niccolò, *Il principe*, a cura di G. Inglese (Torino: Einaudi, 1995).

_____, *Opere*, 3 voll., a cura di Corrado Vivanti (Torino: Einaudi-Gallimard, 1997-2005).

MacCormack, Sabine, *The Shadows of Poetry: Virgil in the Mind of Augustine* (Berkeley: University of California Press, 1998).

Mack, Peter, *Renaissance Argument: Valla and Agricola in the Traditions of Rhetoric and Dialetic* (Leiden: Brill, 1993).

MacMullen, Ramsey, *Paganism in the Roman Empire* (New Haven: Yale University Press, 1981).

Maïer, Ida, *Ange Politien: La formation d'un poète humaniste (1469-1480)* (Geneva: Droz, 1966).

Mancini, Girolamo, *Vita di Lorenzo Valla* (Firenze: Sansoni, 1891).

Marcozzi, Luca, "Making the *Rerum vulgarium fragmenta*" in *The Cambridge Companion to Petrarch*, eds. Ascoli and Falkeid, 51-62.

Marenbon, John, *Aristotelian Logic, Platonism and the Context of Early Medieval Philosophy in the West* (Aldershot: Ashgate, 2000).

_____, *The Philosophy of Peter Abelard* (Cambridge: Cambridge University Press, 1997).

_____, *Later Medieval Philosophy (1150-1350): An Introduction* (London: Routleage, 1987).

Marmo, Costantino, *Semiotica e linguaggio nella scolastica: Parigi, Bologna, Erfurt,*

1270-1330 (Roma: Istituto Storico Italiano per il Medioevo, 1994).

Marsh, David, *The Quattrocento Dialogue: Classical Tradition and Humanist Innovation* (Cambridge, MA: Harvard University Press, 1980).

———, "Grammar, Method, and Polemic in Valla's 'Elegantiae'", *Rinascimento*, n.s. 19 (1979), 91-116.

Martines, Lauro, *April Blood: Florence and the Conspiracy Against the Medici* (Oxford: Oxford University Press, 2003).

———, *Strong Words: Writing and Social Strain in the Italian Renaissance* (Baltimore: Johns Hopkins University Press, 2001).

———, *Power and Imagination: City-States in Renaissance Italy* (Baltimore: Johns Hopkins University Press, 1988).

———, *The Social World of the Florentine Humanists, 1390-1460* (Princeton: Princeton University Press, 1963).

Masai, Francois, *Pléthon et le platonisme de Mistra* (Paris: Les Belles Lettres, 1956).

Mattingly, Garrett, *Renaissance Diplomacy* (Boston: Houghton Mifflin, 1955; Harmonsworth: Penguin, 1964).

Mauramuro, Guglielmo, *Expositione sopra l'"Inferno" di Dante Alighieri*, a cura di Pier Giacomo Pisoni e Saverio Bellomo (Padova: Antenore, 1998).

Maxson, Brian, *The Humanist World of Renaissance Florence* (Cambridge: Cambridge University Press, 2013).

Mazzocco, Angelo, *Linguistic Theories in Dante and the Humanists: Studies of Language and Intellectual History in Late Medieval and Renaissance Italy* (Leiden: Brill, 1993).

Mazzocco, Angelo and Marc Laureys, eds., *A New Sense of the Past: The Scholarship of Biondo Flavio (1392-1463)* (Leuven: Leuven University Press, 2015).

Mazzotta, Giuseppe, *The Worlds of Petrarch* (Durham, NC: Duke University Press, 1993).

McCahill, Elizabeth M., *Reviving the Eternal City: Rome and the Papal Court 1420-1447* (Cambridge, MA: Harvard University Press, 2013).

McLaughlin, Martin, *Leon Battista Alberti: La vita, l'umanesimo, le opere letterarie* (Firenze: Olschki, 2016).

———, "Petrarch and Cicero: Adulation and Critical Distance" in *Brill's Companion to the Reception of Cicero*, ed. William H. F. Altman (Leiden: Brill, 2015), 19-38.

———, "Humanist Criticism of Latin and Vernacular Prose" in *The Cambridge History of Literary Criticism*, eds. Alastair Minnis and Ian Johnson, v. 2 (Cambridge: Cambridge University Press, 2005), 648-55.

———, *Literary Imitation in the Italian Renaissance* (Oxford: Oxford University Press, 1995).
Medici, Lorenzo de', *Opere*, a cura di Tiziano Zanato (Torino: Einaudi, 1992).
Menn, Stephen, "The *Discourse on the Method* and the Tradition of Intellectual Autobiography" in *Hellenistic and Early Modern Philosophy*, eds. Jon Miller and Brad Inwood (Cambridge: Cambridge University Press, 2003), 141-91.
Meserve, Margaret, *Empires of Islam in Renaissance Historical Thought* (Cambridge: Cambridge University Press, 2008).
Migliorini, Bruno, *Storia della lingua italiana* (Milano: Bompiani, 1998)
Monfasani, John, *Bessarion Scholasticus: A Study of Cardinal Bessarion's Latin Library* (Turnhout: Brepols, 2011).
———, *Greeks and Latins in Renaissance Italy: Studies on Humanism and Philosophy in the Fifteenth Century* (Aldershot: Ashgate, 2004).
———, "The Ciceronian Controversy" in *The Cambridge History of Literary Criticism*, ed. Glyn P. Norton, vol. 3, *The Renaissance* (Cambridge: Cambridge University Press, 1999), 395-401.
———, *Byzantine Scholars in Renaissance Italy: Cardinal Bessarion and Other Emigrés* (Aldershot: Ashgate, 1995).
———, *Language and Learning in Renaissance Italy* (Aldershot: Ashgate, 1994).
———, "Was Lorenzo Valla an Ordinary Language Philosopher?", *Journal of the History of Philosophy* 50 (1989), 309-23, repr. with same pagination in Monfasani, *Language and Learning in Renaissance Italy*.
———, "Pseudo-Dionysius the Areopagite in mid-Quattrocento Rome" in *Supplementum Festivum: Studies in Honor of Paul Oskar Kristeller*, eds. J. Hankins, J. Monfasani, and F. Purnell Jr. (Binghamton: MRTS, 1987), 189-219, repr. with the same pagination as essay IX in Monfasani, *Language and Learning in Renaissance Italy*.
Monnerjahn, Engelbert, *Giovanni Pico della Mirandola: Ein Beitrag zur philosophischen Theologie des italienischen Humanismus* (Wiesbaden: Franz Steiner, 1960).
Moraux, Paul, *Der Aristotelismus bei den Griechen: von Andronikos bis Alexander von Aphrodisias*, 2 vols. (New York: De Gruyter, 1973-84).
Mormondo, Franco, *The Preacher's Demons: Bernardino of Siena and the Social Underworld of Early Renaissance Italy* (Chicago: University of Chicago Press, 1999).
Moss, Ann, *Renaissance Truth and the Latin Language Turn* (Oxford: Oxford University Press, 2003).
Müllner, Karl, ed., *Reden und Briefen italienischer Humanisten* (München: Fink,

1970).

Müntz, Eugune and Paul Fabre, *La Bibliothèque du Vatican au XVe siècle, d'après des documents inédits*, Bibliothèque des écoles françaises d'Athènes et de Rome, 48 (Paris: Thorin, 1887).

Muscetta, Carlo and Daniele Ponchiroli (a cura di), *Poesia del Quattrocento e del Cinquecento* (Torino: Einaudi, 1959).

Najemy, John, *A History of Florence, 1200-1575* (London: Wiley-Blackwell, 2008).

Nauta, Lodi, *In Defense of Common Sense: Lorenzo Valla's Humanist Critique of Scholastic Philosophy* (Cambridge, MA: Harvard University Press, 2009).

Nifo, Agostino, *Libri duo, De pulchro primus, De amore secundus* (Leiden, 1549).

Nigro, Salvatore, *Pulce e la cultura medicea* (Roma: Laterza, 1978).

Nisard, Charles, *Les gladiateurs de la république des lettres aux XVe, XVIe, et XVIIe siècles* (Paris: Levy, 1860).

Novikoff, Alex J., *The Medieval Culture of Disputation* (Philadelphia: University of Pennsylvania Press, 2013).

Oberman, Heiko, *Luther: Man Between God and the Devil*, tr. Eileen Walliser-Schwarzbart (New Haven: Yale University Press, 1989).

O'Brien, Emily, *The "Commentaries" of Pope Pius II (1458-1464) and the Crisis of the Fifteenth-Century Papacy* (Toronto: University of Toronto Press, 2015).

Olympiodoros, *Commentary on Plato's* Gorgias, tr. Robin Jackson, Kimon Lycos, and Harold Tarrant (Leiden: Brill, 1998).

O'Malley, John W., *Trent: What Happened at the Council* (Cambridge, MA: Harvard University Press, 2013).

————, *Trent and All That: Renaming Catholicism in the Early Modern Era* (Cambridge, MA: Harvard University Press, 2002).

————, "The Feast of Thoams Aquinas in Renaissance Rome: A Neglected Document and Its Import", *Rivista di storia della Chiesa in Italia* 35 (1981), 1-27.

————, "Some Renaissance Panegyrics of Aquinas", *Renaissance Quarterly* 27 (1974), 174-92.

O'Meara, Dominic J., *Plotinus: An Introduction to the* Enneads (Oxford: Oxford University Press, 1993).

————, *Pythagoras Revived: Mathematics and Philosophy in Late Antiquity* (Oxford: Oxford University Press, 1989).

————, "Ordonnance de Villers-Cotterêts", in *Recueil general des anciennes lois françaises*, 29 vols. (Paris: Belin-Le-Priers, 1821-33), vol. 12, part 2.

Pade, Marianne, *The Reception of Plutarch's* Lives *in Fifteenth-Century Italy*, 2 vols. (Copenhagen: Museum Tusculanum Press, 2007).

___ (a cura di), *On Renaissance Academies* (Roma: Quasar, 2011).

Palmer, Ada, *Reading Lucretius in the Renaissance* (Cambridge, MA: Harvard University Press, 2014).

Papio, Michael, "Introduction: Boccaccio as Lector Dantis" in Giovanni Boccaccio, *Boccaccio's Expositions on Dante's* Comedy, above, 3-38.

Park, Katherine, "The Organic Soul" in *The Cambridge History of Renaissance Philosophy*, eds. Schmitt and Skinner, 464-84.

Park, Katherine and Eckhard Kessler, "The Concept of Psychology" in *The Cambridge History of Renaissance Philosophy*, eds. Schmitt and Skinner, 455-63.

Parodi, Severina, *Quattro secoli di Crusca: 1583-1983* (Firenze: Accademia della Crusca, 1983).

Passanante, Gerard, *The Lucretian Renaissance: Philology and the Afterlife of Tradition* (Chicago: University of Chicago Press, 2011).

Perreiah, Alan, "Humanist Critiques of Scholastic Dialectic", *Sixteenth-Century Journal* 13 (1982), 3-22.

Pertusi, Agostino (a cura di), *La Caduta di Constantinopoli*, 2 voll. (Milano: Mondadori, 1997).

_____ (a cura di), *Testi inediti e poco noti sulla caduta di Costantinopoli*, Il Mondo medievale: sezione di storia bizantina e slava 4. (Bologna: Pàtron, 1983).

Petrarca, *Sine nomine*, a cura di Ugo Dotti (Torino: Aragno, 2010).

_____, *Res Seniles: Libri V-VIII*, a cura di Silvia Rizzo (Firenze: Le Lettere, 2009).

_____, *Letters of Old Age*, tr. Aldo Bernardo, 2 vols. (New York: Italica, 2005).

_____, *De insigni obedientia et fide uxoria: Il Codice Riccardiano 991*, a cura di Gabriella Albanese (Alessandria: Edizioni dell'Orso, 1998).

_____, *Lettera ai Posteri*, a cura e traduz. di Gianni Villani (Roma: Salerno, 1990).

_____, *Opere di Francesco Petrarca*, a cura di Emilio Bigi (Milano, 1963).

_____, "Testament" in *Petrarch's Testament*, ed. Theodore Mommsen (Ithaca, NY: Cornell University Press, 1957), 68-93.

_____, *Prose*, a cura di Giuseppe Martellotti (Milano: Ricciardi, 1955).

_____, *Le familiari*, a cura di Vittorio Rossi, 4 voll. (Firenze: Sansoni, 1933-68; ristampa, Firenze: Le lettere, 1997).

_____, *Epistolae de rebus familiaribus et Variae*, a cura di G. Fracasetti, 3 voll.

(Firenze: Le Monnier, 1859-63).

_____, *Opera Latina* (Venezia, 1503).

Petrucci, Arnando, *Writers and Readers in Medieval Italy: Studies in the History of Written Culture*, ed. and tr. Charles M. Radding (New Haven: Yale University Press, 1995).

Pettegree, Andrew, *The Book in the Renaissance* (New Haven: Yale University Press, 2010).

Piché, David, ed., *La condemnation parisienne de 1277, in Texte latin, traduction, introduction et commentaire* (Paris: Vrin, 1999).

Pico della Mirandola, *Oration on the Dignity of Man: A New Translation and Commentary*, eds. Francesco Borghesi, Michael Papio, and Massimo Riva (Cambridge: Cambridge University Press, 2012).

_____, *De ente et uno*, a cura di Raphael Ebgi e Franco Bacchelli (Milano: Bompiani, 2010).

_____, *Opera Omnia* (Torino: Bottega d'Erasmo, 1971), Edizioni facsimilea di Pico della Mirandola, *Opera Omnia* (Basel, 1572), con materiale extra.

_____, *De hominis dignitate, Heptaplus, De ente et uno, e scritti vari*, a cura di Eugenio Garin (Firenze: Vallecchi, 1942).

Pigman, G. W., III, "Versions of Imitation in the Renaissance", *Renaissance Quarterly* 33 (1980), 1-32.

Pillinini, Giovanni, *Il sistema degli stati italiani, 1454-94* (Venezia: Universitaria editrice, 1970).

Pinborg, Jan, *Die Entwicklung der Sprachtheorie im Mittelalter* (Münster: Aschendorff, 1967).

_____, "Speculative Grammar" in *The Cambridge History of Later Medieval Philosophy*, eds. Kretzmann, Kenny, and Pinborg, 254-69.

Pine, Martin, *Pietro Pomponazzi: Radical Philosopher of the Italian Renaissance* (Padova: Antenore, 1986).

Platon, *Euthyphro, Apology, Crito, Phaedo, Phaedrus*, ed. and tr. Harold N. Fowler (Cambridge, MA: Harvard University Press, 2014).

_____, *The Symposium*, tr. Christopher Gill (London: Penguin, 1999).

_____, *The Complete Works of Plato*, ed. John M. Cooper (Indianapolis: Hackett, 1997).

_____, *Opera*, 5 vols. (Oxford: Clarendon, 1995).

_____, *Phaedrus*, tr. Alexander Nehamas and Paul Woodruff (Indianapolis: Hackett, 1995).

Plotinos, *Enneads*, 7 vols., ed. and tr. A. H. Armstrong (Cambridge, MA: Harvard

University Press, 1966-88).
Poliziano, Angelo, *Coniurationis commentarium /Commentario della congiura dei Pazzi*, a cura di Leandro Perini (Firenze: Firenze University Press, 2012).
_____, *Silvae*, ed. and tr. Charles Fantazzi (Cambridge, MA: Harvard University Press, 2004).
_____, *Due poemetti latini*, a cura di Francesco Bausi (Roma: Salerno, 2003).
_____, *The Stanze of Angelo Poliziano*, tr. David Quint (University Park: Pennsylvania State University Press, 1993).
_____, *Stanze, Fabula di Orfeo*, a cura di Stefano Carrai (Milano: Mursia, 1988)
_____, *Lamia: Praelectio in priora Aristotelis analytica*, ed. Ari Wesseling (Leiden: Brill, 1986).
_____, *Commento inedito alle* Selve *di Stazio*, a cura di Lucia Cesarini Martinelli (Firenze: Sansoni, 1978).
_____, *Miscellaneorum centuria secunda*, a cura di Vittore Branca e Manlio Pastore Stocchi (Firenze: Olschki, 1978).
_____, *Della congiura dei Pazzi: Coniurationis commentarium*, a cura di Alessandro Perosa (Padova: Antenore, 1958).
_____, *Opera Omnia* (Venezia: Aldus Manutius, 1498).
_____, *Lamia*, in Celenza, *Poliziano's* Lamia, 191-253.
Porphyry, "Life of Plotinus" in Plotinus, *Enneads*, vol. 1, 2-87.
Porter, James I., "What Is 'Classical' about Classical Antiquity?" in *The Calssical Traditions of Greece and Rome*, ed. James I. Porter (Princeton: Princeton University Press, 2006), 1-65.
Proclos, *Theologia platonica*, eds. and tr. Henri D. Saffrey and Leendert Westerink, 6 vols. (Paris: Les Belles Lettres, 1968-97).
Pulci, Luigi, *Morgante*, a cura di Giuliano Dego, 2 voll. (Milano: Rizzoli, 1992).
_____, *Morgante: The Epic Adventures of Orlando and His Giant Friend Morgante*, tr. Joseph Tusiani, introduction and notes by Edoardo A. Lèbano (Bloomington: University of Indiana Press, 1998).
Purnell, Frederick, "The Theme of Philosophic Concord and the Sources of Ficino's Platonism" in *Marsilio Ficino e il ritorno di Platone*, a cura di Garfagnini, 2: 397-415
Quaglioni, Diego, *Politica e diritto nel Trecento italiano: il "De tyranno" di Bartolo da Sassoferrato* (Firenze: Olschki, 1983)
Quaquarelli, Leonardo, "Moglio, Pietro da", *Dizionario biografico degli italiani* 75 (2011), 267-73

Quint, David, "Humanism and Modernity: A Reconsideration of Bruni's *Dialogues*", *Renaissance Quarterly* 38 (1985), 423-45

Quintilian, *The Orator's Education*, 5 vols., ed. and tr. Donald A. Russell (Cambridge, MA: Harvard University Press, 2001)

Rabil, Albert, ed., *Knowledge, Goodness, and Power: The Debate over Nobility among Quattrocento Italian Humanists* (Binghamton: MRTS, 1991)

Rao, Ennio, *Curmudgeons in High Dudgeon: 101 Years of Invectives (1352-1453)* (Messina: EDAS, 2007)

Refini, Eugenio, "Aristotile in parlare materno", *I Tatti Studies* 16 (2013), 311-41.

Regoliosi, Mariangela, *Nel cantiere del Valla: Elaborazione e montaggio delle "Elegantiae"* (Roma: Bulzoni, 1993).

———— (a cura di), *Pubblicare il Valla* (Firenze: Polistampa, 2008).

————, *Lorenzo Valla e l'umanesimo toscano: Traversari, Bruni, Marsuppini* (Firenze: Polistampa, 2009).

————, *Lorenzo Valla: La riforma della lingua e della logica*, 2 voll. (Firenze: Polistampa, 2010).

Reynolds, L. G. and N. G. Wilson, *Scribes and Scholars: A Guide to the Transmission of Greek and Latin Literature*, 4th ed. (Oxford: Oxford University Press, 2013).

Ricciardi, Roberto, "Cortesi, Paolo", *Dizionario biografico degli italiani* 29 (1983), 766-70.

Richardson, Brian, *Printing, Writers, and Readers in Renaissance Italy* (Cambridge: Cambridge University Press, 1999).

Rist, John, *Plotinus: The Road to Reality* (Cambridge: Cambridge University Press, 1967).

————, "Plotinus and Christian Philosophy" in *The Cambridge Companion to Plotinus*, ed. Gerson, 386-413.

Rizzi, Andrea and Eva del Soldato, "Latin and Vernacular in Quattrocento Florence and Beyond: An Introduction", *I Tatti Studies* 16 (2013), 231-42.

Rizzo, Silvia, "I latini dell'umanesimo", in *Il latino nell'età dell'umanesimo*, a cura di Giorgio Bernardi Perini (Firenze: Olschki, 2004), 51-95.

————, *Ricerche sul latino umanistico* (Roma: Edizioni di storia a letteratura, 2002).

————, *Il lessico filologico degli umanisti* (Roma: Edizioni di storia a letteratura, 1984).

————, "Il Latino di Poliziano" in *Agnolo Poliziano: Poeta, scrittore, filologo*, a cura di Fera and Martelli, 3-125.

Robin, Diana, *Publishing Women: Salons, the Presses, and the Counter-Reformation in Sixteenth-Century Italy* (Chicago: University of Chicago Press, 2007).

Roller, Matthew, "The Exemplary Past in Roman Historiography and Culture" in *The Cambridge Companion to the Roman Historians*, ed. Andrew Feldherr (Cambridge: Cambridge University Press, 2009), 214-30.

_____, "Exemplarity in Roman Culture: The Cases of Horatius Cocles and Cloelia", *Classical Philology* 99 (2004), 1-56.

Rollo-Koster, Joëlle, *Avignon and Its Papacy, 1309-1417* (Lanham, MD: Rowman and Littlefield, 2015).

Rosier, Irène, *La grammaire spéculative des Modistes* (Paris: PUF, 1983).

Ross, David, *Aristotle* (London: Methuen, 1923).

Rossi, Filippo de (a cura di), *Sonetti di Matteo Franco e di Luigi Pulci* (Lucca, 1759).

Rubenstein, Nicolai, *The Government of Florence under the Medici (1434-1494)*, 2nd ed. (Oxford: Clarendon, 1998).

Rubini, Rocco, *The Other Renaissance: Italian Humanism between Hegel and Heidegger* (Chicago: University of Chicago Press, 2014).

Ruggiero, Guido, *The Renaissance in Italy: A Social and Cultural History of the Rinascimento* (Cambridge: Cambridge University Press, 2015).

Rummel, Erika, *Erasmus' Annotations On the New Testament: From Philologist to Theologian* (Toronto: University of Toronto Press, 1986).

_____, *Desiderius Erasmus* (London: Continuum, 2004).

Runciman, Steven, *The Fall of Constantinople* (Cambridge: Cambridge University Press, 1965).

Rundle, David and Martin McLaughlin, "Introduction", *Renaissance Studies* 17 (2003), 1-8.

Rutherford, David, *Early Renaissance Invective and the Controversies of Antonio Da Rho* (Tempe: Arizona Center for Medieval and Renaissance Studies, 2005).

Sabbadini, Remigio, *Le scoperte dei codici latini e greci ne' secoli XIV e XV*, 2 voll. (Firenze: Sansoni, 1905-14; ristampa a cura di Eugenio Garin, Firenze: Sansoni, 1967)

Saffrey, Henri, "Florence, 1492: The Reappearance of Plotinus", *Renaissance Quarterly* 49 (1996), 488-508

Salutati, Coluccio, *De tyranno*, in Salutati, *Political Writings*, ed. Stefano Ugo Baldassarri, and tr. Rolf Bagemihl (Cambridge, MA: Harvard University Press, 2014).

_____, *On the World and Religious Life*, ed. and tr. Tina Marshall (Cambridge, MA: Harvard University Press, 2014).

_____, *De fato et fortuna*, a cura di Concetta Bianca (Firenze: Olschki, 1985).

_____, *Epistolario*, a cura di F. Novati, 4 voll., Fonti per la storia d'Italia, 15-18 (Roma: Istituto storico italiano per il medioevo, 1891-1911).

Salviati, Lionardo, *Regole della Toscana favella*, a cura di Anna Antonini Renieri (Firenze: Accademia della Crusca, 1991).

Santangelo, Giorgio (a cura di), *De imitatione: Le epistole "De imitatione" di Giovanfrancesco Pico della Mirandola e di Pietro Bembo* (Firenze: Olschki, 1954).

Santini, Emilio, *Leonardo Bruni e i suoi Historiarum Florentini populi libri XII: Contributo allo studio della storiografia umanistica fiorentina* (Pisa: Scuola Normale Superiore, 1910).

Schmitt, Charles B. and Quentin Skinner, eds., *The Cambridge History of Renaissance Philosophy* (Cambridge: Cambridge University Press, 1988).

Schucan, Luzi, *Das Nachleben von Basilius Magnus Ad Adolescentes: Ein Beitrag zur Geschichte des christlichen Humanismus* (Geneva: Droz, 1973).

Schuster, Britt-Marie, *Die Verständlichkeit von frühreformatorischen Flugschriften: eine Studie zu kommunikationswirksamen Faktoren der Textgestaltung* (Hildesheim: Olms, 2001).

Segoloni, Danilo (a cura di), *Bartolo da Sassoferrato: studi e documenti per il VI centenario*, 2 voll. (Milano: Giuffrè, 1962).

Serene, Eileen F., "Demonstrative Science" in *The Cambridge History of Later Medieval Philosophy*, eds. Kretzmann, Kenny and Pinborg, 496-517.

Setz, Wolfram, *Lorenzo Vallas Schrift gegen die Konstantinische Schenkung* De falsa credita et ementita Constantini donatione: *Zur Interpretation und Wirkungsgeschichte*, Bibliothek des Deutschen Historischen Instituts in Rom, 44 (Tübingen: Niemeyer, 1975).

Sforza, Giovanni, *La patria, la famiglia, e la giovinezza di Papa Niccolò V: Ricerche storiche*, Atti della Reale Accademia lucchese di scienze, lettere ed arti, 23 (Lucca: Giusti, 1884).

Shaw, Gregory, *Theurgy and the Soul: The Neoplatonism of Iamblichus* (University Park: Pennsylvania State University Press, 1995).

_____, "Theurgy: Rituals of Unification in the Neoplatonism of Iamblichus", *Traditio* 41 (1985), 1-28.

Simonetta, Marcello, *The Montefeltro Conspiracy: A Renaissance Mystery Decoded* (New York: Doubleday, 2008).

_____, *Federico da Montefeltro and His Library* (Vatican City: Biblioteca apostolica vaticana, 2007).

Sinisgalli, Rocco, *Il nuovo "De pictura" di Leon Battista Alberti: The New "De*

pictura" of Leon Battista Alberti (Roma: Kappa, 2006).
Smalley, Beryl, *The Study of the Bible in the Middle Ages*, 3rd. ed. (Oxford: Blackwell, 1983).
Smith, Pamela, *The Body of the Artisan: Art and Experience in the Scientific Revolution* (Chicago: University of Chicago Press, 2004).
Soranzo, Giovanni, *La lega italica (1454-55)* (Milano: Vita e pensiero, 1924).
Soudek, Josef, "A Fifteenth-Century Humanistic Bestseller: The Manuscript Diffusion of Leonardo Bruni's Annotated Latin Version of the ps.-Aristotelian Economics" in *Philosophy and Humanism: Renaissance Essays in Honor of Paul Oskar Kristeller*, ed. E. P. Mahoney (Leiden: Brill, 1976), 129-43.
_____, "Leonardo Bruni and His Public: A Statistical and Interpretative Study of His Annotated Latin Version of the ps.-Aristotelian Economics", *Studies in Medieval and Renaissance History* 5 (1968), 49-136.
Statius, *Silvae*, ed. and tr. D. R. Shackleton Bailey, with corrections by Christopher A. Parrott (Cambridge, MA: Harvard University Press, 2015).
Stegmüller, Friedrich, ed., *Repertorium Biblicum Medii Aevi*, 11 vols. (Madrid: Consejo Superior de Investigaciones Científicas, 1950-80).
_____, ed., *Repertorium commentariorum in Sententias Petri Lombardi*, 2 vols. (Würzburg: Schöning, 1947)
Steinberg, Justin, "Dante *Estravagante*, Petrarca *Disperso*, and the Spectre of the Other Woman" in *Petrarch and Dante: Anti-Dantism, Metaphysics, Tradition*, eds. Zygmunt G. Baranski and Theodore J. Cachey, Jr. (Notre Dame: University of Notre Dame Press, 2009), 263-89
Stinger, Charles M., *Humanism and the Church Fathers: Ambrogio Traversari (1386-1439) and Christian Antiquity in the Italian Renaissance* (Albany: State University of New York Press, 1977)
Stump, Phillip H., *The Reforms of the Council of Constance, 1414-1418* (Leiden: Brill, 1994)
Tambrun, Brigitte, *Pléthon: Le retour de Platon* (Paris: Vrin, 2006)
Tavoni, Mirko, *Latino, grammatica, volgare: Storia di una questione umanistica* (Padova: Antenore: 1984)
Tennyson, Lord Alfred, *Selected Poety*, ed. Norman Page (London: Routledge, 1995)
Torre, Arnaldo della, *Storia dell'Accademia platonica di Firenze* (Firenze: Carnesecchi, 1902)
Toussaint, Stéphane, *L'esprit du Quattrocento: Pic de la Mirandole: Le* De ente et uno *et Réponses à Antonio Cittadini* (Paris: Honoré Champion, 1995)

Tracy, James D., *Erasmus of the Low Countries* (Berkeley: University of California Press, 1996)

Twemlow, J. A., ed., *Calendar of Entries in the Papal Registers Relating to Breat Britain and Ireland, Papal Letters, v. 7, AD 1417-1431* (London: Mackie and Co., 1906)

Ullman, Berthold L., *Studies in the Italian Renaissance* (Roma: Edizioni di storia e letteratura, 1973).

_____, *The Origin and Development of Humanist Script* (Roma: Edizioni di storia e letteratura, 1960).

Ullman, Berthold L. and Philip A. Stadter, *The Public Library of Renaissance Florence: Niccolò Niccoli, Cosimo de' Medici and the Library of San Marco* (Padova: Antenore, 1972).

Valcke, Louis and Roland Galibois, *Le périple intellectuel de Jean Pic de la Mirandole* (Québec: Les Presses de l'Université Laval, 1994).

Valla, Lorenzo, *Correspondence*, ed. and tr. Brendan Cook (Cambridge, MA: Harvard University Press, 2014).

_____, *Dialectical Disputations*, ed. and tr. Brian Copenhaver and Lodi Nauta, 2 vols. (Cambridge, MA: Harvard University Press, 2012).

_____, *Ad Alfonsum regem Epistola de duobus Tarquiniis. Confutationes in Benedictum Morandum*, a cura di Francesco Lo Monaco (Firenze: Polistampa, 2009).

_____, *Laurentii Valle Emendationes quorundam locorum ex Alexandro ad Alfonsum primum Aragonum regem*, a cura di Clementina Marsico (Firenze: Polistampa, 2009).

_____, *Laurentii Valle Encomion Sancti Thome Aquinatis,* a cura di Stefano Cartei (Firenze: Polistampa, 2008).

_____, *On the Donation of Constantine*, ed. and tr. Glenn Bowersock (Cambridge, MA: Harvard University Press, 2007).

_____, *Raudensiane note*, a cura di Gian Matteo Corrias (Firenze: Polistampa, 2007).

_____, *Orazione per l'inaugurazione dell'anno accademico 1455-1456: Atti di un seminario di filologia umanistica*, a cura di Silvia Rizzo (Roma: Roma nel Rinascimento, 1994).

_____, *Antidotum Primum: La prima apologia contro Poggio Bracciolini*, ed. Ari Wesseling (Van Gorcum: Assen, 1978).

_____, *De vero falsoque bono*, ed. and tr. Maristella Lorch (New York: Abaris, 1977).

_____, *De falso credita et ementita Constantini donatione*, ed. Wolfram Setz, *Monumenta Germaniae historica* 10 (Weimar: Böhlau, 1976).

_____, "Dialogue on Free Will", tr. Charles E. Trinkaus Jr., in *The Renaissance Philosophy of Man*, eds. Ernst Cassirer, Paul Oskar Kristeller, and John Herman Randall Jr. (Chicago: University of Chicago Press, 1948), 155-82.

_____, *Elegantiae linguae latinae* (Venezia, 1496).

_____, "Encomium of St. Thomas", tr. Patrick Baker, in Salvatore I. Camporeale, *Christianity, Latinity, and Culture: Two Studies on Lorenzo Valla*, 297-315.

Varro, *On the Latin Language*, ed. and tr. Roland G. Kent, 2 vols. (Cambridge, MA: Harvard University Press, 1951).

Vasoli, Cesare, "*Il De christiana religione* di Marsilio Ficino", *Bruniana et Campanelliana* 13 (2007), 403-28.

_____, "La biblioteca progettata da un Papa: Niccolò V e il 'suo canone'", *Babel: Littératures plurielles* 6 (2002), 219-39.

___ (a cura di), *Le filosofie del Rinascimento* (Milano: Mondadori, 2002).

_____, *Quasi sit Deus: Studi su Marsilio Ficino* (Lecce: Conte, 1999).

Verde, Arnando, *Lo studio fiorentino, 1473-1503*, 5 voll. (Firenze: Olschki, 1973-94).

_____, "Domenico di Fiandra: intransigente tomista non gradito nello studio fiorentino", *Memorie dominicane* 7 (1976), 304-21.

Verger, Jacques, "Patterns" in *A History of the University in Europe*, ed. Hilde De Ridder-Symoens, 2 vols. (Cambridge: Cambridge University Press, 1991-96), I: 35-67.

Vianello, Nereo, "I libri di Petrarca e la prima idea di una pubblica biblioteca a Venezia" in *Miscellanea marciana di studi bessareonei (a coronamento del V Centenario della donazione nicena)* (Padova: Antenore, 1976), 435-51.

Vidal, Fernando, "Brains, Bodies, Selves, and Science: Anthropologies of Identity and the Resurrection of the Body", *Critical Inquiry* 28 (2002), 930-74.

Virgil, *Aeneid*, tr. with notes by Frederick Ahl (Oxford: Oxford University Press, 2007).

_____, *Eclogues, Georgics, Aeneid*, eds. and tr. H. Rushton Fairclough and G. P. Goold, 2 vols. (Cambridge, MA: Harvard University Press, 1999).

Vitale, Maurizio, *La questione della lingua* (Palermo: Palumbo, 1964).

Viti, Paolo (a cura di), *Firenze e il Concilio del 1439*, 2 voll. (Firenze: Olschki, 1994).

_____ (a cura di), *Pico, Poliziano, e l'umanesimo di fine Quattrocento* (Firenze:

Olschki, 1994).

Volpi, Guglielmo, "Un cortigiano di Lorenzo il Magnifico ed alcune sue lettere", *Giornale storico della latteratura italiana* 17 (1891), 229-76.

Volz, Hanz, *Martin Luthers deutsche Bibel: Entstehung und Geschichte der Lutherbibel*, ed. Henning Wendland (Hamburg: Wittig, 1978).

Wacquet, Francoise, *Latin: Or, the Empire of a Sign*, tr. John Howe (London: Verso, 2001).

Waley, Daniel and Trevor Dean, *The Italian City Republics* (London: Routledge, 2009).

Walser, Ernst, *Poggius Florentinus: Leben und Werke* (Leipzig: Teubner, 1914).

Wesseling, Ari, "Commentary" in Angelo Poliziano, *Lamia: Praelectio in priora Aristotelis analytica*, 21-115.

Whitford, David M., "The Papal Antichrist: Martin Luther and the Underappreciated Influence of Lorenzo Valla", *Renaissance Quarterly* 61 (2008), 26-52.

Wilks, Michael, ed., *The World of John of Salisbury* (Oxford: Blackwell, 1984).

Williams, Gordon W., *Change and Decline: Roman Literature in the Early Empire* (Berkeley: University of California Press, 1978).

Wippel, John F., "The Condemnation of 1270 and 1277 at Paris", *Journal of Medieval and Renaissance Studies* 7 (1977), 169-201.

Wirszubski, Chaim, *Pico della Mirandola's Encounter with Jewish Mysticism* (Cambridge, MA: Harvard University Press, 1989).

Witt, Ronald G., *In the Footsteps of the Ancients: The Origins of Humanism from Lovato to Bruni* (Leiden: Brill, 2000).

_____, "What Did Giovanni Read and Write? Literacy in Early Renaissance Florence", *I Tatti Studies* 6 (1995), 83-114.

_____, *Hercules at the Crossroads: The Life, Works, and Thought of Coluccio Salutati* (Durham, NC: Duke University Press, 1983).

_____, "Introduction", in Salutati, *On the World and Religious Life*, vii-xvii.

Woodhouse, C. M., *George Gemistos Plethon: The Last of the Hellenes* (Oxford: Oxford University Press, 1986).

Woolfson, Jonathan, ed., *Palgrave Advances in Renaissance Historiography* (New York: Palgrave, 2004).

Wyatt, Michael, ed., *The Cambridge Companion to the Italian Renaissance* (Cambridge: Cambridge University Press, 2014).

Zanato, Tiziano, *Saggio sul* Comento *di Lorenzo de' Medici* (Firenze: Olschki, 1979).

Zeidberg, David (a cura di), *Aldus Manutius and Renaissance Culture* (Firenze: Olschki, 1998).

Zippel, Giuseppe, *Storia e cultura del Rinascimento italiano* (Padova: Antenore, 1979).

Zorzi, Marino, *La libreria di San Marco: Libri, lettori, società nella Venezia dei Dogi* (Milano: Mondadori, 1987).

찾아보기

|ㄱ|

가르시아 다 카르타헤나, 알폰소(Garcia da Cartagena, Alfonso) 173, 174, 177~83
갈릴레오(Galileo) 635~40
고트인(Goths) 212, 227, 324
공화주의 118, 135, 137, 576
교황청 77, 161, 197, 394
구아리노 다 베로나(Guarino da Verona) 614
구엘프(Guelphs, 교황파) 72, 117
구텐베르크, 요하네스(Gutenberg, Johannes) 382
굴리엘무스 데 콘키스(Gulielmus de Conchis) 357
귀도니, 알도브란디노(Guidoni, Aldobrandino) 509, 511
귈렐무스 데 모르베카(Guillelmus de Morbeka) 294
그라시, 오라치오(Grassi, Orazio) 635
그라티아누스(Gratianus) 263, 350, 353, 358
그레고리우스 1세(Gregorius I) 284, 358, 359
그로스테스트, 로버트(Grosseteste, Robert) 177
금서(禁書) 목록 627
기베르티, 로렌초(Ghiberti, Lorenzo) 222

|ㄴ|

나지안제노스, 그레고리오스(Nazianzenos, Gregorios) 358, 359

네로(Nero) 126, 150, 546
니콜라우스 3세(Nicolaus III) 73, 75, 76
니콜라우스 5세(Nicolaus V) 235, 273, 283, 348, 360, 392, 394, 597
니콜리, 니콜로(Niccoli, Niccolò) 158, 159, 162, 189, 191~96, 247, 249~52, 254, 268~73, 387~90
니포, 아고스티노(Nifo, Agostino) 430

| ㄷ |

다마수스(Damasus) 285, 299, 301, 303
다티, 아고스티노(Dati, Agostino) 241, 242, 245, 608, 622
단테 알리기에리(Dante Alighieri) 47, 48, 51, 67~80, 82~85, 87, 90, 94, 96, 106, 109, 110, 115, 129, 130, 136~39, 154, 185, 188, 192~96, 218, 219, 236, 239, 243, 271, 418, 432, 433, 480, 483~85, 610, 620, 624, 629~31
데모스테네스(Demosthenes) 144, 152, 163, 178, 603, 619
데스테, 레오넬로(d'Este, Leonello) 396
데스테, 에르콜레 1세(d'Este, Ercole I) 511, 542
데이나르코스(Deinarchos) 603
데쳄브리오, 안젤로(Decembrio, Angelo) 392, 396
도나텔로(Donatello) 222, 267
도나투스(Donatus) 287, 319, 581, 582
도미니치, 조반니(Dominici, Giovanni) 218, 219
도미니쿠스(Dominicus) 355
도미티아누스(Domitianus) 569
디오게네스 라에르티오스(Diogenes Laertios) 202
디오뉘시오스 아레오파기테스(Dionysios Areopagites) 358, 359
디온 크뤼소스토모스(Dion Chrysostomos) 569

| ㄹ |

라스카리스, 이아노스(Lascaris, Iannos) 612, 613
라우라(Laura) 88
라포 다 카스틸리온키오(Lapo da Castiglionchio) 197, 199~206, 221
라피, 니콜로(Lapi, Niccolò) 132
락탄티우스(Lactantius) 357, 600
란디노, 크리스토포로(Landino, Cristoforo) 242~45, 426, 481~85, 544
람베르테스키, 피에로(Lamberteschi, Piero) 252, 253
레오 10세(Leo X) 239, 376, 612

레오넬로(Leonello, Prince of Carpi) 614
로디(Lodi) 화약(和約) 391
로마제국 45, 46, 123, 315, 324, 347, 479
로베레, 프란체스코 델라(Rovere, Francesco della) 498 → '식스투스 4세'도 보라
로스키, 안토니오(Loschi, Antonio) 206, 258, 283
로시, 로베르토 데(Rossi, Roberto de') 189, 190, 192, 194
롬바르디아인/롱고바르도인(Lombards) 227, 269
롱바르, 피에르(Lombard, Pierre) 358, 365, 604
루스티치, 첸초 데(Rustici, Cencio de') 206
루이 13세(Louis XIII) 628
루첼라이, 베르나르도(Rucellai, Bernardo) 473~76
루치페르(Lucifer) 136
루카누스(Lucanus) 340, 620, 623
루크레티아(Lucretia) 368
루크레티우스(Titus Lucretius Carus) 248, 277, 278, 422, 423, 534, 542, 549
루터, 마르틴(Luther, Martin) 297, 305, 371~80, 385, 626, 627
뤼쿠르고스(Lycurgos) 603
리비우스(Livius) 115, 125, 126, 310, 340, 346, 537, 600
리슐리외(Richelieu) 628
리카졸리, 빈다초 데이(Ricasoli, Bindaccio dei) 426
린체이 학회(Accademia dei Lincei) 638

| ㅁ |

마누티우스, 알두스(Manutius, Aldus) 612~15
마라마우로, 굴리엘모(Maramauro, Guglielmo) 51
마르수피니, 카를로(Marsuppini, Carlo) 311, 426
마르치누스 5세(Martinus V) 164, 199, 248, 276, 283, 596
마르티누스 다쿠스(Martinus Dacus) 357
마르티아누스 카펠라(Martianus Cappella) 126
마자초(Masaccio) 222, 240
마크로비우스(Macrobius) 126
마키아벨리, 니콜로(Machiavelli, Niccolò) 73, 118, 401, 511, 512
만테냐(Mantegna) 542
말라테스타, 바티스타(Malatesta, Battista) 168, 216
메디치, 로렌초 데 (대인)(Medici, Lorenzo [il magnifico] de') 268, 410, 411, 435, 438, 451, 454, 468, 470, 475, 478, 486, 521, 530
메디치, 조반니 데(Medici, Giovanni de') 239

메디치, 줄리아노 데(Medici, Giuliano de') 494, 618
메디치, 줄리아노 디 마리오토 데(Medici, Giuliano di Mariotto de') 509
메디치, 줄리오 데(Medici, Giulio de') 616 → '클레멘스 7세'도 보라
메디치, 코지모 데(Medici, Cosimo de') 229, 234, 384, 388, 389, 391, 394, 402, 404, 489
메디치, 피에로 데(Medici, Piero de') 229
모세(Moses) 405, 409, 517, 519
몬테제코(Montesecco) 499
무사토, 알베르티노(Mussato, Albertino) 128
미켈란젤로 부오나로티(Michelangelo Buonarroti) 403
미켈로초(Michelozzo) 389

|ㅂ|

바로(Varro) 310, 312
바르바로, 에르몰라오(Barbaro, Ermolao) 505, 533~37, 539, 541, 581
바르바로, 프란체스코(Barbaro, Francesco) 256
바실레이오스 카이사레이아(Basileios ho Megas) 151, 152, 178, 358, 359
바울(St. Paul) 327, 342, 345, 363, 370, 440~42, 512, 521
바자리, 조르조(Vasari, Giorgio) 403
바티칸 도서관 49, 235, 393~95, 449
반디니, 베르나르도(Bandini, Bernardo) 500
반달인(Vandals) 212, 227
반(反)종교개혁 626
발라, 로렌초(Valla, Lorenzo) 82, 197, 245, 273, 275~77, 279~306, 308, 311~26, 328~64, 367~72, 374~81, 394, 413, 543, 565, 591, 609, 621, 622, 639
발레리우스 막시무스(Valerius Maximus) 125
발로리, 니콜로(Valori, Niccolò) 426
베누스(Venus) 492~97
베니비에니, 지롤라모(Benivieni, Girolamo) 512
베르길리우스(Vergilius) 47, 69, 70, 74, 75, 77, 111, 136, 141, 147, 168, 194, 196, 230, 235, 317, 327, 340, 346, 484, 485, 543~46, 548, 573, 574, 582, 612, 615, 618~20, 623
베르나르(St. Bernard) 358
베르나르디노 다 시에나(Bernardino da Siena) 257
베르제리오, 피에르 파올로(Vergerio, Pier Paolo) 188
베르톨로 다 사소페라토(Bertolo da Sassoferrato) 281
베사리온, 바실레이오스(Bessarion, Basileios) 397, 398
베스파지아노 다 비스티치(Vespasiano da Bisticci) 383, 384, 395, 403

베스푸치, 아메리고(Vespucci, Amerigo) 426
베스푸치, 조르조 안토니오(Vespucci, Giorgio Antonio) 426
베아트리체(Beatrice) 47, 77
벰보, 베르나르도(Bembo, Bernardo) 466, 611
벰보, 카를로(Bembo, Carlo) 616, 618
벰보, 피에트로(Bembo, Pietro) 227, 611, 613~17, 620, 623~26, 629~33
보니파치우스 8세(Bonifatius VIII) 74~76
보르자, 알폰소 데(Borgia, Alfonso de) 360
보에티우스(Anicius Manlius Severinus Boethius) 287, 289, 291, 293, 294, 312, 364, 366
보에티우스 데 다치아(Boëthius de Dacia) 357, 420
보카초, 조반니(Boccaccio, Giovanni) 44, 48, 67, 82~85, 89~91, 93~99, 103, 104, 106, 109, 110, 115, 129, 137, 143, 146, 147, 185, 188, 192, 193, 196, 243, 271, 480, 492, 611, 619, 620, 623, 629~31
보티첼리, 산드로(Botticelli, Sandro) 411, 495
보퍼트, 헨리(Beaufort, Henri) 249
브루넬레스키, 필리포(Brunelleschi, Filippo) 222, 223, 230, 267, 389, 402
브루니, 레오나르도(Bruni, Leonardo) 90, 144, 146, 149, 150, 152, 153, 155~73, 176~86, 188, 189, 191~94, 196~98, 204~06, 208, 209, 212~21, 224, 227~29, 232, 236, 245, 247, 248, 267, 271, 276, 288, 309~11, 314, 320, 391, 413, 436, 437, 462, 488, 503, 508, 547, 563, 603, 639
브루투스(Brutus) 136, 139, 193, 195
비스콘티, 잔갈레아초(Visconti, Giangaleazzo) 117
비온도, 플라비오(Biondo, Flavio) 203, 205~13, 215, 217, 218, 227, 309
비잔티움(Byzantium) 143~45, 161, 320, 349, 353, 397, 407, 552, 612
빌라니, 조반니(Villani, Giovanni) 631

|ㅅ|

사르시(Sarsi) 635, 637 → '그라시'를 보라
산 마르코 도서관(베네치아) 398
산 마르코 도서관(피렌체) 189, 239, 388~90, 394
산소비노, 야코포(Sansovino, Jacopo) 398
살루스티우스(Gaius Sallustius Crispus) 502, 608
살루타티, 콜루초(Salutati, Coluccio) 107, 110, 111, 114~40, 142~44, 150, 152, 153, 158, 159, 161, 185, 189~94, 196, 205, 218, 219, 229, 325, 386, 391, 481, 563
살비아티, 리오나르도(Salviati, Lionardo) 628, 629
살비아티, 프란체스코(Salviati, Francesco) 499
샤를 7세(Charles VII) 521

샤를마뉴(Charlemagne) 324, 470, 471
세네카(Seneca) 125, 126, 235, 346, 546, 599, 620, 623
세라, 주안(Serra, Joan) 339, 344
세르미니, 피에트로(Sermini, Pietro) 194
세르비우스(Servius) 287, 319, 581, 582
셉투아진타(70인역, Septuaginta) 284
소초메노 다 피스토이아(Sozomeno da Pistoia) 387
소크라테스(Socrates) 153, 154, 156~58, 188, 426, 428, 429, 449, 463~65, 538, 561, 569, 574, 607
소포클레스(Sophocles) 141
쇠퍼, 페터(Schöffer, Peter) 382
수에토니우스(Suetonius) 126, 620
슈타우피츠, 요한 폰(Staupitz, Johann von) 372
스크리바니, 멜키오레(Scrivani, Melchiorre) 282
스타티우스(Publius Papinius Statius) 543, 545, 546
스토아주의 277, 405, 411, 546
스투디아 후마니타티스(studia humanitatis) 31, 201, 204, 234, 235, 244, 273, 483
스포르차, 프란체스코(Sforza, Francesco) 391
시도니우스 아폴리나리스(Sidonius Apollinaris) 126
시몬 (마구스)(Simon [Magus]) 73, 74
시센나(Sisenna) 310
시칠리아파(派) 46
식스투스 4세(Sixtus IV) 394, 498, 596
신성로마제국 72, 488
신플라톤주의 438
실베스테르(Sylvester) 349, 352
심마쿠스(Quintus Aurelius Symmachus) 126
심플리키오스(Simplikios) 532, 554

|ㅇ|

아낙사고라스(Anaxagoras) 574
아르귀로풀로스, 이오안니스(Argyropoulos, Ioannis) 552, 553
아리스타르코스(Aristarchos) 581~83
아리스토텔레스(Aristoteles) 58, 60, 61, 141, 151, 164~67, 169~77, 179, 180, 182~84, 191, 224~26, 260~65, 271, 272, 277, 287, 289, 291~95, 312, 354, 358, 405, 411~19, 421~23, 437, 439, 455, 458, 459, 471, 481, 482, 528~32, 537, 538, 542, 552~59, 568, 581, 585, 586, 590, 614, 621, 622, 638

파치 음모 487, 503, 507, 510, 541, 548

파피아스(Papias) 319

팔코, 베네데토 디(Falco, Benedetto di) 624

페데리코 다 몬테펠트로(Federico da Montefeltro) 395

페트라르카, 프란체스코(Petrarca, Francesco) 44~49, 55, 56, 65, 67, 70, 72, 73, 77~90, 94~98, 102~07, 109, 110, 113, 115, 119, 128~30, 133, 134, 143, 183, 185, 188, 192, 193, 195, 196, 219, 242, 243, 245, 271, 386, 413, 480, 483, 484, 497, 539, 550, 589, 611, 613, 615, 619, 620, 622, 623, 630~32, 640

포르피리오스(Porphyrios) 443, 445, 449, 514, 554, 585

포초 브라촐리니(Poggio Bracciolini) 150, 198, 199, 206, 232, 245, 247~57, 259~61, 265~73, 276, 277, 280~84, 286~89, 291, 293, 295, 296, 298, 299, 305, 306, 308~15, 334, 335, 337, 360, 413, 422, 480, 563, 594, 609, 612, 621, 622

폰치오, 바르톨로메오(Fonzio, Bartolomeo) 542

폴리치아노, 안젤로(Poliziano, Angelo) 322, 485~87, 491~98, 500~08, 528~31, 533, 534, 541~49, 551~91, 593~98, 603, 606~09, 613, 620, 623, 639, 640

표절(plagiarism, 剽竊) 321

푸스트, 요하네스(Fust, Johannes) 382

풀치, 루이지(Pulci, Luigi) 470, 472~78

풀치, 베르나르도(Pulci, Bernardo) 472

프란체스코 디 토마조(Francesco di Tommaso) 542

프랑수아 1세(François I) 627

프랑스 아카데미 628, 632

프랑코, 마테오(Franco, Matteo) 474~76

프로클로스(Proklos) 444, 514, 515, 518

프리스키아누스(Priscianus) 287, 319, 340, 346

플라우투스(Plautus) 209, 215, 232, 233, 327

플라톤(Platon) 141, 144, 151, 153~60, 162, 165, 169, 170, 172, 175, 188, 277, 364, 405, 406, 408~12, 415, 416, 424~28, 430~34, 436~39, 443, 449~51, 456, 458, 460~68, 470, 471, 481, 514, 515, 524, 526, 528, 530~32, 549, 553~55, 563, 567, 568, 571, 578~80, 615

플레톤, 게미스토스(Plethon, Gemistos) 406~08

플로티노스(Plotinos) 404, 405, 408~10, 424, 425, 432, 438~47, 449, 450, 455, 460, 514

플루타르코스(Plutarkos) 163, 235, 553, 558

(少)플리니우스(Gaius Plinius Caecilius Secundus) 126

피에트로 다 몰리오(Pietro da Moglio) 115, 116, 119

피에트로(순교자, Pietro Martire/Pietro da Verona) 355

피우스 2세(Pius II) 117, 393

피졸파소, 프란체스코(Pizolpasso, Francesco) 180, 182, 232
피치노, 디에티페치(Ficino, Dietifeci) 408
피치노, 마르실리오(Ficino, Marsilio) 332, 404~14, 420~28, 430~38, 442, 448~68, 470~74, 476, 477, 485, 507, 508, 511, 516, 518, 527, 528, 531, 533, 542, 547, 548, 554, 563, 575, 579, 615
피코, 잔프란체스코(Pico, Gianfrancesco) 612, 616
피코 델라 미란돌라, 조반니(Pico della Mirandola, Giovanni) 410, 504~31, 533~39, 541, 554~56, 563, 575, 581, 593, 612~14
피콜로미니, 에네아 실비오(Piccolomini, Enea Silvio) 117, 392, 393 → '피우스 2세'도 보라
피타고라스(Pythagoras) 290, 291, 449~51, 560~66, 587
피타고라스주의 449
필라토, 레온지오(Pilato, Leonzio) 143
필렐포, 프란체스코(Filelfo, Francesco) 204
필리포스(Philippos) 152

| ㅎ |

헤르메스 트리스메기스토스(Hermes Trismegistos) 409, 519
헤르모티모스(Hermotimos) 574
헤시오도스(Hesiodos) 494
호라티우스(Horatius) 140, 141, 327, 557, 574
호르텐시우스(Hortensius) 569
호메로스(Homeros) 140, 143, 144, 151, 486, 494, 542, 582, 583, 619
호엔슈타우펜 가문 72
활판 인쇄술 32, 149, 241, 273, 381, 382, 393, 613, 615
황금시대 124, 410, 494, 546
회의주의 277, 405, 575
후텐, 울리히 폰(Hutten, Ulrich von) 374
휘페리데스(Hyperides) 603
흑사병(Black Death) → '역병'을 보라
히에로니무스(St. Hieronimus) 126, 284~87, 297~303, 305, 312, 323, 325~29, 331, 342, 343, 357~59, 397
힐라리우스(Hilarius) 302, 357